SV

Ninon Hesse
Lieber, lieber Vogel

Briefe an Hermann Hesse

Ausgewählt, erläutert und
mit einem Essay eingeleitet
von Gisela Kleine

Suhrkamp Verlag

© Suhrkamp Verlag Frankfurt am Main 2000
Alle Rechte vorbehalten,
insbesondere das der Übersetzung, des öffentlichen Vortrags
sowie der Übertragung durch Rundfunk und Fernsehen,
auch einzelner Teile.
Kein Teil des Werkes darf in irgendeiner Form
(durch Fotografie, Mikrofilm oder andere Verfahren)
ohne schriftliche Genehmigung des Verlages reproduziert
oder unter Verwendung elektronischer Systeme
verarbeitet, vervielfältigt oder verbreitet werden.
Satz und Druck: MZ-Verlagsdruckerei GmbH, Memmingen
Printed in Germany
Erste Auflage 2000

1 2 3 4 5 6 – 05 04 03 02 01 00

Lieber, lieber Vogel

Erste, handschriftliche Fassung von Hesses
im Dezember 1927 entstandenem Gedicht »An Ninon«.

Einleitung

»Gedacht, wie durch eine laufende Brieffolge nicht so sehr ein Bild des Schreibers entsteht als ein Bild des Empfängers.«
Ninon Hesse, Tagebucheintragung vom 23. Januar 1965

Als Ninon Hesse diesen Satz in ihr Tagebuch schrieb, war sie mit der Herausgabe einer Brieffolge beschäftigt, den Jugendbriefen Hermann Hesses. Was sie über die Profilierung des Empfängers durch den Schreibenden feststellte, gilt auch für ihre eigenen Briefe: Sie war ein dialogischer Mensch, der beim Abfassen seiner Mitteilungen stets den Briefpartner vor Augen hatte, seine Erwartungen, seine Empfindlichkeiten, vermeidbare Einwände oder erwünschte Zustimmung.

Die Briefform war die ihr gemäße Ausdrucksweise. Sie brauchte ein Gegenüber, um den Gedankenfluß voll strömen zu lassen. Zur eigenen Abgrenzung war ihr der Partner unerläßlich; im Zwiegespräch gewann sie Klarheit über sich selbst. Ihr Denkprozeß spiegelt sich im sprachlichen Einkreisen, in Wortwiederholungen oder Wortvariationen, im Folgern und Aufsplittern ihrer eigenen Behauptungen, in Ausrufen und emphatischen Doppelungen, durch die sie den Gesprächspartner überzeugen wollte. Dieses spontane Auftauchen und Ausgestalten ihrer Gedanken während des Niederschreibens machen den Reiz ihres Briefstils aus, der stets die Eigenheiten des Empfängers einbezieht und ihn dadurch charakterisiert.

Die hier veröffentlichte Brieffolge, die sich über die Jahre 1910 bis 1962 erstreckt, soll wie ein Tagebuch Ninons gelesen werden, das ihren Lebensweg nachzeichnet und vor allem eines bezeugt: ihren unabweisbaren Drang nach geistiger Ausweitung und immer neuer Welterfahrung. Schon in ihren ersten Briefen an Hermann Hesse schilderte die Vierzehnjährige das Leben ihrer Familie in einer von gesellschaftlichen Zwängen beherrschten Kleinstadt, aus denen sie ausbrechen möchte. Sie weist sich als leidenschaftliche Leserin aus, deren Einbildungskraft die

Grenzen der Wirklichkeit aufsprengt; sie ist bemüht, sich von der regelstrengen Umgebung abzuheben und einen Wissens- und Bildungsnachweis zu erbringen, der sie berechtigt, Briefpartnerin eines Dichters zu sein. Die »Tagebuch-Briefe« zeigen ihre Entwicklung von der jugendlichen Adorantin zur hingebungsvollen Geliebten und geistigen Weggefährtin Hesses bis zur mütterlich sorgenden Beschützerin seiner Altersjahre.

Ihre Briefe verdeutlichen zugleich den großen Bogen, den ihr Leben zog, und das nicht nur in räumlich-geographischem Sinne. In Czernowitz, der Provinzhauptstadt im östlichsten Kronland der Habsburgischen Monarchie, wurde sie 1895 als Tochter des Dr. Jakob Auslaender, eines bekannten Strafverteidigers der Bukowina, und seiner Frau Gisela Anna geb. Israeli geboren; ihr Weg führte sie als Studentin der Wiener Universität über den im Ersten Weltkrieg aufschäumenden Völkerkessel der österreichischen Hauptstadt nach Paris und Berlin und schließlich in Hesses Tessiner Dorf; von dort aus unternahm sie ausgedehnte archäologische Reisen zu ihren mediterranen Sehnsuchtszielen in Griechenland – ein Weg, der zugleich die Spannweite ihrer geistigen Entfaltung kennzeichnet.

Da Ninons tagebuchähnliche Brieffolge nur auf einen einzigen Empfänger, Hermann Hesse, ausgerichtet ist, mag mancher Leser vermuten, daß darin nur eine Schmalspur ihres Lebens sichtbar wird. Was bleibt in diesen Briefen ausgespart, ungesagt, was wird als ihr Erlebnis- und Gedankenkreis stillschweigend vorausgesetzt? Einleitung und biographische Verbindungstexte füllen diese Lücke aus: Sie stecken den Rahmen ab, in den die Brieflektüre eingeordnet werden muß. Ein zeitgeschichtliches Breitenspektrum, das alle Verzweigungen von Ninons Leben einbezieht, habe ich schon in der Paarbiographie »Ninon und Hermann Hesse – Leben als Dialog« geboten (jetzt suhrkamp taschenbuch Nr. 1384 mit dem Titel »Zwischen Welt und Zaubergarten – Ninon und Hermann Hesse«). Dafür konnte ich 50 Briefwechsel Ninons auswerten, darunter auch ihre Schreiben an Eltern, Schwestern und ihren ersten Ehemann, den 1883 geborenen Wiener mit dem Pseudonym Benedikt Fred Dolbin, den

Einleitung

sie am 7. November 1918 in Wien geheiratet hatte und mit dem sie in lebenslanger Freundschaft korrespondierte. Ihr umfangreicher Nachlaß bot mir authentische Quellen: ihre Tagebücher, eine Mischung aus Selbstbefragung und Wortgefecht mit einem imaginären Partner, etwa das im März 1932 begonnene »Tagebuch der Schmerzen« oder ihre im gleichen Jahr abgefaßten »Versuche und Gedanken zur Treue«, in denen sie durchlittene Zweifel und innere Kämpfe während des Niederschreibens zum Ausgleich brachte, um an ihrer einmal getroffenen Entscheidung für ein Zusammenleben mit Hesse, dem schwierigen und hochempfindlichen Partner, festzuhalten; ihre autobiographischen Romanentwürfe, in denen sie die Kluft zwischen Anspruch und Verzicht überbrückte; Notiz- und Merkbüchlein, akribisch geführt mit knappen Bewertungen der Tagesereignisse; Kurzgeschichten und Gedichte; Buchbesprechungen und wissenschaftliche Arbeiten auf dem Gebiet der Archäologie und Mythologie. Alles, was sie schrieb, ging sie selbst an, alle Themen, die sie aufgriff, dienten der Erkundung oder Steigerung ihrer eigenen Existenz. Reisetagebücher zeugen von der Beglückung des Wieder-Holens alles dessen, was sie vor dem Vergessen sichern wollte, denn Vergessen hieß: Verlieren. Niederschreiben wurde für sie zur Rettung, war Aufarbeitung, war ein zweites, oft versöhnendes Hervorbringen kränkender Erfahrungen. Was immer sie in ihren stimmungsgetragenen Selbstzeugnissen bewahrte, verrät ihren nie gestillten Expansionsdrang, der sich auf alle Lebensbereiche erstreckte; der Fernweh erzeugte und Belesenheit, Erlebnishunger und Wißbegier, Detailbesessenheit und kühne Hypothese, Verlangen nach Freiheit und das Bedürfnis nach religiöser Einbindung, den Weg nach Innen und die Suche nach einem ihr gemäßen Lebensklima, das sie schließlich im »Griechischen« – im weitesten Sinne dieses Begriffs – fand: ihre »Heimat des Geistes«.

Hesse stand im Brennpunkt ihrer Existenz, seit sie ihm als vierzehnjährige Schülerin ihren ersten Brief geschrieben hatte. Nach der Lektüre seines Frühwerkes »Peter Camenzind« hatte sie ihm mitgeteilt, daß ihr der Romanschluß unglaubhaft erscheine.

Konnte ein begabter Dichter sein unvollendetes Werk in die Schublade einer Gastwirtschaft legen und sich in seinem Heimatdorf als Wirt hinter den Schanktisch stellen? Das machte für sie eine Anfrage bei Hesse notwendig. War es einem Dichter, einem »Berufenen«, nicht auferlegt, seinem Leben einen höheren Sinn zu geben? Nach ihrer Meinung müsse es für einen schöpferischen Menschen ein edleres Ziel geben als das des kleinbürgerlichen Durchschnittsglücks: Behagen und Geborgenheit. Daß Camenzind sein Werk unvollendet ließ, weil er dessen Voraussetzung, die für seine Dichtung notwendige Einsamkeit, scheue und in die Dorfidylle seiner Kindheit zurückfliehe, erschien ihr als »Verrat an seiner Sendung«. Schon in diesem ersten Brief ist das Muster vorgezeichnet, nach dem ihre Bindung an Hesse lebenslang verlief: rückhaltlose Anerkennung für seine Dichtung und zugleich die Besorgnis darüber, ob er im Konflikt zwischen werkfördernder Isolation und einer depressiven Sehnsucht nach Liebe und Gemeinschaft seiner Berufung treu bleiben könne. Die junge Leserin spürte sehr deutlich, daß es hier um die Leidensfähigkeit und Leidensbereitschaft eines Dichters ging. Sie erkannte schon Hesses zentrale Lebensfrage: Wie ist Freiheit mit Bindung vereinbar? Da sie annahm, daß sein Roman autobiographisch war, traf ihre Kritik an Camenzind, der sich selbst untreu geworden sei, zugleich dessen Autor. Hesse muß den Ernst der jugendlichen Schreiberin erkannt haben; er antwortete. So entspann sich zwischen ihm und Ninon ein Briefwechsel, in dem sie dem verehrten Dichter bescheiden und dennoch selbstbewußt ihre oftmals abweichende Auffassung darlegte.

Sie verteidigte weiterhin ihre hohe Meinung vom »Amt des Dichters«. Für sie war er »bildend« im wahrsten Sinne des Wortes, war ein »Menschenbildner«. Lesen war für sie ein dialogischer Selbstfindungsprozeß, sie übte gegenüber den Buchgestalten Abgrenzung oder Anverwandlung. Lesebesessen gab sie sich der Verführung durch Bücher hin. Dichterworte beschäftigten sie, prägten sich unauslöschlich in ihr Gedächtnis ein, bedeuteten Anspruch und Erhebung zugleich. Buchgestalten waren ihr oft vertrauter als die Menschen ihrer Umgebung. Aus dem Bedürfnis nach immer neuen Leseeindrücken erkannte sie bei aller Unsicherheit über sich selbst sehr früh *ein* Wesensmerkmal, das nicht anzuzweifeln war: »Ich weiss nicht, was ich bin, aber eine gute Leserin bin ich gewiss!« Gutes Lesen, darunter verstand sie ein erlebendes, ein schöpferisches – den dichterischen Prozeß nachgestaltendes – Lesen, bei dem die Bildkraft der Seele Anteil hatte. »Es genügt nicht, die Dichtung zu erfassen, man muss hinter ihr das ›Gedichtete‹ sehen – Lesen ist ein dem Dichten kongruenter Vorgang, ebenso wie Sehen dem Bilden (Malen, Bildhauern usw.) kongruent ist«, schrieb sie am 8. April 1936 in ihr Tagebuch. Lesen erzeugte für sie lebenslang eine Verzauberung, durch die sich die Grenzauflösung zwischen Wirklichkeit und Vision ereignete. Gemeinsam mit dem Autor gelangte sie in den Machtbereich seiner Phantasie, er erschloß ihr den Zugang zur »wahren Wirklichkeit«, der gegenüber die reale Umwelt als belanglose, als »sogenannte Wirklichkeit« verblaßte. Der Dichter wurde für sie zur Schlüsselfigur, denn er vermittelte zwischen beiden Wirklichkeiten – mehr, er stattete diese »wahre Wirklichkeit« durch die Magie seiner Worte aus, füllte sie mit den Gestalten seiner Einbildungskraft. Indem er dichtete, verdichtete er, filterte das Zufällige und Überflüssige des banalen Lebens hinweg. Darum bedeutete »Lesen« für Ninon: Teilhabe an der dichterischen »Verwirklichung«.

»Ins Paradies der Dichtung, allen geliebten Gestalten begegnen«, dieser Wunsch nach einer spirituellen Heimat durchzieht ihre Tagebücher. In der Literatur fand sie Leitbilder und Lebensmuster. Sie identifizierte sich in den Stunden ihres Leseglücks auch mit Hesses Buchgestalten, und da diese autobiographische Züge trugen, auch mit ihm selbst. »Ich wusste, was ein Dichter ist, schon früh. Ich ahnte es, bevor ich es wusste. Ich wusste es, als ich ›Unterm Rad‹ und ›Peter Camenzind‹ gelesen hatte, mit 14 Jahren. Dieses Wissen wurde mit den Jahren vertieft: Die Ehrfurcht vor der Dichtkunst wuchs«, schrieb sie am 5. Juli 1934 rückblickend in ihr Tagebuch. Sie litt tief darunter, daß ihr zwar die Empfindungs- und Erlebnisfähigkeit eines Künstlers verliehen war, jedoch nicht seine Gestaltungskraft:

[...]
Ich möchte singen können, tanzen, rufen, schrein,
in Farben, Worten, Ton und Marmor Ewigkeiten schaffen,
Chaos gestalten, tausendfaches Leben leben:
Doch ich bin stumm und kann mich nicht befrein,
ohnmächtig kann ich nichts aus Nichts erschaffen,
und keine Flügel wollen von der Erde mich erheben.

Oft beklagte sie in Gedichten der Jahre 1917/18, daß sie »stumm und gelähmt« sei, ihre »Ohnmacht« sie schmerze. Das Material der Begnadeten, Farbe, Stein, Ton und Wort, entzog sich ihrem Zugriff. Ihr geradezu zwanghafter Wunsch, Empfundenes im Werk zu entäußern, blieb unerfüllbar: »Und mutlos lasse ich die Arme sinken.«

[...]
Denn kein Gott vergönnte mir, schaffend
mich zu befreien wie jene Seligen,
über sich selbst hinaus Wachsenden,
die, das eigene Leid verklärend, Erlösung finden,
selber Göttern vergleichbar, neue Welten erschaffen.

Nach eigenen künstlerischen Versuchen erkannte sie, daß Anspruch und Begabung sich nicht deckten. In ihrer Scheu vor dem Unzulänglichen entschied sie sich, dem geliebten Gegenstand »Kunst« im Studium nahezubleiben. Sie erkannte selbstkritisch den so schmerzhaft empfundenen »Mangel«, aber ebenso die ihr eigentümliche Begabung: eine Kombination von intuitiver Einfühlung und analytischem Verstand. Sie schätzte sich selbst einmal als Alt-Österreicherin ein; in Wien hatte sie jene verfeinerte Lebensbejahung erlangt, die aus einer tieferliegenden, aber stets gegenwärtigen Schwermut aufblühte. Die Resignation der sinnenbegabten, untergangswilligen Literaten der Habsburger Endzeit befähigte auch sie, in Enttäuschung und Verzicht positive Gefühlswerte zu sehen. Sie sei gern traurig, gestand sie Hesse einmal, und hin und wieder möchte sie »nach Herzenslust trauern«. Ihre Fröhlichkeit stand stets im Widerschein des Ernstes, und ihr Lachen konnte jäh in Verstimmung oder Angst umschlagen. Wie sehr sie den Homo austriae verkörperte in seiner

Einleitung

Mischung von Scharfsicht und Trägheit, von Wachheit und Weltabwehr, zeigt ein Gedicht, das ihren Wunsch nach traumversunkenem Einbetten in Phantasie und Leseglück, den Rückzug aus der fordernden Wirklichkeit, spiegelt:

<u>An eine gläserne Kugel</u>

Glaskugel du – sei meine Welt,
umgib gleich einer Muschel, Schale mich,
schliess mich in dir ein!

Lass allen Glanz der Welt in dir sich spiegeln,
verrate nichts vom Inhalt, den du birgst.
Lass jeden Strahl der Sonne sich an deinen Wänden brechen,
doch selber bleibe kühl und klar!

Vom Leid der Welt betaut sei deine kühle Hülle,
doch niemals dringe eine Träne in dich ein.

Sei Spiegel du! Ich fürchte diese Welt.
Vor Lust und Leid geborgen will ich in dir schlafen.

Durch den 1883 geborenen Wiener mit dem Pseudonym Benedikt Fred Dolbin erhielt sie das Geschenk bewußt erlebter Gegenwart. Sein kampffreudiger Zugriff auf die Welt zerbrach ihre kühle, gläserne Schutzwand; für ihn gab es keinen Rückzug in künstliche Traumparadiese und literarische Zaubergärten. Dolbin war hellwach für die gesellschaftliche Wirklichkeit. »Novarum rerum cupidus«, nannte Ninon den wendigen Großstädter, der mit seinem vulkanischen Temperament den aufrührerischen Zeitgeist Wiens nach dem Ersten Weltkrieg verkörperte. Als Ninon ihn kennenlernte, übte er noch erfolgreich den bürgerlichen Beruf eines Ingenieurs aus, doch sein mit Intelligenz gepaarter Tatendurst, sein quirliger Umtrieb in Wiener Kabarettisten- und Malerkreisen machten Ninons spontane Zuneigung verständlich: »Er war wie eine Wünschelrute, die da ausschlug, wo ›Kunst‹ war.« In einem Gedicht äußert sie den Wunsch, sich neben ihm – von der »engen Schale des eigenen Ich« befreit – der Außenwelt zu öffnen:

Ninon Dolbin geb. Auslaender 1921,
als sie Hesse zum ersten Mal begegnete

[...]
Wir sind arme, verblendete, törichte Menschen,
hilf doch Bruder dem Bruder den Irrweg verlassen,
hilf ihm, die enge Schale des eigenen Ich zu durchbrechen,
dass er aus sich trete,
um sich blicke,
in Demut erkenne.
Auf dass die grosse Stummheit einst von uns genommen werde
und dass wir Brüder sind von aller Kreatur!

Dolbins zwingendes Vorwärtsdrängen riß sie mit. Doch sein kreatives Ungestüm hatte auch eine Kehrseite: Er erwartete eine unbegrenzte Anpassungsfähigkeit und war verführbar durch jedwede Frauengunst. »Sieben Jahre lebten wir miteinander, lebten wir uns – zuletzt erfolgreich – auseinander«, bemerkte

Ninon über die Ehe mit dem in den zwanziger Jahren kometenhaft zu internationalem Presseruhm aufsteigenden Karikaturisten.

Als Ninon Dolbin und Hermann Hesse sich im Januar 1921 zum erstenmal in Montagnola begegneten, waren beide verheiratet. Bei einem zweiten Besuch im Frühjahr 1924 traf Ninon »ihren Dichter« in einer Krisenstimmung an. Wieder einmal litt er unter dem Lebensverzicht für sein Werk, wieder einmal beklagte er sein Außenseitertum als ein fragwürdiges Opfer, das ihm sein Schriftstellerberuf auferlege. Seine jugendliche Geliebte, Ruth Wenger, die er auf ihren Wunsch hin im Januar 1924 in zweiter Ehe geheiratet hatte, lebte von ihm getrennt, weil sie ihre Selbständigkeit als angehende Sängerin nicht aufgeben wollte und zudem das Zusammenleben mit dem hochempfindlichen, bei kleinsten Störungen reizbaren Schriftsteller allzu schwierig fand. Ninon spürte, wie sehr Hesse unter dem Entzug von Ruths Nähe litt und seine Beziehungslosigkeit als unabwendbares Geschick auf sich nahm.

Das bestätigte sich, als Ninon ihn nach einer zweijährigen Briefpause, durch die sie seine neue Ehe respektiert hatte, während einer Schweizreise wiedersah. Am 21. März 1926 besuchte sie ihn in seiner Züricher Winterwohnung, einer steppenwölfischen Dachklause, wo er sich seinen Besuchern als »Selbstmörder auf Abruf« zu erkennen gab. Er arbeitete an seinem Roman »Der Steppenwolf« und gestaltete darin die noch unbewältigte Leidenszeit seiner inneren und äußeren Isolation: »Seit bald drei Jahren fand ich aus meiner menschlichen und geistigen Vereinsamung und Erkrankung keinen anderen Ausweg, als indem ich diesen Zustand selber zum Gegenstand meiner Darstellung machte.« Diese »Vivisektion des eigenen Ich« durchlitt sein Protagonist Harry Haller, der spürte, »wie das Leben ihn ausstieß und wegwarf« und er der »Dreckhölle der Herzensleere und Verzweiflung« nicht mehr entrinnen konnte. Er schien in der »immer dünner und dünner werdenden Luft von Beziehungslosigkeit und Vereinsamung langsam zu ersticken«. Denn inzwischen erging es Hesse-Haller so, daß »Alleinsein und Un-

Hermann Hesse 1926, im Entstehungsjahr seiner
Erzählung »Der Steppenwolf«

abhängigkeit nicht mehr sein Wunsch und Ziel waren, sondern sein Los, seine Verurteilung, daß der Zauberwunsch getan und nicht mehr zurückzunehmen war, daß nichts mehr half, wenn er voll Sehnsucht und guten Willens die Arme ausstreckte und zur Bindung und Gemeinsamkeit bereit war: Man ließ ihn jetzt allein.« Hesses Roman-Ich klagte: »Bindung entstand nirgends. Sein Leben zu teilen war niemand gewillt und fähig. Es umgab ihn jetzt die Luft des Einsamen, eine stille Atmosphäre, ein Weggleiten der Umwelt, eine Unfähigkeit zu Beziehungen, gegen welche kein Wille und keine Sehnsucht etwas vermochte.«

Hallers Verzweiflung war die Summe alles dessen, was Hesse schon im Tagebuch 1920/21 für sich selbst befürchtet hatte: »Astrologisch schwere Oppositionen, die noch lange dauern werden und die sich in meinem Leben als schwere Hemmungen und Depressionen äußern. Oft fällt es mir lächerlich schwer, das Leben weiterzuführen und nicht wegzuwerfen, so leer und fruchtlos ist es geworden« (Februar 1921). »Ich schmeiße es hin, mein Leben, daß die Scherben klirren«, drohte er im »Tagebuch eines Entgleisten« (1922). »Mein Tun und Leben ist für niemand nütze, verläuft einsam in sich selbst, ohne Frucht« (Tagebuch 1921). Er ersehnt das »Entrinnen aus der Qual des Ich-Seins« und brachte den Wunsch, »die verfehlte Existenz auszulöschen«, in vielen seiner Briefe zur Sprache. »Der Konflikt liegt für mich in der völligen Unfähigkeit, mich im Gefühl und in den Lebensgewohnheiten an andere zu binden, weder an eine Frau noch an Freunde noch an Vorgesetzte oder was immer es sei« (Ende 1922 an Olga Diener). Anfang 1922 beschrieb er Hugo Ball seine leeren Tage in Montagnola: »Bin ich hier, so spucke ich einsam ins Kaminfeuer, lebe in einer gespenstischen Stille wie hinter einem trüben alten Spiegelglas, märchenhaft und nobel, aber ohne Kontakt mit Lebendigem.« Er vermisse, »was der Mensch braucht, einen Sinn und Mittelpunkt. Mir fehlt das, wenn ich auch zu Zeiten meine Schreiberei für einen solchen Sinn gehalten habe – er hat nicht genügt, und ich habe darum keine frohen Tage« (Mai 1923 an Hilde Jung). »Die Frage, was ich künftig anfangen und wie ich mein Leben einrichten soll, um nicht dauernd der Verzweiflung gegenüberzustehen, wird immer brennender« (17. September 1925 an Alice Leuthold). Er klagte Leutholds auf einer handschriftlichen Postkarte: »Ich weiß nicht, wie lange ich noch in dieser Hölle von freudloser Vereinsamung brennen muß, seit sieben Jahren bin ich darin.« Die Signale seiner Einsamkeitsnot häuften sich: »Ich bleibe immer allein und kann nie die weite Leere durchstoßen, die mich von den anderen Menschen trennt« (25. Januar 1925 an Emmy Ball-Hennings). »Wo ich da und dort mir versuchsweise die Welt wieder ansehe, zeigt es sich, daß ich eine Kruste um mich habe und nach irgendetwas rieche, was die Geselligen nicht vertragen können, so daß ich ganz von selber immer schnell wieder allein gelassen werde, auch wo ich das nicht mehr suche« (15. Mai 1925 an Stefan Zweig). Er empfand sein »Leben als mißglückt und weggeworfen«, und es gelang ihm nicht mehr, »einen Sinn in der Sache zu finden, in meinen Augenschmerzen, in meinem Lebensekel, in meinem Ekel gegen meinen Beruf, in meinem Ehe-Unglück etc.« (30. Juli 1925 an Hugo Ball). Er lebe »außerhalb der Menschenwelt ohne Familie, ohne jede Lebensgemeinschaft, beinahe jeden Tag vor dem Problem des Selbstmordes stehend« (Ende 1925 an Helene Welti). Er sei »monatelang beständig dicht am Selbstmord gewesen« (7. Januar 1926 an seinen Stiefbruder Karl Isenberg). »Ich bin monatelang fast jede Stunde am Abgrund gegangen, und ich glaubte nicht, daß ich davonkommen würde, der Sarg war schon bestellt« (17. Februar 1926 an Hugo Ball). Er warnte davor, »sich die Ruine Hesse anzusehen« (7. Juli 1926 an Heinrich Wiegand). »Ich bin des Lebens satt bis zum Erbrechen« (1926 an Felix Braun). Zum Jahresschluß 1926 wünschte er sich gegenüber Emmy Ball-Hennings nur eines: »Die Courage zu finden, und mir den Hals durchzuschneiden«, und an seinem 50. Geburtstag, dem 2. Juli 1927, teilte er Hugo Ball als einzigen Wunsch mit, daß er den 51. nicht mehr erleben müsse.

Diese Zitate verdeutlichen, in welcher Verfassung Ninon den Steppenwolf-Autor im Frühjahr 1926 antraf. Hesses seelische Zerrissenheit, seine Einsamkeitsnot, in der er zeitweise den Alkohol als Tröster brauchte und krampfig und verdrossen bisher verpaßtes Leben, verpaßtes Lieben nachholen wollte, spiegelt sich nur verhalten in Ninons Briefen wider. Ohne die oben wiedergegebenen Notsignale, die er über Jahre an seine Freunde gesandt hatte, würde nicht verständlich, warum Ninon aus Wien in die Rufnähe Hesses zog. Es war *ihr* Entschluß, ihm in seinem Lebenstief zur Seite zu stehen. Er wäre in der anhaltenden depressiven Verstimmung und nach dem Scheitern seiner zweiten Ehe gar nicht in der Verfassung gewesen, jemanden zu sich zu rufen, Gefährtenschaft zu erwarten oder zu erwidern.

Hatte Ninon 1910 in ihrem ersten Brief dem über seine Einsamkeitsnot klagenden »Peter Camenzind« in jugendlicher Kompromißlosigkeit zugerufen: »Nicht resignieren, weiterdichten!«, so erkannte sie nun, daß Hesses Zerfall mit der Wirklichkeit radikaler war, entsprechend krasser waren die Warnungen, die er einer scheinbar tauben Umwelt entgegenschrie: sein immer wieder angekündigter Selbstmord. Aus ihrer Sicht hing von dem Ausweg, den Hesse diesmal aus seiner Selbst- und Lebensverneinung fand, nicht nur der Fortbestand seiner schriftstellerischen Arbeit ab; jetzt ging es nicht mehr um das Wunschwesen Dichter, nicht mehr um die literarische Attitüde. Jetzt ging es um den Menschen Hesse. Jetzt half kein brieflicher Zuspruch mehr, sie mußte sich selbst einbringen.

Aber würde ihre Gegenwart sein körperliches und seelisches Leiden abmildern? Könnte sie heilend und versöhnend wirken? Vermochte sie die Leere zu überbrücken, die ihn von anderen Menschen trennte? Als Leserin all seiner verschlüsselt autobiographischen Bücher kannte sie seine janusköpfige Angst vor der Aufgabe seiner dichterischen Freiheit einerseits und vor dem ständigen Verzicht auf menschliche Bindungen andrerseits. Es ging um den Versuch, ihn nicht einzuengen und dennoch gesprächsbereit und verständnisvoll zu umsorgen.

Spiegelten ihre frühen Briefe das emphatische Glücksgefühl, Gesprächspartnerin des Dichters zu sein, der sie seit der Kindheit mit Vertrauen erfüllt und dem sie sich in mancher Not anvertraut hatte, so war es nun der an Zweifel und Selbstqual leidende Mensch Hesse, dem *sie* Mut zusprechen wollte. Aus dem Schutzgott ihrer Jugend war ein schutzbedürftiger Mensch geworden: »Ich weiss, dass ich bereit bin, ihm zu folgen, wenn er mich ruft. Ich weiss, dass er mich liebhat und dass er Furcht davor hat, mein Leben an das seine zu binden, das kein Leben, sondern ein Martyrium ist«, teilte sie Dolbin am 13. April 1926 mit, und nach ihrem Entschluß, Hesse eine »lose Gemeinschaft« anzubieten, schrieb sie ihm: »Hesse lebt ein martervolles Leben. Er quält sich so fürchterlich, er leidet so unter dem Leben, und liebt es doch. Er braucht die Einsamkeit und leidet doch auch unter ihr – das ist alles ein solcher Komplex von Tragik – aber meine

Rolle ist die entsagungsvollste in dem Drama von uns dreien: Hesse, der Mensch, der sich hat fallenlassen – Du, dem es freisteht, zu handeln, – *ich* schwebe in der Luft, *ich* bin allein.«
Die Briefe des Jahres 1927 beweisen ihren Mut: sie brach alle Brücken hinter sich ab, verkaufte ihr Czernowitzer Elternhaus, löste den Dolbin-Haushalt in Wien auf, verzichtete auf die Fertigstellung ihrer Archäologie-Dissertation. Sie wollte von allen bisherigen Aufgaben befreit sein, um Hesse – fast gegen dessen Willen – aus seiner lebensbedrohenden Krise zu retten.
Hesse warnte Ninon vor seiner Unfähigkeit, dauerhafte Beziehungen einzugehen; er schilderte sich als einen Mann, den jede feste Bindung neurotisch und unverträglich mache. Doch sie ließ sich nicht abschrecken und erkannte hinter seinen abweisenden Klagen über Alter, Gicht, Darmbeschwerden und Augenschmerzen seinen Wunsch nach Zuwendung. Bald betrachtete er, der »verlorene Sohn«, ihre Gegenwart als ein unerwartetes, rettendes Geschenk.
Die Gegner einer solchen »Rettungstheorie« behaupten gern, Ninon habe sich Hesse aufgedrängt; sie habe sich »ihren Dichter angeln wollen«. Andere hingegen, die Hesse in jenen steppenwölfischen Jahren nahestanden, sind davon überzeugt, daß nur sie ihm durch Kraft, Klugheit und liebevolle Geduld über die Phase exzessiver Selbstverneinung hinweghelfen konnte. Karl Isenberg, im Krieg seit 1945 verschollen, war der Lieblingsneffe Hermann Hesses und ist als Carlo Ferromonte in dessen Roman »Das Glasperlenspiel« eingegangen. Seine Frau, Lise Isenberg, schrieb mir: »Mein Mann sprach oft über die Bedeutung Ninons, er liebte und verehrte sie, und ich möchte deshalb hier in erster Linie seine Meinung mitteilen, die mit der meinen vollkommen einig war. Sie war sicher der einzige Mensch, der fähig dazu war, Hesse über die Jahre des ›Klein und Wagner‹, des ›Steppenwolf‹, die Gedichte ›Krisis‹, die Verzweiflung, den Wunsch nach Selbstmord hinweg zu geleiten und stärkend bei ihm zu sein bis zum ›Glasperlenspiel‹ und den Jahren der Weisheit, der Größe des Alters. Mein Mann sagte oft, ohne Ninon hätte Hesse wohl den Weg in den Abgrund genommen. Man hat

es Hesse mit den Jahren seines Erfolgs zugestanden, ein Außerordentlicher zu sein, Welten entfernt von seiner Herkunft, seiner Verwandtschaft. Daß auch Ninon ein solch außerordentlicher Mensch war, das hatte man schon zu Lebzeiten Hesses nicht ohne Ressentiment hingenommen. Sie paßte in kein bürgerliches Schema von Frau, zu klug, zu gebildet, zu unbeugsam ehrlich, so ohne alle ›weiblichen Schwächen‹, die man belächeln könnte. Ich nehme an, daß man sie unbewußt, nicht aus bösem Willen vergessen machte. Vielleicht werden spätere Generationen gerechter sein« (6. Januar 1978).
Wahr und nachweisbar ist, daß die Spannungen, die Hesse in den steppenwölfischen Jahren fast zersprengt hätten, im Zusammensein mit der achtzehn Jahre jüngeren Ninon bewältigt wurden. Lebensüberdruß und Selbstzweifel verschwanden. Er gewann eine schicksals- und gemeinschaftsbejahende Einstellung, die sich auch in seinen Werken niederschlug. Von Lebensekel ist wenig, von Selbstmord überhaupt nicht mehr die Rede. Was Ninons »Verstehen« für »seines Lebens Wüsten« bedeuten könnte, hatte er schon ahnungsvoll im allerersten Gedicht ausgesprochen, das er *ihr* widmete – am 23. März 1926, dem letzten Tag ihres Zürichers Beisammenseins:

Ninon

Weit war der Weg, den Du zu mir gegangen,
oft bist Du unterwegs allein geblieben,
was für ein Traum, was für ein Glückverlangen
zwang Dich in all den Jahren, mich zu lieben?

Ach, mich zu lieben, den verlorenen Sohn,
bringt Zwiespalt nur und bittere Bedrängnis,
so viele Deiner Schwestern liebt' ich schon
und wurde allen Irrweg und Verhängnis.
So viel Verstehen hab ich Dir zu danken,
hold klang Dein Ruf in meines Lebens Wüsten.

Am 27. März 1926 rief Hesse ihr, die schon nach Wien zurückgereist war, Verse nach, die ein verschlüsseltes Treueversprechen enthalten. Auf einem »Fest am Samstag Abend« hatte ihm eine Mailänderin gefallen:

[...]
Oh Ninon, Du darfst nicht schelten noch lachen,
die Mailänderin sah so traumhaft aus,
ihr Auge und Mund ist so klar geschnitten,
zwei Stunden lang war ich in sie verliebt,
ohne sie doch um mehr zu bitten,
als was jede Frau jedem Mann von selber gibt.
[...]
Und nun träum ich von Deinen schwarzen Haaren,
liebe Seele, wärest Du hier!
Meine Sehnsucht geht nur nach Dir,
niemals werd ich nach Mailand fahren,
[...]

Hesse, der immer bezweifelte, liebenswert – einer unzerstörbaren Liebe wert – zu sein, war durch Ninons unerschütterliche Zuwendung tief beeindruckt. In seinem Gedicht »Verse in schlafloser Nacht«, das wohl im Zusammenhang mit den exzessiven »Krisis«-Gedichten der Steppenwolf-Zeit entstand (das Typoskript ist undatiert), fürchtete er dennoch, die mondhafte Gefährtin, Lichtbringerin in seiner Lebensnacht, wieder zu verlieren:

[...]
Liebe Ninon, heute bist Du mein Mond,
scheinst in meine bange Finsternis herein,
wo mein Herz so verhängt und traurig wohnt;
Deine klugen, dunklen Augen sind voller Liebe.
Ach daß sie immer und immer bei mir bliebe!
Aber plötzlich bin ich dann wieder allein,
und aller Stern- und Mondenschein
kann meine schwarze Kammer nicht heller machen.
[...]

Im April 1927 stimmte Hesse Ninons Vorschlag zu, ein getrenntes Zusammenleben zu versuchen. Er vertraute darauf, daß Ninon seine Unabhängigkeit achten und ihm eine Gemeinschaft ohne gegenseitige Verpflichtungen bieten werde. Am 25. Juli 1927 berichtete er Helene Welti von einer Lebenswende: »Ich habe schon den ganzen Sommer meine Freundin aus Wien hier,

d. h. eine Symbiose ist es natürlich nicht, sie wohnt im Nebenhaus und ißt im Restaurant, aber sie ist doch da, und damit ist diesmal mein hiesiges Einsiedlerleben etwas verändert.« Ninon respektierte die Ruhe, die er für seine Arbeit brauchte, teilte seine Weltabwehr und gestaltete aus seinem Einsiedler- ein Zweisiedlerleben. Durch diesen »Dienst an der Dichtung« verschaffte sie zugleich ihrem eigenen Leben Ausrichtung und Halt; hatte sie doch nach eigenen Worten zuviel Zeit im »Vorläufig« verwartet, um einer noch ungewissen Aufgabe entgegenzuhoffen, die keine Halbheit dulden, sondern ihren vollen Einsatz fordern würde. Für Hesse wurde ihre Gegenwart bald unentbehrlich. Am Ostersonntag 1928 bat er seine »Liebste«, die in Berlin ihren Mann besuchte, der sie durch Warnung und Verlockung wiedergewinnen wollte: »Ninon, liebes Herz, geh mir nicht verloren! Es ist mir nicht oft geglückt, jemand zu finden, der mich einigermaßen versteht (mir also verzeiht), einer war Hugo Ball, wenigstens ein Stück weit. Und jetzt habe ich bloß Dich.«

Ninon schrieb in ihr Tagebuch: »Als ich zu Hesse zog, wusste ich um die ganze Schwere dieses Schrittes.« Sie fügte hinzu: »Ich lernte es schwer, dieses lautlose Dasein und Verschwinden, das Immer-Bereit-Sein und Nicht-Dasein, je nachdem, wie es der andere brauchte [. . .]. Ich hatte doch so etwas wie eine eigene Arbeit und ein eigenes Leben gehabt, und nun war ich auf einmal sozusagen ein Mensch zweiten Ranges, das ist gar nicht bitter gesagt, also ein Mensch, der *für* jemand anders lebt, nicht für sich, der alles, was er will und sein möchte, vom andern abhängig macht, und das war oft so furchtbar schwer zu lernen, obwohl ich es doch nicht anders gewollte hatte.«

Trotz mancher Ausbruchswünsche hielt sie an der einmal getroffenen Entscheidung fest. Dem lustvollen Aufschwung folgte zu Zeiten der todesmatte Absturz, dann verströmte ihre Wehmut in Versen:

> Oh meine kleine Lampe,
> Du hast mich oft getröstet, wenn ich einsam war.
>
> Trüb ward der Blick meines Freundes,
> wenn ich klagend die Stimme erhob.

> Da wurde ich stumm. Mit meiner grossen Traurigkeit
> blieb ich allein im Scheine meiner kleinen Lampe.

Hesse charakterisierte Ninon in einem Brief an seine Schwester Adele vom 25. Dezember 1930: »Sie ist ein lieber, treuer Mensch, unbedingt und zuverlässig in ihrem Fühlen, im Grunde sehr der Traurigkeit unterworfen, man muß aufpassen, sie nicht zu sehr zu belasten.«
Doch gerade die Leidensfähigkeit, durch die sie sich in seine Stimmungen einzuschwingen vermochte, bewiesen Hesse den inneren Gleichklang, den er bisher bei niemandem gefunden hatte. Der »rosenhafte Hauch von Schwermut, das stille Ergebensein in die Vergänglichkeit«, bezauberten ihn an ihr, der er 1930 »auf der Höhe des Lebens und der Liebesfähigkeit« den Essay »Zwischen Sommer und Herbst« widmete. Ebenso verrät sein Gedicht vom 21. Januar 1933, wie sehr die mondhaft »gedämpfte Strahlung« ihres Wesens – dazu das lustvolle Auskosten des Leids – ihm innerlich entsprachen:

> Bildnis Ninon
>
> Dunkel blicken aus den köstlichen
> Farben zärtlicher Bemalung
> Sinnend schwer die großen, östlichen
> Augen mit gedämpfter Strahlung.
>
> Und der Mund, still und gekräftigt,
> Scheint ein wenig leidbeflissen,
> Scheint mit einem Leid beschäftigt,
> Das er kostend angebissen,
> Das er gleich verbotener Frucht
> Fürchtet und doch heimlich sucht.

Ninon erkannte sehr bald, daß ihren Möglichkeiten, Hesses Leiden an der Welt zu mildern, enge Grenzen gesetzt waren. Da – wie er selbst immer betonte – das Ungenügen an der Wirklichkeit die Quelle seines Werkes war, mußte er sich sein krasses Stimmungsgefälle bewahren, um den Produktionsdruck nicht zu vermindern. Er verstand seine Dichtung als Heilungsversuch gegenüber den Verletzungen, die er durch die Welt erlitten hatte.

Einleitung

»Schöpfer aus Not, nicht aus Glück« seien alle Begabten gewesen, »Baumeister aus Ekel gegen die Wirklichkeit, nicht aus Übereinstimmung mit ihr«, hatte er in der »Nürnberger Reise« (1927) festgestellt. Er war überzeugt von der Schädlichkeit des Glücks für den dichterischen Impuls. Ninons Hilfe durfte somit nicht im Verhindern seines Leids bestehen, worin sie zunächst ihren Lebenssinn gesehen hatte. Sie konnte nur seine Leidenssphäre teilen: »Helfen hiess ganz einfach: da sein, zu ihm stehen, sein Bereitsein unterstützen.« Eine ihrer wichtigsten Aufgaben bestand darin, den werkbehütenden Zauberkreis seines Studios abzuschirmen. Schonend vermittelte sie, die Großstädte und Reisen in ferne Länder liebte, im abgelegenen Montagnola die notwendigen Kontakte Hesses zur Außenwelt. Gleichzeitig sorgte sie dafür, daß sich das schützende Gehege seiner Garten- und Bücherwelt nicht wieder zum angsterzeugenden Käfig verengte.

Die vielbestaunte Dauerhaftigkeit ihrer Gemeinschaft beruht in einer Fern-Nähe: »Das richtige Zusammenleben, wie ich es mir denke, besteht nicht nur darin, dazusein, wenn der andere einen braucht, sondern vor allem darin, nicht dazusein, wenn der andere einen nicht braucht«, hatte Ninon am 21. November 1926 an Hesse geschrieben, und diese Auffassung wurde für ihre Lebensgestaltung verbindlich. Hesse, stets darauf bedacht, sich die Menschen fernzuhalten, wußte es wohl zu schätzen, daß er in Ninon eine Liebende gefunden hatte, der er bestimmte Zeiten vorbehalten konnte, ohne seinen eigenen meditativen Raum preiszugeben. Diese Distanz verbürgte ein störungsfreies Zusammenleben, das noch durch wechselseitige »Hausbriefe« abgesichert wurde – am vereinbarten Ort abgelegte Mitteilungen, die unliebsame Arbeitsunterbrechungen ausschlossen.

Sie enthielten von Hesses Seite keineswegs nur – durch die Schriftform entschärfte – »Anweisungen für Ninon«, wie humorlose Hesse-Biographen vermuteten, vielmehr zeugten sie von gegenseitiger Schonung und zartsinniger Rücksichtnahme. So lautet z.B. am 28. Juli 1928 eine Einladung Hesses in der Casa Camuzzi: »Kalorum, Du bist, wie immer, morgen Sonntag

zu Tisch erwartet, und ich stand heut morgen um halb zehn vor Deinem Fenster in der Gasse und versuchte, mich durch Rufen verständlich zu machen, um Dir das zu sagen, aber es gelang mir nicht. Daß Du *auch heut* mit mir essen willst, freut mich sehr, Du bist um Mittag willkommen. Sollte die Gicht mir grade eine Grimasse abnötigen, so weißt Du ja, woher das kommt und wem das gilt. Auf Wiedersehn! H.« Mißverständnisse oder Unstimmigkeiten, die er schlecht vertrug, versuchte er sofort auszuräumen: »Mir scheint, ich habe irgend etwas falsch gemacht. Ich wollte darum bloß sagen: als ich heute morgen um sieben Uhr aufstand und mich in Dein Gärtchen droben schlich, um Dich mit der Zinnienpflanzung zu überraschen, geschah das nicht, um Dich zu ärgern, sondern um Dir eine Freude zu machen.« Hunderte solcher Wegwerfzettel blieben, manchmal von Ninon datiert, in ihrem Nachlaß erhalten und beweisen ein nicht abreißendes Wechselspiel von gedanklicher Entsprechung und Vertrautheit. Beide liebten ihre »Privat- und Nebensprache«, deren Sinn Außenstehenden verschlossen blieb. »Keuper« war Hesses Rufname für Ninon. Das Wort ist im Schwäbischen geläufig und bezeichnet eine Gesteinsart, die sich im Mesozoikum bildete; Keuperböden sind von schillernder Vielfarbigkeit. Hesse, der den Umgang mit Erde liebte und seine Gartenarbeit als Dienst an den Erd- und Wachstumskräften auffaßte, sprach mit diesem Kosenamen die elementar-chthonische Schicht in Ninons Wesen an, zugleich aber auch die Vertrautheit und Zuverlässigkeit seines schwäbisch-alemannischen Heimatbodens. Ninon freute sich in einem Rückblick für Willy Haas am 18. Dezember 1963 darüber, daß dieser Name ins »Glasperlenspiel« eingegangen war: »Keuper nannte H. H. mich, und da er sich über meine Beschäftigung mit Griechischem freute, wurde das Philologiestudium der Kastalier im Keuperheim betrieben.«
»Namen sind auf kürzeste Formeln gebrachte Geschichten«, behauptete Ninon. Sie nannte Hesse »Vogel«. Dazu verleitete sie nicht nur eine gewisse physische Ähnlichkeit in Kopfhaltung, scharfer Profillinie und spähendem Blick, sondern auch das Vogelleichte seiner Gestalt und die poetische Kraft, urplötzlich aus

Einleitung

den Fesseln erdenschwerer Wirklichkeit in blaue Fernen zu entschweben. Sie erfaßte mit diesem Rufnamen das stets Aufbruchsbereite in ihm, der jedoch eines sicheren Nestes bedurfte, um sich dann wieder vogelhaft flink in Dichtung und geistige Freiheit aufzuschwingen.

Doch er war für sie auch der Feuerschürer, Krötenfreund, Feigenpflücker, Heckenbeschützer und Zauberer. In einem Hausbrief bemerkte sie: »Wie knapp und doch präzis ist unsere Nebensprache: ›Postranghe palunque pomanta bastrangone‹, und alles ist gesagt, wozu Du deutsch vier Zeilen brauchst!« Hesse widmete ihr zu einer von ihm gern benutzten zärtlichen Anrede am 18. September 1960 ein – bisher unbekanntes – Gedicht, das zugleich Huldigung und Hochschätzung des archaischen Erbes ausdrückt, das er in ihr bewahrt sah: »Für Bastrangone zum Geburtstag« lautet die handschriftliche Widmung:

> Bastranga-Saga
>
> Längst fiel Bastranga und verschwand,
> Die einst so stolze Stadt, im Sand
> Der Wüste. Trümmer ihrer Mauern,
> Die wohl noch manch Jahrhundert überdauern,
> Sind Unterschlupf für Marder und Schakal,
> Ihr Zackenrand ist Weg-Signal
> Für Raubgesindel oder Karawanen,
> Die von Bastrangas hohem Ruhm nichts ahnen.
>
> Die einst in den Palästen Hof gehalten,
> Sind Staub geworden, ihre Enkel wohnen
> Zerstreut und heimatlos in manchen Zonen,
> Kaum wissend noch vom Glanze jener Alten
> Und dennoch stolz. Man nennt sie
> Bastrangonen.

Hesse sah in seiner »Bastrangone« zugleich die ruhmreiche Vergangenheit ihrer Vorfahren. Wenn auch der sagenhaften Schauplatz Bastranga im Wüstensand versunken sei, so blieb dessen Erben das Vermächtnis von Stolz und elitärer Unbeugsamkeit. Hesse achtete an Ninon jedoch nicht nur die Überlebenskraft eines uralten Volkes, sondern auch ihre östliche Herkunft, von der – wie es in seinem Gedicht »Bildnis Ninons« heißt – ihre »großen östlichen Augen« zeugten. Daß »Ninon, die Ausländerin«, aus einem gen Morgenland gerichteten Grenzort des abendländischen Kulturkreises stammte, beflügelte von Anfang an Hesses Phantasie. Seit seiner Kindheit hatte das Wort »Osten« für ihn einen geheimnisvollen Klang; denn in seinem Elternhaus hatte sich die pietistische Frömmigkeit der Missionare mit indischer Weisheit durchsetzt. In Ninon hatte Hesse die fernöstliche Atmosphäre seines Elternhauses in einer nahöstlichen Variante wiedergefunden.

Die oft geäußerte Vermutung, Ninon habe an Hesses Seite ein freudloses Pflichtleben durchlitten, ist unberechtigt. Zwar gab es für sie Enttäuschung und Verzicht neben dem durch die Realität so leicht gekränkten Dichter. Schroff und kantig wehrte er ab, was ihm wesensfremd oder seiner Dichtung unzuträglich erschien. Es gab »stumme Wochen«. Reizbar und schwierig war er während der Zeitspannen »latenter Produktion«, des Abwartens auf einen ingeniösen Schub für die Einfädelung eines neuen Werkes. Dann verweigerte er strikt jede Ablenkung. Sein zeitweiliges Verlangen nach durchgängiger Konzentration, seine Phasen von Gereiztheit oder bedrückender Schweigsamkeit wurden für Ninon aufgewogen durch das gemeinsame abendliche Leseglück und einen von solchen Verstimmungen unabhängigen inneren Gleichklang.

Ninon verstand ihn, und damit auch die für seine Arbeit notwendigen Bedingungen. Darum verglich sie in Briefen an Freunde das einst von ihr gehegte Wunschbild einer Dichtergefährtin humorvoll mit deren prosaischem Tagesgeschäft. Der Zurücknahme ihres jugendlichen Glücksverlangens folgte nach und nach das befreiende Lachen über die tragikomische Diskrepanz zwischen jeder Erwartung und deren Erfüllung. Im August 1939 schrieb sie ihrer Schwester Lilly, die schmerzlich unter ihrer Ehescheidung litt, einen Trostbrief, der viel von dieser heilsamen Ernüchterung verrät: »Du darfst nie vergessen: Wir sind nicht dazu da, um glücklich zu sein. Wir können nicht tief-dankbar genug sein, wenn wir's mal Augenblicke oder Tage lang gewesen sind. Wir

haben nicht nach Glück zu streben und dürfen darum nicht verzweifeln, wenn uns ein Glück verlässt. Kurz, wir sollen uns nicht auflehnen, sondern dem Geschehenen ein Sinn geben.
Und – nun wirst Du wieder lachen! – erinnere Dich, wie ich jahrein, jahraus predigte: Die Liebe ist nicht so wichtig! Ich bleibe dabei. [...] Nur die Arbeit ist wichtig. Nicht ›viel arbeiten‹, um sich zu betäuben – eine gute, *mir* angemessene Arbeit leisten, in der ich etwas von dem verwirklichen kann, das in mir liegt. Diesem Etwas nachspüren! Es aus der Tiefe holen, ihm den Weg bahnen, es sichtbar werden lassen. [...]
Wir müssen uns davon befreien, dass wir erst in der Verbindung, der Verschmelzung mit einem Mann eine Erfüllung finden. Es ist eine Erfüllung – aber es ist *nicht* das Leben. Das Leben ist hart und schwer. Jeder ist allein. Bisweilen begegnen wir einem Partner, gehen eine Weile mit ihm, dann sind wir wieder allein. Und dies müssen wir nicht nur ertragen, sondern es auch wollen. Unser Einsamsein wollen. [...]«
Lilly gegenüber bekannte sie sich zum ehefördernden Wert einer begrenzten Anpassung. »Alleinsein-Können ist doch das, was vor allem gelernt sein muss.« Man solle seinen Nächsten lieben wie sich selbst, mahnte sie häufig – jedoch mit der Betonung des »Sich-selbst«! In ihrem Tagebuch vermerkte sie: »Man darf nicht für andere leben, man darf nicht sein Zentrum in einen anderen Menschen verlegen«, und fügte hinzu: »Hüter des Bruders? Ja. Aber unser Leben darf nicht nur ein Hüten des andern sein.« Mir schrieb sie nach unserer ersten persönlichen Begegnung: »Lernen Sie nicht Aufopferung als Forderung an das Weibliche. Gefährte sein ist eine Forderung, die für den Mann genauso gilt wie für die Frau.« Als Gefährtin mit Eigen-Sinn bot sie Hesse den notwendigen Gegenpart. Hesse war von einfangender, seine Umgebung auf sich hin zentrierender, willensmächtiger Wesensart; nur weil Ninon sich ihm gegenüber zeitweise verschanzte, konnte sie dem Druck seiner starken Persönlichkeit widerstehen. Er wiederum schätzte die festen Konturen ihres Charakters, die auch ihm Widerstand und Halt boten. Daß er die Standhaftigkeit respektierte, durch die sie sich ihm gegen-

über abblockte, beweist ein Hausbrief: »Du warst plötzlich nicht mehr zu sprechen. Und manchmal bewundere ich das an Dir und liebe es beinah, wie Du Dich mit einer Mauer umgeben und abriegeln kannst« (3. Januar 1931). Der am 14. November 1931 geschlossene Ehebund entwickelte sich zu einer Gefährtenschaft zweier starker Persönlichkeiten, die sich in der schwebenden Mitte zwischen Freiheit und Bindung begegneten.

Es machte Hesse Freude, Ninon zu beschenken. Seine »Liebesgaben für Keuper« bestanden meist aus neu entstandenen Gedichten. Neben denen, die später unter dem Drucktitel eine offizielle Widmung trugen, wie z.B. »Gärtners Traum, Für Ninon am 1. Juli 1933«, schenkte er ihr viele Handschriften und Typoskripte, die er, mit Datum und Zueignung versehen, zur abendlichen Überraschung auf ihr Nachtkästchen legte oder für Zufallsfunde in ihre Schubladen schmuggelte: »Keupern überreicht von Vogel.« Er aquarellierte ihr »Willkommensgrüße zur Heimkehr« nach Reisen, legte »Guten-Morgen-Grüße« mit Blumen oder Vogelfedern auf ihren Frühstücksplatz, auch eine »Karfreitagsgabe« oder einen »Peterspfennig für Rom« und andere »Geschenkchen für die Reise (erst im Zug zu öffnen)«, Zigaretten und Pralinen »Ninoni dedicavit«, oder Bücher »Ninonis Ovum Paschalium«. Von seiner Badener Kur schickte er ihr am 7. November 1940 einen »Beschluß der Akademie Laus stultitiae: Unser Mitglied Domina Keuper wird in Anerkennung mancher sowohl philologischer wie anderer Torheiten mit dem diesjährigen Torheitspreis ausgezeichnet, bestehend in einem Taschengeld für den Zürcher Aufenthalt.« Unter dem Weihnachtsbaum 1954 fand sie das »Liebesbriefchen eines alternden Gatten«.

Die »Hausbriefe« sind Zeugnisse ihres täglichen Umgangs: »Herrlich ist Deine Einleitung, danke, dass ich sie zuerst lesen durfte. Heisst es aber wirklich ›im Berede der Gattung‹, dort, wo ich Dir ein Zeichen machte? Oder ist es ein Schreibfehler?« fragte Ninon. Oft bot sie ihm ihre Hilfe an: »Heute ist ein Regentag, ich will Dir sehr gern auch am Vormittag vorlesen, bitte, melde Dich nur, sobald Du Lust dazu hast. Ich will so gerne Deine Augen schonen! Es tut mir so leid, dass Du Dich so aufgeschmissen fühlst, und ich versichere Dich immer wieder meiner Hilfsbereitschaft.« Oft sollte Ninon für ihn Bücher beurteilen: »Ich habe von ½11-1 Uhr Koelsch, ›Geliebtes Leben‹, gelesen, flüchtig, mit Auslassungen, aber bis zu Ende. Es ist recht schlecht, besonders sprachlich! Ich wollte mir *einen* Satz für Dich notieren – aber siehe da, jeder eignete sich dazu, Dir als Probe für schlechtes Deutsch vorgelesen zu werden« (Oktober 1935). Als Hesse über Eduard Korrodi, Redakteur der »Neuen Zürcher Zeitung« verärgert war, verfaßte Ninon eine »Namenskundliche Beurteilung: corrodo, rosi rosus = zernagen, zerfressen; frz. corroder = beizen, ätzen, anfressen!« und löste sein befreiendes Gelächter aus. Am 4. April 1950 fand Ninon als »Gabe für Keuper« Hesses Urteil über den literarischen Surrealismus: »Obwohl der Präsident des internationalen Ein- bzw. Ausschusses den üblichen Breitengrad längst überschritten hat, glüht dennoch in den Seelen der ihm blind Ergebenen unwandelbar oder zielbewußt der radikale Unglaube an die ewige Ordnung.« Über die Zwölftonmusik schrieb er ihr, geschmückt mit einem gelblich-violetten, linienverschlungenen Aquarell:

> Das schwierige Gedicht:
>
> Manchem mag
> Doch jedem nicht
> Gott gegeben
> Verstehen gelblicher
> Verse dunkeles Violett.
>
> Zwölf sind der Töne.
> Mancher versteht
> Mit oder ohne Adorno
> Zwölfergesang,
> Nicht aber
> Gelähmt durch Erstaunen
> Unterzeichneter.
>
> Keupern überreicht von [ein gezeichneter Vogel]

Auch Profanes wurde schriftlich abgehandelt. So meldete Ninon am 10. März 1934: »Lieber Hermann, ich dachte, ich könnte mehr zur Kohlerechnung beitragen; aber ich kann nur Frcs

64,60 (aus Ersparnissen) geben.« Hesses Notiz auf dem gleichen Bogen: »Braves Weib, sprach er gerührt, wie treu unterstützt Du Deinen Gemahl.« Er schickte ihr »Mutmaßliches über den blauen Anzug: Man betrachte das Futter des Rockes. Durch zwei, drei Flicken innen, namentlich in der Taschengegend, könnte manches gerettet werden. Das kleine, aber unheilschwangere Loch in der rechten Hosentasche habe ich durch Papier kenntlich gemacht« (4. Oktober 1941). »Diplomatische Note: Das gestrige allzu üppige Abendessen hat mich richtig die Nacht gekostet. Ich melde es, und würde ein etwaiges weiteres Attentat dadurch beantworten, daß ich wöchentlich zwei Obsttage halte« (28. Januar 1943). »Wenn ich nicht von jeder Speise zweimal reichlich nehme, bist Du unweigerlich betrübt und der Meinung, es müsse noch mehr in mich hineingestopft werden. Ach wie weit liegt die Zeit Siddharthas, der mit dem Fasten auch das Denken lernte!« (22. Januar 1949). Auf ein versandbereites Couvert schrieb er: »Tu wie du magst, o Keuper! Um die Sache noch kostbarer aufzuziehen und meinen von China und Zen her genährten Hang zur Einfachheit noch stärker zu korrigieren, könnte man den Brief auch noch einschreiben oder mit tausend Franken Wert bezeichnen« (21. Februar 1949). Die Selbstironie des sparsamen Hesse spiegeln die Begleitverse zu einem Geldgeschenk: »Dies bekommt Keuper zu Ostern, damit es ihr nicht gehe wie jener, von der es in den alten Balladen heißt:

> Frau B. entbehrte nicht des Reizes,
> Und auch charakterlich ein Held,
> Doch war ihr Mann ein Hals des Geizes
> Und gab ihr keinen Rappen Geld.
> (Ostern, 5. April 1953).«

Man würde eine wesentliche Seite dieser vielschichtigen Ehe unterschlagen, wenn man die launigen Zwiegespräche in Hausbriefen und Versen unerwähnt ließe. Beide konnten über dasselbe lachen. Beide liebten Scherzgedichte und den spielerischen Umgang mit Worten, beide hatten einen ausgeprägten Sinn für unterhaltsamen Spott.

In Versen zeigte sich Hesse Ninon gegenüber reuig:

> Ein frecher Vogel fand seine Freude am Disputieren,
> Er pflegte gegen alles und jedes zu protestieren,
> Nachher in der Stille seines behaglichen Nests
> Erwog er betrübt die Folgen seines Protests.

Spaßhaft mahnte er Versäumtes an:

> Fragst Du, was mir das Gemüt umnachte,
> Fragst Du, welch ein Gram mein Herz verbrennt:
> Daß die Wabe, die Lorenzo brachte,
> Man mir vorenthält so konsequent.

Aus der Badener Kur sandte er im November 1950 einen Notruf:

> Zerrissen ist das Hemd der Nacht,
> Das ich von Hause mitgebracht.
> Nun lieg ich in der Fremde
> Mit dem zerrissenen Hemde.

Sein Wunschtraum gelangte in Versform:

> Ein Vogel hatte nachts ein Träumchen,
> Ihm träumt von Chokoladenschäumchen.
>
> Ergebenst dankt der Unterfertigte.

Seine Vorliebe geriet im Reim zu ihrer beider Erfüllung:

> Das Sehnen, das in ihm entglommen,
> und das noch niemals ernstlich trog,
> Hat Keuper ihn erfüllt bekommen,
> Den Wunsch, den *er* im Busen trug?
>
> (Bezieht sich auf Deinen Wunsch nach Fondant etc.!)

Er beugte sich altersbedingten Einschränkungen:

> Einst und Jetzt
>
> Einst sang mit froher Stimme ich
> Mein Lieblingslied in allen Gassen:
> Gebt von der Milch mir nur den Rahm!
> Heut aber; Keuper, bitt ich dich,
> Den Rahm doch wieder wegzulassen,
> Weil er der Leber nicht bekam.

Er überraschte Ninon mit einer »Kurzballade«:

> Der Landmann stürzt, des Regens froh,
> Kopfüber in sein Studio.

Hesse liebte Schüttelreime und notierte sie auf zufällig daliegenden Zetteln:

> Jeder traurige Schrugelkaib
> schreibt mit einem Kugelschreib.
>
> *
>
> O Gemse, Sperber, Murmeltier,
> Was saget ihr? Was murmelt ihr?
>
> *
>
> Die Schwalbes wurden allenthalben
> Gepriesen wegen ihrer Salben.
> Man nannte sie die Salbenschwalben
> Und ihre Salben Schwalbensalben.
>
> (Über drei Brüder, Apotheker namens Schwalbe)

Auf der Rückseite einer Speisenkarte des 14. August 1961 vom Hotel »Waldhaus« in Sils-Maria findet sich in der verzitterten Handschrift des 84jährigen Hesse ein später Beweis für seine Freude am Wortspiel:

> Es kommt geflogen die Spechtmeise,
> Hat großen Hunger und mecht Speise.

Auch Ninon reimte zu Hesses Entzücken:

> Mancher Dichter ist Erzähler,
> Und das ist ja auch kein Fehler.
> Aber desto rühriger
> Zeigt er sich als Lyriker.
>
> *
>
> Es tönen seine Lieder prächtig,
> Und dennoch ist er niederträchtig.
>
> *
>
> Er wünschte einen Weg sich, und er hat ihn.
> Und wem verdankt er's, wenn nicht seiner Gattin?

Am Abend, wenn es acht geschlagen,
Wird Bach und Mozart übertragen.
Zuweilen hört man Meister Archen
Bei der Musik zufrieden schnarchen.

Die Hesse-Ehe spielte sich auf zwei Ebenen ab: Neben dem oft trennenden Alltag mit Schweigen, Zurückweisung und werkabhängiger Gereiztheit gab es eine davon unberührte Erlebnisschicht, in der sie sich immer vereint wußten. Hesse beschwor diese Sphäre erdenferner Leichtigkeit, wenn er Ninon – wie am 7. April 1932 – nach einem Mißklang versöhnlich schrieb: »Bald treffe ich Dich wieder, so hoffe ich, irgendwo auf der Fahrt nach Morgen, fern von Zeit und Zahl. Corgolanum pargalone. H.«
Für Hesses gesundheitliches Wohl und seine literarische Arbeit war Ninon jederzeit bereit zu »Dienst« und Einordnung, und doch genügte ihr das nicht als Lebensinhalt. Immer vibrierte in ihr die Unrast einer Frau, die ihre eigenen Anlagen und Fähigkeiten nicht verfehlen möchte. Sie fürchtete ein Leben aus zweiter Hand und teilte ihre Zeit ein in die Pflicht für Hesse und die Verpflichtung gegenüber ihrer eigenen Begabung. Den Weg in die antike Mythologie, den sie sich während ihres Wiener Kunst- und Archäologiestudiums und auf Mittelmeerreisen erschlossen hatte, setzte sie zielstrebig fort, er führte sie in einen ihr gemäßen geistigen Freiraum.
Ihre Reisen und die Erfüllung des heimischen Pflichtenkreises ergänzten sich wie Einatmen und Ausatmen: Hier die disziplinierte Zuarbeit für den Dichter, dort die Lust der Ungebundenheit, hier der fest geregelte, pedantisch eingeteilte Alltag, dort die Freiheit des Umherschweifens; hier die schweigende Anpassung an den gegen Außenstörungen empfindlichen Autor, dort die weltoffene Erschließung von Kunst und Landschaften.
Seit dem Frühjahr 1937 ziehen Ninons »Reisebriefe« die Doppelspur ihres Lebens nach, die mit ihrer ersten Griechenlandreise begann; dort lernte sie eine Landschaft kennen, die einer noch unentdeckten Seite ihres eigenen Wesens entsprach. Im

Griechischen, in der ganzen Fülle dieses Begriffes – in Archäologie, Mythologie, in der klang- und bildgesättigten Sprache – fand ihre Sehnsucht nach einer »Heimat des Geistes« einen Ankerplatz. »Was für ein Volk!« schrieb sie am 23. Januar 1957 in ihr Tagebuch. »Nichts blieb für die Griechen un-benannt, unbeseelt, un-geformt, die Blitze waren Zeus' Ausdrucksweise, das Feuer Hephaistos', jeder Fluss ein Gott, das Meer eine Götterfamilie [...].« Der Religionswissenschaftler Karl Kerényi erklärte: »Frau Ninons Leben wurde in der Zeit unserer Bekanntschaft, soweit ihre achtsame und in diesem Sinne religiöse Sorge um Hesses Leben sie nicht in Anspruch nahm, immer mehr zu einer einzigen Vorbereitung auf griechische Reisen, die sie wiederholt unternahm. Sie dienten einer religiösen und wissensmäßigen Besitzergreifung von Griechenland mit einem Eifer und einer Ausschließlichkeit, die auch ihre Schwierigkeiten in menschlicher Beziehung haben sollten.«

Sich dem Geist des Griechentums anzuverwandeln war für Ninon ein existentieller Vorgang. Was nützt das erworbene Wissen, so fragte sie, wenn man sich nicht bemüht, das Erkannte in Handeln umzusetzen? Irmgard Gundert, eine Großnichte Hesses, hatte sie 1966 auf einer Griechenlandreise begleitet: »Was Ninon Hesse vor anderen auszeichnete, ist ein Wesenszug, den man auf deutsch vielleicht mit ›leidenschaftlicher Liebe zur Wahrheit‹ bezeichnen könnte. Besser scheint mir jedoch ein Ausdruck der altgriechischen Sprache zu passen: – ἐρᾶν τοῦ ἀληθοῦς – das heißt nicht nur ›das Wahre lieben‹, sondern auch ›danach streben‹, es begehren. Es ist vielleicht kein Zufall, daß man den Grundzug ihres Wesens in der altgriechischen Sprache besser als in der deutschen benennen kann.« Irmgard Gundert schildert Ninon als kongeniale Gefährtin Hesses: »Etwas vom Wesen des Menschen zu wissen, mit dem er am dauerndsten und festesten verbunden war, ist für das Verständnis des Dichters wichtig.« Es sei bezeichnend für Ninon gewesen, daß sie in ihrem Verlangen nach Echtem und Unverbrauchtem alle abschwächenden und beschönigenden Ausdrucksweisen abgelehnt habe. »Sie hat nicht nur vom Sinn entleerte Konventionen der Sprache kriti-

Einleitung

siert, sondern auch solche des Verhaltens.« Hesse habe ihr einmal »den wohl halb scherzhaft, halb aber auch wohl ernst gemeinten Vorwurf gemacht, ihr gefielen die Erstfassungen seiner Gedichte stets besser als die späteren endgültigen Fassungen nach der Überarbeitung der ersten Entwürfe. Sie hat wohl überhaupt alles Ursprüngliche, alles, was unmittelbarer Erfahrung entstammt, geliebt. [. . .]« Die Kongruenz von Anschauung und Benennung im Altgriechischen wurde für sie zum Maßstab elementaren Erlebens und sprachlicher Treffsicherheit und ihrer – oft schonungslosen – Wahrheitsliebe.

Seit dem »Erweckungserlebnis Griechenland« im April 1937 kreiste ihr Leben um einen zweiten Schwerpunkt. Hesse bewunderte den Forschungsernst und die Zielstrebigkeit, mit der sie sich einschließlich der Erlernung der neugriechischen Sprache (Altgriechisch beherrschte sie schon) ihr Sehnsuchtsland erschloß.

Er selbst verließ nur ungern seine stille Garten- und Bücherwelt, doch er hatte Verständnis für ihr Fernweh; ja, es behagte ihm sehr, mit welch strahlender Freude sie ihm alles Erlebte zutrug.

Während Ninons Reisebriefe ein großräumiges Panorama entwerfen, bieten seine Antworten, die zum Teil schon in den vier Bänden seiner »Gesammelten Briefe« (Suhrkamp Verlag, 1973-1986) veröffentlicht wurden, Ratschläge und ermutigenden Zuspruch; allerdings berichtete er zu ihrer Beruhigung meist Harmlos-Alltägliches über seine Gartenfreuden, seine Söhne oder Schwestern, die ihn während ihres Fernseins versorgten, über Besucher oder die Streiche der geliebten Katzen. Bereits nach wenigen Stunden der Abwesenheit fühlten beide den Drang zu schreiben, ihr unermüdliches Mitteilungsbedürfnis drückt seelische Nähe, ja Zärtlichkeit aus. Der Dialog sollte nicht abreißen, er beweist unverbrüchliche Solidarität und wechselseitiges Aufeinander-Ausgerichtetsein. Sie dachten beim Niederschreiben von manch Belanglosem nicht an die Nachwelt, mitlesende Zeugen blieben außer acht. Nur *einen* Brief an seine im März/April 1928 in Paris weilende Geliebte verfaßte

Hesse ohne Rücksicht auf die sonst so gehütete Intimität, sondern mit dem Blick auf die Öffentlichkeit. Sein »Brief an die Freundin« erschien im »Berliner Tageblatt« vom 29. April 1928 und enthielt ein offenes Bekenntnis über sein Gemeinsamkeitsglück mit Ninon, von ihm wohl in der Absicht niedergeschrieben, der Welt über sich etwas mitzuteilen, das man von ihm wissen sollte: Der Daheimgebliebene dachte an seine ferne Geliebte, und während eines »Augenspaziergangs« in seinem Zimmer blieb er »eine Minute vor unserer grüngoldenen Urania stehen, dem Zauberschmetterling aus Madagaskar. Ich kann mir denken, daß Du in Paris jeden Tag viele schöne Sachen zu sehen bekommst, Liebste, aber schöner als die Urania können sie doch wohl nicht sein. Und französisch sprechen kann man ja auch mit Schmetterlingen.« Er vermißte sie und ließ es sie vor aller Welt wissen: bei Sonnenschein sei »es ja auch noch zum Aushalten. Aber wenn es regnet und kein Vogel singt und Du so weit weg bist, dann ist das Leben wenig wert.«

Stets möchte er sie zurücklocken in seinen Zaubergarten; daneben enthalten all seine Briefe die liebevolle Warnung, sie möge sich in den großen Museumsstädten und »an den mittelmeerischen Gewässern nicht vollends kaputtmachen!«

»Ich sah doch alles immer nur für H.H.«, schrieb Ninon Weihnachten 1962, ein halbes Jahr nach Hesses Tod, an Fred Dolbin. »Für *Ihn* war ich – wie mir jetzt klar wurde – doch eigentlich immer gereist, um *Ihm* alles zu bringen.« Im Rückblick auf ihre anstrengenden »Ferien« erklärte sie im November 1963 Günther Klinge: »Das ist *mein* Erholungsstil immer gewesen; mein Mann kannte das, lächelte, drohte ein bischen: ›Mach dich nicht kaputt! Sei nicht töricht‹, – aber ich war töricht, und eigentlich gefiel es ihm dann doch – und ich schrieb ihm ganz lange Briefe und sah alles wie für *Ihn* an – um es *Ihm* zu erzählen, zu beschreiben. Das liebte er sehr.«

Hesse zeigte stets Verständnis für ihr Fernweh, diesen unabweislichen Drang zur Erkundung fremder Länder und Städte: »Daß Du fort bist und immer wieder zeitweise fort sein mußt, um Dein Leben in Form zu halten und Dich nicht bei mir zu verlieren, das

ist ja ganz natürlich und richtig, ich freue mich, wenn Du in Paris und sonst das Deine findest und dann wieder in meine Nähe kommst«, schrieb er ihr am 14. April 1928 von Zürich nach Paris. Im gleichen Jahr erwartete er sie ungeduldig von ihrer ausgedehnten Herbstreise nach Wien, Krakau, Czernowitz und Berlin: »Du hast so viel erlebt, und jetzt wird es bald Zeit, daß Du die Flucht aus der Zeit, fugam saeculi, unternimmst und zu mir kommst auf die schwebende Insel, wo es weder Montag noch Samstag, noch ein Berlin noch ein Auto gibt. Da gibt es nur den Goldmund und den Piktor, und eine Lampe und Bücher, den Dickens und andere. Freilich, es gibt auch Augen und Ischias, nun ja [...]«. Als sie im Frühjahr 1930 Dolbin in Berlin besuchte, lockte Hesse unter einem als Briefkopf gemalten Vogel und dem Absender »Avis Pictoris salutationes agit Ninoni illae«: »Und nun lasse Dich in Berlin nicht tot machen, mein liebes Herzlein, das ist wichtiger als alles andere; denke dran! Pictor grüßt Dich auch und Knulp und Goldmund.«
Als Ninon allein eine »Hochzeitsreise« nach Rom unternahm – ihre Trauung mit Hesse hatte am 14. November 1931 stattgefunden –, versicherte er seiner »Eidgenossin auf der Fahrt ins Morgenland« aus Baden, wo er sich zur alljährlichen Rheumakur aufhielt, daß er ihren »sehr schönen und furchtbar lieben Brief [...] als Talisman« stets bei sich trage und »später an würdigster Stelle im heiligen Bundesarchiv aufbewahren« werde. »Liebe Ninon, Du bist in Rom und erlebst eine Menge großer Dinge, vor diesem Hintergrund werden meine Badener Erlebnisse noch kleiner, als sie ohnehin schon sind. Es kann dich wenig aufregen, daß ich auf der Straße fünf von den Liliputanern und eine Liliputanerin angetroffen habe, aber für einen Tag war dies hier ein Erlebnis, es ermutigte mich so, daß ich mich auch noch in ein Café wagte. [...] Heute kamen zwei Briefe von Dir mit den schönen Karten, die von Dosso Dossi ist wundervoll. Aber daß Du Dich so abarbeitest und tot machst! Du dummes, dummes kleines Mädchen. Du wirst einmal vor dem Sterben darüber unglücklich sein, daß Du 400 305 608 ungesehene Kunstwerke auf der Erde hinterläßt, statt nur 400 305 503.«

Ähnlich warnte er sie in einem undatierten Brief nach Rom: »Jetzt schreib ich noch diesmal und dann nimmermehr. Denn dann kommt sie ja, die Römerin, und Baden wird ihr nichts zu bieten haben als ein Bad und ein überaus einfaches, leicht erlernbares System von Verkehrsmitteln; nie wirst Du hier in den falschen Autobus steigen. [...] Mit Deinem römisch-jüdischen Pflichtleben machst Du dich tot, puella stupida. Also dann wirst Du hier eine Stunde ins Bad und 24 Std. ins Bett gelegt, als erstes, und dann sehen wir weiter.«

Den Grundton seiner Briefe bildete stets eine Durchmischung von Besorgnis, daß sie sich im ungebremsten Wissensstrieb überanstrenge, und seiner Bestätigung, daß sie hin und wieder den impulsgebenden Ausbruch aus Montagnola brauche. Als Ninon im Oktober 1933 zu kunstgeschichtlichen Studien Florenz und Rom besuchte, mahnte er: »Denke dran: daß Du nicht die Aufgabe hast, auch noch in den Ferien Tatkraft, Ausdauer etc. zu zeigen, denn Mut zeigt auch der Mameluk und Heroismus ist auch Görings Ideal, des Keupers Schmuck aber ist Gehorsam, nämlich Weisheit = Gehorsam gegen die Weisheit unsres Körpers und unserer Seele (nicht unseres Willens und Intellekts).« Sie möge ihre Besichtigungsprogramme nicht für »Marschbefehle und Fleißaufgaben« halten, denn »Vogel vertraut Dir seinen Keuper an, daß Du ihn gut und heil und vergnügt zurückbringst, auch wenn du ein paar Tage länger wegbleibst und einige Franken mehr brauchst. Gute Reise, Keuper, ich beneide Dich beinah.« Auf ihre Briefe aus Sizilien erwiderte er am 22. Oktober 1934: »Aber diese fretta – nennt man das nicht jüdische Hast? Keuperchen, trabe Dich doch nicht tot, das ist Raub an Dir und an mir. Du glaubst noch immer, großes Kind, man könne vielleicht doch in einem Menschenleben zu Rande kommen mit der Welt, alles Schöne gesehen haben, alles Weise gelernt haben. Das kann man aber nicht, die Welt ist unerschöpflich, wir aber sind sehr erschöpflich, darum ist ein Mundvoll besser als ein in Hast halb geleertes Faß [...]. Ruiniere mir meinen Herzenskeuper nicht, sondern tu mehr adagio, und wenn Rom so wichtig ist, so setze doch Deinen Ferien drei, vier Tage

oder mehr zu [...].« Er folgte am 17. November 1931 in Gedanken ihrem Reiseweg: »In dem Civitavecchia, wo Du erwachtest, ist Stendhal Konsul gewesen. Und jetzt läufst Du in Rom herum, ißest an den kleinen Tischen [...], schlürfst Barockfassaden und füllst dich wieder für eine Weile mit Bildern, und sprichst dazu lingua Romana in bocca Ninonis. Mach Dich nicht tot, sonst wirst du nachher hier zu stundenlangen Bädern verurteilt [...].« Er dankte am 27. Oktober 1934 für ihren Brief aus Selinunt, »aber ich bin mit Keupern nur halb zufrieden. Wie jagst Du in der Welt herum. Siehst, daß Du es nicht mehr wie früher erträgst, und zwingst es doch! Alles nur, um mir eine kaputte Ninon heimzubringen. Wenn Du Dir in Rom nicht Zeit läßt und auch etwas ausruhst, bin ich Dir böse [...]. Mach Dich froh und bringe Dich gut zurück. Dein Vogel.«
»Nimm alles in sanftem Tempo!« riet er ihr nochmals am 29. Oktober 1934. »Du fragst, wie man das mache, und argumentierst: die täglichen Genüsse müssest Du Dir doch durch tugendsames Verhalten und strengen Fleiß auf der Reise verdienen! Du vergißt ganz, daß die ganzen Ferien und Reisen von Dir schon längst verdient sind, noch eh du sie antrittst! Du hast sie durch ein Jahr Haushalt reichlich verdient und sollst Dir dann die Ferien selbst nicht auch noch unterwegs durch Heroismus verdienen müssen! [...] Herzlein, jetzt bist du schon wieder in meiner Nähe, das ist schön fürs Herz und entlastet mich von der langen geographischen Überanstrengung. Ich küsse Dich und wünsche Dir von Rom noch ein Zusammenfassen, Ausklingen und Nachstrahlen alles Erlebten. Dein H.« Auf ihre Berichte aus dem Britischen Museum in London antwortete er am 19. Oktober 1935: »Daß es Dir dort gut geht und Dich erfrischt, das freut mich sehr, und es ist beschämend zu denken, daß du hierher in mein ödes Leben zurücksollst [...]. Leb wohl liebes Herz und lass Dir London noch recht schmecken!« Ähnliches wünschte er ihr am 30. Mai 1936: »Lass dich nur verwöhnen in Wien und genieße es, aber nicht gar zu töricht und happig, und lass dir alle Zeit, hierher ins Exil zurückzukehren ist noch immer Zeit!« Am 25. April 1937 freute er sich über ihren Brief aus Athen, »er strahlt

Erlebnis und Freude aus und gibt mir wirklich einen Widerschein von dem, was Du sahst«, und fügte am 5. Mai 1937 hinzu: »Liebste, jetzt hast Du Delos und wohl auch Mykene schon gesehen und wieder verlassen, in Bedauern gewiß und dem Wehgefühl, mit dem man bei solchen Erlebnissen das Große und Ewige als Gegensatz zur Kleinheit und Kürze des eigenen Lebens empfindet. [...] Liebes Herz, habe es noch schön und freue Dich Deiner Reise und Freiheit.« Zum Besuch einer Skulpturen-Ausstellung in Bern wünschte er ihr am 23. Januar 1950: »Schöne Stunden mit den Griechen und den andern Freunden! Tante belle cose von Seiten Vogels.« Am 17. Juni 1951 versicherte er ihr sein Dabeisein: »Ave Keuper, avis te salutat! [...] Ich folge in Gedanken Deinen mühsamen Wegen durch Rom und bin froh, wenn ich Dich in einer geweihten Stätte verschwinden und aufatmen sehe. Alles Gute und Freundliche, über das ich momentan verfüge, sei Dir zugedacht.« In Paris erreichte sie sein am 27. Oktober 1960 abgesandter Reisewunsch: »Freue Dich der Freiheit! Dennoch vergiß nicht den alten Literaten im Bambusgehölz!«

Hesse betonte seine Aufgeschlossenheit für Ninons Mythos- und Motivforschungen gegenüber Luise Rinser: »Ja, man hielte gern die Frauen vom Geistigen ab, aber ich mache das nicht mit. Meine Frau, die einst Kunstgeschichte studiert hat, ist, soweit ihr Leben es erlaubt, ganz mit Griechischem beschäftigt, Literarischem, Archäologischem und vor allem Mythologie. Wenn ich jeweils in Baden bin, wohnt sie in Zürich, sitzt die Vormittage in der Bibliothek und besucht mich nachmittags im nahen Baden« (20. April 1942). Um ihre reiche archäologische Materialsammlung wissenschaftlich zu untermauern, arbeitete Ninon, wann es ihr eben möglich war, in der Züricher Zentralbibliothek. »Ich werde mich immer wieder loszureissen versuchen, denn auf *meine* Arbeit will ich nicht verzichten. Sie ist meine Heimat« (29. März 1943 an Margrit Wassmer). Hesse, der an ihren Reisefunden ebenso wie an ihren altphilologischen Textstudien Anteil nahm, zerstreute ihre Bedenken, sie könne ihn dafür nicht eine Woche lang allein lassen und schrieb ihr von Montagnola nach Zürich:

Einleitung 43

»Colam Penolam Bastrangone!
So hast du denn ein paar Tage gewonnen, mögen Sie Dir zum Nutzen wie auch zur Freude gereichen. Denn dieser beiden Güter, so hörte ich die Weisen sagen, bedarf der Mensch, und bedarf er ihrer nicht, so steht einem Jeden das volle Recht zu, ihn unbedarft zu nennen. [...]

> Womit ich verbleibe
> Auf höherer Ebene
> Der seinem Weibe
> Gehorsamst ergebene
> Avis Mont.«

Als Ninon wegen Hesses angegriffener Gesundheit während seiner Kur mit ihm im Badener Verenahof wohnte, bekam sie »die Vormittage frei und versprach dafür, auf alles andere zu verzichten«. Um pünktlich von Zürich zurück zu sein, habe sie sich immer rechtzeitig von ihrer Lektüre losgerissen, »um wie ein Pfeil über das geliebte schöne alte Brüggli zu schiessen [...]. Um ¾ ein Uhr holte H. mich in Baden ab, und von da ab leistete ich ihm eigentlich ununterbrochen Gesellschaft« (18. 12. 1949 an Nelly Seidl). Ninon war glücklich, »einmal vier Wochen im Jahr eine wissenschaftliche Bibliothek benutzen zu können. Das ist eine herrliche Zeit für mich – kein Haushalt und diese Morgenstunden, die nur mir gehören« (16. 11. 1950 an Erika Meyer). Hesse schilderte den Badener Kuraufenthalt aus seiner Sicht: »Wir leben hier vom Mittag bis zum Abend mit Vorlesen, kleinen Spaziergängen, etwas Schachspiel etc. Die Vormittage bis ein Uhr füllt jeder allein und auf seine Weise aus. Meine Frau, beherrscht vom furor philologicus, stürzt jeden Morgen etwa um acht Uhr zum Bahnhof, fährt mit einem Abonnement nach Zürich hinüber, sitzt dort in der Bibliothek und kehrt gegen ein Uhr zurück« (25. 9. 1949 an Edmund Natter).
Liebevoll spöttelte er über Ninons »furor philologicus«:

> Sonne scheint durch grüne Lärchen,
> Mittagsglut lähmt den Verkehr,

Zeichnerisch bemüht sich Herrchen,
Und die Frau liest im Homer.

*

Sich der Lektüre weihend,
Ist Keuper kaum noch seiend,
Weilt anderswo als hier;
Denn siehe, das Gewesene
Beziehungsweis Gelesene,
Erfüllt die Sinne ihr.

*

Sie erzählt mir viele Fabeln,
Die oft gradezu verrückt sind,
Doch mit köstlichen Vokabeln
Jon'scher Herkunft reich geschmückt sind.

Ich hör' gern aus ihrem Munde
Die antike Götterkunde,
Die ich leider fast vergessen
Seit ich auf der Schulbank einst gesessen.

Viele Verse würde ich noch machen,
Würde meine Frau mich nicht verlachen
Und sie oft aus subjektiven Gründen
Rhythmisch nicht genügend finden.

Ab 1952 entfielen die Badener Herbstkuren wegen Hesses anhaltender Herzschwäche, so wurde es für Ninon schwierig, für ein paar Tage nach Zürich zu entweichen. Gelang es ihr hin und wieder, dann durfte keine Minute ungenützt verlorengehen: »Ich lief früh in gestrecktem Galopp in die Zentralbibliothek, nach fünf Minuten waren drei Stunden um!« (22. 9. 1956 an Nelly Seidl). Da innere Unruhe und schlechtes Gewissen sie bei jeder Abwesenheit von Montagnola belasteten, beruhigte Hesse sie liebevoll in der Hoffnung, »du habest überhaupt dies und jenes, was Dir hier fehlt« (23. März 1958). Er wünschte ihr »erfüllte Tage, und ich bin froh, Dich glücklich zu wissen« (27. Oktober 1959). Er wußte, wie ungeduldig sie die Tage angespannten Lesens und Nachschlagens erwartete, um endlich dem Sprache und Gestalt zu geben, was als gedanklicher Entwurf schon

Einleitung

lange fertig in ihr lag: ihre Darstellung über die Herkunft und das Wesen der olympischen Götterfamilie. »Ich bin so besessen von meinem Thema, dass ich nicht auf die Arbeit verzichten kann« (24. 9. 1959 an Siegfried Lauffer). Den Gestaltwandel der einzelnen Gottheiten in der religionsgeschichtlichen Entwicklung hatte sie schon am Beispiel Apollons nachgewiesen, indem sie aus den in Jahrhunderten gewachsenen Schichten seines Kults seine »mythische Biographie« erstellt hatte; der Kastalier, der das olympische Lichtreich des Zeus am reinsten verkörperte, trug in seinem weitgespannten Wesen noch die dunklen Züge eines früheren Wolfsgottes, des Apollon Lykeios. In mehr als 2000 Seiten handschriftlicher Auszüge aus antiken Schriftquellen und zu Funden an Tempeln, Orakelstätten und landschaftsbezogenen Kultorten hatte sie den Ursprung seiner hell-dunklen Doppelnatur nachgewiesen. Das gleiche plante sie für Hera, die Gattin und Schwestergemahlin des höchsten Gottes, Zeus.

Ihre Reisebriefe spiegeln den Wandel vom schönheitssüchtigen, verschwärmten Genießen zur selbstenthaltsamen philologischen Forschung. Kompromißlos und streng lehnte sie alles geschmäcklerisch Verschönte, alles Glatte und Gefällige ab. An die Stelle des im Anklang an ihre Wiener Zeit geübten schwelgerischen Verweilens in eigenen Stimmungen, der gefühlseligen Ergriffenheit, trat der Drang zu unbestechlicher Augenklarheit und nüchternem Erkennen. Sie verlor ihre Vorliebe für die klassische Kunst des 5. Jhd. v. Chr., wohl abgestoßen von der »schönen Wohlgestalt«, die der neuzeitliche Klassizismus in schulmäßiger Nachahmung von »edler Einfalt und stiller Größe« hinterlassen hatte; sie vertiefte sich in die Frühzeit des Griechentums und suchte hinter der Klassik des perikleischen Zeitalters das Herbe der Archaik, das ihrer Wesensart entsprach. In »polyphonem Sehen« vermochte sie auch noch durch die von ihr geliebten archaischen Statuen in frühere Epochen vorzudringen, denn sie sah »Geschichte« stets als das »Geschichtete«, auf das man durch das »Wegdenken« des Gegenwärtigen »hindurchschauen« könne.

Nachdem sie in Phoibos Apollon, dem »Lichten« und »Reinen«,

die gebändigte Anarchie seiner mordbefleckten Vergangenheit und seinen Gestaltwandel zum Olympier nachgewiesen hatte, wollte sie Heras elementare Kraft und vergessene Hoheit vor deren durch Homer konstruierten »Ehe« mit Zeus ergründen. Seit 1952 wanderte sie Hera in den ihr geweihten Landschaften nach – der Argolis, Korfu, Samos, Thessalien und Böotien. War Hera nicht die große Göttin der Frühzeit, die Zeus, den siegreichen Neuankömmling aus dem Norden, an ihrer altüberkommenen Macht beteiligt hatte? Wenn das Paar Hera-Zeus die Verbindung zweier Götterkulte im Bilde der vaterrechtlichen Ehe darstellte, so mußte die neben Zeus funktionslose, zur eifersüchtigen Gattin herabgewürdigte Hera in ihrer einstigen Unabhängigkeit und göttlichen Allmacht wiederzufinden sein. Dazu suchte Ninon in Hera-Tempeln Funde aus mutterrechtlicher Zeit, las griechische Dramen im Urtext, übersetzte und interpretierte die Ilias und fand darin religionsgeschichtliche Relikte, die Hera Züge einer urtümlichen Wildheit verliehen – ein ungebärdiges, Zeus' Willen durchkreuzendes Verhalten, das er respektierte, ja fürchtete. Als »Posis Hera«, als »Gatte der Hera«, war er in die Ilias eingegangen [7,411], eine Benennung, in der Ninon – neben vielen anderen Hinweisen – die ehemalige Vorherrschaft der großen Göttin noch fortwirken sah, lange nachdem Homer ihr eine untergeordnete Stellung im olympischem Göttersystem zugewiesen hatte. In Hera war Ninon dem Urbild des Weiblichen auf der Spur, das, wie sie meinte, unter patriarchalischer Herrschaft verzerrt oder vergessen worden war. Die Niederschrift ihrer Hera-Deutung, durch antike Quellen reich dokumentiert, wurde durch Hesses Tod am 9. August 1962 unterbrochen. Ninon widmete sich der Ordnung, Herausgabe und Archivierung seiner nachgelassenen Schriften, und doch plante sie immer noch, die mythenkundliche Forschung über die weiblichen Gottheiten abzuschließen. Ihr Tod am 22. September 1966 verhinderte die Fertigstellung dieser großen Arbeit.
Für Ninon bedeuteten die griechischen Götter überzeitlich gültige Teilaspekte der Welt. So ist es nicht verwunderlich, daß sie sich und ihre Ehe unter dem Zeichen der antiken Götter deutete.

Einleitung 47

Die dionysische Gefühlsseligkeit, der sie als Hesses Geliebte in ihren frühen Briefen an ihn Ausdruck gab, mündete ein in die maßvolle und beherrschte Haltung einer Freund-Gattin im Geiste des Apoll. Als Hera, die Gefährtin des höchsten Gottes, ihre richtungweisende Göttin wurde, verwandelte sie sich in die Beschützerin und Platzhalterin des Dichters auch über seinen Tod hinaus. Mir schrieb sie am 8. November 1954: »Niemals galten die griechischen Göttinnen weniger als die männlichen Götter. Und Zeus und Hera? Er ist der Mächtigste, er ist Herr über alle olympischen Götter; *dennoch hat Hera ihre eigenen Bereiche, in die er ihr nicht dreinredet.* Lesen Sie es nach, im vierten Gesang der Ilias 37-64, es ist ganz herrlich gesagt. Dies schrieb ich Ihnen, um Ihnen eine Idee von ›meiner‹ Mythologie zu geben, von der Welt, in der ich lebe.«

München, im Januar 2000   Dr. Gisela Kleine

Dazu auch:

Gisela Kleine, »Ninon und Hermann Hesse – Leben als Dialog«, Sigmaringen 1982.
Unter dem Titel »Zwischen Welt und Zaubergarten – Ninon und Hermann Hesse«, suhrkamp taschenbuch 1384.

– »Das literarische und das gelebte Ich. Hermann Hesses in der Wirkungsgeschichte«. In: »Hermann Hesse. Politische und wirkungsgeschichtliche Aspekte«. Herausgegeben von Sigrid Bauschinger und Albert Reh, Francke Verlag, Bern 1986.

– »Hermann und Ninon Hesse. Blick in ein Zweisiedlerleben«. In: »Begegnungen mit Hermann Hesse, Beiträge zum 3. Intern. Hermann Hesse-Kolloquium 1984 in Calw.« Herausgegeben von Friedrich Bran und Martin Pfeifer, Bad Liebenzell 1984.

– »Die Dinge sind auf den Künstler angewiesen. Begegnungen mit Ninon und Hermann Hesse«. In: »Hermann Hesse in Augenzeugenberichten«. Herausgegeben von Volker Michels, Frankfurt am Main 1991. st 1865.

Editorische Notiz

Die vorliegende Briefauswahl umfaßt rund ein Drittel des nachgelassenen Gesamttextes der Briefe Ninon Hesses an Hermann Hesse. Sie wurden unter strenger Beibehaltung ihres Inhalts, wo es sinnvoll erschien, dem heutigen Sprach- und Interpunktionsgebrauch angepaßt. Die Briefdaten wurden formal vereinheitlicht. Zur leserfreundlichen Gestaltung soll auch die direkte Verbindung der Brieftexte Ninon Hesses mit den Anmerkungen und biographischen Hinweisen der Herausgeberin beitragen. Die Auswahl der bisher unveröffentlichten Briefe erfolgte unter zwei Aspekten: Sie soll die spannungs- und entwicklungsreiche Beziehung zwischen Ninon und Hermann Hesse darstellen und die Lebensgeschichte einer außergewöhnlichen Frau nachzeichnen, deren Studien und Reisen sie zu einer Archäologin und Autorin mythenkundlicher Essays von Rang machten.

Dank gilt dem Deutschen Literaturarchiv in Marbach/Neckar für die Hilfe bei Text- und Bildbeschaffung, ebenfalls Herrn Volker Michels für Rat und Sachkenntnis.

Die Rechte an sämtlichen Briefen und Schriften Ninon Hesses liegen bei der Herausgeberin.

Siglen

GW   Gesammelte Werke in 12 Bänden, edition suhrkamp, 1970.

GWiE   Gesammelte Werke in Einzelausgaben, blaues Leinen, ab 1925.

GD   Gesammelte Dichtungen, einmalige Ausgabe zum 75. Geburtstag des Dichters, 6 Bände, Frankfurt am Main 1952.

GS   Gesammelte Schriften, Ausgabe zum 80. Geburtstag des Dichters, dazu wurden die GD von 1952 um einen 7. Band erweitert.

1910

Als vierzehnjährige Schülerin des Humanistischen Gymnasiums in Czernowitz schrieb Ninon Auslaender ihren ersten Brief an Hermann Hesse.

Czernowitz, im Februar 1910
Ich habe lange hin und her gedacht, ob ich Ihnen schreiben soll, oder nicht. Manchmal war ich schon ganz nahe daran es zu tun, aber immer wieder unterliess ich es, aus Furcht – ja aus Furcht vor Ihrer möglicherweise kommenden Antwort.[1] So ein liebenswürdig-banales Briefchen, wie es Dichter an unbekannte junge Mädchen zu schreiben pflegen, das fürchtete ich. Aber wie schon jeder Mensch glaubt, eine Ausnahme zu sein und hofft als Ausnahme behandelt zu werden (sogar in diesem Glauben schablonenhaft), so glaube auch ich, und ich überredete mich langsam zu diesem Brief. »Am Ende«, dachte ich, »kommt gar nicht das gefürchtete kleine Briefchen, sondern – sondern – –«. Und nachdem ich einmal so weit war, setzte ich mich hin, diesen Brief zu schreiben. Und nun ich so weit bin, sehe ich erst, wie schwer das ist. Alles, was Ihre Werke in mir erregt haben, zu schildern, das ist schwer, nein es ist mir direkt unmöglich!
O wenn ich alles sagen könnte, was ich möchte! Denn das, was ich sage, was ich schreibe, das ist alles ein so unvollkommenes Bild dessen, was ich denke und empfinde. O wie ich sie beneide, die Dichter! Sie können sagen, was sie fühlen, sie können den »tiefsten Schmerz, die höchste Lust« in Worten ausdrücken. Und doch hat Peter Camenzind[2] recht mit seinen Worten: »Das Schönste, das Allerschönste kann man ja nicht sagen.« Vielleicht ist das gerade das Schöne am »Allerschönsten«, dass man es ganz für sich hat, dass kein anderer darum weiss! Ja, Peter Camenzind hat recht. Das, was uns die Dichter geben, ist noch nicht das Schönste, das Beste ihrer Gedanken. Aber viel Schönes, viel Gutes sagen sie uns. Und wir armen Nichtdichter, die wir nicht die Schaffensfreude kennen, die wir nur allzuhäufig die

Natur und das Schöne, das in uns verborgen liegt, vor dem Schmutz des gemeinen Lebens vergessen, wir stehen staunend vor einem Menschen, der sich eine so reine Seele bewahrt hat, vor einem Menschen, dessen Herz immer für das Gute und Schöne geschlagen hat und noch schlägt. Denn Peter Camenzind ist nicht gestorben, er lebt – und er ringt weiter. Denn Glück, Glück hat er gesucht und hat es auch damals noch gesucht, als er glaubte, den Frieden errungen zu haben.
Oder ist der Friede Glück? Es muss eigentlich schön sein, wenn es ganz still in einem geworden ist, ganz still und ruhig, und doch wieder muss sie furchtbar sein, diese Ruhe, wenn sich keine Hoffnung an sie knüpft, Hoffnung, die vielleicht der beste Teil vom Glück ist. Aber sollte denn wirklich ein Mann, der mitten im Leben steht, der arbeitet und schafft, schon mit dem Leben abgeschlossen haben? Doch nein, er hat ja nicht mit dem Leben abgeschlossen, nur den Kampf mit dem Leben hat er aufgegeben, die Sehnsucht in seinem Herzen nach Liebe, nach Glück, die ist erstorben. Aber ich glaube auch das nicht. Ich kann es nicht glauben, dass ein Mensch plötzlich alle Gefühle, die ihm momentan lästig sind, über Bord wirft und ein andres Leben beginnt, dass einer, der immer ein »Werdender« war, sich plötzlich sagt: »Halt! Soweit und nicht weiter!« und sich damit begnügt, wehmütig lächelnd auf die Vergangenheit zurückzublicken. Nein, ein Glücksucher wie Camenzind, der ist nicht glücklich, wenn er die Zufriedenheit statt des Glücks gewonnen hat. Zufriedenheit ist das Philisterglück! Und Camenzind ist doch kein Philister!
Ich habe viel zu danken, ihm, der den Camenzind geschrieben, ihm, der Camenzind selbst ist. Und da diese beiden doch nur eins sind, so danke ich Ihnen für das, was Sie mir mit Ihrem Werke gegeben haben. Es war ein Kennenlernen neuer Dinge[3], ein Aufgehn in der Natur und in einer Menschenseele, ein stilles Selbstvergessen und eine kurze Stunde Seligkeit.

Ninon Auslaender

1 Ninons frühe Briefe beginnen ohne Anrede. Sie begründet dies in einem Brief vom 30. April 1926: »Ich kann Dich nicht nennen. [...] Als ich Dir meinen ersten Brief schrieb, konnte ich es schon nicht – Du warst ein wunderbares Wesen und ein ungeheures – wie konnte man das in die bürgerliche Formel ›hochgeehrter Herr Hesse‹ zwängen.«
2 Hermann Hesse schloß den Verlagsvertrag über den Roman »Peter Camenzind« mit Samuel Fischer am 10. Juni 1903 ab. Ein Vorabdruck des zwischen 1901 und 1903 entstandenen Romans erfolgte von September bis November 1903 in der Zeitschrift des S. Fischer Verlags, »Die neue Rundschau«, die Buchausgabe erschien 1904.
3 Ninon Auslaender bekam »Peter Camenzind« von ihrer Freundin Johanna Gold (* 1881) zu ihrem 14. Geburtstag, am 18. September 1909, geschenkt. Johanna Gold, von Ninon zärtlich »Dziunnia« genannt, hatte in Zürich Biologie studiert und nach Czernowitz geheiratet, wo sie aus der kleinstädtischen Szene herausragte und für Ninon Vorbild, Ansporn und ein oft belastendes Vortrefflichkeitsideal bedeutete. »Jahrelang blieb diese Freundschaft das höchste Gefühl, das ich kannte«, schrieb Ninon rückblickend in ihr Tagebuch. Zu dieser Freundschaft: Gisela Kleine, »Ninon und Hermann Hesse – Leben als Dialog«, Jan Thorbecke Verlag, Sigmaringen 1982, 1984², S. 16 ff. Da das Buch vergriffen ist, wird im folgenden ausschließlich nach dem inhaltsgleichen, jedoch überarbeiteten suhrkamp taschenbuch 1384 zitiert; es trägt den Titel »Zwischen Welt und Zaubergarten, Ninon und Hermann Hesse – Ein Leben im Dialog«: Kleine, st 1384, S. 19 ff.

Jaremcze, 2. August 1912
Wenn ich Ihnen wieder schreibe – ich weiss nicht, ob Sie meinen Brief vom Mai des vorigen Jahres[1] überhaupt erhalten haben – so geschieht das nicht, um ein Autogramm von Ihnen zu erbitten oder sonst Ähnliches – ich schreibe Ihnen, damit Sie meinen Brief lesen! Nichts weiter wünsche ich mir. Nur dass Sie ihn lesen und nicht böse sind und – dass ich hie und da wieder schreiben darf!
Damit Sie wissen, mit wem Sie es zu tun haben, will ich, so kurz wie möglich, einiges angeben. Ich bin ein junges Mädchen, lebe in Czernowitz, komme jetzt in die 8. Gymn.-Klasse und darf nächstes Jahr nach bestandenem Abiturium in Wien weiterstudieren. Letzteres erzähle ich jedem, der es hören will, weil ich so glücklich darüber bin. Womit ich durchaus nicht gesagt haben

will, dass ich mich in Czernowitz unglücklich fühle! Aber es muss doch herrlich sein, sich ganz und gar dem Studium zu widmen, das einen interessiert, denn im Gymn. – da gibt es doch nur zweierlei: Entweder interessiert einen ein Gegenstand – dann erfährt man darüber zu wenig, oder er interessiert einen nicht – dann erfährt man zu viel darüber! Aber ich will aufs Gymnasium nicht schimpfen – es hat auch sein Gutes. Z. B. es lässt einem genügend Zeit, sich auch anderen Dingen zu widmen, und ich besorge das mit Wonne. Einseitig zu werden, davor fürchte ich mich überhaupt am meisten. Und doch denke ich manchmal, kann man Grosses nur dann leisten, wenn man ganz in einem Gegenstande aufgeht! Nun, vorläufig bin ich ja noch nicht so weit, um mich ganz auf dieses »Eine« zu werfen, und so stecke ich denn meine Nase in alles mögliche herein.
Aber ich habe viel zuviel von mir gesprochen. Jetzt will ich Ihnen etwas über Ihre letzten Bücher sagen.
Die »Gertrud«[2] ist wundervoll. Doch merkt man wohl, dass der Dichter sich eher nach dem inneren Frieden und nach Abgeklärtheit sehnt, als dass er sie wirklich erreicht hat. Man merkt, dass da noch Verschiedenes gärt und kocht und dass stiller Frieden noch nicht das höchste Glück für den Dichter bedeutet.
Die »Umwege« sind, glaube ich, gegenüber den »Nachbarn«[3] ein grosser Fortschritt in ihrer unpersönlichen Ruhe und Gleichmässigkeit.
Aber die Leute in den »Nachbarn« habe ich lieb gehabt, die in den »Umwegen« stehen mir fern. Ja, ich fühle, so und nicht anders hat es mit ihnen kommen müssen, zu diesem Endziel mussten sie schliesslich durch viele Umwege hindurch gelangen, – aber es lässt mich ganz kalt, ich kann nicht mitempfinden mit ihnen.
Und doch fühle ich, dass diese beiden Bücher künstlerisch einen Fortschritt bedeuten gegenüber jenen, die ich so lieb habe, dem »Camenzind«, den Gedichten[4], »Hermann Lauscher«[5] und dem Novellenband »Diesseits«[6].
Und jetzt erwarte ich mit Sehnsucht ein Indienbuch von Ihnen! Wie habe ich mich gefreut, als ich in der »Rundschau«[7] die

wunder-wunderschönen Sumatra-Aufzeichnungen[8] las! Nicht wahr, es kommt, das Indien-Buch? Ich spähe in allen Zeitschriften herum, ob ich sein Erscheinen nicht angekündigt finde. Doch jetzt genug, ich will schliessen. Wenn ich aber wüsste, dass ich manchmal wieder schreiben darf (ich meine das ohne jegliche Konsequenz Ihrerseits), dann würden Sie mich sehr, sehr froh machen! Ninon Auslaender

1 Der erwähnte Brief Hesses vom Mai 1911 ist nicht bekannt. Die ersten bisher zugänglichen Briefe Hermann Hesses an Ninon stammen aus dem Jahr 1927.
2 Der in Gaienhofen am Bodensee entstandene Roman »Gertrud« erschien 1910 bei Albert Langen, München. Gesammelte Werke, werkausgabe edition suhrkamp, 12 Bände, Frankfurt am Main 1970, im folgenden mit dem Sigle GW bezeichnet. GW 3. Bd., S. 5 ff.
3 Die Erzählungen »Umwege« erschienen 1912, die Erzählungen »Nachbarn« 1908 bei S. Fischer, Berlin. Die von Hesse leicht überarbeiteten Erzählungen wurden in den beiden Bänden »Diesseits«, 1930, und »Kleine Welt«, 1933, neu aufgelegt, Gesammelte Werke in Einzelausgaben (Blaues Leinen mit schwarzem Rückenschild), im folgenden mit dem Sigle GWiE bezeichnet. Eine Auswahl der in diesen frühen Erzählbänden erschienenen Geschichten wurde unter dem Titel »Diesseits. Kleine Welt. Fabulierbuch« 1954 in einem Band (GWiE) veröffentlicht. GW 2. Bd., S. 181 ff.; 3. Bd., S. 193 ff.
4 »Romantische Lieder«, zwischen 1895 und 1898 entstandene Gedichte, erschienen zunächst 1899 bei E. Pierson in Dresden in nur einer Auflage und auf Kosten des Autors, dann als »Gedichte«, Grote Verlag, Berlin 1902. »Die Gedichte«, Frankfurt am Main 1992, S. 9 ff.
5 »Hinterlassene Schriften und Gedichte von Hermann Lauscher. Herausgegeben von H. Hesse«. Als Broschüre 1901 bei R. Reich in Basel. Diese unter einem Pseudonym publizierten Jugenderinnerungen waren Hesses dritte Veröffentlichung; vorausgegangen waren die »Romantischen Lieder« (s. o.) und »Eine Stunde hinter Mitternacht«, neun Prosastudien, 1899 in einer Auflage von 600 Exemplaren bei Diederichs in Leipzig erschienen. Enthalten im Band »Frühe Prosa«, Zürich 1948, GWiE. GW 1. Bd., S. 159 ff. Eine Neuausgabe des »Hermann Lauscher« unter Aufnahme der in denselben Jugendjahren entstandenen Prosastücke »Lulu« und »Schlaflose Nächte« veranstaltete Wilhelm Schäfer 1907 »für die Mitglieder des Verbandes der Kunstfreunde in den Ländern am Rhein.«
6 »Diesseits«, S. Fischer, Berlin 1907. GW 2. Bd., S. 179-461.
7 »Rundschau« – gemeint ist »Die neue Rundschau« (s. o.) des S. Fischer

Verlages Berlin. Der Name erschien zuerst (ab 1894) als Untertitel der seit 1890 vom gleichen Verlag herausgegebenen Zeitschrift »Freie Bühne«. Ab 1904 wurde sie als »Neue Deutsche Rundschau«, auch weiterhin in Kombination mit der »Freien Bühne«, zur führenden deutschen Literaturzeitschrift, ab ihrem 15. Jg. als »Die neue Rundschau«.

8 »Auf Sumatra«, in: »Die neue Rundschau«, Jg. 23, 1912, S. 809-826. »Aus Indien – Aufzeichnungen von einer indischen Reise«, S. Fischer, Berlin 1913. Der Band enthält Reiseskizzen, Gedichte und eine im Mai 1912 entstandene Erzählung: »Robert Aghion«.

1913

1. Februar 1913

Im August schrieb ich Ihnen das letzte Mal, und Sie antworteten mir mit ein paar lieben Zeilen, für die ich Ihnen erst heute danke.
Denn ich wollte doch die Erlaubnis, Ihnen manchmal schreiben zu dürfen, nicht missbrauchen.
Aber heute – nach beinah sechs Monaten – da ist es doch wohl kein Missbrauch mehr – und ich sehne mich so sehr danach, in Gedanken mit Ihnen zu sprechen.–
Und wenn ich mir hundertmal sage: es ist töricht und lächerlich, was ich tue – ich tu's doch! Ich schreibe doch!
Gewiss nicht deshalb, weil ich »unverstanden« oder so was Ähnliches bin. Im Gegenteil. Wenn ich so mein Leben betrachte, sehe ich, dass ich eigentlich sehr glücklich bin!
Eltern – nun Eltern[1] sind ja immer unvergleichlich! Papa – ernst, ruhig, furchtbar klug und der beste Mensch, den es gibt. Mama zierlich, lustig, geistvoll – ach, wenn ich so sprühend gescheit wäre! Dann zwei jüngere Schwestern[2], 10- u. 14jährig, die »erziehe« ich manchmal ein bischen zu ihrem grössten Leidwesen – sonst überlasse ich das lieber Mademoiselle – ich habe zu wenig Zeit dazu! Und Freundinnen habe ich auch viele, eine die viel älter als ich und verheiratet ist und die ich am liebsten habe, und viele andere. [...]

Die drei Schwestern Toka, Ninon und Lilly Auslaender
(von links nach rechts)

Ich muss Ihre lieben schönen Worte, die Sie mir schrieben, noch einmal hervornehmen und nochmals lesen. Es kommt mir sonst zu wunderlich, zu unwahrscheinlich vor, dass ich Ihnen wirklich schreiben, von mir erzählen darf.

Wir führen kein grosses Haus, haben wenig Verkehr, unser Leben verläuft still und gleichförmig[3]. Theater, manchmal ein Konzert, selten ein Vortrag oder eine Vorlesung unterbrechen die Eintönigkeit.

Jours, Tanzabende, Wohltätigkeitsfeste – das ist mir ein Greuel, und ich sage fast immer ab! Ich kann mir nicht helfen, aber die jungen Leute sind so langweilig und abgeschmackt mit ihren Hofmachereien und Gesprächen! Ich ziehe mich davon zurück, so weit ich nur kann.

Das Leben, wie ich es führe, ist mir gerade recht: Sehr viel Arbeit (ich bin in der 8. Gymn.-Kl., treibe daneben noch Französisch, Englisch, sehr viel Kunstgeschichte und lese sehr viel), zum Ausruhen im Sommer Tennis, sonst ein langer Spaziergang. Abends meist zu Hause.

Indes – bei aller Zufriedenheit mit meinem jetzigen Leben überkommt mich doch zuweilen eine plötzliche furchtbare Angst, dass ich über all dem, was ich tue und »leben« nenne, vielleicht das wirkliche Leben versäume. Und wenn ich wieder einmal irgendwo abgesagt habe und Mama mich warnt, dass ich meine schönsten Jugendjahre bei den Büchern versitze und es einmal bereuen würde, die Jugend nicht genossen zu haben, dann werde ich manchmal doch stutzig und frage mich, ob Mama nicht recht hat! Und dann – dann unternehme ich bisweilen einen kleinen Ausflug ins Reich der Geselligkeit, ins Reich des Flirts, nur um mich zu vergewissern, dass ich nicht ganz u. gar Einsiedlerin geworden bin, und um zu prüfen, ob wirklich gesellschaftliche Erfolge das Leben reicher und glücklicher gestalten. Aber nach solch einem Ausflug kehre ich mit verdoppelter Lust wieder zu meinen Büchern zurück.

Und trotzdem ich nun ein Leben führe, wie ich es mir kaum anders wünsche, kenne ich doch keine Befriedigung. Nie, niemals noch habe ich mich am Abend hingelegt, ohne mit mir, mit meinen Leistungen unzufrieden zu sein.

Am nächsten Tag wollte ich's dann besser machen, stand noch früher auf, ging noch später zu Bett, arbeitete noch intensiver – immer umsonst! Ich denke doch immer, dass ich noch mehr hätte leisten können! Und wenn ich so weit bin, dass ich erkenne, »dass ich trotz allen Lernens doch eigentlich nichts weiss«, dann lese ich Plato[4]. Ich habe das Gefühl, als ob ich da Antwort auf alle Fragen finde.

Obwohl ich ganz genau weiss, dass man Antwort auf diese Fragen nur in sich selbst findet – und dennoch – was mir Plato ist, kann ich gar nicht sagen! Ein wenig nur stört mir den vollkommenen Genuss seiner Werke die Sprache, die ich nicht vollkommen genug (gelinde ausgedrückt!) beherrsche, um so schnell wie ich möchte, lesen zu können. Doch träume ich davon, dass ich einmal sehr gut Griechisch können und Plato voll und ganz verstehen und geniessen werde. Wenn ich ein Werk von Plato lese, fühle ich mich so gefestigt, sehe alles so klar und rein und schön – während ich sonst ganz das Gegenteil von dem bin, was

mein Ideal ist: Denn ich möchte so gerne unbeirrt und fest nach einem grossen Ziele schreiten, möchte still und mit mir selber fertig sein – und bin doch heftig in der Freude und im Zorne, sprunghaft in den Gedanken und schwanke oft, ob auch der Weg, den ich gehe, der richtige sei.
Dies mag auch zugleich die Erklärung dafür sein, dass ich gerade Ihnen schreibe. Denn in Ihren Büchern – besonders in den letzten – da klingt und singt es wie lauter seliger Friede und ich finde neuen Mut und Glauben wenn ich sie lese. – –
Und jetzt sollte ich eigentlich wie das letzte Mal schreiben, dass ich auf Antwort keinen Anspruch machen darf und will. Doch tu ich's nicht, weil dies – letzteres wenigstens – nicht die Wahrheit wäre, denn wenige Worte nur von Ihnen würden mich unsagbar froh machen – wär' es auch nur die Bestätigung, dass Sie meinen Brief erhalten – und gelesen haben!

Ninon Auslaender
Czernowitz (Bukowina), Dr. Rottgasse 13

1 Die Eltern: Dr. jur. Jakob Auslaender (1860-1919), Rechtsanwalt für Strafrecht und Präsident der Advokatenkammer in Czernowitz, und seine Frau Gisela Anna geb. Israeli (1874-1925). Ninon, die älteste der drei Töchter, wurde am 18. September 1895 in Czernowitz, der Provinzhauptstadt der Bukowina, geboren.
2 Die jüngeren Schwestern: Toka (1899-1922) und Lilly (1903-1985).
3 Über das Elternhaus Ninon Auslaenders sowie über ihre Kindheit und Jugend im östlichsten Kronland der Habsburgischen Monarchie: Kleine im Kapitel »Zwänge und Freiheiten«, st 1384, S. 17-59. Zu diesem Brief vom 1. 2. 1913 und der darin erwähnten Lektüre Platons: a.a.O., S. 57 ff.
4 Als Hermann Lauscher hatte Hesse die Lektüre Platons geschmäht: »Elende Scharteke, was ist mir Plato?« Der Ausruf bezeugte seinen Fluchtwunsch aus der Einsamkeit des Lesenden in »gemeine Alltagsfreude«, um »des Lebens Kurzweil« nicht zu verpassen und den »frischen, unreifen Duft des schnellen Lebens« zu atmen. Ninons Hinweis verbirgt vermutlich Hintersinn: sie empfiehlt Hesse-Lauscher die Lektüre Platons.

St. Moritz, 8. August 1913
Wieder ist eine lange Zeit vergangen, seit ich Ihnen zum letzten Male schrieb. Bevor ich aber von mir zu erzählen beginne, will ich Ihnen für Ihre lieben Zeilen herzlichst danken. Ich hatte keine Antwort mehr erhofft, da doch ein so langer Zeitraum zwischen meinem Brief und Ihrer Antwort lag.
In dieser Zeit habe ich wieder einiges Neue von Ihnen gelesen: Das wundervolle Indienbuch[1] natürlich, auf das ich so lange gewartet hatte und das noch viel, viel schöner ist, als ich es mir dachte. Nur der »Robert Aghion«[2], der hätte eigentlich in die »Umwege« gehört, nicht?
Dann las ich einige Novellen von Ihnen: Das einzig schöne »Fragment aus der Jugendzeit«[3] und den »Zyklon«[4]. (Sind nicht beide Novellen noch in der Camenzind-Periode entstanden? Sie klingen ganz anders als die »Umwege« z. B. !)
Jetzt lese ich »Rosshalde«[5], das heisst, den 1. Teil habe ich gelesen und warte nun voll Ungeduld auf den Schluss.
Ich kann mir nicht helfen – die »Umwege« erscheinen mir ein »Umweg« auch für Sie gewesen zu sein. Reif und abgeklärt darin ist eben doch nur die Sprache, die ist gross und stark.
»Rosshalde« scheint mir wieder ein Schritt nach vorwärts zu sein. Die wundervolle Innigkeit, die in Ihren früheren Romanen und Novellen lag, finde ich hier wieder, und doch ist die Sprache gross und stark, nicht mehr rein lyrisch wie früher.–
Es ist anmassend von mir, Ihnen das alles zu sagen. Sie sehen das selber viel klarer und auch richtiger als ich.
Aber ermutigt durch Ihre lieben Worte, tu ich nicht nur dies, sondern ich will Ihnen sogar wiederum von mir erzählen.
In den letzten Monaten habe ich wenig für mich gearbeitet. Plato las ich gar nicht, hingegen viel Horaz[6], mit dem ich mich aber gar nicht befreunden konnte. Auch sonst las ich wenig: Muther[7], Geschichte der Malerei von den Anfängen bis zur Gegenwart, doch bin ich vorläufig erst bis zum 19. Jahrhundert gekommen. Dann Bielschowskis Goethe-Biographie[8], auch erst den 1. Teil. Dann »Goethes Briefwechsel mit einem Kinde«[9] und sonst meist Zeitschriften, besonders die »Rundschau« und »Vel-

hagen und Klasings Monatshefte«[10]. In der »Rundschau« war es nebst anderem besonders der Roman, der mich stark fesselte: »Das Exemplar« von Annette Kolb[11]. Ich möchte – ach so sehr wünsch' ich mir das – Ihr Urteil, Ihre Meinung über »Mariclée« wissen!
Mit den Büchern, die ich lieb habe, geht es mir eigen. Ich habe das Gefühl, als hätte nie zuvor noch jemand sie gelesen, als wäre ich die erste und einzige, die sie liest. So geht es mir mit unendlich vielen Büchern. Mit »Goethes Briefwechsel mit einem Kinde« z.B., mit Jacobsens Novellen, mit »Niels Lyhne« und »Maria Grubbe«[12], und mit »Goethes Gesprächen mit Eckermann«[13] und mit Gottfried Keller[14] und – und – ach mit so unendlich vielen! Ich kann es mir gar nicht vorstellen, dass Herr X. und Frau Y. das lesen können und trotzdem Herr X. und Frau Y. bleiben! Dass man überhaupt nur eines unedlen oder unschönen Gedankens fähig sein kann, wenn man das gelesen hat.
Als ob ich selbst durch diese Bücher geläutert und veredelt würde! [...]
Jetzt – nachträglich – sehe ich erst, dass ich viel zu viel gelernt habe und dass beim Abiturium selbst kein Mensch all das von mir wissen wollte, was ich wusste und – sehr oft ohne Interesse – gelernt hatte. Ich weiss, es ist kindisch von mir, wenn ich mich über den Erfolg freue: Denn die Matura mit all ihren Erleichterungen ist doch schliesslich ziemlich bedeutungslos, und genug Dummköpfe bestehen sie ohne weiteres. Dennoch: Ich habe mich gefreut, als man mir sagte, dass meine lat. und griech. Arbeit gut ausgefallen und dass meine deutsche Arbeit die beste überhaupt sei. Ich freute mich, als der Vorsitzende meine mündliche Leistung in Latein glänzend nannte (griech. wurde ich nicht geprüft) und als ich bei Deutsch noch ein Extralob von ihm erhielt. Freute mich schliesslich wie ein Kind über das Prädikat »mit Auszeichnung« und die vielen, vielen Glückwünsche. [...]
Im Oktober gehe ich nach Wien, um Medizin zu studieren.
Wie sehr ich mich darauf freue, wie glücklich ich bin, das kann ich in Worten gar nicht ausdrücken. Ich habe eigentlich lange ge-

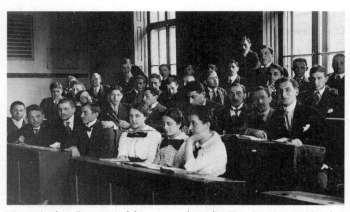

Ninon Auslaender (1. Mädchen von rechts) als »Hospitantin« mit Sondererlaubnis in einer Jungenklasse des Humanistischen Staatsgymnasiums in Czernowitz

schwankt, habe mich geprüft, ob ich auch wirklich dazu fähig bin. Aber seit einem Jahre bin ich fest entschlossen, fühle mich stark genug dazu.
Jetzt muss ich Abschied nehmen von vielem, das ich lieb gehabt habe: von Sprachen, Kunstgeschichte – und auch noch von anderem. Nun will ich mich nicht mehr zersplittern, von nichts mehr ablenken lassen – mich ganz und gar dem Studium widmen, das ich für das herrlichste halte.
Natürlich – Einsiedlerin zu werden, ist nicht meine Absicht. [...]
Bis zum 20. d. M. ist meine Adresse: St. Moritz-Bad, Hotel Engadinerhof.
Wohin wir dann fahren, das schreibe ich Ihnen noch.

Ihre Ninon Auslaender

1 Indienbuch: »Aus Indien – Aufzeichnungen von einer indischen Reise«, Berlin 1913.
2 »Robert Aghion«, Erstabdruck in: »Schweiz«, 17. Jg. 1913. Die im Mai 1912 entstandene Erzählung wurde in den Band »Aus Indien« aufgenommen. Das Buch ist in dieser Zusammensetzung nach 1923 nicht wie-

der erschienen. Die Erzählung »Robert Aghion« – die für Ninon nicht in diesen Erzählungsrahmen zu passen schien – wurde umgearbeitet (1928/30) in einen anderen Erzählungsband, »Kleine Welt«, übernommen. GW 3. Bd., S. 353-392.

3 »Fragment aus der Jugendzeit« (1907). Erstdruck:Velhagen & Klasings Monatshefte, Braunschweig, Mai 1913. Erstmals in Buchform in: »Die Kunst des Müßiggangs. Kurze Prosa aus dem Nachlaß«. Herausgegeben von Volker Michels. Frankfurt am Main 1973. st 100, S. 80.

4 »Der Zyklon«. Die Erzählung schildert ein Naturereignis, das Hesse dem machtvollen Einbruch der Pubertät gleichsetzt. Erstdruck: Die neue Rundschau, Juli 1913, S. 969-981. Aufgenommen in: »Schön ist die Jugend«, 1916. Ein Band »Der Zyklon und andere Erzählungen« erschien 1929 in »S. Fischers Schulausgaben von Dichtern unserer Zeit«, einer 1926 begründeten Reihe. GW 2. Bd., S. 394-412.

5 »Roßhalde«, begonnen 1912/13 in Gaienhofen, den zweiten Teil schrieb Hesse nach dem Umzug mit seiner Frau Maria, geb. Bernoulli (1868-1963) und seinen drei Söhnen Bruno (*1905), Heiner (*1909) und Martin (*1911) von Gaienhofen/Bodensee nach Bern. Der Roman schildert die gegenseitige Entfremdung der Ehepartner in einer Künstlerehe. Vorabdruck: Velhagen & Klasings Monatshefte, 1913. S. Fischer, Berlin 1914. GW 4. Bd., S. 5-169.

6 Die Lektüre des Quintus Horatius Flaccus (65-8 v.Chr.) gehörte zu Ninons Schullektüre »De arte poetica« und fesselte sie wegen der darin behandelten Fragen, welchem Anspruch ein dichterisches Werk genügen müsse und welche Erwartungen des Lesers ein Dichter erfüllen sollte.

7 Richard Muther (1860-1909), »Geschichte der Malerei im XIX. Jahrhundert«, drei Bände, Leipzig 1909-1912.

8 Albert Bielschowski (1847-1902), »Goethe«, zwei Bände (1895-1904), eine Leben und Werk verflechtende, volkstümlich geschriebene Biographie, die autobiographischen Spuren im Werk nachgeht.

9 Velhagen & Klasing, Bielefeld und Berlin, brachte in der seit 1835 bestehenden Verlagsbuchhandlung die »Monatshefte« von 1886 bis 1935 heraus, in denen Vorabdrucke von Hesses Werken erschienen, u.a. »Roßhalde« und »Gertrud«.

10 Annette Kolb (1870-1967), »Das Exemplar«, Roman, S. Fischer, Berlin 1913. Die Autorin erhielt für diesen ersten, autobiographisch verankerten Roman den Fontane-Preis Es geht darin um den Verzicht einer Frau in resignativer Noblesse. Mariclée ist Titelheldin des Romans, von deren Haltung Ninon tief beeindruckt war.

11 Bettina von Arnim (1785-1859), »Goethes Briefwechsel mit einem Kinde« (1835), ein Roman, der aus wirklichen Briefen Goethes an die Autorin, aus Briefstellen seiner Mutter sowie aus frei erfundenen Zusätzen besteht, durch die Bettina ihre verehrende Hingabe an den Dichter bezeugt.

12 Jens Peter Jacobsen (1847-1885), dänischer Schriftsteller, schrieb mit impressionistischer Reizempfindung die Romane »Frau Marie Grubbe« (1877) und »Niels Lyhne« (1880), die Ninon ebenso begeisterten wie die poesiesüchtige, schwermütige Tapferkeit des Autors, die sich aus seinem illusionslosen Atheismus ergab: »Dieses nüchtern gelebte Leben war ohne das schimmernde Laster der Träume überhaupt kein Leben – das Leben hatte ja nur den Wert, den Träume ihm verliehen.« (Niels Lyhne).

13 Johann Peter Eckermann (1792-1854), hat seit 1823 in seinen »Gesprächen mit Goethe in den letzten Jahren seines Lebens« (1836-1848) dessen wichtigste Gedanken notiert. Ninon faszinierte das Zwiegespräch mit einem Dichter und dessen Äußerungen über die Ansatzpunkte der poetischen Imagination.

14 In ihrer episch-realistischen Darstellungsweise und ihrer Beschaulichkeit erinnerten Hesses frühe Erzählungen an Gottfried Kellers (1819-1890) Novellenzyklen aus der kleinbürgerlichen und bäuerlichen Alltagswelt, z. B. an »Die Leute von Seldwyla« (1872). Ninon suchte in Kellers Bildungsroman »Der grüne Heinrich« zudem die autobiographisch belegte Entwicklung eines Dichters.

Luzern, August 1913
Für Ihren lieben Brief und die freundliche Einladung vielen Dank!
Es tut mir riesig leid, dass ich trotzdem Bern nicht kennenlernen werde, aber Mama fühlt sich nicht wohl genug, um alle Unbequemlichkeiten, die ein solcher Ausflug mit sich bringt, in Kauf nehmen zu können. So werde ich wohl, obgleich die Entfernung Luzern-Bern[1] doch kaum zwei Stunden beträgt, darauf verzichten müssen, hinzukommen – und hätte es doch so gerne getan.
Wie schön wäre es, wenn ein Ausflug Sie einmal hierher führte, solange wir noch da sind! Leider ist unsere Zeit nur mehr knapp, wir können bis höchstens Samstag, den 30. August, hierbleiben, dann fahren wir über Bodensee-Lindau nach München und von dort nach Hause. Mit besten Grüssen
Ninon Auslaender

1 Hesse lebte von 1912-1919 mit seiner Frau Maria, geb. Bernoulli, und den drei Söhnen in Ostermundigen bei Bern. Er hatte Ninon eingeladen, ihn dort zu besuchen. Ihre Mutter meinte jedoch, »es schicke sich nicht, dass ein junges Mädchen einen Dichter so ungeniert überfalle«.

Wien, 11. Dezember 1913

Nun bin ich schon sechs Wochen hier in Wien! Zu erzählen hab' ich Ihnen viel, so viel, dass ich gar nicht weiss, wo zu beginnen – ich denke aber am ehesten dort, wo ich aufgehört habe. Nur das möchte ich wissen, ob Sie meinen Brief, den ich von Luzern aus an Sie schrieb und in dem ich für Ihre liebenswürdige Einladung, Sie zu besuchen, dankte, auch den Grund meiner Absage angab – ob Sie diesen Brief, auf den ich keine Antwort erhielt, bekommen haben!

Wir blieben nicht lange in Luzern, bloss acht Tage. Dann fuhren wir an den Bodensee, nach Lindau und Konstanz, dann nach München.

Der Bodensee war das Wunderbarste von der ganzen Reise, und es ist mein schönster Traum, alljährlich, wenigstens einige Wochen dort zuzubringen.[1]

Wenn ich an München zurückdenke – da war trotz aller Fülle von Kunst und Theatern und Ausflügen doch nur ein Erlebnis für mich: Feuerbach[2]. Das wird mir unvergesslich bleiben.

Mitte September kamen wir nach Hause und vier Wochen lang widmete ich mich dann noch den Reisevorbereitungen, dem Abschied von zuhause – und überhaupt von allen – und am 17. Oktober kam ich her.

Dass ich Ihre Vorlesung nicht hören, Sie nicht in Wien begrüssen konnte[3], tat mir unendlich leid. Ist es ganz ausgeschlossen, dass Sie in absehbarer Zeit wieder einmal Wien besuchen? Ich würde mich freuen, wenn Sie mir speziell diese Frage beantworten würden.

Ich arbeite ziemlich viel, mache wenig mit und sehne mich auch gar nicht danach. Am Vormittag habe ich regelmässig vier Stunden Kolleg, Anatomie, Biologie, Physik und Chemie, am Nachmittag sind entweder anatomische oder chemische oder physikalische Demonstrationsstunden oder vier Stunden wöchentlich praktisches Arbeiten im chemischen Laboratorium. Vor einigen Tagen habe ich Anatomie kolloquiert und darf nun auch sezieren. [...]

In den ersten Wochen ging ich fast täglich ins Krankenhaus zu Operationen, teils um mich selbst zu erproben, teils aus Neugierde. In diesen Stunden hab' ich so unendlich viel erlebt – Mitleid mit den Armen, Unglücklichen, Kranken – man schämt sich ordentlich, selber so jung und stark und lebensfroh zu sein – und glühende Bewunderung für den Arzt – und zuletzt, wenn die Operation vorüber und gelungen war, so ein jauchzendes Glücksgefühl, dass das möglich war – dass ich selber dazu gehöre und selber einst soviel Glück werde spenden können!

Ich sah auch andere Operationen, die tödlich verliefen, sah Fälle, die unoperierbar waren – dennoch, ich glaube, glaube weiter an meinen Beruf, vielmehr an den Beruf, der erst der meinige werden soll.

Anfangs ging ich oft ins Theater. Aber selten hatte ich einen reinen Genuss davon, denn entweder ärgerte mich das Stück oder die Darstellung. »Hedda Gabler«[4] z.B. in der Burg war für mich eine furchtbare Enttäuschung. Die Witt[5] spielte sie schablonenmässig dämonisch-hysterisch – und Hedda ist doch nicht das eine und nicht das andere! Ich liebe die »Hedda« ganz besondern, ich sehe in ihrem Schicksal, in allem, was sie spricht und tut, nur die ohnmächtige Frau, die »ein einziges Mal in ihrem Leben Macht haben will über ein Menschenschicksal«– und so dachte ich sie mir auch gespielt. Aber durch die Auffassung der Witt war die ganze Gestalt verschoben, und was sie tat und sprach schien unlogisch, verrückt, hysterisch. [...]

Ihre Abhandlung über »Wilhelm Meister«[6], von der Sie mir schrieben, habe ich gelesen: Vieles war mir wie aus der Seele geschrieben, vieles war mir neu oder erschien mir in neuem Lichte – ich muss Ihnen danken für die vielen neuen Anregungen, die ich dadurch erhalten habe. [...]

Wie reich sind Sie, der Sie so vielen Tausenden unendliches Glück und unendliches Leid zugleich spenden können!

Aber nun will ich meine lange Epistel schliessen und Ihnen nur noch frohe Weihnachten wünschen! Ihre Ninon Auslaender
Wien VI., Kasernengasse 13.

Die erste Seite dieses Briefes wurde von Hesse mit Bleistift angekreuzt und trägt den handschriftlichen Vermerk »Ausländer«.

1 Hesse hatte vom Juli 1904 bis Juli 1912 in Gaienhofen am Bodensee gelebt, zunächst als jung verheirateter und erstmals freiberuflicher Schriftsteller in einem bäuerlichen Fachwerkhaus in der Ortsmitte, ab 1907 in einem eigenen, repräsentativen Haus »Am Erlenloh«. Ninon suchte den Nachklang jener acht Bodensee-Jahre Hesses und verfaßte ein Gedicht über ihre eigenen Empfindungen während dieser Reise:
Du lichter See! Wie wölbt der Himmel, einer Glocke gleich
sich über Dir, wie spiegelst Du den Glanz des Himmels, seine
lichten Wolken wider.
Deine Ufer: grünend, sonnenüberstrahlt das eine,
helle Blumen blühen, Bäume neigen früchteschwer die Äste –
blanke Dächer schimmern, Zweige rauschen, frohe Kinder spielen –
aber in seliger Bläue schimmert ihr Berge von drüben, ihr fernen! [. . .]
2 Anselm Feuerbachs (1829-1880) Gemälde lernte Ninon in der bedeutenden Privatsammlung Adolf Friedrich Graf von Schacks (1815-1894) kennen (Schackgalerie).
3 Als Hesse am 16. Oktober 1913 zu einer Dichterlesung nach Wien kam, war Ninon einen Tag zu spät aus Czernowitz eingetroffen.
4 Ninons intensive Beschäftigung mit Henrik Ibsens »Hedda Gabler« (1890) und deren Problematik (die »Tragödie der Ohnmacht«, das Scheitern einer Frau als selbständiger Persönlichkeit) beweisen ihre 1912 unter dem Pseudonym Elisabeth Hermann verfaßten Briefe an einen anonym gebliebenen Dr. P. Dazu: Kleine, st 1384, S. 52 ff.
5 Charlotte Natalie Henriette Witt (1870-1938) war nach großen Erfolgen in Petersburg nach Wien gekommen und wurde mit dem Titel »Hofschauspielerin« ausgezeichnet. Die Theatralik der vorigen Schauspielergeneration mißfiel Ninon.
6 Hermann Hesse, »Wilhelm Meisters Lehrjahre«, 1911/12. Hesse sieht in seinem 1911 für die Goethe-Ausgabe des Berliner Ullstein-Verlags geschriebenen Essay Goethes Werk als Spiegelung der »ganz Europa umfassenden Geistigkeit«, des Humanismus, von dessen »Glanz und Andenken wir als ärmere Enkel noch immer zehren«. Er schließt: »Eine tiefe, von jeder Selbstsucht gelöste Liebe ist Wilhelm Meisters Tugend, und ihm kann jeder von uns sich ähnlich fühlen und ähnlich werden, wenn er sich auch von Goethes großem Wesen unendlich fern und traurig unterschieden weiß.« GW 12. Bd., S. 158.

Ninon Auslaender als Medizinstudentin,
April 1916

1915

Wien, 20. September 1915
Seit Dezember 1913 habe ich Ihnen und Sie mir nicht geschrieben. Und die Pausen in unserer Korrespondenz berechtigen mich wohl heute zu sagen: Mein Brief ist ein Vorbote: Im März (!) 1916 komme ich nach Bern (oder Zürich), um ein halbes Jahr dort zu studieren.
Eigentlich frevelhaft, jetzt so weite Vorausbestimmungen zu treffen! Aber das ist immer meine Art gewesen.

Ich möchte Ihnen so unendlich viel erzählen. Aber ich fürchte, die Zensur liebt lange Briefe nicht, auch wenn sie noch so deutlich geschrieben sind.
Und Sie? Ich weiss nicht, ob Sie sich meiner (will sagen: meiner Briefe) noch erinnern. Ob ich Ihnen nicht inzwischen wieder wildfremd geworden bin?
Ich kann gar nicht glauben, dass zwischen meinem letzten Brief und meinem heutigen zwei Jahre vergangen sind: 20 müssen es sein!
Im Sommer 1914 wollten wir nach Holland fahren. Wir kamen aber nur bis Berlin (in den letzten Julitagen) und kehrten Anfang August nach Wien zurück. Im Sept. flüchtete dann mein Vater mit meiner Schwester aus Czernowitz. Seit der Zeit sind wir alle hier.
Unser Haus ist unversehrt geblieben. Aber wir können noch lange nicht zurück in die Heimat. Mein Vater ist Reserveoffizier, und da er über 50 Jahre alt ist, braucht er sich nicht zu stellen.
Sechzehn Cousins habe ich im Felde. Einer, den ich sehr gern hatte, ist gefallen. Eine meiner Freundinnen starb, ein 23jähriges Mädchen. Sie war acht Monate lang in aufopfernder Weise freiwillige Pflegerin gewesen und hatte sich im Spital eine Ansteckung geholt. Sie starb an Meningitis.
Ich aber, oh ich ekle mich oft vor mir selber! Alles ist wie zuvor! Ich bin zu jung (ich bin erst im dritten Jahrgang Medizin), um als Ärztin zu helfen – und Pflegerin <u>kann</u> ich nicht sein. Ich leide viel mehr, als ich helfen kann.
Drei Wochen lang versuchte ich es. [...]
Im Februar und März will ich Anatomie, Histologie und Physiologie-Rigorosum machen. Im April will ich dann in die Schweiz kommen und ein halbes Jahr dort studieren.
Ich bin jetzt 20 Jahre alt und denke an die Briefe, die ich Ihnen früher schrieb, schreiben konnte: Das Alltägliche fiel ab von mir; wie ein grosser, ferner, gütiger Freund erschienen Sie mir, dem ich alles sagen konnte. Heute bin ich skeptischer, ich schreibe unfreier, denke immerfort: Wozu eigentlich schreibe ich? <u>Kann</u> Sie das interessieren?

Auch habe ich lange nichts von Ihnen gehört. Der liebe, wundervolle Knulp[1] war der letzte Bote aus Ihrer schönen Welt. »Knulp« war das erste Buch, das mich seit langer Zeit wieder aufs tiefste erschütterte. »Ich möchte ihm helfen«, rief es ungestüm in mir bei der letzten Erzählung. Aber dann sah ich, dass es gut war, wie es kam, und dass es so kommen musste, und dann kam so viel Frieden über mich: Es gibt Güte, Reinheit, Einfältigkeit. Es gibt noch etwas, das über den Alltag hinausgeht. [...]

1 Hermann Hesse, »Knulp«, Berlin 1915. »Drei Geschichten aus dem Leben Knulps« entstammen noch der Vorkriegszeit, sie erschienen jedoch erst 1915 in »Fischers Bibliothek zeitgenössischer Romane«. Die erste Geschichte, »Vorfrühling«, war Ninon schon seit 1908 durch die Veröffentlichung in der »Neuen Rundschau« bekannt. – Es geht wie in vielen Werken Hesses um die soziale Rechtfertigung des Außenseiters – hier des Landstreichers Knulp – gegenüber den »bürgerlich Ordentlichen«, den Seßhaften und Tüchtigen. GW 4. Bd., S. 437-525.

1918

Wien, 12. März 1918
Zuletzt – ich glaube es war vor zwei Jahren – erhielt ich eine gedruckte Karte von Ihnen und den »Feldpostbrief«. Seither weiss ich nichts mehr von Ihnen. Ich will heute nur ganz kurz schreiben, will Sie nur fragen, ob Sie wiederum der Kunst leben oder ob immer noch die Fürsorge für die Kriegsgefangenen und pazifistische Bestrebungen Sie erfüllen.
Wollen Sie nicht nach Wien kommen und uns hier einen Vortrag, eine Vorlesung halten? Sie haben jetzt lange nichts von sich hören lassen – war es nicht ein Unrecht, dass der Dichter beging, als er so ganz zurücktrat und nur Mensch, Helfer, Tröster wurde?
Oh könnte ich mit Ihnen sprechen!
Mein Leben ist ganz verändert, ich habe nach dreieinhalbjährigem Studium die Medizin aufgegeben, seit einem Jahr studiere

ich Kunstgeschichte, und mir ist, als hätte ich mich wiedergefunden, als wären diese dreieinhalb Jahre nie gewesen. Dennoch verdanke ich ihnen viel – aber das sind lange Geschichten. Ich fühle, dass ich jetzt den richtigen Weg (meinen richtigen Weg) gehe.
Möge doch dieser Brief Sie erreichen, und brächte er mir ein Lebenszeichen von Ihnen!
Wie glücklich aber wäre ich, wenn es diesem Brief gelänge, Sie herzurufen nach Wien! Im Herbst 1913 waren Sie zuletzt hier. Damals war ich noch in Czernowitz und kam 24 Stunden zu spät zu Ihrem Vortrag. Aber jetzt kommen Sie, sprechen Sie zu uns! Wir hören seit dem Kriege so viel Vernunft und Unvernunft – wir wollen wieder einen Dichter hören!

Ihre Ninon Auslaender
Wien, Schlösselgasse 11, Pension Engel

1 »Feldpostbrief« – gemeint ist wohl Hesses »Brief ins Feld«, Stuttgarter Neues Tageblatt vom 25. 12. 1915. Darin heißt es u. a.: »Wir selber, die wir anfangs einfach sitzengebliebene Privatleute ohne richtige Aufgaben waren, sind so nach und nach auch mobilisiert worden, jeder aus sich selber heraus nach dem Maß seiner Kräfte und seiner Leidenschaft. Wir haben Pflichten erkannt und haben sie übernommen [...] für das Gemeinsame, was Ihr an der Front mit der Waffe verteidigt. Das ist bei den meisten von uns langsam gegangen, denn es war nicht mit dem Befolgen eines Mobilmachungsbefehls getan. Wir waren ungedient, wir mußten unsere Pflichten, unsere Tätigkeiten erst suchen.« Hermann Hesse, »Politik des Gewissens«. Herausgegeben von Volker Michels, Frankfurt am Main, 1. Bd., S. 154 ff.
Hesse war von 1915-1919 im Dienst der »Deutschen Gefangenenfürsorge Bern« und Redakteur und Mitherausgeber der »Deutschen Internierten-Zeitung« (1916-17).

1920

Ninon hatte Benedikt Fred Dolbin (1883-1971) im März 1918 kennengelernt und im November des gleichen Jahres geheiratet. Er war ein erfolgreicher Brückenbau-Ingenieur, dessen erste Ehe gerade geschieden worden war. Sein Vater kennzeichnete den Vielbegabten als »eine verschüttete Gewürzbüchse« und bestätigte ihm: »Glücklicherweise warst du von jeher mit Talenten gespickt wie ein Hund mit Flöhen.« Oskar Maurus Fontana charakterisierte ihn im »Wiener Tag« vom 1. August 1933: »Dolbin ist Wiener ... Bohemien, Ingenieur, Zeichner, Dichter in Stefan Georgeschen Rhythmen, Musiker in der Art Mahlerscher Lieder, Kunstsammler und Kritiker der Avantgarde, Sänger mit und ohne Laute, heimlicher Zigeuner und unheimlicher Bürger – so entschied sich Dolbin eigentlich erst als reifer Mann für den Stift allein.« Dolbin wurde der erfolgreichste Pressezeichner der zwanziger Jahre in Wien und Berlin. Willy Haas schrieb über ihn in seinem Buch »Gesicht einer Epoche«: »Er war auch akademischer Ingenieur; er arbeitete als Bauingenieur bei der Tauernbahn, als Statiker und Konstrukteur bei der bedeutendsten Brückenbaufirma des alten Österreich. Zusammen mit dem größten modernen Architekten Österreichs, Adolf Loos, erarbeitete er die Entwürfe [...]. Er illustrierte viele Bücher. Er arbeitete als Journalist, Berichterstatter, Kritiker bei einer Reihe der größten Zeitschriften und Zeitungen Deutschlands, von Herwarth Waldens ›Sturm‹ über den ›Querschnitt‹ und die ›Literarische Welt‹ bis zum ›Berliner Tageblatt‹ und der ›B.Z. am Mittag‹. Er hielt Vorträge und Kunstkurse; er gab seine vielgekauften Karikaturbände heraus. Die Modern Art Gallery in New York hat sein Porträt Dhiagileffs gekauft. Später, nach seiner Auswanderung, arbeitete er für ›Life‹ und ›Fortune‹. Es wird einem ganz schwindlig bei all diesem Reichtum.« Die eheliche Gemeinschaft Ninons mit diesem Multitalent bestand sieben Jahre, eine herzliche Freundschaft überdauerte die Trennung lebenslang.

Zwei Selbstporträts von B. F. Dolbin, den Ninon Auslaender am 7. November 1918 heiratete

Czernowitz, 23. Januar 1920

Verehrter Herr Hesse.
Ich denke an meine Kindertage zurück und an Sie, der jene Tage verklärte.
Vielleicht erinnern Sie sich meiner noch. Ich schrieb Ihnen bisweilen; anfangs aus Czernowitz, später aus Wien, und Sie haben mir immer geantwortet.
Ich habe vor einem Jahr geheiratet[1] und heisse jetzt Ninon Dolbin (früher hiess ich Ninon Auslaender): Im August 1919 bin ich aus Wien, wo ich mit meinem Mann lebe, nach Czernowitz gekommen, weil ich erfahren hatte, dass mein Vater erkrankt war.
Vor vier Wochen haben wir ihn begraben[2]. Er war der Edelste, der Gütigste. Ich möchte Ihnen so gern schildern, wie er war. Er war hoch und schön gewachsen. Eine mächtig gewölbte Stirn, silbergraues Haar, eine schöne gerade Nase und wunder-

bare, gütige graue Augen. Er war klug und scharfsinnig. Er war sehr fleissig. Tag und Nacht arbeitete er. Aber alle seine Eigenschaften überstrahlte seine grosse Güte und seine Selbstlosigkeit. Er dachte nie an sich. Er schonte sich nicht, und er gönnte sich nichts. Er gab allen, und jeder ging beschenkt davon.
Er liebte uns, seine Nächsten, unendlich. Aber sein Herz war so gross und allgütig, dass er mit seiner Liebe die ganze Menschheit umfasste. Er versagte sich und selbst uns vieles, um Armen reichlicher spenden zu können.
Aber wie wurde er auch geliebt! Ich spreche jetzt nicht von uns. Es trauern Freunde, Kollegen, Witwen und Waisen, denen er Vater war, Klienten, denen er Freund und Berater, nicht der bezahlte Anwalt war, Menschen, die er aus dem Elend gerettet, denen er eine Existenz geschaffen hatte. [...]
Es sind jetzt vier Wochen seit er starb, und ich beginne jetzt erst zu erfassen, was <u>ich</u> verloren habe. Denn bisher dachte ich nur an ihn. Ich bin so ganz von dieser Welt, dass Sterben mir das Fürchterlichste erscheint und Leben der Güter höchstes. Und eben dass ich lebe und er gestorben ist, dass ich ihn liebte und dennoch leben kann, da er sterben musste – das ist das Unfassbare. Der Hund, der am Grabe seines Herrn starb, ist mehr als ich: Er <u>liebte</u>. Wir Menschen aber haben keine Liebe.
Lieber, verehrter Herr Hesse, Sie wissen nicht, wieviel Sie mir sind! Könnte ich Ihnen sonst so schreiben? Ihre Bücher glänzten als Sterne an meinem Kinderhimmel, Peter Camenzind, Hermann Lauscher und alle, alle. Ich sah Sie wachsen, immer grösser werden – Rosshalde und Knulp – das sind Bergesgipfel, dort ist Reinheit, Befreiung, Stille! Ich nehme jetzt Abschied von meiner Kinderzeit, nach Czernowitz werde ich wohl nie mehr zurückkehren. Ich denke an die Tage zurück, die ich hier verlebte, verwöhnt und beglückt durch die Liebe meines geliebten Vaters – und ich denke an Sie, der unlöslich mit jener Zeit verknüpft ist. Wie hat sich seit damals die Welt, wie hat sich mein Weltbild geändert: Sie aber sind für mich

dennoch derselbe geblieben, heute, als 24jährige blicke ich wie einst als 14jährige zu Ihnen auf, in Bewunderung, in Verehrung.

Ihre Ninon Dolbin
Wien V., Schlossgasse 14

1 Zur Ehe mit B. F. Dolbin: Kleine, st 1384, 3.-5. Kapitel, S. 100 ff.; im dazugehörigen Anmerkungsteil ab S. 550 auch Literaturangaben zu Dolbins Werken.
2 Die tiefe Erschütterung über den Tod des Vaters am Heiligabend 1919 brachte Ninon in einem ihrer Gedichte, das insgesamt aus acht Strophen besteht, zum Ausdruck:
> [...]
> Schon entschwindest Du mir. Nur wie im Nebel
> schimmert Dein Antlitz noch, klingt Deiner Stimme Laut.
> Sieh meine Augen durchdringen angstvoll die Leere,
> meine Hände greifen sehnend ins Nichts.
> [...]
> Nimmer gleiche ich Dir. Du bist mir entglitten.
> Ferner wirst Du mir stets: Du starbst. Und ich lebe.

Berlin, 22. Dezember 1920

Seit fast zwei Monaten bin ich hier. Ich weiss nicht, wann und was ich Ihnen zuletzt schrieb, denn in Gedanken habe ich es so oft getan, dass ich nicht mehr weiss, was davon tatsächlich geschrieben und abgesendet wurde.
Wie fern bin ich Ihnen. Eine Leserin. Eine unter so vielen!
Aber in Ihnen ist etwas, was mich seit Kindertagen mächtig erregte, anzog.
Ich lese eben »Klingsors letzter Sommer«[1] in der Rundschau vom Dezember 1919. Welche Sprache!!! Geballt, knapp, wuchtig und farbig und glühend.
Da riss es mich wieder hin, Ihnen zu schreiben. Es ist etwas so Starkes in mir erweckt, das mich treibt, Ihnen mein »Ich bin« entgegenzuschreien.
Es lebt in mir vieles, was ich nicht formen kann. Mir wurde das Erlebenkönnen verliehen, nicht das Gestalten. Ich werde von

der Natur, vom Kunstwerk erschüttert und kann das Erlebte nicht aus mir heraus Erschaffen.

Ich sehne mich so ungestüm, so glühend nach Italien, nach den grossen nordfranzösischen Kathedralen, nach Holland. Sie schrieben mir einmal, ich möge Sils Maria und das Fextal besuchen – ich konnte damals nur flüchtig hin, doch seither blieb mir die Sehnsucht, stille Wochen einmal dort verbringen zu dürfen.

Ich liege stundenlang wach und überlege, wie ich mir in Italien Geld verdienen könnte, um ein Jahr dort zu leben. Und doch glaube ich auch, es wäre traurig, dort allein zu sein. Alle Herrlichkeit aufnehmen, ohne sie einem geliebten Menschen schenken zu dürfen. Zu schwach, um sie neugeschaffen allen als Werk schenken zu dürfen.

Berlin ist schön. Es rauscht, es arbeitet, man geht schnell, man hat Eile, die Stadt ist so gross, es gibt so viele Verkehrsmittel, ich stehe manchmal ganz still und horche auf das Brausen und spüre den Rhythmus dieser Stadt, der zu mir passt, denn auch ich arbeite, eile, lebe.

Ich schicke Ihnen mein Bild. Ich wünsche mir, dass Sie einen Begriff von mir haben, wie meine Briefe ihn vielleicht nicht geben können.
Ihre Ninon Dolbin

1 »Klingsors letzter Sommer«, S. Fischer, Berlin 1920. Der Band enthält drei Erzählungen. Die Titelgeschichte entstand Juli/August 1919 im Tessin. Hesse lebte nach der Trennung von seiner Familie seit dem 11. Mai 1919 in Montagnola bei Lugano, wo er in der Casa Camuzzi, einem ein Barockschlößchen imitierenden kleinen Palazzo, vier möblierte, im Winter schwer heizbare Zimmer gemietet hatte. Von seinem Balkon aus blickte er auf einen in exotischem Pflanzenwuchs wuchernden »Zaubergarten«, der für das rauschhafte Lebensgefühl des Malers Klingsor-Hesse eine Entsprechung bot. GW 5. Bd., S. 165-352.

1921

Berlin, 7. Januar 1921
Ich erhielt Ihren Brief und danke Ihnen.
Ich werde ungefähr in 14 Tagen in Lugano sein. Ich will drei Tage dort bleiben, wenn es nicht allzu teuer ist. Darf ich Sie um eine schnelle Antwort bitten, ob Ihnen diese Zeit – ich möchte am 29. Januar ankommen – passt?[1]
Ich freue mich so! Werden Sie ein wenig Zeit für mich haben?
Ich kann gar nicht schreiben. Ich bin befangen, weil ich Sie so bald sehen soll.
Ninon Dolbin

1 Die erste persönliche Begegnung von Ninon Dolbin und Hermann Hesse fand in Montagnola statt.

Kunstpostkarte aus den Staatlichen Museen zu Berlin:
Tiziano Vecellio (Tizian), Venus mit dem Orgelspieler (um 1550).

Berlin, 22. Februar 1921
Viele herzliche Grüsse! Ich bin dabei, Ihnen einen langen Brief zu schreiben, aber der wird so bald nicht fertig. Bis dahin die Ansicht des Bildes, von dem ich Ihnen erzählte, »Venus und der Orgelspieler«.
Ninon Dolbin

Ansichtskarte: Hauptturm der Stiftskirche zu Stuttgart.

14. August 1921
Lieber, verehrter Herr Hesse,
ich bin mit meinem Mann auf einer deutschen Städtereise, wir waren in Naumburg, Bamberg, Nürnberg, Würzburg u. fahren jetzt an den Bodensee. Wie schön ist Stuttgart. Alles steht in Blüte. Ich denke hier immer an Sie. Ihre Ninon Dolbin

Ninon Auslaender 1920

1922

Wien, 12. März 1922

Ich denke oft so stark an Sie, dass ich glaube, Sie müssen es spüren.

In meinem Schreibtisch liegen viele Brieffragmente, die an Sie gerichtet sind und die abzusenden mir stets der Mut fehlte.

Aber jetzt hat mich ein furchtbarer Schmerz getroffen und ich vergesse Angst oder Mut, ich rufe Sie, ich klage Ihnen.

Meine Schwester ist gestorben[1]. Ein blühendes Geschöpf, 23 Jahre alt, aber so hoffnungslos, so mutlos, so angeekelt vor dem Leben, dass sie es wegwarf, und nicht plötzlich in einer Aufwallung, sondern nach monatelang gereiftem Entschluss. Sie war Chemikerin, stand vor dem Doktorat, es war ihr leicht, sich Zyankali zu verschaffen, und sie trank eine so konzentrierte Lösung, dass der Tod augenblicklich eintrat. Ich habe diese Schwester – ich habe noch eine andere – eigentlich immer schlecht behandelt; ich weiss jetzt, dass ich sie in den Tod getrieben habe.

Nicht direkt, und sie hatte auch keine Ahnung davon, dass ich es war.

Sie war ein bischen eigentümlich, zerstreut, ungeschickt, verträumt, weltfremd – und ich, im Bestreben sie »tüchtig« zu machen, »erzog« sie unaufhörlich, tadelte, verspottete sie, alles ohne Erfolg, nur mit dem einen, dass sie sich für vollkommen unwert, untauglich hielt, dass ihr Selbstbewusstsein völlig unterdrückt, ihre Selbstachtung immer geringer wurde, sie alle andern überschätzte und aus Angst vor dem Leben, dem sie sich nicht gewachsen glaubte, erfüllt von den Schmerz: »Mich hat niemand lieb« – sich selbst tötete.

Sie wollte es schon vor zwei Jahren tun, damals als unser geliebter Vater starb, schrieb sie in einem Abschiedsbrief. Nun sehe ich und erkenne, was ich getan habe, sehe klar, was ihr gefehlt hat, wieviler Liebe sie bedurft hätte, und ich weiss nur dieses entsetzliche: Niemals wieder, niemals wieder werde ich gutmachen können, was ich ihr getan habe. Ich sehne mich so nach Ihnen und im Schmerz fühle ich wieder, wie stark ich mit Ihnen verbunden bin.

Bitte schreiben Sie mir   Ihre Ninon Dolbin

1 Ninons Schwester Toka, die mittlere der drei Schwestern Auslaender, wählte am 27. Februar 1922, kurz vor dem Abschluß ihres Chemiestudiums, in Wien den Freitod. Hesse hat die Gewissensnot Ninons, durch Unverständnis oder Lieblosigkeit für den Tod der Schwester mitverantwortlich zu sein, gespürt, und er vermochte ihr über Selbstbezichtigung und Schuldgefühle hinwegzuhelfen. Zum Tod der Schwester Toka und zu die-

sem leidvollen Lebensabschnitt Ninons: »Verlassenheit – Der Tod von Eltern und Schwester, die Trennung von Dolbin«: Kleine, st 1384, S. 140 ff.

1926

Wien, 1. März 1926

Sie antworteten mir einmal auf einen Brief, Sie hätten es wohl gewusst, wenn es mir einmal recht schlecht ginge, würde ich Ihnen wieder schreiben. Es hat mich gekränkt, dass Sie glaubten, ich käme nur, wenn ich Sie brauchte, und aus lauter Trotz schwieg ich seither lange.

Aber Sie sind nun einmal aus meinem Leben nicht auszulöschen, ich habe niemals aufgehört, mit Ihnen verbunden zu sein – verzeihen Sie diesen Ausdruck, ich bin mir der Einseitigkeit dieser Bindung wohl bewusst, und doch kann ich es nicht anders sagen.

Vor einigen Wochen las ich im Berliner Börsen-Courier »Das verlorene Taschenmesser«[1] und später »Die Zuflucht«[2] – da fühlte ich wieder so stark, was Sie mir waren und sind und wieviel ich Ihnen danke.

Ihr Bild[3] – Sie schickten mir auf einem Briefbogen eine winzige Landschaft – habe ich eingerahmt und sehe es immer.

Ich träume davon, Sie wiederzusehen. Ich fahre am 3. März über Bern nach Genf, wo ich vom 5.-10. März ungefähr sein werde, und ich schreibe Ihnen das in der Hoffnung, dass Sie zufällig auch in oder um Genf oder sonstwo erreichbar sind und ich Sie sehe!

Bitte antworten Sie mir nach Genf, Hotel-Pension Regina. Ach, es wäre so unendlich schön, Sie wiederzusehen!

Ihre Ninon Dolbin
V., Schlossgasse 14

1 »Das verlorene Taschenmesser« (1924), »Berliner Börsen=Courier« vom 12. Januar 1926. In: »Bilderbuch«, Berlin 1926, S. 314, bzw. Berlin 1958, S. 349; »Die Kunst des Müßiggangs«, a. a. O., S. 209.
2 »Die Zuflucht« (1916), »Berliner Börsen=Courier« vom 21. Februar 1926. In: GW 10. Bd., S. 27.
3 »Das Bild«: Hesse hatte um 1916 zu zeichnen und malen begonnen, zunächst auf Anraten seines Psychoanalytikers Dr. Josef Bernhard Lang, Schüler und Mitarbeiter C. G. Jungs, zur bildlichen Darstellung seiner Träume. Man hoffte, er könne auf diese Weise die durch familiäre und politische Ereignisse ausgelösten Depressionen mildern. Seit seiner Übersiedlung in die Südschweiz im Frühjahr 1919 verwandte er einen großen Teil seiner Zeit auf das für ihn erholsame Aquarellieren (rund 2000 Bilder sollen in der farbstarken Tessiner Landschaft entstanden sein) und schmückte auch seine Briefbogen mit Bildgrüßen aus seinem Wasserfarben-Kasten.

Das von Ninon ersehnte Wiedersehen fand am 21. März 1926 statt. Sie unterbrach ihre Rückreise von Genf nach Wien und besuchte Hesse in Zürich, Schanzengraben 31, wo er – um seinem schwer heizbaren Domizil in Montagnola zu entfliehen – von 1925 bis 1931 die Wintermonate verbrachte. Hier kam es zur entscheidenden Begegnung, die Ninon in einem Gedichtzyklus »Die sieben Nächte« nachklingen ließ, von dem der 5. Vers lautet: »Bin nicht mehr ich / In Deinen Armen liegend hab ich mich verloren / – oh Zeit steh still / will niemals mehr mich finden.« Der Gedichtzyklus: Kleine, st 1384, S. 187 ff.

Buchs, 24. März 1926

Du hast ganz recht, es ist schrecklich, im Zuge zu sitzen – ich bin so erfüllt und ich möchte laufen oder schreien – und sitze unbeweglich in meine Ecke gepresst und denke an Dich.
Dein Buch liegt auf meinem Schoss und ich streichle es und liebkose es und lese hin und wieder eine Seite, aber dann muss ich aufhören, so stark klingt das Gelesene in mir nach.
Wusstest Du das – dass einem vor Glück das Herz wehtun kann?
Es schmerzt mich so –
Ich bin erst im Zug ganz zu mir gekommen – gestern kam meine

Cousine[1] noch in mein Zimmer und wir sprachen bis ½ 4 Uhr früh [...]. Dann lag ich allein und halb dachte und halb träumte ich ein paar Stunden. Zuletzt vom Flieder: Dass Du ihn in Dein Bett genommen hast, an Dich drücktest, dass er am Morgen welk und ohne Duft war – aber er tat mir nicht leid, der arme Flieder – denn für Dich blühte, duftete, welkte er –

1 Die Cousine, Dr. jur. Nelly Seidl-Kreis, eine Vertraute Ninons in den zwanziger Jahren: »In unseren vielen nächtlichen Gesprächen kämpfte ich für Dolbin (nicht in Dolbins, sondern in Ninons Interesse), aber leider erfolglos. Ich sage auch heute noch ›leider‹, denn ihr Leben mit Hesse war nur Opfer.« (Brief vom 5. 8. 1978 an die Herausgeberin).

Donnerstag vormittag, in Wien [25. März 1926]
Ich bin wieder in Wien, ich sitze im Zimmer, auf dem Tisch liegt Post von drei Wochen (obenauf lag »Klingsors letzter Sommer«, den ich vor Monaten verliehen und inzwischen zurückerhalten hatte – wie schön, dass dies das erste war, was ich im Zimmer sah!), ich sehe die Wände und die Möbel an und frage mich vergeblich, wozu ich hier bin und was das alles mit mir zu tun hat! [...]
Ich habe doch geschlafen, sogar sehr viel [...]. Wenn ich aufwachte, sagte ich immer ein paar (wirre) Wörtchen zu Dir und schlief wieder ein, und alles, an was ich mich schmiegte – Polster, Tuch, Mantel – warst Du! [...]
Ach, jetzt weiss ich ja auch, was ich in Wien zu tun habe: Warten.
Ich schicke Dir ein von mir sehr geliebtes Engelchen, ich sah es in der wundervollen Sammlung Albert Figdor[1], es ist an einem Faden befestigt und schwebt – <u>eine</u> Abbildung ist zu wenig, um den Linienfluss zu erfassen, das Bild gibt nur den einen Moment, die eine Seite, aber das Beseligende ist eben das Schweben – ich geriet damals bei Figdor in solches Entzücken, dass der liebe alte Herr es für mich photographieren liess [...]. Ich schicke es Dir, weil ich Dir Liebes schenken möchte, und ich habe jetzt nichts Lieberes als dieses Engelchen [...].

Weisst Du, ich kann noch schlecht schreiben. Jedes Wort ist so neu, da <u>ich</u> es <u>Dir</u> sage – das »Du« ist schon so phantastisch. Eben habe ich Deine Adresse geschrieben, das war auch so sonderbar – den geliebten Namen wieder schreiben, und alles ist so anders. 1909 schrieb ich ihn zum ersten Mal.
Nein, nein, der Brief muss fort. Ich fange lieber einen neuen an.

Du – ich

1 Sammlung Figdor: berühmte Sammlung mittelalterlicher Kunst, die nach dem Tode des Sammlers, Dr. Albert Figdor (1843-1927), als dessen Stiftung zum Teil in die Bestände der Estensischen Kunstsammlung im Kunsthistorischen Museum in Wien eingegliedert wurde.

Freitag [26. März 1926]

Wie sonderbar ich lebe: In Glück und Angst. Und alles ist voller Wunder. Wie das: Dass ich hier sitze, den leeren Bogen vor mir und <u>Dir</u> schreibe, Dir, von dem ich träume, in dem ich lebe.
Ich ging in meine Wohnung, gestern, las in Deinen Büchern, die doch <u>in mir</u> sind – – ja, ich habe Dich verschlungen wie der Evangelist Johannes das Buch verschlang – – »Innen und Aussen«[1], wie schön, dass Du so etwas geschrieben hast – wie schön, dass Du Du bist – –

abends

Ich stelle Dich mir immer wieder vor, in Angst, dass Du mir entgleitest (das gehört zu meiner Wirklichkeitsscheu, dass ich mir alles umdichte, umforme, so dass mir auch die geliebtesten Gesichter, wenn ich sie lange nicht gesehen habe, verschwimmen) ich bilde Dein Gesicht in mir – noch habe ich es – wenn es dann zu verschwimmen droht, wirst Du kommen es mir wieder zu zeigen – – – ? Dabei fällt mir etwas zum Lachen ein, ja, lach mich nur aus! Ich beneide nämlich Deine Brille! Nicht nur, dass sie immer bei Dir ist und noch dazu auf Deinen Augen sitzt – <u>sie</u>, sie steht zwischen Dir und der Welt. Und an Deinen Schläfen hat sie eine tiefe Furche gegraben.

Und ich? frage ich gekränkt, was habe ich in Deinem Antlitz zu tun – ich in Wien, Du (oder es) in Zürich – aber ohne die Brille könntest Du nicht sein.
Ach, alle sind mit Dir, die Brille, der Zwerg, Dein Freund und heute wirst Du tanzen und morgen wieder Freunde um Dich haben, und alles ohne mich.
Ich lebe ganz mit Dir – früh, beim Erwachen lese ich in einem Deiner Bücher, dann denke ich zur Abwechslung an Dich. Dann gehe ich aus – in die abscheuliche, von mir so inständig gehasste Stadt Wien: Wirklichkeit erfasst mich und ich denke, dass alles, was Du und ich ist, vielleicht nur geträumt ist.
Manierlich spreche ich und benehme mich, stehe Rede, gebe Auskunft, sehe alle business-Menschen mitleidig an und flüchte dann zu mir, zu mir allein, wo nichts anderes ist als Du.
Ich möchte Dir unaufhörlich schreiben. Ich möchte jede Regung in mir in Dich überströmen lassen – und täte ich es und tätest Du es auch, dann wären wir eins – <u>ein</u> Strom kreiste in uns – –
Ich las, was Du über den Tod Deines Vaters schriebst[2] – wie liebte ich Dich! Wie machst Du alles in mir erschauern – [. . .].
Du bist ein grosser Baum, und ich bin ein kleiner Vogel und sitze im Schatten Deiner Zweige –

Fortsetzung auf dem gleichen Bogen:

27. März 1926

Guten Morgen, Lieber, Liebster – guten Morgen! Jetzt habe ich keine Angst und Unruhe mehr in mir, ich bin so ganz von Dir erfüllt – Du bist in mir – und ich bin leicht und froh, beschwingt und glücklich
Du – Du – ich küsse Dich.
Jetzt habe ich wieder Angst – Du sagtest: »Da passen wir nicht zueinander, wenn Sie am Morgen frisch und heiter sind!« Ist das wahr? Ist denn nicht alles unwichtig – wenn Du mich liebst – wenn ich Dich liebe – – ?
Nein, ich glaube nicht, dass ich zufrieden mit mir bin und nicht anders sein möchte. Ich möchte das Wunderbarste und Vollkommenste sein, an Leib und Seele – nur um Dir dieses Wunder-

barste und Vollkommenste schenken zu dürfen – – Oh Briefchen – wie ich dich beneide! Deine Finger werden es halten, Deine Augen werden die Zeilen entlang gleiten – vielleicht wirst Du es streicheln, vielleicht zu Dir stecken, ganz warm wird es bei Dir liegen – oh glückliches Briefchen – arme Ninon

1 »Innen und Außen«, Erzählung (1919). Erstdruck in »Der Bund«, Bern, März 1920. Aufgenommen mit anderen zwischen 1904-1917 entstandenen Erzählungen in »Fabulierbuch«, GWiE, Berlin 1935. GW 4. Bd., S. 372.
2 »Zum Gedächtnis«, GW 10. Bd., S. 121. Das späte Verstehen zwischen Vater und Sohn bezeugen auch» Meine Kindheit«, GW 1. Bd., S. 218, und »Der Bettler« (1948), ein liebevolles Gedenkblatt Hesses für den Vater, GW 8. Bd., S. 438.

abends
Dein lieber, lieber Brief liegt vor mir – oh wie reich hast Du mich beschenkt: Das Gedicht und Deine Worte über Hölderlin[1] – Dich liessen sie mich ahnen – und das wunderschöne Bildchen mit den rosa Bergen, dem rosa Weg und Dein Brief selbst – oh wie danke ich Dir!
Ich habe ausgepackt, da liegen Deine Bücher, Photographien, das Bild, wieviel hast Du mir geschenkt.
Aber das ist »aussen«. Wieviel Du mir noch geschenkt hast, das weisst Du nicht.
Ich schicke Dir den geliebten »Gilles«[2], ich habe kein besseres Bild von ihm. Ich küsse Dich auf die Augen – Ninon

Es ist so schön, von Dir erfüllt zu sein. Es ist so qualvoll zu wissen, wie Du Dich quälst. Als Dein Kopf in meinem Schoss lag, war mir, als hielte ich den Gekreuzigten.

1 Ode an Hölderlin: »Freund meiner Jugend, zu Dir kehr' ich voll Dankbarkeit manchen Abend zurück«. GW 1. Bd., S. 42.
2 Gilles, Gemälde von Jean-Antoine Watteau (1684-1721), Paris, Louvre. Ninon war ergriffen durch die von leiser Schwermut überschattete Heiterkeit Gilles'. In ihrem Paris-Tagebuch vermerkte sie am 18. Februar 1925: »Wie er, ganz gross gesehen ganz vorn im Bild steht, die Arme gesenkt in unsagbarer Resignation – einer, der nichts mehr hofft, nichts erwartet, ein Preisgegebener. Hinter ihm die fröhliche Gesellschaft hat sich

im Park gelagert, sie lachen, sie sind beisammen. Er aber steht einsam gegen den Wolkenhimmel, und es ist, als sagte er zum Leben: Hier bin ich. Nimm mich hin!« Weitere Auszüge aus dem Paris-Tagebuch: Kleine, st 1384, S. 166.

Wien, 28. März 1926
Dass ich mit niemandem über Dich sprechen kann, ist so schrecklich! Ich glaube manchmal, ich muss ersticken. [...]
Gestern sagten mir alle Leute, ich sähe so verändert aus – die Diener in der »Albertina«[1] und der Portier und der Direktor und die Bedienerin und die Beamten [...], und ich lachte. [...]
Gestern Nachmittag war ich bei Helene Funke[2], einer Malerin, die ich sehr liebe und verehre. Sie ist ein einsamer Mensch, nicht mehr jung, ganz arm durch die Inflation in Deutschland geworden und malt herrliche Bilder. Es tut mir so leid, dass sie als Mensch so schwach ist, sie, die doch viel stärker ist als andere, weil sie selbst Welt erschaffen kann – sie dankt mir oft so, dass ich beschämt bin, denn es ist doch nichts als Verstehen, das sie bei mir findet, aber es ist doch _ihr_ Verdienst, dass sie in einer Sprache sprechen kann, die ich verstehe!
Ich wollte, Du könntest ihre Bilder sehen: Sie glühen. Und so voller Sehnsucht sind die Landschaften aus dem Süden – im Atelier gemalt, weil sie kein Geld hat, in den geliebten Süden zu reisen. Eine solche Landschaft hat sie mir einmal geschenkt, ich nahm sie aus der Wohnung in mein abscheuliches Pensionszimmer mit, sie und eine Photographie der Pietà von Avignon, die im Louvre hängt. Aber weisst Du, ich mag das nicht an mir, dieses Mitnehmen von Bildern, das sind alles Krücken und auch das »Schön-Wohnen« – ich möchte innerlich so reich sein, dass ich alles das nicht brauche, im nackten Raum wohne und alle Landschaften, die ich gesehen habe, und alle Kunstwerke und alle Menschen – _alles in mir_! Erinnerst Du Dich noch an meine Geschichte, die ich Dir in Montagnola erzählte – wie _ich_ dem Kaiser-Friedrich-Museum Tizians »Venus und der Orgelspieler« schenkte? Wie Du lachtest!

Abends war ich bei einem Vortrag mit Lichtbildern: Eckart von Sydow[3] aus Berlin sprach über die »Kunst der Naturvölker«. Er zeigte herrliche Sachen, Negerplastik, Indianerkunst, sprach fein und klug (viel von Freud), aber ich war ungerecht gegen ihn, weil er ein so abscheuliches Deutsch sprach, wie eben die Norddeutschen – niemals klingt bei ihnen ein Vokal, die Sprache ist eben ein Verständigungsmittel – Verstand wendet sich an Verstand (oder Dummheit an Dummheit natürlich) – alles so unsinnlich! Ich dachte, wenn jetzt jemand »a« riefe – lange, klingend, tönend – oder i oder o – es wäre schön, wäre Leben. Die armen kleinen Vokale in der Sprache Herrn von Sydows wären ganz erstaunt gewesen – oh verzeih, dass ich solchen Unsinn schreibe, nur weil er mir durch den Kopf geht.
Ich schreibe, um bei Dir zu sein.
Bei Dir. Wie schön das ist. Kennst Du die Schutzmantelmadonnen des 15. und 16. Jahrhunderts? Unter ihrem Mantel knien die Gläubigen mit betenden Händen. So bin ich von Dir umflossen.
[...]

1 Albertina: Staatliche Graphische Sammlung in Wien, gegründet von Herzog Albert von Sachsen-Teschen (1738-1822), seit 1920 mit den graphischen Beständen der Österreichischen Nationalbibliothek vereinigt. Ninon arbeitete hier an ihrem 1921 vom Wiener Kunsthistoriker Julius Schlosser (1866-1938) erhaltenen Dissertationsthema über die Arbeiten des Orfèvre Etienne Delaune (1518-um 1583), eines im Schrifttum auch De Laune oder de Lauln genannten Ziseleurs und Kupferstechers, der durch exakte Handzeichnungen über mythologische Themen und Allegorien für die Goldschmiedekunst weitverbreitete Vorlagen geliefert hat. Sie setzte in der Albertina die geduldige Sucharbeit fort, mit der sie während ihres Aufenthaltes in Paris im Winter 1924/25 die Entwürfe dieses französischen Renaissance-Epigonen erforscht hatte.
2 Helene Funke (1859-1957), eine dem Expressionismus nahestehende Malerin, hatte erfolgreich in der Wiener Sezession 1910, danach auch beim »Bund östereichischer Künstler« ausgestellt, wurde dessen Mitglied, lebte in Wien und hat Ninon, die sie durch Dolbins Ausstellungstätigkeit kennengelernt hatte, mehrmals porträtiert.
3 Eckart von Sydow (1885-1942) verband kunstgeschichtliche mit ethnologischen Forschungen, sein Hauptwerk »Kunst und Religion der Naturvölker«, Oldenburg 1926.

nachmittags
Jetzt bin ich plötzlich so übermütig geworden, dass ich alle bei Tisch mitriss und alle lachen mussten. Ach, warum bin ich nicht bei Dir und streichle Dein Gesicht und mache meine Dummheiten, so dass Du lachen musst über Dein dummes, kleines Mädchen – –
Im Hausflur vor der Treppe blieb ich heute plötzlich stehn und fühlte Deinen Kuss, ich schloss die Augen und war bei Dir –
Ich war Vormittag bei Lena, das ist so eine Art Freundin, so mehr »my friend« als richtig: »Freundin« – die wollte mir das weisse Haar von der Schläfe auszupfen, da schrie ich auf: »Nein, lass es doch – ich hab es gerne!« Sie sah mich erstaunt an, und ich dachte, dass Dein erster Kuss diesem Härchen galt. [...]
Heute in der Presse im Anzeigenteil sah ich plötzlich Deinen Namen gross gedruckt: Das »Bilderbuch«[1] war als Ostergeschenk angepriesen. Es war schön und ein bischen schmerzhaft, Deinen Namen so zu lesen. Lange sah ich hin und grüsste Dich –

1 »Bilderbuch«, zwischen 1904 und 1924 entstandene Schilderungen, aufgegliedert in fünf jeweils chronologisch angeordnete Teile: Bodensee, Italien, Indien, Tessin, Verschiedenes, GWiE 1926. Um acht Prosastücke erweitert in: GW 6. Bd., S. 173-337.

Wien, 29. März 1926
Du hast mich das gelehrt: »Sich-fallen-lassen«, vielleicht auch war es in mir, ohne dass ich es wusste.
Ich bin von dem Weg, der scheinbar der meine war, ganz fort, ich sehe nichts – ich fühle nur das Eine: Ich muss zu Dir.
(Oh, wie weh hat mir Dein Brief getan. Ich kann Dir das nicht schreiben. Wir wollen ihn zusammen lesen, mein Herz an Deinem.)
Kannst Du Dich aus Deinem jetzigen Leben für drei Tage freimachen? Und mir ein paar Stunden entgegenreisen? Mir macht es nichts, 12, 14 Stunden zu fahren, wenn Du vier bis fünf dazugibst, sind wir beisammen.

Ich weiss, Du kannst Dich nicht an einen Tag binden, Du magst das nicht. Aber an einen Tag in allernächster Nähe auch nicht?
[...]
Oh, nichts von »Tragweite«, nichts von »bedenken«: <u>Ich will zu Dir – – es zieht mich, treibt mich zu Dir</u>
Wie undiszipliniert ich schreibe – so recht, wie ich es hasse, mit Pausen, unterstrichen und so – sei nicht böse!
Oh Dein Brief. Wie weh, wie weh hat er mir getan.
Innsbruck ist Dir zu weit, nicht wahr? Sieben Stunden von Zürich.
Vielleicht ist es besser in der Schweiz. (Oder St. Anton am Arlberg vielleicht?) Aber in der Schweiz bin ich vor Bekannten eher geschützt. Obwohl mir auch daran nichts liegt!
Telegrammadresse: Dolbin, Krugerstrasse 5, Pension Wien. Telegraphiere bitte ohne Unterschrift, vier Worte genügen, wie gesagt: Ort, Hotel, Wochentag, Tageszeit. Ich telegraphiere Dir dann kurze Antwort.
Freust Du Dich, Steppenwolf?
Oh, wie furchtbar lange, bis Mittwoch zu warten. Ich möchte noch heute nachts zu Dir fahren.
Du – ich werde Deine schmerzenden Augen küssen (wie weh tut es mir, dass sie schmerzen!) – ich werde Dir gehören, und vielleicht wirst Du an meinem Herzen <u>schlafen</u>, Geliebter

                              Deine – Deine Ninon

                                     Dienstag früh
Wie gut, dass dieser schreckliche gestrige Tag vorüber ist. Dein Brief hatte mich für viele Stunden gelähmt, ich lag, unfähig ein Glied zu rühren, da, dachte immer im Kreise – genug, ich will es Dir nicht beschreiben. [...]
Du schriebst mir einen Brief, als wärest Du 95 Jahre alt, wie Du immer sagst – so kalt und klar und weise – aber Du bist doch nicht so!
Aber eben das, dass Du alles bist – jung – alt – kalt – glühend – Gott – Teufel, das ist eben das Wunderbare.
Als ich die Stelle las: Ich schicke Dir Montag Deine Halskette

nach – fiel ich um, lag auf dem Boden, lange. Denn ich war so sicher gewesen, Du würdest sie mir selber bringen.
Oh Lieber! Lies das nicht als Vorwurf – Du bist, wie Du sein musst – aber ich will Dir alles sagen, was in mir ist, ich tue es ohne Zweck, nur weil es mich treibt und weil ich Dir schreibend näher bin, und weil ich Dir nahe sein will.
Heute kann kein Brief von Dir kommen, das ist ein leerer Tag. Aber morgen – ist es noch lange bis morgen zur Frühpost? Ach nein, nur noch 23 Stunden! [...]

abends
Ich war heute viel mit Menschen zusammen, versuchte auch, in der Albertina zu arbeiten. [...]
Heute ist es eine Woche, dass ich bei Dir war. Ich dachte (zum wievielten Male) alles noch einmal und sagte mir alle Deine Worte vor und sah und spürte Dich und Deine Küsse und sah Deine durchsichtigen Augen und schmiegte mich an Deinen Leib. Festhalten, festhalten, was eben noch mein war –
Liebes Füllfederchen – warum kannst Du dem Liebsten nicht sagen, wie ich ihn liebe, wie ich mich nach ihm sehne? Oder braucht er das Federchen nicht dazu und spürt es über alle Ferne? [...]

Wien, 2. April 1926
Lieber, sei nicht böse über mein Ungestüm. Heute will ich klar und vernünftig sein (und alle anderen Bürgertugenden in mir hervorsuchen.)
Weisst Du, als ich von Zürich abreiste, schien alles so klar – so klar, dass man gar nicht darüber sprechen musste – dass ich bei Dir bliebe, diese Abreise war nur eine zufällige, unwesentlich für uns.
Deshalb erschreckte mich Dein Brief, der von alledem, was zwischen uns war, wie von Gewesenem sprach, für etwas dankte, was eben erst begonnen hatte, Abschied nahm, da ich erste Be-

grüssung erwartete. Aber davon will ich nicht mehr sprechen.
Dein letzter Brief war lieb und gut, soviel Bitteres er auch enthielt, aber ich habe Deine Zärtlichkeit gespürt und Deine Liebe.
Jetzt kommt es nur auf das eine an: Wenn Du mich warnst, mein Schicksal mit Deinem zu »beladen« – denkst Du dann mehr an Dich oder an mich? Ich meine: ist das, weil Du _mich_ schonen willst, weil Du für _mich_ fürchtest, _meine_ »Enttäuschung«, _meinen_ »Jammer«? Oder fürchtest Du das alles für Dich auch?
Das scheint mir, muss zwischen uns klargestellt werden. Ich weiss nicht, ob ich das klar genug gesagt habe, was ich meine.
Ich meine: Denke einmal geradeaus – nur das: ob Du mich willst und ich werde auch so denken. Nur: ob ich Dich will – nicht übers Kreuz denken, was für den anderen dabei herauskommen könnte,
und wenn Du dann findest, _dass Du mich willst_ – was könnte uns dann noch trennen?
»Es kann von mir nichts Gutes kommen, nur Böses«, schreibst Du. Oh Liebster, ich frage nicht nach Gut und Böse, wenn ich bei Dir bin, wenn Deine Hand es spendet.
Glaube nicht, dass ich blind bin, dass ich Schweres leichtnehme.
Aber ich fürchte mich auch nicht. Deine Ninon

Wien, 3. April 1926
Da ich gestern so ausnehmend klug und vernünftig schrieb, darf ich heute dumm und kindisch sein, ja? Ich weiss gar nichts Vernünftiges zu sagen, ich möchte Dich nur streicheln und küssen und mich an Dich schmiegen und in Deine Augen schauen.
[...]
Deine liebe Schachtel hat gerade Platz gehabt für Dein Bild, das Du mir vor fünf Jahren in Montagnola schenktest, keine Photographie, ein Druck, aus irgend einem Buch wahrscheinlich. Um Dich zu sehen, muss ich immer erst die Schachtel öffnen, es ist wie ein Flügelaltar – das Liebste und Heiligste soll nicht offen herumstehn oder hängen, es muss geschützt sein, und nur wenn man mit ganzer Seele dabei ist, soll man den Schrein öffnen.

Wie wunderschön das Gedicht über die Zauberflöte[1]! Ich lese es immer wieder. Weisst Du, ich wundere mich, dass Du mir so wenig schreibst, aber ich verlange es nicht, und ich bitte Dich auch nicht darum. Ich sage es Dir nur. Für mich ist Dir-Schreiben etwas so Gebieterisches, ich muss einfach, ich wähle es mir nicht, ich nehme es mir nicht vor – es ist wie Umarmen – sehnsüchtig schicke ich meine Wörtchen aus und glaube Dir näher zu sein, wenn ich Dir schreibe. Du aber hast mir noch nicht gesagt, ob Du Dich ein bischen freust, wenn Du so einen Brief in der Hand hältst, ihn liest –

und Du sagst mir überhaupt so wenig von Dir! Was Du mir schreibst, ist alles schon Kristall. Ich aber erlebe Dich und mich im Schreiben. Aber Du sollst nicht anders sein – glaube das nicht, dass ich das will.

Siehst Du, jetzt ist es neun Uhr und die Frühpost hat nichts von Dir gebracht, dann gibt es noch eine um zwölf und eine um fünf Uhr, dann ist Sonntag, ein abscheulicher Tag, an dem keine Post kommt, und Montag, an dem nur eine kommt, es ist nicht so einfach für mich, das Leben zu ertragen, aber ich will doch tapfer sein. Und wie leicht ist dieses Tapfersein, da ich doch Deine Worte halte: »Ich habe Dich lieb.« [. . .]

1 »Die Zauberflöte am Sonntagnachmittag«. Entstanden am 29. März 1926. In: »Krisis – Ein Stück Tagebuch von Hermann Hesse«, einmalige Auflage von 1150 numerierten Exemplaren, S. Fischer Verlag, Berlin 1928. »Die Gedichte«, a.a.O., S.528. – Hesse besuchte im April 1926 zum dritten Male im Verlauf dieses Winteraufenthalts in Zürich eine Aufführung von Mozarts Zauberflöte.

Ostersonntag

[. . .] Gestern las ich die »Nürnberger Reise«[1] (den 2. Teil). Ich lachte und weinte. Besser noch begriff ich jetzt Klingsors Selbstportrait, besser noch begriff ich Dich. Und danke Dir dafür. Du schenkst Dich immer wieder neu. Deshalb wirkst Du so stark

auf die Menschen. Wie herrlich Du reist – aber wie wollen wir da jemals auf die Fidschi-Inseln kommen – ganz ohne Bahn wird es doch nicht gehn!
Während ich Dir schreibe, spreche ich mit Dir. Das heisst, ich spreche nicht, ich stammele, stottere, überströme, tausend Dinge, tausend Bilder – von allem löst sich dann ein armer kleiner Satz, der steht auf dem Papier, das andere, das Beste, Schönste bleibt ungesagt. Aber vielleicht hörst Du es brausen. [...]

1 »Die Nürnberger Reise«, geschrieben im Jahre 1925. Vorabdruck: Die neue Rundschau, Jan./März/April 1926. Hesse schildert eine zweimonatige, Ende September 1925 begonnene Vortragsreise von Montagnola nach Nürnberg über Locarno, Zürich, Baden, Blaubeuren, Ulm, Augsburg und München (Besuch bei Thomas Mann) und vermittelt ein humorvolles Selbstbild, nach seinen eigenen Worten zeigt es seine »Versuche zur Aufrichtigkeit ... Zeugnisse meines Lebens und Arbeitens«. GW 7. Bd., S. 114-179.

Montag früh
Lieber, Lieber – ich halte Dein Gedicht in der Hand – ich habe es gerade vor ein paar Tagen in: »Gedichte des Malers«[1] gelesen, so sehnsüchtig gelesen, und nun schickst Du es mir, schenkst es mir. Ich danke Dir sehr.
Wie Du mich streichelst!
Samstag abend war ich zu Kammermusik geladen. Ich hatte ein bischen Angst, hinzugehen, weil ich seit acht Monaten keine Musik mehr gehört hatte; es war mir bis vor kurzem der Gedanke daran schrecklich gewesen, dass es Konzerte und Opern gibt und meine arme Mutter, die das so leidenschaftlich liebte, es nicht mehr hören könne[2], und wenn ich am Konzerthaus, wo sie ihre glücklichsten Stunden verlebt hatte, vorüberging, krampfte sich mein Herz zusammen.
Man spielte ein Quartett von Haydn, und ich kann nicht beschreiben, wie es mich ergriffen hat. Mir schien, als hätte ich noch nie im Leben Musik gehört, als sei dies das erste Mal, als wäre ich geöffnet und die Musik ströme in mich ein. Du, Du

warst es, der mich geöffnet hat, Dich spürte ich, mit Dir war ich verbunden! [...]
Zuhause nahm ich Dein Bild – die Photographie – und küsste es lange und sprach halblaut zu Dir, viele Liebesworte, viel sehnsüchtige Worte, und von meinen Fingern wurde das Bild warm, und ich schmiegte meine Wange an die Wärme des Bildes und las dann in Deinen Briefen und ging dann endlich zu Bett und sehnte mich so unsagbar nach Dir!
Du, Du – ich küsse Dich auf die Augen   Deine Ninon

1 »Gedichte des Malers«, Zehn Gedichte mit farbigen Zeichnungen von Hesse. Als Buch erschienen die 10 Gedichte – mit Reproduktionen seiner Tessiner Aquarelle versehen – in Bern 1920 (Seldwyla) in begrenzter Auflage von 1 000 Exemplaren. Eine Neuausgabe der »Gedichte des Malers« in der Gegenüberstellung von Versen und Bildern: insel taschenbuch 893, Frankfurt am Main 1985.
2 Ninons Mutter, Gisela Auslaender, war plötzlich, erst 51 Jahre alt, am 11. September 1925 an einer Sepsis nach einem Insektenstich gestorben.

Wien, 7. April 26

Liebster,
heute früh kam Deine Karte aus Montagnola, und wenn ich auch froh war, dass Du Zürich entflohen bist, wenn es Dir unerträglich wurde, so war ich doch einen Augenblick bestürzt, denn nun hast Du meinen »vernünftigen« Brief vom Karfreitag nicht bekommen, und Post lässt Du Dir wahrscheinlich nicht nachsenden.
Nein, ein Zwiegespräch in Briefen ist also unmöglich, und ausserdem bin ich endlich daraufgekommen, dass ich nicht schreiben kann. Und da beschloss ich, unverzüglich zu Dir zu kommen, für sieben bis fünf Tage – »wie es Dir gefällt« – und dieser Brief kündigt mich an.
Erst wollte ich telegraphieren. Aber das war furchtbar schwer. »Erwarte mich – –«, das klang so befehlshaberisch, und »eintreffe – –« so geschäftsmässig, und »bitte erwarte mich – –« so bettelnd, und nichts kann so sein wie der Klang der Stimme, die Dir die Ankunft mitteilt, und der Blick in Deine Augen.

Ich fahre Freitag, den 9. April, 18,30 h von hier weg, bin 13,57 h in Thalwil, habe sofort Anschluss und bin Samstag um 17,56 h in Lugano. Alles andere bestimmst Du. [...]
Ich warte jetzt nicht mehr auf einen Brief, es geht so nicht, wir müssen sprechen.
Wäre ich nicht so schnell von Zürich weg, wäre es vielleicht nicht nötig gewesen. Das war meine Schuld, und das mache ich jetzt gut und komme.
Ich telegraphiere nicht mehr, das ist schon die endgültige Ankündigung.
Auf Samstag, Du, auf Wiedersehn! Deine Ninon

Mein Herz klopft so freudig, daran merke ich, dass ich das Richtige tue.

Nach einem zehntägigen Aufenthalt in Zürich und Lugano kehrte Ninon nach Wien zurück.

Wien, 27. April 1926
[...] Lieber, ich sehe immer diese Zeile vor mir, die ich gestern erhielt: »Seit acht Tagen kein Wort von Dir!« – ich konnte aber nicht schreiben, denn es ging mir schlecht, und Du hättest es gleich gemerkt, das wollte ich nicht. Darum wartete ich, bis ich wieder schreiben konnte, und nun habe ich Dich doch beschwert, gerade durch mein Schweigen.
Aber wie kann Dich das beschweren – weisst Du denn nicht, dass ich mit jedem Atemzug an Dich denke, dass ich ganz von Dir erfüllt bin – so dass ich manchmal zu Dir, dem, den ich in mir trage, sagen muss: »Halte still. Zerreiss mich nicht!« [...]
Deine Ninon

Wien, 29. April 1926

Gestern kam Dein Bild vom Rahmenmacher, nun hängt es über meinem Bett.

Ich habe jetzt drei Tage keinen Brief von Dir gehabt und bemühe mich, tapfer zu sein. Aber glaube nicht, dass Du mir schreiben »musst« – ein Brief oder Gruss von Dir ist ein <u>Geschenk</u>, kein Tribut. [...]

So geht ein Tag hin, es gibt ja vielerlei Trost: Dein Bild an der Wand ansehen und Deine Bücher lesen, Deine Photographie liebkosen und die Briefe lesen und überhaupt an Dich denken und an alle Worte, die Du sprachst und alles.

Aber dann kommt ein Augenblick, in dem diese ganze tröstliche Welt von Bildern und Worten zusammenfällt und ich spüre, dass ich allein bin und nichts von Dir weiss, nicht einmal, wo Du bist.

Gestern war ich in Schönbrunn, im Palmenhaus, es war still und heiss, ich denke immer an Deine Worten, wenn ich Bäume sehe.

Ich dachte auch, dass ein Gärtner geduldig und weise sein müsse, und ich nahm mir vor, geduldig und stark zu sein.

Ich will jetzt lieber aufhören zu schreiben. Ich möchte nicht, dass ein Brief von mir Dich traurig macht. Er soll Dich nur grüssen und Dir sagen, was Du auch so weisst, dass ich Dich lieb habe.

Deine Ninon

Ninons 1921 vom Wiener Kunsthistoriker Julius Schlosser (1866-1938) erhaltene Dissertation über französische Goldschmiedearbeiten des 17. Jahrhunderts und die Entwürfe des Etienne Delaune »kroch voran«, wie sie Freunden mitteilte. Daß sie sich nicht mit dem kühnen Wurf eines Genialen, sondern mit schlichter kunsthandwerklicher Fertigkeit zu beschäftigen hatte, vergällte ihr außerdem die Arbeit: »Der Manierismus, dieses Mehr-wollen-als- man-kann, ist etwas, das mir sehr nahe geht [...]. Nicht Götter! Unter Schmerz und Qual Schaffende – nicht aus eigener Überfülle gütig Spendende. Mein Delaune ist kein solcher Ringender; dazu ist er viel zu eklektisch, aber er ist ein Kind seiner Zeit, und in seinen harmlosen Vorlagen spiegelt sich das Ringen der Grossen wider.« (Tagebuch). Wenn auch der technisch versierte Nachahmer einen Widerschein des Schöpferischen bot – die Beschäftigung mit diesem Thema bescherte ihr von Anfang an eine problematische Lustlosigkeit, sie verschleppte die Arbeit bis 1927, so daß sie später Hesses Rat, »den ganzen Krempel doch hinzuwerfen«, befolgte. Ihrem Jubel: »Ich bin frei« folgten bald Skrupel und Bedauern: »Das Aufgeben der Wissenschaft ist doch so eine Art Bankrott.«

Freitag nachts [30. April 1926]
[...] Ich habe nun wieder versucht zu arbeiten, und es geht, wenn auch noch nicht sehr gut. Denn plötzlich fällt mir die Feder aus der Hand und ich sehe meinen »Manieristen« nicht mehr und höre einen Satz aus Deinem Brief und muss die Augen schliessen – – Aber tapfer nehme ich dann wieder das Federchen (Du kennst es, nicht wahr?) und »produziere« weiter.
Fontana[1], mein Freund, ist weggefahren, und so bin ich nun ganz allein und kann mit niemandem über Dich sprechen, d. h. ich spreche schon mit Leuten über »Demian«[2] und »Klein und Wagner«[3], und ich bemühe mich, »nüchtern« zu bleiben und – kühl zu sagen: »Ein sehr schönes Buch«. Wenn ich denke, wie ich früher war (noch vor kurzem), und was Du oder eigentlich meine Liebe zu Dir aus mir gemacht haben, so glaube ich an Zauberei und Hexentränke und alles.
Ich war ein schrecklich verwöhntes Kind und wurde eine verwöhnte Frau, nicht materiell meine ich das. [...] Eine rechte Katze, die gestreichelt werden will und gekrault. In meiner Ehrlichkeit war ja auch sicher viel Bequemlichkeit.
Als die Mama starb, da ahnte ich die Einsamkeit, die kommen würde. Und nun ist es gekommen, nun bin ich ganz auf mich gestellt, bin allein. Die Welt hat jetzt ein anderes Gesicht, ich muss mich allem neu stellen, mir alles zu eigen machen. Ich drücke mich schlecht aus, aber Du verstehst mich schon. Bis jetzt habe <u>ich</u> immer gehandelt, mir etwas vorgenommen, es ausgeführt,

ich lenkte mein Schiff, wie mir schien; aber jetzt ist etwas mit mir geschehen, und ich horche in mich hinein und lerne mich kennen. Ich wusste nicht, wie ich bin, weil ich doch meistens etwas tat, aber jetzt bin ich nur.
Ich habe Deinen Brief aus Montagnola bekommen und mich über Deinen Gruss gefreut und dass Du am Steppenwolf[4] gearbeitet hast.
Was Du mir im zweiten Brief gesagt hast, hat mich so tief beglückt. Ich kann das nicht schreiben. Ich danke Dir.

1 Oskar Maurus Fontana (1889-1968), österreichischer Dramatiker, Theaterkritiker, Essayist und Wegbereiter des Expressionismus, war mit Ninon befreundet, hielt viel von ihrem Urteil und schickte ihr darum seine Manuskripte vor dem Druck.
2 »Demian. Die Geschichte einer Jugend«, entstanden 1916/1917, erschien ab 1919 bei S. Fischer in den ersten drei Auflagen unter dem Pseudonym Emil Sinclair (Isaac v. Sinclair hieß ein Freund Hölderlins). Das Werk spiegelt Hesses »Besessenheit durch Leiden« in jenen Kriegsjahren, als man ihn wegen seiner pazifistischen Gesinnung als Vaterlandsverräter beschimpfte, die Sorgen um seine Söhne und die schwere Erkrankung des Jüngsten ihn quälten und das Gemütsleiden seiner Frau sich so verstärkte, daß sie in eine Heilanstalt eingewiesen werden mußte. Hesses Autotherapie durch die Erforschung des eigenen Innern ist das eigentliche Thema, angeregt durch die psychoanalytischen Schriften von Sigmund Freud und Carl Gustav Jung, außerdem unterzog er sich einer Elektrotherapie in der Klinik Sonnmatt bei Bern und therapeutischen Sitzungen bei Dr. Josef Bernhard Lang – eingegangen als Pistorius in »Demian« und in die »Nürnberger Reise«. Das Pseudonym Emil Sinclair wurde von Hesse selbst, nachdem er als Verfasser erkannt worden war, in der Zeitschrift »Vivos Voco« (1. Jg. 1919/20, Heft 10) gelüftet, deren Mitherausgeber er von 1919-1923 war, seither der Titel »Demian. Die Geschichte von Emil Sinclairs Jugend« von Hermann Hesse. Auf diese Weise erkannte Ninon erst in der 4. Auflage die Autorschaft Hesses. GW 5. Bd., S. 5-167.
3 »Klein und Wagner« entstand 1919 nach der Trennung Hesses von seiner Familie und seiner Übersiedlung ins Tessin und erschien noch im gleichen Jahr in »Vivos Voco«, 1. Jg. 1919/1920, S. 29-52 und S. 131-171. Klein, braver Bürger und Beamter, befreit sich in überstürzter Flucht aus seiner bisherigen Existenz und verläßt Frau und Kinder, um den auch in ihm schlummernden Mordgelüsten (die ihn an der Wahnsinnstat eines Schullehrers entsetzt hatten) zu entgehen. In Buchform: »Klingsors letzter Sommer«, S. Fischer, Berlin 1920. Der Band enthält die Titelgeschichte, »Kinderseele« und »Klein und Wagner«. GW 5. Bd., S. 202-292.

4 Hesse hatte die neue Erzählung »Der Steppenwolf« 1925/26 in Basel begonnen, wo er zweimal die Wintermonate in einer Mansardenwohnung der Lothringer Straße 7 verbrachte.

Wien, 30. April 1926
Eben hat mir die Post Dein Gedicht »Wintertag im Gebirg«[1] gebracht und den Aufsatz über Heinse[2] – das war ein Crescendo der Freude: Zuerst das Couvert mit Deiner Schrift – das sehe ich Buchstabe für Buchstabe an, fühle die Züge Deiner Feder nach – dann las ich das schöne Gedicht und hielt ein Stück von Dir, dann las ich über Heinse, und als ich zuende war, sah ich die drei kleinen Blümchen, die Du mir gemalt hast, und das H., das liebe H., und das war so schön oder noch schöner als ein Gutenachtkuss oder ein Gutenmorgenstreicheln!
(Im »Rosenkavalier«[3] singt Oktavian einmal im 1. Akt, von Entzücken über die Geliebte überwältigt: »Wie du bist – wie du bist – –«, es ist so etwas Fassungsloses darin, und das höre ich jetzt manchmal, wenn ich an Dich denke.)
Gestern war ich mit Dr. Bathe, einem Kunsthistoriker, Freund meines Mannes, zusammen, der im Herbst 1924 einige Wochen in Lugano gewesen war, und ich brachte ihn dazu, darüber zu sprechen, nur um »Montagnola« sagen zu können, und »Grotto« und alle die Namen, die ich mit Dir verbinde [...], und während alle diese Worte als Oberstimmen in mir tönten, horchte ich doch einer inneren Musik nach, und das warst Du.
»Liebe Ninon«, schreibst Du, das klingt so einfach und selbstverständlich, aber ich kann Dich nicht nennen, wie die Juden das Wort Jehova nicht sagen dürfen. Als ich Dir meinen ersten Brief schrieb, konnte ich es schon nicht – Du warst ein wunderbares Wesen und ein ungeheures – wie konnte man das in die bürgerliche Formel »hochgeehrter Herr Hesse« zwängen – schwer genug war es ja, die Adresse zu schreiben!
Und so blieb es bis heute, und wenn es mich auch kränkt, dass andere Leute die Unverschämtheit haben, Hermann zu heissen

(ausser Hermann Bang[4], dem sei es erlaubt), so kann ich Dir doch nicht so sagen, ich kann Dich nicht nennen, und wenn ich »Du« sage, so ist das ein Schrei, keine Benennung. Und dass ich Dir so ungeschickt schreibe oder unbeholfen zu Dir spreche, das ist dasselbe, und das steht auch schon in der Bibel, dass Moses stotterte, als er mit dem Herrn sprach. Der <u>Ergriffene</u> stottert eben, er hat sich nicht in der Gewalt. Weisst Du noch, was Du mir geschrieben hast – ich kann nicht darüber schreiben, mein Herz bebt vor Freude. [. . .]
Möchtest Du den Dr. Lang[5] bitten, dass er noch einmal mein Horoskop stellt und mir das Wichtigste aufschreibt; [. . .] 18. September 1895, um die 10. Stunde abends ist das Datum [meiner Geburt]. [. . .]
Lebe wohl. Das sind so abgebrauchte Worte, aber ich sage sie Dir aus tiefstem Herzen, und meine innigsten Wünsche sprechen sie aus: Lebe wohl.   Deine Ninon

1 »Wintertag im Gebirg«, unter dem Titel »Wintertag« in »Die Gedichte«, a. a. O., S. 473.
2 Rezension von 1925 anläßlich der zehnbändigen Neuausgabe der Werke von Wilhelm Heinse (1746-1803), in der Hesse dessen Werk »Ardinghello«, seine Briefe und seinen handschriftlichen Nachlaß als wertvolle Neuentdeckung würdigte. GW 12. Bd., S. 140.
3 »Der Rosenkavalier« (1909/10), Oper von Richard Strauss (1864-1949), der sich von Hugo von Hofmannsthal (1884-1929) eine Textdichtung für eine musikalische Komödie, ein galantes Rokokostück mit ausgespielten Buffo-Szenen im Sinne Mozarts gewünscht hatte. Ninon war tief berührt vom großzügigen Verzicht der Liebenden, aber ebenso begeistert vom Wiener Lokalkolorit und der gepflegten Sprache, die auf die alt-österreichische Mundart stilisiert war.
4 Herman Joachim Bang (1857-1912), dänischer Schriftsteller, dessen Stärke in den impressionistischen Schilderungen seiner Novellen, Essays, Romane liegt, und der von Ninon vor allem wegen seiner einfühlsamen Frauenporträts geschätzt wurde.
5 Dr. Josef Bernhard Lang (1883-1945), Psychiater und Freund Hesses, erstellte Ninons Horoskop. Der umfangreiche, ungekürzte Text des am 26. Mai 1926 niedergeschriebenen Horoskops: Kleine, st 1384, S. 531 ff.

Wien, 4. Mai 1926

Die schönen Buchstaben! Vier Seiten hast Du geschrieben, mit Deiner lieben Hand für mich geschrieben, und ganz müde bist Du geworden. Ich habe mich so sehr damit gefreut, und deswegen hast Du es ja getan, aber Du sollst es doch nicht wieder tun, Lieber, Du sollst Deine Schmerzen um meinetwillen nicht vermehren!

Ich bin so traurig, weil Du Kopf- und Augenschmerzen hast, wie Du schreibst, und empfinde es so schrecklich, dass man dem geliebtesten Menschen nicht helfen kann, und man möchte ihm doch die Schmerzen abnehmen!

Ich habe eigentlich gedacht, Du würdest für 14 Tage nach Baden gehen, nun bist Du doch in Zürich geblieben.

Wie beneide ich die Freunde, denen Du am 1. Mai Gedichte vorgelesen hast, und die Stuttgarter, denen Du am 15. vorlesen wirst!

Ich danke Dir vielmals für den Novalis, ich bekam ihn gestern. Wie lieb bist du zu mir!

Am 1. Mai war hier ein imposanter Umzug der Arbeiter auf der Ringstraße, 40 000 Personen versammelten sich vor dem Rathaus. Ich sah den Zug, es war ja wohl viel Theatralisches dabei, aber für »theatralisch« war es zu schlecht, das hat man in den großen Revuen alles viel besser gesehen. Aber doch spürte man, dass eine Kraft hinter all dem stand, die diese armseligen, hässlichen, schlechtrassigen Menschen vorwärts trieb. Und wenn es auch nicht <u>eine</u> große Idee war, die sie alle mitriss – denn was wissen diese Umzugs-Sozialisten vom Sozialismus! – sie kämpfen um das Kleine, das Nächstliegende, den Mieterschutz, die Brotverbilligung – so spürte man doch den Geist, der sie in Bewegung gesetzt hatte, und es war ein starker Eindruck. [...]

Heute bin ich in meiner Wohnung gewesen und las den »Gefrornen Christ« im Grünen Heinrich[2], weil Du schriebst, es sei Dein Lieblingskapitel (für mich sind fast alle »Lieblingskapitel«), und dann las ich die »Gedichte des Malers«. [...]

In diesen Tagen, ich weiss das Datum nicht mehr, wird es gerade ein Jahr, dass ich meiner Mutter Adieu sagte, ohne zu ahnen, dass ich sie nie wieder sehen würde.

Im Sommer las ich »Die Mappe meines Urgrossvaters«[3], und dort ist eine Stelle, wo er mit seiner jungen Frau die Mutter besucht hat und dann Abschied nimmt und wegfährt. Es ist nur eine Zeile, und ich weiss die Worte nicht mehr, aber als ich das las, da griff irgend etwas nach meinem Herzen, ich empfand einen solchen Schmerz, dass ich nicht weiterlesen konnte, ich blieb ganz still liegen und sah in die Baumkronen und in die Wolken. Vier Wochen später, als ich vom plötzlichen Tode meiner Mutter erfuhr, erinnerte ich mich jener Stunde. Lebe wohl

Ninon

1 Hesse war ein Herausgeber von seiner Meinung nach zu Unrecht vergessenen Texten der Vergangenheit. Zu den 38 Büchern, die er zwischen 1910 und 1932 allein oder mit anderen edierte, gehörte »Novalis, Dokumente seines Lebens und Sterbens«, 1925 in der Reihe »Merkwürdige Geschichten und Menschen« des S. Fischer Verlages veröffentlicht, wobei sein Neffe Karl Isenberg als Mitherausgeber genannt wird. Eine ähnliche Dokumentensammlung war 1925 in der gleichen Reihe über Hölderlin erschienen.
2 Gottfried Kellers (1819-1890) an Goethes »Wilhelm Meister« orientierter Bildungsroman »Der grüne Heinrich« enthält autobiographische Parallelen – Keller wollte ursprünglich Maler werden. Ninon stellt eine thematische Verbindung zu Hesse durch die anschließende Lektüre seiner »Gedichte des Malers« her. »Die Gedichte«, a. a. O., S. 464 ff.
3 Adalbert Stifters (1805-1886) zwischen 1840-46 verstreut gedruckte Novellen, darunter »Die Mappe meines Urgroßvaters«, sind Zeugnisse seiner Doppelbegabung als Schriftsteller und Maler. Darin formuliert er sein ästhetisches Programm als »sanftes Gesetz«, dargestellt am Stillen, Kleinen, Unscheinbaren, dessen Würdigung in Maß und Ordnung für ihn der Ursprung alles Edlen und Großen ist. Er gehörte zu Ninons Lieblingsschriftstellern.

Wien, 5. Mai 1926

Oh wie Du mich beschenkst! Könnte ich Dir doch danken! Aber ich bin nur ein armer kleiner Grashalm, auf den ein wundervoller Himmelsregen fiel – und ich möchte doch ein blühender, duftender Strauch sein, der Dir durch Blühen und Duften dankt!
Ich lese die Gedichte immer wieder, sie hallen lange nach, wenn sie verklungen sind, lese ich sie von neuem.

Das Wunderbarste ist das an den indischen Dichter. Dann der Paradies-Traum[1]: Worte, die ein Bild malen, Gerüche zaubern, in wundervoller Musik aufbrausen und verklingen. Über die anderen kann ich nicht sprechen.
Als ich in Florenz war, sah ich die Ghiberti-Türen vom Baptisterium mit ziemlicher »Hochachtung«, weisst Du, so kühl und höflich, aber bei einem der Reliefs durchzuckte es mich: Es war der Evangelist Johannes, er schreibt, und neben, ein wenig unter ihm, ist der Adler, der scheu auf ihn blickt. Das ist so unbeschreiblich ergreifend, dieser Blick des Tieres, dieses Aus-einer-anderen-Welt-Hinüberschauen, dieses Nicht-Verstehen und dabei scheue Ahnen eines Grossen!
Nun ist das Erschaute mein Schicksal – und doch nicht ganz so: Denn wenn Du sprichst, verstehe ich Dich und bin Dir ganz nahe und bin glücklich, dass ich dir nahe bin. [...]

[1] »An den indischen Dichter Bhartrihari«, und »Paradies-Traum« erschienen in »Krisis – Ein Stück Tagebuch von Hermann Hesse«, wiedergegeben in »Materialien zu Hermann Hesses ›Der Steppenwolf‹«, a.a.O., S. 161. Die beiden Gedichte, die Hesse an Ninon vor deren Drucklegung (1928) schickte, stammen somit aus »dem fatalen Lebenshunger« eines Fünfzigjährigen, aus »einer jener Etappen des Lebens, wo der Geist seiner selbst müde wird, sich selbst entthront und der Natur, dem Chaos, dem Animalischen das Feld räumt«. So ruft Hesse dem indischen Dichter zu: »Wie Du, Vorfahr und Bruder, geh auch ich / Im Zickzack zwischen Trieb und Geist durchs Leben, [...] Die gestern mich als Heiligen verehrt, sehn heute in den Wüstling mich verkehrt [...]«. »Die Gedichte«, a.a.O., S. 554 und 551.

Wien, 7. Mai 1926
Ich möchte dir so gerne einen Brief ohne Worte schreiben, nur irgend eine schöne, strahlende Melodie, die Dich beglückt, wie mich das Denken an Dich beglückt, an Dein Dasein! Ich kann nur Geformtes erleben, aber Erlebtes nicht formen; es glüht in mir, ich bewahre es in mir, ich kann es niemandem schenken. [...]

Manchmal arbeite ich ganz ruhig ein paar Stunden, als wäre nichts geschehen, und dann bleibt mir plötzlich das Herz ein bischen stehn, weil ich mit einem Mal spüre, dass es Dich gibt – das ist so schön!

Ich arbeite übrigens erst seit ein paar Tagen wieder, seit ich es wieder kann, denn diese Frauenart, sich »mit Arbeit zu betäuben«, habe ich immer verachtet, das ist so »liderlich«, würde es im Zauberberg heissen! Nein, wenn ich nicht arbeiten kann, dann träume ich nicht über der Arbeit, sondern lasse sie lieber ehrlich liegen und gehe spazieren.

Vor ein paar Tagen war ich bei einem Bekannten zum schwarzen Kaffee, einem Kunsthistoriker, Freund von Karl Kraus[1]. Er erzählte mir von seinen Arbeiten, er hatte das Bedürfnis, sich mitzuteilen und auszusprechen, zeigte mir eine Unmenge Rembrandtphotographien. Vielleicht erscheint es Dir pedantisch, eine Arbeit wie die der Lazarus-Erweckung Rembrandts bis aufs 15. Jh. in Motiv und kompositionellem Schema zurückzuverfolgen – mir erscheint das als eine schöne Arbeit, sie zeigt einen Weg zu Rembrandt[2] – wie er das Übernommene und Gegebene neu gestaltet, in <u>seinem</u> Geist – und wie dieser Geist doch bedingt ist durch Gegebenheiten, durch die Ideen der Zeit – dieses Streben, den Genius zu erfassen, ist es nicht dasselbe, wie wenn der Maler sich müht, das Strahlende der weissen Wolke zu erfassen?

Jetzt habe ich Angst vor Dir. Aber ich schrieb Dir ja meinen Vorsatz, mich Dir ganz so zu geben, wie ich bin, frei von Gefallsucht, und also schicke ich den Brief ab, obwohl ich weiss, dass Du die Kunsthistoriker (das nennen wir eigentlich: Kunstwissenschaft) alle nicht magst – alle, bis auf   Ninon

1 Karl Kraus (1874-1936) kämpfte in der von ihm seit 1899 (bis 1936) herausgegebenen satirischen Zeitschrift »Die Fackel« gegen Sprachverwahrlosung, Sensationsjournalismus mit kulturzerstörerischen Phrasen, merkantile Bewertung von Kunstwerken und den Verlust der geistigen Wertordnung. Ninon bewunderte seine Überzeugungskraft und besuchte all seine für sie erreichbaren Vorträge.

2 Rembrandt van Rijn (1606-1669) überzeugte die Betrachter durch seine Einfühlung in den Charakter der von ihm Porträtierten, zudem steigerte

er die Dramatik des Bildgeschehens durch Hell-dunkel-Konstraste. Ninon, der jede Kunstbetrachtung zum Kunsterlebnis wurde, schrieb u. a. Verse zu seinem Spätwerk »Die Judenbraut« (Isaak und Rebekka).

Wien, 9. Mai 1926

Ich hatte Dich gestern verloren, ich begriff es nicht, aber Du warst mir abhanden gekommen. Ich lebte ganz in der gewöhnlichen Welt, Arbeit, Ausstellung, Bekannte, und Du warst nicht bei mir. Nachts aber wachte ich auf und spürte Dich, liebte Dich, hielt Dich – und heute wieder, als ich zum ersten Mal seit acht Monaten im Musikvereinssaal sass. Die Philharmoniker führten Berlioz' Requiem auf – als die ersten Töne erklangen, das war so himmlisch schön und es entrückte mich, und da ich entrückt war, warst Du da. Mit Dir hörte ich, aber ich <u>hörte</u>, ich dachte nicht an Dich, ich spürte Dich. [...]
Am Nachmittag ging ich im wunderschönen Belvedere-Park[1] spazieren, kennst Du den? Er steigt terrassenförmig auf zwischen dem kleinen und dem grossen Schloss des Erzherzog Eugen, 1714 – glaub ich – von Hildebrandt erbaut. Wie das komponiert ist! Das kleine Schloss, das die Gesellschaftsräume enthielt, als Basis; das eigentliche Schloss gegenüber, den Park abschliessend; wie die schmalen und breiten Alleen den Risaliten[2] entsprechen, wie das Heranschreiten an das Schloss immer ein anderes Bild ergibt, erst Ferne und Silhouette und die vielfach gebrochene Dachgesimslinie, und wie dann beim Näherkommen das Duftige fester umrissen wird, die grünen Eckkuppeln aufleuchten, alle Verhältnisse klarer und klarer hervortreten und man den Rhythmus begreift, der die Bauglieder bindet – und wenn man, oben angelangt, sich umwendet, sieht man über den Park hinweg die Stadt, die Kirchtürme, den Hermannskogel, und dann »schreitet« man »hinab«; denn in diesem Park, in dem die Natur ein Stück der Architektur geworden ist – oder ihre Dienerin – muss man auch etwas dazu tun und wenigstens »schreiten«. [...]

Ich habe wieder den »Kurgast«[3] gelesen – wie liebte ich Dich – wie durstig las ich Zeile um Zeile, als ob ich Deine Worte tränke, war es mir. Aber mir ist ja alles, was ich aufnehme und zu verarbeiten suche, wie ein Weg zu Dir. Nicht, dass ich mich »für Dich« entwickeln will – ich will mich nicht aufgeben – ich will mich in meinem Sinn entwickeln, nicht Dir zu gefallen [...]. Deine Ninon

1 Das Belvedere in Wien wurde 1714-1722 von Johann Lukas von Hildebrandt (1693-1724) für den österreichischen Feldherrn und Staatsmann Prinz Eugen von Savoyen (1663-1736) gebaut, der als kaiserlicher Reichsfeldmarschall auch Kenner und Förderer von Kunst und Wissenschaften war. Im Oberen Belvedere befindet sich die »Österreichische Galerie des 19. und 20. Jahrhunderts«.
2 Risalit (ital.): Ein in ganzer Höhe des Baues hervorspringendes Bauteil, das die Fassade gliedert bzw. rhythmisiert.
3 »Kurgast, Aufzeichnungen von einer Badener Kur«, entstanden während zwei Kuraufenthalten Hesses in Baden und in Montagnola 1923. Ein Privatdruck von 300 num. Exemplaren erschien 1924 als »Psychologia Balnearia oder Glossen eines Badener Kurgastes«. Die offizielle Ausgabe dieser ironischen Selbstdarstellung des Menschen und Autors Hesse erschien 1925 bei S. Fischer mit der gedruckten Widmung »Den Brüdern Josef und Franz Xaver Markwalder gewidmet«, die ihn während seiner alljährlichen Schwefelbadkuren gegen Gicht und Rheuma in ihrem Verenahof betreuten. Es war das erste Buch der »Gesammelten Werke in Einzelausgaben«. S. Fischer hatte ursprünglich eine Edition »Ausgewählte Werke« angeregt, doch Hesse fand sein bis dahin ediertes Werk dafür noch zu fragmentarisch; darum sollten laut einer vertraglichen Vereinbarung vom 25. 10. 1924 seine Werke in Einzelbänden mit einem einheitlichen blauen Leinen- oder Kartonumschlag, versehen mit einem schwarzem Rückenschild, zu einer Gesamtausgabe aufgebaut werden. Sie wurde während des 2. Weltkrieges auch bei Fretz und Wasmuth, Zürich, in gleicher Ausgestaltung fortgesetzt (1925-1949). Kurgast, GW 7. Bd., S. 7-113.
Ninon erhielt ein Exemplar mit der handschriftlichen Widmung: »Ninoni illae dedicavit H. H.«.

Wien, Mittwoch Nachmittag
Ich danke Dir für das schöne Gedicht, eben jetzt habe ich es bekommen.
Ich danke Dir dafür, dass Du mich so viel von Dir wissen lässt, auch wenn es das Wissen um Deine Liebe zu einer anderen Frau[1] ist. Ich schicke Dir Grüsse, ich kann nicht mehr schreiben.

N.

[1] Hesse war noch verheiratet, und so galt diese Bemerkung seiner seit Anfang 1925 an Tuberkulose erkrankten zweiten Ehefrau Claudia Ruth geb. Wenger (1897-1994), Tochter der mit ihm befreundeten Schweizer Schriftstellerin Lisa Wenger (1858-1941). Er hatte Ruth, die den Beruf einer Sängerin anstrebte, im Juli 1919 kennengelernt und ein halbes Jahr nach seiner am 23. Juli 1923 erfolgten Scheidung von seiner ersten Frau, Maria geb. Bernoulli (1868-1963), geheiratet. Die aus Pflichtbewußtsein gegenüber seiner jungen Geliebten am 11. Januar 1924 eingegangene Ehe war wenig erfolgreich und führte schon bald zum Getrenntleben des Paares.

Wien, 13. Mai 1926
Mir ist es oft so sonderbar, wenn ich Dir schreiben will, dass ich Dir »du« sage, so unwirklich, als wäre alles zwischen uns nur ein Traum gewesen. Vielleicht ist das deswegen, weil mir meine Träume so oft wie Wirklichkeit erscheinen, so dass ich oft denke, »das habe ich schon einmal erlebt«, – deshalb wohl scheint mir Erlebtes bisweilen geträumt.
Diesen Brief wirst Du Samstag bekommen, am Tage Deiner Vorlesung, ich hätte gern gewusst, was Du gewählt hast, oder entscheidest Du das erst spät?
Es ging mir gestern schlecht, ich litt so unter dem Alleinsein, Fontana ist immer noch verreist, meine Freundin hat seit vielen Wochen nicht geschrieben, vor drei Tagen eine Karte, sie »denke viel« an mich – da packte mich eine solche Wut! Als ob man etwas davon hätte, wenn man allein ist und schreien möchte und stumm bleiben muss, dass der andere an einen »denkt«! Wie gut, dass ich den masslosen Brief an sie nicht abgeschickt habe,

sondern verbrannte. Nachher tut es mir dann immer leid, wenn ich heftig war.
Ich gehöre zu diesen Selbstmördern aus Irrtum oder Unüberlegtheit (Du hast das so schön gesagt im »Steppenwolf«[1]) – ich bin so gar kein Selbstmörder, aber in meiner Heftigkeit und Masslosigkeit werde ich einmal zum Fenster hinausspringen und es sicher schon im dritten Stock bedauern, falls ich vom vierten hinunterspringe – aber da wird nichts mehr zu machen sein. [...]
Ich überlese den Brief und erschrecke, wenn ich denke, Du könntest den Satz über das Nichtschreiben meiner Freundin auf Dich beziehen (obwohl Du mir schreibst), nein, nein, Du zwinge Dich nicht. Wenn Du nicht schreiben willst, zwinge Dich niemals! [...]
Ich will Samstag ganz innig und stark an Dich denken, wenn Du vorliest [2] – wie wunderbar war es für mich, als Du mir aus dem »Steppenwolf« vorgelesen hast. Du bist so reich, wie kannst Du Menschen beglücken!
Ich möchte reich sein, nur um alles Dir schenken zu können.

Ninon

1 »Der Steppenwolf. Ein Stück Tagebuch in Versen«, wurde erstmals im November 1926 in der »Neuen Rundschau« Jg. 37, 1926, Heft 11 veröffentlicht. In diesen Versen taucht zum ersten Mal der Name »Steppenwolf« auf. Da Samuel Fischer die von Hesse gewünschte Veröffentlichung dieser Verse in Verbindung mit dem Roman »Der Steppenwolf« abgelehnt hatte, erschienen sie 1928 in Buchform mit dem Titel »Krisis – Ein Stück Tagebuch«. Die Erzählung »Der Steppenwolf«, wurde 1927 – also vor den früher entstandenen Steppenwolf-Gedichten – publiziert, GWiE, S. Fischer, Berlin 1927. Sie weist neben einer Anklage gegen den Zeitgeist eine schonungslose Selbstforschung auf, die Spannung zwischen Geist und Trieb, das zu lange unterdrückte Verlangen nach Liebe und naivem Leben, nach durchzechten Nächten, nach »Shimmy-Tanzen und den Künsten des Lebemannes«, was dennoch mit den ewigen Werten – verkörpert in Mozart und seiner Musik – in versöhnende Übereinstimmung gebracht wird. GW 7. Bd., S. 181-413.
2 Am 15. Mai 1926 las Hesse in Stuttgart auf Einladung des Schwäbischen Schillervereins im Festsaal des Handelshofes aus seinen Werken.

Wien, 14. Mai 1926

Früh, wenn ich erwache, sehe ich immer, noch halb im Traum, Dein gütiges Gesicht, es lächelt, und ich bin glücklich. Liebe ich denn Deine Güte, dachte ich heute – oh nein – ich liebe all Deine Gesichter, und ich liebe nicht die Erscheinungsformen allein, sondern die Tiefe, von der sie jeweils nur Teile spiegeln, ich liebe nicht Teile von Dir, ich liebe Dich ganz[1].

Ich bin schon seit einigen Tagen so zerrissen und will Dir sagen, weshalb. Es ist, weil ich nicht weiss, ob ich nicht unrecht tue, Dir zu schreiben, was ich bisher fast immer schrieb: Wie ich Dich liebe.

Du weisst, dass ich nicht bettle, und ich fürchte, diese Briefe könnten Dich wider Willen oder wider Gefühl mir zuwenden. Ich fürchte mich vor dem steten Tropfen, der den Stein höhlt, ich fürchte mich vor der Epheustärke.

Aber siehst Du, ich habe es ohnehin so schwer, und wenn ich Dir nicht mehr schreiben dürfte, wie sollte ich dieses Warten ertragen? Das ist schwach, nicht wahr, und Du hast geglaubt, dass ich stark bin, und ich will es sein.

Weisst Du denn, wie schön es für mich ist, Dir zu schreiben? Jedes »du« ist immer wieder ein Wunder, und es ist eine solche Verbundenheit zwischen mir und Dir, wenn ich am Tisch sitze und die Buchstaben für Dich male und vergebens zu formen versuche, was in mir lebt, bin ich Dir nahe, ich spreche zu Dir, ich öffne mich so gut ich kann, ich schenke mich Dir immer wieder. Und dies alles sollte ich nicht dürfen – befiehlt mir die Vernunft (mit der ich mich nie vertragen konnte). [...]

Übrigens habe ich von der Vernunft so vage Vorstellungen – vielleicht verlangt sie das gar nicht von mir?

So komme ich zu dir, nicht wie ich es gern möchte, stark und stolz, sondern als ängstliches kleines Mädchen und frage Dich, ob ich Dir alles sagen darf und dabei doch nicht der Epheu bin, der Dich umschlingt oder erdrosselt. Stärke, die ich nicht aufbringe (die Stärke zu schweigen), von Dir verlange ich sie, aber bei Dir besteht sie nicht im Schweigen, sondern darin, dass Du Dich nicht durch mich »aushöhlen« lässt. (Oh wie schrecklich

drücke ich mich aus – aber Du verstehst schon, nicht wahr?)
Lieber, Lieber, leb wohl! Deine Ninon

1 Ninon las Hesses Bücher stets als autobiographische Bekenntnisse. Sie sah in seinen Buchgestalten ihn selbst, erkannte seine innere Zerrissenheit, sein Leiden an der Welt, das er im Werk selbstrettend verarbeitete. Indem sie sich seit »Peter Camenzind« mit seinen Protagonisten identifizierte, konnte sie lesend seine Entwicklung nachvollziehen und ihn »ganz« lieben.

Wien, 19. Mai 1926

Im Prunksaal der ehemaligen Hofbibliothek ist jetzt eine Handschriften- und Buchausstellung, ich war schon zweimal dort und kann mich nicht sattsehen – es ist so unerhört schön, und es zieht in diesen Büchern die Welt der Ideen, die Welt der Sinne vom 5. bis zum 18. Jahrhundert an einem vorüber. Ein Buch ist immer wieder ein neues Wunder, und in den Handschriften, Blockbüchern, frühen Drucken, wo Buch und Schrift und Illustration ein Ganzes bilden, ist das noch wunderbarer. Mich interessierte immer das Verhältnis vom geschriebenen Wort zur Illustration, ich wollte einmal in diesem Sinne über französische Buchillustration des 18. Jahrhunderts arbeiten, aber ich kannte die französische Literatur zu wenig.

Ich wollte, ich könnte Dir die Schönheit der Miniaturen, der Bordüren schildern. Die burgundisch-französischen Livre-d'heures[1], diese hellblauen und rosa Ranken, dazwischen die goldenen Dornblätter, Blumen, Erdbeeren, die die wundervoll geschriebenen Zeilen umrahmen, die Süsse der blau-rosa-goldenen Bilder, der Ausdruck in den Köpfen, in den Gestalten – ich könnte Dir vielleicht ein oder das andere Werk beschreiben, aber nicht das Ganze – und dann würde Dich das auch langweilen, wenn ich Dir die Namen oder Jahrhunderte sagte. Ich bekam nur diese unzulängliche Ansicht des Saales, in dem die Ausstellung ist. Der Bau ist vom jüngeren Fischer von Erlach, Anfang des 18. Jh. vollendet, und er gilt als der schönste Bücherraum der Welt.

Ich sehnte mich so nach Dir, als ich soviel Schönes sah, aber wirklich nicht, um meinen Genuss zu erhöhen, sondern damit Du etwas so Schönes siehst, damit Du dich freust. Ein Buch ist immer so geheimnisvoll schön, weil es nur Buchstaben sind, die eine ganze Welt in uns aufbauen, das macht wahrscheinlich ihren Zauber aus.
Immer wenn ich eins Deiner Bücher aufschlage, erlebe ich Dich aufs neue. Es ist so schön, Dich zu lieben, denn in Dir liebe ich die ganze Welt! [...]   Ninon

1 Livre d'heures: seit dem Mittelalter entstandene Andachtsbücher für Laien mit Texten für die Gebete zu allen Tageszeiten (Horen). Diese »Stundenbücher« wurden – besonders in niederländischen und französischen Ausgaben – geschmückt mit Miniaturmalerei, für die Ninon lebenslang eine besondere Vorliebe zeigte.

Wien, 20. Mai 1926
Lieber, Lieber, wo bist Du denn? Wo suche ich Dich in meinen Gedanken?[1]
[...] Ob Du in Blaubeuren gewesen bist, denke ich, und ob Du meine geliebte Madonna[2] gesehen hast und Deinen Wilhelm[3] und den Cicero aus Altenburg[4] – und ob es Dir gut ging, Lieber – und ob Du in Calw[5] warst und wie das war – (und ob Du an die Ninon gedacht hast) – an all das denk ich immer.
Aber dazwischen gab es auch andere Dinge, z. B. Sonntag Nachmittag eine Katzen-Ausstellung im Prater, die war wunderschön! (Nur leider stank es fürchterlich, aber mit einem Taschentuch vor der Nase war es erträglich). Es gab herrliche Exemplare, Perser- und Wildkatzen, Angora- und Halbangora, schneeweisse mit hellrosa Öhrchen und Vergissmeinnichtaugen und schöne wilde Löwinnen oder Leoparden – manche hatten noch das Irrsinnige, Gehetzte in den Augen, das ich bei Vögeln sah und oft auch bei Hunden und das wahrscheinlich alle Tiere haben, weil sie nicht die »Sicherungen« erfunden haben – Gesetz und Recht und Sitte – es ist so etwas Wehrloses in ihrem Blick

und Preisgegebenes, und das erfüllt mich immer mit tiefer Liebe zu den Tieren und mit Ehrfurcht vor ihnen.

In Deinen Augen leuchtet bisweilen auch so etwas – gehetzt und preisgegeben, fern von der Welt der Sicherheiten, ohne Teil an ihr – und dann möcht ich Dir ein Teppich sein, auf dem Du leichter schreitest als auf den spitzen harten Steinen – –

Die Katzen aber sind oft schon richtige Bourgeoisie geworden, müde, satte Blicke, viel Behagen. Einige ganz junge Katzenbabys aber lagen so selig da, so daseinsfroh, und ich dachte an meine Kinderzeit und an die Geborgenheit des »Zuhause«. Man wurde ja erzogen für »Beruf« und »Daseinskampf«, aber eigentlich war das doch nur Spass, denn da war ja der Papa, der grosse Beschützer, und es konnte einem einfach nichts passieren, wenn er da war. Kranksein zum Beispiel war ein ausgesprochenes Vergnügen – abgesehn davon, dass man nicht zur Schule musste, aber der Papa wurde am hellen Vormittag aus der Kanzlei geholt und erschien, die Brille auf die Stirn geschoben (er trug sie nur zum Schreiben oder Lesen), und man sah mit stillem Entzücken in sein besorgtes Gesicht. Auch die Mama, die viel strenger war, wurde plötzlich weich und fast zärtlich, fragte nach Ess- oder anderen Wünschen, die man in leidendem Ton vorbrachte. Manchmal gab es ja auch wirklich hohes Fieber oder es tat wirklich etwas weh, man hatte Angst – aber wenn der Papa beim Bett sass, dann war es schon gut, dann war alles in Ordnung, der Papa hatte es in die Hand genommen, nun konnte einem nichts, nichts passieren!

Zuhause riefen mich die Eltern nie mit Namen, ich war immer die Katzi, das Katzl, und alle Abkürzungen, die es von »Katze« gibt, waren meine Namen. Erst als ich 18 wurde und nach Wien kam, hiess ich plötzlich Ninon (bei Schwestern und Freundinnen hatte ich bisher »Musia« geheissen – Muschja – zweisilbig ist das zu lesen!). Zuhause hatten wir ausser »Mucki«, dem schönsten schneeweissen Zwergseidenspitz, der mir gehörte, immer Katzen, die wir leidenschaftlich liebten. Die Mama behauptete immer, es sei eine dunkle Sage, dass Katzen Milch trinken (ausser Babys), und unsere Katzen tranken keinen Tropfen,

sie liebten Kalbskarbonaden und stahlen rohes Fleisch, aber Milch war eine Ehrenbeleidigung! In der Ausstellung sah ich denn auch in den meisten Käfigen unberührte Schalen, mit Milch gefüllt. Im übrigen waren die Besitzer wie die Besucher entsetzliche Menschen. [...]
Und so ging ich schliesslich ziemlich angeekelt fort und geriet in den Wurstelprater, wo ich seit Jahren nicht gewesen bin, und das war so schön – fast so schön wie der Abend in Zürich beim »Mock«, oder wie hiess der Wirt? – und ich stand lange vor den Karussellen und vor den Schaukeln (»Hutschen« nennt man sie hier) und hörte die grelle Musik gleichzeitig von rechts und links und hüben und drüben und sah Menschen – oh ich kann das nicht schildern! Ich erlebte so viel in dieser Stunde.

Ich will heute abend versuchen, zum ersten Mal wieder in die Oper zu gehen, man gibt »Don Juan«, das ist für mich die wunderbarste Oper. Ich will aber stehen, nicht sitzen, ich will es mir nicht so gut gehen lassen, und dann ist ein Sitzplatz auch so furchtbar teuer.

Leb wohl Lieber. Ich versuche immer, Deinen Namen zu sagen, aber es geht immer noch nicht! Deine Ninon

1 Nach seiner Lesung in Stuttgart besuchte Hesse seinen Halbbruder Karl Isenberg in Ludwigsburg, traf seine Schwester Adele und besuchte vom 18.-24. Mai seine Maulbronner Schulfreunde Wilhelm Haecker und Franz Schall in Blaubeuren am Südrand der schwäbischen Alb. Dieser Ort war für ihn mit den frühen Lese-Erlebnissen vom Blautopf, dem Quellsee des Donau-Zuflusses Blau, und dem von ihm so verehrten schwäbischen Dichter Eduard Mörike (1804-1875) unlöslich verbunden. Immer wieder erwähnt Hesse seine frühe Bezauberung durch das Märchen vom Stuttgarter Hutzelmännlein (1853) mit der darin verwobenen Geschichte von der schönen Donaunixe Lau, die bei den schwäbischen Bauern in Blaubeuren das Lachen lernt.
2 »Meine geliebte Madonna« bezieht sich auf den spätgotischen Wandelaltar (1493) von Gregor Erhart in der Klosterkirche der ehemaligen, 1085 gegründeten Benediktinerabtei von Blaubeuren.
3 Wilhelm Haecker (1877-1954) war Altphilologe und Professor an den Seminaren von Maulbronn und Blaubeuren. Hesse hat diesen alten Schulkameraden aus Maulbronn in seiner »Nürnberger Reise« als »Knaben Wilhelm« porträtiert.

4 Cicero aus Altenburg: Gemeint ist Franz Schall (1877-1943), ein Schulfreund Hesses aus der Maulbronner Schülerzeit und nun Oberlehrer in Altenburg. Von ihm – als »Clangor« eingeführt – stammt die Übersetzung des von Hesse verfaßten Glasperlenspiel-Mottos in scholastischem Latein.

5 Hesse besuchte von 1914 bis 1931 fünfmal seine Geburtsstadt Calw, zumal dort noch Verwandte der mütterlichen Seite Gundert lebten und deren Einwohner – oft kleinstädtische Originale – er in seinen frühen Erzählungen geschildert hatte.

Wien, Pfingstmontag, 24. Mai 1926

Deine Karte aus Blaubeuren erhielt ich Freitag, so wusste ich, wo Du bist, und das gab doch irgendeinen Rahmen für Dein Bild.

Dein Bild. Ich hatte es lange nicht mehr angesehen, es war mir geglückt, Dich so in mir zu erschaffen, dass ich kein Bild brauchte. Gerade dadurch aber war das Wiederansehn des Bildes so schön, eine Steigerung des Innen-Sehens.

Ich hoffe, dass es Dir gut gegangen ist und geht – bei Deinem Wilhelm und bei der schönen Lau, und dass die Sonne schien. Und nun wünsche ich, der Zahnarzt möge es glimpflich machen und irgend jemand Dir beim Packen helfen – wie schrecklich, dass Du – Du solche Dinge machen musst! Wenn es nicht so weit wäre – ich käme für zwölf Stunden, nur um Dir diese dumme Arbeit abzunehmen, dann schnell wieder fort, damit Du nicht zu Dankbarkeit gezwungen wirst! [...]

Ich war in der vergangenen Woche bei »Don Juan« [...] – es war so schön! Ich hielt manchmal den Atem an (wie wenn Du mich küsst), um nur alles zu erfassen. Aber es war doch so schnell vorbei, und ich wünschte jedesmal glühend: Noch einmal! Diesmal will ich es halten – aber es zerrann mir alles, er ist nicht in mir, der Don Juan, und wenn ich ihn hören will, dann muss ich doch wieder in die Oper gehn.

Ich lese den wundervollen »Weg zu Swann«[1] und bin gepackt von diesem ausserordentlichen Buch.

Dazwischen – nein – hauptsächlich! sitze ich in der Albertina und arbeite. Eine Folge von vier Blättern meines Manieristen behandelt den »verlorenen Sohn«[2], damit beschäftige ich mich, und dabei klang mir immer ein Vers im Ohr – »noch einen Sommer, du verlorner Sohn«, aber ich wusste absolut nicht, woher mir das kam und es liess mich gar nicht los. Dann war ich einmal in meiner Wohnung und las die »Gedichte des Malers« wieder und freute mich, dass Du es warst, der in mir klang. Du liebst den »verlorenen Sohn«, in der »Wanderung«[3] steht es auch – ich mag aber den Vater viel lieber, weil der sich aus dem braven, feigen älteren Sohn nichts macht und weil er so »ungerecht« ist. [...]
Weisst Du noch, wie Du mir den Dorn aus dem Finger entferntest? Ich dachte vorgestern daran, und jetzt weiss ich, wer Du bist, Du bist der heilige Hieronymus, und ich bin der Löwe! Ich las nämlich bei Wölfflin[4] (Dürer) über ihn: »... er ist der gelehrte, nachdenkliche Mann, der den geschlossenen Raum braucht und Stille um sich haben muss. Man weiss, dass er zu anderen Zeiten auch die Einsamkeit der Wüste aufsuchte, um zu beten, und Busse tat, indem er mit Steinen sich vor die Brust schlug, <u>und dass einmal ein Löwe zu ihm kam, dem er den Dorn aus der Tatze zog</u> und der ihm dann folgte wie ein frommes Haustier.«

1 »Weg zu Swann«: Das erste Buch des zwischen 1913 und 1927 entstandenen, siebenteiligen Romanzyklus »À la recherche du temps perdu« von Marcel Proust (1871-1922) trägt den Titel: »Du côté de chez Swann«. Ninons Vorliebe für Prousts Werke beruhte sowohl auf deren Inhalt (die großbürgerliche Geistes- und Seelenverfassung vor dem Ersten Weltkrieg) als auch auf der Erzähltechnik: Eine durch innere Monologe und Assoziationen erreichte Verflechtung von gegenwärtigen und ehemaligen Erlebnissen. Es gibt somit zwei Ebenen: die des beim Niederschreiben erfolgenden Erinnerungsvorgangs und die der erinnerten Erlebnisse. Ninon versuchte bei der Abfassung ihrer Kindheitserinnerungen (ab 1928), sich diese kontrapunktische Erzählweise zu eigen zu machen. Sie schilderte den Anlaß, der ihre Erinnerungen heraufbeschwor, und beachtete – fern von einer chronologischen Abfolge – die »innere Zeit«, eine »durée réelle« (Henri Bergson). Sie schrieb an Dolbin am 11. Februar 1929: »Kein Dichter ist mir so nahe, ich bewundere auch andere, aber sie gehn

mich weniger an, ich verehre sie – aber bei Proust schreie ich auf – er ist <u>mein</u> Dichter, oder vielmehr, er ist der, der ich sein möchte.«

2 Die Zeile vom »verlorenen Sohn« stammt aus dem Gedicht »Seetal im Februar«, dessen letzte Strophe lautet: »Doch leis im Nacken brennt die Sonne schon, / Die zärtlich mir vom künftigen Sommer singt: / Noch einmal schreite glühend und beschwingt / Durch einen Sommer, du verlorner Sohn.« »Die Gedichte«, a. a. O., S. 474.

3 »Wanderung«, Aufzeichnungen von Hermann Hesse. Mit farbigen Bildern vom Verfasser. In 13 Prosastücken und 10 Gedichten veranschaulichte Hesse seine Übersiedlung von Bern zum Tessin, von Norden über die Alpen nach Süden in Wärme und Freiheit. Entstanden 1918/19, S. Fischer Verlag, Berlin 1920. GW 6. Bd., S. 131-171.

4 Heinrich Wölfflin (1864-1945), durch sein Hauptwerk »Kunstgeschichtliche Grundbegriffe« (1915) richtungweisend, erläutert in »Die Kunst Albrecht Dürers« (1905) auch dessen Kupferstich» Hieronymus im Gehäus« (1514), in dem Ninon gleichnishaft Hesses Lebensform charakterisiert sieht, und sich selbst in der Rolle seiner Beschützerin.

[Wien, 25. Mai 1926]

Ich lag früh lange wach und erklärte mir genau, es sei unmöglich, dass ich Post von Dir hätte, Du wärest bei Freunden und zweitens ohne Schreibmaschine, und noch vieles setzte ich erklärend hinzu und lag überaus klug und vernünftig da – und als es klopfte und man mir einen Brief brachte, da hämmerte mein Herz doch, und alle Vernunft war fort, aber der Brief war von jemand anderem, und ich fiel ins Bett zurück und gab mich wieder in Pflege und Behandlung bei der »vernünftigen« Ninon, die ein ganzes Programm entwickelte von wissenschaftlicher Arbeit und Proust und »Fidelio« – dazu will ich heute in die Oper gehn, die andere Ninon aber drehte den schönen bekannten Satz (von wem ist er nur?) um und rief: Verzweifeln – nicht arbeiten!!
Ich möchte wissen, welche Ninon Du eigentlich lieber hast –
Du – Du, leb wohl   Ninon und Ninon

Wien, 26. Mai 1926

In der »Literarischen Welt«[1] vom 21. Mai ist das schöne Gedicht von Dir, »Betrunkener Dichter«[2], das las ich heute, und so stark ergriff mich wieder die Musik, die in Deinen Versen strömt (die einer auch als Musik hören würde, der die Sprache nicht verstünde) – es ist so schön in dem Wechsel der schwebenden, singenden Verse und der kurzen, brutalen, hervorgestossenen Zeilen – und dieser Aufschrei der vorletzten Zeile und die verstummende Trauer der letzten. Ich denke, wenn man nichts, nichts von Dir gelesen hätte und Dein Name wäre ganz unbekannt und es erschiene dieses Gedicht – dann wüsste man so unendlich viel von Dir und spürte Deine Grösse. (In der selben Nummer ist ein schönes Gedicht von Emmy Hennings: »Ich bin so vielfach...«)[3]. Ich bin so froh, denn ich habe heute über Dich sprechen können – oh, sonst bin ich schon froh, wenn ich »Zürich« sagen kann, im Proust steht, wie Swann das Gespräch so lenkt, um »La Pérouse« sagen zu können, weil Odette in der Strasse, die diesen Namen hat, lebt; da habe ich mich gefreut, dass es Swann ging wie mir.

Ich las heute eine Kipling-Anekdote[4] – wie er in einem Tiergarten zu einem kranken Elephanten spricht und wie der Elephant aufhört zu heulen und ihn ansieht, und ihm dann »antwortet« und »getröstet« ist, aber das passte mir nicht, dass da »Kipling« stand, denn Du, Du warst es, der mit dem Elephanten sprach, und ich sehe das so vor mir – wie Du in irgend einer Sprache, die es gar nicht gibt, zu ihm sprichst, ihn ansiehst – wie müssen Dich die Tiere lieben! Du kannst auch den Vögeln predigen – <u>Dich</u> ahnte ich in dem heiligen Franziskus, als ich ihn liebte! Was immer ich Dir für Namen gebe – wie könnte ich Dich erschöpfen? Dein Wesen ist tausendfach, und alles Wunderbare ist in Dir. Mir aber ist jedes neue Erkennen, jedes Erleben ein Schritt auf dem Wege zu Dir! <u>Deine</u> Ninon

1 »Die Literarische Welt«, literatur- und kulturkritische Wochenschrift in Zeitungsformat, wurde 1925 von dem Kritiker und Essayisten Willy Haas (1891-1973) zusammen mit E. Rowohlt gegründet und bis 1933 geleitet; ab 1934-1941 wurde sie weitergeführt als »Das deutsche Wort«.

2 »Betrunkener Dichter«: »Besoffener Dichter« lautet die Überschrift dieses Gedichtes, das zu »Krisis – Ein Stück Tagebuch von Hermann Hesse« gehört. In: »Materialien zu Hermann Hesses ›Der Steppenwolf‹«, a. a. O., S. 192.
3 Emmy Hennings (1885-1948) lernte als Kabarettistin des Münchner »Simpl« 1913 ihren späteren Ehemann Hugo Ball (1886-1927) kennen, den späteren Biographen Hermann Hesses (S. Fischer, Berlin 1927). Das von Ninon erwähnte vierstrophige Gedicht beginnt mit dem Vers: »Ich bin so vielfach in den Nächten. / Ich steige aus den dunklen Schächten. / Wie bunt entfaltet sich mein Anderssein«. – Hesse schätzte die poetischen Einfälle und die »Weglauflust« der begabten, unstet und oft in bitterer Armut lebenden Schriftstellerin, die meist nur als Lebensgefährtin und Nachlaßverwalterin Hugo Balls gewürdigt wurde. »Man wird die Briefe dieser Frau nach 50 Jahren neben denen der Bettina Arnim nennen«, urteilte Hesse. 1936 veröffentlichte sie ihren Aufsatz »Begegnung mit Hermann Hesse«. Die Edition ihrer »Briefe an Hermann Hesse« widmete ihre Tochter, die Herausgeberin Annemarie Schütt-Hennings, »Ninon Hesse, der Freundin, in Liebe und Dankbarkeit«, Frankfurt am Main 1956. Autobiographisch u. a.: Emmy Ball-Hennings »Das flüchtige Spiel, Wege und Umwege einer Frau«, Köln 1940; »Ruf und Echo, Mein Leben mit Hugo Ball«, Köln 1953. René Gass widmete ihr eine Biographie, die ihr Leben zwischen Exzentrik und Verzweiflung, zwischen Bohème und Jenseitsdrang würdigt: »Emmy Ball-Hennings, Wege und Umwege zum Paradies«, Pendo Verlag, München/Zürich 1998.
4 Rudyard Kipling (1865-1936) hat mehr als 300 impressionistische Skizzen aus dem indischen Leben veröffentlicht und 1907 den Nobelpreis für Literatur erhalten. Ninon bezieht sich hier auf die Tiergeschichten seiner Dschungelbücher, die ihr als Höhepunkt seiner literarischen Tätigkeit galten.

Wien, 28. Mai 1926

Zum 4. Mal in der Ausstellung: Kleinodien der Buchkunst! Das Schönste schien mir heute ein Gebetbuch Karls des Kühnen, um 1470 gemalt. Auf der ersten Seite sitzt ganz vorne – im Halbprofil – eine junge Frau (wohl Maria von Burgund) in höfischer Kleidung mit hohem spitzem Hut und Schleier, der halb ihr Gesicht bedeckt, vor dem Fenster, ein Hündchen am Schoss, ein Buch auf smaragdgrünem Tuch vor sich, eine hohe Schwertlilie steht am Rande des Fensters. Das öffnet sich in eine Kirche, hohe gotische Gewölbe, ein weiter Raum, in der Mitte sitzt Maria mit dem Kind, vier Engelchen tragen Leuchter, Frauen beten sie an.

Oh, wenn ich Dir das schenken könnte! Ich bin noch nie so habgierig gewesen wie jetzt – was ist denn alle Schönheit, wenn Du sie nicht siehst, wenn Du Dich nicht daran freuen kannst!

Einen Augenblick war ich im Zeitschriftensaal, nur um ein paar Stellen der »Nürnberger Reise« wieder zu lesen. Es ist beim Lesen immer wieder neu und anders, was Du geschrieben hast – wie der Himmel, ob er strahlend oder bewölkt, regnerisch oder rosig beleuchtet ist, doch immer der Himmel bleibt – so ist auch das, was Du geschrieben hast, immer neu, voll neuer Wunder, und ist doch eins: Du.

Leb wohl, Lieber! Deine Ninon

Wien, 29. Mai 1926, abends

Das ist so schön – wenn ich auch nichts von Dir weiss – dass ich nur eins von Deinen Büchern in die Hand nehmen muss und plötzlich so tief spüre, dass es Dich gibt.

Sonntag früh

[...] Heute ist endlich ein schöner Tag, das ist eigentlich noch trauriger als ein Regentag, wenn man in der Stadt ist. Ich bat Dich: »Erzähle mir von Deiner Kindheit.« Und Du erzählst. Von Deiner Kinderwiese hinter Eurem Haus, von den Blumen, Eidechsen, Schmetterlingen. Du warst 19 Jahre alt, als Du das schriebst. Den »Hermann Lauscher«[1] habe ich schon als ganz junges Mädchen so geliebt.

Du beschreibst das Bild Deines Vaters, wie es sich Dir als Knaben darstellte, und ich denke dabei an Dürers Portrait seines Vaters, das er ganz jung zeichnete (es ist in der Albertina) – so scheu sind die Striche gezogen, so unbestimmt ist das Gesicht, als fragte der Zeichner: Du! Wie bist Du denn? Später hat er ihn wieder gemalt, da war er (der Künstler) schon ein reifer Mann, und das Bild hat keinerlei Geheimnis mehr, klare Flächen, bestimmte Linien, Geschlossenheit und Einheitlichkeit spricht aus den Zügen.

Wie oft hast Du Deinen Vater gemalt! Im »Lauscher«, im »Demian«, in der »Kinderseele« und in dem wundervollen »Zum Gedächtnis«[2] – an mehr erinnere ich mich im Augenblick nicht. [...]

1 »Hermann Lauscher«, a. a. O. Das erste der – neben neun Gedichten – enthaltenen Prosastücke »Meine Kindheit« hatte Hesse 1896 in Tübingen geschrieben, die anderen Stücke entstanden in Basel, wo der 22jährige Hesse ab Herbst 1899 in Buchhandlung und Antiquariat R. Reich angestellt war. Das Buch weist Basel als eine Stadt seiner Kindheit aus, denn dort hatte die Familie von 1881-1886 vor dem Spalentor gelebt.
2 »Demian«, GW 5. Bd., S. 5-164; »Kinderseele«, GW 5. Bd., S. 167-203; »Zum Gedächtnis«, GW 10. Bd., S. 121-133.

Wien, 8. Juni 1926

So lang war ich noch nie ohne Nachricht von Dir, seit zehn Tagen habe ich keinen Brief mehr gehabt. Ich wollte es Dir bis jetzt nicht sagen, wie schwer das war, aber ich will doch in allem ehrlich gegen Dich sein, auch wenn ich Dir dann weniger gefalle.
Um 9 Uhr früh ist die Poststunde, da sehe ich schon von 8 Uhr an immer auf die Uhr, und mein Herz klopft. Dann bekomme ich Briefe oder keine Briefe, aber das ist gleichgültig, wenn kein Wort von Dir da ist. Es tut so weh, von dem geliebtesten Menschen nichts zu wissen. Drei, vier Tage geht es ja, aber dann wankt alles, und ich denke wie im Traum: Gibt es Dich denn? Aber da hängt Dein Bild, da liegen Deine Bücher, und spüre ich Dich nicht in meinem Herzen? Manchmal gelingt es mir, mit geschlossenen Augen, Dich mir vorzuzaubern, aber wenn ich das festhalten will, zerfliesst es wieder. Dann wieder spreche ich zu Dir, viele Liebesworte, erzähle Dir alles, frage Dich so viel!
Bis ich zuletzt gar nicht mehr da bin, ich habe mich ganz in Dir verloren. Aber der Tag geht weiter und verlangt etwas von mir, und wenn ich ganz zerbrochen bin, weil ich nichts von Dir weiss, es hilft nichts, ich muss mich zusammenklauben, ja, ich setze mich aus vielen Stücken wieder zusammen und packe meine Mappe und gehe in die Albertina und arbeite und schiebe die

Gedanken an Dich fort, denn ich will mich nicht mit Arbeit betäuben, ich will ganz arbeiten, nicht halb. (Wenn es nicht geht, laufe ich fort.) Zu Mittag komme ich zurück, so um 2 Uhr, und auf der Treppe stelle ich mir immer das Zimmer vor, die weisse Decke am Tisch mit der schönen blauen Schale, die ich mir von zuhause mitnahm, auf der kein Brief liegen wird – und öffne die Türe und alles ist so, wie ich es wusste, aber es tut doch weh.
Am Nachmittag bin ich in der Hofbibliothek oder im Kunsthistorischen Institut oder zuhause, der Tag welkt so dahin, es ist noch ein langer Abend zu ertragen und die Nacht, aber bald ist es wieder 9 Uhr früh. [...]
Gestern war ich bei der »Zauberflöte«, und es schien mir, als wäre ich Dir ganz nahe. Immer warst Du es, der mich führte, als Kind lernte ich die Wolken verstehn und die Berge lieben, und Du warst es, Deine Zauberflöte, die mich stets wandelte. Aber seit ich Deine Geliebte bin, ist mir die ganze Welt verwandelt, ich bin verzaubert, ich lebe in Deiner wundervollen Welt – Dein Bild ist in meinem Herzen, Deine Verse klingen in mir, ich denke an Dich, ich erlebe Dich immer wieder
Aber halte mich nicht für allzu stark, vielleicht verschweig ich Dir zuviel, vielleicht hast Du dann ein zu »makelloses« Bild von mir, ich will mich meiner Schwächen gewiss nicht rühmen, aber sie gehören doch auch zu mir. Dass Du Deine Frau besucht hast, dass sie Dich besuchte – das ging nicht so an mir vorüber, wie Du vielleicht annimmst. Ich habe deshalb zehn Tage lang nicht schreiben können – oh wie weh hat es getan! Ich wusste den Tag nicht und habe alle Tage daran gedacht. Und ich schreibe Dir das jetzt nur deswegen, damit Du mich nicht für einen Engel hältst. Ich wäre ein schlechter Engel, ich war böse mit dem lieben Gott, ich wollte nichts mehr von ihm wissen. Aber jetzt schmeichle ich ihm wieder, ich habe so viele Bitten an ihn – für mich, für Dich – und diese: Dass es keine Trennung gebe zwischen dem »für mich« und »für Dich« und dass es hiesse »für uns«.
Lieber, lebe wohl. Ninon

Wien, 9. Juni 1926

Lieber, Lieber, jetzt eben habe ich Deine Karte erhalten, die ersten Worte seit zehn Tagen! Dass ich nichts von Dir wusste, Dich schon in Montagnola glaubte – und inzwischen hast Du zehn Tage Schmerzen gehabt! [...]
»Nirgends ist eine Freude zu finden« – schreibst Du – oh Du, Du, der so viele Menschen beglückt hat, der ihnen so unendlich viel gegeben hat – und Du selber hast keine Freude: »Nutrisco et exstinguor«[1] – das bist Du.
Was nützt Dir meine ohnmächtige Liebe? Alles was ich sehe, erfasse, möcht ich Dir schenken. Die Blumen in den Schaufenstern, wie sinnlos erscheint mir ihr Dasein, da ich sie Dir nicht geben kann – Bilder und Philharmoniker und die Wiener Oper und die spanische Hofreitschule und alles Schöne möchte ich Dir schenken. Das sagt sich freilich leicht und nützt Dir nicht. Ich meine es aber nicht leicht. [...]
Es wäre klüger von mir, Dir nicht zu zeigen, wie sehr ich Dich liebe. Die Geliebte, die einen quält, deren man nicht sicher ist, liebt man wohl mehr als die Liebende.
Aber »wo Menschen lieben, muss immer der am meisten leiden, der am meisten liebt« (das sagt die »Frau Fönss«[2]).
Ich küsse Dich, ich wünsche Dir Gutes.   Deine Ninon

1 »Ich spende Nahrung und werde aufgezehrt, verlösche.«
2 »Frau Fönss« (1882): In der Novelle von Jens Peter Jacobsen (1847-1885) geht es um das Aufbegehren gegen die Konvention, wozu nur starke und zuversichtliche Frauen das notwendige Maß an Kraft aufbringen.

Wien, 11. Juni 1926

Kein Brief, ein Briefchen nur! Es ist Abend, ich habe heute fleißig gearbeitet (zum ersten Mal wieder seit Tagen) und nun will ich zu Dir sprechen. Wenn ich nur wüßte, was Du gerade tust – wie fern bist Du!
Ich habe ja Deine Bücher – Bilder – Briefe, ich sag es mir immer wieder vor, aber ich kann es nicht ändern, dass ich trotz allem

nichts von Dir weiß, ich meine momentan nichts weiß, nicht etwa Wesentliches.
Ich weiß auch nie, ob Du an mich denkst – aber Du weißt genau, wann ich an Dich denke, nicht wahr? Ich denke immer an Dich.
[...]
Leb wohl, Lieber!　　　　　　　　　　　　　　　　Deine Ninon

　　　　　　　　　　　　　　　　　　　　　　Wien, 14. Juni 1926
Lieber – ich halte Deinen Brief und lese immer nur das eine, dass Du in Zürich 14 Tage mit rasenden Zahnschmerzen verbracht hast – und ich, statt Dir Trost zu geben, schrieb Dir in dieser Zeit nicht. [...]
Oh Lieber – aber sieh doch mein Wollen und mein Wesen und nicht nur meine ungeschickten Taten!
Der Brief »voll Klage, Anklage, Vorwurf und Eifersucht«, wie Du ihn nennst – ich schrieb ihn nicht, um eine Antwort von Dir zu erpressen – oh halte mich nicht für so kleinlich und armselig. Ich weiss, wie Du leidest, und ich möchte dem geliebtesten Menschen Schmerz ersparen, seinen Schmerz mittragen, ihm helfen –
oh Du, das schreibt sich so schwer, was ich jetzt sagen will, es ist eine Scham, die mich verhindert hat, Dir das zu sagen, und ich spreche es jetzt nur aus, um Dir das andere zu erklären.
Es gibt in Dichtung und Wirklichkeit Frauen, die ihr Leben für den Geliebten hingaben – oh wie beneidete ich diese Frauen, wie sehnte ich mich danach, mein Leben für Dich hingeben zu können. Ich schrieb das nie – wie kann man das auch schreiben! – aber ich dachte daran, inbrünstig dachte ich daran.
Aber dann, wie eine Reaktion darauf, erschien ich mir dieses Gedankens unwürdig, sah mich so klein – und wollte Dir nicht besser scheinen als ich bin, und [...] darum schilderte ich Dir auch meine kleinen und kleinlichen Gefühle, schrieb davon, damit Du nicht zu gut von mir denkst – ohne zu überlegen, dass ich damit doch auch Dich treffen würde.
Nun habe ich Dir böse Stunden bereitet, oh Lieber, verzeihe

mir! Ich bedenke ja überhaupt so wenig, ich kann Dir nicht »vorbedachte« Briefe schreiben, das sagte ich Dir ja in Montagnola, und Du lachtest und sagtest, ich solle mir nur keine Sorgen machen, Du würdest sie schon richtig lesen.

Und nun liest Du »Befehl« und weisst doch, dass ein Brief von Dir mir immer ein Geschenk ist. [...] Ich will Dir helfen, aber nicht um Almosen zu empfangen. Kann man nicht stolz und demütig zugleich sein? Demütig mich Dir unterordnen und doch stolz mich bewahren – nur wenn ich stolz bin, darf ich mich Dir schenken, sonst ist es kein Geschenk, sonst wäre es Zudringlichkeit.

Du lächelst wohl über mein Gestammel, Du kannst das in zwei Sätzen aussprechen, wozu ich Seiten brauche!

Über den »Piktor«[1] freue ich mich so, ich habe ihn gestreichelt und in ihm geblättert und ihn schon zweimal gelesen und die Bilder angesehen, die Du für mich hineingemalt hast, und ich danke Dir, ich danke Dir sehr.

Gestern habe ich in Mödling die Missa Solemnis[2] gehört und war dann den ganzen Tag im Grünen, habe an Dich gedacht und wollte Dir etwas schenken und fand doch nichts – denn alles Wunderbare ist schon in Dir, und wie sollte ich Dir auch eine Wolke schenken oder die Missa?

Ich dachte gestern immer, warum ich Dir nicht einen Brief ohne Worte schreiben könne – einen Brief, der Freude und Jubel tönt oder strahlt, wie Musik, wie ein Bild – und wäre doch ein Brief, mein Brief an Dich, nicht fremde Bilder, fremde Töne, die ich Dir übermittle, sondern meine – und wäre wortlos und spendete Dir beim Empfang die gleiche Seligkeit, die mich solchen »Brief« erleben liess.

Ich küsse Dich innig   Deine Ninon

---

1 »Piktors Verwandlungen, ein Märchen von Hermann Hesse« entstand 1922 für Hesses damals 25jährige Geliebte Ruth Wenger. Hesse gestaltete darin seine Sehnsucht nach dem paradiesischen Urzustand einer mannweiblichen Symbiose. Bis 1954 war das Märchen nur als Handschrift käuflich, Hesse hat es oft – mit abgewandeltem Bildteil – abgeschrieben. 1925 wurde es erstmals in 650 Exemplaren (ohne Bilder) als Jahresgabe

der »Gesellschaft für Bücherfreunde Chemnitz« veröffentlicht. 1954 erschien es als Faksimile im Suhrkamp Verlag, Frankfurt am Main; 1979 als Insel Taschenbuch Nr. 122.
2 Missa solemnis: feierliche Messe. Ninon hörte von Beethoven (1770-1827) die groß angelegte Vokalkomposition in D-Dur, op. 124, seine »Missa solemnis«.

Wien, 18. Juni 1926, nachts
Lieber –
ich bin so müde, aber ich sitze doch auf, um an Dich zu denken. Wenn ich schlafe, bin ich nicht bei Dir, solange ich wach bin, denke ich an Dich. [...]
Ich wusste nicht, dass man ein Buch so vielfach lieben kann. Das Immaterielle daran – und das Buch, den Gegenstand, den Du in der Hand gehalten hast. Die schönen Bilder – und die Spur der Hand, die sie für mich gemalt hat. So hat das Buch für mich Seele und Leib. [...]

Wien, 21. Juni 1926
Heute ist ein so schöner Tag, denn heute kam Dein Brief, alles was Du mir geschickt hast, Du streichelst mich, und ich schnurre wie eine Katze. [...]
Ich war gestern mit meiner Freundin in der Liechtenstein-Galerie, dort war ein Rembrandt-Selbstportrait ein ganz spätes, ich dachte an seine vielen Selbstportraits, die seine ganze Seele widerspiegeln, und dachte an mich: Wenn ich tieftraurig oder unglücklich bin (oder war), konnte ich stundenlang vor dem Spiegel sitzen, ich sah mein verstörtes Gesicht, ich weiss nicht, weshalb ich vor dem Spiegel sitzen musste, es geschah wohl unbewusst; es wurde mir vielleicht klarer, was geschehen war, wenn ich es in meinen Augen las – vielleicht auch war ich nicht mehr so allein, wenn das Spiegelbild da war –
Dein »Bilderbuch« ist so wie die Reihe der Selbstportraits Rembrandts.

Heute ist der längste Tag, und heute sind es drei Monate, nein, ein Vierteljahr, das klingt schöner, dass ich in Zürich war, eigentlich war es der 22., aber es war ein Montag und deshalb ist <u>heute</u> der Gedenktag.

Das weisse Härchen an meiner rechten Schläfe pflege ich sehr, Du hast es geküsst, als ich es Dir zeigte. Aber am Montag, da hast Du mich plötzlich auf den Mund geküsst, und wenn ich das denke, spüre ich diesen süssen Schauer wieder, der mich damals durchrann. [...]

Wien, 22. Juni 1926

Das Federchen ist heute gesund aus der Klinik entlassen worden, nun schreibt es als erstes einen Gruss an Dich. Eigentlich soll es über Renaissance-Hieroglyphik und -Emblematik schreiben, aber es sträubt sich (mit Recht!) und will nichts anderes, als an Dich schreiben.

Der »Simplizissimus« vom 21. Juni brachte Dein »Traumgesicht«[1] zum 2. Mal, das 1. Mal ist es vor einigen Wochen erschienen in einer Astrologie-Nummer. Im »Börsen-Courier« las ich Deinen »Meermann«[2] und in der Zeitschrift »Buchgemeinschaft« vom 15. Juni las ich einen Aufsatz über Dich von Hans Martin Elster[3] und die Geschichte des Eisenziehers[4], aber das weisst Du wahrscheinlich ebensogut wie ich.

Es sind jetzt endlich schöne sonnige Tage gekommen, in der Stadt sind sie eher unangenehm. Wie schön muss es in Montagnola sein!

Ich war Samstag wieder bei Figdor[5] und sah die schwebenden Engelchen, <u>unsere</u> Engelchen – es war überhaupt wunderschön bei ihm.

Sieben Zimmer, Schlaf-Wohn-Empfangsräume, die Fenster gehn auf einen Park, und in jedem Zimmer steht ein Schreib- oder Arbeitstisch am Fenster mit Büchern und Lupe; Blumen durchduften alle Räume. Er ist 77 Jahre alt, schneeweiss und rosig, Coteletts und Kaiserbart, die Stimme ist ein wenig zittrig,

der Gang schlotterig, er führt jetzt nicht mehr selbst, sondern eine alte, taube Dienerin, die ein bischen an die Natalina erinnert, es ist noch ein Diener da und eine Sekretärin – aber dann hält er es doch nicht aus, und wenn er sieht, dass man ganz versunken ist in der Betrachtung einer gotischen Holzskulptur oder eines wundervollen Wirkteppichs aus dem 14. Jahrhundert oder in eine andere der hunderttausend Herrlichkeiten – dann kommt er und freut sich und erzählt von dem Stück »als wär's ein Stück von ihm«!
[...] Ich kenne keine schönere Privatsammlung, und ich kenne doch Poldi-Pezzoli in Mailand und Jacquemart-André in Paris und Liechtenstein in Wien und einige in Berlin.

1 In »Traumfigur« heißt es: »Es geht ein greiser Mann«, »Simplizissimus« vom 21. Juni 1926, S. 164. »Die Gedichte«, a.a.O., S. 529.
2 »Der Meermann – Nach einer alten Chronik«, Berliner Börsen=Courier vom 17. Juni 1926. GD 2. Bd., S. 738.
3 Martin Elster (1926-1988), Herausgeber der Monatsschrift »Die Horen«. Er schrieb u.a. das Vorwort zu einer Neuausgabe von Hesses 1910 erschienenem Roman »Gertrud« in der Deutschen Buchgemeinschaft, Berlin 1927.
4 »Geschichte des Eisenziehers«, Buchgemeinschaft vom 15. Juni 1926. Zwischen 1904 (»Die Werkstatt«, Neue Freie Presse, Wien 1904) und 1926 unter verschiedenen Titeln 16mal veröffentlicht. »Prosa aus dem Nachlaß«, herausgegeben von Ninon Hesse, GWiE 1965, S. 111.
5 Figdor: Privatsammlung in Wien, s. S. 80.

Wien, 30. Juni 1926

Lieber –
wie innig ich an Dich denke! Ich wünsche Dir Glück, immer wünsche ich es Dir, aber am Tag, an dem Du diesen Brief liest, am 2. Juli, will ich den ganzen Tag nur daran denken, und vielleicht strahlt meine Liebe, meine Zärtlichkeit etwas aus, was Du über alle Fernen spürst!
Ich wäre so gerne zu Dir gefahren, um an diesem Tage bei Dir zu sein. Aber ich wollte Deine Stille nicht stören, vielleicht brauchst Du gerade die Einsamkeit, ich wollte nicht an mein Glück den-

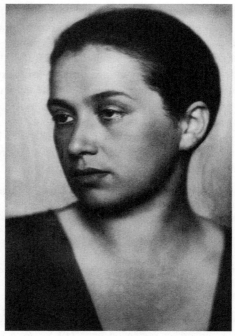

Ninons Geschenk zu Hesses Geburtstag
am 2. Juli 1926, ihr Bild

ken, das darin besteht, bei Dir zu sein, und ich glaube, wenn Du mich haben willst, dann wirst Du mich rufen. Du weisst doch, dass ich da bin, <u>für Dich da bin.</u>
Ich schenke Dir mein Bild, gestern habe ich es abgesandt, hoffentlich kommt es gerade an Deinem Geburtstag an.
Ich habe Dir seit fünf Tagen, glaube ich, nicht geschrieben, weil ich immer Portraitsitzung hatte. Die Malerin, Helene Funke[1], hat fünf Aquarelle von mir gemacht, Ausdrucksstudien, wie sie es nennt, ich habe dabei immer an Dich gedacht, und doch ist der Ausdruck immer wieder anders geworden. [. . .]

Während der Arbeit sprach die Malerin nicht mit mir, sie war in die Arbeit vertieft, und ich vertiefte mich in Dich. Einmal aber begann sie plötzlich von Dir zu sprechen – das war so schön und wunderlich.
Sie weiss von meinem Besuch in M. bei Dir vor fünf Jahren, ich brachte ihr auch Bücher von Dir. Sie sah Deine Landschaft – aber sonst weiss sie nichts, und sie wusste auch nicht, für wen sie mein Portrait malte. Als sie plötzlich sprach, sagte sie: »Es ist so sonderbar bei Hesse, man kann dasselbe oft und oft wieder lesen, und es ist nicht dasselbe, es ist immer wieder neu!«
Das war ein schöner, unsichtbarer Kreis, der sich mit ihren Worten schloss – sie malte mich – ich war in Dich vertieft – Du sprachst zu ihr!
Ich las jetzt die »Rosshalde«[2] wieder und denke an mich, als ich sie zum ersten Male las (in Velhagens Monatsheften im Sommer 1913), ich war in der Schweiz, und Du hattest mir geschrieben, ich möchte Dich besuchen, aber es ging nicht, ich durfte ja nicht selbst verfügen, und ich weinte acht Tage in Luzern, weil ich nicht nach Bern fahren konnte, und dann fuhren wir an den Bodensee, und dort erlebte ich Dich so stark! Es waren wunderschöne Tage. Lindau und Konstanz erschienen mir wie Märchenstädte, und der Bodensee ist mir immer noch der liebste und schönste See.
Du schriebst mir dann im Herbst, meine Worte über »Rosshalde« hätten Dir wohlgetan, »ich habe daraufhin das Buch in Druck gegeben, wozu ich mich bisher, vieler Zweifel wegen, nicht entschliessen konnte«. Damals war ich ganz toll vor Glück – meine Rosshalde, <u>mein</u> Dichter – so kindisch glücklich war ich!
Nun bin ich Deine Geliebte, und wenn auch ich Dich nicht »habe« – denn wer könnte Dich haben, Dich, der der Welt gehört! – so hast Du mich doch ganz, Du weisst, dass ich Dein bin – und nimm mein Bild, als wäre ich es selber.
Dein Geburtstag[3] – kann es einen schöneren Tag für mich geben – oh wie schön dass es Dich gibt!
Ich wünsche Dir so viel, aber es ist schon alles in dem Wort »Glück« darin – ich wünsche, dass Du glücklich bist, und versu-

che leise, Dich beim Namen zu nennen – Hermann – –
Deine Ninon

1 Helene Funke, s. S. 84
2 »Roßhalde«, der 1912/13 in Gaienhofen/Bodensee entstandene Roman (s. S. 58 u. 61) behandelt, was Hesse 1914 einen »einstweiligen Abschied vom schwersten Problem, das mich praktisch beschäftigt« nannte (Brief vom 16. März 1914 an seinen Vater). Es enthält die wohl auch für Ninon bedeutsame Passage: »Denn die unglückliche Ehe, von der das Buch handelt, beruht gar nicht nur auf einer falschen Wahl, sondern tiefer auf dem Problem der ›Künstlerehe‹ überhaupt, auf der Frage, ob überhaupt ein Künstler oder Denker, ein Mann, der das Leben nicht nur instinktiv leben, sondern vor allem möglichst objektiv betrachten und darstellen will – ob so einer überhaupt zur Ehe fähig sei. Eine Antwort weiß ich da nicht.«
3 Ninon gratuliert Hesse zu seinem 49. Geburtstag; er wurde am 2. Juli 1877 in Calw/Württemberg als Sohn des baltischen Missionars Johannes Hesse (1847-1916) und dessen Frau Marie verw. Isenberg, geb. Gundert (1842-1902) geboren.

Wien, 14. Juli 1926
Lange habe ich Dir nicht geschrieben, es ging mir nicht sehr gut und eigentlich ein wenig sonderbar – aber davon will ich Dir nicht schreiben. [...]
Juli 1919, das war der Klingsor-Sommer, nicht wahr? Für mich war es eine trauriger Sommer, ich war lange ohne Nachricht von meinem Vater gewesen (durch den russisch-polnischen Krieg war Wien von Czernowitz ganz abgeschnitten). Ende Juli erfuhr ich, dass der Papa seit April krank war. Am 1. August unternahm ich mit falschem Pass die Reise nach Czernowitz, die elf Tage dauerte. Wir fuhren über Agram, Semlin, Belgrad, Klausenburg, Dorna-Watra nach Czernowitz, in Viehwagen bisweilen und mit seltsamen Übernachtungsabenteuern. Dann blieb ich bis Februar in Czernowitz, sieben Monate. Es war ein schweres, trauriges Jahr.
Danke für das schöne Brief-Bildchen, für die »Abendwolken«[1].

[...] Jetzt ist der halbe Juli vorbei, Dein Lieblingsmonat, ich wünsche Dir gute Zeit, ich wünsche Dir Gutes   Deine Ninon

1 »Abendwolken«. In: »Berliner Tageblatt«, 27. Juni 1926. Hesse schildert in diesem Feuilleton seine Wohnung in der Casa Camuzzi mit dem geliebten »Klingsor-Balkon«, der die Aussicht auf eine steile Gartenschlucht mit Palmen, Mimosen, Kamelien und Judasbaum freigibt, zugleich aber wie »ein hochgelegenes Nest den Blick in die Wolken hineinlenkt«. In: »Die Kunst des Müßiggangs«, a. a. O., S. 226.

Wien, 27. Juli 1926

Lieber –

ich war ein paar Tage fort, in Dresden, die grosse internationale Ausstellung zu sehen, am Donnerstag bin ich zurückgekehrt und bin jetzt in meiner Wohnung, in der ich seit Tagen räume, packe, ordne. Ich komme nicht zu Ruhe und Sammlung, Schubläden und Schränke fordern mich ganz, wütend gehorche ich.

Die Ausstellung war sehr schön trotz anfänglichen Widerwillens, durch 56 Säle zu gehen, in denen es einen von allen Wänden anbrüllte – es flutete soviel Neues über mich, es war so schwer, sich hinzugeben und dabei doch zu werten, zu vergleichen, zu urteilen. Ich sah schöne Bilder aus der Sammlung Reber, besonders zwei von Cézanne, die Landschaft »Mont Victoire« und den »Knaben mit der roten Weste«. Im Schweizer Saal sah ich ein Bild von Moilliet[1] [...] und das Porträt Dr. Lang von Morgenthaler[2], das ich recht mässig finde. Von den Deutschen wirkte Feininger am stärksten auf mich, zauberhaft seine kristallinen Landschaften, dann Marc, den ich kannte, Hofer und Klee. Von Hofer[3] gab es ein schreibendes Mädchen, in das verschaute ich mich ganz – ich sah in diesem Bild mein Leben – was tu ich denn seit 16 oder 17 Jahren anderes als Dir schreiben?

Jetzt, als ich Ordnung machte, in alten Papieren kramte – immer wieder fand ich Dich: In einem Heiligtum-Kästchen aus der Kinderzeit zu unterst, sorgfältig gehütet ein Zeitungsausschnitt über Deine Vorlesung in Wien am 16. Oktober 1913. Alle Deine

Briefe, Karten, Grüsse, Worte, für Dich geschrieben, die ich nie absandte. Die Fahrkarte Berlin – Lugano 1921. [...]
In der Gemäldegalerie sah ich die Briefleserin des Vermeer[4], sie steht so still, vom grüngoldenen Licht umflossen, hält den Brief, blickt ruhig auf die Zeilen – sie liebte wohl keinen, die Ruhige! Ich beneidete sie vielleicht, minutenlang – dann aber wollte ich lieber ich sein und Dich lieben – –
Der schönste Rembrandt in Dresden ist der »Rohrdommeljäger«, ich dachte an Dich – wie er den schönen leuchtenden Vogel hoch erhoben hält, man meint, er müsse froh sein, aber seine Augen blicken voll Qual geradeaus: »– – oh Fluch, dass kein Besitz mich kann beglücken.«[5] [...]
Lange sass ich vor der Venus von Giorgione[6], gab mich ganz dem Glück des Schauens hin. Du hast mich, als ich noch ein Kind war, sehen gelehrt – für Dich sehe ich alles – um es Dir zu schenken.
Oh, wann sehe ich Dich? Aber nimm das nicht als Frage, das ist ein Ausruf, ich weiss, dass Du darauf nicht antworten kannst, ich erwarte es auch nicht, ich lerne von Dir, mich treiben zu lassen, ich warte, wohin es Dich, wohin es mich treibt. [...]
Ich grüsse Dich, streichle Dich   Deine Ninon
      Meine Adresse ist jetzt: V. Schlossgasse 14

p.s. Dass ich Fragen an Dich stelle, soll Dir aber kein Zwang sein, zu schreiben, wenn Du keine Lust hast!

1 Louis René Moilliet (1880-1962), Schüler des Worpsweders Fritz Makkensen, sowohl mit Hesse als auch mit Paul Klee und Wassily Kandinsky befreundet, hatte die für die Entwicklung des Expressionismus bedeutungsvolle Tunis-Reise angeregt (Macke, Klee, Moilliet) und war wohl auch von Einfluß für Hesses Aquarell-Stil. Als »Louis der Grausame« ist er in Hesses Erzählungen »Klingsors letzter Sommer« und »Die Morgenlandfahrt« eingegangen.
2 Ernst Morgenthaler (1887-1963), Kunstmaler, wurde 1914 Schüler von Cuno Amiet auf der Oschwand (bei dem Hesses Sohn Bruno seit der Scheidung seiner Eltern lebte und sich zum Maler ausbildete). Hesse war mit Morgenthaler seit seiner Berner Zeit befreundet, ließ sich mehrfach von ihm porträtieren und widmete ihm den Sammelband neuer Erzählungen und Märchen »Traumfährte«, Zürich 1945.

3 Lyonel Feininger (1871-1956) war zeitweise – wie B. F. Dolbin – Karikaturist, ehe er expressionistische Tafelbilder malte. Von 1919-1933 war er u. a. mit Klee und Kandinsky am Bauhaus tätig.

4 Karl Hofer (1878-1955) lebte bereits 1918/19 im Tessin, als Hesse im April 1919 dort eintraf und zunächst in Minusio, dann in Sorengo und danach in der Casa Camuzzi in Montagnola eine Unterkunft fand. Er war Hofer vermutlich schon 1910 bei Georg Reinhart begegnet, aus seinem Brief an diesen Sammler und Mäzen vom 8. Juni 1916 geht hervor, daß ihm Karl Hofer auch von der Kriegsgefangenenfürsorge in Bern her bekannt war. Hofer, der unter dem Eindruck Cézannes zu streng linearer Gestaltung mir suggestivem Kolorit gelangte, malte farbenglühende Landschaften des Tessins. Ninon berührten die Themen, in denen ihre eigenen Empfindungen und Sehnsüchte Bild geworden waren: Briefleserinnen, Schreibende.

5 Zeile aus dem »Krisis«-Gedicht »Verführer«. »Die Gedichte«, a. a. O., S. 504.

6 Giorgione (1476-1510), venezianischer Maler, hat durch die neuartige, von den Niederländern übernommene Öltechnik einen weichen, leuchtenden Glanz in seine Bilder gebracht, was seinen emotional gestalteten Bildthemen entsprach – so auch dem Spätwerk, der traumversunkenen Gestalt »Schlummernde Venus« (von manchen als Frühwerk dem Tizian zugeschrieben), das Ninon so gefangennahm.

Salzburg, 14. August 1926

Lieber,

spät erst habe ich Deinen Brief erhalten, der Dein Bild enthielt und das Gedicht »Der Intellektuelle«[1], ich danke Dir tausendmal!

Das Bild finde ich gut, es ist ein Teil von Dir – welches Bild vermöchte Dich auszuschöpfen!

Wie schön, Dich zu malen! Ich möchte ein Maler sein und immer wieder Dich malen. Dann wäre ich wohl freier – so spüre ich Dich so tief in allem, was ich sehe, und erlebe und verschliesse alles in mir. [. . .]

Ich las wieder etwa Wunderschönes von Hamsun, »Schwärmer«[2], kennst Du es? Die schönste Figur ist die Pfarrersfrau – wie sie am Schluss des Buches in ihren alten zerrissenen Schuhen wieder fortreist und sich eigentlich freut, auf Neues, und ein bischen traurig an den bunten Feldstein denke, den ihr Mann sie nicht mitnehmen liess – – [...]

Es gibt hier jeden Tag Konzert oder Theater, die »Entführung aus dem Serail«, heute »Turandot« von Gozzi[3], gestern »Fledermaus« und vor paar Tagen »Don Juan« – den liebe ich so, dass mich die Aufführung teilweise störte, aber als sie zuende war, blieb ich arm zurück und sehnte mich so danach, dass es wieder von Anfang an beginne.

Es gibt auch eine Qual des unschöpferischen Menschen, dem alles zwischen den Händen zerrinnt, der nichts festhalten kann – [...]

1 »Der Intellektuelle«. In: »Uhu«, 2. Jg. 1926, Heft 11, S. 39 ; unter dem Titel »Neid« in »Krisis« und »Die Gedichte«, a.a.O., S. 522.
2 An Knut Hamsun (1859-1952) bewunderte Ninon, wie er das Irrationale im Handeln seiner Buchgestalten zum Ausdruck brachte. Sein Roman »Schwärmer« war bereits 1904 erschienen, deutsch 1905 bei Albert Langen, München.
3 Der Besuch des Schauspiels »Turandot« (1762) von dem theatergeschichtlich bedeutsamen Carlo Grafen Gozzi (1720-1806) verstärkte Ninons Vorliebe für die Commedia dell'arte. Zur Oper wurde der Stoff erst 1918 von Busoni und 1926 von Puccini umgestaltet.

Salzburg, 16. August 1926

Lieber, jetzt endlich sind einige sonnige, warme Tage gekommen, gestern ging ich lange am Ufer der Salzach spazieren, aber es ist doch immer Stadt hier, und ich bin herzlich froh, in drei Tagen endlich »aufs Land« zu fahren. [...] Wahrscheinlich werde ich die nächsten 14 Tage in Zürs in Vorarlberg verbringen, 1700 m hoch. [...] Am Vormittag war ein wunderschönes Orchesterkonzert, die Wiener Philharmoniker spielten Mozart und eine Haydn-Symphonie (die 13.) – oh, wenn Du doch in Montagnola Musik hören könntest! So gleich in der Frühe eine Haydn-Symphonie – dann würde der Morgen nicht so weh und traurig für Dich sein.

Ich sah heute das Schloss Leopoldskron, Reinhardts[1] Residenz,

alles »fürstbischöflich«, wie es sich für diesen Tapezierer gehört. Im Schlossteich gibt es kleine Inselchen, dort wollte er den »Sommernachtstraum« aufführen, das Publikum sollte in Kähnen zuschauen! Aber der liebe Gott tobte mit Recht deswegen und liess es in dem ganzen Sommer, in dem das geplant war, unaufhörlich regnen. Ich möchte so schrecklich gerne von hier fort, aber es hängt ja nicht von mir ab, denn ich bin hier nicht allein.
Ich freue mich so über Dein Bild! Deine Ninon

1 Max Reinhardt, eigentl. Goldmann, (1873-1943), führte Theaterreformen durch, die den Regisseur zum Star der Aufführung machten. Seit 1924 wirkte er am Wiener Theater in der Josefstadt. Daß er sich weniger dem dichterischen Wort als dem gesamten Spieleindruck verpflichtet fühlte, wurde – wie Ninons Bemerkung zeigt – von den Verfechtern eines Sprechtheaters als Bühnenspektakel kritisiert.

Salzburg, 18. August 1926
Lieber, gestern las ich im »August-Querschnitt« Dein wunderbares Gedicht »Der Wüstling«[1] – ja, wir haben es leicht, wir lesen die Worte, geniessen die dunkle Musik der Verse – Du aber, welche Qualen musstest Du erdulden, ehe Du das schreiben konntest.
Könnte ich mich Dir reichen wie die heilige Veronika Christus das Schweisstuch reicht – zum Dank, dass Dein Bild unvergänglich in mich gebrannt ist! Deine Ninon

1 Das Gedicht »Der Wüstling« gehört zu den »Krisis-Gedichten«. In: »Die Gedichte«, a. a. O., S. 544.

Gargellen, 3. September 1926
Hotel Madrisa

Lieber, [...]

Ich bin jetzt in einem wunderschönen Ort im Montafon, eigentlich in einem Seitental des Montafon, es ist eine Schubert-Landschaft mit »rieselnden Bächlein« und »rauschendem Wald«. Die Alpenrosen sind verblüht, dafür gibt es Heidelbeeren, ein liebes hübsches Hotel, wenig Gäste, viele Spaziergänge. [...]

Jetzt jährt sich der Todestag meiner Mutter, am 11. Sept.; am 3. schrieb sie mir voriges Jahr noch so froh: Sie sei jetzt drei Tage draussen am Land gewesen (in der Bukowina), da habe sie einen Vorgeschmack von Wald und Gebirge bekommen. Sie freue sich so unbeschreiblich, in paar Tagen »ins Grüne« zu kommen, sie wollte von Wien aus nach Tirol oder in die Schweiz. Und damals, als sie das schrieb, hatte sie schon den tödlichen Fliegenstich, und ein paar Tage später wurde sie operiert, und noch ein paar Tage später war sie tot. Als ich hinkam, fand ich sie »im Grünen« –

Ich habe Dir wohl schon erzählt, wie sie mich liebte, sie hatte so viel Vertrauen zu mir, und es war, als wäre ich die Mutter und sie das Kind. Meine Schwester pflegte sie, aber sie konnte ihr nichts recht machen, sie sagte immer: »Wenn Ninon da wäre, wäre mir schon viel besser.« Aber ich ahnte nichts, ich war mit meinem Mann beim Musikfest in Venedig und erfuhr alles erst in Wien, als die arme Mama schon begraben war. [...]

Nun bin ich ganz traurig geworden, und ich will Dir doch keine traurigen Briefe schreiben!

Ich denke oft an Deine Söhne, und ob sie Dir ähnlich sehen – und an das schöne, gütige Gesicht Deines Vaters.

[...] Meine Sehnsucht nach Dir ist hier nicht so ungestüm wie sonst. Denn mir ist, als wärest <u>Du</u> Pan, als wärest <u>Du</u> der Gott der Fluren, als wäre ich bei Dir!   Deine Ninon

Gargellen, 6. September 1926
Liebster –
(ich möchte Dich so gerne beim Namen nennen, aber es geht noch immer nicht) – denke Dir, als ich neulich schön im Bett lag, klopfte es plötzlich am Fenster, es war ein kleines Rotschwänzchen, das flatterte immerfort gegen die Scheibe, ruhte dann auf der Holzleiste aus und versuchte dann wieder ins Zimmer zu dringen, ich stand leise auf, öffnete sehr behutsam das Fenster, aber es kam dann doch nicht herein!
Das ist so schön, wenn man ganz unbeweglich im Gras liegt und die Tiere einen für ein merkwürdiges Gewächs halten und auf einem spazierengehen. Ein schöner Schmetterling, ich glaube, er heisst Kaffeevogel, sass lange auf mir, ein grosser schöner Heuschreck (es war sicher ein Mann!) frass leidenschaftlich meine Tasche – nur auf die Liebe der Bernhardiner in Zürs bin ich nicht stolz, denn sie waren überhaupt sehr zutraulich. [...]
Ich sehe schöne weisse Wolken und denke, dass Du mich gelehrt hast, die Wolken zu lieben, und dass es schon siebzehn Jahre her ist, seit ich Dich kenne! [...]
Lieber, Lieber – das ist mein verzauberter Sommer – ich sehe so schöne Dinge – Berge, Wiese, Wälder – es rauscht, es duftet, aber das alles ist unwirklich, Dich grüsse ich in dem allen und immer wieder erlebe ich: <u>Dich</u>! Du wirst in ein Sanatorium gehen, nicht wahr! Es möge Dir recht recht gut tun, und auch die Badener Kur! Dann fahren wir zusammen nach Paris –
Ja? Ich entführe Dich –   Deine Ninon

Gargellen, 15. September 1926
Lieber,
[...] Ich habe seit ein paar Tagen solche Angst um Dich, als wärest Du krank. Ich bitte Dich darum – wenn du einmal krank wirst (aber Du sollst <u>nie, nie</u> krank sein), dann lass es mich wissen, ich komme zu Dir, soviel ein Mensch dem anderen helfen kann, will ich Dir helfen. Und fürchte keine »Verantwortung«, keine Verpflichtung. [...]

abends

Verzeih meine Schwarzseherei! Inzwischen kam Dein Brief, das schöne Bildchen (es steht vor mir, lehnt an einem Blumenstrauss im Glase, es leuchtet so rot wie die Alpenrosen, es ist blauer als die Vergissmeinnicht, es strahlt in so schönen Farben!) und der »September«[1] – ich danke Dir dafür. [...]
Wie schön, dass Du über meinen September geschrieben hast, ich liebe ihn so!
Bald ist die Tag- und Nachtgleiche. Dann sind es gerade sechs Monate, dass ich in Zürich war. Wie bin ich seither verwandelt! Ich, die immer nur für mich lebte und es nicht anders wusste, wie war ich stolz, hart, egoistisch. Es ist so schön, Dich zu lieben! Wie danke ich Dir!

Deine Ninon

1 »September«. In: »Berliner Tageblatt« vom 3. September 1926. Hesse hat über den September, Ninons Geburtsmonat, etliche Gedichte verfaßt: »September«: »Herbst will es werden allerwärts...«. In: »Die Gedichte«, a.a.O., S. 282; »Mittag im September«: »Es hält der blaue Tag / Für eine Stunde auf der Höhe Rast...«, a.a.O., S. 283; »September«: »Der Garten trauert, kühl sinkt in die Blumen der Regen...«, a.a.O., S. 592.

Gargellen, 16. September 1926

[...] Je mehr ich diese Landschaft kenne, desto mehr liebe ich sie; das ist so selbstverständlich. Warum verachtet man den Kunsthistoriker – was ist sein Tun anderes als das heisse Bemühen, eine geliebte Welt immer tiefer zu erkennen! Wie gern wüsste ich jetzt vieles – die Namen sind das wenigste – vom Leben der Moose und der Murmeltiere und Schmetterlinge, und von der Geologie – je mehr ich etwas liebe, desto stärker wünsche ich mir dies: Erkennen.
Dass ich bald von hier fort muss, ist mir schrecklich. So viele Monate »Stadt« stehn mir bevor! [...] Wie gehn mir immer Deine Verse durch den Kopf – wie in Kinderzeiten, wie in allen Zeiten meines Lebens! Jetzt sind es immer diese zwei wundervollen Zeilen:

Wie übers Meer die wehenden Farbenschauer
Über meine Seele die Verstäume wehn.[1]

Ich sehe Dich schlaflos in Deinem Zimmer, den Schlaf sehnsüchtig erwartend, und wie er kommt, ist es ein schöner, griechischer Gott – aber nicht an Dein Entzücken denke ich, wenn er Dich endlich umfängt, sondern an das seine! [. . .]

1 Zeile aus dem Gedicht »Der Dichter«, das zu den »Krisis«-Gedichten gehört. In: »Die Gedichte«, a. a. O., S. 513.

Wien, 30. September 1926

Lieber,
jetzt hast Du sehr lange nichts von mir gehört, über 14 Tage! Ich war noch bis zum 25. in Gargellen, dann einen Tag in St. Wolfgang am Wolfgangsee, um den Pacher-Altar[1] zu sehn (Du kennst ihn sicher aus Abbildungen, aber ich schicke Dir trotzdem die Ansichtskarte), und nun bin ich wieder in Wien, es regnet und ist kalt und scheusslich.

In Gargellen war es bis zuletzt schön, ich habe zum 1. Mal meinen Geburtstag (den 31.) nicht in der Stadt verbracht, das war wunderbar! An meinem Geburtstag habe ich Dich kennengelernt, meine Freundin hatte mir von Deinen Büchern vorher erzählt, und also ist dieser Tag auch Dein Geburtstag in meinem Herzen.

Der Pacher-Altar ist herrlich, man muss ihn (wie den Blaubeurer) zuerst geschlossen sehen und ihn dann allmählich aufblättern, das ist dann ein Crescendo von Herrlichkeiten.

Von den Bildern ist das schönste der Marientod (rechts unten auf der Abbildung) – wie den Aposteln allen die Tränen herunterrinnen – besonders dem links vorne, der muss sich abwenden, sein Schmerz ist zu gross.

Ich denke an Dich, ob Du noch in Montagnola bist oder wo sonst und wie es Dir geht, seit dem »September« habe ich nichts mehr von Dir erhalten und auch nirgends etwas gelesen.

Ich habe den September so furchtbar gerne – er ist so klar – und

dann ass ich immer die jungen Nüsse aus dem Garten und sass in der Hängematte und las die neuen Bücher, die ich bekommen hatte. Am 15. begann die Schule, und doch sehnte ich mich so nach Ferne, nach Unbekanntem.
Ich habe hier viel zu tun, die dümmsten Dinge, aber ich ärgere mich nicht wie sonst, ich habe jetzt Kraft gesammelt und lasse mich nicht so leicht umwerfen!
Ich küsse Dich   Deine (braune) Ninon

1 Michael Pacher (1435-1498), Holzschnitzer und Maler, als dessen Hauptwerk der vollständig erhaltene Hochaltar (1471-1481) von St. Wolfgang im Salzkammergut angesehen wird. Er gilt neben dem Krakauer Altar des Veit Stoss und dem Blaubeurer Altar des Gregor Erhart – den Ninon zum Vergleich heranzieht – als ein Höhepunkt spätgotischer Altarbaukunst.

                                                   Wien, 3. Oktober 1926
[...] Ich war heute bei der Eröffnungssitzung des 1. Paneuropa-Kongresses, es war scheusslich, und statt der Inschrift, die im Saal prangte: »In necessarius unitas – in dubiis libertas – in omnibus caritas«[1] (wobei man unitas, libertas und caritas beliebig vertauschen könnte), fände ich viel passender die Inschrift: »Gschaftlhuber aller Länder vereinigt Euch!« [...]
Wie sonderbar ist das Briefschreiben – ich sitze hier in Wien und weiss seit drei Wochen nichts von Dir, nicht einmal, wo Du bist, und schreibe Dir irgend etwas, was der Tag mir zuträgt, und das alles ist so gleichgültig neben dem einen, dass ich Dein bin, dass ich an Dich denke. Und doch konnte ich Dir jetzt vierzehn Tage lang nicht schreiben, ich weiss nicht, wie es war, ich konnte nicht.
Lebe recht wohl!   Ninon

1 »Im Notwendigen einig, in Zweifelsfällen freizügig, in allem fürsorglich«.

Wien, 6. Oktober 1926
Liebster, nun habe ich wieder eine Zeile von Dir, ich bin so froh!
Also im Schwarzwald bist Du gewesen, ich konnte den Poststempel nicht lesen, so weiss ich den Ort nicht. [...]
Heute steht mir noch eine grosse Freude bevor, meine Freundin[1] kommt für ein paar Tage nach Wien. Ich war um 1/2 12 h am Ostbahnhof, aber der Bukarester Waggon ist unterwegs verlorengegangen, und nach langem Hin- und Hertelephonieren erfuhr ich, dass er mit achtstündiger Verspätung heute abend ankommt. Ich ging dann vormittags in die Gotische Ausstellung und war ganz hingerissen. Ich wusste nicht, dass wir solche Herrlichkeiten in Österreich haben. [...]
Hier ist alles wie sonst, die Menschen und der Betrieb. Ich bin aber noch immer ein bischen »aus dem Walde« und sehe alles frischer und besser an, als stünde ich ausserhalb. [...]

[1] Die von Ninon erwartete Freundin ist Johanna Gold, die ihr zum 14. Geburtstag 1909 das erste Hesse-Buch schenkte, »Peter Camenzind«, s. S. 51.

Wien, 9. Oktober 1926
Jetzt ist meine Freundin wieder fortgefahren, ins Tessin, in drei Wochen kommt sie wieder. Sie wohnte in der Pension Distinguée, im gleichen Zimmer, in dem ich gewohnt habe, und das war mir so merkwürdig, wieder die Treppe hinaufzugehen, die ich oft so stürmisch hinaufgerannt war, in der Hoffnung, einen Brief von Dir zu finden, am Tisch zu sitzen, an dem ich ihn las. Der ganze Raum war von Dir erfüllt: In der Kommode lag Dein Bild, im Schrank die Briefe, an der Wand hing Dein Aquarell (der Nagel ist noch drin), am Nachtkastl lagen Deine Bücher – »innen und aussen« hatte ich Dich!
Ich war in der Oper beim »Corregidor« von Hugo Wolf[1], es war wunderschön. Eine »Oper« ist es eigentlich nicht, es ist zu fein, zu zart und zu lyrisch dafür. Viele Lieder kommen darin vor, so das: »In den Schatten meiner Locken – –«. Und: »Ich will wa-

chen und warten, bis der Morgen dämmert.« Das ergriff mich so – und immer wenn ich ergriffen bin, bin ich Dir ganz nahe. Da spürte ich dies: »Ich will wachen und warten« so stark in mir, als wäre es mein Verlöbnis mit Dir, als wäre es ein Schwur, mein Versprechen.

Ich sehne mich sehr nach Dir   Deine Ninon

1 Hugo Wolfs (1860-1903) einzige vollendete Oper, »Der Corregidor«, baut formal auf dem Lied auf, für Solostimme oder Chor durchzieht es die Oper. Wolf versuchte als Wagner-Verehrer, dessen expressive und deklamatorische Ausdrucksweise auf das Lied zu übertragen, was Ninon stark ergriffen hatte.

                                               Wien, 26. Oktober 1926
Liebster,
vierzehn Tage habe ich in Wolken von Staub und Benzindampf verbracht, aber nicht etwa so, dass ich im Auto durch die Wüste raste – ich machte Ordnung in meiner Wohnung. [...]
Du wirst also vorlesen[1], das ist schön für die, die Dich hören werden, ob auch für Dich? Aber Du wirst Deine Schwester sehen und Freunde, und wenn Du in Frankfurt bist, wirst Du vielleicht im Städelschen Museum[2] sein und Van Goghs Bildnis des Doktor Gachet sehen und das wunderschöne Frauenbildnis des Bartholomeo Veneto, das ich Dir schicke.
Wenn Du daran denkst und wenn es Dich nicht belästigt, bitte ich Dich, mir die gedruckten Programme Deiner Vorlesungen zu senden, falls es detaillierte gibt und nicht bloss draufsteht: »Aus eigenen Schriften«. Ich will Dich aber damit nicht quälen, nur wenn Du gerade daran denkst und Lust hast, schicke sie mir. Dann weiss ich auch den Tag der Vorlesung und kann die Besprechungen in den Zeitungen suchen.
Meine Freundin war jetzt in Lugano, sie war auch in Montagnola und sah Deine Klause (von aussen) und Deinen Garten. Sie schrieb, wie wundervoll schön und warm es war – und wir in Wien frieren schon furchtbar.

Wie ist es in Baden? Erholst Du Dich, hast Du ein ruhiges Zimmer, tun die Bäder Dir gut? Wie viele können Dir Liebes tun, nur ich muss fern sein – und ich beneide Maria, die die Füsse Christi salbte und mit ihren Haaren trocknete – aber sie hatte eben kein kurzgeschnittenes Haar!
Gestern hörte ich Händel, »Israel in Ägypten«[3], und wenn ich sonst, z. B. bei Besorgungen oder anderem läppischen Tun, Dich für Stunden ganz ausschalte, so bin ich ganz Dein, wenn ich Musik höre oder Bilder sehe und spüre Dich neben mir, sekundenlang ist es mir, als ob ich Dich erkenne, einen Teil Deines Wesens erfasse – als wäre alles dies, was ich höre und sehe, nichts anderes als ein Weg zu Dir. [...]   Deine Ninon

1 Im November 1926 begab sich Hesse auf eine Lesereise nach Deutschland, wo er am 25. 11. in Stuttgart, am 28. 11. in Darmstadt, am 1. 12. in Marburg, am 7. 12. in Frankfurt am Main u. a. aus seinen Werken »Siddhartha«, »Wanderung«, und »Kurzgefaßter Lebenslauf« vorlas.
2 Das Städelsche Kunstinstitut, eine von dem Bankier Johann Friedrich Städel (1728-1816) zusammen mit einer Kunstschule gestiftete Gemäldegalerie, enthält alte Malerei bis zu Werken der klassischen Moderne. Ob Hesse tatsächlich Ninons Anregung befolgte und die Galerie besuchte, ist ungewiß.
3 Georg Friedrich Händel (1685-1759), war Leiter der königlichen Haymarket-Oper in London, ehe er ab 1728 biblische Oratorien komponierte, die nicht auf kirchliche Verwendung abgestimmt und für dramatisch-szenische Aufführungen konzipiert waren, so auch »Israel in Ägypten« (1738). Hesse und Ninon liebten die Polyphonie und somit auch die Komponisten, deren Werke zum Inbegriff barocker Musik gehören.

Wien, 1. November 1926
Lieber,
heute kam Dein Brief, er hat mich so froh gemacht, und ich danke Dir sehr: Ich bin so glücklich darüber, dass Du verwöhnt wirst, dass es Dir gut geht, dass Du ein stilles Zimmer hast – könntest Du nicht noch ein bischen länger als sechs bis acht Tage in Baden bleiben? Immer, immer hast Du gearbeitet und jetzt willst Du fort, um wieder zu arbeiten. Diese Stelle in »Ross-

halde« hat mich so bewegt, wie Veraguth in den Garten hinaussieht, es ist ein so wunderschöner Tag er würde ihn gern geniessen – »aber er hatte keine Zeit, er musste arbeiten«. [...]
Ich küsse Deinen Brief und schnuppere an ihm, um einen Hauch von Dir zu fühlen, und sehe das Couvert an und bin geneigt, die Welt und ihre Einrichtungen schön und gut zu finden, insbesondere das Postwesen. Durch wieviel Hände geht so ein Brief, bis er von Dir zu mir kommt, wie leicht könnte er verloren gehn – er ist so klein – aber die gute brave Post, sie behütet ihn, er kommt wirklich an, ich halte ihn, ich halte ein Stück Papier, das Du in der Hand gehalten hast, und ich liebe die Post und grüsse alle Briefträger stumm, mit den Augen. [...]
Ich habe versucht, Dir meine Sophaecke im Schlafzimmer aufzuzeichnen, aber ich geniere mich, sie Dir zu zeigen, sie ist so eine »Zeichnung der Wilden« oder »Geisteskranken«. Das Sopha steht als Diagonale von der Ecke ins Zimmer ragend, darüber in der Ecke hängen vier Bilder: eine Reproduktion aus deiner Mappe »Aquarelle aus dem Tessin«, darunter hängt eine Lampe, darunter eine kleine Landschaft, die Du mir einmal als Briefkopf geschickt hast (im Jahre 1922 noch). Daneben ein schöner, farbiger Linolschnitt von dem frühverstorbenen Moritz Melzer[1], eine Madonna in grünem Kleid, ein gelber Mantel mit eckig gebrochenen Falten umgibt sie, sie wächst wie eine Blume aus seinen Falten heraus und hält das winzige Jesuskind. Über ihr ist eine fahle, grosse Wolke. Darunter hängt Dein Aquarell, das Du mir in Montagnola schenktest. Zwischen Sopha und Wand steht ein kleines Tischchen mit einem grossen Globus. Vom Bett aus sehe ich in die Ecke und grüsse Dein Bild und grüsse Dich morgens und abends. Und in allen Stunden grüsse ich Dich   Deine Ninon

1 Moritz Melzer (1877-1966), Maler und Graphiker eines expressionistischen Figuralstils, Mitarbeiter an den avangardistischen Zeitschriften »Sturm« und »Die Aktion«, Vorsitzender der 1918 in Berlin gegründeten »Novembergruppe«. Hinsichtlich seiner Lebensdauer irrte sich Ninon!

Wien, 8. November 1926
Lieber, ich las ein wenig in Deinen Briefen und Gedichten, das war so sonderbar; denn alle Deine Worte ruhen in mir, rauschen in mir und sind so sehr mein geworden, dass es mir wie ein Wunder erscheint, sie geschrieben vor Augen zu sehen und also ausserhalb mir. [...]
Ich war einigemal im Theater, bei Egmont mit Bassermann[1], er war sehr schlecht, den Bassermann hat Berlin verdorben, er macht nur Mätzchen und er hat mir den Egmont für lange zerstört;
in der Oper bei »Königin von Saba«[2], die ich gar nicht mag – aber ich bekam eine Karte geschenkt,
und im Volkstheater bei »Bürger Schippel« von Sternheim. Das war gut, besonders durch Stil und Tempo der Aufführung, ich sprach dann mit F. Th. Czokor darüber, der die Regie geführt hatte. Czokor, der Theaterberichterstatter der »Frankfurter Zeitung« ist, hat mich einmal mit vollem Namen und dem Epitheton »geistvoll« ebendort zitiert, aber die Redaktion strich den Namen, und es blieb nur »eine geistvolle Frau«, ich lachte furchtbar, als er es mir erzählte.
Morgen ist hier ein Vortrag Stella Kramrischs, deren Buch Du im Mai im »Berliner Tageblatt« besprachst[4], ich kenne sie von früher aus dem Seminar, sie imponiert mir sehr. Sie wollte glühend, mit aller Kraft nach Indien, sie arbeitete schon als Studentin immer nur über Indien [...]. Sie lernte hier Tagore[5] kennen, und er brachte sie nach Indien, sie wurde Dozentin an der Universität Calcutta, sie schrieb das Buch, das Du kennst. Sie lebt in Indien. Sie hat ihr Leben nach ihrem Wollen geformt, das bewundere ich an ihr.
Gestern war die Eröffnung einer Corinth-Ausstellung (das graphische Werk), ich war entzückt von vielen Blättern. Welcher Reichtum in diesem einen Menschen, welches Überquellen: So schnell ist alles hingesetzt, als hätte er keine Zeit, als dränge ein Bild das andere fort, eilig, flüchtig hält er es fest, dieweil hundert neue Bilder ihn überfluten. Man lernt einen Maler doch am besten an seiner Graphik kennen, in seinen Zeichnungen und Ent-

würfen. [...] Ein Bild ist so fertig, so fern. Die Zeichnung aber spüre ich, ich gehe ihren Linien nach, das ist wie ein Zucken, ein Blitzstrahl, der von ihr zu mir geht, und ich bin mit ihr verbunden.

Gestern bekam ich Borchardt[6]: »Ewiger Vorrat deutscher Poesie«, geschenkt, das wünschte ich mir, seit Du in den »Abendwolken« davon schriebst. Nun habe ich es und blättere darin und lese »all mein Gedanken, die ich hab, die sind bei dir«[7] und das »Sterbelied« mit seinem »es ist genug«[8], das so nobel, so gross ist wie Dein »September«[9]. [...]

1 Albert Bassermann (1867-1952), der über Meiningen ans Deutsche Theater in Berlin kam (1900-1914), erreichte den Höhepunkt seiner psychologisch ausgefeilten Darstellungskunst in Ibsens Ideendramen; später übernahm er klassische Rollen wie Tell, Mephisto, Egmont, was die leidenschaftliche Theaterbesucherin Ninon als schauspielerischen Abstieg empfand.

2 Karl Goldmark (1830-1915) führte mit seinem Hauptwerk »Die Königin von Saba« (1885) die Tradition der französischen Oper fort und entzog sich somit der allgemeinen Wagner-Nachfolge, in der das Musikdrama als Gesamtkunstwerk angestrebt wurde.

3 Carl Sternheims (1878-1942) »Bürger Schippel«, 1913 in Berlin uraufgeführt, ist eines der ersten Schauspiele, die dramaturgisch wirkungsvoll und in beißender Ironie die Verbürgerlichung des Proletariats geißelten.

4 »Der Bücherberg«, Sammelrezension, worin Hesse u.a. den im Eugen Diederichs Verlag erschienenen Band »Malayische Weisheit und Geschichte« besprach. In: »Berliner Tageblatt« vom 29. April 1926. Von Stella Kramrisch erschienen 1924 »Grundzüge der indischen Kunst – Malayische Erzählungen«.

5 Rabindranath Tagore (1861-1941) war der Repräsentant indischer Geisteswelt in ihrer Auseinandersetzung mit der westlichen Kultur. Da er sein Weltbürger-Ideal in seiner Privatuniversität in Shantiniketan seit 1901 zu verwirklichen suchte, verpflichtete er auch europäische Dozenten zur Mitarbeit.

6 Rudolf Borchardt (1877-1945) gab diese Anthologie 1926 heraus. Formbewußt und von konservativer Geisteshaltung verfaßte er nicht nur Gedichte, Essays und Erzählungen, sondern übertrug u.a. Pindar, Dante, Troubadours und englische Dichter.

7 »Abendwolken«, Betrachtung. Erstdruck in: »Berliner Tageblatt« vom 27. 6. 1926. Aufgenommen in: »Die Kunst des Müßiggangs«, a.a.O., S. 226.

8 Zeile aus einem deutschen Volkslied (um 1450).
9 Siehe S. 136, Anmerkung zum Brief vom 15. September 1926.

Wien, 13. November 1926
Inzwischen kam Deine Karte und ich antworte Dir gleich, nun aber will ich diesen Brief abschicken. Die »Horen«[1] konnte ich mir noch nicht verschaffen, zwei Buchhändler, die ich danach fragte, hatten sie nicht. – Seit gestern wohne ich in meinem alten Zimmer in der Pension distinguée, I. Krügerstrasse 5. [...] Es ist mir unheimlich, während ich hier am gleichen Tische sitze, die gleichen Bücher vor mir und meine vertrauten Dinge – Lupe, Papiermesser, Aschenschale vor Augen – »April und Mai und Julius sind ferne – –« aber sie sind nicht ferne, gleichzeitig fühle ich das gestern und heute – die Tage zerrannen, nur <u>Dein</u> Bild ist unverrückbar in meinem Herzen – – –   Deine Ninon

1 »Horen«, die bedeutendste Zeitschrift der Klassikerzeit, wurde 1795-1797 von Friedrich Schiller unter Mitarbeit von Goethe, Herder, v. Humboldt und A.W. Schlegel in Cottas Verlag herausgegeben. In geistiger Nachfolge sollte die Zweimonatsschrift für Kunst und Dichtung »Die Horen« von Hans Martin Elster und Wilhelm von Scholz erscheinen. Ninon suchte darin außer einem reproduzierten Aquarell Hesses (1925) seinen Beitrag »Inneres Erlebnis. Eine Aufzeichnung von Hermann Hesse«, 3. Jg., Heft V, 1926/27, S. 11-20.

Wien, 17. November 1926
Lieber, am Montagabend riss es mich förmlich ins Kaffeehaus, ich wusste nicht, warum, denn ich hatte mir vorgenommen, höchstens einmal wöchentlich hinzugehen. Nichts anderes wollte ich lesen als das Berliner Tageblatt, und als ich es aufschlug, las ich Deinen Namen[1] und wusste nun, warum ich gekommen war.
Wie liebte ich Dich, als ich das las: Und wie nahe war ich Dir, aber Du warst ja mein Lehrer, und ist es kein Wunder, wenn ich manche Dinge so sehe wie Du.

Als ich das vom Hemd las, dachte ich, wie gern ich Dein Hemd sein möchte – Dich ganz umgeben, Dich spüren, Dich wärmen, Dir nah sein, von Dir geliebt werden – »Hemd, mein Hemd«, würdest Du sagen, wie der Ritter.

1 »Kofferpacken«. In: »Berliner Tageblatt«, 14. November 1926. In dieser Betrachtung erwähnt Hesse »einen der schönsten Ritterromane des Mittelalters, ›Loher und Maller‹, wo der junge Ritter aus Deutschland fern im Morgenland gefangen und ins bitterste Elend [. . .] gesunken«, sein schon zerfetztes Hemd anredet, das ihm noch als einziges Stück aus der Heimat geblieben ist. In: »Kleine Freuden«. Kurze Prosa aus dem Nachlaß, herausgegeben von Volker Michels, Frankfurt am Main 1977, S. 212.

Wien, 21. November 1926
Sonntag

Lieber –
nun wirst Du schon in Stuttgart sein, und am 25. wirst Du vorlesen, und ich werde an dem Abend die »Zauberflöte« hören, ich freue mich so, dass das gerade am gleichen Abend ist. [. . .]
Wir haben jetzt schöne, warme Frühlingstage, aber statt spazierenzugehn, sitze ich an meinem elenden Pensionsschreibtisch und schreibe an meiner unnützen, langweiligen und scheusslichen »beschränkten« Arbeit. Vorgestern war ich zum ersten Mal seit mehr als einem Jahr bei meinem Ordinarius, Hofrat Schlosser[1], ein sehr feiner Kopf; er ist ein Freund von Benedetto Croce[2] und Karl Vossler[3]. Kennst du Vossler? Ich bewundere ihn sehr, kenne aber eigentlich nur »Frankreichs Kultur im Spiegel seiner Sprachentwicklung«. Ich erzählte ihm von der gekürzten Arbeit und liess mich von ihm trösten. Aus dem Stoff, den ich behandelte, sind drei Arbeiten zu machen, es hat lange gedauert, bis ich mich auf eine davon »begrenzte«. Als ich neulich darüber nachdachte, wie schwer das sei, schien es mir, als hätte man auch im Leben nichts anderes zu tun, als sich immer rechtzeitig »zu begrenzen«. Bis hierher und nicht weiter – ach, aber mich interessiert immer erst das »weiter«, und als ich heute eine Beschreibung einer Fahrt durch Kalifornien von Höllriegel[4] las,

war es mir unerträglich zu denken, dass ich nie, nie dahinkomme. Deshalb frage ich gleich formell bei Dir an, ob Du vielleicht nach Deiner Vortragsreise mit mir nach Kalifornien fahren willst oder auf die Fidschi-Inseln oder nach Persien: Bestimmen sollst Du, ich aber mache alles Technische der Reise, ich bin ein sehr guter Reisemarschall, und meine Freundin, mit der ich voriges Jahr in Konstantinopel war, sagte begeistert: »Mit Ninon – zum Nordpol!«
Englisch sprechen hätte ich in vier Wochen aufgefrischt, und kümmern müsstest Du Dich um nichts, nichts (auch nicht um mich! Das ist das Wichtigste!), wie überhaupt das richtige Dienen, wie ich es mir denke, nicht nur darin besteht, da zu sein, wenn einen der andere braucht, sondern vor allem darin: Nicht da zu sein, wenn einen der andere nicht braucht!
Liebster – Liebster, Du kennst mich noch so schlecht! Willst Du mich nicht ein bischen besser kennenlernen? Schade, dass Wien so weit von Stuttgart, Marburg, Frankfurt liegt!
Aber ich komme nach Zürich.

Montag früh
Liebster, Liebster – danke schön für Dein liebes Briefchen mit dem schönen Bild. Ich freue mich so, ich möchte wie ein Hündchen immer ganz toll im Kreis laufen und bellen – vor lauter Freude! So schön fängt die Woche an, mit einem lieben Brief von Dir. Gestern war alles noch so traurig, und abends, im Kino beim »Geiger von Florenz«[5], als einen Augenblick lang ein See auftauchte, den ich für den Luganer See hielt, da zog es mir das Herz zusammen, und ich hatte eine so schreckliche Angst um Dich und fühlte die Ferne so schwer, dieses Nichts-von-Dir-Wissen – – – aber jetzt, für diese eine Stunde ist alles gut, und ich will recht tapfer sein und überhaupt eine Eiche!
Wie will ich bei der »Zauberflöte« an Dich denken! Lachst Du über meine Reisevorschläge von gestern? Ja, lache nur (obwohl ich es ganz ernst meine!), ich wäre froh, wenn ich Dich ein bischen zum Lachen brächte!

1 Julius R. von Schlosser (1866-1938), Ninons Doktorvater, pflegte die positivistische Tradition der »Wiener Schule«. Er wollte die Studenten mit dem »trockenen Brot der Geschichte« vertraut machen und verachtete den »süßen Schaum geschmäcklerischer Kunsttheorien«. Bei der im Brief erwähnten Besprechung am 9. November 1926 stellte von Schlosser fest, Ninon habe in fünfjährigen Recherchen so viel Stoff zusammengetragen, daß er für drei Arbeiten reichen würde. Hesse, der von der wissenschaftlichen Behandlung künstlerischer Arbeiten nicht viel hielt, empfahl ihr, die Dissertation abzubrechen. (s. S. 85 und 94)
2 Benedetto Croce (1886-1952), italienischer Philosoph und Literaturwissenschaftler, trug entscheidend zur Überwindung des historischen Positivismus bei. Ihm galt Ästhetik als allgemeine Ausdruckslehre, Schönheit als vollendet geglückte Ausformung eines poetischen Stoffes, was Ninon als Grundprinzip der Kunstbetrachtung übernommen hatte.
3 Karl Vossler (1872-1949) wandte sich als Romanist gegen den sprachwissenschaftlichen Positivismus und forderte eine ästhetische Betrachtung der Sprache: »Positivismus und Idealismus in der Sprachwissenschaft« (1904); »Sprache als Schöpfung und Entwicklung« (1907-1910).
4 Arnold Höllriegel, eig. Richard Arnold Bermann (1883-1939), Reiseschriftsteller, dessen Werke »Tausendundeine Insel« (Reiseschilderung, 1927) und »Das Urwaldschiff« (Roman, 1927) Ninons Fernweh weckten.
5 Ein 1926 gedrehter Film von Paul Czinner (1890-1972), dem österreichischen Bühnen- und Filmregisseur, der durch Filme mit seiner Frau, der Schauspielerin Elisabeth Bergner, berühmt wurde.

Wien, 22. November 1926
Lieber,
Dein Brief war doch gar nicht lang, und doch las ich ihn immer wieder und küsste ihn und legte ihn an meine Wange – und als ich ihn dann endlich in die Mappe zu Deinen übrigen Briefen gelegt hatte, ihn nicht mehr vor mir sah, da wusste ich nicht mehr, was darin stand.
Könnte ich es ertragen, Dich im Radio zu hören[1]? Deine Stimme zu hören und zu wissen, dass es nur diese wenigen Augenblicke dauert, und wenn du verstummt bist, bin ich noch ärmer, als ich früher war – –
Aber den Brief kann ich aus der Mappe herausnehmen, ihn sehen, halten, lesen, spüren.

Erinnerst Du Dich, wie ich Dir lachend vom Post- und Telegraphen-Denkmal in Bern erzählte, das ich einen Tag vor meiner Ankunft in Zürich sah? Aber wie sinnvoll stand es am Beginn meines neuen Lebens!

1 Hesse las im Radio Stuttgart aus dem »Steppenwolf«.

Wien, 6. Dezember 1926

Lieber,
[...] Gestern habe ich einen schönen Abend verlebt. Die Mildenburg[1] spielte und sang im Konzerthaus Opernszenen als Illustration ihres Vortrags: »Musik und Gebärde«. Das klingt vielleicht akademisch, aber es war so unerhört, dass ich wünschte, Du hättest sie gesehen! Sie stand auf dem Konzertpodium im grauen Kleid, ein Begleiter sass am Klavier, sie hatte nichts an äusseren Mitteln, was Illusion förderte – aber indem sie schritt, stand, die Arme hob und senkte, den Kopf neigte, wendete, getragen von der Musik – erfüllte sie jede Gestalt, war Tamino, Cherubin, Fidelio, Escamillo, Iphigenie, Eglantine, Amanasro, Elisabeth, Isolde, Siegmund, Brünhilde, [...] – das klingt alles so dumm im Nacherzählen, aber Du kannst Dir den Zauber nicht ermessen, der von ihr ausgeht, wenn Du sie nicht kennst! Immer dem Genius dienend, denn nichts anderes will sie, als den Geist der Grossen ganz erfassen. [...]
Liebster – vor mir liegt Dein Bild (Sonntagsbeilage der Vossischen vom 5. Dezember: Die Dichter-Akademiker), und ist so schön und so ganz Du. Nun gehe ich mit den Augen auf Deinem Gesicht spazieren und bin so glücklich!
Liebster, sei nicht böse über mein Gestammel. Es ist so schön, Dich wiederzusehen.
Ich möchte Dich in Zürich anrufen, nur um drei Minuten mit Dir zu sprechen, Deine Stimme zu hören – aber nur, wenn es auch für Dich eine Freude ist und keine Qual, auf Verbindung warten, oder überhaupt telephonieren. Man bekommt am Sonntag am leichtesten Verbindung, ich kann ein Gespräch für

11h Vm. oder irgendeine andere Stunde anmelden und bekomme es dann auch ungefähr um diese Zeit. Aber bitte, tu es <u>nicht mir</u> zuliebe und sei nicht bös, wenn ich Dich noch so wenig kenne und Dir vielleicht etwas zumute, was Dir gar keine Freude macht. [...] Und fürchte nicht, mich zu kränken, wenn Du nicht sprechen willst. [...]

1 Anna von Mildenburg (1872-1947), eine große Wagnersängerin der Wiener Hofoper aus der Schule Gustav Mahlers, war ab 1921 Ordentlicher Professor an der Akademie für Tonkunst in München. Ihr Buch »Erinnerungen« (1921), das sie gemeinsam mit ihrem Ehemann, dem österreichischen Schriftsteller Hermann Bahr (1863-1934) verfaßte, bietet ein Zeugnis ihrer von Ninon bewunderten Einfühlungsgabe.

Wien, 15. Dezember 1926

Lieber!

Es geht mir merkwürdig mit Dir: oft glaube ich Dich zu verstehen, und doch ist es immer nur ein Teil Deines Wesens, den ich erfasse. Aber manchmal, ganz kurze Augenblicke lang, verstehe ich Dich plötzlich ganz und stehe offen und empfange Deinen Geist. [...]

Wieviel Geduld hast Du mit mir gehabt! – Manchmal geht es mir so, dass ich Dich ganz habe, dann ist eine Kraft in mir – ich kann das nicht gut beschreiben, aber soviel weiss ich, dass es nicht mit Briefen von Dir zusammenhängt, das kommt alles aus <u>mir</u> – und manchmal wieder habe ich Dich verloren, es ist alles wie ein Traum, ich finde Dich nicht und weiss dann eigentlich nicht, ob es Dich gibt. Dazwischen aber gibt es noch alle Stufen von Verliebtsein und Liebhaben, Bewundern und Vergöttern.

Ich danke Dir für alle Frankfurter Grüsse. Das »Gedächtnis der Kindheit«[1] und »Enzianblüte«[2], die ich nicht kannte, sind so wunderbar! [...]

Den Samstag habe ich schrecklich verbracht, in Angst und Tränen – es war der 11. Dezember, und neuerdings fürchte ich mich vor jedem 11., da der 11. (September zwar) der Todestag meiner

Mutter war – als würde sie mich an jedem 11. von neuem verlassen. Es ist sicher Unsinn. Heute z. B. war der 15., und mir ist soviel schiefgegangen. Aber ich mache mir nichts, ich mache mir nichts daraus!
Deine Ninon

1 »Gedächtnis der Kindheit«. In: »Simplizissimus«, 17. Jg. 1912/13, S. 143. Unter dem Titel »Die Kindheit« in : »Die Gedichte«, a. a. O., S. 346.
2 »Enzianblüte«, entstanden 1913. In: »Musik des Einsamen«, Heilbronn 1915. »Die Gedichte«, a. a. O., S. 358.

Wien, 20. Dezember 1926

Lieber,
ich weiss nicht, wo Du bist, und ich denke immer an Dich, ob es Dir nur gut geht.
Früher war ich unglücklich, wenn Du mir nicht schriebst, zweifelte, verzweifelte.
Aber jetzt (nicht plötzlich, das kam so allmählich) trage ich das und weiss, dass es so sein muss, wie es ist, und das ist keine Demut – dass ich aus Deinen Händen nehme »ein Liebes oder Leides«[1] – sondern ein Spüren, ein Wissen – und eine Kraft fühle ich in mir wachsen, die durch Tragen nicht gebeugt sondern immer stärker [wird]!
Nur Angst <u>um Dich</u> habe ich, um Deine Gesundheit, um Dein Wohlbefinden.
<u>Aber missverstehe das nicht.</u> Ich bitte Dich nicht, mir zu schreiben, ich verstehe ja so gut, wie Dich der Gedanke quälen müsste, mir schreiben zu »sollen«. Ich denke viel und innig an Dich. Oh könnte ich Dich vor Leid und Schmerzen bewahren! [...]
Nun muss ich Dir erzählen, wieviel Grüsse ich von Dir hatte. Am Samstag sah ich die »Presse« durch, da stand im Feuilleton »Eine Gestalt aus der Kinderzeit«[2] von H. H. Am Nachmittag die »Vossische«: »Jakob Boehmes Berufung«[3]. Dann ein Brief meiner Freundin, die mir ein Bild von Dir (aus Fischers Almanach) sandte. Und gestern in der Zeitschrift »Der Tierfreund« eine wunderschöne Geschichte von Dir: »Ein Wolf«[4]. Oh wie

schön ist diese Geschichte, wie erschütternd das Sterben des einsamen Wolfes! Wie bebte mein Herz, wie schlug es für Dich Wunderbaren, der die Seele der Tiere kennt, der sie liebt und begreift wie der heilige Franziskus.

Ich liebte diesen Heiligen so – ich habe einmal unter Dvorak eine Arbeit über ihn gemacht, aber viel später erst begriff ich, dass ich Dich in ihm liebte.

Man sprach in einer Gesellschaft unlängst von Zahlenmystik, dabei erfuhr ich, dass bei den Juden 18 eine glückbringende Zahl ist. Nun bin ich am 18. geboren, und deshalb interessierte mich das. Ein Herr erklärte mir daraufhin folgendes:

18 heißt hebräisch ןח (das heißt »chaj«). Aber zugleich bedeuten diese Ziffern Buchstaben (oder umgekehrt)

8 = ח

10 = ן und das Ganze (chaj) heißt auch »lebe« – deswegen wird immer 18 oder ein Vielfaches von 18 gespendet, als Glücksverheissung für den Spender.

Ich dachte gleich, dass ich Dir das erzählen muß und war so stolz auf meinen [Geburtstag am] 18., als könnte ich Dir damit Glück bringen.

Lieber – Lieber – alle meine Wünsche wollen Dich glücklich sehen. Ich streichle Dein Haar.   Deine Ninon

Über Weihnachten und Neujahr, wahrscheinlich bis 10. Januar, bin ich in Berlin. [...]

1 Verszeile aus einem Gedicht von Eduard Mörike (1804-1875), »Gebet«: »Herr! Schicke was du willst, Ein Liebes oder Leides [...]«.
2 »Eine Gestalt aus der Kinderzeit« in: »Neue Freie Presse«, Wien, vom 18. Dezember 1926; vorher schon in: »Dresdner Neueste Nachrichten« vom 28. November 1926. Diese Geschichte, geschrieben 1904, Erstabdruck 1906 in: »Neues Wiener Tageblatt« und 1915 in Buchform veröffentlicht in: »Am Weg«, Reuss & Itta, Konstanz, erschien vierzehnmal unter verschiedenen Titeln; z.B. unter »Hotte Hotte Putzpulver« in: »Die Zuflucht«, Dezember 1916; »Eine Gestalt aus der Kinderzeit« in: »Der Schwabenspiegel«, März 1926, Nr. 20; »Der Hausierer« in: »Die Kunst des Müßiggangs«, a.a.O., S. 22.
3 »Jakob Böhmes Berufung« (1922) in: »Vossische Zeitung« vom 18. De-

zember 1926, aufgenommen in die 1928 erschienene Ausgabe »Betrachtungen«, 35 Prosastücke aus den Jahren 1904-1927. GWiE. Außerdem in: GS 7. Bd., S. 272.

4 »Der Wolf«. Die 1903 entstandene Geschichte, in der Hesse zum ersten Mal die Gestalt eines einsamen Wolfes entwarf, war bereits 1915 in den Erzählungen »Am Weg«, Reuss & Itta, Konstanz, erschienen. Als 1958 das »Bilderbuch« (s. o.) in erweiterter Neuausgabe erschien, wurde »Der Wolf« überarbeitet und neben drei weiteren Erzählungen hineingenommen. GWiE, S. 269; GW 11. Bd., S. 71.

Berlin, 27. Dezember 1926
Liebster,
danke schön für Deinen lieben Weihnachtsbrief, für die Photographie, für alles Liebe.
Ich war seit fünf Jahren nicht mehr in Berlin, das ich damals so liebte, und nun sehe ich es wieder, sehe die Spuren der alten Liebe noch, aber im Ganzen ist mir das alles nicht mehr wichtig.
Ich habe zwei Freundinnen hier, Liese Wiltschek und Lotte Kallenbach. Liese ist auch aus Czernowitz, sie war wunderschön, sehr begabt, sehr klug, wollte Klaviervirtuosin werden, wurde Schauspielerin, heiratete vor vier Jahren, ihr Mann ist Kunsthändler, und sie hat alle ihre Bestrebungen aufgegeben, ist ein bischen zu dick und so »abgeklärt«, dass es mir wehtut; denn das ist Resignation, und ich möchte meine liebe, schöne Liese anders sehen. [. . .]
Ich denke oft an Deine Söhne, vor allem an den zweiten[1], der Dich vielleicht hasst, weil er glaubt, Dich nicht lieben zu können. Er ist vielleicht ein armes Kind und kann den Weg zu Dir nicht finden. Wie kann es anders sein! Es ist schwer, zu Dir zu kommen. Aber hat man Dich einmal <u>gesehen</u> (ich meine nicht das äusserliche Sehen) – wie könnte man Dich lassen!
Verzeih, wenn ich, ohne Näheres zu wissen, von Deinem Sohn und seinem Verhältnis zu Dir spreche, werde nicht ungeduldig! Aber wozu sage ich das: Wieviel Geduld hast Du mit mir gehabt!

Ich komme zu Dir!
Nein, so nenne ich es nicht. Das könnte Dich belasten, dass jemand »zu Dir« kommt! Ich komme nach Zürich. Niemals, seit dem Sommer, als ich es Dir zum ersten Mal schrieb, habe ich darin geschwankt. Nur der Zeitpunkt war ungewiss, durch Deine Vortragsreise weitergerückt. Ich wollte nicht früher davon sprechen, als bis ich sagen konnte : »Jetzt«.
Nun spreche ich doch davon, aber ich weiss noch nicht, wann ich komme, es wird noch einige Wochen dauern. Ich habe hier und in Wien noch manches zu ordnen. Meine Beziehungen zu Geld sind so komisch. Mein Vermögen schrumpft andauernd zusammen, ohne dass ich Miene mache, mich deshalb zu sorgen. Ich habe noch nie Geld verdient, wüsste auch nicht, wie. Vielleicht würde es doch mit dem Doktorat eher gehen. Aber alle diese »ernsten« Dinge interessieren mich gar nicht, und ich glaube, insgeheim vertraue ich auf den lieben Gott, und »Vorsorgen« erscheint mir komisch.
Nun hört Dr. Lang den Steppenwolf, und ich vergehe vor Neid, aber ich freue mich so, dass er beendet ist, wenn auch nur im Entwurf. »All mein Gedanken, die ich hab, die sind bei Dir!« – und dass auch Du an mich denkst, ist immer wieder ein Geschenk. »Liebe Ninon« maltest Du auf Deinen Brief. Könnte ich Dir mein Herz zeigen – »Lieber Hermann« steht darin.

Deine Ninon

1 Heiner Hesse (* 1910).

1927

Während Ninon in Hoffnung und Zweifel auf Hesse ausgerichtet war, begann Dolbin ungestüm um sie zu werben. Immer war er es gewesen, der als Mann alle Freiheiten für sich in Anspruch genommen hatte und der sich trotz vieler Liebschaften der Gefühle Ninons stets sicher gewesen war. Nun aber, da er sie an

B. F. Dolbin, der erfolgreiche Pressezeichner,
in Berlin

Hesse zu verlieren schien, erkannte er, wie sehr er ihre Klarheit und Zuverlässigkeit neben sich brauchte, und kämpfte um sie mit beleidigender Schroffheit und in zärtlicher Freundschaft. Er sprach von »Selbstopfer« und »Götzendienst« Ninons gegenüber Hesse und schilderte die Verlockungen, die ihr Berlin bieten würde, wo er als erfolgreicher Pressezeichner Einladungen zu allen kulturellen Veranstaltungen erhielt. Um ihr ein solch abwechslungsreiches Leben an seiner Seite schmackhaft zu machen, lud er sie mehrfach nach Berlin ein und warb mit verführerischen Reisen. Ninon, die seit ihrem Wintersemester 1920 eine Vorliebe für Berlin bewahrt hatte, gewann ein farbenfrohes Bild von dem anregenden Leben, das sie dort an Dolbins Seite führen könnte, und sie entschloß sich, seinen Lockrufen noch einmal

*prüfend zu folgen und Weihnachten und den Jahreswechsel
1926/27 in Berlin zu verbringen.*
Als sie Hesse zwei Monate später während seiner alljährlichen
Kur in Baden/Zürich besuchte, war sie erschrocken über seine
angegriffene Gesundheit. Sein krasses Stimmungsgefälle hatte
einen Tiefpunkt erreicht. Am 2./3. Februar schrieb sie Dolbin
aus Zürich: »Ich denke viel an Dich. H. ist noch immer krank.
Ich weiss, dass alles von mir abhängt und lasse doch die Tage
vergehen, ohne einen Schritt dahin und dorthin zu tun! [. . .] Ich
danke Dir für Deine Liebe, die mich geleitete, die mir half. Hier
in Freiheit spüre ich, wie lieb ich Dich habe. Aber ich kann noch
nicht fort. Ich küsse Dich – Ninon.«
Am 27. März 1927 schrieb sie Dolbin den endgültigen Abschiedsbrief: »Es geht mir schlecht, liebster Fred, aber nun muss
ein Ende gemacht werden. Ich will nicht in Deiner Schuld stehen, ich ertrage nicht länger, Dich warten zu lassen. Ich bin hier
nicht zuende, aber ich sage Dir Lebewohl [. . .] Diese Halbheit,
Doppelheit ist meiner unwürdig, und so gehe ich den dunklen
Weg, den das Schicksal mir zu weisen scheint. Lebewohl. Ich
leide entsetzlich. Ich habe nicht aufgehört, Dich zu lieben. Ich
sagte Dir immer, dass ich nicht gewusst habe, dass es das gibt –
diese Doppelheit, dieses Gespaltensein. Zu <u>Dir</u> kann ich darüber sprechen. Es ist ein unsagbar schwerer Weg, nicht allein,
weil ich mit 100 000 Fäden an Dich gebunden bin, es wäre auch
furchtbar schwer, wenn ich frei gewesen wäre; denn für ihn, für
Hesse, wandelt sich alles in Qual, er <u>will</u> leiden, er quält sich und
indirekt auch mich (denn entsetzt muss ich fragen, vermehre <u>ich</u>
nicht am Ende noch seine Leiden?). Aber dann spüre ich wieder:
er ist krank, er braucht mich. Aber er braucht mich <u>ganz.</u> Fred,
Du brauchst mich nicht, Du hast es oft bewiesen. Da sind so
viele Frauen, die Dich reizen, die Dir schenken, was Du
brauchst. Da ist Deine Kunst, die Dir soviel Glücksempfindun-
gen, Rausch und Erfüllung schenkt.«
Sie blieb bei ihrer Entscheidung für Hesse: »Meine Rolle ist die
entsagungsvollste in dem Drama von uns dreien: Hesse, der
Mensch, der sich hat fallen lassen – Du, dem es freisteht zu handeln – ich – <u>ich</u> schwebe in der Luft, ich bin allein.«

Das schon seit 1920 zeitweise getrennt lebende Ehepaar blieb einander in lebenslanger Freundschaft verbunden, die durch einen Briefwechsel dokumentiert ist. Ninon leitete ihn am 25. August 1927 durch ein zärtliches Schreiben an ihren Mann ein: »Wär ich jetzt bei Dir, ich sehnte mich nach einem Leben mit H. Und jetzt träume ich von Dir.« Die Wahl zwischen einem Leben mit Hesse oder Dolbin behandelt Kleine, st 1384, S. 182 ff., im Kapitel: »Doppelbindung, Hesse – Schutzgott und Geliebter, Dolbin – Freund und Bruder«.

Berlin, 11. Januar 1927

[...] Nun schreibst Du am Steppenwolf, und ich war inzwischen im Zoologischen Garten und stand lange vor dem russischen Wolf und dem amerikanischen Präriewolf und dachte an den Wolf aus dem Buch »Am Weg«[1] und an Dich. [...]
Ich ging an traurigen Löwen und Löwinnen vorbei und am Tiger und kam wieder zu etwas Wunderschönem: der »abessynischen Löwenkinderstube«, wie ich den Käfig nannte, in dem sechs drei Monate alte Löwen sassen, spielten, schliefen.
Ich weiss also endlich, was ich werden möchte: Löwchen, nicht (Löwen-) Wärterin – einmal wollte ich doch selbst der Löwe sein, erinnerst Du Dich? <u>Dein</u> Löwe, der mit Dir »im Gehäus« und in der Wüste ist, der Dich beschützt und liebt. [...]
Ich sah zum ersten Mal im Leben einen Boxkampf im Sportpalast, einmal die herrliche Anna Pawlowa[2] – hast Du sie je gesehen? Ihr Schweben, Gleiten, Sinken ist ganz unirdisch, unkörperlich, unendlich schön und ergreifend.
»Die drei Schwestern« von Tschechow[3] – kennst Du das Stück? Es war so fürchterlich hoffnungslos, so unbeschreiblich traurig und alles so unentrinnbar, und ich kämpfte entsetzlich mit Tränen. Meine geliebte Lucie Höflich gab die Mascha, ihre schöne Flötenstimme brach einmal im letzten Akt, unvergesslich dieses Aufschluchzen, dieser Schmerz.
Sonst sah ich Mist, Revuen und so, die in Paris viel, viel schöner

sind, und lernte ein paar Literaten kennen. Meine zweite Berliner Freundin ist inzwischen zurückgekehrt, es ist die, vor der ich immer ein bischen Angst habe, weil sie so gescheit ist. Ich werde vor Hochachtung immer ganz still und kleinlaut vor ihr. Sie hat einen Namen in der Welt der Musikgelehrten und arbeitet jetzt an zwei grossen musikphilosophischen Werken, von denen eins fast fertig ist. Sie heisst Lotte Kallenbach-Greller[4].
Ich danke Dir nochmals für Dein Anerbieten, mir Geld für die Reise zu schicken. Ich brauche es aber nicht, denn mein Vermögen »schmilzt« vorläufig noch zusammen, ist aber noch nicht »geschmolzen«. Aber es war lieb von Dir, daran zu denken, und ich danke Dir für die Absicht. [. . .]

1 »Am Weg«, Erzählungen. Reuss und Itta, Konstanz 1915 (s. S. 152 f.).
2 Anna Pawlowa (1885-1931) war bis 1909 Primaballerina in St. Petersburg, von 1909-1911 in Diaghilews »Ballets Russes«, dann mit eigenem Ensemble auf Tourneen. Mit ihrem Namen ist der für sie von dem russischen Choreographen Fokine 1905 entworfene, dreiminütige Solotanz »Der sterbende Schwan« verbunden, den Ninon in Berlin bewunderte und von dem sie Hesse eine Kunstpostkarte schickte.
3 Anton Tschechow (1860-1904) zeigt in »Drei Schwestern« Menschen, die in einer ereignislosen Umwelt am nicht gelebten Leben kranken. Mascha spricht ihre Sehnsucht nach einem befriedigenden Dasein aus: wenn man nicht wisse, wofür man lebe, bleibe alles »sinnlos und schal«. War es ein erlebnishafter Bezug für Ninon? Oft hat sie in Briefen und Tagebüchern eine »sinngebende Pflicht« ersehnt.
4 Lucie Höflich, eigentl. L. von Holwede (1883-1956), wurde von 1903-1932 in Berlin bei Max Reinhardt zum Star. Ihre Intensität im Anempfinden einer Rolle machte sie ebenso berühmt wie der variationsreiche Klang ihrer hohen Stimme.
5 Lotte Kallenbach, verh. Greller, erschien Ninon als Freundin zu exaltiert, doch sie bewunderte sie wegen ihrer Intelligenz und Konsequenz als Autorin: »Geistige und tonale Grundlagen der modernen Musik im Spiegel der Gegenwart und Vergangenheit«. Breitkopf & Härtel, Leipzig 1929.

Im Februar/März 1927 blieb Ninon in Zürich, um Hesse während seines schlechten Befindens beizustehen. Er erklärte ihr, keine neue Bindung mehr eingehen zu wollen, ihr lockeres Nebeneinanderleben werde sich somit nie ändern, wenn auch seine Frau, Ruth Hesse-Wenger, im März 1927 die Scheidungsklage eingereicht habe, die sie mit autobiographischen Textstellen aus seinen Büchern belegte. Das Gericht ließ diese Hinweise gelten: Die Gründe für die Ehescheidung, die durch ein Urteil des Zivilgerichts des Kantons Basel-Stadt vom 26. 4. 1927 erfolgte, habe nach Ansicht der Scheidungsrichter der Dichter in seinen Büchern »Kurgast« und »Nürnberger Reise« selbst geliefert, indem er sich als Eremiten, Sonderling und schlaflosen Psychopathen darstellte, mit dem ein Zusammenleben unzumutbar sei.

Als Ninon am 3. April nach Wien zurückfuhr, versprach sie Hesse, den Sommer in seiner Nähe zu verbringen; sie hoffte, seine depressive Verstimmung durch ihre Gegenwart abzumildern.

Wien, 4. April 1927 abends

Lieber! Ich bin gut gereist und die Lisl Löbl[1] hat mich richtig abgeholt und in der Pension hab ich das alte Zimmer und Blumen waren auch da und Fontana hat gerade angerufen als ich kam – es geht mir also gut, aber jetzt bin ich doch müde und traurig. [. . .] Ich bin so wütend über mich, dass ich mir den Spruch in Deinem Schlafzimmer[2] nicht abgeschrieben habe – ich denke fortwährend, wie er doch geht, aber ich weiß ihn nicht.

Mein kleiner Kaktus hat einen jungen Trieb bekommen – und überhaupt sind alle so fleissig und tüchtig ausser mir!

Ich danke Dir sehr, dass Du mich bis zuletzt begleitet hast. Ich danke Dir dafür! Ninon

I. Krügerstraße 5, Pension distingué

---

1 Elisabeth Löbl (1905-1996), eine mit Ninon befreundete Medizinerin, der Hermann Hesse 1938 – durch Vermittlung des nach England emigrierten Stefan Zweig – zum Exil in London verhalf, wo sie als Ärztin für Psychiatrie einen bedeutenden Ruf erlangte. Ihr regelmäßiger Briefwechsel mit Ninon Hesse befindet sich im Deutschen Literaturarchiv in Marbach/Neckar.

2 Hesse hatte einen Spruch von Dschelal ed-Din Rumi († 1273), dem Stifter des Ordens der tanzenden Derwische, Mewlewija, kunstvoll in gotischen Buchstaben abgeschrieben, mit einem aquarellierten Blätterkranz umgeben, gerahmt und wie eine Warntafel an die Wand seines Schlafzimmers, später – in der »Casa rossa« – seines Ateliers gehängt. Der Spruch lautete: »Wohl endet Tod des Lebens Not, / Doch schaudert Leben vor dem Tod. / So schaudert vor der Lieb ein Herz, / Als ob es sei vom Tod bedroht. / Denn wo die Lieb erwachet, stirbt / Das Ich, der dunkele Despot.«

Wien, 8. April 1927

Lieber,

[...] Wenn man längere Zeit fort war, hat man immer einen geschärften Blick für Menschen und Zustände, die man zurückgelassen hat [...]. Ach dieses Wien – wie ich diese Stadt hasse: In Zürich sehnte ich mich manchmal nach der Oper oder nach Konzerten – und heute wird die Johannes-Passion aufgeführt, aber ich gehe nicht einmal hin!
Gestern und heute träumte ich von Dir, jedesmal waren wir bei Leutholds[1] zusammen. [...]

1 Fritz Leuthold (1881-1954), Direktor und Mitglied des Verwaltungsrates der Grands Magasins Jelmoli F. A. in Zürich, war mit Hesse seit einer gemeinsamen Indienreise (1911) befreundet. Er und seine Frau Alice (1889-1957) hatten ihm u. a. auch die Winterwohnung am Züricher Schanzengraben Nr. 31 zur Verfügung gestellt. Hesse hat Leuthold das Gedicht »Media in vita« gewidmet. »Die Gedichte«, a.a.O., S. 459.

Wien, 11. April 1927

Lieber »H«,

[...] Ich schicke Dir die geliebte »Maria am Gestade«[1], ich adressiere nach Montagnola [...].
Aber sei dem Dr. Lang nicht böse! Er glaubt Du hättest ihn verlassen, Du hättest genug von ihm, und er will sich Dir nicht aufdrängen. Meine Worte vermochten nicht, ihn zu überzeugen,

dass er darin Unrecht hat. Und wenn er Dir auch zwei dumme Briefe geschrieben hat – es geht ihm doch furchtbar schlecht, wie soll er da seine Gedanken beisammen haben! Vielleicht hat er sich gerade noch gehalten, solange es der Karli² schlecht ging, und jetzt da es ihr besser geht, jetzt erst verliert er den Kopf, jetzt klappt er zusammen, jetzt ist die Entspannung da. Er tut mir so leid, und ich wünsche mir so, Du möchtest lieb zu ihm sein!
Heute habe ich Nachricht aus Czernowitz gehabt. Das Haus ist vorläufig nicht verkauft. Ich weiss noch nicht, ob ich hinfahren werde, wenn ja, dann erst in ca. 14 Tagen.
Gestern war ich zur Jause eingeladen und dann im Kino bei »Maschinist Uchtomski«, ein elender Sowjetfilm. Die Kritiken waren glänzend, und ich hatte mir soviel davon versprochen. Ich ahne manchmal, Du könntest recht haben mit Deiner Kinoverachtung. Aber ich erkläre mich noch nicht für besiegt. [...]
Wien ist so scheusslich! Windig, staubig, russig, man ist immer schmutzig! Und so entsetzlich viel Plakate! Deine Augen tun mir davon weh.
Ich denke viel an Dich.   Ninon

1 Maria am Gestade: Die gotische Kirche (zwischen 1330 und 1414 gebaut) mit dem siebeneckigen Turm und der bekrönenden Maßwerkhaube war Ninons liebstes Baudenkmal in Wien; sie versäumte bei keinem Wien-Aufenthalt einen Besuch dieser Kirche.
2 Karli Lang: Tochter des Psychotherapeuten Dr. Josef Bernhard Lang.

[undatiert]

Lieber!
[...] Ich habe Dir inzwischen einen langen Brief geschrieben und dann doch nicht abgesendet, jetzt bist Du also lange ohne Nachricht von mir gewesen. Ich habe keine sehr gute Zeit, ich bin masslos unzufrieden mit mir, und deshalb ist es besser, ich schreibe solange wenig, bis ich wieder etwas mehr beisammen bin. Das Aufgeben der Wissenschaft beschäftigt mich doch mehr, als ich dachte, es ist doch eine Art Bankrott, ich muss mit alle dem erst fertig werden.

Sei nicht böse. Ich kann mich nicht verstellen und Dir heiter schreiben, wenn ich gequält und zerrissen bin. Und ich möchte Dir doch nur liebe, heitere, glückliche Briefe schreiben.
Es ist so scheusslich einzusehen, dass man zu nichts taugt! Ach dass ich Dir doch sein könnte, was ich möchte!
Wie lieb warst Du, als Du mir am letzten Tag alles sagtest, wie Du es siehst. Und doch die Hoffnung nicht aufgabst, es könnte alles auch anders werden, nur jetzt, vorläufig, stelle es sich so dar.
Darüber denke ich jetzt viel nach. »Kann denn ein Mensch dem anderen auf Erden / Ganz wie er möchte, sein.«[1]
Ich habe eine solche Sehnsucht, das aufzuschreiben, was mich beschäftigt, ich habe es seit 1 ½ Jahren hie und da auch getan (aber die Kunstgeschichte liess mir keine Zeit dazu), aber Dir habe ich nichts erzählt, weil es mir vermessen erschien, zu Dir, dem Grossen, darüber zu sprechen. Ich versuchte ein wenig zu malen, das machte mir Spass, aber mit dem Schreiben ist es mir zu ernst, das ist ein Drang, ein Trieb, dem gehorche ich.
Das war schwer, das niederzuschreiben, aber jetzt ist es geschehn. Jetzt wirst Du diese Zeilen lesen, und ich bin froh, dass ich es Dir geschrieben habe. [...]

1 Anfangszeile des Gedichtes »Neue Liebe« von Eduard Mörike.

Wien, 13. April 1927

Lieber,
ich bin heute bei Heller in Deiner Ausstellung[1] gewesen, es sieht schön und frühlingshaft aus, und niemand würde einen Steppenwolf als Urheber dieser schönen, bunten Welt vermuten. Alle Deine Bücher haben sie dazu in Vitrinen ausgestellt, sogar den neuen Ponten mit Deinen Illustrationen.[2]
Der (sehr nette) Commis erzählte mir ungefragt allerlei von Dir, z. B. Du seist im Februar in Stuttgart gewesen, (er habe eine Karte von Dir mit diesem Poststempel!), und Du seist krank und fühltest Dich elend – das hat mich so tief getroffen, als hätte ich

es bisher nicht gewusst und als wäre Dein Unglücklichsein meine Schuld! [...]
Nun bist du also wieder in Montagnola, in der Einsamkeit. Ich wünsche, dass Du Dich leicht eingewöhnst und gutes Wetter hast und keine Schmerzen.
Den Simplizissimus[3] vom 4. April habe ich gelesen und mit ganzem Herzen miterlebt, was Du schriebst. Weil Du aus der Tiefe schreibst, packst Du die Menschen in ihrem Tiefsten!
Es ist hier windig, kalt, staubig, schmutzig! Ich hoffe nur, Du hast es schön! Voriges Jahr war ich bei Dir, vom 10.-15. April, ich denke jetzt immer daran. [...] Ninon

1 Dem Brief lag ein undatierter Zeitungsausschnitt aus der Wiener Tageszeitung »Die Stunde« (Kronos-Verlag) bei. Das Blatt schrieb zu dieser ersten Ausstellung von Hesses Aquarellen in der Wiener Galerie Heller unter der Überschrift »Hermann Hesse malt«: »Um diese Zeit wird der Dichter Hermann Hesse fünfzig Jahre alt. Der Dichter des ›Peter Camenzind‹, des ›Knulp‹, zuletzt aber des ›Siddhartha‹. Ein naturnaher alemannischer Mensch und Poet, den man sich gern am Bodensee, in dem stillen Gaienhofen zu Hause dachte, in seine geliebten Bücher vergraben. Im Krieg hatte er das Erlebnis der großen Schau, erkannte sich eins mit der gequälten zerrissenen Welt, mit jeglichem Ich und Du. Es drängte ihn nach dem wärmeren, freieren Süden, er ließ sich im Tessin, in dem kleinen Montagnola, fern von der großen Straße und den verkehrenden Fremden nieder – und siehe, die Farbe, das Licht dieses herrlichen Landes weckte den Maler in ihm, Maler auch in Linien und mit Pinseln. Ein Buch von 1920, ›Gedichte des Malers‹, gibt die beste Kunde davon, ein weiteres Bilderbuch ›Wanderung‹ die nächste, eine Ausstellung bei Heller, gestern eröffnet, spricht eine laute Sprache. Hesse malt unhandwerklich, aus dem Erlebnis, wie die Kinder bei Professor Cisek, wie der Zöllner Rousseau. Und doch läßt sich der Eindruck dieser südlichen Berge, des Sees, der bunten Häuser, der Gärten im Tessin nicht deutlicher festhalten. Welches auch seine Mittel seien, dies ist ein Künstler, ein Gestalter, einer, dessen ärmliche Wasserfarben mit der reichsten Natur wetteifern und Gesichte, Erlebtes, Geschautes zwingend nachbilden. Die große Liebe, die dem Dichter Hesse gilt, sie wird, darf sich nun auch dem Maler entgegenstrecken. Er ist, was er sein muß, schlicht und ganz. P. Stf.«
2 Da Josef Pontens Bändchen »Die Luganesische Landschaft« (Deutsche Verlagsanstalt, Stuttgart 1926) Illustrationen von Hermann Hesse enthielt, wurde es mit ausgestellt.
3 Der »Simplizissimus« vom 4. April enthält Hesses Artikel »Schlafloser

Gast im Hotelzimmer«; 32. Jg. 1927/28, Heft 1, S. 2. Unter dem Titel »Unzufriedene Gedanken« in: »Die Kunst des Müßiggangs«, a.a.O., S. 239.

Wien, 4. Mai 1927

Lieber – Liebster,
endlich schreibe ich Dir. [...] Ich bin jetzt sehr gehetzt, denn am Sonntag, dem 8. Mai, reise ich nach Czernowitz, und seit Montag wohnt meine Freundin Liese Wiltschek bei mir, und mit Besorgungen vor der Abreise und Wohnung und Ordnungmachen habe ich furchtbar viel zu tun.
Ich danke Dir für Dein liebes, schönes Geschenk. Ich weiss noch nicht, welches Bild ich wähle, denn es sind fast alle »am schönsten« – ich glaube, ich nehme eins von Montagnola.
Als Du so lange nicht schriebst, hatte ich Angst, dass Du krank bist – Lieber, Lieber, Du bist so weit weg, es ist so traurig, nichts von Dir zu wissen!
Du musst Dich vor den rumänischen Postverhältnissen nicht fürchten – man sagt mir allgemein, es sei nicht mehr nötig, die Briefe zu rekommandieren, sie kämen auch so an. Ich werde bei meiner Freundin wohnen, bei Frau Johanna Gold. [...] 26 Stunden dauert die Reise, ein wenig graust mir davor, denn es sind <u>sechs</u> Revisionen zu überstehen, eine österreichische, zwei tschechische, (Ein- und Ausreise), zwei polnische, eine rumänische. Ich bleibe zehn Tage dort, wenn nicht länger, man kann das nicht im voraus wissen.
Ich war ganz erstaunt, dass Du nach Zürich fährst, und traurig, dass es Dir schlecht ging und dass Dich Arbeiter stören.
Gestern sah ich nach drei Jahren zum ersten Mal eine Freundin (Mizzi) wieder, die mit ihren zwei Kindern für sechs Wochen nach Wien kam. Der Bub ist drei Jahre alt, und das Mäderl ist noch ein Baby, und beide sind sehr süss und herzig, und ich sehnte mich schrecklich danach, ein Kind von Dir zu haben. [...]   Deine Ninon

Wien, 7. Mai 1927
[...] Lieber, jetzt fahre ich also nach Hause. Nein, ich habe kein Zuhause. Denn auch in meiner Wiener Wohnung fühle ich mich oft nur wie ein Gast. Ich will dort sein, wo Du bist!
Deine Ninon

Am 8. Mai fuhr Ninon von Wien nach Czernowitz, um ihr Elternhaus zu verkaufen. Nach 50 Stunden Bahnfahrt und sieben Grenzkontrollen schrieb sie an Hesse:

Czernowitz, 10. Mai 1927
Gestern bin ich angekommen, eigentlich doch sehr müde und ziemlich traurig. [...]
Abends las ich dann die Mai-»Rundschau« und war wieder erschüttert von dem Stück Tagebuch[1] von Dir. Und schlief mit dem Gedanken an Dich ein und erwachte ebenso.
Am Vormittag ging ich ein wenig aus und freute mich über die vielen hübschen Frauen und Mädchen und die schönen Bauerntrachten. Es ist heute irgendein rumänischer Nationalfeiertag, und die Stadt ist voller Fahnen, Militärmusik, Bauern. Es ist natürlich vieles anders als in meiner Kinderzeit. Neue Häuser, Strassenzüge, Läden. Auch der Volksgarten ist verändert, manche Alleen sind noch düsterer geworden, weil die Bäume wuchsen, viele alte Bäume haben sie abgehauen, und man sieht freie Rasenplätze an ihrer Stelle. Aber im Ganzen ist es doch wie damals, und ich sehe mich in den Kleidern von einst, mit Schulbüchern, Schlittschuhen, Racket durch diese und jene Strassen gehen und sehe unaufhörlich Bilder von ehemals, als wäre es ein Film, der vor meinen Augen abrollt.
Bei meiner Freundin ist es so schön, so gepflegt, so still. Ich [...] bin froh, in dieser schönen schönen Häuslichkeit zu sein. Aber ich habe doch immer eine leise Angst vor meiner Freundin wegen ihrer Vortrefflichkeit, von der ich so furchtbar weit entfernt bin. Und ich glaube, sie ist sehr unzufrieden mit mir. Ich wünschte, sie wäre lieb mit mir!

Am liebsten möchte ich Dich fragen, ob Du mich lieb hast, aber dann lachst Du mich aus! [...]   Deine Ninon

1 »Ein Stück Tagebuch«. GW 10. Bd., S. 53.

Czernowitz, 16. Mai 1927
Lieber,
[...] Ich hätte morgen von hier abreisen sollen, Sonntag ist aber ein neuer Käufer aufgetaucht, und ich bleibe jetzt noch ein paar Tage.
Ich habe viel Verdruss, aber nur geschäftlichen, schwankte bis heute, ob ich das Haus verkaufen oder behalten soll. Ich habe mich nun ziemlich gründlich informiert, bei Juristen, Hausbesitzern, Geschäftsleuten, habe gerechnet und kalkuliert! Es ist doch besser, es zu verkaufen. Wenn das glückt, könnte ich Mittwoch oder Donnerstag abreisen. Dann bleibe ich vier Tage in Krakau (ein Tag davon gehört Wieliczka), und wäre dann etwa Dienstag, den 24. Mai, in Wien. Dann habe ich sicher 14 Tage mit dem Zahnarzt und dem Vermieten der Wohnung zu tun, sagen wir lieber drei Wochen. Um den 10. Juni könnte ich dann nach Montagnola kommen. Ich sehne mich so nach Dir! Ich freue mich so auf Dich! [...]
Hier in Cz. sind so merkwürdige Menschen, viel merkwürdiger als in Wien oder Berlin, die Provinz ist ein guter Nährboden für Originale.
Unser Garten (ein winziges Gärtchen) ist sehr verwildert, ich ging heute lange darin auf und ab, während ich einen Baumeister erwartete, mit dem ich Reparaturen besprechen wollte. Und da empfand ich wieder so stark das Wunder, dass Du, von dem ich als 14jähriges Mädchen träumte, Du, den ich immer geliebt, geahnt, ersehnt hatte, nun wirklich in meinem Leben bist, wie ich in Deinem, dass Du mich erwartest, mir schreibst, mich liebst, und dass ich bald bei Dir sein werde. Hier zwischen der Laube und dem einen Nussbaum hing die Hängematte, hier sass ich und las Deine Bücher und träumte von Dir. Wie warst Du un-

wirklich, wie ferne! Und nun kenne ich Dich und bin so glücklich in meiner, in Deiner Liebe! [...]

Wien, Sonntag
Lieber Hermann!
Nun muß ich einmal referieren, was ich an Post von Dir seit dem 8. Mai erhalten habe: Zwei Karten aus Baden, eine aus Bern, einen Brief aus Zürich, eine Karte und zwei Briefe aus Montagnola.[1] Ich habe nicht den Eindruck, das etwas verloren gegangen ist, ich habe einiges nur verspätet erhalten.
Dass es Dir so furchtbar schlecht geht, betrübt mich sehr, und auch, was Du über Langs und Balls schreibst.
Ich war vorgestern in der Oper bei »Palestrina«[2] und habe so innig und stark an Dich gedacht, und mir wurde ganz schwindlig vor Glück, als ich dachte, dass ich zu Dir gehe. Dieser Tieftraurige, Einsame, Schaffens-Unfrohe warst Du, und als die toten Meister ihm erschienen, war es mir, als sähe ich Dich mit den »Unsterblichen« im Gespräch. Engel sangen, als er seine Messe schrieb, seine tote Geliebte war wieder bei ihm, und alles das war mir wie eine Ahnung Deines grossen Wesens.
Im 2. Akt kommt er gar nicht vor, das ist nur ein Ausschnitt aus dem tridentinischen Konzil, eine wunderschöne Stelle: wie der Patriarch von Abessinien, ein weisshaariger Greis, ganz in allerhöchsten Tönen von seiner Freude singt, dass die gesamte Christenheit hier versammelt ist zu gutem, gerechtem Tun, zu christlichen Beschlüssen. Diese Stimme des Ahnungslosen inmitten der Intriguen zwischen Kaiser, Papst und Staatsmännern hat etwas Erschütterndes.
Und das ist so schön (im 3. Akt), wie Ighino, der 14jährige Sohn Palestrinas, ihm, dem Genesenen erzählt, was inzwischen mit ihm geschehen war, wie sie ihn griffen und banden, gefangennahmen (er hatte sich geweigert, die Messe zu schreiben), und Ighino singt »... nicht hab ich die Welt verstanden, wo solches geschehen mag« – dieses zitternde, fragende Entsetzen; ein hoher Sopran singt diese Rolle.

Zuletzt blieb Palestrina allein. Er hat den Ruhm genossen, der Papst selbst ist zu ihm gekommen, Ighino jauchzt, nie, nie würde er ihn verlassen. Sie umarmen sich – da ertönt draussen Musik, Ighino horcht – und läuft hinaus. Palestrina blickt ihm lächelnd nach und bleibt allein. Er geht zur Orgel, spielt leise und der Vorhang fällt. –
Das tut mir leid, daß Du glaubst, mit mir immer reden zu müssen. Für mich ist es wunderbar, mit Dir zu schweigen! Dass Du bist, dass es Dich gibt, ist für mich immer wieder so unfaßbar und so beglückend, und im Schweigen spür' ich oft besser einen Hauch Deines Wesens!
Nun habe ich Dir noch gar nicht für den »Steppenwolf«[3] gedankt. Er war das Allererste, was ich bei meiner Rückkehr aus Krakau zuhause fand, der Portier gab ihn mir, noch bevor ich meine Wohnung betrat. Ich danke Dir sehr! [...]
Ich wünsche Dir von ganzem Herzen, dass es Dir besser, dass es Dir gut geht. Lieber, lieber Steppenwolf! Alle meine Gedanken sind bei Dir!

Ninon

Ich überlese diesen Brief, er ist so arm, er sagt so nichts von meinem glühenden Herzen, »danke« sagt er für den »Steppenwolf«, und Du weisst nicht, <u>wie</u> ich Dir danke! Ach fühle es, ahne es doch, wie innig ich Dir Gutes wünsche! Deine Ninon

1 Zu Hesses frühen Briefen an Ninon: Anm. 1 zu ihrem Brief vom 2. August 1912.
2 Hans Pfitzner (1869-1941), »Palestrina«. Musikalische Legende in drei Aufzügen (1917). Ninon war ergriffen, weil es hier – abweichend von den historischen Geschehnissen beim Tridentiner Konzil (1515-1563) und der dort von Palestrina vorgeschlagenen Reform der Kirchenmusik – um ein Bekenntnis zur verpflichtenden Sendung des Künstlers geht, um seine intuitive Begnadung und sein Versagen bei befohlenem Schaffen-Müssen, kurz: um das Mysterium des Schöpferischen.
3 »Der Steppenwolf«, Erzählung. Verlag S. Fischer, Berlin 1927. GWiE, GW 7. Bd., S. 181-413. Neben dem schonungslosen Selbstbekenntnis aus »der Krise im Leben eines Mannes um das 50. Jahr« enthält das Buch eine

heftige Anklage gegen das eigene Zeitalter. Der eingeblendete »Tractat vom Steppenwolf« analysiert schonungslos die Doppelnatur des Menschen zwischen Trieb und Geist. In der Metapher des unbehaust herumschweifenden Wolfes, eines sardonisch hassenden Menschentieres, das die Stätten der Seßhaften meidet und sie dennoch sehnsuchtsvoll umkreist, hat Hesse ein Selbstbild vermittelt, das nur *eine* seiner Entwicklungsstufen kennzeichnet, das jedoch in seiner Einprägsamkeit die Hesse-Rezeption maßgeblich bestimmt hat. Das Stereotyp »Hesse, der einsame Steppenwolf« haftete in den Köpfen seiner Leser, obwohl Hesse später darauf hinwies (Vorwort von 1942), daß er der Leidenswelt des Steppenwolfes eine positive heitere Glaubenswelt gegenübergestellt habe: Mozart und die Unsterblichen, evoziert im »magischen Theater«, und daß diese Glaubenswelt leider oft übersehen werde.

Wien, 27. Mai 1927, Pfingstsonntag

Lieber!

Ich lese alle Tage im »Steppenwolf«, und immer wieder bin ich hingerissen! Es ist alles drin, ein Reichtum, eine Fülle, eine Tiefe erschliesst sich, davor man bange steht, die Zwiespältig-, Vielspältigkeit des Steppenwolfs ist darum so ergreifend, weil das ausgesprochen, gestaltet ist, was auch wir spüren, und dieses »Das bist du« sieht uns zwischen den Zeilen an, das ist es, was uns bange werden lässt. Das ist nicht mehr Erzählen, das ist ein Ergreifen, und wen Du ergriffen hast, den kannst Du nicht mehr verlieren! Aber wie alle Gestalten Harry sind, so ergreifst Du auch den Leser in vielen Gestalten: Der Denker spricht und der Weise, der Ironische, der Lyriker, der Neurastheniker und der Bürger. Es gibt Sätze, die ich rein sprachlich lese, fast ohne sie zu erfassen – wie Melodien klingen sie mir – und dann wieder vergesse ich Roman, Kritik, Einheit und bin ganz dem Augenblick hingegeben, der geschildert ist. Eine solche Stelle ist der Gang des Steppenwolfes durch die nassen Strassen, wie er über dem Portal auf der alten Mauer die flackernden Buchstaben sieht – das Aufleuchten der goldenen Spur; dann die Stunde auf dem Hügel, im Frühling und die Begegnung mit der Rosa Kreisler und wie alles noch einmal kommt, anders, besser als damals.

Das lese ich immer wieder! Und den Goethe-Traum. Und wie Harry auf der Treppe sitzt und die Aurakarie betrachtet. Manches lese ich, als wäre es ein Gedicht, und manches macht mir Herzklopfen, da ich es begreife. Das ist es, was ich mit den Worten bezeichnete »es ist alles darin« – dass man dieses Buch gar nicht auf einmal erfassen kann, nur langsam eine Sache nach der anderen. Manchmal schliesse ich es und bin beglückt, als hätte ich ein traumschönes Gedicht gelesen; manchmal denke ich über Dinge nach, die darinstehn, als wäre es nur gedacht, nicht gedichtet, als handele es sich nur um Probleme, nicht um Schicksal.
Und dann bewundere ich wieder ganz naiv: Wie kann man das alles so aussprechen? Nichts beschönigen, verschweigen, schönfärben? Wie nackt steht dieser Harry vor uns, ecce homo!
Was für einen Weg bis Du gegangen, vom Camenzind zum Harry Haller! »– – wisch ich mir Staub und Blut vom Angesicht / Und weiss nur: diesen Weg muss ich vollenden – –«[1] oh, was für ein schwerer Weg muss das gewesen sein!
Gestern hab ich mir Dein Aquarell von Heller abgeholt (Montagnola von Süden), es ist wunderschön, und ich danke Dir noch einmal innig dafür. [...]
P. S. Gestern habe ich mein Tagebuch wiedergelesen, vom 14. bis zum 17. Jahr, da kommst immer wieder Du vor!

1 Zeile aus dem »Krisis«-Gedicht »An den indischen Dichter Bhartrihari«. In: »Die Gedichte«, a.a.O., S. 554.

Anfang Juni 1927 traf Ninon in Montagnola ein, um dort den Sommer zu verbringen. Hesse, der seit Ende April 1927 geschieden war, hatte ihr in der Casa Camuzzi eine möblierte Unterkunft besorgt. Der Versuch eines »getrennten Zusammenlebens« ließ sich durch die Anordnung ihrer beider Wohnungen leicht ermöglichen:
Ninons Räume lagen parterre im linken Seitenflügel, Hesses Sommerdomizil im Obergeschoß des rechten Seitenflügels. Von

Die Casa Camuzzi, von der Gartenseite, von »Klingsors Zaubergarten« her gesehen. Hesses Mietwohnung mit dem »Klingsor-Balkon« lag im oberen Stockwerk rechts, Ninons möblierte Räume lagen im Erdgeschoß des linken Flügels

der Steinbalustrade ihrer vom Park her offen zugänglichen Terrasse konnte sie zu Hesses »Klingsor-Balkon« hinaufsehen. Durch Zuruf oder durch kleine Zettel verständigte man sich auf Zeiten des Alleinseins oder der gemeinsamen Unternehmungen. Diese bald eingespielte »Fern-Nähe« behinderte Hesse nicht bei seiner Arbeit, Ninon hingegen respektierte die Notwendigkeit, »nicht da zu sein, wenn der andere einen nicht braucht«, was ihr angesichts der dumpfen und feuchten Räume (»von November bis März dürften sie tödlich sein«, schrieb sie Dolbin am 26. Juni) und der belastenden Schwüle des Tessiner Sommers nicht immer leicht fiel. Die Abende verbrachten sie meist zusammen. In diesen Monaten begann die Gepflogenheit, daß Ninon täglich mehrere Stunden vorlas; wegen seines schmerzhaften Augenleidens empfand Hesse diesen Liebesdienst als unentbehrliche Wohltat. Ab 1929 trug Ninon die Titel der gemeinsam gele-

senen Bücher in ein Notizbuch ein: in manchem Jahr waren es über hundert, zeitlebens 1447 Werke.
Im Herbst 1927 entschloß sich Ninon zur endgültigen Übersiedlung in die Schweiz, da sich Hesses Stimmungstief während ihrer Anwesenheit abgeflacht hatte und es ihm sichtlich wohltat, von ihr umsorgt zu werden. Sie fuhr im September 1927 nach Wien, um ihre Wohnung aufzulösen.

Wien, 25. September 1927

Liebster –
oh wie weit fort bin ich von Dir! Nicht, weil ich 25 Stunden lang gereist bin, aber hier, in meiner Wohnung sitze ich nun, und es ist mir, als wären Jahre vergangen, seit ich bei Dir gewesen bin. Ich sah Dein Bild an – und einen Augenblick lang war es mir ganz fremd! Du warst wieder der ferne Gott und ich das sehnsüchtige Mädchen. Ich sitze im Speisezimmer und lese den »Tag«, wundere mich, dass es Menschen gibt, die das alles täglich zum Frühstück schlucken – oh wie vergessen hatte ich im Moment meine Zeitungsausflüge nach Lugano! [...]
Um fünf Uhr kam die Dame, die die Wohnung gekauft hat, eine entzückende – wie sag ich's nur – ein kleines Luder, aber reizend! Ich versprach ihr, die Wohnung am 4. Oktober zu übergeben.
Nun habe ich viel zu tun, das Ärgste ist der Kampf mit dem Hausverwalter. [...] Ich fühle mich gut und frisch und tapfer und freue mich direkt auf all die Arbeit, die mir bevorsteht!
Ich danke dir für das schöne Manuskriptchen. Ich habe es gelesen und buchstabiert und mich daran gefreut.
Was machst Du wohl, Lieber! Ich wünsche Dir eine gute, schöne Zeit!
Deine Ninon

Wien, 3. Oktober 1927

Liebster, ich schreibe in Hast und Unordnung, aber ich möchte nicht, dass Du ganz ohne Nachricht bist. Die ganze Woche hat Dr. Menczel (der Advokat) mit dem Hausverwalter Katz und

Maus gespielt, noch immer ist nichts entschieden. Hoffentlich in den nächsten Tagen! Ich komme viel mit Leuten zusammen, aber es ist meist sehr unerquicklich – alle sind so deprimiert und geduckt und sorgenvoll und hoffnungslos – sie haben ja auch allen Grund dazu, aber ich sehe doch immer den Grund in ihnen selbst liegen! Ich tröste rechts und tröste links, d. h. ich höre alles an und sage etwas dazu, und alle beneiden mich immer masslos, wie gut ich es doch habe! Dabei kann ich Dir versichern, dass diese Leute an meiner Stelle viel mehr jammern würden, als sie es jetzt tun! Wie ich jetzt z. B. spazierengehe, die Wohnung halb ausgeräumt, für die Packer vorbereitet, nicht weiss ob sie in drei Tagen noch mein ist – und wenn sie mein bleibt, krieg ich doch eben keine 6 500 Schilling und kriege sie nie mehr – denn wenn der Verwalter jetzt nicht zustimmt, stimmt er nie mehr zu – aber wie strahlend vergnügt ich da herumgehe, das machen sie mir alle nicht nach.

Vorgestern Nachmittag ging ich über die Ringstrasse, da fiel mir eine Geschichte ein – »Der Karikaturist übersiedelt«[1], nannte ich sie vorläufig, und über ein paar Sätze musste ich selbst lachen – dann stürzte ich in eine Trafik und kaufte Papier, und dann stürmte ich in ein (ekelhaftes) Café nebenan und schrieb sie schnell nieder, wie diktiert! Ich weiss nicht, ob sie gut ist, <u>ich</u> habe jedenfalls darüber gelacht, ich schicke sie jetzt meinem Mann, er muss sie illustrieren. [. . .]

Denke Dir, ich kann nicht mehr im Kaffeehaus sitzen, ich bin so froh darüber. »Kann nicht« ist übertrieben, ich kann schon eine halbe bis eine Stunde Zeitungen lesen, aber nicht mehr zwei bis drei Stunden zum Vergnügen dort sitzen und mit Bekannten plaudern. Ach, Gott erhalte mich in diesem Zustand! Ich schicke Dir zwei Schiele-Akte, je nach der Schwere, die der Brief noch aushält.

Dass der schöne Judasbaum nicht mehr ist, tut mir so leid, und ich verstehe, wie traurig das für Dich ist. Dein Briefchen war so lieb – Du hast mir etwas so Schönes geschrieben, von meinem Fortsein – das lese ich so ungefähr dreimal täglich. [. . .]

Abends sehne ich mich immer nach unsern Leseabenden und

denke, was Du wohl machst. Heute träumte ich, dass ich von meinem Zimmer zu Dir hinübersah, Du sassest am Schreibtisch, standest auf, um eine Cigarre zu holen, schriebst weiter, ich sah aber gar nicht lange hin, weil ich ja eh zu Dir hinüberging. Später erschien Hindenburg in Überlebensgrösse und fragte, ob ich etwas wünsche. »Ich will Sie nur ansehn«, sagte ich, und er schritt lächelnd an mir vorbei. Er hatte schöne blaue Augen. Lebe wohl, Lieber! Ich küsse Dich auf die Augen

Deine Ninon

1 Zu »Der Karikaturist übersiedelt« und der Reaktion des gekränkten Dolbin, der in dieser Glosse statt der zugesagten Hilfe nur die Möbelpacker zeichnet: Kleine, st 1384, S. 231 ff.

Kunstpostkarte: Bastiano Mainardi, Maria mit Christus, Johannes und zwei Engeln (Fürstlich Liechtensteinsche Gemäldegalerie, Wien).

Wien, 9. Oktober 1927

L.H. Danke vielmals für Dein Briefchen und die guten Wünsche! Gewiss haben sie geholfen, endlich, endlich ist eine Einigung zustandegekommen. Morgen kommen die Packer. Gestern war hier ein Erdbeben, der Boden wankte unter meinen Füssen, sekundenlang war es wie auf einem Schiff. Es war prachtvoll! Heute geh ich zur Zauberflöte, ich Glückliche! Und Mittwoch ist der Abtransport der Sachen. Eine Riesenarbeit liegt noch vor mir. Ich wünsche Dir Gutes und grüsse Dich. N.

1 Hesses Brief vom 5. Oktober 1927 aus dem Verenahof in Baden trägt ein von seiner Hand gemaltes Aquarell über dem Text: »Möchte es doch mit Deiner Wiener Sache glücken. Es betrübt mich, daß Du auf Hindernisse stößt.«

Wien, 14. Oktober 1927

Liebster!

Nun hab ich Deine beiden Karten und bin ganz bestürzt, Lieber, Lieber – dass es Dir so schlecht geht![1] Ich weiss nicht mehr, was ich Dir schrieb, ich hoffe, dass ich Dir nicht wehgetan habe.

Meine Sache ist endlich erledigt – ich habe ziemlich unangenehme Tage gehabt, viele Nächte schlecht geschlafen. Am Mittwoch früh wurde alles weggeführt, am Mittwoch habe ich meine Wohnung für immer verlassen. Ich habe mir dann ein Zimmer gesucht, todmüde wie ich war und ziemlich schwer eins bekommen, IX. Bezirk, Garnisongasse 3, aber erst ab morgen, drei Tage musste ich provisorisch woanders wohnen und sogar in diesen drei Tagen von einem Zimmer ins andre übersiedeln. Der Hausverwalter, der am Freitag abend nachgegeben hatte und bereit war, sich mit 1500 Schilling abfinden zu lassen, verlangte <u>im letzten Moment</u>, die Packer waren schon da, 2 500. Es gelang dem Agenten, ihn mit 2000 zufriedenzustellen. Aber viel bleibt mir nach Abzug der Übersiedlungskosten, Agenturspesen, Geschenke nicht, ca. 3900 Schilling (ungefähr 2800 Francs). Aber ich bin so froh, dass das nun vorüber ist! [...]

Im Süden wäre ich gern mit Dir, und ich würde mir Mühe geben, alles gut für Dich einzurichten. Ich denke in Liebe an Dich und wünsche sehnlichst, Dir helfen zu können. Wenn ich wüsste, dass Dir meine Gegenwart hilft, ich liesse jetzt die Injektion[2] und käme gleich zu dir. Zähl auf mich, ich bitte Dich darum.

Ich küsse Dich auf die Augen und streiche Dich, mein Lieber, Lieber und wünsche, Du wärest mein Kind und ich könnte Dich vor aller Qual und vor Schmerz bewahren! Ninon

1 Hesse klagte in Briefen an Ninon während seiner Badener Kur mehrfach über seinen Gesundheitszustand – über Gichtschmerzen und Magen- und Darmstörungen; so schrieb er ihr am 11. Oktober 1927: »Ach, einmal einen Tag keine Schmerzen und etwas Freude am Dasein haben zu können. [...] Denke im Guten an mich, ich bin in der Hölle!«
2 Ninon erhielt Injektionen gegen Venenbeschwerden.

Wien, 20. Oktober 1927

Liebster,

die erste Injektion ist vorüber, ich habe mich schändlich benommen, geheult wie ein Hündchen – und es hat auch wehgetan, aber doch nicht so sehr wie ich heulte! [...]

Über Deine Januar-Reise[1] sprechen wir noch, wenn es nur irgendwie geht, begleite ich Dich, vielleicht kann ich Dir doch ein wenig Erleichterung schaffen. Ich habe viel mit Anschaffungen zu tun und gestern kam eine telegraphisch dringende Einladung vom geliebten Onkel Bernhard Unger. Ich fahre aber nicht hin, ich freue mich darauf, wenn ich hier fertig werde, wieder zu schreiben, jetzt bin ich so unruhig und komme gar nicht dazu.

Dass es Dir nicht gut geht, betrübt mich sehr! Ich wünsche inständigst, dass diese böse Zeit vorübergehe, und ich wünsche Dir schöne glückliche Tage, Lieber, Lieber! Wenn doch Deine Schmerzen aufhörten – oh was könnte ich nur für Dich tun, um Dir zu helfen! [...]

1 Hesse plante einen Skiurlaub.

Wien, 29. Oktober 1927

Lieber!

[...] Ich bin froh, dass ich Dir meine Befürchtungen wegen des Beins nicht geschrieben habe! Mir schien das Ganze misslungen, und ich war [ein] paar Tage traurig, weil ich dachte, jetzt wird es noch wochenlang dauern und wehtun. Aber als ich Donnerstag zum dritten Mal zum Arzt kam, war er entzückt über den Verlauf und über die Reaktion, und vielleicht bekomme ich gar keine Injektion mehr. Seit drei Tagen trage ich die Gummibinde nicht mehr – nichts, gar nichts! Ich habe zwei schöne Beine statt einem, denke Dir, und strahle! Am liebsten möchte ich mir alle Kleider kürzen und 12 Paar Seidenstrümpfe kaufen, um die »neuen« Beine würdig zu bekleiden – aber die Vernunft wird mir ja hoffentlich bald zurückkehren. Aber nicht wahr, Du kannst das begreifen, wie mir zumute ist?[1] [...]

Wenn ich Dir den Tag meiner Ankunft in Z. noch melde, so fasse es also bitte nicht als eine Aufforderung an Dich auf, zu meiner Verfügung zu stehen, sondern nur als eine Mitteilung, die Dich über meine Pläne orientiert.
Mein Lieber, lebe wohl! Wie würde Homer mich wohl nennen – die »beinfrohe« Ninon?

1 Hesses Antwort vom 2. November 1927 war deprimierend: »Deine Annahme, daß ich mich in Deine Gefühle würde hineindenken können, ist doch ein Irrtum. Mich in einen Menschen mit gesunden Beinen, gesunden Händen, gesunden Augen, gesundem Darm hineinzudenken oder mir vorzustellen, wie es wäre, eine Stunde lang oder gar einenTag lang ohne Schmerzen zu sein, das ist mir vollkommen unmöglich.«

Wien, 6. November 1927
Liebster, Dein Brief mit der Einlage von Schall[1] hat sich mit meinem gekreuzt, und inzwischen bekam ich noch Deine Karte.
Ich verstehe es gut, dass Du Schalls Brief nicht verdauen konntest, so gut er es meinte. Er hat natürlich völlig unrecht.
Ich bin nicht »edel«, und ich bringe Dir kein Opfer. Und wenn Du aufschreist vor Entsetzen, dass Dir Opfer gebracht werden, so schreie ich auf bei dem Gedanken: Dankbarkeit, die Du mir schulden solltest.
Es ist alles Liebe. Und sobald es anders wäre, wäre es zuende.
Wie kannst Du es als Opfer ansehn, dass ich nach Zürich komme, trotzdem mir diese Stadt nicht besonders wichtig ist? Ist es nicht die Stadt, in der Du lebst? Und wie gleichgültig ist daneben, ob das Zürich, Paris oder Linz ist!
Wie wir »möglichst parallel« nebeneinander leben wollen, ohne einander zu stören, haben wir ja genau besprochen. Mag manches davon für den Zuschauer wie ein Opfer von mir aussehen – für mich wandelt sich alles, was ich Deinetwegen tue, in Liebe um.
Du hast mir oft gedankt, für vieles, und auch das hab ich als Liebe genommen. Aber wenn einmal nichts anders zurückbliebe als »Opfer« und »Dank« – das könnte ich nicht ertragen.

Hab ich das klar ausgedrückt? Es könnte manchmal etwas aussehen wie »Opfer« (für den Dritten) und ist doch keins, weil es aus Stärke geschieht, nicht aus Schwäche, aus Überfülle von Liebe entsteht. Und wenn ich Dir sage: Ich danke Dir – so ist auch das ein Überfliessen von Liebe, ist keine Dankbarkeit.

Mein geliebter, mein lieber, lieber Hermann! Ach könnte ich Dir Gutes tun, Dich von Deinen Schmerzen befreien, Dir helfen! Ich reise erst Sonntag, den 13., abends ab und bin Montagmittag in Zürich. Dann werde ich einige Tage entweder bei einer Cousine wohnen oder in einem Hotel, bis ich etwas Passendes gefunden habe. Ich schreibe Dir noch.

Viele, viele Grüsse !   Ninon

1 Franz Schall, der scherzhaft »Cicero aus Altenburg« (s. S. 109, 112) genannte Jugendfreund Hesses, hatte ihm dringend abgeraten, Ninons »Opfer« anzunehmen. Hesse selbst warnte Ninon aus Baden vor seinem Alter und seiner Krankheit: drei Wochen liege er nun »fast die ganze Zeit im Bett, und fast die Hälfte dieser Zeit in Wickeln oder Wärmekissen [...] Die Verdauung ist noch schwankend, die Schwäche noch groß«. Er hatte Ninon am 30. Oktober 1927 Schalls Brief weitergeschickt, der eine »Heiligenlegende« über sie enthalte, und ihr dazu geschrieben: »Ich habe diesen Brief nicht verdauen können, noch schlechter als die Schleimsuppen. [...] So lieb mir Deine Nähe ist, so wäre es mir doch lieber, vollends allein kaputt zu gehen als mit dem Gefühl zu leben, daß Du meinetwegen beständig Opfer bringst. [...] Ich bin kein Mann mehr, mit dem eine Frau Staat machen kann. [...] Was mir bei dem ewigen ermattenden Kampf um das bißchen ›Gesundheit‹ und Lebenskraft noch bleibt, brauche ich für meine Dichtung. [...]. Lebe wohl, Ninon, ich wünsche Dir Gutes. Dein H.« Trotz der Abweisung empfand Ninon Hesses Briefe als Notruf, als unausgesprochene Bitte um noch mehr Zuwendung. Sie reiste nach Zürich und blieb von nun an in seiner Nähe.

Hermann Hesse und Ninon Dolbin
im Januar 1928 in Arosa

1928

Ninon begleitete Hesse am 4. Januar 1928 zu einem sechswöchigen Aufenthalt nach Arosa/Graubünden. Ein Feuilleton Hesses bringt unter verschiedenen Titeln eine Reminiszenz an den ersten gemeinsamen Winterurlaub. »Ins Gebirge verirrt«, in: »Vossische Zeitung vom 26. Januar 1929 und »National Zeitung«, Basel, vom 14. Februar 1929. »Arosa als Erlebnis«, in: »Kleine Freuden«, a. a. O., S. 282. Ninon schrieb am 16. Februar 1928 aus Arosa an Dolbin, daß Hesses Reise ohne sie nicht zustande gekommen wäre: »Ich will nur sagen, dass er elf Jahre (!) nicht mehr im Gebirge war, weil er wusste, er könnte Packen,

Reisen, Hotelleben nicht ertragen. Und siehe da – mit mir ging alles! Aber er sagt es immer wieder, ohne mich hielte er es keine Stunde hier aus!«
Am 8. März 1928 fuhr Ninon mit Hesse in seine schwäbische Heimat, wo er sie seiner Familie als seine »Sekretärin« vorstellte. Sie besuchten Blaubeuren, Ulm, Stuttgart, Ludwigsburg, Göppingen, Calw, Heilbronn, Maulbronn, Würzburg, und nach einer Lesung Hesses am 24. März in Weimar begleitete Ninon ihn auf seinen Wunsch hin bis Berlin. Sie trafen am 28. März am Anhalter Bahnhof in Berlin ein, wo Ninon einen Zug nach Amsterdam bestieg, eine Zwischenstation auf ihrer Reise nach Paris. Sie brauchte von Zeit zu Zeit das Alleinsein. In Hesses übermächtiger Gegenwart war sie stets bereit, sich mit allen Spielarten ihres Wesens auf ihn einzustellen, denn sie spürte, wie er sie jeweils anforderte, ob in mütterlicher Besorgnis, in partnerschaftlicher Hilfsbereitschaft, in koboldhafter Munterkeit oder im sachlichen Ernst einer geistigen Gefährtin. Doch ab und zu mußte sie sich zur Bewahrung ihrer Eigenständigkeit seinem Bannkreis durch räumliche Entfernung entziehen.

Kunstpostkarte aus dem Rijksmuseum: Jan van Scorel, Marie-Madeleine

Amsterdam, 3. April 1928
Guten Morgen Lieber,
oh hättest du so herrlich geschlafen wie ich, trotz wahnsinnigem Lärm, Hupen und Tuten und Heulen, denn ich wohne ja im Centrum. Ich schicke Dir ein geliebtes Bild, das ich überraschenderweise hier fand. Nicht wahr, wunderschön? Die ist nicht reuig, das ist die trotzige Magdalena! Nun fahre ich nach Haarlem, das ist seit meinem 15. Jahr mein Traum! Ist mein Traum-Haarlem am Ende doch schöner als das wirkliche? Leb wohl, mein Liebster! Ich wünsche Dir Gutes und Schönes!   Deine Ninon

Im Zug Amsterdam-Paris, 4. April 1928
Liebster, nun also verlasse ich Amsterdam und in ein paar Stunden Holland; Fred hat mir am Bahnhof noch die Differenz zwischen der 3. und der 2. Klasse in die Hand gedrückt. [...]
Seit früh streue ich Trinkgelder – jetzt noch, beim Einsteigen, machte sich der Kondukteur angelegentlich mit mir zu schaffen und tat, als verdanke ich meinen reservierten Platz einzig und allein ihm! Wofür ich ihn mit 45 cents (etwa ein Schweizer Franc) belohnte. Nun fahr ich wie ein Schieber 2. Klasse. Ein bischen aber freu ich mich doch darauf.
Jetzt beginnt der Zug zu fahren. Adieu Amsterdam! –
Eigentlich bin ich diesmal nicht so gut gereist wie sonst – ich meine, es hat mich mehr mitgenommen als sonst. Vielleicht weil ich mir zuviel zugemutet habe. Sehr viel sehen – und wirklich se-hen – erfordert viel Kraft, und von 9 h früh bis 7 h abends ununterbrochen funktionieren hat mich diesmal eben doch sehr angestrengt. Das ist gewiss das Alter.
Heute habe ich Abschied genommen vom Rijksmuseum, oh das war so schwer! Ich verstand es so gut, dieses »partir, c'est mourir un peu«, aber darüber hab' ich soviel zu sagen, das schreibe ich andernorts!
Ich kann nicht weiterschreiben, ich muss zum Fenster hinaussehen! [...]

Paris, 5. April 1928
[...] Es regnet in Strömen, und über die französischen Zollbeamten ärgerte ich mich! Sie durchsuchen einen, als wäre man ein Verbrecher, ich kam mir ganz erniedrigt vor nach dieser Revision. Das also ist der Empfang in dem geliebten Frankreich!
Der Schieberzug fuhr glänzend, Brüssel – Paris in drei Stunden (sonst fährt man 5 oder 6 Stdn), und als die Lichter von Paris erschienen, hatte es auch aufgehört zu regnen, und der Mond begrüsste mich, und am Bahnhof das liebe Brunochen[1]. Vorher

aber musste ich lachen, weil ich dem Träger sagte, er müsse ins Coupé kommen, ich könne den schweren Koffer nicht heben, und dieser auf einen Herrn in meinem Coupé hinwies und mit seiner wunderschönen Pariser Aussprache sagte: »Un peu plus de galanterie, Monsieur!«, worauf Monsieur ihm sofort meinen Koffer herausreichte.

Noch einmal Revision – das arme Hutköfferchen, das allein im Gepäckwagen gereist war, wurde durchsucht – dann fuhren wir im Taxi nach »Odessa«. Auf dem Wege sah ich blitzschnell die Notre-Dame und grüsste sie innig. [...]
Ich musste mir einen rekommandierten Brief von der Post abholen, es ist <u>unvorstellbar,</u> unter welchen Zeremonien sich das abspielte! Proust würde 80 Seiten brauchen, um das zu beschreiben. [...] Ach, in einem andern Land hätten sie mit dem rekommandierten Brief solche Geschichten machen müssen! Ich wäre tobsüchtig geworden. Hier aber lächelte ich ganz verklärt – und dann lief ich mit Bruno die Stiegen zur Metro hinunter – meine liebe Metro – »ach, und wie schmutzig es ist!« schrie ich ganz begeistert und strahlend vor Freude!

Und da begriff ich Dich so gut! Denn wenn einer jetzt gekommen wäre und mich nach den <u>Gründen</u> meiner Zu- und Abneigungen gefragt hätte – ich hätte ihm eine heruntergehauen! [...]
Mein Liebes, also einen Piktor malst Du – und müde bist Du noch? Wenn dieser Brief kommt, bist Du hoffentlich wieder ganz beweglich und gesund. Ich bin neugierig, was Du von Opern und Konzerten hören und von Bildern sehen wirst. Lieber, Lieber – bist du denn einmal mein kleines Bübchen gewesen? Mein lieber Grosser, mein lieber Geliebter! Deine Ninon

1 Bruno Hesse (1905-1999), Hesses ältester Sohn, vervollständigte seine Ausbildung als Maler zunächst in Genf, wo er mit 21 Jahren die »École des Beaux Arts« besuchte, dann an der »Académie Julian« in Paris.

Paris, Samstag früh [7. April 1928]
Lieber Hermann!
Danke sehr für Dein liebes Briefchen, ich habe mich so damit gefreut, natürlich nicht mit allem, was drin stand – z.B. dass der Darm wieder nicht in Ordnung und die Nächte schlaflos waren, hat mich sehr betrübt. [...]
Hast Du die schönen C.D. Friedrich in der Nationalgalerie gesehen? Die haben mir den stärksten Eindruck von allen Bildern dort gemacht. (Du musst aber darauf nicht antworten, das erzählst Du mir dann lieber. Ich stelle oft so »rhetorische Fragen« – ich meine nicht, dass ich es nicht wirklich wissen möchte; aber die Beantwortung hat Zeit!) [...]

Ostermontag [9. April 1928]
Mein lieber, lieber Hermann, mein lieber Geliebter,
morgen will ich den ganzen Tag an Dich denken, weil ich ja nicht genau weiss, um wieviel Uhr Du fliegst – möge es Dir gut bekommen, mögest Du heil nach Stuttgart kommen!
Mein Liebster – so schlecht ist es Dir also gegangen, Du hast gar nicht schlafen können – wie schrecklich! Ich bin ganz beschämt, dass es mir so gut geht, aber bitte, bitte, nenne mich auch nicht in Gedanken »Ihr« und lass mich in Deiner Welt, obwohl ich schlafen kann und gesund bin. Ich habe soviel Hoffnung für Dich – wenn ich Dir nun in Montagnola Ruhe verschaffen kann (vor Besuchern), dann wollen wir es schön haben und dann wird sich hoffentlich auch zeigen, dass Deine Reise nach Berlin nützlich war und Dir geholfen hat. [...]
Ich war Samstag im Louvre und habe fast alle geliebten Bilder begrüsst, viele waren in der Zwischenzeit noch schöner geworden, manche hatte ich vergessen, und plötzlich, während ich in einem andern Raum stand, wusste ich: wenn ich jetzt in den nächsten Raum gehe, hängt dort links, dem Fenster gegenüber, die Kreuzabnahme vom Meister des heil. Bartholomaeus – oder dort drüben gibt es das oder jenes; Dinge, die ich scheinbar ver-

gessen hatte, tauchten wieder auf! Ach und die Autobusse draussen! Mit Tränen in den Augen begrüsste ich den H, den D, den A M usw., plötzlich wusste ich wieder, wohin ein jeder ging, und jeder war eine Erinnerung an geliebte Gegenden.

Am Nachmittag
Ich komme eben zurück, ich bin spazierengegangen und teilweise gefahren, es war unbeschreiblich schön! Die Place de la Concorde ist sicher der schönste Platz der Welt, ich war wieder ganz fassungslos vor Entzücken. Warum ist sie nur so schön? Vielleicht sagt Dir der Grundriss des Platzes, den ich beilege, etwas darüber. Er ist vor allem ungeheuer gross. Und da er nirgends eingeschlossen ist und man von jedem Punkt aus weit in die Ferne schauen kann, wirkt er wie eine Hochebene. [...]
Vom Concorde aus gesehen ist der Arc de Triomphe eine schöne dunkle Silhouette in dem silbernen Licht, das die Champs Elysées umhüllt. [...] Am Abend, wenn die vielen hundert Laternen brennen, ist es zauberhaft. Bei Tag sieht man den ungeheuer weiten Himmel (in Wien habe ich niemals Himmel gesehen!), die alten Mauern und das junge Grün, und wenn man dann über die Brücke geht und nach links schaut, sieht man ferne, aber ganz klar, die Fassade von Notre Dame, und man grüsst beglückt hinüber!
Ich habe mir ein Sträusschen Parmaveilchen gekauft, die stehen jetzt vor mir. Mein Zimmer ist so lieb und ist schon ganz mein! Überm Bett hängt Dein Aquarell: Montagnola von Süden – und an einer andern Wand das liebe Kalenderchen. Auf dem Kamin stehen die mitgebrachten Bücher und Papiere und Schreibhefte. Am Tisch verschiedene Delikatessen – Papier- und Federmesserchen, der schwebende Engel (von Figdor) und die verschiedenen Papiere von den schönen Stuttgarter Steinen beschwert. Die Aussicht ist schön, ungeheuer weit über den Boulevard nach rechts und links – aber der Lärm ist furchtbar! Und dabei jeder Tag ein neuer Lärm! Ich spreche nicht von Auto und Strassenbahn, daran hab ich mich gewöhnt – aber z.B. Mittwoch und Samstag ist Wochenmarkt! Ohrenbetäubend. Und an Sonn- und

Feiertagen tobt eine Musikkapelle, genau vor dem Hotel, mitten auf der Strasse, von begeisterten Zuhörern umringt. Sie spielen, die Fleissigen, <u>unermüdlich</u>, von 2 h bis 10 h, sie trommeln und vollführen einen fürchterlichen Krach! Nun bin ich neugierig auf den Dienstag (den Samstag-, Sonntag- und Ostermontag-Lärm kenne ich ja nun), welche Art Lärm wird mir da wohl beschieden sein? [...]
Gestern ging ich in meinem »quartier« spazieren und sah den Festtag der Pariser Kleinbürger an. <u>Alle Geschäfte offen,</u> denk Dir! Ich ging durch kleine Strassen und Gässchen und zuletzt in ein Kino, weil man dort den Pèlerin[1] mit Chaplin gab. [...] Diesen Film habe ich schon dreimal gesehen, gestern zum viertenmal! Aber er hielt stand.
Abends las ich Duhamel: »Confession de Minuit«[2], ein sehr quälendes Buch, und begann eine neue Colette: »La naissance du jour«. Ach die Colette kennen lernen! Sie ist prachtvoll![3]
Lieber, Lieber – bei alledem ist mir so bang nach Dir, und ich denke an Deine Augen und küsse sie in Gedanken, und wenn ich mir vorstelle, dass ich Dich wiedersehen und in Wirklichkeit küssen und Dir gehören werde – dann bin ich ganz atemlos vor Freude!
A propos atemlos! Ich turne täglich 20 Min. und habe elende Muskelschmerzen, was mich aber freut; denn da sehe ich doch, dass ich gut geturnt habe. Turnen und das kleine russische Restaurant mit den winzigen Portiönchen und die Sehnsucht nach Dir – Du wirst sehen, ich komme als Zwirnsfaden zurück, Du wirst mich mitleiderfüllt nur immerzu füttern!   Deine Ninon

1 Charlie Chaplins (1889-1977) »Pèlerin« (The Pilgrim, 1925) ist eine der frühen, von Ninon geschätzten Slapstick-Komödien, in der dieser Meister der Pantomime und Bildregie in der Maske eines Vagabunden auftritt, der unverschuldet in Gefahren gerät, aber immer noch – auf meist groteske Weise – mit einem blauen Auge davonkommt.
2 Georges Duhamel (1884-1966), französischer Schriftsteller (Mitglied der Académie Française) und Arzt, versuchte mit philanthropischem Engagement und als feinfühliger Psychologe auch in »Confession de minuit« (1920), dem ersten Buch des fünfteiligen Romanzyklus »Vie et aventures de Salavin« (1920-1932), Wegweisung zu einem erfüllten Leben zu geben.

Der Protagonist möchte seine Identität verändern, um der eigenen Existenz einen Sinn zu verleihen und dem »Ennui« zu entkommen. Ninon hat eine Würdigung dieses Romans geschrieben, die als handschriftliches Manuskript in ihrem Nachlaß erhalten blieb.
3 Gabrielle-Sidonie Colette (1873-1954), »La naissance du jour« (deutscher Titel »Die Freuden des Lebens«) erschien 1928. Ninons Vorliebe für Colette war älter und beruhte auf der Lektüre des 1910 erschienenen Romans »La Vagabonde« (deutsch unter dem Titel »Renée Néré'«, Wien 1927). Sie fühlte sich Colettes autobiographisch geprägter Titelfigur Renée verwandt und hatte ihre Verlassenheit nach der Trennung von Dolbin anhand dieser literarischen Gestalt gedeutet: Néré, die als betrogene Ehefrau eines Künstlers nach ihrer Enttäuschung den Reiz der Vergänglichkeit bewußt auskostete, wollte reisen und umherschweifen und einer unbestimmten Zukunft entgegenwarten

Paris, 10. April 1928

Mein Liebster, mein geliebtes Herz [...] Heute fliegst Du also, ich weiss nicht, um wieviel Uhr, aber seit ½ 10 h früh denke ich an Dich und wünsche Dir Gutes und habe Dich von Herzen lieb!

Ich bin stolz darauf, dass ich zu Dir und zu Deiner Welt gehöre, und dass ich mich auch in der anderen zurechtfinde, ist ja für uns beide gut.

Mein Liebster, sei mir nicht böse, dass ich Dich für einige Wochen verlassen habe, Du bist so gross und ich bin klein und in steter Gefahr, in Dir zu ertrinken. Darum ist es gut, wenn ich wieder einmal allein bin, ganz ich, dann kann ich nachher wieder neben Dir leben und mich bewahren und hoffentlich weiterentwickeln. Du verstehst das, ich weiss es, und doch hab ich das Bedürfnis, Dich deswegen um Verzeihung zu bitten. [...]

Ich hab es heute »still«, nämlich »nur« Auto-Tuten, keinen Wochenmarkt und keine Musikkapelle, damit bin ich schon zufrieden.

Gestern sah ich Henri Bataille's »La femme nue«[1] mit Yvonne de Bray[2], es war eine glänzende Aufführung, ich habe sprachlich viel profitiert, ich gehe hier ja nur um des Klanges willen ins

Theater, das Stück war für mich fast unerträglich. Aber das Publikum! Nein, es gibt kein entzückenderes Theaterpublikum als das Pariser! Wie sie lachen, wie sie schluchzen – schluchzen! – wie sie dem »Braven« applaudieren, während von Schurke und Schürkin, sie mögen noch so glänzend spielen, kein Pariser Hündchen einen Bissen nähme – nur einmal, als der Quasi-Schurke in längerer Rede seinen Gemütszustand schildert, seine Handlungsweise zu erklären versucht, klang zaghafter Applaus aus dem Zuschauerraum. So wie wenn man seufzend sagte: »Der Mann hat's schliesslich auch nicht leicht!«
Mein lieber, lieber Vogel, fliege gut nach Stuttgart[3], möchtest Du doch Freude am Flug finden![4] [...]

1 Henri Bataille (1897-1922), der sich selbst als »Mystiker ohne Gott« bezeichnete, war einer der erfolgreichsten französischen Verfasser von Boulevardstücken. »La femme nue« (1908) beleuchtete wie seine anderen Werke die dunklen Seiten der Erotik: Hingabe und tragische Verfallenheit.

2 Yvonne de Bray (1889-1954), französische Schauspielerin des dramatischen Fachs, war eine bevorzugte Interpretin der Stücke von Jean Cocteau, der für sie 1940 »Les monstres sacrés« schrieb. Sie übernahm auch anspruchsvolle Filmrollen.

3 Hesse schilderte Ninon nach seiner Ankunft in Stuttgart, am 10. 4. 1928, das Erlebnis dieses Fluges: »Der Kopf brummt mir zwar noch scheußlich von dem Lärm, den die Propeller machten, denn ich bin heute in fünf Stunden von Berlin nach Stuttgart geflogen.« In seinem Feuilleton »Luftreise« (1928) erklärt er: »Sobald es Flugzeuge mit langen Dauerflügen geben wird, auf denen man wie auf einem Segelschiff Wochen und Monate lang leben kann, werde ich mich bei der Lufthansa nach den Bedingungen erkundigen.« In: »Berliner Tageblatt« vom 21. April 1928; »Die Kunst des Müßiggangs«, a.a.O., S. 281.

4 Hesses Freude am Fliegen ist bezeugt, seit er 1911 von Friedrichshafen aus im Luftschiff des Grafen Zeppelin unter der Leitung von Dr. Eckener eine »Spazierfahrt in der Luft« (so der Titel eines Feuilletons von 1911) unternommen hatte. »Im Flugzeug« entstand 1912. Der »Anblick der weit erschlossenen Landschaft und das Gefühl des Draußenseins aus allen irdischen Kleinigkeiten« faszinierten ihn.
Seine Texte über das Fliegen im Bändchen »Luftreisen«. Herausgegeben von Volker Michels. it 1604, Frankfurt am Main 1994.

Paris, 13. April 1928

Lieber!

[...] Dass Du wieder geflogen bist, von Stuttgart nach Zürich finde ich entzückend! Aber was sagst Du zu meinem hypochondrischen Ührchen? Es ist vor Aufregung stehngeblieben, weil Du geflogen bist, und jetzt liegt es im Ührchensanatorium und wird operiert und gepflegt bis morgen.

Ich war gestern in der »Comédie«, zuerst spielte man »Rodogune« von Corneille[1] (5 Akte). Ich war eigentlich nur Molière zuliebe gekommen, ich hatte die feste Absicht, mich über Corneille zu amüsieren, und anfangs ging es ja auch: wie sich der Barock die Antike vorstellt, d.h. die alexandrinische Zeit, diese Trachten, diese Art zu grüssen; diese Figur der Laonice, der Vertrauten, die als Basis-Exposition benützt wird – ihr erzählen alle alles, die Verwicklungen sind furchtbar, und selbst mein bewährtes Mittel – »wenn ich doch nur fünf Minuten mit der Hauptperson sprechen könnte, es würde sich alles klären!« – hätte hier versagt. Selbst ich war da ratlos!

Nun, so ging es eine Weile. Ich amüsierte mich noch über die zwei Brüder, die dieselbe Frau (Rodogune) lieben. Brüder in der Tragödie, wenn sie nicht Antipoden, sondern ein Plural sind, wirken so wahnsinnig komisch – kurz mein »jüdischer Esprit« machte sich lustig! Aber mit einem Mal wurde ich ernst. Denn da war eine Frau – ach keine Frau, eine Königin, eine Löwin – Cleopatra, die war gross! Und plötzlich machte ich mich nicht mehr lustig und sah, um was es ging, und sah den Aufbau und stand davor wie vor einer Architektur. »Einheitlichkeit von Zeit und Raum«, plärrten wir im Gymnasium, wenn von den grossen französischen Klassikern die Rede war – gestern aber begriff ich die Grösse, die darin steckt, die Zucht, die Straffheit. Wie stark waren alle diese Menschen! In jedem einzelnen sah ich den Aufbau des Ganzen noch einmal, diese Unterordnung unter ein Gesetz, aber nicht unter die antike μοῖρα[2], sondern – das ist eben wieder das Barocke – unter ihr eigenes, individuelles Gesetz, das sie sich selbst gegeben haben.

Diese Cleopatra will herrschen. Es war ihr gewiss nicht leicht,

Dicanor, ihren Gatten, zu töten, aber sie musste es tun, ihr Gesetz hiess: Herrscherin sein, sie musste das Königreich für sich und ihre Söhne retten, darum musste sie ihn töten, der sie entthronen und sich mit Rodogune (der Schwester des Feindes) vermählen wollte. Und als die Söhne ihr, die Rodogunes Tod von ihnen als Preis für den Thron verlangt, nicht willfahren, beschliesst sie auch den Sohn, der Rodogune und den Thron erhält (Antiochus), zu töten. »Sons de mon coeur, nature«, sagt sie, und das war zum Erschauern! Rodogune aber fand ich recht schäbig, trotzdem ihr nichts nachzusagen ist. Sie liebt den einen der Brüder, aber nur wenn er König ist, will sie die Seine werden, das ist sie sich schuldig. »Je n'oublierais jamais que je me dois un roi!« sagt sie; und trotzdem das eben ihr Gesetz ist und ich das sehr gut verstand, war sie mir vom ersten Moment an unsympathisch. Ich weiss auch warum: Ihr Gesetz zu befolgen, ist für sie nicht so schwer. Schwer hat es die Cleopatra, die die Liebende, die Mutter, in sich bezwingen muss, um ihrem Gesetz, wie ich das nenne, zu folgen. Die Rodogune hat Glück: gerade der, den sie liebt, wird König. Die Mutter selbst krönt ihn und kredenzt dem Paar den Hochzeitstrank, den sie vergiftet hat. Da meldet man den Tod des zweiten Sohnes – wird sie nun den Trank ausgiessen? Jetzt hat sie doch nur noch den einzigen Sohn! Sie bricht fast zusammen, aber sie will Antiochus trinken lassen – doch Rodogune schreit auf, sie ist misstrauisch, sie denkt an Gift (das fand ich auch so unsympathisch von ihr, ein besserer Mensch denkt so etwas doch nicht), sie verlangt, dass einer aus dem Gefolge den Trank erst koste. Da sagt Cleopatra: »Je le ferai moi-même« – und trinkt. Das ist prachtvoll! Und wie sie sich aufrecht hält, damit man die Giftwirkung nicht merke, damit Sohn und Feindin auch trinken und sterben – aber diese ekelhafte Rodogune merkt natürlich alles, sie trinken nicht und Cleopatra schleudert ihnen jetzt ihren Fluch ins Gesicht, Triumphatorin bis zuletzt. Sie steht allein und aufrecht da, wenn sie sich auch vor Schmerzen krümmt. Aber dann spürt sie, dass sie zusammenbricht, ruft Laonice, bittet sie um den letzten Dienst: »Sauve – moi de l'affront de tomber à leurs pieds.« Wie sie das sagte, wurde mir ganz schwarz vor Augen, ich spürte mein Herz, ich war ins Innerste getroffen, der Atem ging mir aus. Sie aber schritt aufrecht, von Laonice fast getragen, aber doch aufrecht, weit zurückgebeugt, wie um nicht nach vorn zu stürzen, hinaus, die sterbende Löwin. Das Publikum raste.

Dann gab's eine grosse Pause, und man hatte eigentlich schon genug. Aber jetzt kam erst der Molière[3] und war ganz entzükkend. Es ist eine von den »grossen« Komödien (Du kennst sie wahrscheinlich: »L'École des maris«), aber ein reizendes Scherzo ist es, und wie das Motiv – Tölpel-Bräutigam als unfreiwilliger Vermittler zwischen seiner Braut und ihrem Liebhaber – in immer neuen Variationen gebracht wird, immer unglaublicher aber doch so folgerichtig, immer komischer – das war entzückend und eigentlich ganz Rokokostil – wäre der Held nicht doch so robust, tölpelhaft und derb.

Jetzt hast Du eine ganze Tragödie von Corneille mitmachen müssen, mein Armer; ich war aber so erfüllt davon, da solltest Du doch daran teilhaben. [...]

Heute früh kamen Deine »Imprimés«, danke schön, besonders für die »Floßfahrt«[4]. [...] Dein Gedicht »Fahrt im Aeroplan«[5] liegt vor mir: »Durch dünne Lüfte hingerissen«, es ist von 1912 nicht wahr?

Ach der Tag ist hier so kurz! Kaum steh ich auf, ist es schon wieder 12 h nachts.

Nun leb wohl mein Liebster – ach nein, ich will Dir ja noch vom Louvre erzählen. Ich war vorgestern bei den Skulpturen. Im ersten Saal ging es fröhlich zu, da standen lauter lachende Madonnen mit lachenden Kindchen im Arm (meist 14. Jh.), ein Reimser Leuchterengelchen lachte, Karl V. lächelte freundlich, und seine schöne Frau Jeanne de Bourbon lachte auch, und die Magdalena Aegyptica vom Blaubeurer Meister, meine geliebte, sie lächelte ganz selig! Im nächsten Saal aber gab es einen Gekreuzigten aus dem 12. Jh. – so herrlich – – den schick ich Dir morgen – und den König Salomon und die Königin von Saba und einen heil. Michael, so beglückend in der Linienführung, im Zusammen-

schluss der Teile zu einer grossen Bewegung, so aus dem Stein herausgewachsen, als wäre eine lebendige Kraft im Stein gelegen – so anonym mit einem Wort. Den kriegst Du auch (es ist ein Relief). Nachher sah ich noch einiges aus dem 13. und 15. Jh. und zuletzt Michelangelo – ach der sagte mir wieder nichts, wie damals, als ich zum ersten Mal vor diesen »Gefesselten« stand! Nichts in mir schwang mit, ich versagte einfach.
Nun mein Lieber, jetzt lebe wohl! Deine Ninon

1 Pierre Corneille (1606-1684), französischer Dramatiker, galt als Vollender des klassischen Dramas, da er die Einheit des Ortes (Vermeidung des szenischen Wechsels) und die Einheit der Zeit (Beschränkung auf eine reale Geschehnisdauer) im Auslassen alles Nebensächlichen bewahrte. In »Rodogune« (1646) zeigt er, wie ein kompromißlos auf sich selbst gerichteter Wille zum Bösen führt, dabei spricht er seinen machtvollen Bühnengestalten selbst dann noch tragische Größe zu, wenn sie die sittliche Ordnung verletzen.

2 Moira. Die ursprüngliche Bedeutung »Teil, Portion, Anteil«, entwickelte sich zur Vorstellung des Schicksals, des Anteils an Lebensglück oder -leid.

3 Molière (1622-1673) hat auch in seiner zu Lebzeiten meistgespielten Komödie »Die Schule der Gatten« (1662) die Grenzen zwischen Komik und Tragik durchkreuzt. Er macht die Tragik des alternden Mannes sichtbar, allerdings aufgelöst durch die witzige Darstellung des menschlichen Hangs zur Selbsttäuschung.

4 »Floßfahrt« (1928). Erstabdruck unter dem Titel »Flöße auf der Nagold«, in: »Schwarzwaldzeitung / Der Grenzer« vom 10. März 1928, Nr. 59. »Die Kunst des Müßiggangs«, a.a.O., S. 273.

5 »Fahrt im Aeroplan«. In: »Die Schweiz«, 7. Bd., Zürich 1913, S. 169. »Die Gedichte«, a.a.O., S. 760.

Freitag abend [13. April 1928]
Lieber Hermann!
Ich bin so wütend, ich zittere am ganzen Körper, und ich schreibe Dir, um Trost zu finden – im Schreiben an Dich Trost zu finden! Fred macht ein Hundebuch[1] wie ich Dir – glaub ich – schrieb, »Gedachtes und Geschautes«, Zeichnungen und eben »Gedachtes«. Er hat mir das Manuskript geschickt und um

meine Kritik gebeten. Ich habe sehr ausführlich geantwortet, »Randglossen« dazu geschrieben (auf Extrazettel natürlich), die ihm sehr gefielen, er hat auch wirklich einiges in meinem Sinn geändert. Angeregt durch dieses Buch schrieb ich ein »Nachwort« – ein »Vorwort« hat A. Polgar geschrieben, ein scheussliches, er ist wirklich nicht wert, ein Hündchen zu berühren, dieser Polgar! Dieses Nachwort passt zu Polgars Vorwort wie die Faust aufs Aug'. Aber Fred gefiel es sehr, und der Verleger hat es angenommen.

Aber was tat Fred? Er hat mein Nachwort abtippen müssen, ich hatte damals noch keine Maschine, und bei dieser Gelegenheit hat er es verändert, denke Dir! Ruhig und harmlos verändert! Es steht natürlich nichts anderes drin als vorher, aber er hat allerlei Wörtchen geändert, eine Einzahl aus einer Mehrzahl gemacht, ein »es« weggelassen, statt »Frau« »Mädchen«, statt »Dienstmädchen« »Magd« gesetzt u. s. f. Es ist nicht mehr mein Text! Oh warum versteht er das nicht!

Wenn mir jemand sagt: Der Text ist schlecht – einverstanden, meinetwegen. Aber ändern kann man ihn nicht, man kann ihn weglassen oder drucken, aber nichts dazwischen!

Und weisst Du – wie er auch ist: hingeschmiert hatte ich ihn nicht! Ich habe wirklich daran gearbeitet, er ist nicht so schlampig hingeschmissen. Ich habe einen Tobsuchtsanfall bekommen, als ich jetzt Freds Änderungen las und schrieb sofort, er dürfe es nicht drucken. Aber es ist schon im Satz! Glaubst Du, dass man das noch ändern kann? (Bitte, Du musst nicht darauf antworten, inzw. kommt ja auch Freds Antwort, ich schreibe unwillkürlich solche Fragen!)

Für Fred bin ich immer das Kind, mich kann man natürlich »korrigieren«, so als wenn das ein Schulaufsatz wäre mit orthographischen Fehlern! Aber es ist doch eine Melodie drinnen, – gut, man kann die Melodie scheusslich finden, aber sie ist doch da, man darf sie doch nicht unterbrechen! Lieber, Lieber, sei nicht böse über diesen Brief, aber wenn ich Dir schreibe, das ist statt Zu-Dir-Laufen und den Kopf an Deine Schulter legen. Und dann sagst Du mir ein liebes Wörtchen und streichelst mich ein bischen und dann ist es gut. Oh mein Lieber, Du! Deine Ninon, die jetzt Baldriantropfen nehmen muss, so sehr hat sie sich aufgeregt!

1 Am 13. April 1928 hatte Ninon das Manuskript von Dolbins »Hundebuch« erhalten, das er ihr widmen wollte.
B. F. Dolbin, »Hunde«, erschien im Herbert Stuffer Verlag, Berlin 1928, mit einem Vorwort von Alfred Polgar und folgendem Nachwort von Ninon Dolbin:
»In diesem Buch stand allerlei von Hunden und Hündchen, aber eigentlich war alles recht optimistisch gesehen, und vom traurigen Hund habe ich gar nichts darin gelesen. Mir aber scheint gerade dies das Wesentliche am Hund zu sein: er ist unglücklich.
Ich meine nicht die hungernden, geprügelten Hunde. Ich meine die gutsituierten, die alle Ursache hätten, zufrieden und glücklich zu sein. Bei jenen wird es jeder einsehen, dass sie unglücklich sind, bei diesen wird man es mir vielleicht nicht unbedingt glauben. Ich kann es auch nicht beweisen, ich kann nur erzählen, wie ich es sehe.
Ich sah einmal ein Hündchen über die Strasse trippeln, einen schwarzweiss geflecktes Spaniel mit langen, seidenweichen Ohren, eigentlich nicht so klein, dass man mit Recht »Hündchen« sagen könnte, ich sage es also mit Unrecht und nur aus Zärtlichkeit. [...]
Das Hündchen trug einen Maulkorb und blickte mit seinen schönen braunen Augen zur Herrin auf: »Ich weiss nicht, was sie will«, sagten sie, »aber es wird schon das Richtige sein.«
Diese winzige Begebenheit habe ich gesehen, und ich habe so viel Traurigkeit darin erkannt. [...]
Weil der Hund den Menschen liebt, will er ihn ganz haben und ganz verstehen, und er verzweifelt Tag für Tag daran, dass der Mensch ein ihm unbegreifliches Leben führt und wenig Zeit für ihn hat, für ihn, der doch nur für den geliebten Menschen da ist! Weil er sich nach Menschenwort, Menschenliebe, Menschenverständnis sehnt, ist er unglücklich. Anders als die Katze, die in ihrer Welt lebt, ihren Schwerpunkt in sich selber hat – liebt er mit ganzer Kraft den Andersartigen, den Menschen – ist unersättlich in seiner Liebe! Er hat sich verloren, er hat sich dem Menschen hingegeben.
Darin liegt seine Stärke und seine Schwäche, darum ist er unglücklich – unglücklich wie jeder Liebende.

Paris, 16. April 1928

Mein Liebster!
Oh wie gut verstehe ich Dich und Deine Sehnsucht nach Einkehr. Und wie danke ich Dir dafür, dass Du versprichst, mich zu rufen, wenn Du mich brauchst. [...]
Ich war am Nachmittag in der »Académie des Beaux Arts« und sah <u>begeistert</u> Manets »Frühstück im Freien«[1], das mich vor drei Jahren so enttäuscht hat. Wie konnte ich nur? Ich begriff mich gar nicht. Dann aber ging ich, wie auf einem Friedhof, milde und pietätvoll in die kunstgewerblichen Säle des 16. Jh., wo ich dereinst gierig nach Delaune-Entwürfen[2] ausgeschaut hatte. »Wie konnte mich das nur interessieren?« dachte ich mit kühlem Staunen vor dieser fremden, unbegreiflichen Ninon! Plötzlich sah ich einen Schrank mit Holzschnitzereien nach Delaune und stürzte begeistert darauf zu, um im nächsten Moment laut aufzulachen. Wie ein pensioniertes Jagdhündchen im Forst spazierengeht, wehmütig und doch ein bischen verächtlich an »früher« denkt – und bei der leisesten Spur eines Wildes bellend darauf losstürzt – nun, ich klemmte den Schweif bald wieder ein und ging besonnen und überaus vernünftig weiter.
Im »Café de l'Univers« trank ich Café und ging dann auf den grossen Boulevards spazieren. Im Vorübergehn kaufte ich mir eine Karte fürs »Théâtre Porte St. Martin« und ging abends hin. Es war <u>schauerlich</u>! Ich schämte mich, dass ich zu einer Welt gehöre, der man solche Stücke vorspielt.
Noch hält der Zauber der Sprache mich gefangen, ich höre doch ausser im Theater kein Französisch, mit Kellnern und Autobuskondukteuren »spricht« man ja nicht. [...]
Ich lese noch immer Colette[3] – ach wie gern würde ich sie kennenlernen! Willst Du mir einmal ein Briefchen an Duhamel[4] schicken, und weisst Du, wo er oder Masereel[5] wohnt?
Du hast jetzt soviel Post aufzuarbeiten, ich bitte Dich sehr, das mit Duhamel einstweilen zu lassen, es eilt mir nicht damit! Oder soll ich einfach zu ihm gehen und sagen, ich sei Deine Freundin? Wenn Du die Adressen weisst, schreibe sie mir bitte gelegentlich, sonst gehe ich in den betreffenden Verlag und frage danach.

Nun belästigt Dich auch noch die Ninon! Aber das hat Zeit, hetze Dich nicht, mein Lieber!

1 Edouard Manet (1832-1883) war seit seinem Gemälde »Frühstück im Freien« (1863) zum Wegbereiter des Impressionismus geworden, dem Ninon zunächst fremd gegenüberstand. Gemeinsam mit Dolbin hatte sie der Linienbetonung des Wiener Jugendstils und dem Expressionismus den Vorrang gegeben (Egon Schiele war beider bevorzugter Maler). Nun entdeckte sie bei Manet, daß er seinem reichgestuften Kolorit ein festes Formgerüst unterlegte.

2 Die Entwürfe des Münzenschneiders, Ziseleurs und Goldschmiedes Delaune waren Ninons Thema für die nun endgültig abgebrochene Doktorarbeit gewesen (s. S. 85 u. 94).

3 Colette, s. S. 186 u. 208.

4 Duhamel, s. S. 185.

5 Frans Masereel (1889-1972), den belgischen Maler und Graphiker, rechnete Hesse »zu den Kameraden auf Erden, die ich liebe und verehre und mit zur inneren Bruderschaft zähle.« Er schrieb die Einführung zu einem seiner Holzschnittbücher, in denen nur durch Bilder menschliche Schicksale erzählt werden, »Die Idee«, (deutsch 1921). Ninon schätzte die Bildromane Masereels wegen ihrer pazifistischen und zeitkritischen Thematik, sie plante, ihn in Paris aufzusuchen.

Paris, 17. April 1928

Liebster,

[...] Halb bekümmert und halb froh denke ich an Dich, aber im Ganzen wahnsinnig stolz, weil Du doch so wunderbar bist! Man muss Dich liebhaben, Du Lieber, Du bist so vielfach, darum brauchst Du auch viel mehr Liebe als ein anderer! Ich liebe so viele »Du«, diesen Hermann und jenen, heute den einen, morgen den anderen, und manchmal, wenn ich bei Dir liege, dann spüre ich plötzlich, dass alles eins ist, <u>Du</u> bist, und dass Du bei mir bist, und dann wird es dunkel vor meinen Augen, und ich versinke ganz in Dir und bin nicht mehr da und sterbe – –

Lieber – ich spüre auch viele Arten Deiner Liebe und sie macht mich glücklich. [...]

Du mein Herz, mein lieber Geliebter   Deine Ninon

Gruß Hermann Hesses an Ninon Dolbin

P. S. Oh mein Lieber, dass der Darm Dir immer wehtut und dass Du Dich nicht entschliessen kannst, zu Dr. Bircher oder einem andern zu gehen – – vielleicht »irrt er sich«, wie Du sagst, und gibt Dir das Richtige!

N.

Paris, 23. April 1928

Mein Liebster!
Ich habe schauerliche Kopfschmerzen[1], aber darum sollst Du doch nicht ohne Briefchen bleiben. Ich weiss gar nicht, was das mit mir ist, es muss wohl vom vielen Schauen sein – ich sehe wirklich alles äusserst intensiv – und dabei kann ich es nicht las-

sen, selbst wenn ich schon todmüde bin, die Autobusse zu studieren – ich glaube, ich könnte bald die Kondukteurprüfung machen! Dabei hab ich meine Lieblinge unter ihnen, es gibt solche, bei deren Anblick ich mich geradezu verkläre – z. B. den J oder den AF/AM – überhaupt, wenn ich einen vierbuchstabigen mit dem Zeichen / sehe, bin ich nicht wegzubringen, bevor ich mir über seine kombinierte Route klar geworden bin. Du lachst mich jetzt sicher furchtbar aus – wenn Du nicht überhaupt bedauerst, eine solche blöde Person jemals an Deinem Busen genährt zu haben!
Gestern war ich bei einer Revue und sah viele sehr schöne nackte Frauen und war sehr zufrieden. Enttäuschen konnte sie mich nicht, weil ich den »Revuestil« kenne – ich hatte beschlossen, das Ganze nicht ernst zu nehmen; das Theater z. B. nehme ich doch eben immer wieder ernst, darum rege ich mich so auf, wenn es schlecht ist. [...]
Am frühen Nachmittag war ich im Louvre gewesen, ich hatte nur vier Säle angesehen, aber sehr intensiv: die geliebte Pietà von Avignon [...] und dann ein paar späte herrliche Franzosen, Manet, Cézanne (merkst Du, wie die Schreibmaschine sich freut, wenn sie einen Akzent machen darf?), Sisley und den lieben, lieben Monet! Gleich vier Bilder der Kathedrale von Rouen – am Morgen und am Abend, bei strahlender Sonne und bei trübem Wetter, grosse Ölgemälde, nicht etwa Skizzen! Oh wie hat er mit der Natur gerungen: Ich lasse Dich nicht, du segnest mich denn! [...]
Die Kopfschmerzen sind mir beim Schreiben fast vergangen. Leb wohl mein Liebster, ich denke viel an Dich! [...]

1 Hesse antwortete auf diesen Brief am 22. April 1928 aus Zürich: »Liebe Ninon! Das ist nicht gut, dass Du Deine Augen und Dein Köpfchen in Paris so anstrengst. Wozu wäre denn das Prinzip der Arbeitsteilung erfunden? In dem Ressort Kopf- und Augenschmerzen etc. leiste ich doch wirklich Erstklassiges, das sollte für uns beide genügen.«

Paris, [24. April 1928]

Mein Liebster, mein Liebes,
grad hab ich Dein trauriges Briefchen bekommen mit dem »Brief«[1] – ich danke Dir für die liebe Widmung! – und den Dürer-Bildern und dem schönen Gedicht von der Emmy. Oh, diese Emmy! Ist sie nicht auch ein blauer Paradiesvogel, »blauer Astrild«[2]?
Ach Du mein Herz, Du bist so traurig, das ist schrecklich! Ich schicke Dir eine schöne Madonna, sie ist zwar nicht von Cimabue[3], der so geheimnisvoll ist, dass man gar nichts von ihm weiss – aber jedenfalls aus dem Ende des 13. Jh. oder um 1300 – und das Tympanon der Kathedrale von Moissac[4] (aus dem Trocadéro). Wie sie alle zu Christus aufschauen – wundervoll, nicht wahr? Wenn ich das sehe, möchte ich immer mehr und mehr eindringen – z. B. warum die Greifen unten, der Adler oben? Was bedeuten sie? Und tausend Fragen. Auf die antwortet Emile Mâle[5] in drei herrlichen Büchern: »L'art religieux en France« vom 12.-15. Jh.!
Ich habe 50 Mark Honorar fürs Hundebuch-Nachwort gekriegt, sie würden gerade dafür reichen, die drei Bände (geheftet) zu kaufen. Aber 1. schwebt die Sache ja noch, denn ich habe Fred geschrieben, ich verzichtete auf den Abdruck (das Honorar war schon unterwegs) und ev. muss ich es also zurückgeben. Und 2. ist das ein so genanntes Gummigeld – ich kaufe mir dafür also den Mâle, Schuhe (die ich nicht brauche), Shawlchen (das ich brauche) und mache drei kleine Reisen dafür!! Eine nach Rouen und Amiens, eine nach Chartres, und die 3. muss zwei Tage dauern: Paris – Soissons – Laon, abends Reims; in Reims übernachten, anderntags Kathedrale besichtigen, nachmittags nach Châlons sur Marne – abends Paris. Das alles zusammen vom Mâle bis Châlons/s. M. dürfte etwa 150 Mark kosten, nicht 50, und ich werde mich also zu einem davon entschliessen müssen – aber es ist so schön, sich plötzlich (scheinbar) alles kaufen zu können. [. . .]
Lieber lass mich wissen, wie es mit dem Zahn geht, sobald es Dir möglich ist zu schreiben – ich meine: Wenn Du schreibst, be-

richte auch über den Zahn und wie es mit der Verdauung geht.
O mein armes Kind! Ich küsse Dich.   Deine Ninon

1 »Brief an die Freundin«, ein für eine Veröffentlichung vorgesehenes Manuskript, das Hesse an Ninon schickte. Es wurde am 29. April im »Berliner Tageblatt« abgedruckt.
2 Anspielung auf eine Metapher im »Brief an die Freundin«.
3 Cimabue, eigentlich Cenni di Pepo (1240- nach 1302), Maler der berühmten Fresken in S. Francesco zu Assisi, verbindet byzantinische Formenstrenge mit religiösem Pathos. J. Strzygowski, Ninons Lehrer während ihres Wiener Universitätsstudiums, war Verfasser des Werkes »Cimabue und Rom« und hatte seinen Studenten diesen Wegbereiter einer toskanischen Kunst nahegebracht, der von Dante als Vorläufer Giottos in der »Göttlichen Komödie« erwähnt wird (Purgatorio XI. 94).
4 Die Skulpturen der romanischen Abteikirche St. Pierre in Moissac (Dép. Tarn et Garonne) gelten als Hauptwerke der südfranzösischen Plastik des 12. Jahrhunderts.
5 Emile Mâle (1862-1954) verfaßte zwischen 1922 und 1951 das von Ninon so begehrte vierbändige Werk, von dem 1928 erst drei Bände fertiggestellt waren.

Paris, 30. April 1928
Lieber,
jetzt hab ich also Dein Briefchen im »Berliner Tageblatt«[1] gelesen, und ich danke Dir vielmals dafür! Erstens ist es ein sehr schönes und zweitens ein <u>liebes</u> Briefchen, und am allerschönsten fand ich <u>ein</u> Wörtchen darin, das hiess: »Liebste«! Und der Schluss ist so lieb und schön! Anfangs stockte mir ja das Blut ein bischen, als ich las: »Das Leben ohne Dich geht ausgezeichnet, lass Dir nur Zeit« – ich dachte: Ja es <u>soll</u> Dir ausgezeichnet gehn, mein Liebster – aber soll ich denn gar nicht mehr zurückkommen? Aber dann kam die schöne, liebe letzte Zeile, und dann wusste ich wieder, dass Du mich doch lieb hast, und verstand jetzt auch dieses »das Leben ohne Dich geht ausgezeichnet«, dass das ein »Thema« ist in Deinem Brief-Scherzo und dass die letzten Worte wie eine Überleitung in den nächsten schwermütigen Satz, in ein Adagio oder Andante sind. »Freundin – Ge-

liebte« sage ich mir vor – nicht wahr, »Freundin«, das ist nur eine Bezeichnung, so wie »Gattin« – das sagt man so – aber <u>für Dich</u> bin ich doch die Geliebte, und das ist so schön!
Eigentlich müsste ich ja böse sein, dass Du mich vor 500.000 Lesern des B T. als Cognac-Säuferin entlarvt hast – aber ich habe doch furchtbar lachen müssen! Erinnerst Du Dich, wie Du Dir nach der Zürcher Vorlesung fürsorglich ein Cognäcchen besorgtest und nach Arosa mitbrachtest?
Ich will Dir jetzt von den letzten zwei Tagen berichten.
Am Samstag schrieb ich früh ein bischen, und um 11 h stürzte ich fort zur Bank um Geld, weil sie um 12 geschlossen wurde. Dann kaufte ich mir auf der Avenue de l' opéra das schönste Cravättchen von Paris und ging zufuss in die Rue Racine zu Mittag essen. Mit einem sehr lieben Autobus, dem AX (es gibt ca. 60 Autobuslinien hier, von A bis Z, dann von AB bis AZ und dann noch ein paar!) fuhr ich ins Trocadéro und schwelgte in Skulptur des XII. Jh., das XIII. lehnte ich an diesem Tage als zu modern ab – dann trank ich rasch Kaffee und schrieb eine »Karte an den Freund«[2] und fuhr in die Rue FBG. St Honoré, um eine Gütersloh-Ausstellung zu sehen, denn übermorgen treffe ich Gütersloh[3] bei einem Maler namens Kars[4], der mich eingeladen hat. Ausser G. gab es noch ein paar andere Bilder dort, z. B. einen herrlichen Urwald von Rousseau[5]! (Lachst Du? Plötzlich <u>sah</u> ich!). Dann eine schöne Landschaft – ohne Täfelchen darunter mit dem Künstlernamen – ich war ganz entzückt! Und als ich näher schaute, war sie signiert, war von – jetzt wirst Du wieder lachen: Renoir![6]
Beschämt schlich ich hinaus, ging in die Manet-Ausstellung in derselben Strasse. Ich sah unerhörte Bilder! Den »Balkon« (den ich kannte), eine Studie zur »Olympia«, viele Portraits, Stilleben. Wusstest Du, dass »Schwarz« eine Farbe ist? Eine warme, leuchtende Farbe! Ich weiss es erst jetzt. Er liebte diese Farben sehr, schwarz, weiss und grau – und dabei leuchten seine Bilder!
Ich ging, beklommen und entzückt von Bild zu Bild – es gab ein Portrait von Mallarmé (ein kleines nur) – darin lag so unendlich viel, Schmerz und Wissen – eines von jenen Gesichtern, bei deren

Anblick man plötzlich wieder stolz darauf ist, ein Mensch zu sein – und ein Frauenbildnis, ganz in einem Ton auch mit dem Hintergrund gehalten: Bräunlich-olivgrün, und von einer Verwegenheit und und dabei Grazie; es war so, als würde sie gleich wieder aus dem Rahmen verschwinden, so wie sie aufgetaucht war: »Holder Schein – –«[7]
Es gab kleine zarte Gedichte, eins hiess: der Apfel! Ein gelber Calville-Apfel auf einem Porzellanteller, der Hintergrund grau, das Ganze nicht grösser als ein Teller und Apfel eben. Es war wie ein Gedicht! Ein anderes Gedicht: Der Spargel. Ein anderes: Verwelkende Rosen. Ich ging und ging und schaute. Ich sah, dass dieser Manet die ganze moderne Kunst in sich begreift. Ich sah einen Renoir, Degas, Gauguin sogar! Monet, Sisley – und das war alles Manet! Ich habe nicht gewusst, dass er so ungeheuer ist!
Erst nachdem ich mir vorgenommen hatte, noch einmal zu kommen, konnte ich mich losreissen. Es war 6 h geworden. [...]
Nun glaubst Du vielleicht, der Tag neige sich dem Ende zu – oh nein! Ich [...] fuhr in die »Comédie française« zu »Les Corbeaux« von Henri Becques[8], ein Stück aus den 60er Jahren des 19. Jh., das ich vor drei Jahren gesehen hatte. Ich sass wieder um 4,25 Franc im 5. Stock, aber damit ich nicht übermütig werde, hatte ich keinen Sitz, sondern einen Strapentin, einen Klappsitz ohne Lehne, und auf dem sass ich 3 3/4 Stunden, strengte mich an, zu sehen und besonders zu hören nach diesem anstrengenden Tag – und fand es noch schön! Um 12 war es aus, um 3/4 1 h war ich zuhause und überdachte, was ich heute alles nicht gemacht hatte und doch dringend machen wollte! Corneille: Horace[9] lesen, und das neue Buch von Duhamel (dem ich geschrieben habe), die Ceder besuchen, Renseignement auf der Gare de l'Est und Gare du Nord einholen wegen Reims und Rouen. Einiges niederschreiben, was im Kopf fertig war. In die Rue Berryer fahren (in die kunsthist. Bibliothek) und einige Bücher über französische Kathedralen und gotische Skulptur lesen, das Chartres-Buch wieder anschauen und einiges nachschlagen, was mir nicht klar war, Zusammenhänge in der ital. Frührenais-

sance-Malerei und vor allem über Manet viel erfahren. Sehr traurig über meine Unzulänglichkeit schlief ich ein.

Gestern sah ich »Horace« in der »Comédie« [...] hinreissend die Szene, in der Camille, die Schwester des Horace, die Römerin, Rom verflucht. (Weil ihr geliebter Curiace, wenn Du Dich noch erinnerst, von Horace im Kampf um Rom getötet wird.) Diese blöden Männer, der alte und der junge Horace, trösten sie mit der »Befreiung des Vaterlandes«! Da fährt sie auf und schleudert ihren Fluch auf diese Stadt – und das war so herrlich, es war so echt, es war genau das, was ich und wahrscheinlich jede Liebende empfand, darum ergriff es uns alle, und ausserdem war es dieselbe grossartige Tragödin, die die Cleopatra gegeben hatte – sie war hinreissend – und als sie geendet hatte, ertönte ein Schrei der Begeisterung – das ganze Theater schrie, denke Dir! Und dann ein Brausen, ein Dröhnen, man konnte nicht weiterspielen, bis das Publikum sich beruhigt hatte.

Nachher gaben sie noch ein scheussliches Stück, ich blieb, nur weil es französisch war und ich diese geliebte Sprache doch nur im Theater höre.

Abends ging ich spazieren und sah nach, ob Dein »Brief« im »Tageblatt« angekommen war – und das Herz klopfte mir ganz stürmisch – er war da! Ich kaufte zum Staunen des Verkäufers sechs Exemplare und ging in eine stille Seitengasse des Boulevards, und dort las ich Dein Briefchen, mein Liebster! [...]

1 »Brief an die Freundin«. In: »Berliner Tageblatt« vom 29. April 1928. Darin heißt es zum Schluß:» So allein in der Stadt herumzulaufen, ohne Augen – denn die hast ja Du mitgenommen – ist eigentlich scheußlich langweilig. Wenn die Sonne scheint [...], dann ist es ja auch noch zum Aushalten. Aber wenn es regnet, und kein Vogel singt, und Du so weit weg bist, dann ist das Leben wenig wert.« In: »Ausgewählte Briefe«, zusammengestellt von Hermann Hesse und Ninon Hesse, Erstauflage 1951, in der 3. Auflage 1981 um 231 Briefe erweitert, S. 18 ff. Ebenfalls in: »Briefe«, GWiE 1951, S. 9, ein Band mit der Widmung: »Für Freund Suhrkamp zu seinem 60. Geburtstag«.
2 Humorvolle Anspielung auf den »Brief an die Freundin«.
3 Albert Paris Gütersloh (1887-1973), Maler und Schriftsteller der Wiener Avantgarde, Schüler Gustav Klimts und später Prof. an der Akademie der bildenden Künste in Wien, war Ninon als ein Freund B. F. Dolbins bekannt.

4 Georg Kars, eigentlich Georg Karpeles (1882-1945), zwischen 1899 und 1905 bei Knirr und Stuck in München ausgebildet, ließ sich nach Reisejahren als Maler und Lithograph in Paris nieder.
5 Henri Rousseau (1844-1910), »Der Zöllner« genannt, weil er seinen Beruf als Zollbeamter aufgegeben hatte, um als Autodidakt Maler zu werden, wird als Begründer der europäischen naiven Kunst gefeiert, die Ninon jedoch bis zu dieser Begegnung fern lag. Sein »Urwaldbild« mag sie durch die magische Steigerung der dargestellten Dinge ins Überwirkliche für eine surrealistische Sichtweise aufgeschlossen haben.
6 Auguste Renoir (1841-1919) gegenüber blieb Ninon lange Zeit ablehnend, sie fand seine Werke zu geschmäcklerisch und konnte dem umrißauflösenden Farbenrausch nichts abgewinnen. Sie liebte die klare graphische Struktur, abstrahierende Linien, die nicht im Licht- und Luftkolorit verdampften.
7 »Holder Schein«, Anfang des Gedichtes von Hermann Hesse »Bekenntnis« (1918). »Die Gedichte«, a. a. O., S. 432.
8 Henry Becques (1837-1899) schildert in »Les corbeaux« (1882 uraufgeführt) die üblen Praktiken raffsüchtiger Geschäftsleute. Als Vorläufer des naturalistischen Dramas führte er die Alltagssprache ein und entwarf ein pessimistisches Bild der gesellschaftlichen Wirklichkeit.
9 In »Horace« läßt Pierre Corneille – wie in »Rodogune« (s. S. 188) zwei Wertbereiche mit gleichem Anspruch aufeinanderprallen, das Menschlich-Individuelle und das Überpersönliche, dem – wie er glaubt – im Konfliktfall das persönliche Glücksstreben geopfert werden muß. Das verdeutlicht er auch in den drei Römertragödien »Horace«, »Cinna« und »Pompée«. Weil in »Horace« (1640) der politische Machtanspruch Menschlichkeit und familiäre Bindung niederzwingt und der Dichter gar den Verwandtenmord rechtfertigt, fühlte sich Ninon abgestoßen.

Paris, 6. Mai 1928

Ich habe Dir jetzt lange nicht geschrieben, mir scheint vier Tage lang, sei mir bitte nicht böse. Teils war ich sehr beschäftigt, teils schlecht gelaunt. In beiden Fällen war Schreiben unmöglich. Schlecht gelaunt! Denn neulich, Mittwoch abend, war ich bei einem Maler eingeladen, und ich muss gestehen, ich hatte mich darauf gefreut, nach langer Zeit wieder mit irgendeinem Menschen zu reden. Aber es war unsagbar scheusslich! Er hat eine fürchterlich dicke Frau und wird selber von Jahr zu Jahr hässlicher, immer gewöhnlicher, und es steht alles auf seinem Gesicht

geschrieben, so wie auf dem Bildnis des Dorian Gray! [...] Und welche Neugier, welche taktlosen Fragen und Bemerkungen über mein jetziges Leben! Es war noch ein anderer Maler da, Gütersloh, den ich ziemlich schätze, mit seiner hübschen Frau, er hofft, mich einmal im Tessin zu besuchen. Aber er ging bald fort. Ich bekam eine Einladung zur Vernissage im »Salon«, wo Kars ausgestellt hat, und Freitag war ich auch pünktlich dort. Oh ich weiss nicht, ob Du Dir eine solche Trostlosigkeit vorstellen kannst! Ich meine nicht das Niveau – aber kilometer- und kilometerweit Bilder, Bilder, Bilder – 100 000 Bilder, (nein 2 954 nach dem Katalog!), unübersehbar! Wenn man denkt: Jetzt habe ich die Hälfte gesehen, dann öffnen sich wieder meilenweite Durchblicke, und es ist kaum erst ein Fünftel gewesen! [...]
Gestern war ich zum letzten Mal mit Bruno zusammen, der heute abend wegfährt. Wir waren im »Casino de Paris«, und er behauptete, es habe ihm riesig gefallen, ob er es nicht nur aus Höflichkeit sagte, weiss ich nicht. Ich wollte aber doch gerne, dass er wenigstens einmal so eine Revue sieht, es gehört zum Stil unserer Zeit! Er war nur schrecklich müde, denn er feiert jetzt jeden Tag Abschied und kommt nie vor zwei oder drei Uhr ins Bett!
Ich war bei Duhamel, er war sehr nett, aber ich hätte es doch nicht tun sollen! Man soll einen Dichter nicht belästigen, wenn man nicht schwerwiegende Gründe dafür hat – einer davon ist eine besonders hohe Verehrung! Wie darf ich aber von Verehrung sprechen, ich kenne ein und einhalb Bücher von ihm – die allerdings finde ich sehr schön, aber das gibt mir kein Recht, ihn selber zu belästigen. Nun, ich blieb 20 Minuten, und er lässt Dich vielmals grüssen. Er sagte zum Abschied, er bitte mich, Dir zu schreiben, dass er wisse, wer Du seist und welchen Platz Du in der Welt hättest, und er werde niemals »oublier son beau visage«! Da hätte ich ihm am liebsten einen Kuss gegeben! [...]
Paris habe ich herzlich satt, ich sagte Duhamel sogar, ich wolle in die Bretagne gehen, ich halte es in diesem Lärm und Gestossenwerden nicht mehr aus, und er gab mir eine Adresse. Ich

schreibe nämlich wieder und brauche noch eine Zeitlang Ruhe. Du siehst also, ich kann leicht nach Montagnola kommen, ich suche jetzt nichts als Ruhe und Für-mich-sein.

[am gleichen Abend]
[...] Mein Lieber, ich war jetzt so gewöhnt, immer und immer mit Dir zu leben, deshalb kann ich jetzt keine Menschen vertragen, deshalb finde ich alle so schrecklich, ich vergesse immer, <u>mit wem</u> ich gelebt habe und dass ich das von niemandem verlangen kann, dass er Dir gleicht! Deine Welt – und ihre Welt, die Welt der Menschen, sie ist so schmutzig, so banal, so armselig! Oh, dass es <u>Dich</u> gibt, mein Liebster! Ich sehne mich so nach Dir!
Ich bin wirklich nicht aus Übermut in Paris. Ich spüre trotz Sehnsucht, wie gut es für mich ist, eine Weile allein zu sein. Alle Dinge sprechen. Ich sehe unaufhörlich Bilder, und ich schreibe viel auf von dem, was ich sehe und höre. Wenn Du da bist, sehe ich immer wieder nur Dich. Nur Du lebst dann in mir! Das ist schön – aber doch nicht genug, ich will – aber »ich will« ist nicht das Wort! – ich <u>muss</u> auch fern von Dir sein! Es ist gut für mich gewesen, das spüre ich.
Diese Zeit ist jetzt bald vorbei. Dann bin ich wieder bei Dir, dann erzähl ich Dir soviel – und zeige Dir, wie lieb ich Dich habe, jetzt musst Du es mir aufs Wort glauben. Wenn ich nichts anderes von Dir höre, komme ich am 17. oder 18. nach Zürich, und am 21. od. 22. nach Montagnola. Aber wenn Du allein <u>nicht</u> zurechtkommst, dann schreib es mir, und dann komme ich <u>gleich</u>!
Deine Ninon

Montag [7. Mai 1928]
[...] Gestern abend war es noch so schön – ich bin jetzt wieder ganz gut mit Paris, erst hatte ich eine Zeitlang gegrollt, so wie ein Mann einer Geliebten, die er aus 1000 Gründen hassen, von der er sich befreien müsste – und die er eben doch liebt, allen »Gründen« zum Trotz, und von der er nicht lassen kann. Dieses zauberhafte Licht gestern abend – ich ging im Jardin des Tuileries spazieren, zwischen Bäumen, Statuen und Springbrunnen – es war wunderbar! [...]

Eine dem Brief beigefügte Kunstpostkarte: Musée du Louvre – St. Jacques, École Bourguignonne, XV. Siècle
Ich schicke Dir den Jakobus – ich liebe ihn sehr, erstens weil er Jakob heisst wie mein Vater, und dann weil er immer ein Ränzchen trägt, genau wie ich wandert er mit seinem Gepäck in der Welt herum – – – Mein Liebster, ist denn das möglich, dass Du mir aus irgend einem Grund böse bist?

Ansichtskarte an Hesse in Zürich: Cathédrale de Chartres
Chartres, 8. Mai 1928
Grüsse aus Chartres! Es ist sonnig, aber fürchterlich kalt! Ich bin um 6 h aufgestanden und von 9-12 h hab ich die Kathedrale angeschaut [...] und eine Monographie um 65 fr. Fcs gekauft, einen Extrakt von dem grossen Werk, weisst Du! Und jetzt ist es 12 h, von ½ 2 bis 6 h schaue ich weiter. Es sind mehr als 120 Fenster da! Leb wohl! Ninon, sehr müde und hungrig und frierend, aber glücklich.

Briefbogen des Victoria-Hotels in Amsterdam

Chartres, 8. Mai 1928

Mein Liebster,
Du muss nicht glauben, dass ich wieder in Amsterdam bin, ich habe nur noch dieses Briefpapier, und es bezeichnet auch gut meine glückliche Stimmung: In Chartres sein – und ausserdem in Amsterdam gewesen zu sein! Herrlich! (Amsterdam wird auch langsam immer schöner, je weiter ich davon entfernt bin!) Aber diese Kathedrale: [...] Alles war ein Wieder=Erkennen, ich war lange fortgewesen, nun aber war ich heimgekehrt zu den Königen und Königinnen von Juda, ich kannte sie so gut, und dabei waren es doch lauter Wunder. Und die Fenster! (Nach dem Plan sind es 174, aber da sind die kleinen »Rosen« mitgerechnet, oberhalb der Langfenster.) Je länger man sie ansieht, desto wunderbarer werden sie, man versinkt ganz darin, man wird verzaubert. Aber wenn ich sie mit etwas vergleichen will, fallen mir nur Schmetterlinge ein. [...]

Fortsetzung auf dem gleichen Bogen:

10. Mai 1928

Lieber, eben kommt dein Bärenkärtchen, und mit Entsetzen ersehe ich daraus, dass ich mich nicht für Dein Geschenk bedankt habe. Was denkst Du jetzt nur von mir? Ich hab Dir in Gedanken so gedankt und auf dem Papier nicht, jetzt musst Du natürlich annehmen, dass ich es gar nicht bekommen habe!
Ich kann zu meiner Entschuldigung nur sagen, dass ich so viel mit Dir spreche, dass ich überhaupt nie weiss, was ich Dir eigentlich geschrieben habe und was nur gedacht blieb. So hätte ich schwören können, dass ich mich bedankt habe, und sehe zu meinem Staunen, dass ich es nicht tat. Bitte sei mir nicht böse und hab vielen herzlichen Dank! [...]
Mein Liebster, diesen Brief schicke ich nach Montagnola, ich begrüsse Dich, ich wünsche Dir gutes Wetter, schöne Tage, nicht zuviel Plage mit der aufgestapelten Post, ich wünsche Dir, dass

es Dir gut geht, dass Du keine Schmerzen hast und viel, viel Freude! Ich wünsche Dir einen schönen glücklichen Sommer, mein Lieber, Lieber! Und ich freue mich unsagbar auf Dich!

Deine Ninon

P.S. Lieber, in dem Gedicht» Heut war die schöne Mailänderin dabei«[1] steht jetzt nicht »Ninon«, und nicht »Liebste« wie in den ersten Fassungen, sondern »Geliebte« – ich danke Dir so – das ist so schön – –

1 Ninon dankte Hesse für den gerade erschienenen Band »Krisis, ein Stück Tagebuch«, den er ihr zugeschickt hatte. Sein nach Ninons Besuch im März 1926 entstandenes Gedicht »Fest am Samstagabend« enthielt die Zeile: »O Ninon, du darfst nicht schelten noch lachen, / Die Mailänderin sah so traumhaft aus«. Hesse hatte das Gedicht in den 1928 bei S. Fischer in 1150 numerierten Exemplaren erschienenen »Krisis«-Band aufgenommen und »O Ninon« dabei durch »Geliebte« ersetzt. »Die Gedichte«, a.a.O., S. 519.

Paris, 11. Mai 1928

Ich lag heute früh lange wach im Bett und dachte an meinen lieben Vogel[1], der heute eisenbahnfahren muss, und wünschte ihm alles Gute für Reise und Ankunft. Zum Frühstück bekam ich eine »Literarische Welt«, in der Freds »Hundebuch« angezeigt war. Ich blättere darin und finde einen Abschnitt über Colette: »Renauds Weib«. Zuerst wusste ich gar nicht, um was es sich da handeln könnte, denn es war verabsäumt, den französischen Titel des Buches anzuführen – eine solche Selbstverständlichkeit! Aber aus der Inhaltsangabe sah ich dann, welches Buch gemeint sei. Und nun kommt das Unerhörte: Dieser freche Trottel schreibt über dieses Buch, als wäre es soeben erschienen! Tadelt es, vergleicht es mit anderen Colette-Büchern, die unvergleichlich besser seien, usw.

Ich weiss nicht, ob Du den Weg der Colette kennst. Sie war vor beiläufig 25 Jahren verheiratet mit einem Herrn Willy, der ihr Talent erkannte und sie ermunterte zu schreiben. Aber um die Sache pikant und interessant zu machen, »verbesserte« und »ergänzte« er ihre Bücher, brachte Pikanterien hinein, kurz, es wur-

»Vogel« Hesse mit der scharfen Profillinie
und dem spähenden Blick

den Modebücher, die man mit schauderndem Entzücken las. Das ist die Serie der »Claudine«- Bücher, vier Bände, jeder auch einzeln zu lesen. Ich gestehe, dass ich eins davon auch nur so aus Sensationslust las, um einmal das Pariser »Laster« kennen zu lernen. Ich hatte keine Ahnung von Colette. Aber ich spürte in diesen Büchern schon das Dichterische und las nach und nach alles (oder fast alles) andere von ihr, erfuhr auch einiges über sie. Sie hatte sich von Willy getrennt, und seither sind ihre Bücher wirklich wunderschön. Langsam werden sie ins Deutsche übersetzt, wahrscheinlich nach Verleger-Rücksichten. So ist vielleicht »Renauds Weib« – ein entsetzlicher Titel, so à la Clara Viebig und für die graziöse mondäne Claudine eine ganz idioti-

sche Bezeichnung – (oh Boch!) – gerade jetzt ins Deutsche übersetzt worden, und der Trottel aus der Lit. Welt bespricht ein vor 25 Jahren geschriebenes Buch wie ein neues und misst es an ihren viel später geschriebenen Büchern! Was sagst Du dazu? Oh dass Du immer recht behalten musst!! Du sagtest ja, die »L.W.« sei ein Sau-Blatt, und ich verteidigte sie! Was für ein unverbesserlicher Trottel bin ich doch! [. . .]
Vorgestern machte ich den Besuch bei der ehemaligen Gouvernante[2]. Sie freute sich riesig. »Comme elle ressemble à sa mère!« sagte sie fortwährend ganz entzückt, »le même sourire –« usw. Aber als ich den Hut abnahm, fand sie wieder, ich sähe meinem Vater ähnlich – und das ist ja auch richtig. Denk Dir, sie kannte meine Mutter als junges Mädchen und war mit ihrem Zögling zwei Monate lang zu Besuch bei den Grosseltern in Andrychau, sie schwärmte mir vom grosselterlichen Haus vor, und sie hat den Papa als Bräutigam gekannt und geholfen, das Haus in Czernowitz zur Ankunft des jungen Paares zu schmücken – schön, nicht wahr? Ich war wirklich sehr froh. Aber damit war es dann aus. Man sprach von anderem, und ich sass da in einer französischen Bürgerfamilie [. . .] und man zählte auf, was ich alles sehen müsse, unbedingt müsse – und [. . .] Mutter und Tochter trommelten in mich herein, Namen und Bahnhöfe, und ich versprach, alles zu sehen. [. . .] Ich dachte an Dich und wie wehrlos Du in solchen Fällen bist, wie ein armes gefangenes Tier! Ich kann mich ja ziemlich gut wehren.
Gestern habe ich noch ein wunderbares Erlebnis gehabt – ich habe »Les Nymphéas« (»die Seerosen«) von Monet gesehen. Das ist in der »Orangerie«, zwei grosse ziemlich niedrige Säle mit schönem Oberlicht. Jeder Saal hat einen ovalen Grundriss, und in jedem sind in die vier Wände die vier »Bilder« eingelassen. [. . .] Die Bilder haben gar keine Komposition, und ich dachte: Am Ende des Lebens steht dasselbe Chaos so da, wie es am Anfang des Lebens dem Kind erscheint. Dazwischen war der weite schwere Weg der Formgebung, Formbeherrschung, des Weglassens und der Gestaltung. Aber dann zertrümmert der Künstler die Form und empfindet das All in sich und sich im All,

und es ist ein Ineinanderschweben – und eigentlich ist jedes Ende eines grossen Künstlers eine Himmelfahrt! Die Seerosen schwimmen auf dem Wasser, am Ufer stehen Weiden, sie tauchen ihre Zweige ins Wasser und beschatten es; in der Tiefe sieht man Tang und Algen, oben schwimmen die Seerosen, die Wolken spiegeln sich im Wasser, Wolken in allen Farben und Formen, es ist, als wäre der Himmel ins Wasser gestürzt und als schwebten die Seerosen auf den Wolken – es ist alles eine Einheit – kein Unterschied mehr – »nichts ist oben, nichts ist unten«[3] – und es ist unendlich – – –

Fünfzehn Meter lang, sagte ich – es könnte auch 50 Meter lang so weiter gehen, es ist ohne Anfang, ohne Ende. Nur die Atmosphäre ist immer anders und die Tageszeit. Einmal ist ein milchiger Silberdunst über allem, einmal Sonnenuntergangsbeleuchtung, ein klarer Spätnachmittag vielleicht auf einem andern Bild, und einmal fast Nacht – man sieht kaum die Umrisse, – ist das noch Baumstamm oder schon Nacht, sind das noch Blätter oder sind sie schon verwandelt? Aber man gewöhnt sich an das Dunkel und sieht sich immer tiefer ein. Ich war so glücklich, dass ich weinte. Es war plötzlich alles so klar, so leicht, so wunderbar – ewig. [. . .]

1 Ninon benutzt in diesem Brief die Anrede »Vogel«, was Hesse als Rufnamen für sich im gegenseitigen Umgang gerne annahm, ja er schrieb im Märchen »Vogel« (s. S. 26 f. u. 306 f.) seine Selbstcharakteristik neben Ninon, der »Vogelfängerin«. Er unterschrieb seine Briefe an Ninon mit »Vogel« oder zeichnete unter den Text einen Vogel, der zum Ausdruck seiner jeweiligen Stimmung paßte – entweder bunt und geputzt aufgereckt oder mit kläglich zerrupftem Federkleid. Ninon kennzeichnete in diesem Kosenamen Hesses vogelhaftes Aufschwingen aus dem Alltag in die dichterische Sphäre der Verzauberung, Verwandlung, Umdeutung. Mit dem Weltenauge sehen – Gottes alles umfassender, Einheit stiftender Blick auf die Erde – beschäftigte seine Einbildungskraft und begründete auch seine Flugleidenschaft (s. S. 187). Außer manchem Charakteristikum – dem vogelähnlichen Profil und dem unbestechlich scharfen Blick – griff Ninon in ihrem Kosenamen für Hesse auch ein durchgängiges Motiv seiner Werke auf. Beispiele für das Vogelmotiv: Kleine, a. a. O., S. 286-300.

2 Die »ehemalige Gouvernante« war vor 32 Jahren in Czernowitz bei Ninons Verwandten tätig gewesen und kannte ihre Eltern noch als Brautleute.

3 Zeile aus Hesses Gedicht »Verzückung«, worin es u. a. heißt: »Nichts ist außen, nichts ist innen / Nichts ist unten, nichts ist oben, / Alles Feste will zerrinnen / Alle Grenzen sind zerstoben.« In: »Die Gedichte«, a. a. O., S. 452.

Postkarte

Zürich, 22. Mai 1928

L. H. Nein, was ist dieses Zürich für eine entzückende Stadt! »Stadt« – ich meine natürlich ein Dörfchen – was für ein malerisches, ruhiges, trauliches, <u>sauberes</u> Dörfchen! Rotblühende Kastanienbäume – in Paris gab es nur weisse – und überall Rotbuchen, und der Flieder und die Stiefmütterchen – und der See und die Berge! Ich bin ganz begeistert! Dass »Auto« auch ein Singular sein kann, erkenne ich hier erst wieder, in Paris gab es immer nur gleich 75 auf einmal! [...] Übermorgen um die Zeit bin ich bei Dir, ist das möglich? Heute war ich noch einmal bei Bircher, alles Gelernte auffrischen. [...]

Im Sommer 1928 bewohnte Ninon wieder ihre Parterre-Wohnung in der Casa Camuzzi. Um gegenseitige Störungen zu vermeiden, wurden an vereinbarten Stellen im Vorzimmer Zettel niedergelegt, von denen viele Hunderte erhalten blieben: Dankesbezeugungen, praktische Ratschläge, Essenswünsche, Vereinbarungen über gemeinsame Unternehmungen. Hin und wieder machte sich eine spontane Gereiztheit im gegenseitigen Umgang bemerkbar, die jedoch im beiderseitig gesuchten Einklang schnell wieder verebbte, sich aber auch in manchen dieser »Hausbriefe« niedergeschlagen hat.

Die Casa Camuzzi,
von der Straßenseite her gesehen

Hausbrief

20. September 1928

Liebster Hermann!
Die Ninon hat ein Schreibmaschinchen zum Geburtstag geschenkt bekommen, denke Dir [...] und die ersten Zeilen, die sie mit dem neuen Maschinchen schreibt, sollen an Dich gerichtet sein und Dir sagen:
Dass sie Dich lieb hat und dass sie Dir viel- vielmals dankt für alles, was Du ihr geschenkt hast!
(Das Schreibmaschinchen hört erst jetzt zu seinem masslosen

So unterzeichnete Hermann Hesse seine Briefe an Ninon –
je nach Stimmungslage

Staunen, dass es nicht mehr dem Herrn Hesse gehört, sondern der Ninon. Aber ich hoffe, es wird mir gehorchen und eingedenk seiner ruhmreichen Vergangenheit – hat es nicht den »Steppenwolf« schreiben dürfen? – meine Finger führen, dass sie nicht nur – sondern auch – usw.)
Wir schicken Dir einen Gruss – das Maschinchen und ich
                              Ninon, Schreibmaschinchen m. p.

Hausbrief
Lieber Vogel, danke für die Nachricht! Ich wollte, sie wäre besser gewesen, armes Kind! So einen zerzausten armen Vogel hast Du unten hingesetzt, zum Weinen! N.

Hausbrief

1. Oktober 1928

Mein lieber, lieber Hermann,
ich bin so traurig gewesen, und ich habe die ganze Nacht nicht geschlafen, und das Herz hat mir so furchtbar wehgetan. Ich habe viele Briefe in Gedanken an Dich geschrieben, aber in Wirklichkeit schreibe ich keinen davon nieder. Es wäre ganz sinnlos.
Der Schmerz ist nun vorüber, nicht ganz, aber zum grossen Teil. Ich will jetzt wieder Deine Ninon sein.
Der Schmerz kam schon vor einigen Tagen so stark über mich: Als ich Dein neues Feuilleton las. Aber es gelang mir, ihn niederzuzwingen. Gestern gelang es nicht.
Ich schreibe Dir das als eine wenn auch unvollkommene Erklärung. Ich will Dich weder ärgern noch Dein Leben erschweren. Aber was mich gestern und neulich überfiel, war wie ein Schlaganfall mit nachfolgender Lähmung.
Glaube nur nicht, dass die Stelle über das Zauberflöte-Kissen[1] die Ursache war! O nein! Das ist so wunderschön!
Lieber Hermann, ich bewundere Dich so, dass Du 51 Jahre alt bist! Ich glaube, so weit werde ich es nicht bringen. Es ist mir zu schwer.
Lieber Hermann, willst Du mir einen Kuss geben, dann gebe ich Dir einen oder zwei – – Deine Ninon

[1] Das »neue Feuilleton«: gemeint ist »Beschreibung meines Zimmers«, darin berichtet Hesse über Dinge, die ihm lieb sind, z. B. ein Kissen: »Tamino und Pamina, wie sie durch die Flammen der Feuerprobe gehen [...] Eine Frau hat es gestickt, die mich einst liebte, und wie mir ihr schönes Kissen mit dem holden Sinnbild geblieben ist und viel bedeutet, so möge auch ihr von mir irgendein kleiner Besitz in der Seele geblieben sein!« In: »Kleine Freuden«, a. a. O., S. 254 ff.

Hausbrief

Dienstag früh

Hermann, lieber Hermann, es war nicht das Feuilleton! Es war durch den Inhalt des Feuilletons etwas wieder wach und schmerzlich geworden, das ich lange unterdrückt hatte. Die Beschreibung Deines Zimmers[1]. Dieses Zimmers, vollgehängt mit Bildnissen von Dichtern, Fremden, Frauen – in dem kein Platz für ein Bild von mir ist!

Ich glaubte, ich hätte mich damit abgefunden. Aber wie das kam, die Beschreibung, da ergriff es mich wieder so stark. Aber das Feuilleton selbst ist wunderschön, und ich wünschte es in keinem Wort anders – es ist durch Form und Sprache über-wirklich, wie sollte ich hier »unzufrieden« sein! Nein, das Feuilleton erweckte nur assoziativ, durch seinen Inhalt, die Erinnerung an mir Schmerzliches.

Das Aquarell – im Vorzimmer. Voriges Jahr hast Du einmal in Bezug auf dieses Zimmer gesagt: »Das ist nicht mein Zimmer«. Ich hab mich getröstet. Ich dachte, die Malerei gefällt Dir vielleicht nicht.

Aber heuer fragte ich Dich einmal nach meinen grossen Photographien. [...] Du wurdest wütend! Woher Du wissen solltest, wo die seien, bei der Unmasse von Papieren, irgendwo zuunterst würden sie wohl liegen!

War das nicht deutlich genug? O ich konnte mir Männer vorstellen, ebenso beschäftigt wie Du, mit ebensoviel Papieren – und die doch dieses eine Papier – das Bild ihrer Geliebten – irgendwo obenauf liegen haben, sodass sie es leicht ansehen können.

Ach, ich bin zäh. Ich ertrage alles. Dieser Schmerz (ich weiss nicht, ob Du ihn ermessen kannst) ging vorüber. Neulich ist er wieder aufgewacht. Er wird wieder vorübergehen. Als ich merkte, Du gäbest dem Feuilleton Schuld, war ich wütend über mich. Ich wollte Dich nicht mit so einer halben Wahrheit lassen. Und so demütigend dieses Bekenntnis für mich war, so sollst Du es nun doch haben.

Deine Ninon

1 »Beschreibung meines Zimmers« erschien siebenmal unter verschiedenen Titeln. Erstdruck als »Spaziergang im Zimmer« am 5. Oktober 1928 im »Berliner Tageblatt«. Unter diesem Titel aufgenommen in: »Kleine Freuden«, a. a. O., S. 254 ff.

Um im Winter ihren feuchtkalten Räumen in der Casa Camuzzi zu entgehen, reiste Ninon vom 9. Oktober bis zum 12. Dezember 1928 über Wien nach Krakau und Czernowitz, dabei schrieb sie ihre Kindheitserinnerungen nieder.

Im Speisewagen, Montag, ½ 8 h früh
Liebster,
ich bin dem unerträglichen Geschwätz im Coupé ein bischen entflohen und habe Teechen getrunken und die ersten Kaisersemmeln gegessen. Es ist wunderschön, die Sonne scheint, die Bäume sind goldbraun, [...] in Kitzbühl und am Arlberg war alles verschneit.
Aber wie soll ich Dir denn danken? Was hast Du denn der Ninon geschenkt? Sie hat das Couvertchen pünktlich nach Buchs geöffnet und ein Bildchen gefunden und einen Gruss und einen Kuss – Sie hat sich furchtbar gefreut und sie dankt Dir vielvielmals [...].
In Buchs musste ich aus meinem schönen französischen, gepolsterten Wagen heraus, weil er nicht heizte, und ich stieg in einen österreichischen übelster Sorte, hart, ohne Armlehnen, eng und schmutzig. Und mein Coupégenosse war ein ehemaliger österreichischer Offizier, auch entsetzlichster Sorte. Schweinsvisage und ganz wie von Georg Grosz erfunden. Und wie diese Menschen immer »aus einem Guss« sind, passte alles zu ihm, Stimme und Gehabe, und dann schnarchte er – schnarchte so fürchterlich, als wäre es ein fortwährendes Rülpsen – ich fluchte laut – ich wünschte mir ein Eisenbahnunglück, nur um ihn tot zu sehen, grässlich! Er war während des Kriegs in »diplomatischer Mission« in Bern und erzählte den Mitreisenden »die wahren Ursachen des Zusammenbruchs«. Aber die »wahre Ursache«

des Zusammenbruchs, vielmehr des Krieges war er; niemals habe ich so klar gesehen, wie es damals eigentlich zuging.
O – Österreich ist so furchtbar! Ich bin traurig, wenn ich in dieses Land komme. »Wortn wir fohrplonmässig?« fragte einer den Kondukteur. Mir wurde ganz übel. Ach wenn jetzt einer »Grüetsi« gesagt hätte – ich wäre ihm ohne weiteres (schluchzend) um den Hals gefallen! [...]

Ansichtskarte: Schönbrunn, Gesamtansicht

Wien, 14. Oktober 1928
Lieber, abends in der Oper bei der »Entführung« war es himmlisch schön! Heute Konzert und morgen »Ariadne«, denke Dir, was ich für ein Glück habe! Gestern habe ich mir den ganzen Nietzsche in Dünndruck gekauft, er kostet ca 140 Schilling, ich nehme ihn als Dein Vorarlberger Geschenk und danke Dir dafür tausendmal.

Wien, 19. Oktober 1928
Liebster, sehr müde schreibt Dir die arme Ninon, Dein armes Kind, Dir heute noch. Denk Dir, drei intravenöse Injektionen krieg ich, zwei ins kranke Bein und eine ins »gesunde«. Und eine Zahnfistel hab ich doch! [...] Ein Trost sind meine neuen Kleidchen – »einfach aber teuer«.
»Ariadne«[1] war wundervoll. Es ist meine drittliebste Oper sonst (1. Don Juan, 2. Zauberflöte), aber gestern war es die aller-liebste, bezauberte mich, beglückte mich! Sie hat zwei Akte, der 1. Akt kann nur noch vom 2. übertroffen werden, während schöner als der 2. Akt nur noch der erste sein kann! Ich war ganz selig.
Morgen bekomme ich zwei Injektionen. Ach, dass Du es nicht vorher wusstest und an mich denken konntest! Ich werde aber an Dich denken, und das soll mir wohltun! Lieber, Lieber, wie

gut, dass es Dich gibt! Und der Goldmund[2] wandert auf der Heide? Oh, wenn es Dir nur gut ginge, mein geliebtes Herz! [...]

1 »Ariadne auf Naxos«, diese 1912 uraufgeführte Oper von Richard Strauss (1864-1949) war Ninon seit deren Wiener Premiere im Kriegssommer 1916 vertraut und gehörte zu den Werken aus Oper und Literatur, durch die es ihr gelang, ihre Verlassenheit nach Dolbins Treuebrüchen zu deuten und »mit Sinn zu füllen«: Ariadne, die sich – von Theseus verlassen – vertrauensvoll in jedwede Fügung, ja sogar in den Tod fallen ließ, erlebte das Wunder der Verwandlung, die Wiedergeburt in den Armen eines Gottes. Das Lebensmuster der Ariadne wurde für Ninon so wegweisend, daß sie in ihren autobiographischen Aufzeichnungen das »Ich« ausstrich und durch »Ariadne« ersetzte: »Sich vom Vergangenen lösen, hieß, sich selbst zu erlösen. Das einzige Mittel gegen ihre Verlassenheit war, sich vertrauensvoll in diese Verlassenheit hineinfallen zu lassen.« Dazu: Kleine, st 1384, S. 179 ff.
2 »Narziß und Goldmund« entstand zwischen April 1927 und Ende Januar 1929 in Baden, Zürich, St. Moritz und Montagnola. Es war das erste Werk Hesses nach seinem Zusammenleben mit Ninon und wurde mit dem Untertitel »Geschichte einer Freundschaft« 1929/1930 in der »Neuen Rundschau« veröffentlicht. In seinem Aufsatz »Eine Arbeitsnacht« erklärte Hesse während der Abfassung dieses Romans (am 2. 12. 1928), daß all seine Prosawerke »Seelenbiographien« seien. Während er im »Steppenwolf« als verbitterter Außenseiter sein Leiden einer verständnislosen Umwelt entgegengeschrien hatte, gestaltete er in diesem Roman die Möglichkeit, durch einen verständnisvollen Gefährten zum Einklang mit sich selbst zu gelangen: »Zweiheit erlöst!« Ninon, die Freundin, kommt zwar im Roman selbst nicht vor, wohl aber, was sie für die Befriedung seines Lebens bedeutete: die gegenseitige Ergänzung durch Freundschaft, die das eigentliche Thema dieses Romans ist. S. Fischer, Berlin 1930. GW 8. Bd., S. 5-320.

Wien, 20. Oktober 1928
Liebster,
die erste Injektion ist vorüber, ich habe mich schändlich benommen, geheult wie ein Hündchen – und es hat auch weh getan, aber doch nicht so sehr, wie ich heulte! [...]
Über Deine Januar-Reise sprechen wir noch, wenn es nur ir-

gendwie geht, begleite ich Dich, vielleicht kann ich Dir doch ein wenig Erleichterung schaffen. Ich habe viel mit Anschaffungen zu tun, und gestern kam eine telegraphische dringliche Einladung von dem geliebten Onkel Bernhard Unger. [...]
Dass es Dir nicht gut geht, betrübt mich sehr! Ich wünsche inständigst, dass diese böse Zeit vorübergehe, und ich wünsche Dir schöne glückliche Tage in Baden, Lieber, Lieber! Wenn doch Deine Schmerzen aufhörten – oh, was könnte ich für Dich tun, um Dir zu helfen!

Ich küsse Dich innig   Deine Ninon

Bitte grüsse Markwalders herzlich von mir und alle Hündchen und die hübsche Ober-Saaltochter und das nette Fräulein aus dem Bureau, ja?

Kunstpostkarte: Kupferstich von Albrecht Dürer »Hieronymus im Gehäus«

Wien, 24. Oktober 1928

Lieber! Gibt es denn noch irgendwo in der Welt einen Hieronymus im Gehäus? O wie sehne ich mich nach ihm, seiner schönen reinen Welt – hier ist es so schrecklich! Was macht er denn? Malt er schöne Bildchen, schreibt er einen Piktor, was tut er denn? Die Ninon läuft herum, hat viel Ärger, sieht grässlich aus und freut sich unsagbar auf vier Wochen Ruhe. Leb wohl! Dass Du auf der Welt bist!   Deine Ninon

Wien, 26. Oktober 1928, 1 h nachts

[...] Heute war Trubel und Unruhe den ganzen Tag wie gewöhnlich. Für gestern hatte ich allen Lieferanten meine Abreise gemeldet, gegen 8 Uhr abends war alles glücklich da (bis auf einiges von solchen, die ich nicht belogen hatte), und heute erschien ich als Rachegöttin in allen Geschäften der Reihe nach und trug Stück für Stück zurück; denn alles hatte Fehler!

Das Telegramm vom polnischen Konsulat in Bern ist nicht gekommen. Ich kann nicht abreisen. Hoffentlich kommt es morgen, dann reise ich Sonntag. Meine Adresse: Bei B. Unger, Kraków, Batorego 2.
Lieber, verzeih, das mit den 20 Mark habe ich missverstanden. Ich war Dir doch, wie Du weisst, 20 Francs schuldig, dafür kaufte ich 28 Schilling und zwei legte ich zu, das war für Haringer, und so wären wir quitt, dachte ich. Nun aber hattest du die 20 Mark dafür bestimmt. Ich mach es jetzt so, dass ich ihm die 5 Mark von heute zu den 30 Schilling lege, und dann bin ich Dir also weiter 20 Francs schuldig. Ist es jetzt richtig?
Vibrationsmassage machst Du jetzt, Liebster? Möge es Dir guttun, lieber Lieber!
Aber dass ich mein Maschinchen schlecht behandelt hab, tut mir riesig leid! Ich hatte immer eine Unterlage, aber nur ein dünnes Blatt Papier. Jetzt bist Du aber lieb mit dem armen kleinen Maschinchen, das ist gut! [...]
Um 7 h begann das Requiem von Berlioz[1] im Stephansdom. Als die Orgel anfing und dann die Streicher, die Bläser, die Stimmen – als ich die Pfeiler sah, die Wölbung, die Skulpturen der Kanzel – da dachte ich zum ersten Mal heute so recht an meinen Vater in Innigkeit und Zärtlichkeit. Ich trug zum ersten Mal eine goldene Kette, die er vor 35 Jahren seiner Braut, der Mama, geschenkt hatte, die Musik ergriff mich (nicht der Berlioz, die Musik, die Kläng), der Raum (leider blendete das Licht sehr, man hatte beleuchtet wie in einem Kaffeehaus), ich war tief ergriffen, und da kamst Du – Lieber. Ich denke nie an Dich bei Hüten, Schuhen, Tramway, Lärm, Gedränge – aber wenn etwas schön und hoch und herrlich ist, dann bist Du da, und dann spüre ich das Wort vom wirklichen Leben und weiss, wo es ist. [...]
Es blieb nicht so schön beim Requiem. Es gab furchtbar viele Bläser und Tamtam, und auf meinem Platz dröhnte es nur so, ich beneidete die Kirchenmäuse, in ihren Löchern hörten sie alles wahrscheinlich gerade richtig. Später gab es wieder schöne Stellen, das Sanctus und noch ein paar. Zuletzt schien es mir, als stünden die Toten aus ihren Gräbern auf (so von Rogier oder

Bouts hätte es sein können, aber nicht Memling, den ich nicht leiden kann!) und sangen: Requiem aeternam. [...]

1 Hector Berlioz (1803-1869) wurde von den Neuromantikern wegen seines »Klangzaubers« als wesensverwandt hochgeschätzt. Als ein auf illustrierende Instrumentalklänge ausgerichteter »Programmusiker« steigerte er die orchestrale Dramatik, was Ninon als Getöse und Tamtam störte.
2 Gemeint sind die niederländischen Maler Rogier van der Weyden (um 1400-1464), Dierick Bouts (1415-1475) und Hans Memling (um 1435-1494).

Krakau, Mittwoch, 7. November 1928

Mein armes, liebes Herz,

[...] also in Zürich bist Du einen Tag gewesen, darüber war ich ganz erstaunt, und das Müsli bekommt Dir nicht, das betrübt mich sehr! Aber hoffentlich schmeckt Dir das Joghurt und bekommt Dir sehr sehr gut, mein liebes Herz Du! Aber ich glaube, vor Forellchen musst Du Dich nicht fürchten, es ist Dir diesmal gewiss nur deshalb nicht so gut bekommen, weil Du Angst vor zwei Besuchen gehabt hast. Mein Lieber, ich seh Dich so gut vor mir, wie Du Dich ganz kindlich fürchtest, und ich bin so froh, dass ich dich beschützen darf, und es tut mir so leid, dass ich jetzt nicht da war zum Beschützen.

Dass Du ein Billard-Champion geworden bist, macht mich aber stolz! »Die Blüte des Aargau« – der »Stern Badens« – – bald wird es einen H.H.-Stoss geben! Und den »Circus« hast Du gesehen? Ich freu mich sehr darüber, und dass Du keine Augenschmerzen dabei hattest.

Der deutsche Buch-Club – also ein feiner Club! »Der Werwolf«[1] – es ist <u>unglaublich</u>.

Wie schön ist Dein Gedicht: Zu einem Blumenstrauss[2]! Im Ton ist es ganz ähnlich dem Schoeck gewidmeten – »die Blume spricht zu uns – –«[3]

Ich war jetzt einige Stunden ganz allein zuhause und schrieb. Plötzlich hörte ich Schritte im Vorzimmer. »Styx!« rief ich.

Keine Antwort. Ich erschrak entsetzlich, denn wir wohnen Hochparterre, und die Wohnung hat zwei Eingänge, Hintertreppe und Vordertreppe. Schnell riss ich das Fenster auf, das in den Hof geht. Aber wie heisst: »Hilfe, Einbrecher!« polnisch? Ich fürchtete mich schrecklich. Zum Glück nur etwa 20 Minuten, dann erschien die »kucharka« (Köchin) und Styx erschien strahlend, und es war weit und breit kein Einbrecher zu sehen. Vielleicht hatte ich das alles nur arrangiert, um das nervöse Herz zu prüfen. (Ach wie feig ich bin! Aber hast Du Einbrecher gern?) Und hier wird viel eingebrochen und gestohlen.
Der Onkel wird leider immer dicker. Er geht so ungern und er isst so gern, es ist also gar kein Wunder. Ich versuche immer, ihn zum Spazierengehn anzuregen, gestern nach dem Nachtmahl ging er lammfromm mit, ich war froh darüber – aber dann trat er in eine Kneipe ein und ass eiligst ein Stückchen Wurst und kaufte Cakes und ass ein paar, dann nahm ich sie ihm weg und sagte, auf diese Weise würde der Abmagerungsspaziergang wenig nützen. Aber er ist so herzig dabei, man muss lachen, statt entrüstet zu sein. Seine Angestellten haben es gut, trotzdem er sie, wie er selbst zerknirscht berichtet, furchtbar sekiert. Dicke schützt ja nicht vor Nervosität, und er ist ausserordentlich nervös. [...]
Gestern habe ich etwas auf der Maschine geschrieben, es ist eine uralte lahme rheumatische Maschine, aber sie kann ø« schreiben (das wird ungefähr so ausgesprochen: »ä-uh«) und ó und ż und hat mir darum imponiert, aber mein Maschinchen musste Du von mir grüssen, es ist das liebste, klügste Maschinchen der Welt!

Donnerstag

Mein Lieber, jetzt bin ich in Wieliczka und schicke Dir einen herzlichen Kuss – Deine Ninon

1 Eine Verwechslung des Titels von Hermann Löns mit Hesses »Der Steppenwolf«.
2 »Zu einem Blumenstrauß«, in: »Die Gedichte«, a. a. O., S. 572.
3 Anspielung auf die zweite Zeile von Hesses Gedicht »Sprache«: »Die Sonne spricht zu uns mit Licht, / Mit Duft und Farbe spricht die Blume [...].« In: »Die Gedichte«, a. a. O., S. 594.

Krakau, 12. November 1928
Liebster Hermann! Diese grässliche, abscheuliche Ninon hat Dir zwei Tage lang nicht geschrieben, Samstag nicht und Sonntag nicht! Samstag machte sie dilettantische Versuche zu einer linksseitigen Neuralgie und hatte auch ein wenig Kopfweh. Aber wie untauglich dieser Versuch war, bewies die Wirkung eines einzigen Aspirins, das die ganze Neuralgie verschwinden liess. [...]
Sonntag hab ich dem Onkel eine Szene gemacht, die man nur mit dem Wort »häuslich« bezeichnen kann. Er hat furchtbar ausgeschimpft bekommen, und ich habe ihm gesagt, dass mir der Umgang mit Neurasthenikern keineswegs unbekannt sei, dass ich aber Neurastheniker kenne, deren Heldenkämpfe ich bewundere, die sich selbst am meisten quälten [...]. Der Onkel lässt sich nämlich schrecklich gehen und hat keine Spur von Selbstdisziplin. Nun, er hat alles von mir aufs kräftigste und deutlichste zu hören bekommen, aber im Nu waren wir dann wieder gut, und da Sonntag war, blieben wir den ganzen Tag zusammen. [...]
Heute aber bekam ich zwei Briefchen von meinem Liebsten, d. h. ein Briefchen und eine Drucksache – Du kannst Dir gar nicht denken, was für reizende Buchstaben er aufs Couvertchen malt (er ist nämlich auch ein Maler) – so zierlich stehen sie da, als hätten sie eben getanzt und wären jetzt einen Augenblick stehengeblieben und würden gleich weitertanzen. [...] Regt Dich eigentlich bewusst schlechte oder pardon: »neue« Orthographie auch so auf wie mich? Ich tobe, wenn ich »Schofför«, »Keks«, oder »Büro« lese! Die Polen leisten sich darin Schauerliches, »Szopyn« schreiben sie, was »Chopin« heisst – denk Dir, sogar an heilige Namen wagen sie sich mit ihrer Gehör-Orthographie! Eben fällt mir ein schönes Wörtchen ein, das ich geneigt bin, Dir zu schenken: Onomatopoesie! (Aber braucht ein Dichter geschenkte Wörtchen!!!) Es wäre schön, einen Aufsatz von Vossler zu lesen über Grenzen und Gesetze der Orthographie oder Gehör- und Gesichtssprache. Das ist ein gutes Organisationstalent, das ich habe, nicht wahr? Der rechte Mann für die rechten

Gedanken! Orthographie: Herr Vossler. Statt selber darüber nachzudenken! [...]
Das Feuilletonchen in den »Dresdner Neuesten«[1] hab ich gelesen und finde es grossartig, dass Du Dich über den Schmid so lustig machst und das Buch noch empfiehlst; der Ton ist so gelassen, und ich bin froh, dass Du jetzt so hoch darüberstehst und nur in weitem Bogen darauf hinunterspuckst[2] – aus Freude an dem schönen weiten Spuckenkönnen mehr als aus Zorn. Und die Ninon kommt auch darin vor, das hat sie sehr gefreut! [...]
Aber mein Lieber, dass sie die Fassade tünchen müssen, gerade wenn Du nach Zürich kommst, ist schrecklich. Und noch vier Wochen, schreibst Du, wird es ungefähr dauern! O mein armes liebes Kind!
Ich bin so froh, dass Dir Dein Yoghürtlein schmeckt, und ich bin schon zufrieden, wenn es mit der Verdauung »so so« steht, aber meine Wünsche gehen natürlich weiter und träumen von Selchcarré mit Kraut und Knödeln zu Mittag und Beefsteak am Abend für Dich, die Du spielend schluckst und spielend verdaust!
Ich danke Dir herzlichst für die Arosa-Einladung, mein Liebster, und ich wünsche, dass es Dir sehr, sehr gut tun möge, wieder Ski zu laufen. Abends schlagen wir wieder unser Beduinenzeltchen auf, nicht wahr?
Ich verstehe das so gut mit dem Goldmund, dass nicht die Zeit zum Schreiben, sondern die Luft Dir fehlt, in der er atmen kann. Der liebe Goldmund lebt jetzt in einer so wunderbaren Welt – in Deinem Herzen, hinter Deiner Stirn – das ist schon schwer, ihn in die »unwirkliche«, abscheuliche (aber eigentlich doch auch oft sehr schöne) Welt zu schicken!
Lieber, machst Du Dir Sorgen um Martin, wenn seine Mutter bei ihm ist? Auch das begreife ich gut – aber ich möchte Dir nur das Eine sagen, dass Du auch ein wenig Vertrauen zum Schicksal haben solltest, es kann doch etwas ziemlich schlimm aussehen im Vorhinein und nachher ist es grossartig gewesen, nicht?
Jetzt geht meine schöne Zeit beim Onkel bald zuende. Ich muss nämlich doch jetzt zu Fred fahren, er kann Berlin nicht verlassen

(ohne grosse materielle Opfer) und freut sich so, mich zu sehen!
Ich hab ihm geschrieben, dass ich am 24. November in Berlin
bin und bis Anfang Dezember bleibe; denn den 3. oder 4. Dezember will ich als Ankunftstermin in Zürich unbedingt einhalten. Er will mir eine Pension in seiner Nähe suchen, schreibt er.
Ich schicke dieses Briefchen noch nach Baden. Lebe recht wohl,
mein Lieber, mein lieber Geliebter, sei geküsst
von Deiner Ninon

1 »Brief an einen Bücherleser«, in: »Dresdener Neueste Nachrichten« vom 7. 11. 1928. Hesse besprach unter diesem Titel die 1928 bei Huber &. Co., Frauenfeld/Leipzig, als Biographie erschienene Dissertation von Hans Rudolf Schmid.
2 Hans Rudolf Schmid hatte für die Erstellung seiner Doktorarbeit Hermann Hesse um Auskünfte gebeten. Hesses Antwortbrief vom 18. 1. 1925 in: »Gesammelte Briefe«, 2. Bd., a. a. O., S. 96. Hesse erklärte Anny Bodmer Ende September 1928 zu Schmids Veröffentlichung: »Ich habe noch nie eine Schrift gesehen, in der das Leben und Lebenswerk eines Mannes so zu nichts zerpflückt wird«, a. a. O., S. 197.

Krakau, 14. November 1928
Liebster,
heute ist Mittwoch, heute fährst Du nach Zürich, mein armer
Lieber, das wird ein schwerer Tag, hoffentlich geht es gut.[1] Die
Alice[2] empfängt Dich sicher wunderschön wie immer, und die
Arbeiter machen gar keinen Lärm, das Zimmer ist warm, und
das Sophachen freut sich auf Dich, mein Lieber, Lieber!
Mir aber geht es sehr, sehr gut, Romanchen[3] wächst, aber viel
langsamer, als ich dachte, natürlich forciere ich nicht, sondern
schreibe »als ich kann«.
Ich habe einen wunderschönen Roman von Heinrich Mann gelesen, in der »Voss«, »Eugénie«[4] heisst er, und ich habe ihn nicht
in Fortsetzungen gelesen, sondern auf einmal. H. Mann ist doch
ein Dichter, obwohl er schon so grässliche Sachen geschrieben
hat – aber hier ist er wieder der, der »Flöten und Dolche«[5]
schrieb und »Das Herz« (überhaupt alle drei Bände Novellen)

Ninon schreibt in Czernowitz die Erinnerungen an ihre Kindheit und Jugend in der Bukowina nieder: links: Die schöne Mama, Gisela Anna Auslaender – rechts: Die kleine Ninon

und »Madame Legros«. Es gibt nur wenige Personen in dem Roman, aber ihr doppeltes Sein ist so spielerisch gezeichnet – die Heldin Gabriele, die ganz Unschuld ist und doch schuldig wird. [...] Aber der eigentliche Held scheint mir der alte Dichter zu sein – eine fabelhafte Figur, ich kann mit ihm nicht fertig werden, er ist unergründlich. Manchmal ist er lächerlich und ein bischen komisch, und wenn man denkt, jetzt hat man ihn, dann sagt oder tut er etwas und ist verwandelt, gross, alle überragend. Er ist auch neurasthenisch und auch ein wenig affektiert – und doch ist er es, der alle Fäden lenkt, dadurch, dass er »Eugénie« geschrieben hat, dass er in seiner Seele etwas erschaffen hat, das die andern am eigenen Leib erleben müssen; doch ist er eben wieder darum ein wenig lächerlich, der abseits Stehende, der Vergessene, der Frierende – die anderen sind voll glühenden Lebens – aber vielleicht wäre dieses Stück nie entstanden, wenn er nicht in der Wirklichkeit, in Gabriele eine »Eugénie« gesehen hätte – und so ist alles vielspältig, nichts einfach, aber schön in seinen Akkorden; das Formale – wie das Spiel »Eugénie« mit der Handlung zusammengeht, in sie verflochten ist, so dass es Augenblicke gibt, in denen die Spieler selbst nicht mehr wissen, ob sie spielen oder leben – das ist von einer Schönheit, die einen beschwingt! Auch, weil ein so grosses Können darin liegt. Und zugleich weil das »Können« dabei nebensächlich ist – ein Dichter hat hier gesprochen, kein Virtuose.

Gestern habe ich ein Kapitel Jung[6] gelesen: »Die unbewusste Entstehung des Heros«. Es ist nun aber so mit mir, dass ich ständig an schlechtem Gewissen leide, sobald ich etwas anderes tue als schreiben. Denn einzig dazu kam ich her. Das Lesen ist also eine verbotene Sache, schmeckt herrlich, aber es »sollte nicht sein«! [...]

1 Am 10. November hatte Hesse Ninon vor der Übersiedlung in sein Züricher Winterquartier geschrieben:» Mein Empfang dort wird dadurch gefeiert, daß die Hausfassade neu verputzt wird und für 4 Wochen vor allen Fenstern Gerüste und Arbeiter sind.«
2 Alice Leuthold geb. Sprecher (1889-1957), die Ehefrau von Hesses Freund Fritz Leuthold, war seit 1916 mit Hesse, später auch mit Ninon befreundet.
3 Ninon nennt ihre autobiographischen Aufzeichnungen einen »Roman«.
4 Heinrich Mann (1871-1950) hat in »Eugenie oder die Bürgerzeit« (1928) ein sarkastisches Bild der Wilhelminischen Gesellschaft geschaffen und dabei den Lübecker Dichter Emanuel Geibel, der 1871 das von Bismarck gegründete kleindeutsche Kaiserreich mit »Heroldsrufen« begrüßt hatte (was ihm den Spitznamen »Reichsherold« eintrug), in der für Ninon »ein wenig lächerlichen«, mehrdeutigen Figur des alten Dichters ironisiert.
5 »Flöten und Dolche«, Novellen, Albert Langen Verlag, München 1905; »Das Herz«, Novellen, Insel-Verlag, Leipzig 1911; »Madame Legros«, Drama, Cassirer, Berlin 1913.
6 Carl Gustav Jung (1875-1961), Psychologe und Psychiater, begründete die Züricher Schule der analytischen bzw. »komplexen« Psychologie. Durch Traum- und Mythenmotive gelangte er zu der Auffassung, daß die menschliche Psyche nur zu einem geringen Teil einmalig sei, daß sie vielmehr durch die im kollektiven Unbewußten enthaltenen Archetypen (Urbilder) allgemeinmenschlich geprägt sei. Diese Lektüre bildet den Auftakt zu Ninons immer intensiveren Beschäftigung mit Mythen und Märchen.

Dr. jur. Jakob Auslaender mit seinen Töchtern
Lilly und Ninon

Krakau, 15. November 1928

Liebster!
Heute ist ein glücklicher Tag, denn es geht mir so gut mit Romanchen! [...] Ach wenn »heute« doch noch lange bliebe! So wie Moses möchte ich die Arme aufheben, dass die Sonne nicht untergehe und heute noch 24 Stunden dauere! Aber wenn ich die Arme aufhebe – wer schreibt dann Romanchen, und wozu hab ich dann wieder den Tag verlängert?
Glaubst Du, das kann dem Roman schaden (es ist eigentlich gar kein »Roman«), wenn ich sage, es geht mir so gut? Vielleicht geht es mir nur heute gut und dann nie wieder, und dann wird er elend und ich unglücklich und Du traurig – – ach unausdenklich!

Ich bin sehr schön spazierengegangen am Wawel, und in vielen Kirchen war ich und an der Weichsel und habe schöne Portale gesehen in der »Kanoniczua«, d. h. »Kanoniker«-strasse. Auf einem Portal (aus dem 16. Jh.) stand feierlich: »Procul este profani«[1]. Ich war ganz ergriffen und dachte, das müsste vor Deiner Tür stehen – für mich aber muss es nicht erst dort stehen, denn ich komme immer in Dein Reich wie in einen Zaubergarten. [...]

1 »Fern bleibe, was ungeweiht ist!«

26. November 1928
Im Zug zwischen Lemberg und Krakau

Liebster, Liebster,
[...] Ich aber hab Dir lange nicht geschrieben, ich war zerstreut, es gab so viel, Häuser, Menschen, Schatten, Erinnerungen. Meine Schwester ist 12 Stunden gereist (von Bukarest), um mich zu sehen.[1] Sie ist sehr schön, aber sie sieht schlecht aus und versprach, im Frühjahr in ein Sanatorium zu fahren. Ihr Mann wird jetzt Deputierter, einer von neun Sozialdemokraten im Parlament. Es kommt mir furchtbar komisch vor, dass sie einen Mann hat und eine Maritza (so heissen die Maries rumänisch!) und einen Haushalt und überhaupt so tut, als wäre sie erwachsen, während ich genau weiss, dass sie höchstens sieben Jahre alt ist.
Alles ist anders in Czernowitz! [...].
Ach Deine kleine Ninon ist ganz zerstreut, überallhin, bei den Lebenden und bei den Toten – sie muss sich erst wieder zusammenklauben, Dein kleines Mädchen, Deine Ninon

1 Lilly (1903-1985), Ninons Schwester, kam zum Wiedersehen nach Czernowitz, Ninon fuhr von Krakau dorthin und blieb vom 21. bis zum 26. November. Es war Lilly gelungen, nachdem sie die Lehrbefähigung für Deutsch und Französisch erlangt hatte, in Wien den ersehnten Beruf einer Graphikerin zu erlernen und auszuüben. Ihr erster Ehemann, Lothar Ra-

Ninons Schwester Lilly Radaceanu

daceanu (1899-1955), war als Schriftsteller und Literaturkritiker unter dem Pseudonym Walter Rohuz bekannt; die Ehe wurde 1940 geschieden.

Berlin, 1. Dezember 1928

Mein lieber Hermann!
Jetzt ist es ¾ 10 Uhr abends und ich sitze still und allein zuhause. Zuhause – das ist Freds kleine Wohnung, die er mir überlassen hat, während er in einer Pension in der Nähe übernachtet. [...]

Es war wieder so schrecklich viel los, und ich bin ganz unruhig, ungesammelt und sehne mich nach Stille. Aber ich bin doch sehr gerne hier, verstehst Du das? Ich wäre traurig, wenn ich gleich wieder fort müsste, aber tiefunglücklich, wenn ich hier leben müsste. [...]
Ich bin erfüllt bis zum Bersten von Begebnissen, Erlebnissen, Erfahrungen, Hoffnung, Furcht. Seit ich Krakau verlassen habe, hab ich kein Wörtchen geschrieben, und wenn ich so als Schwamm lebe, der sich immerfort vollsaugt, fühle ich mich unwohl, unruhig. [...] Am Dienstag in der Nacht bin ich von K. weggefahren, das ist jetzt 12 Tage her. [...]
Mein Lieber, ich denke an Dich wie an einen schönen, glücklichen Traum. Hier erscheinen so viele Zeitungen, und es wird soviel »gemacht«, und alle rennen und haben so hungrige, gierige Augen und lauern und beneiden und trachten und sind tüchtig. Du aber lebst, es gibt Dich, Du Wunderbarer, und unter allen Menschen bin ich es, die Deine Ninon ist, o was für ein herrlicher Traum! Als kleines Mädchen (mit sieben Jahren) wünschte ich mir so, die Magdalenenkirche in Breslau[1] zu sehen – ich hatte damals das Gedicht vom Glockengiesser zu Breslau gelesen – und nun war ich dort. Später, mit 14 und 15 Jahren träumte ich von Dir und dass ich Dein sein wollte. Ich bin Dein. Und wenn ich auch jetzt sterben sollte, so hat mein Leben doch einen Sinn gehabt, und ich bin glücklich gewesen, weil Du auf der Welt bist! Aber ich will gar nicht sterben, ich will noch lange leben, mein Lieber, mein Geliebter Du, und ich will fröhlich sein!   Deine Ninon

1 »Glockenguß zu Breslau« von Wilhelm Müller (1734-1827). Die 5. Strophe: »Im Magdalenenturme / Da hängt das Meisterstück, / Rief schon manch starres Herze / Zu seinem Gott zurück.« In der vorletzten Strophe der Ballade wird die aus dem 14. Jh. stammende Magdalenenkirche im Breslauer Stadtkern nochmals genannt: »Das ist der Glocken Krone / Die er gegossen hat, / Die Magdalenenglocke / Zu Breslau in der Stadt.«

Berlin, 3. Dezember 1928

Mein geliebtes Herz,
heute hat mir das Mädchen Dein Brieflein gebracht. [...] Billard hast Du wieder gespielt, mein Lieber, das ist ja toll, wie man in Berlin sagt – und die Augen haben Dir so weh getan, mein armer Lieber! Jetzt bin ich aber bald bei Dir und kann Dir vorlesen, und Deine lieben Augen können dann wenigstens ein paar Stunden im Tag ruhen.

Gestern hab ich die Baker[1] gesehen – wenn Du nur wüsstest, wie bezaubernd sie ist! Ein ganz wunderbares Menschentier oder eine Menschenblume, und im ersten Moment, als sie über die Bühne rannte und ich den wunderbaren Leib sah, dachte ich, sogar der liebe Gott müsste ihr stundenlang zusehen und entzückt sein, dass er so etwas Herrliches erschaffen hat! Sie kann nicht viel, aber das verlangt man auch nicht, ausser wenn man ein Berliner ist! (Denn hier hat sie sehr missfallen!!) Man ist so dankbar, dass man sie sehen darf, und einen Berliner interessieren gewiss Blumen auch nur dann, wenn sie dressiert wären oder so, aber dass sie »nur« duften, das ist nichts für die »Anspruchsvollen« – (das ist ein Berliner Ehrentitel). Ich kann es übrigens nicht genau sagen, ob sie viel kann oder wenig, alles was sie macht, scheint ursprünglich, und wenn sie auf allen Vieren über die Bühne rast, dann ist das so selbstverständlich, als wäre dies ihre natürlichste Gangart. Entzückend war auch, wie sie einmal lauscht und dann stutzt. Dabei warf sie ihr Popochen mit einem Ruck zurück, und niemals gab es ein staunenderes Popochen als dieses. Es war herrlich! Ich stelle mir vor, wenn sie nackt im Urwald spazieren geht, dann lieben sie alle Tiere; denn sie hat von allen Tieren etwas, und alle müssen sich zu ihr hingezogen fühlen. [...]

Tausend gute Wünsche! Deine Ninon

[1] Joséphine Baker (1906-1975), in Missouri geborene Tänzerin, wurde durch ihr Auftreten in der Tanztruppe »Black Birds« 1925 in Paris berühmt und als »Schwarze Venus« verehrt. In Berlin erregte sie durch ihren »Bananensong« und den dazugehörigen Bananenrock Aufsehen.

Berlin, 6. Dezember 1928
Liebster, heute schicke ich Dir einen andern Evangelisten, damit du selbst siehst, wie schön man ohne Bart ist, nicht wahr? Immer abends umarme und küsse ich Dich, wenn ich im Bettchen liege, und gestern wurde ich ganz zerkratzt dabei, so lebhaft stellte ich mir das Bärtchen vor, ich gab Dir nur schnell einen Kuss auf die Stirn und schob Dich dann schnell weg; ja, denke nur!
Abends sah ich »Die Petroleuminsel« von Feuchtwanger[1], es wurde herrlich gespielt, regie-rt, insze- und musiziert, aber das alles war furchtbar viel Lärm um wenig, fand ich. Der Berliner Theaterstil 1928 besteht überhaupt darin, recht zu schreien, die Pointen zu brüllen, die Zuhörer zu fangen, weil die Konkurrenz gross und das Interesse gering ist. »Um Gotteswillen leiser!« möchte man immer sagen, und dann im dritten Akt: »Bitte, ist das wirklich alles? Parturiunt montes – ?«[2]
Abends gehe ich mit Fred zu »Verbrecher« von Ferdinand Bruckner[3], eine Reinhardt-Inszenierung. [...]
Ja mein Lieber, bald bin ich bei Dir! [...]

1 Lion Feuchtwanger (1884-1958) geißelt in seinem Schauspiel »Die Petroleuminsel« (1925) den amerikanischen Kapitalismus. Das Stück steht formal unter Brechts Einfluß (Erklärer mit Textprospekten). Es geht um Monopolismus und Skrupellosigkeit auf einer Ölinsel, deren affenhäßliche Eigentümerin zynisch die Umwelt verwüstet. Feuchtwanger zeigt – ähnlich wie in seinem gleichzeitig entstandenen Roman »Die häßliche Herzogin Margarete Maultasch« (1923) – die Folgen physischer Häßlichkeit für die psychische Entwicklung.
2 Parturiunt montes, nascetur ridiculus mus: Gewaltig kreißen die Berge, zur Welt kommt ein lächerliches Mäuschen. Horaz, Ars poetica, Vers 139.
3 Ferdinand Bruckner (1891-1958), Gründer und Leiter des Berliner Renaissance-Theaters (1923-1928), feierte unter dem Pseudonym Theodor Tagger bis zur Emigration 1933 sensationelle Bühnenerfolge. Ninon sah die Uraufführung seines reißerischen Gesellschaftsstücks »Die Verbrecher« (1927), in dem er die Auswirkungen der Wirtschaftskrise auf die Nachkriegsgeneration der zwanziger Jahre entlarvt; er zeigt sie hemmungslos, ohne Leitbilder, ausgeliefert jeder weltanschaulichen Verführung.

Berlin, [17. Dezember 1928]
Lieber,
Ich musste die Abreise verschieben, Freds wegen. Es ist eine kleine Bitte, die ich ihm damit erfülle; und wenn ich auch ungeduldig und reisefiebrig bin, so bleibe ich doch. [. . .] Fred ist lieb, und an ihm hab ich nur Freude. [. . .] Denke ein wenig an die Ninon, die Mittwoch abends in ihr hartes Coupéechen steigt und die Nacht und den halben Tag fährt und an Dich denkt! Hab sie lieb, wenn du kannst. Sie aber liebt Dich von ganzem Herzen.

Deine Ninon

1929

Im Februar 1929 verbrachten Ninon Dolbin und Hermann Hesse wie im Vorjahr einen Urlaub in Arosa.
Am 15. Mai kehrte Ninon in ihre Mietwohnung im Erdgeschoß der Casa Camuzzi zurück, nachdem sie sich einige Wochen in einer Züricher Behelfsunterkunft in der Nähe von Hesses Winterquartier aufgehalten hatte, um ihm zu helfen und abends vorzulesen. Ihre Freundschaft mit Dolbin hatte sich durch den Aufenthalt in Berlin wieder belebt, obwohl sie entschlossen war, bei Hesse in Montagnola zu bleiben. Sie traf Dolbin am 23. März in Nizza, am 6. April in Lugano, am 20. August in Saas Fee und versprach ihm, ihren Berlin-Besuch im April/Mai 1930 zu wiederholen und hielt Wort.

Nizza, 29. März 1929
Liebster,
das war eine scheussliche Reise, um 1/2 3 h lag ich dann endlich in meinem Hotelbett und liess es mir vor Nachtkastl, Tapete und überhaupt Mobiliar so recht grausen. Trotzdem (nicht weil) es

Hermann Hesse und Ninon Dolbin in Arosa, Februar 1929

ein sehr teures Hotel zu sein scheint [...]. Aber die Möbel sind alle so müde, sie haben genug, und das mache ich ihnen dann gleich nach. Depressiv bin ich ja wie eine Böe überm Ozean – oder soll man das, was ich meine, »depressabel« nennen? [...]
Fred kommt erst gegen abend. [...] Ich ging aus. Scheusslich! Genau wie ich es mir vorgestellt hatte. Berlin ist ein reizvolles Landstädtchen daneben! Das Meer allerdings findet auch statt, aber wirklich nur nebenbei. [...] Ach, mein Traum-Nizza, als ich 14 Jahre alt war! Damals hätte ich herkommen müssen. O Lieber – ich bin alt geworden. Früher war ich so vergnügt, – jetzt ist mir alles »so klar« oder wird nach und nach klar, das ist nicht schön. [...]

Ansichtskarte

Saas-Fee, 21. August 1929

Lieber, danke für die beiden Briefchen [...]. In Visp erwartete Fred mich am Bahnhof. [...] Saas-Fee ist sehr schön, und ich bin in richtiger Gebirgsstimmung, bergtoll, das macht die Höhenluft. [...] Zurück wollen wir über Gletsch, um den Rhonegletscher zu begrüssen, und Sonntag abend hoffe ich anzukommen. Leb wohl!

Deine Ninon

Postkarte

Saas-Fee, 22. August 1929

Lieber Hermann,
ich habe gestern in der Eile ganz vergessen, Dir für die Einladung nach Chantarella[1] zu danken, ich freue mich sehr darauf, ich danke Dir! [...]

1 Der seit 1919 mit Hesse befreundete Ingenieur und Architekt Joseph Englert (1874-1957) hatte ihn mit Ninon zu einem Winterurlaub im 2 000 m hoch gelegenen Grandhotel Chantarella bei St. Moritz eingeladen. Am 10. Januar 1930 trafen sie in diesem – nach Hesses Worten – »riesigen fünfstöckigen Millionärshotel« ein, »inmitten einer Berliner und internationalen Schieber- und Kapitalistenwelt« (»Gesammelte Briefe«, 2. Bd., S. 236 ff.), wo er sich jedoch wegen einer respektierten Anonymität unbelästigt und darum wohl fühlte. – Hesse setzte Englert, der sich in seiner Freizeit gern mit Astrologie beschäftigte, ein bleibendes Denkmal in der literarischen Gestalt »Jup der Magier« (»Die Morgenlandfahrt«, Berlin 1932).

Hausbrief

September 1929

Lieber,
ich danke Dir für das Gedicht und dass Du es mir hinuntergeworfen hast, das war so schön – das flatternde Papierchen, und ich wusste, dass ein Gedicht darauf stand, es war wie ein Vogel oder ein grosser Schmetterling, den Du mir sandtest.
Das Gedicht ist schön, und am liebsten ist mir die Zeile »Den

ewigen Bildern treu, standhaft im Schauen«[1] – das ist wunderbar als Bild, als Gedanke und als Gesang.

Ich danke Dir sehr   Deine Ninon

1 »Der Dichter und seine Zeit« ist der Titel dieses im August 1929 entstandenen Gedichtes, dessen erste Zeile Ninon zitiert. GW 1. Bd., S. 93.

Hausbrief

September 1929

Lieber Hermann!

Du hast mich so reich beschenkt[1], und ich habe Dir gar nicht recht dafür danken können – und weil ich nicht weiss, ob ich es heute können werde, will ich auf jeden Fall dieses Briefchen schreiben.

Die »Caves du vatican« habe ich mir gewünscht, und die »Fleur du mal« freuen mich so – und dass ich den Bachofen[2] nun besitze, macht mich so froh; er ist auch so klein, ich kann ihn gut im Winter mitnehmen. [...] Und 100 Simon Arzt-Zigaretten! Das ist herrlich – und soviel Schokolade!

Viel- vielmals danke ich Dir für das Geld! Ich brauche es wirklich sehr notwendig, ob ich nun nach Wien fahre oder nicht. [...] Von Fred kam pünktlich ein Brief mit leider nur 60 Franken, nicht 100 wie sonst, ich war ein bischen enttäuscht, aber der arme Kerl hat ja soviel für mich ausgegeben. Er schickte mir Probe-Titelblätter des neuen Buches »Zoo«[3], ich möchte schreiben, welches mir am besten gefällt. Mein Lieber, lebe wohl! Ich danke Dir sehr!   Deine Ninon

1 Ninon dankt für Hesses Geschenke zu ihrem 34. Geburtstag am 18. September 1929.
2 Johann Jakob Bachofen (1815-1887), Schweizer Professor des römischen Rechts, erforschte antike Mythen und Symbole, um die prähistorischen Kulturschichten zu ergründen. Für Ninons spätere Beschäftigung mit der Herkunft und dem Gestaltwandel der griechischen Götter wurde Bachofens bekanntestes Werk, »Das Mutterrecht« (1861), eine bevorzugte Quelle.
3 »Zoo«, Zeichnungen von B. F. Dolbin, Text von Stephan Ehrenzweig, Berlin 1930.

»Ninon sitzt im Wald und liest André Gide«,
Bleistiftzeichnung von
H. Hesse (22. 5. 1929)

Ninon blieb im Spätherbst 1929 so lange wie möglich in ihrer feuchtkalten, schwer heizbaren Mietwohnung im Parterre der Casa Camuzzi, um ihre autobiographischen Aufzeichnungen ungestört fortzusetzen. Hesse fuhr – wie ab 1923 in jedem Jahr – zur Herbstkur in den Verenahof in Baden bei Zürich; danach überwinterte er in Zürich, Schanzengraben 31, in der Mansardenwohnung, die ihm das mit ihm befreundete Ehepaar Fritz und Alice Leuthold von 1925 bis 1932 zur Verfügung stellte.

Montagnola, 12. Oktober 1929
Lieber,
ich sitze auf meinem Lieblingsplätzchen auf der Schwelle des Schlafzimmers und schreibe Dir. Katerchen und Romulus schauen zu. Es ist ein herrlicher Tag, heiss wie im Juni und klar wie im September, und ich bin glücklich darüber. [...]
Ich schaue immer wieder zu Deinem Fenster und stelle mir vor, Du erschienest auf einmal da, weiss gekleidet und winktest mir – Lieber, das war so schön! Dieser Sommer war so schön, und ich bin glücklich, dass ich hier geblieben bin und dass die Tage noch so schön sind. [...]
Ich las den 4. Band der »Thibaults«[1], »Die Sprechstunde«, in einem Zug und war entzückt. Ein einziger Nachmittag auf 178 Seiten geschildert – und wie in diesem Rahmen von Zeit und Ort die Handlung gespannt ist, und was wir alles »nebenbei« erfahren – das Schönste aber ist das Schlusskapitel, in dem Antoine sich fragt, wozu er lebt und <u>auf Grund wovon</u> er so handelt, wie er handelt. »Die Sprechstunde« spielt fünf Jahre später als »Sommerliche Tage«. Nun hab ich nur noch einen Band, »Sorellina«. [...]

1 »Les Thibault«, Die Geschichte einer Familie, Romanzyklus in acht Büchern von Roger Martin du Gard (1881-1958, Nobelpreis 1937), entstanden 1922-1940, deutsche Übersetzung der ersten sechs Bände 1928/29. Ninon verfolgte mit Spannung das Schicksal zweier Familien, die einerseits das konservative, katholische und andrerseits das liberale protestantische Bürgertum in Paris vor dem ersten Weltkrieg repräsentieren.

Montagnola, 15. Oktober 1929
Lieber Hermann!
Gestern ist Nelly abgereist und ich hatte ein wenig Katzenjammer – aber da ich viel Katzenfreude habe, war das bald weg. Nur gestern abend, als ich im Dunkeln allein im Postauto nach Hause fuhr und vor mir Frau Müller und Herr Müller und Kind Müller sassen und schwatzten, beneidete ich sie glühend. [...]

Die Katzen haben jetzt gelernt »Am Fensterbrett sitzen ist erlaubt« und machen von dieser Erlaubnis Gebrauch. Das ist so schön! Katerchen ist aber entschieden zu fett, ich habe ihm deshalb heute kein Mittagessen gegeben und ihm eine grosse Rede gehalten, die er mit lautem Jammer beantwortete – aber jetzt hat er sich gefügt, und abends bekommt er wieder ein volles Schüsselchen.

Nelly ist nicht gewohnt zu diskutieren, und ich kann die Art nicht leiden, die viele Frauen haben, vom Hundertsten ins Tausendste zu kommen, statt die Sache ehrlich und ernsthaft durchzusprechen, von der man ausging. [. . .] Sie hatte keine Ahnung, dass sie mich verletzte, und als sie es begriff, empfand sie eine solche Reue, dass ich sie trösten musste – wir schieden als Freundinnen. [. . .]

Ich kann es ganz besonders nicht ertragen, wenn andere so tun, als wäre ich gezwungenerweise in Montagnola, als zöge ich »Berlin« eigentlich vor. Gewiss, ich bin deinetwegen hier, aber ich liebe doch eben Dich und nicht einen Berliner. Dass Dein Hiersein notwendig zu Dir gehört und notwendig zu meiner Liebe gehört – warum muss man das erst erklären? [. . .]

1 Nelly Kreis, Ninons Cousine, sprach sich immer wieder für einen Verbleib Ninons bei Dolbin aus, der weiterhin um sie warb. Sie warnte vor den Schwierigkeiten, die ein Zusammenleben mit dem hochsensiblen und oft hypochondrischen Hesse bringen würde. Dazu: Nelly Kreis, »Bei meiner Cousine Ninon und bei Hermann Hesse«, in: »Hermann Hesse in Augenzeugenberichten«, a. a. O., S. 220/221.

Montagnola, 19. Oktober 1929

Mein Lieber,

[. . .] das mit den 400 Franken, die mir gehören sollen, ist so lieb von Dir – was soll ich dazu sagen? Ich will Dir nur danken, und ich werde sie für Miete benützen, denn es hat mich schon sehr gedrückt, dass die 1000 Frcs in Lugano nicht mehr intakt sind, ich habe am 15. September 375 Frcs für Miete bis 15. März ge-

zahlt – Wasser, Wäsche, Licht bin ich noch schuldig. Wenn Deine 400 Franken kommen, sind es dann wieder 1000, und dann leihe ich mir fleissig von diesen 1000, denn ich habe jetzt Riesenausgaben, Zahnarzt, Beinarzt, und die neue Mode ist so bestialisch verändert, dass man nichts Altes mehr anziehen mag [...].
Die »Vossische« antwortet nicht[1] – sie hat jetzt zwei Manuskripte, und in Stuttgart sind auch zwei, ohne dass ich Antwort hätte, aber das ist keine Klage, sondern eine Hoffnung! [...]
Oh mein Lieber, jetzt bist Du ganz fort von mir, und ich weiss nicht mehr, wie Du aussiehst! Ich erinnere mich noch an Dich, aber ganz schattenhaft an einen Blick, an Worte, an Bewegungen, an Deine seidenweichen Härchen, aber an alles zusammen, nein – wie konnte das nur sein? Und so nahe warst Du? Ich musste nur ein paar Treppen steigen und war bei <u>Dir</u>? Es ist gar nicht wahr, dachte ich gestern abend im Bett – ich habe das geträumt, ich bin vielleicht überhaupt noch in Czernowitz und sehne mich nach dem Wunderbaren – – [...]
Auf der Treppe liegt jetzt regelmässig ein Gebilde, das Katerchen verfasst hat. Heute wurde es mir zu dumm und ich packte ihn, trug ihn hinauf und steckte seine kleine Schnauze hinein, während ich ihn tüchtig prügelte. Ich dachte, er würde miauen, sich wehren, vielleicht mich kratzen. Aber das Schreckliche war, dass er ganz still blieb – nach der Exekution rannte er stumm davon, und ich blieb mit rasendem Herzklopfen und mit dem Gefühl, ein Folterknecht zu sein, zurück. Armes Katerchen! Es lässt sich nicht blicken, ich habe später gerufen, Milch hinausgestellt, aber nur Romulus erschien. Und dabei habe ich heute von meiner Schwester geträumt, von Toka, auf die ich eine namenlose Wut hatte, weil sie einen Kübel auf den gedeckten Tisch stellte und nicht begriff, dass das unappetitlich war. Ich wollte sie schlagen, ohrfeigen, ich hob die Hand, aber die Hand war gelähmt, und das ist ein Traum, der bei mir immer wiederkommt: dass ich Toka ohrfeigen will und nicht kann. Dazu muss ich sagen, dass ich schon oft im Leben jemanden <u>gern</u> geohrfeigt hätte, es aber noch niemals getan habe. Dieses Gefühl der Ohnmacht

im Traum war schrecklich. Ich versuchte es mehrmals – es wurde immer ein sanftes nahes Berühren, nie ein Schlag. Ich holte weit aus, und der Arm kehrte ganz langsam, wie mit der Zeitlupe gesehen, zur Wange zurück und berührte sie kaum. [...]

1 Ninon schickte ihre Feuilletons an verschiedene Berliner Zeitungen und Zeitschriften, so auch an die seit 1914 im Berliner Ullstein Verlag erscheinende »Vossische Zeitung«. Dort erschienen am 9. Mai 1930 »Das Ende der Furcht«, und am 2. September 1930 »Die Entscheidung«, verschlüsselt autobiographische Erzählungen unter dem Pseudonym Anna Jakob, zusammengesetzt aus den Vornamen ihrer Eltern. Im Nachlaß blieben weitere Manuskripte erhalten, deren Erscheinungsort und -datum nicht mehr feststellbar sind: »Berliner Lyzeumsschülerinnen erhielten ein Aufsatzthema: Was gefällt mir an der heutigen Mode und was lehne ich ab?«, »Füllfederchen«, »Nach dem Fest«, »Briefbeschwerer«, »Der Sarg«, »Zerrupfter Brief«, »Das Denkmal« – die Geschichte eines Boxers (Typoskript mit dem handschriftlichen Vermerk Ninons: »Oder soll es lieber heißen ›Die Frau des Boxers?‹«), »Der Karikaturist übersiedelt«, sowie eine Szenenfolge fürs Theater: »Das Smokinghemd«.

Montagnola, 20. Oktober 1929
[...] Ich bin am Vormittag in Agra gewesen und beim »Blick nach Italien«[1]. [...] Der Generoso aber ist nur ganz leicht bestäubt, er war so wundervoll blau heute, und einer seiner Abhänge war braun-goldrot. Die Pinien von Agra waren tiefgrün gegen den rotgelben Hügel. Ich schreibe jetzt unaufmerksam, denn Katerchen und Romulus sind meiner Einladung ins Studio gefolgt und im Begriff, das Zimmer zu demolieren. Romulus sitzt auf meinen Manuskripten, und Katerchen versucht, den Fliegenfänger herunterzureissen. [...]
Heute war die Premiere der »Unüberwindlichen« von Karl Kraus in Berlin[2] – ich bin sehr gespannt auf die Kritik und auf Freds Debut als Kulissenmaler und Ausstattungsleiter. [...]
Es regnet wieder fest [...], ich hab den Regen gern, ich habe auch den Herbst gern, es riecht so faulig und welk, wenn man spazieren geht, und die Farben sind so klar. [...] Das Öfchen

brennt, Romulus sitzt unterm Sopha, Katerchen beim Ofen, und ich gehe jetzt zum Fenstertischchen und versuche zu schreiben.
Leb wohl, Lieber, Lieber, hab Dank für Deinen Sonntagsgruss
Deine Ninon

1 Aquarell-Motiv von Hermann Hesse.
2 Dolbin ließ Ninon stets an seinen künstlerischen Überlegungen teilhaben »Wenn ich ins Theater gehe, um eine Stück von Kraus zu sehen, möchte ich nicht durch Bühnendekorationen belästigt werden« (9. September 1929). Er berichtete Ninon am 24. Oktober 1929 begeistert über seine Inszenierung der »Unüberwindlichen« von Karl Kraus an der Berliner Volksbühne: »Also es war ein außerordentlicher Erfolg! Ja, geradezu eine Sensation ... Sogar die Rechtsblätter schrieben anerkennend ... Jedenfalls ist das Experiment wider Erwarten geglückt. Über die Einfachheit der Verwandlungstechnik im zweiten Akt, über die Wirksamkeit der völlig farblosen, nur auf schwarz-weiß gestellten, bis in die Masken fortgesetzten Gestaltung waren alle verblüfft. Ein Nichts auf der Bühne: ein Schreibtisch, ein Stuhl, ein Klubsessel, dahinter ein weißer Schleier. Das andere besorgte die Projektion. Aber es hat bis zur letzten Minute (fünf Minuten bevor der Vorhang hochging, stand ich noch mit dem Farbkübel und einem Riesenpinsel auf der Bühne und malte den armen Schober an die Wand) angestrengte Arbeit erfordert.«

Montagnola, 23. Oktober 1929
[...] Die Katzen gehen ein und aus, schnurren und spielen – ein Zimmer ist eben hochinteressant, Plüsch und Pölster und der warme Holzboden und Ledersessel, Fensterbretter und die vielen Eckchen – also paradiesisch für kleine Katzen! [...]
Ich habe den »Stimmer« von der Lichnowsky[1] gelesen, es ist ein schönes Buch, nicht so schön wie »Geburt«, aber ich liebe sie auch, wenn sie weniger gut ist, als sie sein kann. Ich glaube, ich könnte sie an einer einzigen Zeile erkennen, die man mir vorliest, an einer ganz beliebigen.
Was machst Du denn mein Lieber? Denke nur, wie lange das her ist, dass wir beisammen waren! Wenn Du doch keine Schmerzen

hättest, Lieber, das wünsche ich innig, und dass die Kur Dir gut tut und die schmerzhaften Injektionen heilsam sind.

Geroes[2] und ich wollen einmal in dieser Woche ins Kino gehen, um ½ 6 h nach Lugano hinunterfahren und nachts zu Fuss nach Hause gehen. Ich habe plötzlich Lust aufs Kino, zum ersten Mal seit mehr als fünf Monaten. In Zürich spielen sie »Fräulein Else«, das würde ich gerne sehen. Auch ein Konzert hörte ich gerne einmal wieder. Aber die Stille hier ist schön, und ich könnte den ganzen Winter so leben. Nur der Rheumatismus gefällt mir nicht. [. . .]

1 Mechtilde Lichnowsky (1879-1958), geb. Gräfin von und zu Arco Zinneberg und Urenkelin Maria Theresias, verh. mit Fürst von Lichnowsky, vermittelt in ihren Büchern die überlegene Lebenshaltung einer grande dame, und das mit scharfer Beobachtungsgabe, Ironie und Charme. Ninon schätzte an ihr das feine Verständnis für die Seelenlage einer Frau. »Der Stimmer«, Kurt Wolff Verlag, Leipzig 1917; »Geburt«, Erich Reiß Verlag, Berlin 1921.
2 Maria Geroe-Tobler, gen. Mareili (1895-1963), war eine am Dessauer Bauhaus ausgebildete Teppichweberin, sie lebte seit 1921 in Montagnola. Hesse nannte sie eine begnadete Künstlerin; ihr phantasievoller Wandteppich »Liebespaare«, auf dem der kleine Montagnoleser Freundeskreis in einem Paradiesgarten dargestellt ist (darunter auch er und Ninon einander zugewandt), hing in seinem Arbeitszimmer und wurde von ihm in seiner Betrachtung »Über einen Teppich« gewürdigt. In: »Die Kunst des Müßiggangs«, a. a. O., S. 340 ff. Heute befindet sich dieser Teppich im »Museo Hermann Hesse«, Montagnola, Casa Camuzzi. Marcel Geroe (1899-1975), Dramaturg und Autor, lebte eine Zeitlang – bis zu seiner Trennung von Maria Geroe-Tobler – in Montagnola.

Montagnola, 26. Oktober 1929

[. . .] Ich habe angefangen, das »Briefbuch«[1] zu lesen und habe geweint, es ist so entsetzlich zu lesen von einem Schweizer Franken, der noch übrig ist, und »nur noch ein paar Birnen« und die Milch sei so teuer – es packte mich ein solcher Schmerz um diesen wunderbaren Menschen – und die Emmy – nein, was ist das für ein Fabelwesen! [. . .] Mit welchem Entzücken gehe ich ihre

Zauberpfade! Gestern hat sie mir wieder ganz lieb geschrieben – aber so traurig und enttäuscht. Sie schrieb, wenn sie Dich nicht hätte, wäre sie längst verzweifelt, aber dass Du auf der Welt bist, ist so tröstlich – so ungefähr. [...]
Ich wollte in den Zirkus Knie gehen – nur zu den Tieren, nicht zur Vorstellung – und ins Kino, zu einem Stück mit Mosjukin[2], aber ich habe keine Ruhe, wenn ich nicht im Studio sitze und entweder schreibe oder bereit bin zu schreiben.
Wärest du da, ich würde dich bitten, die ersten Seiten (etwa dreissig Seiten Schreibmaschine werden es sein) anzuhören und mir irgend etwas darüber zu sagen. Mir scheint es abwechselnd gut und dann wieder <u>unmöglich</u>. [...] Aber das muss langweilig für Dich sein, so ein Gerede drum herum, ich meine nicht, dass es langweilig für Dich wäre, wenn ich Dir etwas vorläse – aber das Herumreden hat ja keinen Sinn, und ich will es auch nicht mehr tun. [...]
Fred hat strahlend geschrieben, es sei ein grosser Erfolg gewesen, er ist so froh wie ein kleiner Junge, der in die höhere Klasse aufgestiegen ist – vielleicht will er jetzt ein neues Stück ausstatten. [...] Das finde ich immer so reizend an Fred, diese Freude über »man«, wer immer das sei! Er ist so jungenhaft und eigentlich dumm – aber da er sonst so wahnsinnig klug ist, ist die Dummheit bei ihm umso rührender, sie ist so pikant bei ihm. Denk Dir, Fred ist doch jetzt 46 Jahre alt! »Ich hab ein bischen Ischias!« hab ich ihm im Sommer erzählt. »Was ist das?«, hat er ganz zaghaft gefragt – er genierte sich ein bischen, dass er das nicht wusste. Ich kam mir uralt und so weise neben ihm vor! [...]

1 Briefbuch: »Hugo Ball, Sein Leben in Briefen und Gedichten«, S. Fischer Verlag, Berlin 1930. Hesse hatte dieses posthume Buch, das neben Balls Briefen auch die seiner Frau, Emmy Ball-Hennings, an ihn enthält, in der in Basel erscheinenden »National-Zeitung« vom 18. Januar 1929 besprochen. – Dazu auch: »Hugo Ball, Briefe 1911-1927«, herausgegeben von Annemarie Schütt-Hennings, mit einem Vorwort von Hermann Hesse, Verlag Benziger, Zürich/Köln 1957. Dieser Band bringt chronologisch geordnet Balls Briefe an 24 Empfänger, darunter eine Vielzahl an Hermann

Hesse. – Hugo Ball, seit Dezember 1920 mit Hesse befreundet, schrieb zu dessen 50. Geburtstag die erste Biographie: »Hermann Hesse – Sein Leben und sein Werk«, S. Fischer Verlag, Berlin 1927.
2 Iwan Iljitsch Mosshuolin (1889-1939), Schauspieler und Regisseur, wurde schon in der Stummfilmzeit berühmt und arbeitete in Rußland, Frankreich und Deutschland (Mosjukin).

Montagnola, 29.Oktober 1929

Lieber, was hast Du für einen schlechten Traum[1] gehabt, Lieber Du! Gleichst Du einem kranken alten Mann? Könnte ich ein Gedicht schreiben: »Guter Traum« – da würde darinstehen, dass Du einem lieben, holden Knaben gleichst, »Seidenhaar« und »Sammethaut« würde darinstehen, und etwas von den wunderbaren, klaren, leuchtenden Augen. Du darfst nicht böse sein, wenn ich das sage, denn so sind diese Augen für uns – man sieht ihnen nicht an, dass sie Dir Schmerzen bereiten. [...] Ich danke dir für das Gedicht, das trotzdem schön ist. Und es heisst ja auch »Traum« – es ist ja nicht die Wirklichkeit! [...]
Gestern abend war ich im Kino – zum ersten Mal seit Mai – bei Manolescu mit Mosjukin. Es gefiel mir sehr. Nachher holte ich Camuzzis im Kursaal ab und sah ein paar Nummern »Zwerge« – ob es Deine Badener waren? [...]
Ich lese <u>mit Entzücken</u> die »Kritik der deutschen Intelligenz«[2].
[...]
Lieber, willst du mir gelegentlich schreiben, wann und <u>um wieviel Uhr</u> Du im Radio sprichst? Es wird möglich sein, Dich hier in M. zu hören, bei der Mutter des Sindaco – allerdings glaube ich, nur von 7h abends an haben sie Ausland-Übertragung. [...]
Lebe wohl, Lieber, alles Gute! Ninon

1 »Widerlicher Traum« (1929): »Komme ich in mein Zimmer, / liegt im Bett ein kranker alter Mann / Der mir leid tut und den ich nicht leiden kann [...]«. In: »Die Gedichte«, a.a.O., S. 583.
2 Hugo Ball (1886-1927), »Zur Kritik der deutschen Intelligenz«, Der Freie Verlag, Bern 1919. Ball verkündete in diesem Buch ein geistiges Pro-

gramm der Menschlichkeit und wehrte sich gegen die Hypertrophie des Staates und jede Parteibevormundung – was nur erreichbar sei durch eine Renaissance des Christentums außerhalb des blasphemischen Staatsgedankens.

Donnerstag

[. . .] Ich lebe immer gleichmässig, sehe Geroes hie und da, meist am Morgen, von 12 h mittags bis 11 h nachts bin ich allein.
Wenn es dunkel wird, werde ich traurig. Ich horche auf Schritte oben und denke, es ist schön, ein Kind zu haben, Eltern, Familie. Es ist mir bange und ich glaube, so ähnlich muss Sterben sein. Das geht vorüber, ich mache Licht, der Ofen gibt warm, abends kommt die Natalina[1], und manchmal kommt ein Gruss von Dir oder von anderen.
Katerchen und Romulus halten den Ofen für eine famose Einrichtung, »wie Sonne« denken sie wohl und stehen oft in verehrungsvollen Positionen vor ihm. Mit Katerchen bin ich immer mehr befreundet. Stehe ich auf und gehe in eine anderes Zimmer, erhebt sich auch Katerchen und geht mir nach. Im allgemeinen lässt er mich ruhig schreiben oder lesen, hie und da aber ist er »eifersüchtig«, nimmt mir die Feder weg, versucht ein Manuskript aufzuessen und schaut mich so lieb und wedelnd an, als wollte er mich auffordern, mit ihm zu spielen. Sehr gerne klettert er auf die Schulter und legt sich mir um den Hals: Ich habe grosse Freude an ihm. [. . .]

[1] Natalina Bazzari (1868-1942) war von 1920-1942 Haushälterin bei Hesse. »Nächst meiner Frau war sie mir der liebste Mensch in Montagnola«, schrieb Hesse nach ihrem Tod an den Schriftsteller R. J. Humm.

Eine der vielen Katzenzeichnungen von Ninon Dolbin

Montagnola, 2. November 1929
Lieber Hermann!
Ich danke Dir sehr für das Buch, das ich heute als letzten Badener Gruss von Dir erhielt. Auch den Gruss aus Zürich – die Drucksachen erhielt ich.
Gestern nach dem Telephongespräch legte ich mich ins Bett und lag mit Krämpfen ein paar Stunden lang. Am späten Nachmittag wurde mir wieder gut. Abends waren Geroes da. [...]
Von Frau Camuzzi habe ich eine Rechnung von 120 Frcs erhalten, Wasser, Wäsche, Elektrizität etc. – es stimmt leider. Der Ofen ist sehr brav – er braucht nicht mehr als einen Kübel Kohle in 24 Stunden, und es sind immer 17-18 Grad im Zimmer, und auch die Halle ist mit erwärmt, wenn auch nicht stark. Romulus hat gestern eine Ratte gefangen, er war furchtbar stolz und knurrte fortwährend, als Katerchen mit ihr spielen wollte. Mir ist jetzt noch ganz übel von dem Anblick, ich lobte Romulus aber sehr.
Gasser[1] hat mir den letzten Band »Thibaults«[1] geschickt, ich freue mich sehr damit. Er hat einen reizenden Brief dazu geschrieben.
Fontana[2] schickt in den nächsten Tagen sein Manuskript.

Ich glaube, ich werde bis Mitte November hier bleiben, dann einen oder zwei Tage in Zürich Besorgungen machen, und dann bis etwa 6. Dezember in Wien sein. [...]
Ich wünsche Dir eine gute Reise und grüsse Dich herzlich – ich habe Dich mit Briefen, die voll Liebe waren, verletzt (der, in dem ich für das Gedicht dankte), darum fällt es mir jetzt schwer zu schreiben. Lebe wohl! Ninon

Nachschrift! Lieber Hermann, ich verstehe es ja so gut! Du fühltest Dich elend, und von mir kamen »zufriedene Briefe«, die Dir zeigten, wie fern ich Dir war! Ja, ich war fern – aber Du sollst nicht an mir zweifeln! [...] Ich habe so oft Sorge um Dich gehabt – muss ich Dir das sagen? Weisst Du nicht, dass ich zu Dir gehöre?

1 Manuel Gasser, (1909-1979), Schweizer Publizist und Kunstkritiker, 1933 Mitbegründer der »Weltwoche«, von 1958-1974 Chefredakteur der Kulturzeitschrift »Du«. Über seinen Besuch im Oktober 1929 bei Ninon und Hermann Hesse schrieb er ein humorvolles und Ninon vorzüglich charakterisierendes Feuilleton: »Großer Urlaub in Montagnola«. In »Hermann Hesse in Augenzeugenberichten«, herausgegeben von Volker Michels, Frankfurt am Main 1991, st 1865, S. 128.f.
2 Oskar Maurus Fontana, s. S. 70, 95 u. 105.

Montagnola, 9. November 1929
Mein lieber Lieber!
Könnte ich Dir doch schreiben, was ich empfinde, und so, dass Du es ebenso spürst wie ich! Deine beiden Briefchen aus Stuttgart – ich kann Dir nicht sagen, was für einen Strom von Liebe sie in mir weckten! Du warst mein liebes geliebtes Kind, das in der Fremde ist, mit dem sie übel umgehen[1], und ich weinte um Dich – aber diese Tränen waren zugleich süss – denn ich liebte Dich so innig in diesen Tränen <u>und war bei Dir!</u>
(Lieber, hab ich das so ausgedrückt, dass Du mich verstehst? Du wirst nicht wieder denken: »Nun hab ich ihr die gute Stimmung verdorben!«?)

Mein Lieber, Du bist unfassbar – Du bist so wunderbar, dass man Dich niemals auf einmal ganz erfassen kann. Du gibst so viel: Und dem einen bleibt ein Klang, dem andern ein Gedanke, und vielleicht ist das so stark, dass es noch nach Jahren in ihm aufbricht, wie eine Wunde, die er längst geheilt glaubte. Aber Du bist alle Klänge und alle Gedanken, und ich, die Dich zu kennen glaubt, sehe doch immer wieder, dass ich Dich nur ahne...
Du bist für mich ein Wunder, das sich immer wieder erneuert. Immer wieder, wenn ich Dich sehe, überkommt mich ein Staunen: wie reich bist Du! klopft mein Herz. Wie könnten die Menschen, die in dem Saal sitzen und Dir zuhören, Dich mit einem Mal erfassen! Aber wie gut verstehe ich Deine Enttäuschung! Die Menschen verstehen nicht, ihre Erschütterung zu zeigen. Du aber gehst fort und glaubst, alles sei vergeblich gewesen.
Ich glaube es nicht. Du hast etwas in ihnen erschüttert, und das bleibt in ihnen, vielleicht in ihren Kindern. <u>Ich glaube, dass Du ewig leben wirst.</u>
Deine lieben Briefe halte ich und sehe Deine Schrift an, und mir kommen wieder Tränen – weil Du <u>mir</u> Dein Leid klagst – wie soll ich Dir danken, mein geliebtes Herz, dass Du <u>mir</u>, <u>mir</u> geschrieben hast, dass <u>ich in Dir</u> wohne?
Wie konntest Du glauben, dass ich »nach« dem Telephongespräch mit Dir Krämpfe bekam? Post, non propter bekam ich sie! Wie hätte ich auch nach <u>diesem</u> Gespräch Krämpfe bekommen sollen! Du warst so <u>entzückend</u> und Deine Stimme war wie von einem Vogel! [...]

1 Hesse hatte sich nach einer Lesung in Stuttgart über die Vergeblichkeit, verstanden zu werden und die Zuhörer spürbar zu ergreifen, enttäuscht und verbittert geäußert.

Montagnola, 15. November 1929

Lieber,
Deine nachts in Blaubeuren geschriebene Karte habe ich erhalten. Sie ist so todestraurig, mein lieber Geliebter, wie könnte man Dich nur beschützen, wie könnte man Dich noch mehr lieben!
Ich möchte Dich mit einer Überfülle von Liebe umgeben, darin sollst Du ruhen wie in den Armen einer Mutter. Aber wie kann ich Dich von Schmerzen befreien, wie Dir Schlaf schenken!
Ich danke Dir, dass Du in der Not jener Nacht an mich geschrieben hast!
Gestern war ich in Carona, Maria adieu sagen. Wir sprachen anlässlich der Nobelpreisverleihung an Thomas Mann über Dich und ihn. Und wie ich da versuchte, ihr auseinanderzusezten, wer er ist und wer Du bist – da strömte irgend etwas Göttliches in mir, so hell sah ich Dich mit einem Mal, begriff Dich, sah, erlebte Dich und war unendlich glücklich über dieses Wunder.
Wie soll man Dir danken, dass Du auf der Welt bist! Du leidest so viel – mögen Dir noch viele Freuden beschieden sein!
Gestern hättest Du solch eine Freude gehabt. Es war ein klarer, sonniger Tag, die Fahrt nach Carona war zauberhaft. In der Nacht vorher hatte es schwer gewittert, es war sogar Hagel gefallen, früh war alles vom Monte Bré aufwärts verschneit, auch Cademario und Cimo, denke nur! Der Monte Rosa war so schön wie eine Braut, schneeweiss und von der Sonne beschienen. Man sah auf der Fahrt alle fernen Berge hinter dem Malcantone in einer Klarheit, als wären sie ganz nah – es war aber nicht föhnig, es war ein kalter Tag. Dieser Augenblick ist so schön, wenn die Strasse nach Ciona umbiegt und die neue Welt erschliesst. Ich war glückselig und dachte: Es muss natürlich hier tagelang regnen – würde man sonst einen solchen Tag verdienen? Man wäre zu beschämt sonst! Um 1/2 3 h kam ich an, vor 5 h fuhr ich ab, da wurden die Wälder rotviolett, der Mond ging auf, aber der Himmel war noch rosig von der untergehenden Sonne – und wie im Hinabfahren das Licht von Sonne und Mond sich vereinigte, der Mond immer leuchtender wurde, das

Gold und Rot und Violett immer blauer, der Kranz der verschneiten Gipfel darüber – das war zauberhaft.
Ich fing gestern zu packen an, das dauert noch drei Tage vermutlich. Katerchen liegt ahnungslos hinter dem Ofen und brät sich. In zwei Stunden muss er abreisen. Die Natalina wird ihn ins Körbchen tun, damit er nicht an mir irre wird – er bekommt Brot in Bratensaft getaucht als Proviant mit und ein Cervelatwürstchen. Er war so zärtlich gestern abend noch und heute. Romulus versucht es auch, leckt mich, schnurrt, springt auf meinen Schoss, aber es ist eben doch nicht das Gleiche.
Lieber, nun komme ich gerade in Deine Posterledigung herein (falls Du überhaupt schon da bist). Ich sage Dir nur, dass ich um 15,53 h ankomme (Montag)[1], und Dienstag abends abreise. Ich habe dem Augustinerhotel geschrieben, dass ich dort übernachten möchte. [...] Ich habe Dir den Zug nicht angegeben, damit Du Dich nicht verpflichtet fühlst, mich abzuholen – <u>das weisst Du doch, Lieber, dass Du Dir alles einteilen kannst, wie Du willst mit mir, nicht wahr?</u> Ich lasse den Koffer in der Aufbewahrung und gehe mit einer Handtasche und dem Maschinchen ins Hotel.
Lebe wohl, Lieber.

1 Ninon unterbrach in Zürich ihre Reise nach Wien, wo sie bis Weihnachten bleiben wollte. Auf das kurze Wiedersehen in Zürich bezieht sich auch der folgende Brief, der ohne Ortsangabe und Datum blieb.

Lieber,
als ich gestern bei Dir war, hätte ich Dir am liebsten einen Brief geschrieben. Du warst so schön! Und ich liebte Dich so! Dein Gesicht war wie von innen erleuchtet, es strahlte, ich sah Dich an und dachte: Bist Du es denn? Ist das mein geliebtes kleines Köpfchen, sind das die Haare, die ich streicheln durfte? So fern warst Du, so wunderbar. Die Jünger von Emmaus müssen Ähnliches erlebt haben. Dieses: Der Nahe ist der Ferne. Ich kann nichts tun, als Dich lieben. Dich erkennen, heisst Dich lieben.

Je mehr ich Dich erkenne, je klarer (die berühmte »Klarheit«!) mir irgend etwas an Dir wird, desto mehr liebe ich Dich. [...]
Es ist wahr, ich bin manchmal traurig, weil man Dir nicht widersprechen darf. Ich lerne viel aus Rede und Widerrede. [...]
Darum bin ich glücklich, wenn es dazu kommt, dass ich laut widersprechen kann, statt meine Zweifel herunterzuschlucken, und wenn ich dann auf diesem Umweg dahin gelange, wo Du stehst!
Und neulich abend bei Schoeck war ich wieder so begeistert von Dir! Ich spürte, Du hättest mich in dem verstanden, was ich mit der Fuge von Bach meinte, und dass ich alles als Weg zu etwas Geliebtem sehe, nicht als einen Ersatz, nicht als eine Umdeutung. Und als man über Proust sprach und »Neues-lesen« und Schoeck »Nein« rief, da sah ich Dich an, Du warst so gross – so unendlich weit, so allumfassend erschienst Du mir.
Mein Liebster, das hab ich Dir sagen wollen.

1 Othmar Schoeck (1886-1957), einer der bedeutendsten Liederkomponisten seit Hugo Wolf, vertonte insgesamt 23 Gedichte von Hesse, darunter dessen im Dezember 1927 entstandenes Gedicht »Für Ninon« (Die Gedichte, a. a. O., S. 597), es wurde am 25. März 1930 in St. Gallen uraufgeführt.

Wien, 30. November 1929

Mein lieber Lieber!
[...] Jetzt, in diesem Moment, habe ich Dein Gedicht[1] bekommen – es ist wunderbar. [...]
Lieber, ich sehe Dich alle Tage, wenn wir zusammen sind. Aber manchmal geht ein Glanz von Dir aus, dass ich die Augen schliessen muss, so wunderbar bist Du. Und in diesem Augen-Schliessen erfasse ich Dich vielleicht besser, als wenn ich Dich mit den leiblichen Augen sehe.
»Tot in den Gräsern liegt Abel«, steht oben auf dem Blättchen und ist durchgestrichen – o wie ich Dich sehe, sehe!

Mein Lieber, darf man Dich denn berühren? Wirst Du nicht sagen: Noli me tangere[2]?

1 »Das Lied von Abels Tod« (November 1929) beschwört die nie endende Geschichte von Haß und Krieg zwischen den Menschen; als Zeuge und Bote trägt ein Vogel mit einem Blutstropfen im Schnabel die Mordklage übers Land.»Die Gedichte«, a.a.O., S. 585.
2 »Berühre mich nicht!«

1930

Hausbrief

[Zürich], 28. Februar 1930

Lieber Hermann,
gestern bin ich nicht mit den beiden Herren fortgegangen, weil ich noch mit Dir darüber sprechen wollte, wie wir es denn künftig einteilen mit unserem Zusammensein, und weil ich Dir noch einen Kuss geben wollte und so – –
Aber Du kamst mit einem so gequälten Gesicht zurück, dass ich gleich sah, das war falsch und ich hätte mit den beiden fortgehen müssen. Darum kam es auch so kalt heraus, dass ich um 8 Uhr abends nach Dir schauen würde, darum versuche ich jetzt zu schreiben.
Lieber Hermann, ich will Dich doch nicht im Stich lassen, glaub' doch das nicht! Ich will <u>gerne</u> heute Nachmittag zu Dir kommen und mit Dir spazierengehen und nachher vorlesen[1], alles wie sonst. Ich wollte jetzt 14 Tage lang »verreist« sein, um etwas zu arbeiten, aber wie kann ich das, wenn ich dabei das Gefühl habe, ich lasse Dich im Stich! Gerade in den ersten Tagen der Wiedereinwöhnung[2] brauchst Du mich vielleicht mehr als sonst! Erst wenn ich das Gefühl habe, ich könne es jetzt ruhig tun, Du brauchtest mich eine Weile nicht, dann will ich »verreisen«. [...]
Lieber Hermann, leb wohl, auf Wiedersehen!   Ninon

Auf der Chantarella bei St. Moritz,
Januar/Februar 1930

1 Vorlesen: Da Ninon selbst viel und gern las, bedeuteten die Stunden, in denen sie Hesse zur Schonung seiner Augen vorlas, für sie kein beschwerliches Opfer – während der gemeinsamen Lese-Erlebnisse waren sie sich besonders nah. Ninon hat Hesse nach einer von ihr aufgestellten Liste von 1929 bis 1962 1 447 Bücher vorgelesen.
2 Das »Eingewöhnen« bezieht sich auf die Rückkehr von der Chantarella bei St. Moritz, wo Ninon mit Hesse wie im Vorjahr im Januar/Februar einen Winterurlaub verbracht hatte, nach Zürich.

13. März 1930

Lieber Hermann!
Ich bin beinah die ganze Nacht wachgelegen und habe über Dich und mich nachgedacht. Ich habe Dir ein paar Mal gesagt, dass ich nicht wieder heiraten möchte, und ich bin ja auch gar nicht rechtmässig geschieden, weil ich kein Interesse an einer neuen Heirat hatte. Ich habe geglaubt, ein Liebesbund wie der unsere sei stärker und schöner als eine Ehe.
Ich denke jetzt anders darüber, nicht seit heute Nacht, seit einigen Monaten schon. Ich hatte früher gedacht, eine Ehe sei da, um den Bund zwischen zwei Menschen zu festigen, und das fand ich lächerlich, dass zwischen zwei Liebenden Versprechungen und Paragraphen notwendig seien. Aber ich sehe jetzt in der Ehe die Sanktionierung eines Bundes <u>nach aussen hin</u>, das Bekenntnis einer Frau zu einem Mann, das Sich-Bekennen (wenn das ein besserer Ausdruck als »Bekenntnis« ist!) eines Mannes zu einer Frau.
Ich kann mir denken, dass es eine Zeit geben kann, in der das nicht mehr Mode ist. Einstweilen gibt es kein anderes Zeichen der Zusammengehörigkeit eines Paares als die Ehe.
Ich bin nicht ehrgeizig, wie Du weisst. Aber ich wünsche mir, dass die Welt – nicht Freunde, nicht Bekannte allein – weiss, dass wir zusammengehören.
Ich muss das aussprechen, weil ich bisher gesagt und geglaubt habe, eine Ehe könnte zwischen uns nichts bedeuten. <u>Zwischen uns</u> soll sie auch nichts bedeuten und nichts verändern. Es handelt sich nur um unsere Stellung gegenüber der Öffentlichkeit.
Wir leben nicht auf den Galapagosinseln; hier ist meine Stellung in der Welt falsch.
Wir haben besprochen, als wir versuchten zusammen zu leben, einander nicht zu heiraten. Ich habe damals nicht an die Welt, nur an uns gedacht. Was hätte uns eine Heirat bedeuten können? Und wussten wir überhaupt, ob wir imstande wären, miteinander zu leben?
Ich glaube, unser Bund ist mit jedem Jahr fester und schöner geworden. Spürte ich das nicht, nie würde ich dies über eine Ehe geschrieben haben.

Aber Hermann, ich mag nicht aus Zwang und in Qual und Auflehnung geheiratet werden! Wenn Du es nicht so sehen kannst, wie ich es sehe, als ein freudiges und – ja, stolzes Bekenntnis zu mir: Das ist <u>meine</u> Frau, das ist die Frau, die <u>meinen</u> Namen trägt, dann soll davon zwischen uns nicht mehr die Rede sein. Bitte antworte mir in drei oder vier Wochen. Ich möchte nicht, dass Du etwas Übereiltes sagst oder tust. Ich möchte nicht, dass Du etwas wie unter einer Erpressung tust.

Weil wir ausdrücklich über unsere Stellung zur Ehe gesprochen haben, muss ich Dir das schreiben, dass ich jetzt – es hat sich im Lauf der Jahre ergeben – anders darüber denke. Und ich kann mir vorstellen, dass auch Du anders darüber denkst, seit Du mit mir lebst und seit Du mich kennst. Wenn es Unstimmigkeiten – entscheidende – zwischen uns gäbe und wir glaubten, durch Heirat da etwas zu bessern, wäre das natürlich ein Blödsinn. Wenn wir aber einen bestehenden Bund der Öffentlichkeit anzeigen, ändert das am Bund selbst nichts.

Hermann, bitte versteh mich! Ich schrieb Dir meine Meinung darüber, weil sie anders geworden als Dir bekannt ist. <u>Ich möchte einig mit Dir sein.</u> Ich will kein Opfer. Ich will, dass Du gern tust, was Du tust, und <u>was immer Du beschliesst, an unserm Bund soll nichts geändert werden!</u>   Deine Ninon

Vom 19. April bis zum 18. Mai 1930 besuchte Ninon Fred Dolbin in Berlin und erwog mit ihm die Möglichkeit einer Scheidung in Freundschaft.

Berlin, 2. Mai 1930

Lieber Hermann!

Endlich hab ich ein wenig Zeit, ich bin nicht ins Kaiser-Friedrich-Museum gegangen, um mich ein wenig auszuruhen. Heute früh habe ich wieder Tennis gespielt und bin ganz zerschlagen, alles tut weh, das ist ein herrliches Gefühl. Aber ich habe auch zum Tennis wenig Talent, mein Körper ist so dumm. Trotzdem

macht es mir eine Riesenfreude, ich könnte den ganzen Tag spielen! [...]
Bei Bermanns[1] bin ich morgen zu Mittag, vorher in der Generalprobe der Staatsoper von »Kolumbus«[2], Musik von Milhaud, Text Claudel. [...]
Merkwürdig ist dieses Berlin, ich meine: scheusslich. Ich bin kaum imstande, diesen Brief zu schreiben, so unkonzentriert ist man hier. Immer die Uhr in der Hand – um überall zu spät zu kommen. Die Naivität der Berliner, mit der sie auf ihre Omnibusse und Untergrundbahn rechnen, ist komisch, Stunden verbringt man mit Warten und Telephonieren – ich würde hier in kurzer Zeit wahnsinnig.
Fred ist ein so gütiger und lieber Mensch, er rast herum wie ein Hase, er hört einem nicht zu, aber er ist so gut und geduldig und fleissig, und man kann so schön mit ihm lachen und vergnügt sein. [...]
Ich erzähle Dir so viel in Gedanken, und ich will es auch mündlich tun. Das Schreiben aber geht jetzt schlecht, die Stadt beunruhigt mich doch sehr. [...]

1 Dr. med. Gottfried Bermann Fischer (1897-1995), seit 1926 mit Brigitte Fischer (1905-1991), der Tochter des Verlegers Samuel Fischer, verheiratet, war bereits 1925 in den Verlag eingetreten und wurde nach dessen Tod gemeinsam mit Peter Suhrkamp Nachfolger in der Verlagsleitung. Somit war er auch Hesses Verleger bis zur Emigration im Juli 1936 bzw. der »Arisierung« des in Deutschland verbliebenen Teils des S. Fischer Verlags im Dezember 1936, den Peter Suhrkamp fortan treuhänderisch leitete. Bermann Fischer schrieb seine Memoiren: »Bedroht, Bewahrt. Weg eines Verlegers«, Frankfurt am Main 1967.
2 »Christoph Columbus« von Darius Milhaud (1892-1974) wurde 1930 an der Berliner Staatsoper uraufgeführt und zielte in einer Polytonalität auf ein modernes Gesamtkunstwerk, in das auch Pantomime, Ballett und erstmalig der Film in der Szenenfolge einer Oper eingesetzt wurden.

Postkarte

[Poststempel vom 7. Mai 1930]

Lieber Hermann,
gestern war ich aber doch halbtot am Abend und musste Baldrian nehmen, bevor ich zum »Kaiser von Amerika«[1] ging. Es war sehr hübsch, gut gespielt, elend gesprochen. Die Leute bellen hier alle bloss. Die Karten hatte ich von Frau Fischer, die Dich sehr herzlich grüsst. Auch für Freitag schickte sie mir zwei Karten zu einem Shaw-Stück. Heute gehe ich zu Kreneks »Leben des Orest«[2], am Nachmittag zu der Eröffnung der Ausstellung von Rodin-Aquarellen[3]. Ich lese »An der Leine«[4] von Lichnowsky mit Entzücken!

Tausend gute Wünsche von Deiner   Ninon

1 »Der Kaiser von Amerika« von Bernard Shaw (1856-1950) ist ein Stück von irisch-satirischem Witz über den Jargon der Parteipolitiker.
2 Ernst Kreneks (1900-1991) »Leben des Orest« (1930) war das neueste Werk dieses Experimentators, der die Schicksalstragödie der Atriden als »schnelles, wildes Geschehen« in eine einzige Abendvorstellung einzwängen wollte und dabei eine zeitnahe Verschmelzung von Romantik, Kantilenen, oratorischen Chorszenen und Foxtrottrhythmen anstrebte, wofür Ninon bei allem Interesse für Avantgardistisches wenig Verständnis aufbrachte.
3 Auguste Rodin (1840-1917), dessen Ruhm und Einfluß auf seinen malerisch-impressionistischen Skulpturen beruhte, war nur wenigen durch Zeichnungen, Radierungen und Aquarelle bekannt. In ihnen spielte er den Reiz des Skizzenhaften und Fragmentarischen aus, wodurch Ninon, die in graphischen Werken ein straffes Linien- und Formgerüst bevorzugte, die Zustimmung schwerer fiel als Dolbin, berühmt durch seine in Sekunden hingeworfenen »Kopf-Stenogramme«.
4 Mechtilde Lichnowsky (s. S. 245) bringt in ihrem Roman »An der Leine. Geschichte eines Dachshundes«, S. Fischer, Berlin 1930, ironische Parallelen zur weiblichen Gebundenheit in der Ehe.

Berlin, 13. Mai 1930

Lieber Hermann,
jetzt habe ich Dir drei Tage nicht geschrieben, es war ein solcher Rummel, ich kam nicht dazu, einen klaren Gedanken zu fassen. [...]
Ich esse jetzt immer in einem russischen Restaurant zu Mittag, [...] es gibt dort Kascha – das ist Buchweizen, und das assen wir zu Hause oft – und Borscht (wir nannten es polnisch Barszcz, sprich Barschz), und alles riecht und schmeckt sehr gut. Am Abend war ich mit Lotte bei einem Stück von Feuchtwanger: »Wird Hill amnestiert?«[1], ein saudummes Stück, wie sie gewöhnlich hier gespielt werden, und ausgezeichnet gespielt, wie immer. Ich war noch lange nachher mit Lotte zusammen, sie lud mich für Sonntag zu Tisch ein, nachher sollte ich zu Fischers. Der Abend war sehr nett gewesen, aber am Sonntag fing Lotte an, ihre Krallen zu zeigen, ich meine, an mir herumzumäkeln, was ich so schlecht vertrage.
Enttäuscht ging ich zu Fischers, ich brachte Frau Fischer sehr schöne Rosen mit – sie hatte mir zweimal Theaterkarten überlassen, nämlich die Sitze des Verlags – und dort sagte mir jeder einzeln, Tutti[2], Frau Fischer und Herr Dr. Bermann, meine Geschichte[3] sei sehr hübsch gewesen, aber der Schluss sei doch merkwürdig. »Warum denn?« fragte ich erstaunt. »Warum musste das Mädchen sterben?« fragte Dr. Bermann lachend. »Ich habe geglaubt, dass das in der Geschichte steht«, sagte ich sehr sanft, »sogar im Titel steht es.« Aber es waren noch andere Gäste da, und ich wollte nicht mehr darüber sagen. Der alte Fischer aber, neben dem ich bei der Jause sass und der natürlich nichts von allem gehört hatte, sagte, das sei eine schöne Geschichte gewesen, und sie sei so spannend geschrieben, nicht nur im Anfang, sondern im Ganzen, dass man nicht aus der Spannung herauskäme, und das sei ein schönes Talent, das ich hätte. Da erzählte ich gleich, Du hättest gesagt, ich sei eine Erzählerin.
Am Sonntag Vormittag war ich im Aquarium, das war unbeschreiblich schön. Ich sah die wunderbarsten Riesenfische und

die herrlichsten Schlangen. [...] Am Abend war ich in der »Camera«, einem Kino, das je und je wieder schöne alte Stücke spielt, diesmal sah man zwei Russenfilme, »Das Lied vom alten Markt« nach Gorki, und »Turksib«, die Eroberung von Turkestan durch die moderne Zivilisation (hier Eisenbahn) darstellend. Es war ein sehr trauriger Film, traurig durch seinen Optimismus, dabei zeigte er wunderbare Bilder der Landschaft, der Bevölkerung und ihrer Tiere. [...]
Gestern war ich wieder im Kaiser-Friedrich-Museum [...], dann fuhr ich todmüde und recht verärgert, weil es Springbrunnen regnete, zu Tutti in den Grunewald. Ich sass im Kinderzimmer, wo Gaby[4] gebadet und dann zum Essen gezwungen wurde, was ich gar nicht gern habe. Zur Belohnung spielte Tutti ihr dann Kasperletheater vor, und sie strahlte so schön und war so glücklich über das Spiel – sie ist wirklich das süsseste kleine Mädchen der Welt! Ich brachte ihr ein Hündchen mit und dem Baby eine kleine Negerpuppe, sie freuten sich sehr. Gaby schaut aus wie ein Stiefmütterchen, findest Du nicht? Aber das gefiel Tutti gar nicht!
Abends war ich bei einem Stück von Hasenclever »Napoleon greift ein«[5], ein Stück, das stellenweise sehr witzig war. Werner Krauss[6] spielt glänzend, und Maria Bard[7] auch. Sie ist eine schöne, reizvolle Person und sieht Frau Elsy Bodmer ausserordentlich ähnlich, aber Frau Bodmer ist hübscher, nur weniger »erweckt«, die Bard ist natürlich sehr bewusst, sehr ausgelassen, sehr raffiniert. Aber wozu spielen sie hier noch »Theaterstücke«! Es gibt nur eine Schauspieler-Schaustellung, und sie sollten lieber improvisieren, essen, tanzen, sich zu Bett legen, anziehen, ausziehen und sich einfach zwei Stunden lang vor dem Publikum sehen und hören lassen, sie tun ja ohnehin nichts anderes, das Stück stört nur. Entweder können sie die Rolle nicht, oder sie sprechen so undeutlich, dass ich, die meistens ganz vorn in der 4. oder 5. Reihe sitzt, nichts verstehe – und die Worte, die sie sprechen, sind vom Regisseur, nicht vom Autor. Ich finde, man könnte doch noch einen Schritt weiter gehen und »Theaterspielen«, ohne erst einen Autor zu bemühen. [...]

Über das, was uns betrifft, wollen wir mündlich sprechen. Ich habe Fred kein Wort vom Hausbau[8] erzählt und dass dieser vielleicht eine Veränderung in meinem Leben bewirken könnte; er hat aber eines Tages ganz spontan gesagt, es wäre doch eigentlich richtiger, wir liessen uns wirklich scheiden, damit alles in Ordnung sei. Ich sagte, ich hätte kein Bedürfnis nach Scheidung, ich hätte keine Heiratsgedanken, nach dem Gespräch mit Dir darüber wären sie mir gründlich vergangen, wenn er aber welche hätte, würde ich ihm selbstverständlich nicht im Wege stehen. Daraufhin habe ich dann meinem Wiener Advokaten geschrieben, was man tun müsse, um sich scheiden zu lassen, und erwarte nun seinen Brief.[9] [...]

1 Lion Feuchtwangers (1884-1958) Komödie (1927) »Wird Hill amnestiert?«, die Ninon mit Lotte Kallenbach (s. S. 153) besuchte, handelt vom Kampf einer Frau, die ihren zu Unrecht wegen Befehlsverweigerung verurteilten Freund rehabilitieren will. Doch er hatte diesen Befehl zur Tötung Verurteilter überhaupt nicht erhalten und erklärte ihr: »Ich weiß nicht, ob ich mich für die Disziplin entschieden hätte, oder für die Menschlichkeit.«
2 Tutti: Kosenamen Brigitte Fischers (1905-1991), die ausgebildete Kalligraphin war und das Setzerhandwerk erlernt hatte. Sie war seit 1926 mit Dr. med. Gottfried Bermann verheiratet, leitete mit ihm gemeinsam schon vor Samuel Fischers Tod (1934) den S. Fischer Verlag. Hesse widmete ihr das Gedicht »Mittag im September«, in: »Die Gedichte«, a. a. O., S. 283.
3 »Meine Geschichte«: Es handelt sich um Ninons Erzählung »Der Sarg«, in der sie den Freitod ihrer Schwester Toka nachempfand und in Ich-Form erzählte: Aus Angst vor der feindlich andrängenden Welt wählt sie sich als Zuflucht einen Sarg, den sie weitab von Stadt und Menschen schon zu Lebzeiten unter einem Baum eingräbt. »Ein Glücksgefühl durchströmte sie, kein Gejagtwerden mehr, keine Flucht. Sie war zu Hause.«
4 Gaby: Gabriele Bermann Fischer (1926-1972), älteste Tochter von Brigitte und Gottfried Bermann Fischer.
5 Walter Hasenclever (1890-1940) entlarvt in der 1928 entstandenen Boulevard-Komödie »Napoleon greift ein« den falschen Heroenkult: Napoleon entschlüpft in Mussolinis Hosen und Stresemanns Cut aus dem Wachsfigurenkabinett, um sich wieder in die Politik einzumischen, scheitert jedoch an seinen anachronistischen Militär-Maßstäben und kehrt mit der Erfahrung »jeder Held paßt nur in sein Zeitalter« wieder ins Musée Grévin zurück.

6 Werner Krauss (1884-1959) wurde wegen seiner Vielseitigkeit und seines umfangreichen Repertoires seit 1913 der Star des Deutschen Theaters in Berlin, ab 1929 auch des Wiener Burgtheaters. Ab 1919 (»Das Kabinett des Dr. Caligari«) übernahm er auch Filmrollen, Ninon versäumte keinen seiner Filme.

7 Maria Luise Bard (1900-1944), in zweiter Ehe mit Werner Krauss, in 3. Ehe mit Hannes Stelzer verheiratet, 1926-1931 an Max Reinhardts Bühnen in Berlin und Wien, lieferte für Ninon ein Beispiel von der Dominanz des Star-Schauspielers gegenüber der Aussagekraft oder geistigen Botschaft eines Stückes.

8 Hausbau: s. folgenden biographischen Zwischentext.

Im Frühjahr 1930 bahnte sich eine Veränderung im Zusammenleben von Ninon Dolbin und Hermann Hesse an. Dr. Hans C. Bodmer (1891-1956), Freund und Mäzen Hesses seit 1919, bot ihnen eines Tages spontan an, für sie beide in Montagnola ein Haus zu bauen; das Grundstück könnten sie nach eigenem Geschmack wählen. Sie fanden einen nach Süden abfallenden Hang, 11000 qm groß, der Rebstöcke, Sträucher, Gemüsebeete und Wald- und Wiesenflächen trug und einen freien Blick auf den Luganer See in Richtung Porlezza gewährte. Im Oktober wurde mit dem Bau des Hauses begonnen, das Hesse kostenlos auf Lebenszeit zur Verfügung stehen sollte.

Im Mai 1930 vereinbarten Ninon und Fred Dolbin in Berlin die Scheidung, die am 25. Juni 1931 eingeleitet wurde: »Mein lieber Hase, ich werde immer Dein Freund sein, immer zu Dir stehen; solange ich lebe, bist Du nicht allein [...]. Unser Verhältnis ist gewiss nicht alltäglich – wir wollen beide daran arbeiten, dass es so schön und intensiv bleibt, wie es ist! Einen herzlichen Kuss von Deiner Ninon.« Am Tag der gerichtlichen Scheidung, dem 10. September 1931, legte Ninon den Grundstein für ihre gegenseitige unverbrüchliche Freundschaft: »Ach, sprechen wir nicht mehr davon! Und verlieren wir uns niemals!«

1930

Undatierter Hausbrief

Freitag abend

Lieber Hermann!
Ich bin fortgegangen ohne Erwiderung, um Dich nicht noch mehr zu stören, als ich es getan habe. Aber warum habe ich Dich gestört? Es wäre so einfach gewesen, diese Störung zu vermeiden.
Ich habe Dir gleich nach meiner Ankunft[1] den Vorschlag gemacht, ein leeres Blatt Papier ins Vorzimmer zu legen als Zeichen, dass Du allein bleiben willst. War Dir dieser Vorschlag unsympathisch, warum hast Du ihn dann nicht zurückgewiesen?
Mir schien er gut und scheint er heute noch gut für Tage, an denen Du unsicher bist, ob Du lange arbeiten wirst.
Ich verstehe wirklich sehr gut, dass es Dir schwer fällt zu telephonieren, zu sprechen, zu schreiben. Aber einen unbeschriebenen Zettel draussen hinzulegen – dass das zu schwer ist, verstehe ich nicht! Dass Du den Zettel aus Rücksicht für mich nicht hingelegt hast, aus Überhöflichkeit mich empfingst – das kann ich nicht glauben! Kannst Du wirklich annehmen, der Anblick eines Verzweifelten, mitten in seiner Arbeit Gestörten, sei mir lieber als der eines stummen Zettels?
Ich will lieber nicht weiterschreiben.   Ninon

[1] Ninon traf Hesse nach ihrer Rückkehr aus Berlin in reizbarer Stimmung an, was zum Teil auf seiner »Produktionsbereitschaft« – verbunden mit einem »Produktionsstau« – beruhte, zum Teil auf der zu erwartenden Veränderung seines Lebenszuschnitts. Hesse schrieb Ninon in einem Hausbrief am 12. August 1930: »Also am Montag kannst Du beginnen, Dir ein Haus zu bauen. Überleg' es Dir zum letztenmal. [...] Ich komme nicht zu Dir hinüber, ich brauche nach wie vor die Erlaubnis, krank zu sein und andere Menschen mit meiner Gegenwart verschonen zu dürfen. Ich habe seit vielen Monaten keinen Tag ohne Schmerzen und keine Stunde gehabt, in der mein Leben und Dasein mir noch etwas wert gewesen wären. Leider habe ich auch keinen Menschen, der dies ahnt oder gelten läßt.« Am 17. September 1930 hatte sich sein Befinden noch nicht gebessert: »Ich glaube, es ist noch nicht oft etwas Geistiges bei solchem Tiefstand von leiblichem Befinden gearbeitet worden. Man sollte mich erschlagen oder auf einen bewohnbaren Stern bringen, es ist nichts mit mir.«

Undatierter Hausbrief
Mein Liebster – ich wünsche dir von ganzen Herzen, dass Du schläfst und eine gute Nacht hast und keine Schmerzen – aber wenn Du doch Schmerzen hättest und nicht schlafen kannst, lass mich dann zu Dir kommen! Klopf nur an die Wand, ich höre Dich dann!

Undatierter Hausbrief
Es tut mir leid, dass ich nicht bei Dir sein darf, gerade weil Du Schmerzen hast! Ich gehe wahrscheinlich nach Agnuzzo, die Emmy besuchen, wahrscheinlich wird sie nicht da sein, mir glückt nichts mehr – – abends will ich Dir gerne vorlesen oder mit Dir in den Grotto gehen oder was Du willst. Ich komme gegen ¾ 8 h. Aber wenn Du vielleicht lieber allein sein willst, lass' es mich durch die Natalina wissen, wenn sie zum Arzt geht. Aber die Einreibung und das Handbad sollten wir doch womöglich machen, ich will kein Wort dabei sprechen, wenn Du heute nichts vertragen kannst! N.

Undatierter Hausbrief
Mein lieber Hermann!
Ach wie kannst Du glauben, dass ich durch Deinen Zustand »degoutiert« war – ich musste mich so zurückhalten, Dich nicht zu streicheln und furchtbar lieb zu haben. Aber wie konnte ich mich Dir nähern!
Gestern früh war ich aus meiner Lärm-Hölle geflohen, ich kam bleich und erschöpft zu Frau Fontana und sagte ihr, ich gehe, und wenn sie mich nicht wiedersähe, sei es, weil ich tot wäre – – und ich lief ins Gastzimmer und versuchte, wieder zu mir zu kommen. Es war schon 10 h, ich hatte nur noch zwei Stunden. Aber ich habe sie gut nützen können, ich erquickte mich an der Stille – »süsser Friede zog in meine Brust«, und dann nahm ich noch Tropfen, weil mein Herz sehr klopfte und gedachte, um 12 h sehr vergnügt vor Dir zu erscheinen.

Ninon Dolbin und Hermann Hesse
im Sommer 1930

Und nun hattest Du mich vergeblich gesucht. Ich verstehe ja, dass Dir das unangenehm war – wem wäre das nicht unangenehm – aber schliesslich konnte ich doch nichts dafür! Und der Vorwurf in Deinen Worten, in Deiner Stimme zeigte mir so klar, dass es für mich kein Asyl, keine Zuflucht, keine Ruhe geben darf. Ich hatte es einmal zwei Stunden guthaben wollen – das musste ich also sehr bitter büssen!
Aber ich sah, dass es Dir schlecht ging. Ich <u>wollte</u> Dir nicht böse sein! Darum streckte ich Dir die Hand hin, nein, ich streichelte Deinen Ärmel und sah Dich an! Aber Du fuhrst zurück wie vor

etwas Scheusslichem, Du wolltest nicht berührt werden, Du sagtest! »Ich bin heute nicht zu sprechen.«
Einen Augenblick wollte ich aufspringen und davonlaufen. Aber ich bezwang mich wieder. Ich sah, dass es Dir schlecht ging.
Das Weitere weisst Du ja. Ich wollte Dir nahe sein, ich wollte Dir »helfen«. Aber wie konnte ich Dir die Hand reichen, die Du zurückgestossen (wenn auch nicht wörtlich) hattest!
Versteh es doch! Ich war ja bereit. Du hättest nur Deine Hand ausstrecken müssen! Aber ich konnte das nicht noch einmal erleben, dieses entsetzte, abwehrende Zurückprallen. – –
Heute fahre ich nach Lugano und komme erst 6.35 h zurück. Die Brille, sagte mir Natalina, hast Du ihr zur Reparatur gegeben.
Ich habe so gross geschrieben, damit Dir das Lesen keine Mühe macht.

Undatierter Hausbrief
Lieber, es wäre so schön, jetzt zu sagen: Ich war dumm und böse, verzeih mir! Ich möchte es so gerne, denn ich bin verträglich, und ich kann nicht lange böse sein. Aber dadurch wird eine Aussprache immer wieder hinausgeschoben, und es ist Unordnung zwischen uns.[1]
Wirklich, <u>Du</u> bist es, der in letzter Zeit oft so gereizt ist, in einer Weise gereizt, dass ich mich nur mit der Gattin von Klein und Wagner vergleichen kann und Dich mit ihm – ich gebe mir Mühe, darüber hinwegzukommen, es gelang mir auf dem Weg nach Grancia, es gelang mir an dem Abend, an dem ich darum bat, den Freud zu lesen – es gelang mir nicht beim Stendhal. Ich brauchte Stunden, um wieder zu mir zu kommen. [. . .] Wie gerne hätte ich (mit Deiner Erlaubnis) zu einer Stunde, in der Du nicht im Studio bist, alle 10 Bände Freud heruntergenommen und mir meinen Band ausgesucht. Statt dessen hast Du es mit einem Gesicht getan, dass ich gern geschrien hätte! »Um Gotteswillen, nein! Ich verzichte!« Aber ich wollte keinen Krach, und ich schluckte es hinunter. Bitte sag mir aber jetzt, wie Du es lieber gehabt hättest: dass ich ihn mir aussuche oder dass Du es tust.
Aber es ist nicht das allein. »Ich bin ein alter Mann und habe

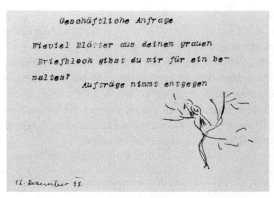

Hausbrief von »Vogel«

nichts mehr zu tun als zu verrecken. Dabei soll man mich nicht stören!« schriest Du mich an, als Alice da war (d. h. nicht in ihrer Gegenwart). Auch das klingt mir immer noch im Ohr. Ich wünsche mir, zum Sterben bereit zu sein, und Du hast es so schön ausgesprochen, »dass ich das Welken als Geschenk erlebe«. Aber ich habe geglaubt, wir leben zusammen, ich habe gehofft, einmal würden wir zusammen sterben. Du hast mich verlassen mit diesen Worten, und warum willst Du nicht begreifen, dass mir entsetzlich weh ist und dass ich nicht weiss, wie ich mich retten soll! Ninon

1 Diese »Unordnung« wurde zum Thema in Ninons autobiographischer Erzählung »Die Entscheidung«, die am 2. September 1930 in der »Vossischen Zeitung« unter dem Namen Anna Jakob erschien. Ninon schilderte darin, wie eine junge Frau nach zweijährigem Zusammenleben mit einem hochsensiblen, schwierigen Partner eine Krise überwindet. »Er hatte seinen Beruf und seine Neurasthenie, sie hatte die Mission, als Prellstein zwischen der Welt und ihrem Mann zu funktionieren [...].Anna war eines der Mittel, die es ihm ermöglichten, das Leben zu ertragen. Mit ihr aber stand es so, dass sie sich an der Grenze ihrer Kräfte glaubte. Sie war stark und gesund gewesen, jetzt aber, nach zwei Jahren, fühlte sie sich müde und verbraucht.« Anna entschied sich dennoch für die »Treue zu sich selbst«, für die »Erfüllung der selbstgewählten Aufgabe«.

Hausbrief

21. September 1930

Liebster Hermann!

Wenn ich auch trotwood[1] bin, so hab ich doch gesehen, dass heut ein wunderschöner Tag ist, und ich will Dir sagen, dass ich am Vormittag nach Agra gehe, so gegen 10 oder ½ 11h, und wenn Du Lust hast, können wir zusammen gehen, und wenn Du malen gehst oder sonstwie nicht magst, brauchst Du gar nicht zu antworten, ich gehe dann auch gern allein.

Einen Kuss von Deiner Ninon

1 Trotwood: Gestalt der Tante Betsy aus dem autobiographischen Roman »David Copperfield« von Charles Dickens (1812-1870), die den Titelhelden vor der völligen Zerstörung durch Murdstone rettet.

Die nachhaltige Gereiztheit Hesses beruhte zu dieser Zeit auf seinem Bedürfnis nach ungestörter, durchgängiger Konzentration für sein neues Werk: »Die Morgenlandfahrt«, mit dessen Niederschrift er im Sommer 1930 begonnen hatte. Außerdem durchlitt Hesse neben der Anspannung durch seine »latente Produktionsbereitschaft« eine »Mordsangst« vor der Umgewöhnung auf ein großes Haus, dem Umzug, dem Transport von Möbeln und Bücherkisten, aber auch vor dem Wechsel seines Lebensrhythmus. Darum plante man ein Haus, das aus zwei getrennten, nur durch eine einzige Tür verbundenen Haushälften bestehen sollte. Hesse gestand Ninon im Frühsommer 1931: »Zugleich mit der Angst wegen des Hauses, das mein stilles und einfaches Leben vollends verändern wird, drückt auch dies andere auf mich [...]. Du bist rascher und klüger als ich im Fragen, im Aussagen, im intellektuellen Klarstellen von Seelischem. Ich bin darin langsamer und schwerer, ich muß außer meinem Leben auch meine Dichtung mit hindurch retten durch das Chaos. Du hast in letzter Zeit mehrmals das Tempo gestört, in dem meine Seele lebt.«

Ninon verbrachte im Oktober/November 1930 einige Wochen in Wien, um ihre auf Lager gestellten Möbel nach Montagnola zu schicken, die Scheidung von Dolbin einzuleiten und ein Venenleiden ärztlich behandeln zu lassen.

Wien, 12. Oktober 1930
Garnisongasse 3, Pension Fischer

Lieber Hermann.
Ich bin gut angekommen. Heute hatte ich noch Ferien, morgen aber geht es los – Ärzte usw. [. . .]
Ich will versuchen, Dir zu sagen, wie froh ich bin.
Siehst Du, ich habe das zum Leben Notwendige – aber Du hast mir das Überflüssige geschenkt, und das ist so schön!
Ich denke jetzt wieder viel an die arme Toka. Sie ist vielleicht daran gestorben, dass sie keinen Überfluss hatte, sie hatte genug Geld, genug zu essen, genug Kleider (da sie ja nicht nackt ging), genug Liebe – da sie nicht gerade misshandelt wurde! Es war alles gerade lauwarm, die Notdurft war gestillt, aber jeder Mensch sehnt sich nach Abondantia, nach Überfülle, und sie ist eben erstickt, verhungert, zugrunde gegangen an dem »eben – noch – genug«.
Ich bin beschämt, weil es mir so gut gehen soll, und unbeschreiblich froh zugleich. Ich kann ohne Sorge Kuchen und Schokolade und Wein und Rahm für meine Gäste kaufen, ich kann sie ein wenig verwöhnen, ich brauche nicht vor der Zahn- und Beinarztrechnung im Herbst zu zittern, der Transport der Möbel ist keine Katastrophe – und das alles danke ich Dir!
Wenn die Mama doch das alles wüsste – wenn sie die Pläne des Hauses sähe und meine schönen Zimmer – und wenn sie wüsste, wie gut Du zu mir bist, mein Lieber, Lieber, sie würde so glücklich sein, wie sie es vielleicht nur ganz selten gewesen ist!
Ich danke Dir, lieber, lieber Hermann, ich danke Dir tausend Mal!
Deine Ninon

Wien, 19. Oktober 1930
Lieber Hermann!
[...] Gestern abend war ich bei der »Cenerentola« von Rossini[1] im Redoutensaal, es war entzückend. Heute Vormittag war ich im Kunsthistorischen Museum und dann im Philharmonischen Konzert. Man spielte ein Präludium und eine Fuge für Orgel von Bach, die Schönberg[2] für grosses Orchester gesetzt hatte. Wozu macht man das? (das ist keine Kritik, sondern eine naive Frage)? Es klang »wie Orgel«, aber eine furchtbar starke, laute Orgel. Dann: Till Eulenspiegel von Strauss[3] und schliesslich Bruckners 3. Symphonie, (d-Moll)[4], vor der ich etwas Angst hatte, weil Bruckner doch so schwer zu verstehen ist. Es war aber unbeschreiblich herrlich – »verstanden« hab ich es gewiss nicht, aber ich habe mit Entzücken zugehört.
Im Kunsthistorischen habe ich nur die Italiener angeschaut. Als ich zu Giorgiones[5] drei Philosophen kam, sah ich sie wieder ganz neu, ganz anders. Ach was, Adrastos, Vergil und Wickhoff! Ach was, Itten und seine Rosenkreuzerdeutung! Ich sah plötzlich nur die Lebensalter in dem Bilde, die Jugend, das Alter, und den Mann der Reife zögernd zwischen ihnen stehend, halb abgewandt von dem Jungen, dem Alten nicht völlig zugewandt, auf der Schattenlinie stehend, wie ich – da begriff ich Deine Empörung über alle wissenschaftlichen Deutungen – wie wunderbar, dass ein Kunstwerk so vielfach ist, so unendlich, und sich einem immer neu und anders erschliesst! Was ich heute in diesem Bild sah, galt heute und galt mir, wie anders mag es andern erscheinen, und gleichgültig selbst, was Giorgione damit gemeint hat! [...]
Nun muss ich zwei Riesenbriefe schreiben, nach Czernowitz wegen meines Vermögens und nach Berlin wegen der Scheidung. [...]
Gern wüsste ich, wie es Dir geht, Lieber, ob das neue Sehen[6] Dich anstrengt oder ob Du anfängst, eine Erleichterung zu spüren. Und wie die Diathermie wirkt, und wie es sonst geht. Heute früh war ein Aufmarsch der Heimwehr mit Musik und Tamtam, die Ringstrasse abgesperrt, viel Polizei aufgeboten. Alle Leute

prophezeien Revolution, jedenfalls grössere Unruhen. Nur ich glaube es nicht. In Deutschland – da glaub ich alles! Aber die Österreicher, denen trau ich »ka Röhvolution net« zu. Ich bin immer wohlgemut, obwohl Wien scheusslich ist. In irgendeiner Weise bin ich doch mit dieser Stadt verbunden, und wenn ich sie zehn Jahre nicht sähe, würde ich gewiss Freudentränen vergiessen beim Wiederkommen. Aber wie würdelos ist hier das Leben! Dieses Gedränge, dieses Gestosse, Geschiebe, diese Hast, Überstürzung und vor allem diese Sprache! Alle Idiome klingen an, richtiges Deutsch – ich meine sogar österreichisches – hört man nie. Und die Juden hier hasse ich, Sie sind reich, fett und gemein. In Czernowitz kannte ich so viele arme, so viele fromme Juden, die liebte ich! Am ärgsten sind die Frauen. Von einer Gier sind diese Gesichter, von einer Schamlosigkeit – zu erraffen gilt es, Mann, Schmuck, Kleider, die Jugend halten, den Mann halten oder ihnen nachlaufen – ich stelle mir vor, so muss es vor der Sintflut ausgesehen haben. Die meisten Menschen hier sind aber furchtbar arm, und so genügsam, dass sie einem bitter leid tun.

Alle Leute fragen mich, ob ich jetzt aus Krakau käme, alle haben die »Neue Freie Presse«[7] gelesen und es daraus »erfahren«. Ist das nicht reizend?

In Czernowitz sei man sehr stolz auf mich, sagt Dziunnia, natürlich nur die literarisch interessierten Menschen, die Dich kennen, sonst wird ja auch überaus abfällig über mich gesprochen. [...]

1 Gioacchino Antonio Rossini (1792-1868) komponierte 1817 – ein Jahr nach dem »Barbier von Sevilla«, seinem größten Erfolg – »La Cenerentola« und erwies sich darin als letzter großer Meister der Opera buffo. Ninon war von der Verarbeitung des Märchenstoffs in Melodik und Ensembleszenen beeindruckt; über die Motive und Wurzeln der Aschenbrödel-Geschichte schrieb sie 1960 für die »Neue Zürcher Zeitung« eine wissenschaftliche Abhandlung »Das Erdküklein« (s. S. 556).
2 Arnold Schönberg (1874-1951) instrumentierte 1928 Präludium und Fuge Es-Dur von Johann Sebastian Bach.
3 Richard Strauss (1864-1949) vertonte Till Eulenspiegels lustige Streiche (op. 28, 1895), und dies – nach Schelmenart – in Rondoform.

4 Ninon hörte die von Anton Bruckner (1824-1836) Richard Wagner gewidmete d-Moll-Sinfonie (1877).
5 Giorgione (s. S. 130f.). Die subtile Lichtbehandlung der venezianischen Malerei ermöglichte, daß die im Hintergrund dargestellte Natur die jeweilige Meditationsstimmung der drei – verschiedenen Generationen angehörenden – Philosophen spiegelt.
6 »Das neue Sehen« – Ninon erkundigte sich nach der neuen Sehhilfe. Hesse war vom 8. bis 11. Oktober 1930 in Konstanz beim Augenarzt Maximilian Graf Wiser (1861-1938) gewesen, dem es als »genialem Außenseiter« (H. H.) gelang, durch immer neu kombinierte Linsen Hesses seit der Kindheit quälendes Augenleiden zu lindern. Hesse widmete ihm ein Gedicht, das seinen Dank bezeugt: »Dem Grafen Wiser« (1936), »Die Gedichte«, a. a. O., S. 646.
7 Der erwähnte Zeitungsbericht lautet: »Der Dichter Hermann Hesse heiratet eine Czernowitzerin. Vor einigen Tagen fand in einem Schweizer Kurort die Trauung des bekannten deutschen Dichters und Schriftstellers Hermann Hesse mit Frau Ninon Ausländer, einer Tochter des verstorbenen Czernowitzer Advokaten Dr. Jakob Ausländer statt. Frau Ninon Hesse war in erster Ehe mit dem Ingenieur Dolbin, einem in Wien und Berlin sehr bekannten Kabarettisten verheiratet und ist nicht nur eine schöne Frau, sondern überaus gebildet und geistreich, weswegen sie sich in den Wiener und Berliner Literatenkreisen höchster Wertschätzung erfreut.« (Das Datum des in Ninons Nachlaß gefundenen Originalausschnitts ist nicht zu erkennen.)

Wien, 21.Oktober 1930
Liebster!
Danke für Deine Kärtchen vom Sonntag. Auch hier ist schönes Wetter, das ist verlorene Liebesmüh in der Stadt, und eigentlich merkt man keinen Unterschied zwischen gutem und schlechtem!
Morgen bekomme ich die letzte Injektion. Nun fange ich mit dem Spediteur an. Ich bekomme einen wunderschönen (teuren!) schwarzen Mantel mit dem Persianer meiner Mutter als Kragen und zwei hübsche Kleider, auf die ich mich freue. Ein schönes Köfferchen liess ich mir »nach Mass« anfertigen, das kostete fast gerade soviel, wie Fred mir zum Geburtstag schenkte (75 Schilling). Und Deine 100 Schilling vom Geburtstag sind in meine sämtlichen Hütchen verwandelt.

Gestern war ich [...] bei Wozzek[1]. Ich sass miserabel – 4. Galerie, 3. Reihe Seite, Säulensitz! – und sah nur, wenn ich aufstand ein Stückchen linke Bühne; natürlich spielte man nur rechts! Aber diese Oper ist herrlich! Ich glaube, so etwas hat es bisher noch nicht gegeben. Orchester und Singstimmen sind durchaus gleichwertig – so erscheint es mir – nicht dass das Orchester »begleitet«, es führt auch die Handlung fort. Und zwar so, dass es alles sagt, was Worte nicht sagen können, was Menschen, also Sing- oder Sprechstimmen nicht sagen können, das Mitschwingende, Tiefe, nur Geahnte. Es ist erschütternd, das Martyrium Wozzeks zu erleben, aber dabei so sehr in eine andere Sphäre erhoben, so zum Gleichnis geworden, dass einem keine Träne kommt, keine Rührung. Es ist aus einem Guss, vom Anfang bis zum Ende eine Welt. Dabei scheint mir Büchners Drama gar nicht vergewaltigt zu sein, ich glaube, es ist ganz genau übernommen. Ich wünsche so sehr, dass Du dieses Werk kennst! [...]
Ich musste heute wegen der Scheidung ins Polizeikomissariat des V. Bezirkes – das hat mich sehr aufgeregt, wieder in die Strasse zu kommen, durch die ich neun Jahre lang gehen musste, und die ich immer so gehasst habe. Die Erinnerungen überstürzten sich, ich erlebte neun Jahre im Fluge wieder, nur durch den Anblick dieser trostlosen Gegend, die ich seit dem Wohnungsverkauf nicht mehr betreten habe.
Heute habe ich geträumt, dass Du im Bett lagst und auf mich wartetest, ich schloss aber noch Fenster und Türen (es war ein fremdes Haus), und wie ich ein Fenster schliesse, sehe ich – der Atem stockte mir – in der Ecke, niedrig über dem Boden einen Schmetterling so gross wie ein Foxterrier, einen Admiral! Eine Sekunde dachte ich, er sei aus Stoff, aber er flog ganz zart, er schwebte, ich rief mit bebender Stimme! »Hermann, Du musst sofort kommen, eil Dich, ganz schnell!« Du kamst, aber Du sahst ihn nicht sofort und tratest auf ihn, aber nur auf ein Stückchen Flügel – er hatte mehr als vier Flügel. Ich sagte eifrig »nein, Du hast ihm nichts getan, schau, er fliegt ja immer weiter!« Und wir sahen ihn beglückt an. Dann kam eine grämliche kleine

Katze, die war dick und viel kleiner als der Schmetterling. Dann wachte ich bald auf.
Gott behüte Dich! Ich schicke Dir viele Küsse! Deine Ninon

1 In seiner Oper »Wozzeck« unterstreicht Alban Berg (1885-1935) durch illustrierende Klänge das äußere Geschehen ebenso wie alle seelischen Regungen der handelnden Personen. In atonaler Melodik und Zwölftonreihen schreckt der Komponist nicht vor quälend grellen Ausdrucksmitteln zurück, bei denen die Musik in bloßes Geräusch überzugehen scheint. Auch Ninon unterlag wie viele empfängliche Zuhörer der suggestiven Wirkung seines musikalischen Expressionismus.

Wien, 23. Oktober 1930

Lieber winziger Riese,
[...] Ich gehe jetzt in einer Viertelstunde zum Rosenkavalier[1] und bin selig. Vorher war's nicht schön! So eine Wurzelbehandlung ist scheusslich, man sticht immer Nadeln durch die Wurzelkanäle, um sie zu erweitern, einmal hatte ich das Gefühl, er käme beim rechten Auge mit der Nadel heraus, und ich fing an zu weinen. Es geht nicht, man muss den Schmerz <u>wollen</u>, und ich wollte nicht leiden, ich wollte froh und gesund sein, darum konnte ich gar nichts ertragen.
Bis morgen will ich aber <u>bereit sein</u> und den Schmerz wollen, denn sonst geht es ja nicht vorwärts. Die neuen Sachen sind allmählich fertig geworden und kommen nun eins um das andere, und ich mag sie alle nicht, ich hänge an meinen alten Sachen. Diese sind alle fremd und ich bin wie verkleidet in ihnen. Und kaum gewinnt man sie lieb, werden sie »unmöglich«! [...]

1 Der Text des »Rosenkavalier« von Richard Strauss (1864-1949) stammt von Hugo von Hofmannsthal, den Ninon wegen seiner psychologischen Finesse in ihrer Vorliebe für das literarische Wien der Jahrhundertwende besonders schätzte. Seine dichterische Vorlage in sprachlicher Schönheit, Charme und Leichtigkeit ermöglichte Strauss eine rokokohafte Vertonung, die diese Oper für Ninon zu einer ihrer liebsten machte.

Wien, 28. Oktober 1930

Mein Lieber, lieber Winziger,

[...] Mit dem Zahnarzt geht es besser, die Furcht war das Schlimmste, und sie kam nur vom Zuvielwissen! Ich hatte den Abend zuvor mit der Lisl Löbl über die Behandlung gesprochen, und sie hatte überaus sachlich davon gesprochen, was der Zahnarzt mit mir vorhabe. Während ich es doch gar nicht wissen wollte! Ich liege immer mit geschlossenen Augen im Stuhl, es graust mir, wenn ich seine Manipulationen vorher mitansehe, und lieber lasse ich mich durch neue Foltern überraschen, als sie schon in der Erwartung zu »geniessen«. [...]

Heute früh war ich im Lagerhaus in der Brigittenau, das ist der 20. Bezirk, und ordnete an, was mit den Möbeln und Kisten zu geschehen hat. Um ½ 12 Uhr beim Advokaten, der mir den ersten Entwurf der Scheidungsklage übergab. Er reist heute nach Moskau, es war also unsere letzte Unterredung. Er will mir mein Geld hier in Wien placieren, falls es mir gelingt, es in Czernowitz flüssig zu machen. Alle Leute warnen mich, es länger in Czernowitz zu lassen, wo die Bolschewiken erwartet werden. Natürlich kann ich hier nur niedrigere Zinsen bekommen als in Cz., aber doch höhere als in der Schweiz. Aber ich glaube nicht, dass ich das Geld herausbekomme, wenn ich doch nicht einmal die Zinsen gezahlt bekomme.

Am Sonntag war ich bei Bella[1] zum Mittagessen, es war so schön bei ihr, wir unterhielten uns gut und lieben einander sehr. Mit meinen Schwägerinnen habe ich entschieden Glück. Ich danke Dir auch sehr für Adeles letzte Briefe.[2] [...]

Gestern war ich bei Schwejk[3] mit Max Pallenberg.[4] Ich habe 2 1/2 Stunden ununterbrochen gelacht, mir war nachher ganz schlecht von der Zwerchfellerschütterung, es war aber doch herrlich. [...] Ich wundere mich selbst, wie ich dieses Leben aushalte, und dabei spiele ich doch hier immer und überall »Hans im Glück«, das strengt auch auf die Dauer an. Aber wenn ich vom Haus erzähle, kann ich gar nicht anders als strahlen, und wenn ich von Dir erzähle, erst recht, und so haben die Leute ja ganz recht! [...]

Bei der Zauberflöte und bei den Pferdchen[5] war es unbeschreiblich schön! Ich habe so tief an Dich gedacht und dass Du dabei sein mögest! Bei der Zauberflöte war der Platz neben mir frei, und da sassest also Du! Einen innigen Kuss schicke ich Dir!

Deine Ninon

1 Bella Paalen, eigentlich Isabella Pollak, war Dolbins Schwester und Star der Wiener Hofoper. Gustav Mahler hatte die Altistin 1907 entdeckt, und sie sang dort 30 Jahre lang unter den Komponisten Mahler, Weingartner, Strauss und Bruno Walter.

2 Adele Gundert geb. Hesse (1875-1949) war die älteste Schwester Hesses, die – im Gegensatz zu seiner Schwester Marulla – mit Ninon freundschaftlich verbunden war. Sie ermöglichte ihr das Reisen, denn während Ninons Abwesenheit betreute sie ihren Bruder in Montagnola. Hesses Anhänglichkeit an seine Lieblingsschwester »Adis« kommt in seinem »Brief an Adele«, 1946, und in dem »Gedenkblatt für Adele«, Privatdruck 1949 anläßlich des Todes der Schwester am 24. September 1949, zum Ausdruck. GS, 4. Bd., S. 787 ff.

3 Jaroslaw Hašek (1883-1923) behandelt in seinem burlesken Roman »Die Abenteuer des braven Soldaten Schwejk« (erschienen 1921-1923) das Kriegsschicksal eines Hundehändlers, der in einer Mischung von Naivität und Gerissenheit aller heldenhaften, aber lebensverachtenden Kampfbegeisterung den gesunden Menschenverstand entgegenstellt. Die Dramatisierung des Stoffes erfolgte durch Max Brod und Hans Reimann. Erwin Piscator hatte das Stück für die Berliner Aufführung 1929 bearbeitet, die Ninon besuchte.

4 Max Pallenberg (1877-1934), von Max Reinhardt entdeckt, war seit 1904 ein gefeierter Charakterkomiker in Wien, München und Berlin. Molières Gestalten brachten ihm den größten Beifall ein, ebenso die Rolle des Schwejk.

5 »Pferdchen«: Ninon besuchte bei jedem Wien-Aufenthalt die Lipizzaner der Spanischen Hofreitschule in der Hofburg.

Wien, 7. November 1930

Mein winziger Lieber,
gestern hatte ich einen bösen Tag, und die Karte, die ich Dir abends schrieb, sah wohl danach aus. Aber seit ich den einen Tag zugegeben habe – und ich höre noch Deine liebe Stimme sagen: Hetz Dich nicht ab[1], es kommt auf einen Tag nicht an! –

seither ist alles leichter geworden, und ich bin ruhiger. Ich ärgere mich ja nicht so sehr, dass es einen Tag länger dauerte, sondern dass ich es so falsch berechnet hatte und Dir geschrieben habe, ich käme schon Mittwoch, nein Donnerstag, nein Freitag. Verzeih der dummen Ninon!
Sie hatte gestern noch eine andere Kränkung, einen Brief aus Czernowitz von Dr. Biederberg, der sich bemüht, mein ganzes Geld freizubekommen – Zwangsversteigerung – und nun muss ich dafür eine neue Anlage suchen. Ich hatte verschiedene Besprechungen, denn ich will doch wenigstens eine 10 %ige Anlage, und dass die zugleich sicher ist, ist selbst in Wien schwierig zu machen. Diese Geldsachen treffen mich ja dank Deiner Vorsorge jetzt nicht mehr im Kern, aber dass sie mich doch aufregen und betrüben, verstehst Du wohl! Ich hatte bisher ein Jahreseinkommen von 5 000 Schw. Frcs aus meinem Czernowitzer Vermögen, wenn ich es 6 %ig anlege, würde ich fortan 1 800 Schw. Frcs jährlich haben! Das gibt einem doch einen Ruck, nicht wahr? Bis jetzt war Dein Geld ein schöner Aufputz, der mein Leben leichter und sorgloser machte – jetzt wird es zur Notwendigkeit, gehört zur Fristung des Lebens, nicht mehr zum Aufputz. [...]
Mein Lieber, ich werde einen Monat brauchen, um Dir alles zu erzählen, was ich gedacht und erlebt habe. [...]

Deine Ninon

1 Hesse hatte am 26. Oktober 1930 seiner »Penarcho Colargonum« geraten: »Laß Dich nicht kaputt machen, wir haben Dich noch sehr nötig. Nächstes Jahr muß ich aus meinem Schlupfwinkel in Zürich heraus und auch aus meinem Zaubergarten in Montagnola, und alles wird anders, und Du mußt das dirigieren und möglich machen, wer sonst? [...] Leb wohl Kolpanirium, und bring Dich wieder heil zurück!«

Ninon und Hermann Hesse auf
einer Wanderung bei St. Moritz

1931

Im Januar 1931 verbrachte Ninon mit Hermann Hesse einen weiteren Winterurlaub auf der Chantarella bei St. Moritz, dort trafen sie Samuel Fischer und Jakob Wassermann mit ihren Familien. Danach versuchte Ninon, Hesse in Zürich nahe zu sein, zumal ihre Räume in der Casa Camuzzi im März/April unbewohnbar waren. Ihr Brief an Hermann Hesse, der sich gerade in Calw aufhielt, bezieht sich auf ihre improvisierten Unterkünfte in Zürich während der Wintermonate der vergangenen Jahre. Nur einmal hatte sie Glück: sie fand ein Dachstübchen im Züricher Schanzengraben Nr. 25, nur drei Häuser von Hesses Wohnung (Nr. 31) entfernt, so daß sie bequem zum Vorlesen zu ihm kommen konnte. In anderen Jahren hatte sie sich mehr oder weniger mit Zufallsbehausungen zufriedengeben müssen.

Zürich, 19. April 1931
Lieber Hermann!
[...] Frau R. war ganz mitleiderfüllt, als ich von meinen vielen unzulänglichen Wohnungen hier in Zürich erzählte (ganz kurz nur – ich bin nicht so geschmacklos!) und alle lachten, als ich sagte, mein Zimmer hier sei für durchreisende Barfüssermönche bestimmt, was Schränke und Kommoden beträfe [...].
Ich isolierte mich für eine Weile mit Fredy[1], sprach über meinen »Mietvertrag«[2] und kam infolgedessen auch auf Deinen mit Herrn Bodmer, und wir konstatierten, dass jeder von Euch dreien gewartet habe, dass der andere davon anfange. Fredy meint, wenn Du kannst, mögest Du ihm alle Deine Wünsche betreffs »Rechte und Pflichten« von »Mieter und Eigentümer« sagen, insbesondere den Satz formulieren, der – wie ich ihm erzählte – Deinem Wunsch gemäss Herrn Bodmers Anerkennung und Verehrung für Dein Werk ausdrücken sollte, und wenn Ihr alles besprochen habt, würde Fredy Herrn B. anläuten und mit ihm konferieren. Ich dürfe heute Frau Bodmer gegenüber eine Bemerkung darüber machen, dass man in allernächster Zeit hoffentlich die Sache durchsprechen könne.
Nelly leiht mir einen schmalen Schrank, er ist leicht und unversperrbar, aber er hat immerhin vier oder fünf Fächer, und ich kann vielleicht doch auspacken – ich habe noch immer fünf Koffer stehn mit Dokumenten, Wäsche, selten gebrauchten Dingen, und nie weiss ich, wo etwas ist. Ich atme auf, wenn ich an diesen Schrank denke, morgen lasse ich ihn kommen. [...]
Mit der Aussicht auf den Schrank scheint mir das Leben in Zü-

rich wieder möglich und erträglich, und ich bedaure, dass ich
Dich deshalb beunruhigt habe.
Ich lege noch einen Brief an Adele bei.
Danke für Dein Kärtchen. Liebes Winziges, gehst Du denn in
Calw spazieren? Hoffentlich hast Du es schön und hast Freude
an dem Wiedersehn mit so viel lieben Menschen.
Bitte glaube nicht, dass wenn ich das schreibe, ich Deine Augenschmerzen vergesse! Natürlich weiss ich, dass sie von der Wiedersehensfreude nicht vergehen – aber ich spreche doch meine
Hoffnung aus, es möge besser werden, meine Wünsche, Du
möchtest es schön haben und es möge Dir gut gehen! Lebe wohl,
Lieber, Deine Ninon

1 Fredy: Fritz Leuthold
2 Es geht um die vertraglichen Bedingungen für das bereits im Bau befindliche Haus für Ninon und Hermann Hesse auf der Collina d'Oro in Montagnola, das Dr. med. Dr. h. c. Bodmer als großzügiger Mäzen ihnen auf Lebenszeit zur Verfügung stellte und dessen Ausstattung und Benutzungsbedingungen sie selbst bestimmen durften.
3 Elsy Bodmer geb. Stünzi (1893-1968) hatte 1919 von Hesse eine Gedichthandschrift erworben, das war der Beginn ihrer und ihres Mannes Freundschaft mit Hesse, der ihr zeitlebens Handschriften, Zeichnungen und Briefe mit dem Hinweis schenkte, sie könnten vielleicht einmal von Wert sein. Daß er damit recht hatte, zeigte sich bei der Versteigerung der Bodmer-Sammlung bei Venator in Köln am 2. 10. 1973 (Katalog Auktion 40), zu der sich die Erben entschlossen. Frau Bodmer vernichtete vor ihrem Tod alle Briefe, die Zuwendungen oder Geldfragen im Zusammenhang mit Hesse betrafen. Sie wurde Ninons vertraute Freundin.

2. Juli 1931

Hermanns vierundfünfzigster Geburtstag möge ein schöner,
glücklicher Tag werden!
Ninon, aus Hiobs Geschlecht stammend, dem Jeremias und anderen Klagenden, Weinenden verwandt, eignet sich bekanntlich
gar nicht gut dazu, Feste zu feiern. Darum hat sie Emmy[1] und Annemarie[2], Marcel und Mareili[3] gebeten, ihr dabei zu helfen.
Hier folgt das Programm des Tages, das einen unschätzbaren

Vorzug vor andern Programmen hat: Es muss ganz und gar nicht eingehalten werden! Es ist nämlich noch ein zweites Programm da, für den Fall, dass das erste umgestossen würde, und auch das zweite gebärdet sich überaus bescheiden und nennt sich eigentlich nur:

Vorschlag
zu einem Programm

Punkt Eins: Hermann strengt sich an diesem Tag so wenig wie möglich an. Am Morgen empfängt er die Glückwünsche seiner Ninon

Punkt Zwei: Später ißt er mit ihr zu Mittag

Punkt Drei: Gegen 5^h erscheinen Emmy und Annemarie, gratulieren und kriegen Himbeersaft

Punkt Vier: Gegen 7^h essen die Gäste bei Ninon. Hermann darf sich ausruhn, wenn er es aber will, kann man bei ihm zu Abend essen

Punkt Fünf: Gegen ½ 9 wandern wir vier zu unserer Bocciabahn, wo Marcel und Mareili uns erwarten. Wir weihen die neue Bocciabahn ein und trinken Wein und essen Kuchen. Für Wein und Kuchen, Gläser, Pölster, Beleuchtung sorgt Ninon

Gegen 11^h bringt Herr Barbay Emmy und Annemarie nach Cattina

Das war Programm N° I

Vorschlag zu
Programm N° II

Dieses fängt bei Punkt Drei an, sich vom Programm N° I zu trennen.

Punkt III: ... das heißt, bis »Himbeersaft« stimmt es noch! Dann aber wandern wir schon gegen 6^h zur Bocciabahn mit oder ohne Geroes, spielen Boccia und kehren zu

Punkt IV des ersten Programmes, nur um etwa eine Stunde später, zurück. Und

Punkt V   besteht in einer Zusammenkunft bei Ninon bei
           der sich Geroes und Ball-Hennings' und Ninon
           erlauben werden auf Hermanns Gesundheit die
           Gläser zu leeren!

1 Emmy Ball-Hennings.
2 Annemarie Schütt-Hennings (1906-1987), Tochter von Emmy Hennings, im Dessauer Bauhaus ausgebildete Künstlerin und Herausgeberin der Briefsammlung: »Briefe an Hermann Hesse von Emmy Ball-Hennings«, Frankfurt am Main 1956. Dazu auch S. 116 u. 246.
3 Das Ehepaar Geroe.

Während des Wohnungswechsels von der Casa Camuzzi in das neugebaute »Rote Haus« entfloh Hesse der Unruhe; als Gast im Landhaus der Familie Welti im »Lohn« in Kehrsatz bei Bern wartete er Umzug und Neueinrichtung ab, die Ninon mit Hesses Sohn Martin besorgte.

Montagnola, 23. Juli 1931

Lieber Hermann!
Wie lieb hast Du dem Martin geschrieben[1], ich danke Dir für alle Deine Sorge um mich! Nun ist der Umzug vorüber, und es ist alles ziemlich gut gegangen, »ziemlich« sage ich, denn gegen Ende war grosses Rattentheater, und das hat ein paar Kisten gekostet[2]. Die Männer hatten eine riesige totgeschlagen (in Deinem Schuppen) und kamen statt mit den leeren Kisten mit vollen oben im neuen Haus an, als ich schreckensbleich fragte, ob sie glaubten, dass noch Ratten drin wären (es war Holzwolle und Papier darin), hielten sie das für sehr wahrscheinlich. Ich weinte vor Verzweiflung, man leerte einige von den Kisten und tat sie dann in den Stall, Deine Papierkugeln fischte Martin alle zusammen und tat sie in eine Kiste, aber fünf oder sechs Kisten liess ich ungeleert abtransportieren, bitte verzeih es mir, aber ich glaubte

verrückt zu werden bei dem Gedanken, dass man sechs Kisten Ratten per Cammion auf unser Grundstück führe!

Zum Packen haben wir vielleicht 25 Deiner Kisten benützt (ausser den 52 geliehenen), Du wirst die sechs oder wieviele es waren hoffentlich verschmerzen. Ich hatte Martin gebeten, die Kisten leer heraufkommen zu lassen, er hört aber fast nie zu, wenn man ihn um etwas bittet. Er ist sehr lieb und arbeitet viel und gibt sich Mühe, mich zu schonen, ganz rührend!

Die Packer waren grossartig, artige Bären, folgsam wie in einer Sonntagsschule, stark, schnell und so nett und lieb, es war eine Freude. Sie bekamen um 10 h Bier und Käse und Brot und am Nachmittag Wein (Nostrano) und Wurst und heute noch ein Trinkgeld. Sie waren begeistert von der Bocciabahn und der Quelle und wir schieden mit Bedauern voneinander, wirklich!

Heute hat es von 7 h früh bis 7 h abends gedauert, aber mit einer Mittagspause von drei Stunden, weil das Cammion plötzlich erkrankte. Gestern dauerte es von ½ 8 h-6 h. Denk Dir, um 11 h Uhr waren gestern die 52 Kisten schon gepackt! So schnell!

Die Natalina hat freudig und grossartig geholfen, ich musste sie immer ermahnen, nicht zu viel zu tun, sie war wie 20 Jahre alt und unermüdlich. [...]

Ich gebe mir grosse Mühe, mich zu schonen, sei ganz unbesorgt, lieber Liebster, ich will mich keineswegs kaputt machen, sondern alles sehr gut machen und froh und stark sein. Ich esse wie ein Wolf, nehme abends Abasin, wenn ich fühle, dass ich nicht schlafen können werde, und heute nahm ich ½ Gardan gegen Kopfschmerzen. [...]

Jetzt mein Lieber, hab ich Dir so viel Dummes erzählt, wozu nur! Was machst Du auch, mein liebes Herz, wie geht es Dir? Mach Dir keine Sorgen um mich, Lieber, ich will recht achtgeben, damit ich ganz da bin, und wir wollen ein schönes Leben miteinander führen.

Lieber Geliebter, liebes Herz, es ist so schön bei uns, so still. Es wird sich gewiss alles finden, das mit dem Unkraut, dem Mädchen, dem Pächter, dem Wein. Ich meine nicht: von selbst wird es sich finden, ich will Dir in allem helfen, aber ich möchte, dass dadurch die Last geteilt, nicht verdoppelt wird. [...]

An Dein Gürtelchen will ich denken, und an Dich denke ich fortwährend, und wie an einen Engel! Im täglichen Leben gelingt es einem ja nicht so gut zu sublimieren und zu abstrahieren [...].
Bitte grüsse Herrn und Frau Welti von mir³. [...]

1 Hesse bat seinen Sohn Martin, darauf zu achten, »daß Ninon sich nicht vollends allzu sehr kaputt macht und daß sie den guten Mut und die Nerven verliert, wie es mir selber seit 14 Tagen schon gegangen ist. [...] Wenn sie Dir müde und nervös vorkommt, so rede ihr zu, sich eine Stunde hinzulegen oder für einen halben Tag, oder in den Wald zu gehen und sich um gar nichts zu kümmern.«
2 Hesse schrieb Ninon am 25. Juli 1931: »Ich danke Dir, Ninon, und ich freue mich darüber, daß Du mit dem Wegschicken jener verfluchten Kisten in symbolischer Gebärde gleich beim Einzug alles Rattenhafte aus unserem Haus verbannt hast! Bravo! Aber daß du den Schrecken hattest, das tut mir leid!«
3 Hesse war im »Lohn« bei Kehrsatz Gast bei Helene (1872-1942) und Dr. Friedrich Emil Welti (1857-1940), der, wie Hesse ihn in einem Brief vom März 1940 kennzeichnete, »als Privatgelehrter von Rang ein halb gelehrtes, halb grandseigneurmäßiges, dabei sehr wohltätiges, stilles Leben führte [...] in einem Empire-Landhaus bei Bern, das einst, als es noch Neubau war, von Goethe besucht wurde«. Hesse widmete dem Rechtshistoriker das Gedicht »Orgelspiel« (1937) und schenkte dessen Frau Helene die Gedichthandschrift »Im ›Lohn‹ in Kehrsatz, im Sommer 1941«, dieses Gedicht trägt heute den Titel: »Sommermittag auf einem alten Landsitz«. »Die Gedichte«, a.a.O., S. 647-651 und S. 678.

[Ende Juli]

Liebes Herz,
[...] Martin ist heute früh fort, seine Karte läuft morgen früh ab, und ich redete ihm zu, heute noch seine Mutter zu besuchen. Wir hatten nachts ein langes Gespräch miteinander über Dich und sein Verhältnis zu Dir. Ich habe keine Zeit, es Dir genau zu schildern, und ich will Dir alles erzählen, nur soviel: Er leidet sehr darunter, zu Dir kein inniges Verhältnis zu haben, und versteckt dieses Leid unter Trotz und Bolschewismus und Unabhängigkeitssinn. Er <u>sehnt</u> sich danach, Deine Bücher zu lesen

Ninon Dolbin und Hermann Hesse vor
dem neu erbauten »Roten Haus«

(besonders den Demian, glaube ich) und empfindet es als absurd, sie nicht zu besitzen. Ich erklärte es ihm, sagte, er müsse Dir zeigen, sagen, dass er sie lesen wolle, Du würdest selig sein, Du drängtest aber Deine Bücher niemandem auf – und so. Er weinte fast, der arme Bursche, er will alles allein erreichen, es sei unanständig, weil er <u>Deinen</u> Namen trage, eine bessere Stelle zu erhalten als ein anderer! [...], er hat, glaub ich, viele Annoncen beantwortet, und ich glaube auch, dass er sich wünscht, im Bauhaus weiter zu lernen, aber erst, wenn er soviel verdient hat, um sich das selbst bezahlen zu können. Lebe wohl, Liebster, soviel nur zu Deiner Orientierung, wenn Du ihn vielleicht siehst. Ich sagte ihm, wie innig Du ihn liebst. Ninon

Am 14. November fand die standesamtliche Trauung des vierundfünfzigjährigen Hermann Hesse und der sechsunddreißigjährigen Ninon Dolbin geb. Auslaender im Gemeindeamt von Montagnola statt. Hesse schrieb am Vorabend der Trauung an den Publizisten Heinrich Wiegand: »Morgen nachmittag gehe ich aufs Standesamt, um mir den Ring durch die Nase ziehen zu lassen. Es war Ninons Wunsch schon lange, und diesen Sommer wurde ihre Wiener Ehe geschieden, und da sie jetzt das Haus so sehr hat bauen helfen etc., etc., kurz, es geschieht nun also.« Gegenüber dem Bildhauer und Graphiker Hermann Hubacher bemerkte er: »Unter anderem muß ich gerade noch vor dem Abfahren in meine Badener Gruft aufs Standesamt und dort Ninon als Ehefrau eintragen lassen. Na, wenigstens macht es ihr Spaß, und eine Hochzeitsreise macht sie auch, nach Rom, sie hat es in den langen Bau-Monaten redlich verdient.«
Ninon schrieb an Hesse, der schon zu seiner alljährlichen Rheumakur in Baden bei Zürich abgefahren war, vor Antritt ihrer »Hochzeitsreise«:

Montagnola, 16. November 1931

Lieber, geliebter Vogel!
Es ist so traurig ohne Dich, Du kannst Dir das kaum vorstellen! Erst jetzt, da ich schreibe, bin ich Dir wieder nahe und bin froh darüber. [...]
Bei mir sieht es wüst aus, alles liegt am Boden und ich auch und dazwischen sitze ich am Schreibtisch und rechne. Ich habe dreierlei Rechnungen, noch ein bischen »Anschaffungen fürs Haus«, dann »Haushalt« und drittens »Ninon«. Ich habe drei Büchlein und drei Brieftaschen, aber wenn es eilig geht und in der einen ist gerade kein Kleingeld, in der andern aber ist eins drin – dann wird es furchtbar! Dann sitze ich und sitze und rechne und könnte mich ohrfeigen.
Ich bin froh, dass ich morgen noch den ganzen Tag vor mir habe und erst Mittwoch fahre. So brauche ich mich nicht abzuhetzen.

O Vogel, wie unsagbar lieb warst Du, als Du im Coupé standest und mir winktest! Mein lieber Geliebter, ich bin immer wieder neu überrascht über Deine Vielfältigkeit. Manchmal bist Du gütig wie mein Vater und ich glaube, ihn zu sehen, wenn ich Dich ansehe. Ich liebe Dich immer – Vogel, kleiner Knabe und geheimnisvoller Zauberer[1] [...]. Du bist so wunderbar, und ich nehme Deine Liebe wie ein Wunder an. Ich denke: Es kann ja gar nicht sein – es kann einfach solch ein Glück nicht geben! Ich bin die kleine Ninon und träume von dem wunderbaren Dichter. Ich bin 14 Jahre alt und liege in der Hängematte zwischen dem Nussbaum und der Laube und denke an Dich – – Hermann, es sind so viele Jahre seither vergangen, vom Lauscher[2] zum Leo[3] war der Weg weit, ich habe soviel erlebt und auch gelitten und auch Schönes gehabt – aber ich denke an Dich wie damals in der Hängematte – an den wunderbarsten Menschen der Welt!

Du bist mir soviel geworden – Geliebter, Beschützer und nun Gatte – und doch bist Du mir ein Wunder geblieben, das beglükkendste Wunder meines Lebens.

Man möchte Dir immer danken. Nicht für Liebe danke ich, das meine ich nicht, denn Deine und meine Liebe muss ja ineinander aufgehen – aber Dir danken, dass Du da bist! Dass Du die Zauberlandschaft noch nicht gemalt hast, in die Du verschwindest, sondern auf der Welt bist! Lieber, lieber Geliebter! Ich schicke Dir einen Kuss   Deine Ninon

1 Hesse beantwortete diesen Brief im November aus Baden. Er werde ihren »sehr sehr schönen und furchtbar lieben Brief [...] später an würdigster Stelle im heiligen Bundesarchiv aufbewahren«. Dieser Bezug auf den »Bund der Morgenlandfahrer« weist schon auf die literarische Gestalt »Ninon die Ausländerin« hin, die als Weggenossin des Pilgers H.H. mit ihm »aus Zeit und Raum in ein Reich des Glaubens und der Seele wandert« und in der er Fatme, die lang ersehnte orientalische Prinzessin erkennt, die im »Bundesarchiv« der Morgenlandfahrer als »princ. orient. 2, noct. mill 983« bezeichnet wird. (Dazu: Kleine, st 1384, S. 303 ff.). »Die Morgenlandfahrt«, S. Fischer Verlag, Berlin 1932. GW 8. Bd., S. 321-390.

2 Ninon deutete die Entwicklung von Hesses erstem Protagonisten, Lau-

Das Ehepaar Hesse vor der Terrasse seiner »casa rossa«

scher, zum vorerst letzten, Leo, an. Das 1901 bei R. Reich in Basel erschienene Buch »Hinterlassene Schriften und Gedichte von Hermann Lauscher« zeugte von der romantischen und liebesseligen Stimmung des – hinter einem Pseudonym verborgenen – jungen Hesse und seinem Selbstgenuß im Reichtum seiner Gefühle.

3 Leo – mit H. H. eine doppelte Selbstprojektion Hesses in der »Morgenlandfahrt« – ist der dienende Bewahrer zeitloser Werte, ein für den Autor noch unerreichbares Ich-Ideal an Glauben und Selbstlosigkeit. Während H. H. als fahnenflüchtiger Individualist zeitweilig die Gemeinschaft der Pilger verliert und in die abtrünnige zivilisatorische Gegenwart abirrt, bleibt Leo ergeben, standhaft, seiner Aufgabe treu, und er zweifelt nie an der Vision und dem Fortbestand des geistigen Bundes.

17. November 1931

Vogel, lieber lieber Vogel! Ich sitze in Mailand im Schlafcoupé, vorläufig allein, der Zug geht erst in einer halben Stunde ab. Ich habe mir Briefmarken gekauft und Nocera-Wasser und bin so froh in dem hübschen, sauberen Abteil, und gleich ziehe ich mich aus und lege mich ins Bett. Ich geniere mich vor dem Lokomotivführer, weil er die ganze Nacht so beschäftigt sein wird,

während ich einfach daliege und ohne das Geringste dazu zu tun, morgen früh in Rom sein werde! Zum Glück ist er nicht zu sehen. Wahrscheinlich wäre ihm nicht sehr wohl, wenn er in Bett No 5 läge und wüsste, dass ich den Zug führe! [...]
Doch bin ich leider viel müder, als ich dachte, hoffentlich komme ich nur frisch in Rom an. Ich bin noch sehr zerstreut, denke fortwährend ans Haus, an alle Verrechnungen, an die Geschäftskorrespondenz und bin so weit weg von Rom, dass ich erschrecke, morgen früh schon dort zu sein. Ich sollte einen Tag noch irgendwo sein, mich sammeln. So »unwürdig« komme ich hin! So zerstreut! Das Federchen ist krank – sie wollen alle nicht reisen, erst bockte das Ührchen, und jetzt trotzt die Feder mit mir! Es war aber auch heute schwer wegzufahren. Ein himmlisch-schöner Tag. Sonnig, klar, abends glühten alle schneebedeckten Spitzen in vielen rosa und roten Tönen, das Brown-Haus war wie ein Rubin, der Mond war um 11 h vormittags über dem Salvatore (das kann doch nicht korrekt sein! Aber schön war es!). O unser liebes, liebes Haus!
Ich küsse Dich, Vogel. Deine Ninon

Vogel,
ich bin tatsächlich in Rom[1]! Es ist Donnerstag, der 19. November, 1 h mittags, und mir kommt es vor, als wäre ich schon acht Tage hier! Ich bin sehr müde und sitze im »Massino d'Azeglio« zum Mittagessen. Während ich mich ausruhe und auf den Café warte, schreibe ich Dir.
Ich schlief sehr gut, allein im Coupé. Um 7 h stand ich auf und dachte erschrocken: In ein und einer halben Stunde bin ich in Rom? Zu früh, zu früh! Ich bin doch noch gar nicht gereist.
Reisen ist so schön! Ich beneidete Deinen Vetter Wilhelm[2], der 14 Tage ununterbrochen fahren durfte.
Ich zog den Vorhang auf – da lag das Meer. Ich war vor Civitavecchia. Der Himmel war rosig, der Horizont ein wenig dunstig, das Meer schlug beinahe an das Coupéfenster, so nahe war es, und zwei Segelschiffe konnte ich sehen. Ich war so unsagbar beglückt!

Ich stieg aus, frühstückte, überlegte noch ein bischen, aber dann fuhr ich schnurstracks auf den Petersplatz. Unterwegs sah ich eine Barockfassade von einer so edlen Führung, dass mir Tränen in die Augen kamen vor Entzücken: Es war die Gesù-Kirche. Wie schön war es, zu fahren. Ich schaute und schaute, versuchte mir die Strassen zu merken, die Gebäude zu erkennen. Von weitem sah man die Kuppel von St. Peter. O Hermann, das Herz klopfte mir, ich war selig.
Aber von aussen ist dieses St. Peter recht – ja, am liebsten möchte ich »verpatzt« sagen, ich suche ein milderes, ehrfurchtsvolleres Wort dafür. Zuviele Hände haben da gegeneinander gearbeitet. Aber die Colonnaden Berninis sind so bezwingend, sie führen so machtvoll auf St. Peter hin, es geht eine solche Suggestion von ihnen aus, die auf St. Peter zurückwirkt und einen unwiderstehlich hineinzieht, ins Innere. Dieser Innenraum ist herrlich, er konnte durch die Vielfalt der Hände nicht beeinträchtigt werden. Die Pietà von Michelangelo ist elend placiert, hoch und überhaupt schlecht zu sehen. Sie wirkt wie eine zierliche Kleinplastik. Herrlich ist der Petrus aus dem XIII. Jahrhundert (früher hielt man ihn für eine frühchristliche Plastik), und wunderbar Berninis Altar, dessen Mittelpunkt der Stuhl Petri bildet. [. . .]
Nur schnell, wo ich schon war, und was ich schon sah: Trajanssäule, Forum Traiani mit vielen Katzen, – erinnerst Du Dich an Huxley? Forum Nervae, Forum Romanum! Theodorustempel, S. Giorgo in Velabro, Kolosseum. Von dort fuhr ich in den äussersten Norden, sah den Borghesegarten (von aussen), dann die spanische Treppe (im Vorüberfahren), und nun habe ich Café getrunken und gehe ich mir eine Wohnung suchen.

6 Uhr nachmittags
O das war jetzt eine kleine Hölle, vier Stunden lang. Ich fuhr kreuz und quer durch Rom, endlich fand ich etwas Passendes: Piazza Barberini 12. [. . .]
Das Zimmer ist unbeschreiblich hässlich. Es geht auf einen Hof und hat doch den ganzen Lärm von der Piazza Barberini, raffiniert, nicht? Aber 25 Lire bloss (im Baedeker steht: 35-45! Ich

habe auch etwas abgehandelt) mit Zentralheizung und Bedienung 31 Lire, das ist nicht viel. Ich bin sehr zufrieden (das entspricht 8,37 Schw. Frcs!)
Ich bin fürchterlich müde in den Augen. Aber so aufgepulvert, dass ich noch unbedingt ausgehen will. [...]
Ich danke Dir vielmals für die beiden Kärtchen, Vogel, ich vergass sie im gestrigen Brief zu bestätigen. Ich freue mich so auf Dich, es ist als ob ich alles <u>für Dich</u> erlebe, um es Dir zu erzählen! (Und wenn es dann zum Erzählen kommt, bin ich immer ganz schnell fertig. Immer fürchte ich, Dich zu langweilen und zu ermüden.) Ich wünsche Dir das Beste und Schönste, Lieber, und freue mich furchtbar auf Dich.
Es gibt herrliche Bäume hier – Palmen, die haben Stämme wie Elefantenhaut, genau so! Pinien und Cedern von einer Schönheit! Und viele Zypressen und viele Bäume, die ich nicht kenne, »Kannitverstan« – nein, der »Kennichnicht-Baum«... Ich küsse Dich, Lieber Deine Ninon

1 Es war ein Wiedersehen mit Rom nach langer Zeit; denn Ninon war schon während ihrer Schulzeit als Reisebegleiterin ihrer Mutter, die sich stets fernwehkrank aus der kleinstädtischen Enge Cernowitz' herausgesehnt hatte, mehrmals in Rom gewesen.
2 Dr. phil. Wilhelm Gundert (1880-1971), Universitätsprofessor, Vetter von Hermann Hesse, lebte von 1909-1920 in Japan und war von 1936-1945 Lehrstuhlinhaber an der Universität Hamburg für Sprache und Kultur Japans. Dazu: Hermann Hesse, »Rundbrief aus Sils-Maria« (1954), GW 10. Bd., S. 384; »Brief an Wilhelm Gundert«, in: »Neue Zürcher Zeitung« vom 3. Oktober 1960. Gunderts Forschungen erforderten lange Reisewege, um die Ninon ihn beneidete.

Kunstpostkarte an Hesse in Baden: Sibilla Persica (Pinturicchio)

Rom, 20. November 1931
Vogel,
Du musst nicht glauben, dass ich gestern wirklich noch ausgegangen bin. Ich packte aus und machte Ordnung bis ½ 11

abends, dann schlief ich in einem ziemlich schlechten Bett-Ersatz.

Heute früh war ich in S. Maria del Popolo und sah Fresken von Pinturicchio[1]. Ich schicke Dir eine der Sybillen, ich bekam keine bessere Ansichtskarte. Nachher ging ich durch den Borghesegarten und Galerie Borghese[2]. Herrliche Bäume, Pinienhaine, und vor allem Lorbeerbäume, dicht und dünn belaubt, junge, alte – einen sah ich, das ist gewiss der Schönste: Er hatte eine runde Krone – Durchmesser vielleicht 20 Meter! Und Platanen sah ich so merkwürdige, mit ganz schlanken, langen Blättern!

In der Galerie Borghese war nicht so viel Schönes, wie ich mir erhofft hatte. Aber die sogen. himmlische und irdische Liebe Tizians[3] allein war es wert, dass man ihretwegen nach Rom kommt. Ich begreife übrigens nicht, wie dieser Name für das Bild aufkommen konnte! Es ist so klar, dass Venus eine Frau zur Liebe überreden will, – kann man die Zweifelnde »irdische Liebe« nennen? [...]

Ich sah im Erdgeschoss der Galerie ein paar Antiken, ich glaube recht mittelmässige, und ein paar mich heftig enttäuschende Berninis (allerdings Jugendwerke). Gestern erschien er mir als ein Gott und heute nur theatralisch. Aber ich habe noch viel zu sehen. [...]

1 Pinturicchio (um 1454-1513) wird als ein Exponent der Peruginer Malerei angesehen, die Fresken in S. Maria del Popolo gelten als seine Hauptwerke.
2 Die Villa Borghese mit ihrem großen Park wurde zu Beginn des 17. Jahrhunderts angelegt, die Sammlung antiker Skulpturen wurde 1807 durch Napoleon I., der seine Schwester Pauline mit einem Borghese vermählte, nach Paris entführt. Die Gemäldesammlung kaufte der ital. Staat zurück, den Park die Stadt Rom.
3 Tiziano Vecelli (1476-1576) schuf als Meister der Hochrenaissance große und starkfarbige Kompositionen und wurde ein gesuchter Porträtist, z. B. von Papst Paul III. und Kaiser Karl V., dessen Hofmaler er 1533 wurde. In den frühen Jahren seiner fast hundertjährigen Lebenszeit erlernte er die Verwendung der Ölfarben, die die subtile Lichtmalerei der venezianischen Schule erst ermöglichten und ihn auch in seinem Gemälde »Die himmlische und die irdische Liebe« (1515) den Stimmungseinklang zwischen Mensch und Natur erreichen ließen.

Rom, 20. November, abends, eigentlich nachts
Lieber Hermann!
Ein bischen muss ich mich auch über Rom beklagen – ich kann es nicht immer nur loben! Ich bin sogar ein bischen wütend darüber. Jetzt bin ich schon zwei Tage da – und glaubst Du, ich kenne mich aus? Und dabei gebe ich mir solche Mühe, schaue so intensiv, merke mir so viel – aber es ist auch <u>gar nichts</u> dazu angetan, dass ein Nicht-Römer sich auskennen könnte! Z.B. lechze ich nach einem Linien-Plan der Autobusse. Es gibt welche, aber sie sind circa zwei Meter hoch angebracht – hoch über meinem Kopf ist ihr unteres Ende! Für durchreisende Riesen, eingeborene Riesen kennen sich ja aus! Dann steht nie eine Endstation vorn am Autobus (wie in Paris), sondern vorn und hinten beide Endstationen, immer in gleicher Reihenfolge. Rast ein Autobus vorbei, weiss man nie, wohin er fährt (in Paris weiss man es immer). Dasselbe gilt für die Strassenbahn. Statt liebe schöne Nummern oder Buchstaben, die einem so viel sagen können, haben sie ein idiotisches System, MB und ST und T und S, und einmal ist S, einmal ist T rot, und einmal ist eins durchgestrichen, dann wieder das andere. Und das Unangenehmste – die Strassennamen kommen einmal und dann fast nie wieder vor. An jeder Kreuzung verzweifelt man beinah, bis man weiss, wo man ist. In Paris kennt man sich sofort aus und weiss immer, wo man ist. Paris ist eben gastlich und will, dass jeder Fremde sich sofort zuhause fühlt. Diese Pläne überall – übersichtlich, leicht zugänglich! Ich verbrauche einen grossen Teil meiner Kräfte für die Orientierung, heute irrte ich 1 ½ Stunde herum, bis ich das Thermenmuseum fand, als ich hinkam, wurde es gerade geschlossen.
So, nun weisst Du es.
(Aber das muss ich noch sagen! Ich wohne grossartig! <u>Mitten in Rom</u>! Vielleicht nicht geographisch – aber mitten in <u>dem</u> Rom, das mich interessiert! Hoch Piazza Barberini!) [...]
Leb wohl Lieber, Winziger.
Die Juno Ludovisi[1], <u>die</u> hat einen grossen Kopf! Jawohl!
                    Einen Kuss von Deiner Ninon

1 Juno, die alte lateinische, etruskische und römische Göttin – der griechischen Hera verwandt – ist Gemahlin und Schwester des Jupiter. Ninon hatte beim Besuch des Thermenmuseums ratlos vor dem kolossalen Haupt der Juno Ludovisi gestanden, diesem in seinen Ausmaßen ungriechischen Bildnis (in Wahrheit ein römisches Porträt der Kaiserzeit), das seit der deutschen Klassik als Ausdruck des Erhabenen schlechthin galt, weil sich in ihm Anmut und Würde aufs edelste durchdrängen (Schiller, Ästhetische Briefe), und von dem sich Goethe eine Kopie verschafft hatte, um dieses Bild edler Menschlichkeit stets vor Augen zu haben. Ihrem Reisetagebuch vertraute Ninon an, der Kopf der Juno Ludovisi sage ihr wenig. Hesse bestätigte das: »Gelt, der Juno-Dickkopf ist doch der, vor dessen Gipsabdruck man in Weimar in Goethes Treppenhaus erschrickt?« (Brief v. 23. 11. 1931).

Rom, 22. November 1931

Liebster Vogel!

Heute hatte ich einen schönen Tag, zum ersten Mal fühlte ich, wo ich war (topographisch), ohne immer nach der Karte zu sehen, um mich zu orientieren. Ich kenne mich jetzt – natürlich oberflächlich – aus, das erleichtert alles andere.
Ich sah die Mosaiken in S. Cosma & Damiano, den Moses von Michelangelo in S. Pietro in vincolis, den auferstandenen Christus von Michelangelo in S. Maria Sopra Minerva. Das Pantheon – das ist, besonders innen, etwas unbeschreiblich Herrliches! Es ist wie von Göttern gebaut, nicht von Menschen.
Ich sah überraschend schöne Fresken von Raffael in St. Maria della Pace; die Piazza Navona, ein langes Oval mit der Kirche S. Agnese, dem Vorbild (?) der Wiener Karlskirche. Die Universität, die Piazza Madonna, S. Luigi de' Francesi. Das alles am Vormittag. Am Nachmittag fuhr ich, korrekt wie eine alte Römerin, in Autobus und Strassenbahn zum Lateran. Ich war nicht lange im Museum, sah es aber sehr gut an, insbesondere die altchristlichen Sarkophage. Sie interessieren mich ungeheuer. Auf einem (aber das war ein römischer, heidnischer) stand: »Evasi, efugi, spes et fortuna valete! Nil mihi vobiscum est, ludificate alios!«[1] Wie schön! Ich ging nach S. Giovanni in Laterano nebenan, vor-

her sah ich die Scala santa, furchtbar viele Leute knieten hinauf. In S. Giovanni ist ein schöner Kreuzgang aus dem 13. Jh., und ich sprach deutsch mit einer Katze, die mich sehr wohl verstand.
(Vogel, vor S. Maria sopra Minerva steht ein entzückender Elephant aus Stein, der trägt einen Obelisken. Er ist das schönste und klügste und liebste Tier der Welt! Ich glaube, er ist antik und von Bernini mit dem Obelisken kombiniert und aufs Postament gestellt. Ich dachte so sehr an Dich, weil Du Elephanten so liebst.)
Von da ging ich ins Baptisterium des Lateran (S. Giovanni in Fonte) und wollte dort Mosaiken sehen; aber es kam gerade eine kleine Gesellschaft mit einem Täufling, und ich blieb bei ihnen und schaute zu. Der Priester schrieb erst alles ein, wie ein Magistratsbeamter, dann plärrte und leierte er etwas Lateinisches, und der Säugling, Übles ahnend, fing zu ächzen an. Dieses Gekrächze wuchs, je weiter die Zeremonie fortschritt, bei der Taufe heulte er gellend. »Vade in pace Lucino« murmelte der Priester zuletzt und tätschelte das Köpfchen, aber Lucinus wehrte sich leidenschaftlich und »ging« in Unfrieden mit der Kirche von dannen! Ich musste furchtbar lachen.
Ich ging noch zu den »Quattro Coronati«, dann am Colosseum vorbei nach Hause. Mond und Sonnenuntergangshimmel und Colosseum – und Silhouetten von Pinien, Cedern – es war himmlisch schön. Aber ich konnte nicht mehr. [...]
Manchmal ertappe ich mich bei dem Gedanken, dass es schön sein müsste, zum Vergnügen in Rom zu sein! Mein Tag ist ausgefüllt von Pflichten und Pflichtversäumnissen, an allen Ecken fehlt mir was, hier eine Bronzetür, dort ein Fresko, und dabei erlaube ich mir »Schlendern« immer erst nach 5 h nachmittags.
Morgen gehe ich in den Vatikan, ich bin sehr – nein – aber ein bischen aufgeregt.
Die Römer sind sprachlich die Sachsen unter den Italienern, kommt mir vor. »Diedro« sagen sie, »bodega«, »Cioccolada« – ist das nicht ebenso wie »nadierlich«? »Chiessa« sagen sie auch, nicht »<u>kiesa</u>« sondern »chjessa«. Ist das nicht wie »achherjes-

ses«? Ich bin heute sehr vergnügt nach den zwei schlimmen Tagen der Nervosität und Überanstrengung.

1 »Ich bin entwichen, geflüchtet, Hoffnung und Glück lebet wohl! Ich habe mit euch nichts zu schaffen, haltet andere zum Narren!«

Rom, 23. November 1931
abends ½ 7 Uhr

Vogel,

[...] Heute war ein herrlicher Tag. Ich bin um ¾ 9 Uhr weggegangen und um 19 Uhr zurückgekommen; ich war nicht hungrig, nicht müde, obwohl die Kaffeerast kaum 10 Minuten dauerte, und bin es jetzt noch nicht, trotzdem ich seit 9 Uhr früh schaue, gehe und stehe, 9 ½ Stunden! Oh, wie war es schön! Ich habe mir das alles nicht so herrlich vorgestellt!

Ich will Dir alles erzählen, Vogel. Denn selbst zum Schreiben habe ich keine Zeit. Ich muss jetzt Burckhardt[1] lesen, obwohl mir die Augen ein bischen weh tun – aber sie werden belobt und die Beine auch.

Die Sixtinische Kapelle war wunderbar. Und ich war so glücklich, dass ich wieder verehren durfte. Der Bildhauer Michelangelo hat mich bis jetzt stets befremdet. Jetzt habe ich ihn begriffen, oder wenigstens einen Teil von ihm, nachdem ich seine Fresken gesehen hatte. Ich habe auch die schlafende Ariadne[2] gesehen, die geliebte – ich kannte sie von einem Bronzeabguss im Louvre, der aber von Pinnaticcio überarbeitet ist. Ich habe auch die Miniaturen in der Vatikanischen Bibliothek gesehen und Handschriften – das ergreift mich immer so, ein Manuskript! Ein Brief Heinrichs VIII. an Anna Boleyn, ein Brief Luthers!

Am Nachmittag war ich bei S. Paolo fueri, es ist ganz neu, von 1823 glaub ich – trotzdem gibt es einem ein wunderbares Bild einer altchristlichen Basilika. Am Aventin ging ich spazieren, nach S. Sabina; dann durch Strassen und Plätze (es gibt nur Plätze in Rom, die Strassen sind direkt widerwillig und nur als Verbindungen zwischen Plätzen da!), zuletzt bei der Cancilleria, einem herrlichen Bau. Darüber und über vieles andere muss ich jetzt Burckhardt und vielleicht auch Riegl³ lesen.   Deine Ninon

1 Jacob Burckhardt (1818-1897), Schweizer Kultur- und Kunsthistoriker, Ordentlicher Professor in Zürich und Basel, wandte sich nach zwei Italienreisen der Erforschung der Renaissance zu. Ninon Hesse hatte sein Werk »Der Cicerone – Eine Anleitung zum Genuß der Kunstwerke Italiens« (1855) stets bei sich, es enthält die handschriftliche Widmung: »Hermann seiner lieben Ninon«. Burckhardt ging als Pater Jacobus in Hesses Roman »Das Glasperlenspiel« (GW 6. Bd.) ein.
2 »Schlafende Ariadne«, Rom (Vatikan), eine Statue des 3. Jh. v. Chr., die Ninon zu ihrem autobiographischen »Ariadne-Lebensroman« inspirierte.
3 Alois Riegl (1858-1905) führte gegenüber der positivistischen Quellenforschung und der deskriptiven Betrachtung von Einzelwerken eine entwicklungsgeschichtliche Betrachtung ein. Als Studentin der Kunstgeschichte in Wien war für Ninon Riegls bahnbrechende Schrift »Historische Grammatik der bildenden Künste« (1897) richtungsweisend geworden: Es gibt ein durchgängiges Gesetz für alle Stile und Epochen, darum muß neben die Einzelinterpretation die geistesgeschichtliche Zusammenschau treten.

Rom, 24. November 1931

Vogel, lieber, lieber,
Dank für Dein liebes Briefchen mit der schönen Unterschrift, ich danke Dir! Wie schön hast Du Dich unter»zeichnet«, lieber »Hieroglyph«!
Heute war ich in den Katakomben, es war aber mässig. Im Wilpert¹ ist alles viel – nicht schöner, aber klarer, weil in Wirklichkeit alles sehr ruiniert ist und durch Fackeln und Kerzen täglich noch mehr ruiniert wird. Ich wanderte (unfreiwillig) zu Fuss zurück in die Stadt, die lange staubige Via Appia; sah die Thermen des Caracalla, die grossartig sind, und erfuhr in der Kolonial-Ausstellung, wo ich heute mein Billet abstempeln lassen musste, dass ich Samstag, den 28., vor Mitternacht Rom verlassen muss. [...] Sonntag, gegen 8 Uhr abends bin ich dann hoffentlich in Baden. [...]

1 Joseph Wilpert (1857-1944) war Archäologe am päpstlichen Institut für Christliche Archäologie, Ninon bezieht sich auf sein Werk »Die Malereien der Katakomben Roms« (1903).

Ansichtskarte an Hesse in Baden: Tempio de Venere

Rom, 26. November 1931

Vogelchen, liebster Lieber,
immer schreibst Du gerade das Richtige! Seit Du geschrieben hast, vor dem Sterben werden es – – statt – – [400 305 608 nur 400 305 503][1] Kunstwerke sein, die ich ungesehen zurücklasse – seither habe ich ein etwas ruhigeres Tempo, und beinahe gelassen streiche ich dieses und jenes noch durch.

Heute dachte ich: Nun schreib ich Dir zum letzten Mal, denn übermorgen fahre ich ja schon – wenn ich nur gleich ein Bad bekäme bei der Ankunft in Baden! Und heut schreibst Du genau das Gleiche! Du bist ein lieber Vogel, und ich danke Dir.

Ich bin so klug geworden, dass Du mich nicht wiedererkennen wirst, jeden Moment wird mir etwas Neues »klar«, das ist so schön! Ob Du die neue Klugheit auch merken wirst?

Heute regnet es zum ersten Male. Ich spazierte zum Trauer aller Kutscher und Chauffeure ohne Schirm langsam an ihnen vorbei. [...] Ich habe die vatikanische Gemäldegalerie angesehen, dort sind die schönen Fresko-Engel von Melozzo da Forli, die Du auch so liebst, und viel Trecento, Raffaels Transfiguration und die Madonna di Foligno. Dann noch einmal bei den Antiken und sogar im etruskischen Museum. Und zuletzt in der Sistina – es war wieder überwältigend.

Jetzt rauche ich ein Zigarettchen und schreibe Dir, dann muss ich fort, viele Kirchen will ich noch sehen bis übermorgen. [...]

Dass Du so wenig gehen kannst, Vogel! Armer Vogel! Und dabei hast Du so schöne kluge Füsse – niemand hat schönere Füsse als Du, kein Apollo vom Belvedere, Hermes, Diskuswerfer, ich habe sie gut angesehen. [...]

Diesmal werde ich wohl »genug« reisen, 23 Stunden ungefähr.

Und am Schluss der Reise stehst Du, winziger Lieber, Du sollst aber nur dann am Bahnhof stehen, wenn es Dich freut, <u>sonst ja nicht, bitte</u>! Dann sehe ich Dich ¼ Stunde später, Lieber! Ich freue mich so!   Deine Ninon

1 Hesse hatte Ninon am 23. November 1931 geschrieben: »Du wirst einmal vor dem Sterben darüber unglücklich sein, daß Du 400 305 608 ungesehene Kunstwerke auf der Erde hinterläßt, statt nur 400 305 503.«

1932

Ninon und Hermann Hesse verlebten im Januar/Februar den dritten Winterurlaub auf der Chantarella bei St. Moritz. Diesmal trafen sie dort auch die Familie Thomas Manns.
Am 10. März 1932 lieferte Hermann Hesse Ninon den größtmöglichen Vertrauensbeweis: sie wurde durch Erbvertrag zur Verwalterin seines literarischen Nachlasses bestimmt.

Montagnola, 12. April 1932

[...] Die Morgenlandfahrt[1] wird immer zauberhafter – ob man sie sich ganz vergegenwärtigt, ob man nur ein paar Sätze wieder liest – o wie wunderbar, dass so etwas heute noch möglich ist! Wie gerne lebt man, wenn es in <u>dieser</u> Welt noch solche Wunder gibt!
Lieber, Wunderbarer!   Deine Ninon

1 Hermann Hesse, »Die Morgenlandfahrt«, S. Fischer Verlag, Berlin 1932 (Einzelausgabe außerhalb der GWiE mit einer Titelzeichnung von Alfred Kubin). – Ninons Band enthält als handschriftliche Widmung Hesses einen Vers Ludwig Tiecks: »Keiner, der nicht schon zum Weihefest gelassen, / Kann den Sinn der dunklen Kunst erfassen, / Keinem sprechen diese Geistertöne, / Dem im innern Herzen nicht das Siegel brennt, / Welches ihn als Eingeweihten nennt, / Jene Flamme, die der Töne Geist erkennt. Für Ninon zu Ostern 1932«. In diesem Märchen beschwört Hesse das Ge-

Ninon Hesse mit der Familie Mann auf der Chantarella bei St. Moritz, Januar/Februar 1932

meinschaftserlebnis einer Pilgerfahrt ins »Reich einer kommenden Psychokratie«, an der Gläubige aller Zeiten teilnehmen. Dabei verfremdet er tatsächliche Ereignisse und Schauplätze seines Lebens und überhöht sie ins Poetische, sie bleiben jedoch entschlüssel- und erkennbar, ebenso wie die Personen aus Hesses Mäzenen- und Freundeskreis, die mit ihm »gen Osten« fahren. Eine »Eingeweihte« mit dem »brennenden Siegel im Herzen« ist auch »Ninon, als ›die Ausländerin‹ bekannt, dunkel blickten ihre Augen unter schwarzen Haaren, sie war eifersüchtig auf Fatme, die Prinzessin meines Traumes, und war ja doch wahrscheinlich selbst Fatme, ohne es zu wissen« (S. 29). Ninon hat dieses Buch von allen Werken Hesses am meisten geliebt, weil der Leser im Hin- und Herspringen zwischen dem Phantastischen und der Tatsachenwelt – ähnlich wie später im Märchen ihrer Ehe, »Vogel« – die dichterische Verwandlung mitvollziehen kann und somit ein wenig vom Geheimnis der Kreativität erfährt. Dazu Kleine, st 1384, S. 289.

Zürich, 5. Oktober 1932

Mein geliebter, lieber Vogel!
Dass Du den Weisheitsspruch aus dem »I Ging«[1] auf Dich und mich bezogen hast! Wie glücklich bin ich darüber! Hermann – es ist schön, Dich zu lieben. Aber auch noch von Dir geliebt zu werden – das kann man ja nicht glauben, kaum glauben. Ich glaube es immer wieder aufs neue. In den Zwischenzeiten glaube ich, nun sei es vorbei.
Ich habe »Das Unaufhörliche« gehört. Die Worte sind von G. Benn[2]. Worte und Musik haben mich sehr ergriffen, ich bin begeistert. Ich hoffe, die Worte werden auch Dir gefallen, ich bringe sie mit.
Am Sonntag sah ich ein wenig von der Picasso-Ausstellung. Ich ging sehr kühl hin, beinah uninteressiert, nur weil ich gerade in Zürich bin. Ich war sofort gepackt, getroffen, ein Licht ging mir auf, ich begriff auf einmal so viel – nicht Picasso allein, das Leben der Künstler von 1900-1920 etwa, ihre Verzweiflung, ihre Ohnmacht, Formzertrümmerung, Dadaismus, Sehnsucht nach »schönen« Formen. [. . .]

1 Der Brief, in dem Hesse den Text des »I Ging« auf Ninon und sich bezogen hatte, stammte vom 4. Oktober 1932 und lautete: »Mein Kümperlein – Heute habe ich [. . .] das Buch der Wandlungen befragt, und es kam eines der schönsten und heitersten Zeichen: »Der Fortschritt«, das Bild der über der Erde hochsteigenden Sonne. Nehmen wir's als gutes Zeichen für Dich und mich! Ucello.«
2 Gottfried Benn (1886-1956), von dem der Text des Oratoriums »Das Unaufhörliche« von Paul Hindemith (1931) stammt, war Arzt in Berlin und ein expressionistischer Lyriker, der mit artistischer Akribie das »absolute Gedicht« anstrebte, den Einklang von Form und Selbstaussage.

Zürich, 11.Oktober 1932

Geliebter, lieber Vogel!
Eben kam Dein Päcklein – ich danke Dir tausendmal – nein, das ist zu wenig – es ist, als ob Du mir das Leben neu geschenkt hättest. Du weisst, dass ich an Deine Liebe niemals glaube wie an ei-

nen Besitz, sondern ich sehe sie als etwas an, das unaufhörlich fliesst, sie ist gekommen, sie kann wieder gehen, man kann sie nicht halten, nicht besitzen, sie ist Gnade, die Gnade kann wieder von einem genommen werden. Das habe ich geglaubt – mir war unsagbar bange – jetzt sehe ich, dass ich noch begnadet bin.

Mein geliebter lieber Hermann! Wie kann jemand wie Du daran zweifeln, dass mein höchstes und einziges Glück darin besteht, mit Dir zu leben, als Deine Geliebte, Deine Gefährtin zu leben! Wie kannst Du so etwas glauben, als empfände ich das Leben als Sklaverei, wie Du schreibst.[1] Wo Du doch der klügste Mensch auf der Welt bist! Was sollen dann die Klugen glauben, wenn der Klügste so irren kann!

Ich möchte mich nur noch wegen der Parkettböden und des Essens entschuldigen. Mir liegt nichts an beidem – ich habe ja genug lange in schlechten schmutzigen Zimmern gehaust, und ich habe ja auch keinen feinen, verwöhnten Gaumen. Aber ich glaube, dass es zu meinen Pflichten gehört, die Hausfrau zu sein, und ich will meine Pflichten gut erfüllen und gerne. Deshalb müssen die Parketten gepflegt werden und das Essen sorgfältig erwogen und bereitet werden.

Gerade von Dir kann man die Treue im Kleinen und Kleinsten lernen – aber wenn es eine mürrische Treue ist, dann verdiene ich natürlich, durchgeprügelt zu werden. Ich will nicht mürrisch, und ich will kein Ölgötze sein, Hermann – ich kann aber nicht anders, als bisweilen traurig sein, das ist meine Rasse, ich kann sie nicht verleugnen, und ich will es auch nicht, und auch Du willst es ja nicht. Ich könnte auch gewiss nicht so von Herzen vergnügt, so glücklich sein, wenn ich nicht so traurig sein könnte! Ich bin nicht aus Bosheit ein Ölgötze, Hermann! Gewiss will ich diesen Zustand nicht pflegen, er entzückt mich keineswegs – es ist eine Reaktion auf innere Erlebnisse – es ist eine Eisschicht, die mich umzieht, mich isoliert, eine Art Schutz. Ich habe das zum ersten Mal nach Papas Tod an mir erfahren, das Gefühl einer Erstarrung, und ich hatte das Gefühl, sie schütze mich, sie verhindere, dass mein Herz breche.

Ich wiederhole Dir – ich will das nicht pflegen, wenn Du diesen Zustand für schädigend hältst, ich will versuchen, ihm entgegenzuarbeiten, wenn Du glaubst, dass es nicht meine Natur ist, die mich schützen will, sondern dass es eine Art Krankheit ist. Ich will mich nicht in Krankheit flüchten, ich will nicht so feige sein! [...]

1 Dieser Brief ist Ninons Antwort auf Hesses Klage vom 9. Oktober 1932: »Müßtest Du um Deinen Geliebten zittern, weil er im Kriege ist oder am Verhungern, oder müßtest Du ihn und vier Kinder mit Deiner Arbeit durchbringen, oder wäre für morgen kein Brot und kein Pfennig mehr im Haus, so könntest Du nicht schwerer, banger und trauriger blicken, als Du es oft tagelang getan hast.« Ihr Perfektionismus in der Haushaltsführung, ihr »Fanatismus« bei der Pflege der Böden und Möbel beängstigte ihn; so hatte er schon am 15. August 1932 Fritz Leuthold mitgeteilt: »Das Haus zu führen, kostet ziemlich viel, und Ninon ist darin eifrig und ehrgeizig, für Zigeunerwirtschaft hat sie gar keinen Sinn«.

1933

Hausbrief

Lieber Vogel! Ich hatte ganz vergessen, dass heute mein Halb-Geburtstag[1] ist – der 18. März!
Und teile Dir dies in letzter Stunde ergebenst mit!   Ninon

1 Hesse antwortete mit einer bildgeschmückten Gedichthandschrift »Zu einem Vor- oder Halbgeburtstag«, auf deren Typoskript er vermerkte: »Geschrieben für Ninon an ihrem Halbjahrestag (neue Sitte) 1933«. Die Anfangszeile lautet: »Vor- oder Halbgeborene sind wir nur, Versuche nur, vom Ewigen unternommen [...].« In: »Die Gedichte«, a.a.O., S. 609.

Hausbrief

2. Juni 1933

Vogel!
Seit ein paar Tagen habe ich immer an das Gedicht »Der Dichter in unserer Zeit«[1] gedacht. Es lag als Lesezeichen in einem Buch, das ich gerade lese, und ich nahm es jeden Tag beglückt in die Hand und las es ganz verzaubert. Und als Du von der Inselbücherei schriebst, dachte ich: Dieses Gedicht muss hinein und alle anderen müssten darauf abgestimmt sein – dieser Klang sollte der beherrschende sein.
Gestern abend las ich es wieder einmal, bevor ich schlafen ging – und als ich den »Simpl« öffnete, stand es darin! Das war schön. Ach wie verloren stand es da inmitten der Texte, die fast ausschliesslich vom Fressen handelten, sogar der von Dr. Owlglass[2]. Aber die phantastische Kubinzeichnung ist zum Glück auch darin, und ich freue mich so, dass Kubin[3] dieses Gedicht lesen wird! N.

1 »Der Dichter und seine Zeit« hat die Anfangszeile »Den ewigen Bildern treu, standhaft im Schauen«, GW 1. Bd., S. 93; »Die Gedichte«, a.a.O., S. 582. Ein Band »Ausgewählte Gedichte« erschien 1934 in der Insel-Bücherei, Leipzig (Nr. 454) unter dem Titel »Vom Baum des Lebens« und trug die Widmung »Für Ninon«. Das von Ninon vorgeschlagene Gedicht »Der Dichter und seine Zeit« wurde jedoch von Hesse nicht aufgenommen, vermutlich wollte er es im Rahmen einer späteren Publikation veröffentlichen.
2 Hans Erich Blaich, Deckname Dr. Owlglass (1873-1945), Arzt und Verfasser von Scherzgedichten und Erzählungen, war von 1933-1935 Schriftleiter am »Simplizissimus«.
3 Alfred Kubin (1877-1959) hat als Maler und Graphiker in makabren und sarkastischen, oft alptraumhaften Federzeichnungen seine Untergangsvisionen (»Die andere Seite«, Roman, 1908) gestaltet; er zeichnete den Umschlag und die Titelvignette zu Hesses Erzählung »Die Morgenlandfahrt«.

Zu Ninons 38. Geburtstag am 18. September 1933 schenkte Hesse ihr das Märchen »Vogel« in einer maschinenschriftlichen Ausfertigung, die mit Zeichnungen Gunter Böhmers geschmückt war. Das witzige Deckblatt zeigt die beiden Gratulan-

Titelseite von Hesses Märchen »Vogel«,
Handschrift als Geschenk zu Ninons
38. Geburtstag; Zeichnung von Gunter Böhmer

ten auf Ninons Katzen, Löwe und Tiger, heranreiten, sie werden von ihr auf einem riesigen Buchenwälder Kuchen mit freudig ausgestreckten Armen empfangen. Genüßlich schildert Hesse in parabelhafter Verfremdung, wie Ninon als geheimniskundige »Vogelfängerin« ihn, den freiheitsliebenden Vogel, zum Nestbewohner gezähmt habe, da sie die ihn beherrschenden und beglückenden Riten kenne. Das Typoskript zeigt Ninon denn auch als eine flötenspielende Zauberin, die »Vogel« freudig tänzelnd in einem Gitterkäfig auf ihrem Rücken davonträgt. Zu Hesses Rufnamen »Vogel« s. S. 27 u. 211. »Vogel«, GW, 6. Bd., S 460. Abbildungen und Interpretation des Märchens »Vogel«: Kleine, st 1384, S. 288 ff.

»Unterricht in Vogelkunde«, ein Aquarell Ninons als
Antwort auf Hesses Vogel-Märchen, da sie über das Bild
des im Käfig gefangenen »Vogels« gar nicht erfreut war.

Vom 15. bis 30. Oktober 1933 reiste Ninon zu kunstgeschichtlichen Studien nach Florenz, Siena und Rom.

Florenz, 15. Oktober 1933

Liebster Vogel!
[...] Ich weiss nicht, ob Du Dir die Menschenströme vorstellen
kannst, die sich in die Uffizien ergossen. Mit betäubendem
Lärm! Und die Führungen! Es scheint doch das Bedürfnis gross
zu sein, geführt zu werden. [...]
Denke – der Tobias mit den Engeln von Verrocchio[1] ist nicht so

schön, wie ich ihn in Erinnerung hatte! Der Ucello[2] (»opus Ugieli« steht von seiner Hand unten am Bild) hängt miserabel, man ist immer geblendet und sieht immer nur einen Teil gut. Das erste, was ich sah, war Giottos[3] grosse Madonna – ein ungeheurer Eindruck (früher hatte ich sie nur hoch geachtet). Ich glaube, ich bleibe doch drei Tage hier. Ich bin so anders geworden, darum ist auch alles so neu. Ich brenne auf das »neue« Florenz! [...]

1 Andrea del Verrocchio (1435-1488), der größte florentinische Künstler des ausgehenden 15. Jahrhunderts und fernwirkend als Lehrer Leonardo da Vincis, bemühte sich um Grazie und Eleganz der Linie. Ninon ließ sich – wie eh und je – nicht vom Gefälligen beeindrucken.
2 Paolo Ucello (1397-1448) war Mitbegründer einer florentinischen Kunst beim Übergang von der Gotik zur Frührenaissance, wobei er die Linearperspektive seinen noch flächig aufgefaßten Bildern aufzwang.
3 Giotto di Bondone (1267-1337) überwand die unräumliche Gestaltungsweise der mittelalterlichen Malerei und erreichte eine plastische Formgebung des Bildraumes. Die »Thronende Madonna« (um 1310) in den Uffizien ist das bedeutendste Tafelbild dieses Stil-Erneuerers.

Florenz, 17. Oktober, ½ 5 vorm.
Liebster Vogel!
Ich bin traurig wie der Tiger, wenn er die Maus gefressen hat – es ist nun vorbei, und ich reise morgen wieder fort! O es war so schön, und ich bin sehr sehr müde, und in meinem Kopf sieht es aus wie in einer Rumpelkammer. Ich habe so sehr das Bedürfnis nach Klarheit und Einordnung des Neuen, und wenn sehr viel Fremdes kommt, ist das oft schwierig[1]. Aber ich lese und lese im Burckhardt und denke nach, und ich hoffe, es werde sich alles setzen – sitze doch sogar ich, ich hätte es nicht für möglich gehalten! Meine braven Beine sind ganz froh, ein bischen zu ruhen – seit ¾ 9 h rasten sie oder standen sie herum, rasen ist ihnen ja noch lieber!
Ich habe viele neue Entdeckungen gemacht, z. B. Donatello!!! Ich war zum ersten Male begeistert von der Nacht und von der Aurora – überhaupt von den beiden Grabmälern – Michelange-

los! Einer der schönsten Eindrücke war die Pitti-Fassade und die des Pal. Ruccellai, die von S. Miniato und S. Maria Novella, der Innenraum des Baptisteriums. Gar nicht bewährt hat sich die Bronzetür Ghibertis (die nördliche) trotz des geliebten Evangelisten Johannes. Aber das erzähle ich Dir. Begeistert war ich vom Campanile, besonders den kleinen Figuren, die so sehr die Chartres-Figuren (ich denke an Aristoteles u. a. Philosophen) fortsetzen. Merkwürdig, die hätte ich vor 10 Jahren nur leiblich gesehen, sie bedeuteten mir nichts. Ebenso wie S. Miniato, die Ornamentik des Lettners, überhaupt die romanische Kunst. Ich dachte jetzt: Ach warum ist das nicht so weitergegangen, warum kam überhaupt die Gotik?

Brauchte man den blöden Mailänder Dom? Aber als ich dann den Palazzo Vecchio sah, schien es mir, als begriffe ich jetzt die Gotik, eine andere Gotik als die französische und die deutsche – und gerne hätte ich die Kunst hier wieder angenagelt, stehen bleiben geheissen.

Aber ich sah auch vieles, was mir unerträglich geworden ist von früher so geliebten Dingen, insbesondere der Malerei – Perugino, Francia, Ghirlandaio, Raffael, A. del Sarto. Giotto (die grosse Madonna in den Uffizien) hat mich erschüttert – früher nie! [...]

Aber das ist ein Selbstgespräch geworden, armer Vogel, dazu missbrauche ich Deine Augen! Wie geht es ihnen wohl? [...]

1 Die Briefe von diesem Italienaufenthalt spiegeln Ninons Auseinandersetzung mit der Kunst der Frührenaissance, der ihre Hinwendung zur Romanik und danach zur antiken Kunst folgt.

Siena

Vogel,

ich bin sehr müde, es ist glaub ich Donnerstag und jedenfalls der 19. Oktober. O Vogel, was habe ich alles erlebt seit gestern! Ich bin halb toll! Früh hab ich noch die degli Spagnoli gesehen und am Nm. die Fresken von Piero della Francesca[1]. Und abends

ging ich in Siena spazieren. Die Fahrt (eine Art Postauto) war himmlisch – aber leider nur die erste Hälfte, in der zweiten war es stockdunkel. Diese Landschaft, diese Weite, dieses sanfte Hügel-auf-und-ab, die silbernen Schleier der Ölbäume, die Zypressen-Akzente, die himmlischen Pinien! Der Wein – hier lebt immer ein Rebstock mit einem Baum zusammen, und von Baum zu Baum ziehen sich die Reben wie Guirlanden. Und wie herrlich weit ist es von Ort zu Ort! Nicht »meublé« wie im Tessin – man fährt 20 bis 30 Minuten in schnellem Tempo auf der Strasse und kein Dorf, kein Haus ist zu sehen. Ich sah zauberhafte Bilder! Gelbe Heuschober – sie sind hier wie mächtige, vieleckige Pfeiler, die sich nach oben verjüngen, rote, zweirädrige Ochsenkarren mit weissen Ochsen davor, alle Leute sehen aus wie auf den Fresken Benozzo Gozzolis[2] oder Orcagnas[3] oder Lorenzettis[4] – und der Himmel! Ein goldenes Licht strahlte er aus, es war unbeschreiblich; später wurden die Wolken violett, stand der Horizont rot, dann erlosch alles, die letzte Stunde fuhr man in Schwärze! Es war unsagbar klug von mir, dass ich diesen Weg Arezzo-Siena im Auto sozusagen erfunden habe, denn die Reisebureaus empfehlen immer das Auto Florenz-Siena, das genau doppelt so viel kostet, dafür wird man aber »geführt«! In diesem aber fuhr kein Fremder – lauter Hiesige – und ich wie eine Toskanerin (oder Umbrierin) unter Toskanern fuhr selig dahin.
Aber heute früh gab es einen Umschwung. Ich hatte gefroren, das Bett war hart, die Decke schwer, aber nicht warm, die Glieder taten mir weh, ich war wütend, machte mir nichts aus Siena, bekam ein scheussliches Frühstück, beschloss, nie mehr zu reisen, und stolperte schliesslich auf die Strasse, nachdem ich noch die Kofferschlüssel mit Erfolg verlegt und wiedergefunden hatte. Aber im Pal. pubblico sah ich dann den Reiter von Simone Martini[5] und den Ambrogio Lorenzetti! Ich hatte die Fresken doch gekannt, aber es war etwas ganz Neues für mich, sie in Wirklichkeit zu sehen! Ich blieb lange. Nach dem Erkennen fing gleich das Abschiednehmen an. Reisen ist eigentlich eine erotische Angelegenheit, ich tue das, was Don Juan tut, und das ist schmerzvoll und schön. (Das, was ich immer schreiben wollte –

ach ich habe die Hoffnung aufgegeben – sollte so ähnlich heissen wie »Ariadne auf Reisen«).

Ich vergesse aber ganz, Dir zu schreiben, dass ich fleissig im Kino war: In Florenz sah ich »Brand im Opernhaus« mit Gründgens[6], der immer grossartig ist (obzwar er immer denselben Typ spielt), und einen herrlichen Micky-Maus-Film dazu – und hier – – Ich sage Dir, Hermann, ich bin ganz weg – ich habe einen neuen René Clair[7] entdeckt! Er heisst Amato[8], und der Film heisst »Non c' é bisogno di denaro«. Ein sehr witziges Filmlustspiel – als Lustspiel wäre er blöd – als Film ist er glänzend! Herrlich gespielt – das gehört natürlich dazu – ich habe so fassungslos gelacht, ich dachte, es zerreisst mich!
In Siena möchte oder vielmehr könnte ich gut leben – in Florenz wäre es mir grässlich! Die Stadt Florenz ist mir nicht sympathisch, wahrscheinlich wegen der vielen Fremden. Siena finde ich viel kultivierter. In Florenz kam ich mir so ausgestossen vor, zu jenem Pöbel gehörig, der in der Kirche laut brüllt, von Führern herumgeschleift, gerade gut genug ist, die Einheimischen zu erhalten! Aber hier bin ich ein Mensch, der still durch die Strassen geht – d. h. sich still in den Strassen verirrt!! Der Stadtplan von Siena sieht ungefähr so aus [...] etwas stilisiert: alles geht im Kreise, nur biegt der Einheimische doch an den richtigen Punkten ab. Ich irrte heute auf der Suche nach der in einen anderen Palazzo übersiedelten Akademie umher wie im Traum, ich ging und ging, ich glaube, ich fieberte vor Aufregung (und Wut), meine Schritte wurden immer schwerer, weil der Rock ein bischen zu eng war und es bergauf ging; es war wie ein Angsttraum! Aber alles zerstob, als ich den ersten Guido da Siena[9] sah und Duccio und die andern!
Ich bleibe nun doch einen Tag länger hier und reise erst Samstag nach Arezzo und am Sonntag früh nach Rom. [...] Nun muss ich noch im Burckhardt lesen, mit dem ich oft gar nicht übereinstimme und den ich heftig liebe. [...]

1 Piero della Francesca (ca. 1415-1492) gilt als genialster Maler der Frührenaissance, der perspektivische Raumdarstellung in eine als Flächenkunst verstandene Malerei integrierte und monumental gesehene Gestalten in ei-

nen licht- und luftperspektivischen Umraum stellte. Ninon hatte ihre Fahrt von Florenz nach Siena in Arezzo unterbrochen, um dort in S. Francesco seinen Freskenzyklus der Legende des hl. Kreuzes (vollendet 1466) zu sehen.

2 Benozzo Gozzoli (1420-1497) hat auf seinen Werken in Umbrien, Rom, Florenz und San Giminiano in realistischer Sichtweise erzählt und somit im bunten Vielerlei seiner Kompositionen ein Bild seiner Zeitgenossen vermittelt.

3 Andrea Orcagna (1308-1368), gilt als einer der besten Maler und Bildhauer der Florentiner Gotik. Sein einzig gesichertes bildhauerisches Werk, ein zwischen 1352-1359 entstandenes Marmortabernakel in San Michele in Florenz, wollte Ninon auf dieser Reise anschauen.

4 Lorenzetti – zwei Brüder, waren neben Martini die führenden Meister der Schule von Siena in der auf Duccio (s. u.) folgenden Generation. Der jüngere, Ambrogio, war hauptsächlich in Siena tätig, seine Fresken im Palazzo Pubblico bieten in der allegorischen Darstellung des guten und des schlechten Regiments (1338/39) eine Ansicht vom Leben in einem wohlgeordneten Stadtstaat: Straßen, Häuser, emsige Geschäftigkeit, Bauern bei der Feldarbeit – ländliche Szenen in der Toskana –, nach Ninons Meinung von zeitloser Gültigkeit.

5 Simone Martini (1284-1344) schuf im Palazzo Pubblico seiner Geburtsstadt Siena die Fresken »Maestà« (1315) und »Reiterbildnis des Guidoriccio da Fogliano« (1328). Er gab der Sieneser Malerei neue Impulse, indem die sanft schwingenden Linien und zarten Farben der Gotik mit einem vorsichtigen Realismus in Gebärdensprache und Stoffbehandlung verbunden wurden.

6 Gustaf Gründgens (1899-1963), Schauspieler, Regisseur und Intendant der bedeutendsten Schauspielhäuser, spielte auch Filmrollen mit der von Ninon geschätzten Ironie, Eleganz und Intellektualität.

7 René Clair (1898-1981), Filmregisseur und -theoretiker, schuf poetische Filme, an denen Ninon die für seine Werke typische Spannung zwischen Realität und Phantasie bewunderte und von denen sie keinen versäumt hatte: »Sous les Toits de Paris« (1930), »Le Million« (1931), »Le 14 Juillet« (1933).

8 Giuseppe Amato (1899-1964), Schauspieler, Regisseur und Produzent, vermittelte mit liebevoller Komik in zahlreichen Filmen ein typisches Bild seiner neapolitanischen Heimat und ihrer Menschen.

9 Guido da Siena, um 1270 in Siena tätig, ist, wie seine »Thronende Madonna« im Palazzo Pubblico zeigt, noch stark von byzantinischen Vorbildern beeinflußt, er gilt als Hauptmeister der sienesischen Malerei vor Duccio di Buoninsegna (um 1260-1319), der als erster Meister der sienesischen Malerei die hieratische Strenge des Byzantinischen durchbricht, er durchmischt sie mit gotischen Elementen, und trotz kühler, realitätsferner Farbabstimmung zeigen Gestalten und Gesichter schon Anmut und Gefühl.

Rom, 22. Oktober 1933
Liebster Vogel!
[...] Ich habe einen reichen Tag gehabt – früh war ich im kapitolinischen Museum und Konservatorenpalast, nachmittags suchte ich fast zwei Stunden eine Wohnung, bleibe aber schliesslich doch in der Pension. Das Essen hat sich verschlechtert, aber es ist doch wenigstens nicht gesundheitsschädlich. [...] Im Museum war wie immer in den Museen am Sonntag ein schrecklicher Pöbel, und die kapitolinische Venus[1] steht nicht etwa frei im Raum – sie hat keinen eigenen Raum – sondern in einer Nische. Sobald der Aufseher sieht, dass man vor der Venus steht, beleuchtet er sie bengalisch – nein elektrisch, süss-rosa von unten her!! Was sagst Du dazu?! – dann kommt er strahlend und beginnt sie zu drehen. Vor einem scheusslichen Pöbel und unter den gemeinen Händen des Dieners dreht sich die arme schöne Venus langsam im Kreise, immer zuckerrosa beleuchtet – das Herz tut einem weh. [...]
Es geht unbeschreiblich zu! Ströme von Menschen durchziehen die Strassen. Diese Ströme sind
1. Fascisten, die zu einer Huldigung gekommen sind, ich weiss nicht, wieviele. Aber 500 Zürcher waren dabei, das las ich in einer italienischen Zeitung.
2. ist heute der Tag der Missionen, und allein aus Florenz sind 21.000 Katholiken angekommen (sie reisen heute nacht wieder heim).
3. fand heute das Match Paolino-Carnera auf der Piazza di Siena statt – 50.000 numerierte Plätze, 15.000 unnumerierte, und die 50.000 waren ausverkauft. Paolino (Spanier) ist Europameister im Schwergewicht, und Carnera der Weltmeister. Du kannst Dir die Aufregung vorstellen – schon gestern sassen viele Italiener im Zug, die nur wegen dieses Matchs nach Rom reisten.
Ich war am Nm. in S. Giovanni di Laterano. Ununterbrochen strömten die Pilger, von Priestern oder Nonnen geführt, in Reihen durch die riesige Kirche mit Kerzen und einem grossen Kreuz, sangen und beteten. Es war sehr schön, aber ohrenbetäubend. Ich sah mir dabei die Kirche an und ging in den Kreuz-

gang, dort war kein Mensch, nur eine Katze, und die Stille plötzlich war so wunderbar. Es ist ein himmlischer Kreuzgang, aus dem 13. Jh., mit gedrehten, z.T. mosaizierten Doppelsäulchen. Als ich Ende November dort war, blühten die Rosen; diesmal gab es nur eine verblühte, sonst Hagebutten (»Agembutten«). [...]
Um das Forum herum lagerten Tausende von Menschen, zu den drei aufgezählten Strömen gehörig und sichtlich ohne alloggio – ebenso vor S. Giovanni. Man hatte heute wirklich den Eindruck, als sei Rom das Herz der Welt.
Ich weiss noch nicht, was ich morgen mache. Ich bin so ungeduldig – am liebsten alles! [...]
An die Hochrenaissance und den Barock muss ich mich erst gewöhnen, ich bin noch so voll von den toskanischen Frührenaissance-Palästen, so verliebt in sie – so ungerecht gegen die spätere Zeit. [...]

1 Die »kapitolinische Venus« ist eines der Glanzstücke des Kapitolinischen Museums, eine römische Kopie der »Aphrodite von Knidos« des griechischen Bildhauers Praxiteles (4. Jh. v.Chr.).

Rom, 24. Oktober 1933
[...] Fast alles, auch wenn es ein Wiedersehen war, habe ich ganz neu gesehen und erfasst. Ich will alles aufschreiben[1], und darum schreibe ich Dir heute nur wenig darüber.
In St. Peter gab es wieder viele Pilgerscharen, auch deutsche. Sie zogen stets mit Gesang ein, beteten dann vor dem Tabernakel (ein scheussliches, viel zu riesiges Tabernakel von Bernini in der Vierung unter der Kuppel – es verdirbt einem viel) und dann hielt ihr Führer eine (gewöhnlich flammende) Predigt. Ich konnte den Gedanken nicht loswerden, dass es für ihn »herrlich« sein müsse, in St. Peter zu predigen; vielleicht ist er Pfarrer in einem winzigen Dorf, und nun darf er in St. Peters Kirche nach Herzenslust brüllen [...]. Ich bin eine auffallende Erscheinung, allein und führerlos! Alles tritt in Rudeln auf. Später hörte

ich der Messe zu, in einer grossen Seitenkapelle mit schönem Gesang [...] und ich wurde fast neidisch auf die Katholiken. Aber dann dachte ich, ich möchte doch lieber ein Morgenlandfahrer sein und war von ganz wildem Dank bewegt, weil Du die Morgenlandfahrt geschrieben hast! [...]

nach dem Abendessen, 9 h
Mit meinem Magen habe ich ein so nettes Verhältnis! Meist ist er ja still und tut, was zu tun ist. Wenn ihm aber nicht wohl ist, ängstigt er sich wie ein kleines Kind! Z.B. in Siena. Da zuckte er schon, wenn er nur an Speisegeruch vorbeigeführt wurde. Ich lachte und versprach ihm, er dürfe heute fasten. O wie froh war er! Einmal hörte er, dass ich »oben« Kaffee gedacht hatte, sofort krümmte er sich erbärmlich. [...]
Vogel, wie müde ich bin! Eigentlich wollte ich noch in die »Mostra della rivoluzione fascista«[2], der ich die 70 % Ermässigung verdanke. Sie ist bis 12 h nachts offen. Aber ich schiebe es auf – ich war heute neun Stunden unterwegs! Ich küsse Dich
Deine Ninon

1 Ninon begann in Rom mit der Niederschrift ihrer »Reisetagebücher«, deren Abfassung sie in einen inneren Widerstreit brachte: geplant waren sie als Spiegelungen ihrer stimmungsbezogenen Eindrücke, gleichzeitig wollte sie neugewonnene Erkenntnisse einbringen. Was als Erlebnisschilderung begann, endete oft als Fleißarbeit in der Wissensanhäufung eines Museumskatalogs. »Ich muss meinen Stil erst finden – keinesfalls will ich nur Tatsachen berichten [...]. Am liebsten schriebe ich nur, wie alles sich in mir spiegelte, wie ich es erlebte, fühlte, sah, was ich dachte, wonach ich strebte, mich sehnte, was mich erfüllte.« Ihre oft kleinteilige Aufzählung des Gesehenen, ihren pedantischen Hang zur Lückenlosigkeit beklagte sie selbst als »lehrhaft und langweilig.« Da es ihr nicht gelang, wissenschaftliche Sachtreue mit innerer Ergriffenheit zu verbinden, brach sie die Reisetagebücher immer wieder aufgrund ihres eigenen Qualitätsmaßstabs ab.
2 Die »Mostra della rivoluzione fascista« wurde als Propagandaausstellung zum 10. Jahrestag der faschistischen Machtübernahme veranstaltet, zu der auch in der Schweiz verbilligte Sonderreisen angeboten wurden, was Ninon für ihre Rom-Reise ausgenutzt hatte.

Ölporträt Ninon Hesses von Gunter Böhmer

Rom, 25. Oktober 1933
[...] Ich beneide Dich und Böhmer[1] um das stille Beisammensein und Lesen. Und noch dazu Carossa[2]! Ich habe jetzt fast genug und möchte heim. Aber ich bleibe doch noch und will noch vieles sehen, vielmehr »Non multa sed multum«[3]. Heute, von 9½ – 11 h abends sah ich die Ausstellung, der ich mein Billet verdanke. Sie ist grossartig gemacht – farbig und graphisch, und das Allerschönste hat Prampolini[4] gemacht. Aber sie hat mich sehr nachdenklich gestimmt – nein, ich sag es lieber später.
Deine Ninon

Ironisches Selbstbildnis Gunter Böhmers (1933)

1 Gunter Böhmer (1911-1986) Schüler von Emil Orlik und Hans Meid, kam als junger Zeichner und Graphiker 1933 nach Montagnola, und Hesse, von seiner zeichnerischen Begabung ebenso überzeugt wie von ihrer beider innerem Gleichklang, erlaubte ihm, einige seiner Bücher zu illustrieren, zunächst den »Hermann Lauscher«. Hesses Freundschaft zu seinem »Mal- und Gartenbruder« wurde von Böhmer in Wort und Bild dokumentiert: »In Hesses Nähe«, in: »Über Hermann Hesse«, st 381, 2. Bd., S. 347, sowie in seinem 1975 geschriebenen Nachwort zu Hesses Idylle in Hexametern: »Stunden im Garten« (1935).

2 Hans Carossa (1878-1956), Schriftsteller und bayerischer Landarzt, war mit Ninon seit April 1929 bekannt, sie empfand große Sympathie für ihn, zumal er ihre Begeisterung für die Antike teilte. Carossa widmete ihr Gedichthandschriften, sie tauschten Reiseerlebnisse aus. Dazu: Hans Carossa, »Besuch in Montagnola«, in: »Hermann Hesse in Augenzeugenberichten«, a.a.O., S. 180; »Über Hermann Hesse«, a.a.O., S. 200. Zu dieser Freundschaft und zu Hesses Beurteilung Carossas »als eine Art

Gegenpol« zu seinem eigenen Wesen, seiner »Selbstprüfung am Maßstab Carossa« und dessen Ergebnis: »Es war so wie zwischen Narziß und Goldmund«: Kleine st 1384, S. 344 ff.
3 »Nicht vielerlei, sondern viel.«
4 Enrico Prampolini (1894-1956), Maler, Bühnenbildner, Kunsttheoretiker, Mitglied der Dada-Bewegung in Zürich, wollte das futuristische Kunstprogramm auf Bühnen verwirklichen, die er in Rom, Mailand und Paris gründete. Nun gestaltete er die faschistische Werbe- und Erfolgsschau in Rom zum 10. Jahrestag der Machtübernahme Mussolinis.

Liebster!
Heute, am 26., war ich erst in einer sehr netten, sympathischen Buchhandlung [...], ich kaufte mir zwei Skulpturenkataloge und ging noch erst schnell nach S. Marco. Das Mosaik ist sehr, sehr schön. Sonst war ich ja meist tief enttäuscht von den Mosaiken, sie sind alle so grässlich restauriert. Dann ging ich ins kapitolinische Museum mit Katalog! Es wurde mir so furchtbar viel klar durch den Katalog! Ich liess das Mittagessen sein und blieb 5 ½ Stunden dort – ohne natürlich fertig zu werden. Ich bin müde, aber glückselig. Es kommt mir vor, als sei ich »besser« als ich früher war – unendlich reicher jedenfalls! Und so beschwingt und froh!
Beschwingt – aber die Füsse tragen mich kaum noch. Ich wollte noch bummeln, nach S. Pietro in Vincoli, wo der Moses von M[ichelangelo] ist, und zum Konstantinsbogen – aber ich konnte fast nicht mehr zur Autobushaltestelle gehen!
Lieber, Lieber, Lieber! Es war so schön! Ich lebe so gern! Ich küsse Dich tausendmal! Deine Ninon

Rom, nell' XI annale oder »il giorno della marcia su Roma«[1]
(deutsch: 28. Okt. 1933)

Liebster!

[...] Die Pilger sind eine Plage, und ich bereue sehr, in der Pension geblieben zu sein und nicht gleich etwas anderes gesucht zu haben. Alles ist verschlampt und versaut – eine Pension, eingerichtet für 50 Gäste, beherbergt plötzlich mehr als 75 – es ist unbeschreiblich, wie es zugeht! [...]
Ach wie gern bezahlt man mit solchen Äusserlichkeiten das Glück, hier zu sein! Heute war ich im Vatikan. [...] Vor den Toren standen hunderte von Menschen, die sich langsam hereinschoben. Trotzdem war es drinnen gar nicht arg. Es sind so ungeheuer viele und weitläufige Säle, Korridore, Galerien, und von 12 – 2 Uhr war ich meist ganz allein. Leider ist nichts angeschrieben, und der Katalog recht unwissenschaftlich (ich blätterte darin, kaufte ihn aber nicht). Deshalb war das Schauen eine grosse Plage. Ich musste sozusagen jedes Stück selbst bestimmen, und das ist bei der antiken Plastik wirklich nicht einfach.

Z. B.: Eine Statue sieht aus wie Juno – hat aber die Attribute von Ceres – den Kopf einer röm. Kaiserin – das Gewand ist nach einem Prototyp des 4. oder Anfang 4. Jh. – aber die Ausführung viel zu grazil, als dass es nicht hellenistisch überarbeitet wäre! Nachdem ich das alles festgestellt habe, packt mich der Zweifel (natürlich nicht immer! Es ist auch nicht jede Statue gleich kompliziert) – und wenn es doch nicht so wäre? Dann fehlen einem die Namen ohne Katalog. Wo ist nun die »barberinische Juno«, die »Pallas Giustimani«, wie sie in der Literatur heissen? Der brave Baedeker sagt das wohl, aber auch nicht immer! Jedenfalls ist ein Katalog (ein guter!!!) eine Wonne! Ich lerne so unendlich viel dadurch.

Ich habe nun nach nichts anderem Sehnsucht als nach klass. Archäologie-Studien. Ob ich das an Vormittagen in Zürich werde machen können? [...]

Wie schwer ist es, die griechisch-römischen Antiken zu sehen! Ich habe sie bis vor zwei Jahren immer (mit schlechtem Gewis-

sen zwar) abgelehnt oder mir nur die Rosinen herausgeholt.
Jetzt auf einmal habe ich sehen gelernt. [...]
Es ist mir wieder in vielem sonderbar ergangen – vieles, was ich liebte, liebe ich nun etwas weniger, unendlich vieles aber habe ich erkennen und vertieft lieben gelernt. <u>Ganz unintellektuell</u>! Das Intellektuelle spielte sich vorher ab; ich sehe aber auch das geistig Erarbeitete ganz sinnlich – es ist wie ein Funken, der zündet!
Im übrigen bin ich der Ansicht, dass schwere Strafen auf den Besuch von Museen und Galerien ausgesetzt werden sollten – oder nein, wer liesse sich gern bestrafen? – Prüfungen und Vorbereitungszeiten, nun, ich meine mit einem Wort, nur Morgenlandfahrer dürften hinein! Die anderen sind ohnehin so hilflos verzweifelt, sie könnten einem leid tun, wenn sie sich nicht zu helfen wüssten und weinend abzögen. Aber sie wissen sich zu helfen, wählen einen Führer und hängen an seinen Lippen. »The famous Laokoon«, erfahren sie, und wann der gefunden wurde und wo! »O ah –« machen sie ergriffen und gehn zum »Famous Apollo from Belvedere« weiter.
Am wütendsten macht es mich, dass ich mich so überhebe! Ich will mich nicht überheben – ich will auf dem Boden knien und demütig sein – ich will mich strebend bemühen – sehe mich aber von einer ekelhaften Meute ständig umgeben, die ich nicht wegdenken kann. Und das, dass sie mich hindert, demütig zu sein, das nehme ich ihr am meisten übel. Deine Ninon

1 Rom, 11. Jahrestag oder »der Tag des Marsches auf Rom«: Gemeint ist das Eintreffen Mussolinis (1883-1945) in Rom; die Regierungsübernahme des »Duce del fascismo« am 28. 10. 1928 wurde als faschistischer Gedenktag gefeiert.

Ansichtskarte: Rom, Tempio di Vesta

Rom, 30. Oktober 1933
Liebster Hermann!
Heute hatte ich eine solche Sehnsucht, das Meer zu sehen, aber ich <u>musste</u> in den Lateran und raste pflichttreu hin, er war ge-

schlossen – aus geheimnisvollen Gründen! Da fuhr ich schnurstracks nach Ostia. Dort stieg ich in einen harrenden Autobus und fuhr dem Meer entlang in die Pineta. Ich wusste nicht, dass es so etwas Herrliches gibt. Das Meer war sehr bewegt, es windete furchtbar. Ich versuchte, zu Fuss zurückzugehen, es ging aber nur eine Weile, der Wind warf mich fast um. Ich habe das Meer schon oft gesehen, aber noch nie so wie heute. Es war so schön nach meinem kleinlichen Philologenkram – den ich doch so liebe!
Lebe wohl, auf Wiedersehen! Deine Ninon

1934

Ein Tagebuchblatt von Ninon, Hermann gewidmet

Ich schreibe sonst nie etwas über Musik, weil ich nicht gut genug, nicht differenziert genug höre. Heute will ich dennoch etwas über Musik sagen, weil ich sie auf meine Art gehört habe und mich dazu bekennen will.
Seit ein paar Wochen möchte ich immer nur Händel hören – ich bin von den drei Platten, die wir haben, ganz bezaubert. Es ist eine Heiterkeit in ihnen, die mich todtraurig macht, aber es ist eine beschwingte, eine lustvolle Traurigkeit.
(Bei Mozart geht es mir so! Ich empfinde die Heiterkeit als das schlechthin Geläuterte – aller Schmerz des Strebens, Daseins, ist in ihr schon überwunden, es ist alles Kristall geworden.)
Klopstock hätte das eine »erhabene« Traurigkeit genannt. Ich höre die gemessenen »heiteren« Rhythmen und sehe einen barocken Totentanz, eine Gavotte oder Polonaise, Männer und Frauen in der zeitgenössischen Tracht, den letzten Tanz heiter, gemessen, voll Todeswissen, voll Erhabenheit ausführen. Mir ist weh – aber weitab von persönlichem Weh, Mitleid mit mir, kurz: Sentimentalität. Ich fühle einen Schmerz, der in Wirklich-

keit Wonne ist, ich fühle die Vergänglichkeit und damit die Lust zu leben. (April 1934) Ninon

Vom 12. Oktober bis zum 7. November 1934 fuhr Ninon an den Golf von Neapel und nach Sizilien; danach blieb sie noch eine Woche in Rom.

Neapel, 14. Oktober 1934
¾ 9 Uhr abends
Liebster Vogel!
Hoffentlich bist Du nicht besorgt, weil ich gestern nicht sofort schrieb. [...] Die Nachtfahrt hatte mich viel mehr ermüdet, als ich mir selbst zugeben wollte. Ich stürzte am Nachmittag ins Museum, und ich weiss nicht, warum ich so sadistisch war, keinen Kaffee zu trinken. Ich hasse Gewohnheitsmenschen – vielleicht darum. Ich wollte mir beweisen, dass ich keinen Kaffee brauche. Aber im Museum fiel ich fast um vor Schläfrigkeit! Denke! Ich ging auch so schwer – vielleicht weil der Boden so glatt und so hart ist. Du wirst lachen, wenn ich sage, dass es trotzdem herrlich war. Es war kein Genuss, es war schwierig, gegen Übermüdung und Fussweh zu kämpfen – aber wie schön war es! Ich habe erst einen kleinen Teil gesehen, Plastik und Bilder (15. bis 17. Jhd.) »Die Blinden« von Brueghel[1] sind noch herrlicher, als ich sie mir vorgestellt habe. Kleiner, weniger bunt als ich mir dachte – aber von einer Intensität, einem Hohn, einem zwingenden Müssen, das diese Männer ins Verderben treibt. [...]
Nachher ging ich aufs Gradewohl los [...] und landete im Kino, wo man »Shanghai-Express« mit Marlene Dietrich gab. Entsetzlich! So wie ein Kinofeind es sich in seinen kühnsten Träumen ausmalen mag! Er wäre überrascht; dass Leute <u>so etwas</u> schlucken, hätte selbst er nicht gedacht!!! Ich sah und hörte betäubt zu, schämte mich, als wäre <u>ich</u> Joseph von Sternberg[2], der Regisseur. (Ich <u>muss</u> mich schämen, denn wenn ich eine herrli-

che Statue sehe, bin ich stolz, ein Mensch zu sein, als hätte ich sie gemacht). [...]
Heute wollte ich einen Ausflug »absolvieren«, den ich nur pflichtgemäss geplant hatte. Er war entsetzlich kompliziert, weil Kasack[3], der Baedeker und die Hotelauskunft nicht übereinstimmten, und mir grauste vor den vielen Lago Lucrino, Averno, Fusaro, die ich sehen musste, und der Kombination von Cumanischer Bahn[4], Tramway, Carozzola (Wägelchen mit einem Pferd). Nun, ich bin um 10 h losgegangen und um ½ 8 h abends sehr zufrieden zurückgekehrt.
Ich vergass, Dir mitzuteilen, dass Neapel genauso ist, wie ich es mir vorgestellt hatte! Ist das ein Kompliment? fragt Parthenope[5] besorgt. O nein! Denn es ist nun leider so bei mir, dass ich mir das Un- oder Mittelschöne vorstellen kann, das wirklich Schöne aber überrascht mich immer wieder. Neapel aber – ich brauchte gar nicht erst hinzusehen!! Genau wie ich es mir dachte! Trostlose Strassenzüge im Bahnhofstil des 19. Jhd., Haus an Haus – gemildert durch etwas Meer, aber im Vergleich zur Grösse der Stadt ist es wenig Meer. Ich pickte mir ein paar Rosinen heraus – die Katakomben S. Gennaio, sie sollen die schönsten Italiens sein, das Aquarium, den Posilip, weil man von dort den Vesuv sieht – Dir zuliebe gehe ich hin, weil ich ihn doch von Dir grüssen soll!
Ich fuhr nach Pozzuoli, ging ins Amphitheater – herrlich erhalten der unterirdische Bau! Ach diese antike Architektur ist von einer Einfachheit, dass man verrückt werden könnte vor Entzücken! Dann fuhr ich in einem Wägelchen um drei Lire zur Solfatara[6], dem »kleinen Vesuv«. Ich bin riesig froh, dort gewesen zu sein; denn erstens brauche ich mir nie wieder einen Krater anzusehen, zweitens hat es doch ziemlichen Eindruck auf mich gemacht, besonders der »Pozzo«, ein Krater von etwa 15 m Länge und sechs Meter Breite, in dem schwarzes Wasser kocht und sprudelt und der Rauch furchtbar nach Schwefel riecht. Ich ging über die Kraterfelder, überall rauchte es mehr oder weniger, einmal bückte ich mich und wollte harmlos ein Steinchen zum Andenken mitnehmen und verbrannte mich dabei. Das imponierte mir Esel.

1934

Von der Station Capuccini der Cumanischen Bahn fuhr ich bis Lucrino. Dieser Teil-Ausflug war misslungen, aber wie soll man das vorher wissen! [...] Später fuhr ich mit dem Bähnchen bis zur Endstation Torregávata. Dort hatte ich eine Stunde Aufenthalt, die ich sehr schön verbrachte. [...] Ich ging ein paar Schritte bergauf – dort war plötzlich kein Fremdenort mehr, friedlich sassen Fischerfamilien mit Kindern draussen, erwiderten freundlich meinen Gruss. Ich setzte mich auf ein Brett und sah aufs Meer hinaus, auf Ischia. Es war wunderbar gross, still und schön, ein Mädchen, vielleicht 15jährig in blauem Kleid näherte sich mir auf Zehenspitzen, setzte sich in meine Nähe und sah mich ununterbrochen an, aufmerksam, ruhig, als wäre ich ein merkwürdiges Tier, eine Blume, ein Meerwunder. [...]

1 Pieter Brueghel der Ältere (~1525-1569), sogen. »Bauernbreugel«, dessen Spätwerk »Gleichnis von den Blinden« (1568) in der Überfülle fein beobachteter Details ein grotesk-tragisches Gleichnis menschlichen Verhaltens bietet. Nationalmuseum Neapel.
2 Joseph von Sternberg (1894-1969), gebürtiger Österreicher, seit 1901 in den USA, Filmregisseur und Mitgestalter des Hollywoodstils der 30er Jahre, begründete den Ruhm Marlene Dietrichs als Lola in »Der blaue Engel« (1929), setzte sie in USA-Filmen als Vamp ein, so auch in dem 1932 gedrehten »Shanghai-Express«.
3 Hermann Kasack (1896-1966) reiste vom 21. April bis zum 13. Juni 1934 nach Rom und Sizilien; noch im gleichen Jahr besuchte er zum ersten Mal Hesses in Montagnola, und Ninon besprach mit ihm ihr Reisevorhaben. Wie sehr ihn Sizilien beeindruckt hatte, beweisen sein Schauspiel »Das Erbe von Syrakus« (nur als Manuskript von 1938 erhalten) ebenso wie seine Herausgabe von Johann Gottfried Seumes »Spaziergang nach Syrakus im Jahre 1802« mit eigenen Kommentaren in der Pantheon-Reihe 1941.
4 Cumanische Bahn, Schmalspurbahn von Neapel/Mergellina bis Torregávata entlang der Küstenstädte des Golfes von Puzzuoli.
5 Parthenope, der traditionelle Name für Neapel wurde hergeleitet von einer Sirene, vor deren verführerischem Gesang Kirke den Odysseus gewarnt hatte und dem er mit Schiff und Mannschaft durch List entging. Parthenope, die Stolze – so berichtet der Mythos –, habe diesen Mißerfolg nicht ertragen und sich ins thyrennische Meer gestürzt; da, wo ihr Leib angespült wurde, habe man zu ihrem Gedenken eine Stadt gegründet. Der 100 km lange Küstenstreifen von Sorrent bis Kap Misenum wird seit dem Altertum als »Landschaft der Sirenen« bezeichnet.

6 Die Solfatara ist der bekannteste Krater der Campi Flegrei, der »brennenden Zone«, und zeigt seit der Antike die Merkmale eines halb erloschenen Vulkans: aus dem heißen Erdboden entweichen Fumarolen, Ausbrüche von Schlamm und Dämpfen bis zu 160°.

Neapel, 14. Oktober 1934
¾ 9 h abends

Liebster Hermann,
ich bin so schön im Zuge (Gott sei Dank in keiner Eisenbahn, sondern in dem des Schreibens), und wer weiss, was ich morgen abend vorhabe – dann schicke ich diesen auf Vorrat geschriebenen Brief morgen ab!
Von Torregávata fuhr ich zum Lago di Fusaro, von wo ich mit Wagen nach Cumae[1], zur Grotte der Sybille und der Akropolis wollte. Aber kein Mensch und kein Pferd war dort, und so zog ich zu Fuss ab. [...] Es wurde immer einsamer, und ich fürchtete mich doppelt: einmal für jetzt und einmal für den Rückweg im Dunkeln. Endlich stand ich vor dem Gitter, das die scavi abschloss. Die Wächter waren verdriesslich, sie wollten gerade schliessen. Ich bat sie sehr, mich noch einzulassen, ich würde es »in fretta« machen. Es war aber noch ein gutes Stück Weg bis zur Akropolis, und ziemlich steil. Ich raste hinauf. Es war zauberhaft schön. Die Sonne ging gerade unter, bei Ischia, ein herrlicher roter Ball. Die Berge im Osten waren lila – oder violett wie Du meinst – das Meer herrlich. [...]
O ich Trottel, da hatte ich mich mit idiotischen Ausflügen geplagt, statt schnurstracks nach Cumae zu gehen und den ganzen Tag auf der Akropolis zu bleiben. Aber woher hätte ich das wissen sollen? Siehst Du – es ist nicht bloss Feigheit oder Mangel an Abenteuerlust, wenn man gern ein zweites Mal die gleichen Orte besucht – denn wie gut und klug wird man dann alles machen! Wahrscheinlich würde es einem mit dem Leben auch so gehen – wie herrlich, dass Knecht die »Lebensläufe«[2] schreibt – aber ich möchte es nicht noch einmal leben! Denn ich habe in diesem Leben Dich gefunden, und wie könnte mir dieses Glück noch einmal in einem anderen Leben begegnen! [...]

1 Cumae, griech. Kyme, gilt als älteste griechische Kolonie auf italischem Boden, um 750 v.Chr. gegründet. Die Grotte der Sibylle von Cumae war die bedeutendste Orakelstätte der griechischen Einwanderer, von der die »Sibellynischen Bücher« (Kultvorschriften und Weissagungen) stammen sollen, die später unter rituellen Vorschriften im kapitolinischen Tempel Roms aufbewahrt wurden, bis sie 83 v.Chr. verbrannten.

2 Lebensläufe: Ninon bezieht sich hier auf Hesses neuen Roman »Das Glasperlenspiel«, das ursprünglich die Reinkarnation eines Menschen in mehreren Lebensläufen darstellen sollte. Nach Änderung des Romankonzepts wurden drei von ihnen der Lebensbeschreibung des Magister Ludi Knecht – dem durchgängigen Erzählstrang – angefügt und als seine Schülerarbeiten ausgewiesen.

Neapel, 16. Oktober 1934

Liebster Hermann,
nicht morgen reise ich ab nach Sizilien, sondern erst übermorgen. Ich bin nämlich keineswegs mit dem Museum fertig, bleibe nicht aus Sentimentaliät, sondern weil ich ganze Stockwerke noch nicht gesehen habe.
Heute war ich bei der Direktion des Museums, um zu bitten, man möge mir erlauben, die verschlossenen Säle zu besichtigen, wenigstens einige Skulpturen und die Vasensammlung. Es wurde gestattet. Aber leider seien die betreffenden Skulpturen mit Holz verschalt – vielleicht sei eine oder die andere sichtbar. Stell Dir vor: Die Athena Farnese[1], ein herrlicher Apollokopf[2], auf den ich mich so sehr freute, ein polykletischer Narziss[3] und ein Relief: »Orpheus und Eurydike«[4]! Den »Doryphoros«[5] haben sie mit Stricken um den Hals und auch sonst verbunden, gütigst in einen öffentlich zugänglichen Saal gestellt, das andere bleibt »chiuso«. Es war so schön dort beim Direktor oder was er war! Im obersten Stock des Museums ein Saal voller Bücher, ein langer Tisch, an dem arbeiteten einige Leute, es sah wie ein Seminar aus. Und er sah so schön aus, wie ein Papst von Raffael, ich glaube Leo X., aber jünger. Es roch so gut nach Wissenschaft, nach Archäologie. Ich wäre so gern der »Papst« gewesen und in dem schönen Raum geblieben!

Heute [...] fing ich gleich bei den Bronzen an. Stell Dir vor – ich weiss plötzlich, was Bronzen sind! Bis heute »hasste« ich sie zum Teil, oder sie liessen mich kalt, heute haben sie mich bezaubert. Ich habe sie <u>gesehen</u>! [...]
Die Büste eines Römers (Bronze) war herrlich. So etwas Zusammengeschlossenes, Festes, so ein Zu-sich-Stehen – eine Welt ist dieser Kopf! Ob das der Dargestellte bewirkte oder der Künstler? Der Apollo von Pompeji (Bronze, ganz grün) war sehr sehr schön! Er stammt aus vor-phidiasischer Zeit, Furtwängler[6] meint, von Hegias[7], dem Lehrer des Phidias[8], also von Anfang des 5. Jhds. Ich bewunderte das Gesammelte an ihm, im Gegensatz zum praxitelischen Lässigen (aber ich will den Praxiteles[9] damit nicht tadeln, mir nur bewusst machen, was mich ihn weniger lieben lässt). Ich sah ihn lange an, bis ich fühlte, dass die Linien seiner Gestalt in mich überströmten: Das ist das herrlichste Erleben bei gewissen Statuen, bei solchen, die durch Linien sprechen.
Ich sah einen kleinen Kopf Epikurs von einer Schönheit und gelassenen Trauer, die ich nie vergessen werde! [...] Wie kann man bei dieser Kleinheit so viel ausdrücken! Wie kann bei so viel Ausdruck das Ganze so einfach sein! [...]
Ich ging dann hinüber in die Säle, die ich bereits kannte, sah sie noch einmal gut an, voll Entzücken und Trauer, Trauer, weil ich das alles wieder verlassen muss. Aber morgen und übermorgen sind sie noch mein.
Ich wohne idiotisch – so weit weg vom Museum und elende Verbindung. Mit der Straßenbahn 45 Minuten. Die Untergrundbahn benutze ich nicht, sie ist widerlich (aber schnell!). Stell Dir vor, unendlich lange unterirdische Gänge zu gehn, wie in einem Schauerfilm, und <u>kein</u> Mensch weit und breit. Dafür hat die Pension einen Dachgarten mit »herrlicher Aussicht aufs Meer«. Aber wozu brauche <u>ich</u> einen Dachgarten – ich, die immer wie eine Wahnsinnige früh wegstürzt und abends »tot« zurückkehrt. [...]
Leider sind die Museen nur von 10-4 h offen, und leider ist es um ½ 6 h finster. Ich machte um 4 h dem Posilipp einen Pflichtbe-

such mit der Tramway; als ich dort war (die Fahrt ist schön, man sieht das Meer, Capri, Sorrent, wenn er gut gelaunt ist, den Vesuv), war es [...] dunstig und dunkel, und ich fuhr zurück ins Kino, wo man »Das hohe Lied« von Sudermann mit Marlene Dietrich gab. Es muß ein <u>entsetzliches</u> Buch sein. Aber es wurde in den Kostümen von 1900 gespielt, was mich ja immer berauscht. Marlene sah einmal (in einem Moment) aus wie die Medusa Rondanini[10] und war überhaupt sehr gut. Das freute mich, ich sah, dass in den letzten Filmen nicht <u>sie</u> so entsetzlich war, sondern der Regisseur. Es gibt sehr viele hübsche und schöne Frauen hier, und sehr viel mehr fette Männer als magere. <u>Alle Männer</u> tragen, falls sie nicht überhaupt in Uniform sind, ein bis mehrere Abzeichen im Knopfloch, ein leeres Knopfloch (des linken Rockaufschlages) sieht man nicht. [...]
Gestern sah ich eine [Pinie] in Pompeji ganz einsam gegen den Himmel stehn – mit einer ungeheuren kreisrunden Krone, das war zauberhaft. Überhaupt war es schön in Pompeji. Mit dem Bädeker wurde ich vorübergehend bös – er ist so kniffelig, ohne dabei gründlich zu sein! – versöhnte mich aber wieder mit ihm.
Also am 18. abends reise ich – denke an mich, beschütze mich. [...]

1 Die bedeutende Antikensammlung der Familie Farnese befindet sich seit 1826 im Nationalmuseum von Neapel. Ein Kopf der Artemis, oft Juno Farnese oder Athena Farnese genannt, ist eine spätrömische Kopie nach einer Bronzebüste aus dem Kreis des Phidias (Mitte 5. Jh. v. Chr.).
2 Apollokopf, gemeint ist wohl der Omphalos-Apoll mit Farbresten im Haar (1. H. 5. Jh. v. Chr.), der aus dem Apollonheiligtum in Delphi stammt (Omphalos: Nabel der Welt).
3 Polyklet, griech. Bildhauer aus Argos (2. H. 5. Jh. v. Chr.), Meister der peloponnesischen Erzgießerwerkstatt, legte in seiner Schrift »Kanon« Maßverhältnisse des menschlichen Körpers fest, die für sein Zeitalter verbindlich wurden; auch die römische Kopie seines Narkissos vermittelt die Schönheitsideale, die dieser Theoretiker der Hochklassik festlegte.
4 Das Flachrelief »Orpheus und Eurydike« gilt als eine der vollendetsten Kopien einer Arbeit aus dem Kreis des Phidias (5. Jh. v. Chr.).
5 Doryphoros (~ 440 v. Chr.), der »speertragende Achill« nach einer Bronzestatue des Polyklet, blieb in zahlreichen römischen Marmorkopien er-

halten. Die in Pompeji gefundene Statue zeigt den Bewegungszustand zwischen Stehen und Schreiten (Ponderation – Kontrapost) und wurde Vorbild für die Bildhauer der Hochklassik.

6 Adolf Furtwängler (1853-1907), Archäologe, trug zur Klärung der ältesten griechischen Kulturperioden bei und wurde zum Wegbereiter der Werkstatterforschung und Kopistenkritik.

7 Hegias, eine trotz seiner Signaturen auf Bildwerken schwer faßbare Gestalt, wird von Dion Chrysostomos als Lehrer des Phidias bezeichnet. Plinius der Ä. zählt in seiner »Naturalis historia« Werke von ihm auf, darunter eine Athena.

8 Phidias, attischer Bildhauer des 5. Jh. v.Chr., war Schöpfer der hochklassischen Kunst Attikas und schon zu Lebzeiten berühmt durch seine Götterstatuen, z.B. das über zwölf Meter hohe, 438 geweihte, goldelfenbeinerne Kultbild der Athena im Parthenon der Akropolis in Athen oder die Sitzstatue des Zeus in dessen Heiligtum in Olympia. Phidias leitete im Auftrag des Perikles (~ 500-429) die Bauten und Bildhauerarbeiten des Parthenon (438 geweiht) auf der Athener Akropolis.

9 Praxiteles, griechischer Bildhauer des 4. Jh. v.Chr., Repräsentant der Spätklassik, verlieh durch weicheren Linienschwung den flächiger konzipierten Figuren eine gewisse Geschmeidigkeit und Gefälligkeit. Da sich Ninon für den herben Stil der Frühklassik begeisterte, stand sie dieser schwingenden Umrißführung der ausgehenden Klassik fremd gegenüber.

10 Medusa Rondanini: Medusenhaupt aus dem Palazzo Rondanini in Rom; römische Kopie eines Werkes (um 440) vom Schild der Götterstatue Athenas auf der Akropolis, das nicht mehr die archaische Schreckmaske der Gorgo-Medusa zeigt (s. S. 539), sondern eine klassische Ausformung der Gesichtszüge.

Neapel, 17. Oktober 1934

Wie lang die Tage sind! Heute ist erst der 17., am 12. bin ich abgereist, und es kommt mir vor, als wäre ich schon wochenlang fort! Dir ist die Zeit wohl schneller vergangen! Hoffentlich hast Du keine Zahnschmerzen!

Lieber, liebster Vogel! Auch wenn ich mir vornehme: Heute schreib ich ihm einmal nicht! – bring ich das nicht zustande. Es reisst mich geradezu zum Briefpapier, und ich bin so froh, Dir alles zu erzählen!

Heute war ich wieder im Reisebureau, wo ich eine Art Stamm-

gast geworden bin, kaufte endlich mein Billet [...]. Morgen um ½10 h fahre ich, 9 h früh (Freitag), bin ich in Palermo. Ich fange an, mich zu freuen. [...]
Die Sekretärin hier bewundert mich sehr: So viel habe noch nie jemand »gemacht«, sagte sie. Und doch finde ich, dass ich nachlasse – zwischen sechs und sieben Uhr abends bin ich doch recht müde, in den Füssen noch mehr als im Kopf. Kann das sein, weil meine lieben Reiseschuhe heuer neu gesohlt wurden? Ob Hermes gesohlte Schuhe trug? O Hermes! Heute sah ich [...] – der »Papst« von gestern ließ mich hinführen und auch zu den Vasen – das Relief »Orpheus und Eurydike«[1], 5. Jhd., zwar kein griechisches Original, aber man glaubt, es sei eines, so wunderbar ist es. Wenn Du es nicht gegenwärtig hast – in Deinen »Griechischen Bildwerken« (Blaue Bücher) siehst Du es. Das Spiel der Hände, wie sie ihre Linke auf Orpheus' Schulter gelegt hat und er sie abschiednehmend berührt – während Hermes ihre Rechte ergriffen hat, dabei aber so traurig auf die beiden sieht, in einer so ritterlich-zurückhaltenden Art und voll tiefen Mitfühlens. Eurydike blickt so schön zu Orpheus! Ich glaube, sie ist froh, dass sie seine liebe Schulter noch einmal berühren darf. [...] Ich begreife aber gut, dass er sich umdrehte! Es war doch so schwierig, in die Unterwelt zu kommen, ein zweites Mal würde es ihm nicht gelingen, das weiss Orpheus – und wenn sie es gar nicht ist, die angeblich hinter ihm kommt? Und <u>wenn</u> sie es ist – <u>muss</u> er sich nicht umdrehen, wie soll er es erwarten können, sie wiederzusehen? Wenn das nicht so menschlich wäre, wäre es ja nicht tragisch – Hermes versteht das alles sehr gut. Aber auch er folgt dem Gesetz und <u>muss</u> tun, was er tut – das sieht man so wunderbar.
Vorher sah ich, von einem Diener bewacht, die berühmte Vasensammlung an. Bekanntlich hab ich keine Ahnung von Vasen, früher sah ich immer weg, wenn ich durch eine Vasensammlung gehen musste – jetzt interessieren sie mich. Aber entzücken können sie mich nicht, vorläufig wenigstens. [...] Ich fuhr weiter ins Ospizio dei Poveri von S. Gennáro.[2] Dort sind die schönsten Katakomben, die ich kenne, aus dem 2. und 1. Jh., elektrisch be-

leuchtet, etwas Tageslicht dringt auch ein – zauberhafte Effekte! [...] Dann trat ich eine gewaltige Fusswanderung durch die Altstadt an. Nun hab ich doch einen Begriff von Neapel bekommen. (Nur warum es als so »schön« gilt, begreife ich nicht!) Bis heute Mittag war mir Neapel eine saubere Stadt mit vielen hellblonden Kindern und mit Gebäuden, die von Sudermann sein könnten! Heute aber watete ich durch Schmutz, Fische, Melonen, Austern, Muscheln, »sorbe« (Plural) – das ist die Frucht der zahmen Eberesche, sieht wie ein winziger Apfel aus – Straßenhändler, Eselwägelchen (sprich Esél), sogar eine kleine Ziegenherde trieb ein Knabe durch die Strasse – Wäsche, Wäsche – und ein paar Architekturen, die, wenn sie nicht besonders schön, doch wenigstens barock oder aus dem 16. Jahrhundert sind (– »ich bin doch irgendwo gewesen, Sie sind nirgends gewesen«! –). Und der Platz um die Porta Capuana war wirklich schön. Dort steht eine kleine Kirche, S. Katharina a Formiello[3], für die der Baedeker keinen Pfennig gibt – er ist oft wirklich töricht! – und deren Fassade mich entzückte. Zuhause las ich im Burckhardt nach, und der ist ganz meiner Meinung. [...]
Heute früh war ich im Aquarium, das ich mir ungefähr 50 mal grösser, schöner und besser beleuchtet vorgestellt hatte. Das Schönste waren die Medusen – durchsichtige kleine ovale Gebilde; mit parallelen längslaufenden Kanälen ist der Schleier (ihre »Haut«) durchzogen, durch die es regenbogenfarben fliesst – und die Seepferdchen. Sie sehen aus wie kleine Pferdchen, die statt der Beine einen Violinschlüssel als Unterkörper haben – zauberhaft! Ich hätte Dir gern ein paar mitgebracht, sie haben Hunderte hier! [...]

1 Orpheus und Eurydike: Ninons Ergriffenheit gilt gleicherweise der Qualität der Bildhauerarbeit wie dem Mythos der Gattenliebe: Orpheus will Hades, den Herrscher der Unterwelt, um die Freigabe seiner verstorbenen Gattin Eurydike bitten. Der Gott läßt sich erweichen, stellt jedoch die Bedingung, daß Orpheus sich nicht nach Eurydike umsieht, ehe er in der Oberwelt angekommen ist. Doch von Sehnsucht und Liebe überwältigt, blickt er sich um. Eurydike wird von dem Seelengeleiter und Hadesboten Hermes wieder in die Totenwelt zurückgeführt.
2 S. Gennaro erinnert an das Katakombengrab und die erste Kirche dieses

Heiligen in Neapel. Der älteste Teil der Gänge und Kammern geht auf das
1. Jh. n. Chr. zurück. Der Eingang führt durch das von Ninon genannte
Altersheim »Ospizio S. Gennaro dei Poveri«.

3 Santa Caterina a Formiello, 1570 von einem florentinischen Steinmetzen
im Stile der toskanischen Frührenaissance fertiggestellt, erzielt durch den
stereometrischen Grundriß der Bauteile die Strenge, an der Ninon stets
Gefallen fand.

Palermo, 20. Oktober 1934

Liebster!

[...] Wenn ich mich nur nicht so hetzen müsste, um für Rom noch 6 – 7 Tage herauszuschlagen und meinen Heimkehrtermin nicht zu überschreiten, drei Wochen sind doch lange Ferien! Heute, am 2. Tag, komme ich mir schon als alte Palermitanerin vor, winke müde ab, wenn mir jemand sagt, ich müsse die Linea 7 nehmen, um irgendwo hinzukommen. »Lassen Sie mich aus mit der 7!« – sage ich erfahren und italienisch, »was die für Bögen macht!« Und betroffen gibt es der »Palermite« zu, während ich überlege den Autobus No 4 besteige usw. !! Am meisten freut es mich, wenn Leute fragen, ob ich eigentlich Italiana sei – immerhin, sie zweifeln doch. Aber ich glaube, dem Sizilianer sind »Italiener« auch Fremde – wie dem Korsen die Franzosen; er distanziert sich von ihnen.

Ich sollte jetzt nicht sitzen und Dir so lang und breit schreiben, Vogel, denn morgen muss ich um 5 h früh nach Selinunt fahren, es graust mir unsäglich vor diesem Ausflug! Proponiere ich mir aber zärtlich: Lass es bleiben! Fahre nicht!, dann zerkratzt jene Ninon dieser fast die Augen. Im Begriff, Dir mein Pech in Sizilien zu schildern, fallen mir nur lauter angenehme und hübsche Dinge ein – ach, aber ich weiss warum: Weil ich schreibe! Am allerglücklichsten bin ich doch, wenn ich schreibe – habe ich nicht geschrieben und nur »gelebt«, ist mir das, als hätte ich nur immer eingeatmet, nie ausgeatmet. Es kommt mir vor, als müsste ich zerspringen. Aber wie glättet und beruhigt sich alles, wenn ich vor dem weissen Blatt sitze und es bemale!

Ninon Hesse am Schreibtisch ihres Studios

Gestern war ein schöner Tag. Erst packte ich aus, dann fuhr ich (mit jener widerlichen No 7) zum Dom, dessen scheussliche Renovierung ergreifend ist! Am Nachmittag erst zur CIT[1] und dann ins Museum. Letzteres war zu! Es schliesst um 3 h, nicht um 5 h, wie der Baedeker glaubt. Wenn man so knapp Zeit hat, wirft einem so etwas viel über den Haufen. Aber dies war nur »kleines Pech«. Das grosse bestand darin, dass ich erstens das Meer nicht gesehen hatte während der Überfahrt; zweitens, dass man mir in der CIT erklärte, jetzt gäbe es keine Tourenfahrten nach Monreale und Segesta, es seien keine Fremden da! Ein Auto für mich alleine könne ich natürlich haben!! Mit der Bahn ist es (für Feiglinge) nicht zu machen. Denn von der Station Segesta nach dem Tempel und dem Theater sind es 8 km, und ich will einsame Landstraßen nicht allein gehen. Abgesehen davon dass man ja in Monreale und Segesta viele Stunden lang auf den Beinen ist! Auch Kasack machte diese Tour mit einem CIT-Auto. Merkst Du das »Pech«? Das Pech besteht darin, dass jetzt keine Saison ist und die einfachsten Dinge dadurch kompliziert werden. [...] In Sizilien ist zur Zeit nur ein einziger Fremder, und der bin ich!! Wehmütig lächle ich über Kasacks Ratschläge, wie ich, mit dem CIT-Auto ankomme, es anfangen müsse, die Dinge ohne die anderen zu sehen! Und nun lechze ich nach Mitmenschen!

Ferneres Pech: Heute Nacht fing es an zu regnen und es regnete fort, wie toll bis heute 4 h nachmittags. In der Cappella Palatina[2], wo ich die berühmten Mosaiken aus dem 12. Jhd. sehen wollte, war es so finster wie im Bauch des Walfisches. Ausserdem wurde für jemanden die Totenmesse gelesen. Ich verlor 1 ½ Std. dort, muß wiederkommen. Dann kam etwas sehr Schönes: Im Palazzo Reale (wo die Cap. Pal. ist) holt man sich den Schlüssel (mit daran befestigtem Kustoden), um in den Palazzo Scláfari zu gehen. Dort, im Hof, unter den Arkaden befindet sich ein Fresko eines unbekannten katalanischen Meisters aus dem 15. Jh. (2. Hälfte), darstellend den »Triumph des Todes«. – Der arme Kustode riet mir sehr ab, jetzt zu gehn. Es regne doch so heftig. Ich bedauerte das auch, sagte aber, ich müsse jetzt gehn, weil ich nachher anderes vorgesehen hätte. Man sprach ihm zu – das ist immer so schön in Italien, dass gleich ein Chor da ist neben den Hauptagierenden! – die Signora ohne Schirm scheue den Regen doch auch nicht! – aus mir unbegreiflichen Gründen ging ich nämlich ohne Schirm, aber mit Regenmantel und gelochter (!) Wollkappe – und so zogen wir los. Ein junger Mann aus dem Chor ging einfachheitshalber gleich mit. »Facciamo una bella corsa«, schlug ich vor – und wir rasten, die Männer mit Schirmen, ich wie ich war, über einen furchtbar großen Platz hinüber zum Palazzo Scláfari, der jetzt Kaserne ist. Das Fresko ist 7 m ungefähr im Quadrat, mit einem Holz-Eisenrahmen verschlossen, der es schützt. Es war ein so netter Kustos! Er verzichtete auf einen leisen Wink von mir auf

»Spiegazioni«, erklärte nur alles halblaut einem bald versammelten Chor, und ich konnte das Bild in Ruhe betrachten. Und als nach ½ Stunde ich mich bedankte und ihm 2 Lire gab, wollte er sie nicht nehmen – ich mußte ihn flehentlich bitten, bis er sie nahm!
Das Bild ist sehr, sehr schön, und wenn man das in Pisa nicht kennt, wäre man ganz hin. Aber das in Pisa ist noch grossartiger – ich sage das nur aus Gerechtigkeit, mir ist das hiesige grossartig genug. Unten steht: O Mors, quam amara est memoria tua![3] Zuhause werde ich es Dir beschreiben.
Palermo gefällt mir sehr, es ist hundert – nein tausendmal schöner als Neapel. Neapel hat »gute Anlagen«, nämlich von der Natur, und zur Zeit des Tiberius muss es schön gewesen sein – aber ich habe eigentlich noch nie eine architektonisch so entsetzliche Stadt gesehen, ausser Czernowitz vielleicht! Der Kurfürstendamm ist etwas ärger, gewiß, aber schweift das Auge dort herum? Höchstens nach den Auslagen sieht es, und die sind schön. Und das »alte Neapel« überzeugt einen auch viel mehr durch Schmutz, Enge und »malerisches Gehaben« als durch Architektur. Hier aber! Gut, es gibt die unvermeidlichen Corso soundso und die gewaltige Via Roma – ein paar große breite periphere, die die erhaltenen Stadttore verbinden – aber erstens sind selbst die nicht trostlos. Und zweitens braucht man nur von ihnen abzubiegen – dann erlabt sich das Auge an schönen barokken Fassaden, Toren, Höfen – Plätzen wie grosse Zimmer, wunderbare Ruhe gebend – und immer wieder hat man einen Ausblick auf Berge oder das Meer. Palermo ist von Bergen umgeben. Es ist eine liebe, schöne Stadt. –
Gestern wanderte ich in den botanischen Garten – ein junger Gärtner führte mich herum, ohne dass ich ihn gebeten hatte. [...] Ich sah herrliche Kakteen, Gummibäume, Kaffeebäume, eine Mimose (Baum), die, wenn man sie (zart!) berührt, ihre Blätter einzieht, langsam und wie erschauernd! Pfeffer gab er mir, ein Zweiglein, – Baumwolle! – Kapok, Rosmarin, Lavendel, Cidro, Thymian, Hibiscus – es war so schön, das alles kennenzulernen. [...] Abends schrieb ich alle Botanik auf, die ich

gelernt hatte, und legte mich in mein Bett, das so schmal ist wie ein Ausrufungszeichen. [...]
Leb wohl, Lieber! Ich küsse Dich fünf Minuten lang!

Deine Ninon

Heute hab' ich die Metopen von Selinunt[4] im Museum gesehn – unvorstellbar schön!

1 CIT – Compagnia Italiana Turistici.
2 Die Cappella Palatina, ein Gebäudeteil des Palazzo dei Normanni, ist mit ihren goldgrundigen, leuchtenden Mosaiken eines der bedeutendsten Kunstdenkmäler aus der Normannenzeit Siziliens. Sie wurde zwischen 1132 und 1140 erbaut und zeigt die Verschmelzung von romanischen, arabischen, byzantinischen Stilelementen.
3 O Tod, wie bitter ist es, Deiner zu gedenken.
4 Metopen, griech. »Zwischenöffnungen«, das Feld, das zwischen den Triglyphen (den mit Dreikerben versehenen Steinplatten) im Gebälk des dorischen Tempels durch Reliefschmuck ausgefüllt wird. Das »Museo Nazionale Archeologico« zu Palermo bewahrt Metopen aus archaischer (530 v.Chr.) und frühklassischer Zeit (um 470/450 v.Chr.) Selinunts, die bedeutendsten im griechischen Westen überhaupt.

Selinunt, 21. Oktober 1934

[...] Die Station – es gibt keinen Ort Selinunt[1] – ist eine halbe Stunde weit [entfernt], daneben liegt ein Fischerdörfchen, – ein paar elende Häuschen heißt das – und ich bin im staatlichen Ausgrabungshaus, auf der Akropolis, als Gast des Staates, denn zu zahlen ist nichts! Natürlich gibt man dem Kustoden für Bettwäsche und Petroleum etwas!
Das Haus liegt am Meer, während ich schreibe, höre ich das Rauschen. Es ist Vollmond, und ich bin sehr glückselig zwei Stunden auf einer Strasse nahe dem Häuschen des Kustoden spazierengegangen, immer auf und ab. Die Strasse ist von Agaven gesäumt und fällt ziemlich steil gegen das Meer ab. Im Norden liegen die Tempeltrümmer der Akropolis. [...] Ich hatte mir gestern beim Direktor des Museums den Permess geholt, im Ausgrabungshaus zu übernachten, aus Pflichtgefühl hatte ich es

getan, weil Kasack es sehr angeraten hatte – und war fest entschlossen, es nicht zu tun. Als ich aber herkam – um ½ 2 Uhr, um 6 Uhr wollte ich zurückfahren – und dachte: »Wenn ich nur will, darf ich hierbleiben«, da schwindelte es mir geradezu vor Glück.

Dass ich nichts für die Nacht mithatte ausser meiner Füllfeder, dass das Zimmer primitiv ist und es nichts zu essen und zu trinken gibt, das alles machte mir nichts. [. . .] Als ich um sechs Uhr am Hause des Kustoden vorbeiging, sass er mit seinem »vecchietto« und einem jüngeren Arbeiter und seiner Frau beim Abendessen und lud mich dazu ein. Man ass natürlich spaghetti, und ich weiss jetzt genau, wie man mit ihnen fertig wird – man braucht sie gar nicht künstlerisch um die Gabel zu wickeln, man schlürft ganz laut . . . und hat sie! Es ist wie ein Schnappen, wer den längsten Schlurf hat, isst den längsten spaghetto! Nach dem Essen ging ich spazieren, es war zauberhaft wie dieser ganze heutige Tag. Zwar hätte ich die Nacht schon lieber hinter mir, ich elende Memme – so allein im Hause, das ist einfach unheimlich. Aber ich segne den lieben guten Kasack für seine Ratschläge, ihm verdanke ich so viel!

»Mare africano« heisst das Meer hier, aber dass der Mond der gleiche ist wie der, der heute in Montagnola leuchtet, lass ich mir nicht einreden! Der Mond ist hier! Er kann unmöglich auch in Montagnola sein, d.h. dort ist auch einer, eben unser, jetzt Dein Mond. Hier ist sizilischer Mond!

Sizilien ist himmlisch schön. Diese Weite! Diese einfachen Linien, diese Grosszügigkeit. Wenig Dörfer und Ansiedlungen, das ist so schön! Es könnte gerade so gut 2000 Jahre früher sein, als es jetzt gerade ist, es ist alles so unverändert – Ziegen und Hirten, Fischer und Jäger hat es damals auch gegeben, und die Berge und Zypressen, Agaven, Opuntien (sie nennen sie hier »fichi indiani« und pflanzen sie an wie wir Wein, der Früchte wegen). [. . .]

Archäologisch ist es nicht so furchtbar interessant, da eigentlich alles zertrümmert ist. Zwölf Säulen des Tempels C hat man 1925 wieder aufgerichtet, und bei den andern Tempeln steht hie und

da eine. Natürlich war es interessant für die Archäologen, das alles auf dem Papier sich wieder zu konstruieren, mich freute es auch, anhand eines Planes mir die Tempel zusammenzustellen und im Geist aufzubauen, vor allem aber kann man sich an der dorischen Säule nicht sattsehen: Wie die Deckplatte auf dem Kapitell liegt, das Verhältnis zwischen dem Echinus[2] und dem Abakus[3] ist von einer solchen Vollkommenheit, dass man begreift, wie man nichts anderes als Archäologie studieren kann! Und die Schäfte der Säulen, diese Kannelüren[4]. Und der Tempel – dieser Zwang, ihn zu umschreiten, den er durch seine Säulenreihung ausstrahlt, dieses Spiel mit den Massen – 6 Säulen zu 14, oder 6 zu 17, oder 8 zu 17 oder 6 zu 15 – und immer herrlich! [...]
Im Zug saß eine Frau, die ein Kind säugte – sie hatte eine kurze gewölbte, etwas hervortretende Oberlippe, ein schöner Bogen. Ich hatte das gleiche Gesicht am Tag zuvor aus Sandstein gesehen, aus dem 6. vorchristlichen Jahrhundert. [...]
Gute Nacht Lieber. Das Meer rauscht so schön!

Montag früh.
Die Nacht ist vorüber, ich habe sehr gut geschlafen in einem hohen schmalen Bett und einem grossen, kahlen, weissgetünchten Zimmer. In der Nacht kam es mir vor, als atmete das Meer ruhig. Ich sitze auf der kleinen steinernen Terrasse »meines« Hauses, habe süssen schwarzen Kaffee bekommen und ein Stück alten und ganz verbackenen Brotes aus meinem gestrigen Mittagsvorrat gegessen. [...]
Es ist eine Landschaft hier, in der ich mir Hölderlin denke. Wie begeistert wäre er gewesen! Vielleicht aber nicht begeisterter als ich – oder ist das ein Frevel, so etwas zu behaupten? [...]
O Vogel! Ich bin so glücklich. Lebe wohl –   Deine Ninon

Sogar Tauben finde ich zum 1. Mal im Leben schön – vier weiße Tauben flogen eben vorüber – ich hoffe nur, es seien gar keine Tauben gewesen!

1 Selinunt, die westlichste Stadtgründung in Großgriechenland (630 v. Chr.), wurde 409 v. Chr. von den Karthagern zerstört, Erdbeben machten sie jedoch vollends zu einer Trümmerstätte, die lange als Steinbruch diente, bis die italienische Regierung die antiken Reste unter ständige Aufsicht stellte.
2 Echinus (gr. und lat.: Seeigel): ein Teil des Kapitells, des Kopfstücks einer Säule, das wie ein abgeschrägtes Kissen zwischen deren Schaft und einer unter dem Dachgesims angebrachten quadratischen Abdeckplatte liegt.
3 Abakus (gr. und lat. Platte, Spielbrett): die Abdeckplatte zum Abschluß des Kapitells oberhalb des Echinus.
4 Kanneluren (lat. canna: Rohr): am Säulenschaft senkrecht eingeschnittene Rillen, die durch Stege getrennt sind.

Beilage zum Brief: Zwei Ansichtskarten: Concordia- und Hera-Tempel von Agrigent

Wieder in Palermo, 25. Oktober 1934

Lieber Hermann!

Ich bin gern wieder hierher gekommen, hauptsächlich, weil das Hotel in Agrigent so entsetzlich war. Dank Alisatin bin ich nicht erkrankt, aber mein armer Magen zitterte vor dem Essen. Es war scheußlich im Hotel, so phantastisch schmutzig, dass sich mir immer alles zusammenzog – mit dem Verstand fand ich das eher komisch, aber die Sympathicusnerven sind viel rigoroser, sie bäumen sich geradezu auf! [. . .] Ein trostloses Zimmer, in dem ich nicht eine Zeile schreiben konnte! Wie glücklich war ich, heute wieder wegzufahren! [. . .]

Dabei ist Agrigent so schön! Ich habe einen sehr schönen Tag bei den Tempeln verbracht. [. . .] Hier angekommen, ging ich gleich zur CIT und nahm mir mit elendem Gewissen eine Schlafwagenkarte für morgen. Um 17 h fahre ich weg und steige Samstag um 8,37 h in Salerno aus. Beschütze mich ein wenig – ach, aber der Brief kommt zu spät zum Beschützen!

Morgen ist Papas Geburtstag[1] – er wäre 74 Jahre alt! [. . .]

Vogel, Du sagst, ich soll mich nicht hetzen.[2] Wir müssen ganz lange darüber reden, <u>wie</u> ich es machen sollte! Du musst es mir erklären! Mir erscheint es wie ein Frevel, wenn ich mich mehr ausruhe als nur während der Nacht – es kommt mir vor, als müsste ich mir das Glück, eine solche Reise zu machen, durch »Arbeit« verdienen. Ich schäme mich über das Schlafcoupé sehr! Aber ich weiss, dass ich den Abstecher nach Paestum sonst nicht machen könnte. – Palermo erschien mir nach meiner Rückkehr von Agrigent wie eine <u>nordische, hochzivilisierte</u> Stadt, Agrigent hingegen wie Afrika, das liegt ja auch ganz nahe. Ich bewunderte es sehr mit einer Sehnsucht nach Schweden im Herzen! Wenn ich Dir nur alles beschreiben könnte! Ich habe Notizen gemacht. Nun leb wohl, Vogel! Deine Ninon

1 Ninon erinnert sich an Gedenktagen stets intensiv der Verstorbenen: »Alle leben, an die wir denken. Sie sind erst wirklich tot, wenn niemand mehr sich ihrer erinnert.«
2 Hesse hatte Ninons Palermo-Brief zum Anlaß genommen, sie vor ihrem vermeintlichen Pflichtpensum bei Besichtigungen zu warnen. »Keuperchen, trabe Dich doch nicht tot, das ist Raub an Dir und mir [...] ruiniere mir meinen Herzenskeuper nicht, sondern tu mehr adagio, und wenn Rom so wichtig ist, so setze doch Deinen Ferien drei, vier Tage oder mehr zu« [...]. (Brief vom 22. Oktober 1934).

Cartolina postale
26. Oktober 1934, ½ 12 h nachts
Villa S. Giovanni
Liebster Hermann!
Das war jetzt schön, diese Überfahrt! In Messina wurde das liebe Zügchen auf ein Schiff gesetzt, wo es reglos staunend etwa ½ Stunde stand und ins Meer blickte. Die Passagiere aber durften heraus und aufs Verdeck des Schiffes – und so konnte ich Abschied nehmen von Sizilien und Italien grüssen! Es war unbeschreiblich schön!

Rom, 29. Oktober 1934
Lieber! In einer Stunde werde ich im Thermenmuseum sein. Ich bin halbwahnsinnig vor Freude. Ich will Dir soviel und kann nur so wenig schreiben. Darf ich es in Schlagworten notieren[1] – für mich zur späteren Niederschrift – oder ich »lese« Dir dann zu Hause den Brief vor mit allem Nichtgeschriebenen. [...]

1 Es folgt eine stichwortartige Aufzählung aller besichtigten Sehenswürdigkeiten.

Rom, 30. Oktober 1934
O lieber Bursche, o lieber Winziger,
wie gut und lieb hast Du mir geschrieben! Gerade kam Dein Brief vom 27. Oktober – meinem Paestumtag – und Böhmers lieber Brief und die Nachricht vom Fabulierbuch.[1] [...]
Liebster, ich möchte es so gerne lernen, auf Reisen zu »schlendern« – wie macht man das? Ich schlendere auch, aber immer erst nach 4 h, wenn alles geschlossen ist, dann bummele ich bis 7 h durch die Strassen, wenn ich noch kann. Aber von 10 h – 4 h gibt es kein Bummeln, und ich schlucke das Essen, als wäre es Rhizinusöl. Nur vor den Skulpturen oder was ich eben betrachte, habe ich nie Eile. Ich stürze in den Autobus, ins Museum, mit zitternder Hand zeige ich meine Tessera, sause hinein – und plötzlich habe ich unendlich viel Zeit! Sonst könnte ich nichts aufnehmen!
Merkwürdig enttäuschend war heute das Kapitolinische Museum! Als ich noch nicht »sehend« war, bin ich begeistert dort gewesen – ich schnappte nach allem, was nur einen Hauch von der Antike hatte. Aber heute sehe ich viel mehr und bin wählerisch in den Kopien – die kalte, harte Art der meisten Kopien dort verletzt mich geradezu. Dann die entsetzlichen römischen Gemengsel: von allem ein bischen, das Gewand nach einem Typ des 5. Jhd., aber behandelt wie im 4. Jhd., und der Kopf »modern«, d.h. flavisch oder antoninisch usw.
Das Thermenmuseum ist ungleich schöner. Es hat herrliche Kopien und auch griechische Originale. [...]

Ich bin diesmal traurig in Rom – es ist doch erst der dritte Tag, den ich hier bin, und acht will ich bleiben. Aber ich nehme immer Abschied, kann mich kaum freuen. Eigentlich sollte man so leben – immer das »Vorübergehen« spüren – »Welt, rühme was du willst! / Ich muss die Trübsal preisen ...«[2].
O Vogel, das Herrlichste auf der Welt ist die Dichtung! Denke an das viele Material, das zu den andern Künsten nötig ist, und wie materialgebunden man ist, selbst wenn dieses Material auch nur ein Blatt Papier und ein Bleistift war: Es ist nur <u>einmal</u> da, und nur an <u>einem</u> Ort, Du musst es vor Dir sehen, um es zu erfassen. [...]
Wie erdenschwer sind Plastik und Malerei – wie göttlich ist das Gedicht: Aus Worten steigen Bilder auf, Gedanken, Melodien, Spannung, Lösung, Schweben, Sinken – an nichts gebunden als wieder an den Geist in uns. Wo immer wir sind, kann uns der Geist eines Gedichtes gegenwärtig werden – <u>wir sind nicht allein</u>! [...]
Merkwürdig wie die Kunst immer den gleichen Weg ging – vom Sein zum Werden und Vergehen. Hier, an Statuen des 5. Jhd. v.Chr. wird aus einem Augenblick, dem ruhigen Aufrecht-Stehen, eine Ewigkeit; in hellenistischen Bildwerken wird alles, sogar der Tod, zum Augenblickserlebnis! Erschrecken, Sich-Schämen, Fliehen, Trinken, Tanzen – alles nur eben jetzt! Im nächsten Moment ist alles vorüber. Und dazwischen, im 4. Jhd., geht es wie ein Aufatmen durch die so »starren« Gebilde (aber das ist nicht als Tadel gesagt!!!), es lockert sich alles, die Glieder lösen sich, die Gelenke deuten Bewegung an, der Mund wird ausdrucksvoll (früher lächelte er nur), der Körper bebt. Im 3. Jhd., in der hellenistischen Zeit, wird alles »natürlicher«, impressionistischer, malerischer, bewegter. [...]
Ich habe jetzt auch den Hellenismus »sehen« gelernt. Ich weiss, Du begreifst oder magst es nicht, dass man vieles lieben kann. Aber hier kann ich nicht mit Dir übereinstimmen. Ich nehme mir gar nichts vor: Wenn ich aber plötzlich Lysipp[3] <u>sehe</u> und <u>begreife</u>, ist mir der Hellenismus erschlossen – und ich fühle mich <u>weiter</u> werden und keineswegs flacher!

Ich brenne auf das Buch, das mich zu Hause erwartet, den Polygnot von Emanuel Löwy![4] Ich habe seit Neapel auch Vasen verstehen und zum Teil lieben gelernt.

Ja, es ist viel, was auf einen einstürzt. Ich leide darunter, dass ich nicht alles verarbeiten kann und immer Neues aufnehmen. Dabei ist dieses Neue gar nicht neu – <u>ich</u> bin neu!

Ich habe heute die Circe von Dosso Dossi[5] wiedergesehen – sie war nicht so schön, wie meine Sehnsucht sie gemalt hatte. Ich war traurig darüber, als hätte ich mich in einem geliebten Menschen getäuscht. Aber die »Himmlische und die irdische Liebe« ist genau so, wie ich sie in mir trug und hat mich wieder aufs Äusserste bewegt.[6]

Übrigens, weil es mir gerade einfällt: Ich trank heute Tee in einem unsympathischen Raum am Corso Umberto, mir gegenüber stritt sich eine üppige Dame mit ihrem Mann. Sie kam mir so bekannt vor. Und weisst Du, wer es war? Die Juno Ludovisi (Goethes Juno!). Eilig kleidete ich sie aus, nur bis zur Büste, und wieder an, wie es sich gehörte – – sie war es! Und siehst Du, auch darum muss man Rom lieben! Sie leben alle noch, die 2000jährigen Plastiken und Bilder!

Wenn ich nur alles können werde, was ich mir vornahm: Aischylos, Sophokles und Euripides lesen und eine Menge Bücher über Kunst, Lehrbücher, nicht Schwafelbücher. Die ganze Reise beschreiben, nein schreiben, nicht einen Reisebericht, einen Ninon-Bericht. Und im Roscher lesen![7] Und italienisch lesen, um die Sprache besser zu erlernen. Zum Glück schlafe ich hier wenig. Um 5 h bin ich schon wach. Wenn ich doch so bliebe!

Aber nun ist es spät, und ich will noch etwas lesen, worauf ich mich grässlich freue: Amelung[8]: »Moderner Cicerone, über die antiken Skulpturen in Rom«, ich kaufte es mir heute.

Gute Nacht, Lieber! Verzeih, dass ich soviel schrieb! Deine armen Augen! Ich küsse Dich und danke Dir für Deine Liebe.

Deine Ninon

1 Hesse kündigte Ninon die Edition eines Sammelbandes von Erzählungen an, die er zwischen 1904 und 1927 geschrieben hatte: »Fabulierbuch«, Berlin 1935, GWiE, Schutzumschlag von Gunter Böhmer, GW 4. Bd.,

S. 171-433. Ninon rezensierte das Buch und rechtfertigte die Veröffentlichung dieser frühen Arbeiten. Ihr Aufsatz »Hermann Hesses Fabulierbuch« erschien unter dem Titel »Zauber des Erzählens« in der »S. Fischer-Korrespondenz«, Frühjahrsausgabe 1935, außerdem in der »Neuen Rundschau«, Juli 1935. Hesse hatte vorher vom Herausgeber gewünscht: »Den kleinen Aufsatz meiner Frau sähe ich am liebsten ohne Geleitwort, nur mit den Buchstaben N.H. gekennzeichnet.«

2 »Welt rühme, was Du willst«: Verse von Andreas Gryphius, zu denen Ninon in ihr Reisetagebuch schrieb, sie habe diese Zeilen auf der Rückreise von Messina nach Rom gelesen »mit einem Hunger und einer Besessenheit, als wären sie das, was einzig mir in diesen Minuten taugte, als wären sie Speise und Trank, Medizin, Glück für die hungrige, durstige, müde, abschiedstraurige Seele. [...] Das war es, was mich ansprach, ich hatte das gedichtet, erlebt, ich sang es.«

3 Lysippos von Sikyon verkörperte den Geist der Spätklassik (4. Jh. v.Chr.). Seine nur in römischen Kopien erhaltenen Statuen zeigen gegenüber der Klassik veränderte Proportionen, schlanke, geschmeidige Gestalten und weich ineinander gleitende Körperformen.

4 Emanuel Löwy (1857-1938), »Polygnot, ein Buch von griechischer Malerei«, 2 Bände, 1929.

5 Die von Ninon in der Galleria Borghese, Rom, betrachtete »Circe« von Dosso Dossi (~ 1479-1542), dem Meister der ferraresischen Schule, trägt den Titel »Die Fee Melissa« (um 1513).

6 Tiziano Vecelli, s. S. 294. »Die himmlische und die irdische Liebe« (1515) ist ein frühes Hauptwerk, das ihn weltberühmt machte und vor seiner Entwicklung zum Meister der Hochrenaissance entstand.

7 Wilhelm Heinrich Roscher (1845-1923), Klassischer Philologe; sein Hauptwerk »Ausführliches Lexikon der griechischen und römischen Mythologie«, unfaßt sechs Bände (fortgesetzt von Konrad Ziegler, 1884-1937).

8 Walter Amelung, (1865-1927), Archäologe, Leiter des Deutschen Archäologischen Instituts in Rom. W. Amelung/G. Lippold, »Die Skulpturen des Vatikanischen Museums«, 4 Bde., Berlin 1903-1956. »Cicerone«, die ital. Bezeichnung von Fremdenführern, die wegen ihrer Redseligkeit scherzhaft mit Cicero verglichen wurden; sinnverwandt wurde es zum Titel kunstgeschichtlicher Reisebücher, z.B. auch von J. Burckhardt.

Ansichtskarte: Rom, S. Angelo

[Poststempel: Roma, 4. November 1934]
Lieber Hermann!
Ich ziehe um, hurra, ich bin selig! Hätt' ich es doch gleich getan! Immer dieser idiotische Wille zum Heroismus! [...] Ich bin so froh! Dieses Wohnen hat mich furchtbar bedrückt. Denke, nur 3 Lire wird es täglich mehr kosten – 3 Lire! Ich dachte 10! [...] Wenn du mir nicht mehr schreibst, bitte den lieben Böhmer, mir ein paar Zeilen zu schicken, ja? Ich will doch Deinen Segen auch in der neuen Pension haben. Heute Vatikanskulpturen gesehen, von 9 ½ h bis 3 h – ohne Hunger, ohne Ermüdung!
Deine Ninon

Liebster Vogel!
Es ist Sonntag und der 4. November, für mich von vornherein ein halb verlorener Tag; denn am 4. November wird hier mit gewaltigem Gepränge der Sieg über Österreich 1918 gefeiert, »der den Ausschlag im Weltkrieg gab« usw., und infolgedessen ist alles an Museen und Monumenten geschlossen. Ich wollte einiges ansehen, das man nur »von aussen« kennen möchte, [...] aber um 7 h weckte mich der Regen, o ein wilder, prasselnder, herrlicher Regen, ich dachte blitzschnell: Gott sei Dank, dass ich nicht nach Frascati muss! Denn dahin wäre ich sonst ausgeflogen. Nichts muss ich! Ich darf zu Hause bleiben, meine Notizen ordnen, nachlesen und vor-lesen, schreiben. Ich bin sehr, sehr froh.
[...] So werde ich morgen »nur« im Vatikan und Dienstag nur im Thermenmuseum sein und alles gelassen noch einmal sehen. Ich habe ein schlechtes Gewissen dabei; es scheint mir unerlaubt, was ich da tue. Bist Du mir gewiss nicht böse, dass ich so lange ausblieb? Lieber, guter Vogel! Wie danke ich Dir für diese Reise!
Ich bin leider ein widerlicher Cunctator geworden, und nur aus

Selbstquälerei. [...] Als ich in die vorige Pension an der Via Lombardia kam, war mein erster impulsiver Eindruck: »Nichts wie fort!« Aber eine andere Stimme frohlockte geradezu. »Schau nur zu, wie Du fertig wirst!« jauchzte sie. Mich bedrückte der blosse Gedanke an das Heimkommen, die Wirtin war mir so widerlich wie eine Ratte. [...] Und ausserdem hatte ich immer Hunger. Aber das ist meine Schuld. Denn wenn ich mich schlecht fühle, habe ich eine Art, Essen herunterzuschlukken, ohne es zu spüren. Wahrscheinlich arbeiten die Speicheldrüsen dann gar nicht, und wer weiss, was der Sympathicus sonst noch treibt! Jedenfalls bin ich dann auf dem Wege der Entmaterialisierung, verdaue nicht, habe keinen Hunger, wenn das Essen vor mir steht – sonst schon! –, nicht einmal das Wasser schmeckt mir. Am Mittwoch morgen dachte ich: »Ich ziehe einfach um. Mittags kündige ich, morgen übersiedle ich.« Nachdem ich mir das ist den lockendsten Farben ausgemalt hatte, verbot ich es mir auf das strengste. Untertags tauchte der Gedanke noch ein paar Mal auf, wurde aber barsch zurückgewiesen. »Ich hasse Unentschlossenheit!« sprach ich, und es bleibt bei der Via Lombardia. Gedacht – aufgesprungen, nein <u>gestürzt,</u> gekündigt, in die Pension an der Piazza Barberini gerast und verabredet, dass mein Gepäck abgeholt werde! Ach, wie selig ich war! Aber was sagst Du zu mir? [...]
Ich würde auch diese Pension niemandem empfehlen, und dabei fühle ich mich hier ausserordentlich wohl! Aber ich weiss, wie jeder verschieden ist in dem, was er haben muss oder entbehren kann. Ich z.B. kann in ein kleines, greuliches Zimmer kommen, wenn es nur in einem schönen Haus ist, und das Haus an einer Stelle, die mir lieb ist. Das Haus hier ist nicht »schön«, aber es ist bürgerlich, es hat eine schöne breite Marmortreppe, es ist offen. [...] Wenn ich noch so müde heimkehre, begrüsse ich Tritönchen[1] mit einem Lächeln, mit einem kurzen zärtlichen Verweilen. [...] Ich bin jetzt reif zur Heimkehr. Die zwei Tage, die ich noch hier bin, werden gewiss noch wunderbar sein, aber ich freue mich unendlich auf zuhause. Ich habe richtig genug, und das ist sehr schön. Vor acht Tagen wäre ich verzweifelt gewesen,

wenn ich hätte heimkehren müssen. Übermorgen aber werde ich gesättigt sein, für eine gute Zeit, denke ich. [...]
Am Freitag bin ich S. Paolo fuori le mura[2] gewesen, eine herrliche Kirche, trotzdem sie sozusagen nagelneu ist. Im Kreuzgang bin ich lange auf- und abgegangen und habe gedacht, wie schön es sei, hier zu »sinnen«. Dann fuhr ich nach S. Sebastiano[3], und plötzlich – ich wollte eigentlich zu einer Abtei »Tre Fontane«, wo es einen Eukalyptushain gibt – stand ich vor dem Grab der Cecilia Metella[4] und ging die Via Appia antica[5] entlang. Es war der Allerseelentag und viele Menschen promenierten da, so brauchte ich mich nur ganz selten zu fürchten. Ich habe an das Gedicht von Carossa gedacht, und auch, wie begeistert Du von diesem Gange wärest.
Pinien und Zypressen säumen die Strasse; im Osten zieht sich die Via Appia nuova mit ihren schönen Aquädukten entlang. Überallhin sieht man sehr weit. Es ist etwas Wunderbares, so eine Ebene! Hie und da ein Baum, ein Mauerwerk, ganz weit blaue Hügel, der Himmel ungeheur! An der Strasse Grab an Grab, d. h. meist nur Steine, hie und da Figuren, grünumwachsen, die feierlichen Zypressen, die breiten hohen Pinien, die fröhlichen Menschen.
Was für eine Stadt! Ich begreife, dass sie »Urbs« heisst – es gibt keine Stadt neben ihr! Sie ist wie die Landschaft, die sie umschliesst: Von einer ungeheuren Weite. Nichts ist hier kleinlich, alle Strassen, auch die engen, weiten sich nach einigen Minuten zu einem »Largo« (was woanders »piazza« hiesse) oder zu einem Platz, und diese Plätze sind so wohltuend, sie sind weiträumig und umschliessen einen doch, es ist wie ein Gesetz, dem man sich freudig fügt. Und überall rauschen die Brunnen, überall stehen Kirchen – es muss eine Million Kirchen hier geben! Überall wachsen Bäume, sind alte Gärten zwischen Mauern – und die Farben sind so schön: alle römischen Häuser sind gelbbraun-rötlich, in allen Abstufungen dieser Farben, dazwischen der graue Stein der Altertümer, zu dem satten Grün der Pinien ist das zauberhaft.
Leb wohl Vogel! Wie verstehe ich die Menschen, die aus den

Städten bange Briefe an die Dichter schreiben, bang und voll Dankes, dass es noch Dichter gibt! Ich küsse Dich, Liebster, und freue mich unendlich auf Dich!

Deine Ninon

1 Tritönchen: Zärtliche Bezeichnung Ninons für den hochbarocken Tritonen-Brunnen auf der Piazza Barberini, 1632-1637 geschaffen von Lorenzo Bernini (1598-1680).
2 San Paolo fuori le mura, eine der fünf Hauptkirchen Roms, sie wurde um 324 über dem Grab des Apostel Paulus gegründet, nach etlichen Erweiterungsbauten bis auf den mit Mosaiken geschmückten Chor 1823 durch Brand zerstört und nach alten Plänen wiederaufgebaut.
3 San Sebastiano: Katakomben des hl. Sebastian, ausgedehnte Begräbnisstätte ausserhalb der ehemaligen Stadtmauer, mit unterirdischen Gängen und Totennischen, mit Fresken und Inschriften.
4 Grabmal der Caecilia Metella: Es fällt wegen seiner Größe in der langen Gräberreihe der Via Appia antica auf. Der in etruskischer Tradition errichtete Grab-Rundbau von 20 m Durchmesser (1. Jh. n. Chr.) wurde im 13. Jh. während der Kämpfe zwischen Kaiser und Papst von der reichstreuen, ghibellinischen Familie Caetani zur Festung mit Schwalbenschwanz-Zinnen umgebaut.
5 Via Appia antica, Regina Viarum, die »Königin der Straßen«, wurde um 312 v. Chr. angelegt, führte zunächst durch die Campagna bis zum Mittelmeer nach Terracina. Da im antiken Rom Tote nicht innerhalb der Stadtmauer begraben werden durften, säumen diese Ausfallstraße zu beiden Seiten Grabbauten wohlhabender Römer.

1935

Hausbrief

9. Juli 1935

Vogel,

heute Nacht war ich im Traum im Louvre – leider hatte ich nur sehr wenig Zeit, denn wir waren bei Graf und Gräfin Wiser[1] in der Nähe von Paris zu Gast, und sie hielt einen Vortrag im deutschen Konsulat, zu dem man wieder zurücksein musste. Der Louvre war auch nur bis ½ 3 Uhr nachmittags geöffnet –

> Heute 1. August 1935
>
> Grosses Montagsdorfer Boccia-
> Wettspiel für Gäste
>
> Es nehmen teil:
> Vogel von Montagsdorf hors concours
> Lili als Gast
> Martin als Gast
> Keuper als Ehrenmitglied des Preis-
> gerichts
>
> Es sind drei Preise ausgesetzt,
> der grosse Ehrenpreis von Montagsdorf
> der Ehrenpreis vom Vogelhaus
> der Kreuk-Preis
>
> Die Verteilung der Preise findet statt nach den bewährten Grundsätzen, die wir dem Magister Jos. Knecht verdanken, also ohne jede Rücksicht auf die sportliche Leistung, so daß Streberei und Ehrgeiz ausgeschlossen sind. Andrerseits entstehen keinem Mitspieler Hemmungen im Zeigen seiner Talente, denn er mag glänzen wieer will: er bekommt den im voraus für ihn bestimmten Preis und keinen andern.

Einladung: Typoskript von Hermann Hesse

unerhört – findest Du nicht? – aber ich war so selig, dort zu sein!
Und nun stell Dir vor: Statt die herrliche Gelegenheit zu nutzen und alles Geliebte wieder zu sehen, raste ich durch die Korridore und sah immer »im Geiste« das, was ich zu sehen wünschte, aber nicht eines »in Wirklichkeit« – dabei war ich doch im Louvre, hatte also die beste Gelegenheit dazu!! Aber ich dachte immer! O – die Ariadne werde ich wiedersehen und die altfranzösischen Meister – den Giotto, den Monet und die mittelalterliche Plastik – aber immer war ich »auf dem Wege« dorthin, und

nichts, nichts habe ich gesehen! Die Zeit war um, und ich musste ins Konsulat zum Vortrag.
Plötzlich packte es mich mit ungeheurer Freude: Du warst ja da, ganz nah, ½ Stunde Strassenbahnfahrt etwa. Ob Du in den Louvre kommen würdest? Ich könnte Dir die Pietà von Arles zeigen – welches Glück! Aber alles war nur Hoffen und Erwarten, und es erfüllte sich nichts.

1 Maximilian Graf Wiser, Hesses Augenarzt. s. S. 274.

Hausbrief

[Anfang August 1935]

»Streifen wir weiter hinein in die stille vogellose Landschaft!« singt Ponten[1], und ich finde, er ist kein guter Beobachter, wenn er den Vogel von Montagnola übersehen hat!
Danke vielmals, Vogel für die freundliche Leihweise des Buches – ich gehe – nein, schreite jetzt zu meiner Bildung, die ich später unterbrechen muss, um eine Dillsauce zu bereiten. [...]
Deine Bilder gefallen mir riesig – besonders alle – ausser vielleicht höchstens der Ansicht des Roccolo, die beinah an Julia Ponten erinnert, was ich keineswegs als Kompliment meine.
Das rote Haus ist entzücken! Und Locarno auch. Und die andern auch.
Con massima stima – N.

1 Ein Essay von Josef Ponten (1883-1940) über Lugano wurde im Oktober 1925 als Vorabdruck in Velhagen & Klasings Monatsheften mit acht Aquarell-Reproduktionen von Hermann Hesse veröffentlicht, der dazu Ende Oktober 1925 spöttisch in einem Brief an Wilhelm Schäfer bemerkte, er habe nun auch »als Illustrator debütiert« (»Gesammelte Briefe«, herausgegeben von Ursula und Volker Michels, Frankfurt am Main 1979, 2. Bd., S. 124). Danach erschien Pontens Text unter dem Titel »Die Luganesische Landschaft« in einem von Hermann Hesse und Julia Ponten gemeinsam illustrierten Bändchen in der Deutschen Verlagsanstalt, Stuttgart 1926.

Vom 7. bis 31. Oktober 1935 hielt Ninon sich zu archäologischen Studien in London und Paris auf.

London, 7. Oktober 1935
Vogel,
ich bin angekommen, wie Du siehst. Der erste Eindruck von London: Entsetzlich. Arme Iris, arme Demeter, Tauschwestern, Kekrops und Töchter und viele andere[1] – haben sie euch <u>dahin</u> verschleppen müssen aus eurer wunderbaren Heimat? [...]
In strahlendem Sonnenschein fuhren wir in London ein. Aber es selbst entsendet solche Rauch- oder Nebelschwaden, dass es ein silbergraues Flimmern gab und nur die obersten Zacken der Häuser sichtbar waren! Es sah aus wie Stalagmiten. [...]
Von Reims an (7 h früh) war herrlichstes Wetter. Vogel, die Ebene ist etwas Wunderbares! Das Auge schweifte ungehemmt in die Weite, in das schöne fruchtbare Land! Champagne, Ile de France, Picardie, Artois durchfuhr ich, sah die Kathedralen von Reims, Laon, Amiens. [...] Die Kathedralen sind die Gebirge in dieser Landschaft, einsam und himmlisch, zerklüftet und ebenfalls ein Stück Natur, ragen sie ins Land.
Um ½ 12 h: Calais. Leider ein Schiff 2. Klasse. Ich nahm mir einen Liegestuhl und fühlte so deutlich, dass ich seekrank wurde, so dass ich doch noch, knapp vor der Abfahrt, eine Pille nahm. Zuerst musste ich ganz unbeweglich liegen – nicht den Kopf bewegen, ganz ruhig! Dann aber fühlte ich eine wunderbare Ruhe in mir – ich muss sagen: <u>ausbrechen</u>, denn es war wirklich so. Und begeistert fühlte ich, jetzt könne ich alles – stehen, gehen, schauen – und ich tat es. Herrliches Mittel! [...] Dem Meer müsste man solche Pillen geben, Vogel! Das würde schauen, wenn die Ruhe plötzlich in ihm aus»bräche«. Da hätten die IG-Farben zu tun – oder glaubst Du, es genüge, wenn nur der Neptun sie einnähme?
Nur 50 Minuten dauerte die Fahrt, aber ich war erstaunt, weil man davon 30 Minuten kein Land sah. Dabei ist der Kanal doch so eng zwischen Calais und Dover! Ich stellte mir das viel nachbarlicher vor und begriff dann, als ich »drüben« war, dass die

Engländer »Europe« sagen, wenn sie den Kontinent meinen und sich als etwas ganz anderes fühlen.
Die Fahrt Dover – London dauerte noch zwei Stunden. [...] Deprimierend fand ich die vielen, vielen Einfamilienhausgruppen; 50, 100 Häuschen einander vollkommen gleichend, mal ein proletarischer Typ, mal ein kleinbürgerlicher. Grauenhaft, diese Normierung! Ist das alles Lebensangst, die die Leute zusammenführt, einen am andern haften lässt! [...]
Morgen British Museum! Ist es möglich?

1 Ninon bedauert hier die »Elgin Marbles«, Marmorskulpturen vom Parthenon der Athener Akropolis, die von Lord Thomas Elgin 1803/12 von Athen nach London gebracht und seither im Britischen Museum ausgestellt wurden.

Postkarte

London, 8. Oktober 1935

Lieber Hermann!
Die Rolltreppen sind furchtbar – genau wie ich sie mir vorgestellt habe! [...] Ich bin ein bischen geknickt, weil hier sogar die Hunde englisch verstehen (ich habe es selbst gehört), und nur ich nicht. Und dabei bin ich von Schweizer Deutsch umtönt und höre nur mich englisch sprechen, und zwar entsetzlich. Dabei verstehe ich Gelesenes, aber Gesprochenes kaum. Bei Lyons[1] war ich auch – wie die »Alkoholfreien« ist es, aber gemildert durch Alkohol. Neben mir probt eine Dame meine liebsten Songs aus der Dreigroschen-Oper, ich höre entzückt zu.
1000 Grüsse, auch an Adele –   Ninon

1 Lyons, J.L.& Co. Ltd., ein 1894 gegründeteter Konzern des Gaststättengewerbes, hervorgegangen aus dem Teehandel, unterhielt Ketten von Teestuben, Restaurants und Hotels. Ninon wohnte in der Pension »Foyer Suisse«, war darum von Schweizer Deutsch »umtönt«.

London, 9. Oktober 1935
Lieber Vogel,
diesen Brief schreibe ich mit einem Auge, das andere kriegt kalte Umschläge, weil es »sehkrank« ist, [...] es tränt und ist klein und müde und schmerzt, sobald ich es zur Nahsicht überrede! Warum nur immer in die Nähe hoffen – nein, es plagt mich so, dass ich die Worte aus den »Wanderjahren« nicht mehr weiss, ich las sie Dir im Frühjahr vor – »in die Ferne hoffen« hiess es da mahnend, und so etwas meint auch das arme Auge.
Die Sitte des englischen Frühstücks missfällt mir sehr – dieses morgendliche Insichhineinstopfen alles dessen, was Platz hat, als wäre man eine Lokomotive, die Kohlen einnimmt; dafür dann 7-8 Stunden nichts essen, abends sich wieder anfüllen! Aber ich habe mich heute schon daran gewöhnt. [...]
Nein, wie die Engländer sympathisch sind – so etwas von Artigkeit, von Wohlerzogenheit! Hier wird nicht Weltstadt gespielt wie in kleineren Metropolen (z. B. Rom), sondern hier ist Weltstadt, und die Verkehrsmittel dienen dem Menschen; alles ist so ungeheuer praktisch – z. B. in der Untergrundbahn ein Automat, der Geld wechselt, damit man sich die Fahrkarten in anderen Automaten kaufen kann. Ich hatte mir eine »zu billige« genommen, am Ausgang bei der Kontrolle wurde es entdeckt; in Deutschland hätte ich Strafe gezahlt, in Frankreich wäre ich wahrscheinlich des Landes verwiesen worden; in Italien hätte ich das Doppelte nachzahlen müssen – hier aber hiess es »Two pence please« und war erledigt. Gehupt wird nicht, und über die Strasse gehen ist ein Vergnügen trotz dichtesten Verkehrs. Nur die Rolltreppen – mir wird so schwindlig, vielleicht probiere ich das noch! [...]

London, 11. Oktober 1935
[...] Ich bin seit gestern begeistert von London und spiele mit dem Gedanken, länger hier, und in Paris nur drei Tage zu bleiben. Das British Museum ist unsagbar herrlich! Ich muss noch

ein paar Pflichtbesuche machen: Viktoria- und Albert-Museum (heute) und Wallace-Collection, und noch zweimal Nat. Gallery (herrliche Pflicht!), aber zwischenein bin ich immer wieder »zu Hause«, nämlich im British Museum.

Ich fange an, mich in London etwas zurechtzufinden, boykottiere die Underground (weil man da nichts von London sieht) und beginne, mich wahnsinnig wohl zu fühlen. Ich esse täglich mehr zum Frühstück, trinke zu Mittag begeistert Tee bei Lyons – wie muss ein Tee in einem guten englischen Teehaus schmecken, wenn er schon bei Lyons oder »Diary Express« so ausgezeichnet ist – und esse Toast dazu, rauche Philipp Morris-Zigaretten (das Wunderbarste an Zig., das ich kenne!) und bin furchtbar gerne hier.

Gestern sah ich endlich die Themse. Westminster-Bridge, -hall, -palace und -abbey, ging dann durch den St. James Park – o was für ein phantastischer Rasen, ganz kurz, ganz dick, saftig grün, wie Sammet! Herrliche Bäume, Ahorn meistens, mitten drin ein Seechen mit unendlich vielen Möven, Enten; dann gleich anschliessend durch Greenpark, wo Schafe weideten, hunderte Schafe, und die Menschen ihre Stühle auf den Rasen stellen, wohin sie wollen – nur ich hatte natürlich keine Zeit dazu, sondern musste zu Hyde Park Corner, um von dort ins British Museum zu fahren, wo ich mich über zwei Stunden mit dem Parthenonfries[1] und eine weitere mit dem Nereiden-Monument von Xanthos[2] beschäftigte. Es waren himmlische Stunden. Ich bekam übrigens am ersten Tag die Erlaubnis, beim Diener den wissenschaftlichen Katalog (gratis!) zu entlehnen, drei dicke schwere Bände, mein Traum, den zu benützen! Hier ist alles so selbstverständlich und einfach, und eine Höflichkeit herrscht hier – unglaublich! [...]

Ich küsse Dich, Vogel, und stürze fort mit orientalischer Hast – grüsse Adele herzlichst – Deine Ninon

[1] Der Athena Parthenos (der jungfräulichen A.) war der »Parthenon« auf der Akropolis von Athen geweiht. Die Göttin, der Sage nach mutterlos dem Haupt des Zeus entsprungen, wurde meist schild- und speerbewaffnet dargestellt, auch als kampferfahrene Streitwagenlenkerin, die ihre Heere anfeuert. Sie verkörpert männliche Tugenden gegenüber den mut-

terrechtlichen Göttinnen der Vorzeit. Ihr Tempel wurde 447-432 v. Chr. von den Architekten Iktinos und Kallikrates unter der Aufsicht des Phidias gebaut und trug als Schmuck der Cella einen Fries mit Reliefdarstellungen, die den Festzug der Panathenäen (Hauptfest der Athena) darstellen. Die meisten dieser Metopen befinden sich im Britischen Museum in London.
2 Nereidenmonument, ein Ende des 5. Jh. v. Chr. in Xanthos/Lykien (Kleinasien) erbautes Turmgrab eines Satrapen (Provinzstatthalters). Der Sokkel war mit zwei Reliefstreifen geschmückt und trug die hochgelegene Grabkammer, die von einer Ringhalle umgeben war, zwischen deren Säulen die Statuen der Nereiden standen, im griechischen Mythos die im Meer beheimateten 50 Töchter des Meergottes Nereus.

London, 14. Oktober 1935

Liebster!

Heute war's wieder einmal zum Wahnsinnigwerden schön. [...] Ich war ab 12 h im British Museum, wo ich etruskische Terrakotten aus dem 6.-3. Jh. ansah, dann den Raum »Greek and Roman Life« und den 2. Vasenraum (vier gibt es!). Um ¾4 h ging ich, trank »a pot of tea«, ass »a bath-bun«, d. i. eine Art Panetone in Semmelform – sehr gut, rauchte meine himmlischen Morris-Zigaretten und fuhr dann in die Old Bond Street. Von ½ 5 – ¾ 7 h schlenderte ich durch die Strassen, besah Auslagen (berühmte!), kaufte mir ein Billet zum Philharmonie-Konzert in der Queens-Hall unter Beecham[1] und fuhr schliesslich zum Trafalgar Square, der heute im Nebel (endlich, endlich Nebel!) mit den unendlich vielen Lichtern ganz phantastisch von dort aussah, wo die National Gallery ist. Denn denk Dir, dreimal in der Woche ist sie bis 8 Uhr abends geöffnet! Dort ging ich schnurstracks zu den Niederländern und besah diese so frisch und begeistert, als wäre es 9 h morgens! Komisch, nicht? Die Abwechslung macht es, das Durch-die-Strasse-Gehen erfrischt zwischenein. Ach, Gehen ist so schön! [...]
Heut hab ich unendlich viel gesehen, ich sollte hier überhaupt nicht schlafen gehen, jetzt müsste ich alles aufschreiben, ein bischen davon hab ich notiert.
1000 Grüsse, Lieber!   Deine Ninon

1 Sir Thomas Beecham (1879-1961), englischer Dirigent und Gründer des »London Philharmonic Orchestra« (1932) und des »Royal Philharmonic Orchestra London« (1946).

London, 16. Oktober 1935
Liebster Hermann!
Ich komme eben um ½ 12 h nachts nach Hause und schreibe Dir, denn morgen komme ich gewiss nicht früher dazu. [...]
Gestern war ich von ½ 11 – ½ 6 h nachm. im British Museum, natürlich ohne zu essen und auch ohne »Pause«, die Pause besteht im Wechsel, also von Skulpturen zu Vasen übergehen oder dazwischen in die ägyptische Abteilung – ach, diese ägyptische Sammlung – zum Wahnsinnigwerden! Und die assyrische! Um ½ 6 h bei Lyons (aber immer bei einem anderen, es gibt 300 hier!) a »pot and a bath-bun«, zusammen 4 pence, d. i. 35 centimes und bedeutet Mittag plus Jause – eine herrliche und völlig ausreichende Mahlzeit! Dann zum Trafalgar Square gefahren, um noch eine Stunde in der National Gallery zu verbringen. Wieder bei den Niederländern (mit Notizen diesmal) und dann bei den Franzosen. Ein Renoir ist dort – »Die Regenschirme« heisst er – so etwas Himmlisches! Wahrscheinlich kaufe ich mir alle drei Kataloge mit Bildern, sie kosten aber 6 und 8 s [Schilling], deshalb schwanke ich noch. Eigentlich sollte man ja alles im Kopf haben, nicht auf dem Papier. [...] Wir tranken Kaffee in einem furchtbaren Lokal, und dort sass – o Hermann, wie ist das Leben reich und schön! (es waren aber vielleicht 1000 Menschen dort!) – am Tisch mir gegenüber die Frau, die Vermeer[1] gemalt hat im weissen Atlaskleid mit altblauem Spenzer, aschblondem Haar, eine Perlenschnur um den Hals, vor einem Spinett stehend. Sie steht ganz gerade da und sieht aus dem Bild hinaus, das Zimmer hat hellgraue Wände, aus einem Fenster links kommt ein rein weisses Licht hinein, in der Ecke vorn steht ein kühlblauer Samtstuhl. Das Gesicht der Frau ist wie aus Alabaster – es ist alles unendlich kühl – silber-weiss-grau – Perlen, Ala-

bastergesicht, es ist eine grosse Stille in dem Bild, und trotzdem es nichts verkörpert (keine Idee) oder etwas »will«, hat es etwas Bezwingendes; eine solche Lust am Dasein erweckt es durch diese, der Stille lauschenden Frau. Auf einem 2. Bild sitzt sie am Spinett und spielt – das ist dunkler und farbiger. Und eben diese Frau, Vogel, es ist ganz gewiss, eben diese Frau sass ein paar Tische von mir entfernt und trank Tee! Ich liebe ja nicht die Frau, sondern das Bild, aber dass es die Frau auch <u>gibt</u>, ist so herrlich. Ach was sind »Realitäten« neben solchen Wirklichkeiten!
Heute habe ich – da Du meinen Urlaub verlängert hast, – vielen Dank! – einen Tag Atempause machen wollen. Das sah so aus! Um 11 h etwa erschien ich im Zoologischen Garten und ging bis ½ 4 h dort herum. Du kannst Dir nicht denken, wie herrlich es war. Ich bin so froh über unsere Kater, sie verbinden uns wirklich mit dem Urwald und den grossen geheimnisvollen Katzen – unser Tiger gleicht den Tigern und Leoparden, der Löwe aber geradezu unglaublich dem Luchs! Sogar die schwarzen Haarbüschel auf den Ohrenspitzen haben sie gleich (nur sind sie beim Luchs grösser)! Das Schönste, was ich sah (aber ich sah viel Herrliches, darunter ein phantastisches Aquarium) waren vier Giraffen, die spazieren schwebten, zwei rauften im Spiel miteinander, es war wie ein Paradiesestraum. [...] Die afrikanischen Löwen sahen so wie Kinderlöwen aus, so fromm und gut und friedlich (ein Paar aus Abessinien!), nur mit gewaltigen Mähnen geschmückt. Die indischen Löwen sind schöner, stolzer, wilder. [...]
Von dort fuhr ich – alte Londonerin – mit dem Bus zur »Wallace Collection« und blieb bis ½ 6 h dort. Dann erst trank und ass ich mein gewohntes Lyons Mahl, und dann ging ich spazieren durch die Strassen. Oxfordstreet, zu Selfridge, dem berühmten amerikanischen Warenhaus, das sich zu Jelmoli verhält wie ein afrikanischer Löwe zu einem Floh von unserem Löwen – nicht etwa zu ihm selbst! In einer Buchhandlung kaufte ich mir ein Buch von Virginia Woolf und war sehr bekümmert, weil der Buchhändler »The dead und the lover«[2] nicht kannte. Den »Steppenwolf« zeigte er mir wenigstens sofort in einem Katalog, aber auch die-

ses Buch kannte er nicht. Ich sagte natürlich nicht, wer ich sei, und empfahl es ihm sehr! Zurück im Galopp und um 8 h wieder im Bus, der nach »Strand« fährt, wo im Adelphi-Theater »Der Sommernachtstraum« als Film von Max Reinhardt vor einer Woche »welturaufgeführt« wurde. Trotzdem es ein <u>entsetzlicher Kitsch</u> ist, hat er keinen Erfolg, das Theater war nur ¾ voll – in anderen Kinos steht man eine Stunde vor Beginn Schlange bis weit auf die Strasse hinaus. Es war scheusslich, ich werde Dir stundenlang davon erzählen! Und es war mir unendlich lehrreich, dort gewesen zu sein. Es hat mich auch so nah zu Shakespeare gebracht, nie hab ich ihn so geliebt, <u>so</u> verstanden – in dem Unbehagen, das diese Konditor- und Tapezierer-Verhunzung erweckte.

Gegen 11,20 h war es zu Ende. Vogel, Du kannst Dir nicht vorstellen, wie es um diese Zeit auf den Strassen von London aussieht! Ströme von Menschen überfluten die Strassen! Aus den Nebenstrassen fliessen die Nebenflüsse dazu, dazwischen sind <u>Seen</u> von Automobilen, die nicht vorwärts können, und dazwischen stehen geduldig die grossen roten Elephanten, die Autobusse. Und dabei kommt man <u>unendlich schnell</u> vorwärts, <u>alles ohne Hupen</u> und mit der grössten Artigkeit. Autobusse warten auf einen, wenn man gelaufen kommt, sogar Auskunft geben sie! In Berlin war es für Nicht-Akrobaten ausgesprochen gefährlich, Autobus zu fahren (noch vor Hitler); es ging unglaublich rücksichtslos zu beim Ein- und Aussteigen, sie hielten nämlich eigentlich gar nicht an. Das war heute so schön: die graue Stadt, die ungeheuer breiten Strassen mit den Menschenströmen und Automobilwogen, die ungeheure Lichtreklame darüber – das alles vermittelte ein Gefühl von Weite, Welt, Bewegung. Mein Bus fühlte das und blieb still und ruhig stehen, sechs, sieben Minuten lang, ich sass im ersten Stock und sah begeistert hinunter; dann zog er an und flog (wie die Giraffe!), und in wenigen Minuten war ich zu Hause. Ach was für eine Stadt! Der Rasen und die Wohlerzogenheit sind 500 Jahre alt, die anderen Grossstädte sind Parvenues daneben! Gute Nacht, Vogel, grüsse Adele!

Deine Ninon

1 Jan Vermeer van Delft (1632-1675) verwandelt in seinen Gemälden »Dame mit der Perlenschnur« (»Vanitas«, Berlin), und »Dame am Spinett« (London National Gallery) die Wirklichkeit in lichterfüllte Innenräume, die durch reichgestufte, zarte Farbverbindungen Kühle und weltenthobene Ruhe ausstrahlen. Ninon hatte schon während ihres Wiener Kunstgeschichtsstudiums zu Vermeers »Briefleserin« (Amsterdam) ein Gedicht verfaßt.
2 »Dead and the lover«, Titel der englischen Übersetzung von »Narziß und Goldmund«, London 1932.

Postkarte

London, 22. Oktober 1935

Liebster!

Jetzt also habe ich Abschied genommen vom British Museum – ich war von ½ 1 h bis 6 h dort. Ich war so traurig, als ich vor den Parthenonskulpturen stand; »alles falsch gemacht«, dachte ich von mir, »zu wenig hier gewesen, zuviel dort! Alles war falsch!« Aber wie wäre es richtig gewesen? »Wenn es noch einmal vor mir stünde« (bei Storm gibt es diese Zeile)[1], was täte ich? Wie würde ich vorgehen? Ich weinte. Die Demeter von Knidas sah mich so schön an – so heiter-überlegen – und ich werde sie nicht mehr sehen. Die Skopas[2]-Köpfe, ein schwebender Fuss einer Tänzerin mit einem Stück Gewand, die Sitzfiguren vom »heiligen Weg« in Didyma bei Milet, die Nereiden von Xanthos, die Kore vom Erechtheion, der Amazonenfries vom Mausoleum, Vasen, Bronzen! Ja. Nun muss ich packen. Um 9 h morgen fahre ich. Heute Fastenrekord: von ½ 10-6 h nichts gegessen, getrunken, geraucht! Ich hab es nicht einmal bemerkt!

Kuss Ninon

1 Es heißt bei Theodor Storm (1817-1888): »Und es war auch ein großer Schmerz, / Und wär's vielleicht auch Sünde, / Wenn es noch einmal vor dir stünde, / Du tätst es noch einmal, mein Herz.«
2 Skopas von Paros, griechischer Marmorbildhauer des 4. Jh. v.Chr., schuf Körper in Bewegung mit seelisch ausdrucksstarken Köpfen, so auch den von Ninon erwähnten Ostfries des Mausoleums in Halikarnassos (um 350 v.Chr.).

Paris, 24. Oktober 1935
[...] Die Fahrt über den Kanal war himmlisch! Sonnig, klar; bis in die Mitte der Fahrt sah man die englische Küste und von da an zauberhaft und immer deutlicher die französische. Ich genoss die Fahrt, es war überhaupt ein Ausruhen. [...]
Jetzt werde ich in den Louvre gehen. Wie wird es sein? Ich bange ein wenig. Mein Herz ist noch so voll von all dem Gesehenen. Ich sollte nicht zu viel darauf türmen! [...]
Du hast ganz recht, Paris ist rührend klein! – und gehupt wird wie toll! Aber schön ist es – diese Brücken – die Lichter – die Nebel über der Seine – die Strassenzüge – die Plätze, von Bäumen umrahmt, mit schönen Architekturen. In London spielt die Themse im Stadtleben gar keine Rolle, und dort wirken sogar alte Bauten wie St. Pauls oder Westminster Abbey wie Attrappen. Hier aber sind sogar Bauten aus dem 19. Jh. schön – durch ihre Gruppierung, durch die Strassenanlage; es ist eine herrlich gebaute Stadt! [...]

Paris, 27. Oktober 1935
Lieber Vogel!
[...] Ich erlebte hier eine grosse Enttäuschung. Die Antikensammlung des Louvre ist geschlossen. Seit sechs Monaten und für noch lange Zeit. [...]
Mein Louvre-Traum, erinnerst Du Dich, heuer im Sommer?
Ich war sehr traurig, habe mich aber seither beruhigt. [...]
Ich war viel im Theater, habe jetzt genug. Genug von allem, ich sehne mich nach Hause, nach Sammlung und »Ausatmung«.
[...]   Deine Ninon

1936

Hausbrief
Vogel,
wenn ich nicht wüsste, dass eine lange Pause zwischen dem Besuch beim Musikmeister und dem Eintritt in die Schule Waldzell war, würde ich es nicht glauben: so sehr ist es aus einem Guss, dieses Neue und das Vorhergehende. Dass es dem Musikmeister einmal so erging, wie er es schildert, hat mich sehr bewegt, und ich war so froh, dass er damals dem Longus-Yogin begegnet ist.
Schön ist, wie man den Josef Knecht, trotzdem man eigentlich viel von ihm erfährt, doch noch am wenigsten kennt; er ist so gross angelegt, man kennt erst Teile des Umrisses – hier eine Hand und ein Stück Kontur von der Schulter vielleicht, hier ein Ohr und ein Stück Auge – das gibt ihm etwas Geheimnisvolles, hebt ihn über die andern hinauf.
Ich empfinde immer wieder etwas Beschwingendes, wenn ich das lese – und ich glaube, das kommt daher, dass diese Menschen sich alles erkämpfen mussten, Kastalien fiel ihnen nicht in den Schoss; auch wenn man darin war, musste man es sich erst erringen, erarbeiten, sich zu eigen machen, sich damit auseinandersetzen. Die pädagogische Provinz im »Meister«[1] ist viel paradiesischer – darum geht sie einen viel weniger an.
Auf die Reihenfolge der Gedichte[2] bin ich gespannt.

1 Ninon vergleicht »Kastalien«, die Heimat des Eliteordens der Glasperlenspieler (benannt nach der Reinigungsquelle vor dem Eingang zum Apollon-Heiligtum in Delphi) mit der »Pädagogischen Provinz« in Goethes Erziehungsutopie »Wilhelm Meister«.
2 Entgegen Hesses ursprünglichem Plan, einen Menschen darzustellen, der mit gleichen Anlagen und Fähigkeiten in verschiedenen Epochen lebte, rückte in der Endfassung des »Glasperlenspiels« (Fretz und Wasmuth, Zürich 1943) *ein* Lebensweg, der Josef Knechts, in den Mittelpunkt des Romans, dessen Untertitel »Versuch einer Lebensbeschreibung des Magister Ludi Josef Knecht samt Knechts hinterlassenen Schriften« lautet. Die von Ninon erwähnten Gedichte des Schülers und Studenten Josef Knecht gehören zu dieser fiktiven »Hinterlassenschaft«.

> Θυμῶι μάχεσθαι
> χαλεπόν· ὅ τι γὰρ
> ἂν θέλῃ, ψυχῆς ὠνεῖται.
>
> [Mit dem Herzen zu kämpfen ist
> hart. Denn jeden seiner Wünsche
> erkauft man um seine Seele.]
>
> Für Joseph Knecht von
>
> Νηπία
> (Törin)

Ninon Hesse: »Für Josef Knecht«

Postkarte

Zürich, 23. März 1936

Liebster Hermann!

In Airolo schneit es dick wie in Grönland, und in Göschenen ist strahlende Sonne, blauer Himmel! Ja, der Norden! Ich bin eigentlich erst jetzt (durch ein Schinkenbrötchen) erwacht, bisher dämmerte ich nur so dahin, mit nichts als Versen im Kopf, darunter merkwürdigerweise Loerke[1]! Ich las Korrodis Feuilleton über »Minuit«[2] und finde es sehr oberflächlich. Jetzt geht mir ein Stückchen aus der Bach-Suite durch den Kopf (Gott weiss, wie falsch), aber ich höre ihr begeistert zu.

Jetzt bin ich in Thalwil – herrlich strahlendes Wetter. Addio Vogel für heute. Grüsse Böhmer herzlich   Deine Ninon

1 Oskar Loerke (1884-1941) war Lektor im S. Fischer Verlag. Seine Lyrik ist Ausdruck eines kosmischen Naturgefühls.

2 Eduard Korrodi (1885-1955), von 1914 bis 1951 Feuilletonredakteur der »Neuen Zürcher Zeitung«, rezensierte diesen Roman von Julien Green, der 1936 unter dem Titel »Mitternacht« im Bermann-Fischer Verlag, Wien, erschien.

Zürich, 25. März 1936

Lieber Hermann! Am Dienstag war ich wieder beim Zahnarzt. Es tut ganz nett weh, aber zum Glück nur die Behandlung, nachher spüre ich nichts. [...] Am Nachmittag war ich im Film-Studio Nord-Süd und sah »Crainquebille« (Du kennst gewiss die Erzählung von Anatole France[1]). Ein grossartiger Film. Abends im Konzert, Gieseking[2] spielte drei Klavierkonzerte, eins von Mozart zwei von Beethoven; das von Mozart war sehr schön. Mittwoch früh ging ich in die Zentralbibliothek[3] und wenige Minuten nach meiner Ankunft feierte ich ein glückseliges Wiedersehen mit Pfuhl[4]! Nachmittags sprach ich lange und intensiv mit Elsie[5], dann fuhren wir zu Els[6]. Hanni ist eine Schönheit, sie sieht aus wie Blut und Boden, Kraft durch Freude, Fricka-Brünhilde usw., Mina ist auch eine Riesin, sie spielte vor, aber ich glaube, recht unbetamt[7]. Els zeigte uns ihr Farbenspiel und erklärte es uns. Was ich davon verstehe, scheint mir nicht sehr originell, und das »Erhabene« dabei liegt eng neben dem Lächerlichen.

Ich holte Nelly ab und wir sassen in einer kleinen alkoholfreien Bar am Hechtplatz, wo es furchbar nett ist, Studenten, Bohèmiens, sehr billig und dabei gar nicht »kropfig«, wie die alkoholfreien Restaurants des Frauenvereins und Ähnliches. Um 8 h ging ich von dort in die Rämistrasse 26 – Lyceumclub –, wo Marta Wassermann[8] über Hofmannsthal sprechen sollte. [...] Es waren vielleicht 70 oder 80 Leute da, ein sehr gutes Publikum, lauter »Köpfe«. Thomas Mann, Frau Katia, ihre Mutter und Mädi erschienen, E. A. Reinhardt[9] sah ich flüchtig, Schuh[10] (der mich nicht erkannte), Humms[11].

Der Vortrag – halb las, halb sprach sie – war glänzend. Fast zu glänzend. Die Eitelkeit schimmerte durch. Aber was für einen

Charme hat diese Frau – mich fasziniert sie! Sie freute sich wirklich sehr, als sie mich sah, und wir besprachen, dass wir uns sehen wollten. Frau Mann[12] stellte mich ihrer (wunderschönen) Mutter vor, sprach lange mit mir über Dich, sehr lieb und besorgt um Dein Befinden, und bat, Dich zu grüssen. Mich aufzufordern, sie zu besuchen, fiel ihr gar nicht ein. Wie recht hatte ich, dass ich mich gar nicht bei ihnen meldete. [...]
Humm ruft morgen an; er will mir aus seiner neuen Arbeit vorlesen. Er hatte sich sehr gefreut, mich zu sehen, und erzählte, er habe einige Stunden vor der Lesung sich nach jemandem gesehnt, dem er seine Arbeit vorlesen könne. Jemand, der die hiesigen Leute und Verhältnisse nicht kenne, jemand, der eine Frau sei und schwarze Haare habe. Er habe gedacht: »Frau Hesse sollte da sein.« [...]
Ich bin froh, hier zu sein, es ist herrlich, ein wenig »für sich« zu sein. Ich geniesse die Verantwortungslosigkeit so sehr. [...]

1 Anatole France, eigentlich Jacques-Anatole Thibault (1844-1924), war als Mitglied der Académie Française und Nobelpreisträger (1921) der maßgebliche literarische Autor seiner Zeit in Frankreich. Die zeitkritische Novelle »L'affaire Crainquebille« erschien 1901 (deutsch 1978) und wurde 1933 von Jacques de Barancelli verfilmt.
2 Walter Gieseking (1895-1956), Pianist von Weltruf, besonders als Interpret Mozarts und impressionistischer Komponisten wie Debussy und Ravel.
3 Die Zentralbibliothek in Zürich bot Ninon die Möglichkeit, ihre auf Reisen gewonnenen archäologischen und mythologischen Kenntnisse theoretisch zu untermauern.
4 Ernst Pfuhl (1876-1940), Archäologe mit Lehrstuhl in Basel, hatte als Forschungsgebiet die griechische Vasenmalerei sowie die ostgriechischen Grabreliefs.
5 Elsie: Elsy Bodmer, deren Gast Ninon in Zürich war.
6 Els Feustel-Bucherer (1888-1967) erarbeitete eine Theorie über die Entsprechung von Farben und musikalischen Klängen. Sie war Ehefrau von Max Bucherer (1883-1974), mit dem Hesse seit seiner Basler Buchhändlerlehre (1895-1898) befreundet war und über dessen Malerei er schon unter dem Titel »Spitzenbilder« in der National-Zeitung vom 6. November 1920, Nr. 523, berichtet hatte. 1947 fertigte Bucherer einen Holzschnitt mit Hesses Porträt an. Hanni und Mina sind die Töchter des Ehepaars.
7 Jiddisch: täppisch.

8 Marta Wassermann-Karlweis (1889-1965), zweite Ehefrau von Jakob Wassermann, war Psychoanalytikerin und Schriftstellerin. Ninon schätzte ihre Romane »Die Insel der Diana« (1919), »Eine Frau reist durch Amerika« (1928), »Amor und Psyche auf Reisen« (1928).
9 Emil Alphons Reinhardt (1889-1945), Schriftsteller: »Der große Herbst Heinrichs IV.« (1936).
10 Willi Schuh (1900-1986), Musikschriftsteller, ab 1941 Herausgeber der »Schweizerischen Musikzeitschrift«.
11 Rudolf Jakob Humm (1895-1977) spielte eine zentrale Rolle im Schweizer Literaturbetrieb. Sein »Haus zum Raben« am Limmatquai war ein beliebter Treffpunkt im Zürich der 30er Jahre für Schweizer Autoren und ihre emigrierten deutschen Kollegen. (Dazu: »Hermann Hesse – R. J. Humm, Briefwechsel«, herausgegeben von Ursula und Volker Michels, Frankfurt am Main 1977). Über Humms Roman »Die Inseln« (Zürich 1935) verfaßte Ninon einen Essay. Hesse schrieb dazu am 14. 2. 1936 an Humm: »Hie und da tut meine Frau einem Buch, das ihr Eindruck macht, die Ehre an, für sich etwas darüber aufzuschreiben. Das hat sie – ohne meine Rezension zu kennen – auch mit den »Inseln« getan.« Während Hesse in seiner Rezension (National-Zeitung vom 8. 12. 1935) des Autors Selbst- und Rückschau als eine gelungene Introversion lobte, die nur Auserwählten zuteil werde, zeigte sich Ninon von der Kraft beeindruckt, durch die der Protagonist des Romans sich immer wieder aus seiner Introversion befreie, wie er aus der rückwärtsgerichteten Sehnsucht wieder ins tätige Leben zurückfinde und somit Dichtung und Leben verbinde, ja zwischen beiden Bereichen hinüber- und herüberwechsele. Ninons Aufzeichnungen wurden leicht verändert abgedruckt in »Die Zeit«, Hamburg, 4. Jg. 1949, Nr. 10.
12 Katia Mann (1883-1980), erklärt in ihrem (diktierten) Lebensrückblick: »Ich habe in meinem Leben nie tun können, was ich hätte tun wollen« und verweist auf den Anpassung fordernden Alltag einer Dichter-Ehefrau. »Meine ungeschriebenen Memoiren«, Frankfurt am Main 1974, S. 162.

Zürich, 31. März 1936

[...] Herr Maass[1] war zweimal im Bodmer-Haus, einmal zusammen mit Nelly zum Nachtessen, einmal nach dem Essen. Er war ergriffen und bezaubert von der Schönheit dieses Hauses, wir gingen jedesmal durch alle Räume, verweilten lange in dem einen und anderen.

Am Samstag fuhr Elsie nach Davos, sie kam gestern abend zurück. Ich war Sonntag bei Humms, gestern bei Marta Wassermann (die mich immer wieder charmiert), dann mit Humm, der aber furchtbar traurig und verstimmt war, ich glaube, er leidet entsetzlich unter finanziellen Nöten, hatte auf den Preis der Stadt Zürich gehofft. [...]
Füchschen ist bezaubernd – ich glaube, er wird das liebste Haustier, und vielleicht lernt er noch griechisch. Er hat ein schönes Köpfchen und ein traumhaftes Fell.
Alles andere erzähl ich morgen.

1000 Grüsse und einen herzlichen Kuss Deine Ninon

1 Ninon hatte Joachim Maass (1901-1972) im Spätherbst 1935 kennengelernt, die Anziehung war spontan und gegenseitig und führte zu einer über Jahrzehnte währenden Freundschaft, die sich in einem Briefwechsel niederschlug. Maass schenkte Ninon im Januar 1937 sein handgeschriebenes Manuskript »Der Schnee von Nebraska«, das während seiner Exilsuche im Spätherbst 1936 in den USA entstanden war. Sie schätzte an dem 35jährigen Schriftsteller, der von seinen Freunden als Hamburger »Patrizier-Bohemien« charakterisiert wurde, Weltläufigkeit und Realitätssinn. »Ich habe für die Verzweifelten nichts übrig! Ich halte mich an die Devise der alten Rauhbeine: Wer nicht das Leben setzt ein, dem wird das Leben nicht gewonnen sein!«, bekannte er, und über sein erstes in den USA entstandenes Werk »Das magische Jahr« setzte er als Motto: »Vitam, non Mortem Cogita«. Zu dieser Beziehung: Kleine, st 1384, S. 349 ff.

Vom 5. Mai bis zum 12. Juni 1936 hielt Ninon sich wegen einer gynäkologischen Operation in Wien auf.

Wien, 12. Mai 1936

Lieber Vogel,

[...] Die Heilung verläuft tadellos. Ich bin geradezu das »Muster eines gesunden Organismus«, der Darm ist brav, das Fieber normal, der Puls grossartig. Nur die Nächte sind schlecht. Ich kann absolut nicht schlafen, nach schweren Mitteln wache ich nach zwei Stunden auf – bin überhaupt nachts so erregt, so wach, möchte aufstehen, aus dem Fenster springen, lesen,

schreiben – spreche laut – kurz wie eine Verrückte! Am Tag bin ich dann natürlich dösig, müde, deprimiert. [...]
Bis jetzt habe ich keinen Besuch vorgelassen, nur Rosenberg[1] und Lisl lösen einander ab. Du kannst Dir nicht vorstellen, wie gut und lieb sie sind! Rosenberg ist so herzig (»herzig« – Du solltest ihn sehen! Wie der Riese Atlas so ungefähr!), er ist so furchtbar aufgeregt, wenn es mir etwas schlechter geht (subjektiv schlechter, denn objektiv geht es mir ausgezeichnet). Alle Schwestern glaubten, er sei der »Herr Gemahl«, aber jetzt kennen Sie Dich, drei Deiner Bilder stehen auf dem Nachtkastl, und die Tages- sowohl wie die Nachtschwestern finden: »A fescher Herr!!« O Vogel – Wien ist doch schön!!! Auch der Professor interessierte sich natürlich sehr für die Bilder. Zwei sind von der Gret Widmann, das, auf dem Du liest und das von Balls Biographie, 2. Auflage; das dritte ist von Martin, Profil und Nacken, Du malst einen Briefbogen.
Bermanns[2] schickten herrliche rote Tulpen und Bella eine grosse rosa Hortensie, dann sind blaue und weisse Schwertlilien da, gelbe Rosen und Veilchen. [...] Nur leider ist die Strasse aufgerissen und Arbeiter machen stundenweise einen Höllenlärm unten.
Addio Vogel. Lebe wohl! Sei geküsst Vogel,

von Deiner Ninon.

1 Dr. med. Jakob Rosenberg, ein in Wien ansässiger Jugendfreund aus Czernowitz, betreute Ninon zusammen mit der Wiener Ärztin Dr. med. Elisabeth Löbl während ihrer Myom-Operation in Wien.
2 Die Familie Bermann Fischer lebte in Wien, nachdem Gottfried Bermann Fischer im April 1936 mit einem Verlagsteil des S. Fischer Verlags nach dort übersiedelt war. Ursprünglich hatte er sich in der Schweiz niederlassen wollen, doch dies hatte die Fremdenpolizei auf Betreiben der Schweizer Verlegervereinigung verhindert. Darum hatte Bermann am 1. Mai 1936 in Wien den Bermann-Fischer Verlag gegründet, der die im Hitler-Staat unerwünschten Autoren betreuen sollte und der bis zum 12. März 1938, dem Tag des Anschlusses Österreichs an das Deutsche Reich, bestand.

Wien, 15. Mai 1936
»kalte Sophie«

Liebster Vogel!
Heute bekommst Du einen Lerchengruss von einer ausgeschlafenen und folglich wahnsinnig vergnügten Frau. O Vogel! Stell Dir vor: Ich habe geschlafen! Zum ersten Mal seit dem 9. Mai eine Nacht lang geschlafen, mit nur wenigen Unterbrechungen: von 11 bis 7 Uhr. Hoch Phanodorm! <u>Alles andere</u> hatte bisher versagt!
Gestern hatte ich einen schlechten Tag (subjektiv wegen der andauernden Schlaflosigkeit – objektiv geht es tadellos gut), darum war ich so froh, als Tutti kam und sagte, sie werde Dir schreiben und von mir berichten. Anjammern wollte ich Dich nicht. [...]
Vogel – ich wollte, dass ich mich tapfer benehme. Wenn du doch was zaubertest! Aber es ist zu spät. Die Nähte tun so weh, schon ohne dass man sie anrührt. Hingegen spüre ich schon seit Tagen nichts mehr an der Stelle wo der Uterus war. Nur einen lyrischen Schmerz – Wehmut, dass der Körper ihn so schnell vergass. »Es war doch ein Stück von mir!« sag ich vorwurfsvoll. »Wenigstens eine Lücke müsste doch gespürt werden!« Nichts Lücke!! Als wäre er niemals dagewesen! Was sagt Du dazu? [...]
Heute früh las ich Hölderlin – Gedichte. Ich wusste, dass sie himmlisch sind, aber <u>so</u> wusste ich es doch nicht mehr: Ich war ergriffen, betroffen – mir war, als hätte ich sie noch nie gelesen. Leider fehlt das geliebte Fragment »Die Nacht« in den grauen Heften, und ich bringe nur wenige Zeilen zusammen.
Die liebe gute Emmy schreibt täglich. So schön, so lieb! Bermanns rufen täglich an – auch andere! –, morgen besucht mich Tutti.
Leb wohl, Vogel! Hab Dank für alles. Sei geküsst, winziger Vogel von
Deiner Ninon

Postkarte; Sanatorium Dr. Fürth, Wien, Schmidgasse 14

> Wien, 19. Mai 1936
> Pension City

Lieber Vogel! Ich liege wahnsinnig erschöpft im Bett meines neuen Zimmers – trotzdem die Übersiedlung nur zwei Stunden gedauert hatte. [...] Ein bischen packte ich doch selbst ein, zog mich an, stand aufrecht, verabschiedete mich – das sind anstrengende Dinge! Ich bin grün und schwach, und das Bett fällt tief, tief mit mir. [...] Vom Bett aus sehe ich das oberste Drittel des Turmes von St. Stephan – herrlich ist das. Alle finden es fabelhaft, dass ich heute, 14 Tage nach meiner Ankunft in Wien, das Sanatorium verlassen konnte. Allerdings, schwach bleibt man noch lange. [...]   Sei geküsst Vogel von Deiner Ninon.

> Wien, 22. Mai 1936

Lieber Hermann!
Das grosse Ereignis ist vorüber! Ich war tatsächlich gestern, am 13. Tage nach der Operation, in der Oper! Den ganzen Tag hatten meine Freunde teilnehmend telephoniert oder persönlich angefragt, wie es mir ginge. Rosenberg ging in die Oper (Stehparterre), um in meiner Nähe zu sein, falls es doch schief ginge. Bella holte mich im Taxi ab, führte mich bis auf meinen Sitz. [...]
Das Komische ist, dass <u>ich</u> eigentlich nur im Bett liegen will – aber Rosenberg und Lisl sagen, ich <u>müsse</u> aufstehen und ein wenig herumgehen. Ich würde sonst nur immer schwächer. Gestern war es besonders arg. Ich hatte eine solche Angst, ich würde nicht in die Oper können, dass ich aus Nervosität früh viel zittriger, schwindliger usw. war. Die liebe Lisl holte mich um 11 h ab, wir gingen ganz langsam in den Stephansdom. Dann in die schöne kleine Peterskirche (herrlicher Barock, Fischer von Erlach), dann zum Ausruhn ins Café Rebhuhn. Von dort aus fuhren wir im Auto zur »Maria am Gestade« und dann nach Hause.

Dann erschien Bella mit dem Klavierauszug von »Orpheus«[1]
[...]. Wir jausten nur schnell unten in einer Konditorei, aber
sonst lag ich bis zum Opernbeginn. Aber was sagst Du zu den
Freunden?! Die vielen telephonischen Erkundigungen zähl ich
gar nicht auf! Es ist doch herrlich, solche Freunde zu haben.
Nun aber die Oper: Es war unvorstellbar schön! Bei den ersten
Takten der Ouvertüre glaubte ich, ich würde es nicht aushalten
können – es ergreift mich jetzt alles viel heftiger als sonst – es
klang so durchsichtig und zauberhaft. Dann fing es an. Die Bühnenbilder störten mich sehr, obwohl sie sehr sorgfältig, sehr studiert waren – aber ich, der Augenmensch, wollte hier nicht sehen, nur hören. Zu sehr war ich in jenen Gegenden beheimatet,
als dass mich die unmögliche Grabstätte Eurydikes, die unmöglichen Bewegungen der Chöre (brecht Euch nur keine Verzierung ab! hätte ich ihnen gern zugerufen), die ballettmässigen Totenopfer nicht gestört hätten.
Aber Hören – ich hörte wunderbar, viel besser als sonst, ich gab
mich so sehr hin, wurde fast nur Ohr! Aber weisst Du, was das
Allerhimmlischste war? Jenes geliebte Flötensolo, das wir auf
einer halben Platte haben – im 3. Bild, nach dem Tanz der seligen
Geister in den elysäischen Gefilden! Da kommt der Nachen mit
Charon, Orpheus und der verhüllten Eurydike langsam auf die
Bühne geschwommen, und Orpheus und Eurydike steigen aus.
Im Orchester aber spielt diese Flöte. Es war unendlich schön, ich
konnte es kaum ertragen!
Wunderbar vorher Orpheus' Klage, Eros' Verheissung, die Bezwingung der Furien, Larven. Die Ballette (wenn man nicht hinsah). Und das vierte Bild: Das Duett von Orpheus und Eurydike – ihre Zweifel, ihre Klagen, dass er sie nicht liebe, weil er sie
nicht ansehe. O törichte Eurydike – aber wie gut verstand ich
sie! (Obwohl ich diese Barockisierung, diese »Opernhaftigkeit«
auch als Unrecht an den beiden empfand – denn es war doch alles ganz anders gewesen!) Aber dieser Zwiegesang von Liebe –
Zweifel – Verzweiflung – Tod, ach es war unsagbar herrlich.
Eros erweckt Eurydike dann; und alles endet in einer Apotheose
von Chor, Liebenden etc. [...]

1 Christoph Willibald Gluck (1714-1787) konzentrierte sich in seiner Oper »Orfeo« auf die Haupthandlungsstränge mit nur drei Personen, ohne jegliche Verzweigungen auf Nebenschauplätze. Ein Werk – wie Ninon feststellt – von großem Atem, klassisch strenger Sprache und der großlinigen Schlichtheit der Antike. Als störend, ja als Stilbruch wirkte auf Ninon das alle Konflikte lösende C-Dur-Finale, ein Rückfall in barocke Opernkonvention.

Wien, 26. Mai 1936

Liebster Hermann!

[...] Vor allem bin ich traurig [...], dass Dein Zustand so schlecht ist und Du lauter Schleimsuppe essen musstest! Ich fühle mich heute zum ersten Mal wohl, d.h. ich möchte furchtbar gern aufstehen – während ich vergangene Woche nur aufstand, um meine Pflicht zu erfüllen. Ich versuche heute (es ist bereits ärztlich genehmigt), ins Museum zu gehen. ½ bis ¾ Stunden sind bewilligt, und ich muss dort sitzen, nicht herumgehen. Ich zittere vor Freude.

Am Samstag war ich bei der »Entführung«, d.i. die Mozart-Oper, die ich am wenigsten gehört habe und daher am wenigsten liebte (weil ich doch so lange brauche, um etwas kennen zu lernen). Ich glaube, sie ist jetzt meine geliebteste Oper – es war so himmlisch schön und es war so unendlich viel Flöte dabei. Ich sass – o gute Bella! – in einer ersten-Rang-Loge und sah bequem das ganze Orchester, ich sah fast mehr auf das Orchester als auf die Bühne, ich höre dadurch viel genauer – und jedesmal, wenn die Flöte sang, durchdrang es mich voll Entzücken, alles wurde klarer durch diese geliebte Stimme.

Während ich dasass, dachte ich auch an die Mama, die so leidenschaftlich gern in die Oper ging und die ich damals (1918-1924 ungefähr) deswegen belächelte. Und nun sass ich nach so vielen Jahren da, an derselben Stelle, und dieselbe Magie umfing mich, die einst meine Mutter umfangen hatte – die Sinngebung, die ich für mich selbst nicht fand, hier war sie. [...]

Ich hatte mir bei meinem lieben Winzberger ein Abendkleid ge-

kauft (von der vorigen Saison, zu Ausnahmepreis); es ist ganz einfach schwarz von oben bis unten, reicht bis zur Erde, und als einzigen Schmuck hat es eine schöne grosse, rote Rose, die man im Gürtel trägt, so im Stil der 90er Jahre. Es wird Dir gefallen. Lisl sagte: »Sie sehen schön, rührend und fürstlich aus!« – die gute liebe Lisl.
Andern Tags war ich beim »Lied von der Erde« von Mahler[1], Bruno Walter[2] dirigierte. Ich hatte es leidenschaftlich geliebt, hatte es unendlich oft gehört, nun aber gewiss zehn oder vielleicht 13 Jahre nicht mehr. Ich war <u>entsetzt</u> [...], so etwas von Sentimentalität, so etwas von Melken an Tränendrüsen, überhaupt Appellieren an »Gefühle«; ich wurde eiskalt, ich war abgestorben und bemühte mich nur noch, die einzelnen Instrumente analytisch zu hören (was mir nicht sehr gut gelang), um irgend etwas davon zu haben. Leider ist jetzt beinahe Schluss mit Musik für diese Woche. »Nur« noch – nein, ich bin selig! – die »Zauberflöte« am Mittwoch! Bella singt die dritte Dame. Sonst nichts in der Oper, und auch kein Konzert.
Gestern holten Bermanns mich ab zum Nachtessen. Sie wohnen bezaubernd in einem kleinen einstöckigen, alten Häuschen, das seinerzeit von Adolf Loos[3] umgebaut wurde. Entzückende Räume! Es sieht aus, als wohnten sie seit vielen Jahren dort – so »immer-schon-dagewesen« sieht es aus. [...] Aber sie haben Sorgen. Bermann, das muntere Bürschchen, hat Depressionen und wacht jeden Morgen um 4 h auf und kann nicht mehr schlafen. Die Lage hier ist ja so unsicher, und die Zusicherungen, die sie von Deutschland bekommen haben – kann man sich denn darauf verlassen? Momentan sucht er »das richtige Papier« für die »Stunden im Garten« und bemüht sich, das Übersetzungsrecht für »Minuit« zu bekommen. Genug für heute, Vogel.
Innigen Kuss –   Deine Ninon

---

1 Gustav Mahler (1860-1911) komponierte im »Lied von der Erde« (1911 uraufgeführt) einen Zyklus von sechs Gesängen; die Liedtexte stammen von Hans Bethge: »Die chinesische Flöte« – eine Übertragung chinesischer Gedichte – oft elegisch, gefällig, schwärmerisch.

2 Bruno Walter – eigentlich Bruno Walter Schlesinger (1876-1962), war nach seiner Tätigkeit in Berlin, München und Leipzig von 1936 bis 1938 Dirigent und künstlerischer Berater der Wiener Staatsoper, bis er 1939 in die USA emigrierte.

3 Adolf Loos (1870-1933) fand im Sinne seines Wiener Lehrers Otto Wagner den Weg fort vom historischen Eklektizismus zur neuen Sachlichkeit, wobei er die moderne Bautechnik berücksichtigte und funktionale Lösungen anstrebte. Er bevorzugte stereometrische Grundformen und ornamentfreie und linienklare Fassaden und wurde ein Architekt des Übergangs zwischen dem Jugendstil und dem sogen. Internationalen Stil (Le Corbusier).

Kunstpostkarte: Sterbende Amazone, Wiener Kunsthistorisches Museum

Wien 21. Mai 1936

Liebster Hermann

– diese Amazone sah ich gestern und noch anderes – es war herrlich. Aber heute spare ich alle Kräfte für abends: »Zauberflöte«. Ich werde da an Dich denken, dies ist <u>Deine</u> Oper! Es wäre so lieb, wenn Du mir das Gedicht[1] schicken könntest. »Heut folgte ich einem naiven Verlangen / und bin in die Zauberflöte gegangen.« Oder macht Dir das zuviel Mühe? [...]

1 Die Verse stammen – von Ninon leicht verändert – aus »Die Zauberflöte am Sonntagnachmittag«. In: »Die Gedichte«, a.a.O., S. 528.

Wien, 29. Mai 1936

[...] Deine Gartennachrichten haben mich sehr interessiert, und auch die Wetterberichte. [...] Eben kam ein Liebesbrief von Funke[1]! Sie ist so glücklich, dass ich da bin, dass sie mir ihre Sachen wird zeigen können. Ich bin beschämt, wieviel Glück ich eigentlich bei Menschen habe – hier ist wirklich eine ganze Anzahl von Menschen, die mich lieben, und alle sind traurig, dass ich bald wieder wegfahre. Dabei bin ich so widerlich – schon gut Vogel!!! Du musst es ja am besten wissen.

Ich las endlich den »Voyageur sur la terre«, eine kürzere Erzählung Greens[2] (100 Seiten) von 1930, ich glaube aber, sie gehört zum Frühesten. Es ist schon »alles« da, was im »Visionnaire« kommen wird. Wie herrlich, ein solches Werk zu überschauen. Bermanns interessieren sich für meine Minuit-Besprechung[3], aber ich finde sie schlecht, d. h. zu lang und zu dünn und will sie umarbeiten. [...]

1 Helene Funke: s. S. 84, 126 ff.
2 Julien Green (1900-1998) beschreibt in seiner Novelle »Le Voyageur sur la terre« (1927, deutsch »Pilger auf der Erde«, 1948) das Unheimliche psychischer Abgründe, aus der die Sehnsucht nach Transzendenz erwächst. Ninon interpretierte die drei genannten Werke, dabei betonte sie, daß bei Green der Mensch den destruktiven Kräften des eigenen Innern ebenso ausgesetzt ist wie den von außen drohenden Gefahren. In der 1936 verfaßten Interpretation des »Voyageur« (Manuskript im Nachlaß erhalten) bejaht sie das Wagnis der Selbsterprobung, den Mut, sich dem eigenen Unbewußten zu stellen und das Grauen der Welt an sich selbst kennenzulernen. Es ist die Dimension der Selbstverantwortung, die Ninon bei Green anzog.
3 Ninons unveröffentlichte »Minuit«-Besprechung blieb handschriftlich im Nachlaß erhalten.

Wien, Pfingstsonntag, 31. Mai 1936
Liebster Hermann!
Heute ging ich vormittags ins Hochamt in die Burgkapelle, weil man dort die Messe in Es-Dur von Schubert[1] aufführte. [...] Zuerst kam eine schlechte Predigt über einen herrlichen Text aus dem Joh. Evangelium. Ich sah ein paar schöne bemalte, geschnitzte Heiligenfiguren in ihren Nischen an und hörte neidisch zu. Ich dachte, es müsse schön sein, Katholik zu sein, aber ich war dann doch froh, es nicht zu sein. Es könnte schön sein, als katholischer Priester das Pfingstgeschehnis zu deuten. Und dann fing die Musik an. Die Sängerknaben sangen. Meine blasphemischen Gedanken von »Götzendienst« verschwanden; ich dachte nicht »christlich«, aber ich war hingegeben an etwas Göttliches und zutiefst erschüttert von dem »agnus dei« und seinem Aus-

klang: »Miserere nobis«. Das Herrlichste vielleicht war das »Et incarnatus est« – ich war so tief dem Wunder hingegeben, und zugleich empfand ich, dass dies nicht einmalig geschehen, dass dies erlebbar sei – dass dies unsere Aufgabe sein könne. [...]
Ich dachte, wie ich vor vielen Jahren die Messe hier gehört hatte, auch damals war ich wegen der Musik gekommen. Was für einen Weg hatte ich bis heute zurückgelegt. Wie anders sah, wie anders hörte ich heute. Alles, was ich geworden (aber ich weiss, wie wenig das ist! – dennoch ist es ein Geworden-Sein), danke ich Dir.

Fortsetzung: Pfingstmontag früh
Ich habe am Samstag begonnen, den »Steppenwolf« zu lesen (ich habe mir ein paar Bücher von Berlin kommen lassen, zum Verschenken) und hab ihn eben beendet. Ich kann Dir nicht sagen, wie sehr er mich erschüttert hat. Es war, als hätte ich ihn vorher noch nie gelesen. Aber Du weisst nicht, wie ich ihn gelesen habe – o wieviele Male! Und wie ich ihn liebte! Und doch war es jetzt wie das erste Mal. Ich war überschüttet mit Edelsteinen (so ungefähr sagt es Angela in den »Feldblumen«[2], als man von Beethoven und Mozart spricht; »sie schlagen einem den Kopf blutig«, so ähnlich sagt sie, ach, ich höre es, kann es aber nicht reproduzieren!)
Ich war wie erschlagen. Aber das »magische Theater« empfand ich, als wäre es von mir – ich erinnerte mich daran, nicht wie an etwas Gelesenes, sondern es war so sehr mein geworden in diesen neun Jahren, als wäre hier mein ureigenstes Wissen, meine Bilderwelt Gestalt geworden. Das steht hier?, fragte ich staunend. Und es gibt Dich? [...]

1 Franz Schubert (1797-1828) hat die Es-Dur-Messe in seinem Todesjahr komponiert, als er nach Jahren finanzieller Not seiner körperlichen Erschöpfung durch Typhus nichts mehr entgegensetzen konnte. Ninon war erschüttert, weil Schubert sein leidvolles Wissen um menschliche Tragik und Vergänglichkeit in Musik umgesetzt hatte.
2 Angela, eine literarische Gestalt in Adalbert Stifters (1805-1868) Künstlernovelle »Feldblumen«, Teil seines 1844 entstandenen Frühwerks »Studien«.

Wien, 2. Juni 1936

[...] Es tut mir furchtbar leid, dass Du abgespannt und in Sorgen bist, dass der Garten eine Hetze ist, und dass ich fort bin, statt Dir beizustehen.

Ich hoffe sehr, mich zu erholen. Dr. Rosenberg, dessen Brief an Dich ich nicht kenne, kann sich (auch mündlich) sehr schwer und nur primitiv ausdrücken. Du musst seine Worte richtig lesen.

Aber ich will zu dem, was Du zitierst, etwas sagen. (Zitat aus R.s Brief: Ich würde auch nach der Rückkehr »vorerst nicht so arbeiten dürfen wie früher«.) Rosenberg nennt es »arbeiten«. Der Ausdruck ist falsch, aber ich kann ihn nicht durch einen besseren ersetzen. Als ich zu Dir kam, wollte ich Dir dienen, durch Dienst an Dir wollte ich Dir bei Deinem Werk helfen. Ich war neun Jahre jünger als heute und gesund. Das Älterwerden kann ich nicht beeinflussen; dass ich wieder ganz gesund werde, glaube ich bestimmt. Du hast es so schön von mir gesagt, dass ich gut zentriert bin. Ich möchte es wieder sein. Ich möchte für Dich da sein und möchte, dass Du es weisst und fühlst, dass ich da bin, ohne Deine Einsamkeit zu stören. Ich sehne mich danach, wieder vollkommen im Besitz meiner Kräfte zu sein [...]. Aber sie kommen erst nach und nach, die körperlichen schneller als die seelischen.

Rosenberg hat eine richtige Ahnung oder einen Instinkt für meine Aufgaben, er nennt das »arbeiten«. Und er findet, der Arzt habe mich viel zu lange konservativ behandelt [...], und ich sei durch den monatelangen Blutverlust entsetzlich heruntergekommen [...]. Aber eben darum werde es jetzt noch eine Weile dauern, bis ich wieder »auf dem Posten« bin.

Ich glaube aber, Du musst Dich bestimmt nicht vor mir fürchten; denn es geht mir ja zusehends immer <u>besser</u>, und so wird es aller Voraussicht nach auch weitergehen – wenn ich noch nicht ganz »beisammen« bin, so ist es doch unter den umgekehrten Vorzeichen wie vor der Operation.

Der Professor, der mich vor meiner Abreise noch einmal sehen will, sagte, ich dürfe bereits »tanzen« und »turnen«. Dass ich

immer noch viel Schwindel habe, »wunderte« ihn und passte ihm nicht. Eine eigentliche Therapie gibt es jetzt nicht für mich, ich soll mich »erholen«, und das so, wie es mir passt. Ich darf also ins Museum gehn, ich darf im Bett liegen, einerlei, Hauptsache ist, ich »erhole« mich. Ich möchte alles gut machen, ich möchte nicht, dass Du das viele Geld für mich vergebens ausgegeben hast, ich bin sehr bemüht, mich »vernünftig« zu verhalten, d. h. ins Museum zu gehen, mich aber nicht zu ermüden, sondern nur zu erfreuen, mich zu kräftigen usw. Heute z. B. liege im Bett, es ist 11 h vormittags. Ich will stark und gesund werden, ich will wieder gute Nerven haben, ich will Dein Kamerad sein, Deine Stütze. Du hast Geduld mit mir gehabt in der Zeit vor meiner Abreise. Habe Dank!
Ich wollte Montag, den 8. Juni früh von hier abreisen – Dienstag, den 9. Juni aber ist ein Konzert, das gewiss herrlich ist: Das Rose-Quartett spielt drei Mozartquartette. Ich würde das so gerne noch hören! [...]
Gestern hörte ich in der Bergkapelle die Krönungsmesse von Mozart[1] – das war womöglich noch herrlicher als die Es-Dur-Messe von Schubert. Die Sängerknaben sangen zauberhaft: unendlich rein, geschult, unschuldig klingen die Stimmen, und dabei wie Vogelgezwitscher. Der vierstimmige A-Capella-Chor im »Benedictus« war überirdisch schön. Ich dachte, welches Glück für Dich es wäre, dies zu hören. Diese ganze Messe –
Lebe wohl Vogel! Sei umarmt und geküsst von   Deiner Ninon

1 Wolfgang Amadeus Mozart (1756-1791) komponierte am 23. März 1779 mit 23 Jahren die Missa Nr. 14 in C-Dur, Köchelverzeichnis 317, die später aufgrund ihrer Aufführungsanlässe den Namen »Krönungsmesse« erhielt. Hesse bevorzugte Mozarts Musik, ihr taktfest-heiteres Schreiten, den feingliedrigen, rhythmisch straffen Verlauf. Im »Steppenwolf« versinnbildlicht Mozarts Musik den rettenden Gegenpol himmlischer Heiterkeit gegenüber der »Herzensöde und Verzweiflung« im irdischen Dasein. Am Vorabend seines Todes hörte Hesse die Mozart-Sonate Nr. 7, C-Dur, Köchelverzeichnis 309.

Wien, 4. Juni 1936

Liebster Hermann!

[...] Immer nennst Du Montagnola jetzt »Exil« – aber Du weisst doch, dass ich zu Dir gekommen bin und dort mein Leben ist, wo Du bist. Dass ich mich an der Stadt freute und an meinen Freunden, ist doch natürlich. Ich bin eine Städterin, das sagst Du selbst oft. Ich liebe die grossen Städte (und Wien scheint mir jetzt gross), die Ströme von fremden Menschen, die mich nichts angehn und die vorüberziehen wie Wolken – die Ströme von Automobilen, Trams, Autobussen, das Brausen, die Straßenzüge, die Paläste, Kirchen, Häuser. Ich liebe es, auf die Straße zu gehn, eiligen Schritts und mich dort sofort im Strom zu verlieren. Ich liebe es, allein in einem Café zu sitzen, zu rauchen, vor mich hinzuschauen, das Kommen und Gehen der anderen zu sehen. Vielleicht kommt auch jemand zu mir. Vielleicht rufe ich jemanden an – vielleicht telephoniert jemand – vielleicht – – –. Die Möglichkeiten sind es, die mich bezaubern. Ich denke ja so kurz: Denn wer kann anrufen – wer kommen? Und doch bezaubert mich die Möglichkeit mehr, als eine Wirklichkeit je hält!

Aber es ist, seit mir besser ist, ein richtiges Faulenzerleben, das ich führe, und das fängt an, mich zu bedrücken. Bisher war »Faulenzen« Pflicht, es führte zum Gesundwerden. Aber jetzt bin ich gesund, wenn auch noch sehr labil, und freue mich auf Arbeit, auf Pflichten, auf ein sinnvolles Leben. [...]

Deine Ninon

Wien, 5. Juni 1936

Lieber Hermann,

[...] Heute war ich zwei Stunden in der »Spanischen Reitschule« beim Training der Pferde, es war sehr, sehr schön. Natürlich nicht so schön wie die Aufführung, aber doch genug schön. Nachher holte mich Tutti im Auto ab, wir fuhren ins Belvedere, gingen im Park spazieren, dann ins »Österreichische Museum«, wo herrliche griechische Vasen sind. Dann holten wir Bermann ab, ich

lernte »den Verlag« kennen, sah das Papier für die »Stunden im Garten«[1] [...]. Es war sehr nett mit Tutti, und mit Bermann trank ich nach Tisch noch einen Mokka mit etwas Schlagobers im Café Rebhuhn, das bestellt man so: »Einen Einspänner mit Tupf«! Die Verlegergespräche waren trostlos – so etwas von Devisenwirrwarr, Kalkulations-, Manipulations-, Transportschwierigkeiten – sie können einem leid tun! Aber Bermann ist sympathisch, er hat so etwas Unverwüstliches; leuchtenden Auges erzählte er mir später, er dürfe heute in einem Mozart-Streichquintett die Zweite Bratsche spielen, er freue sich so! Wenn es geht, höre ich einmal Kammermusik bei ihnen, aber es ist sehr ungewiss, ob sie gerade in den nächsten Tagen eine haben.
Leb wohl für heute Vogel, nimm vorlieb mit dem kurzen Briefchen.

Kuss Ninon

1 »Stunden im Garten – Eine Idylle« erschien 1936 in Bermann Fischers Wiener Exil-Verlag. (Danach in teilweise illustrierten Einzelausgaben und in GD und GS, jeweils 5. Bd., S. 323 ff.) Hesse hat in diesem Hexameter-Gedicht, das er seiner Schwester Adele zum 60. Geburtstag widmete, ein Bild von Ninon gezeichnet, von dem sie alles andere als begeistert war: Sie teilt darin nicht nur mit Hesse »die Liebe zum Pflanzland«, sät und erntet im bukolischen Frieden seiner Gemüsebeete, sondern vertritt den profanen Alltag, ruft zum Essen, schickt ihn zum Haarschneiden. Ninon sendete dem im Oktober 1935 nach New York emigrierten Dolbin das Buch mit einem ironischen Kommentar.

Montagnola, 26. August 1936

Lieber Hermann!

[...] Gestern habe ich Dich auf dem Flug begleitet – ich hatte die Uhr und das Kursbuch in der Hand und sagte Emmy, die stöhnend auf dem Bett im Gastzimmer lag: Jetzt ist er nach Dübendorf abgefahren – jetzt ist er ins Flugzeug gestiegen – jetzt wird er gleich in Stuttgart sein – jetzt ist Pause, sie halten in Stuttgart – jetzt geht's wieder los – und so fort bis Hannover.[1] Ich war sehr froh, als Du ankamst! Morgen hoffe ich sehr, ein Kärtchen von Dir zu bekommen.

Hier war entsetzlich viel los – zum Beispiel: <u>Wer</u> sass gestern abend mitten auf dem Bibliothekstisch <u>auf</u> einer Kuchenschüssel? Eifrig fressend? Rätst Du es jemals? Nein! Denn Du wirst doch niemals glauben, dass es Dein »Freundchen«, »Brüderchen« usw. gewesen ist? »Waaaas?« schrie ich mit Donnerstimme, und »Freundchen« raste davon, ohne einen Klaps erwischt zu haben. Aber die Freundschaft zwischen uns ist natürlich sehr getrübt durch den »unseligen« Vorfall (wie ist ein seliger Vorfall?)

Vogel, es ist so merkwürdig ohne Dich – so entsetzlich! Ich glaube nicht, dass ich ohne Dich auf dieser Welt bleiben könnte. Aber auch so habe ich Mühe genug.

Emmy erschien gestern Mittag direkt aus dem Civico, Dr. Pedotti hatte den Ballen der rechten Hand aufgeschnitten und eine wahre Unmenge von Holz und Eisenspänen herausgezogen. [...]

Heute früh um sieben Uhr sassen Emmy und ich schon beim Frühstück – was sagst Du zu uns? Um acht Uhr sollte Emmy schon im Civico sein. Und wer führte uns im Auto hin und zurück? »Der Löwe!« wirst Du jetzt antworten – aber nein, es war die Frau Mardersteig[2]. Ist das nicht entzückend von ihr? Emmy hatte früh Cibalgin genommen und war sehr vergnügt. Während wir auf Dr. Pedotti warteten, erstickten wir fast vor Lachen. Dann kam Dr. Pedotti, schickte uns in einen leeren Saal, während er selbst daneben in einem bereits vollen zu arbeiten begann. »Das kann auch zwei Stunden dauern, bis wir drankommen!« sagte ich sorgenvoll. Da stiess Emmy einen Schrei aus – einen herrlichen Schrei wie im Theater – und wie ein Pfeil schoss der Assistent von nebenan zu uns herüber, und ein paar Minuten später Pedotti. Ohne den Schrei sässen wir vielleicht jetzt noch dort. Aber ich lachte so, dass es mich schüttelte, und wusste nicht, wo mich verstecken. [...]

Leb wohl, Vogel! Sei umarmt von Deiner Ninon

1 Am 25. August 1936 flog Hesse nach Hannover, um beim Grafen Wiser in Bad Eilsen seine Augen behandeln zu lassen und Peter Suhrkamp zu treffen.

2 Irmi Mardersteig geb. Krayer war die Partnerin von Buchgestalter Dr. jur. Giovanni Mardersteig (1892-1977), der in Montagnola 1922 die Privatpresse »Officina Bodoni« gegründet hatte und mit nachgegossenen Drucktypen der Original-Matrizen Giambattista Bodonis (1740-1813), des Buchdruckers und Stempelschneiders zu Parma, innerhalb von 50 Jahren 128 exklusiv ausgestattete Bücher druckte. Hesse würdigte diese Buchkunst in seinem Aufsatz: »Die Officina Bodoni in Montagnola«, in: »Die Welt der Bücher«, Frankfurt am Main 1977, S. 199 ff.

Montagnola, 28. August 1936

Liebster Vogel!

[...] Immer wenn ich auf die Uhr sah und dachte, was Du jetzt wohl machtest, blieb alles ungewiss, und auch der Raum um Dich war ganz nebelhaft. Jetzt sehe ich allerlei – das Zimmer im 4. Stock, in dem Du hoffentlich schlafen kannst – das Augenbad – den Grafen. Hoffentlich musst Du Dich mit Suhrkamp nicht ärgern! [...]

Wie fabelhaft, dass Du schon um 7 h in Eilsen warst! Phantastisch! (Aber warum pressiert's denn so?, würde ich jemandem andern als Dir dabei sagen!) Ach, ich würde nicht neun Stunden reisen (solange dauerte es bei Dir, alles in allem), wenn ich 23 Stunden reisen könnte, noch dazu um weniger Geld!!! Schon dieser Eisenbahngeruch – dafür gibt's doch keinen Ersatz!

Als Du fortfuhrst und dann Dziunia, dachte ich: Nun gut, jetzt werde ich einmal wirklich allein sein – allein im Hause, nicht auf Reisen wie sonst – und freute mich darauf. Aber da kam Emmy und tat mir wirklich furchtbar leid, weil sie so grosse Schmerzen leidet, und ich bin froh, sie etwas pflegen zu können. Bis heute war es hübsch mit ihr, heute aber machte sie mich sehr nervös, zum Glück aber habe ich heute einen guten Tag und kann was aushalten. Es gibt ja leider zwei Emmys, eine geliebte und von mir bewunderte – und eine hysterische. Heute ist nur die hysterische Emmy da, und wenn sie sieht, dass ich gelangweilt bin und kalt mit ihr spreche, dann ist sie wie hypnotisiert – spricht ganz unnatürlich und demütig, ich komme mir vor wie ein Men-

schenschlächter! Ich habe mich aber heute nur während der Mahlzeiten mit ihr beschäftigt und auch abends früh zurückgezogen – ich las ein wenig in der Bibliothek (ohne Löwe), und nun schreib ich Dir. [...]
Ich wollte, ich könnte in den nächsten Tagen ein paar Bücher »aufarbeiten«, die bei mir herumliegen, um Platz für Neues zu schaffen. Leider muss ich morgen Vormittag mit Emmy ins »Civico«, sie hat eine so grauenvolle Angst vor dem Klammern- und Fädenentfernen. [...] Ich gehe gerne mit ins »Civico« und unterhalte Emmy bis zur »Operation« – aber beim Fädenentfernen wolle ich nicht dabei sein, sagte ich ihr. Darauf verzweifelte sie und sagte, genau auf diese Minute komme es ihr an. Ich versprach endlich, ich wolle es versuchen. Ich komme mir vor wie ein sadistischer Voyeur – man muss die ganze Qual des andern mitansehn und hören – Emmy kann doch so entsetzlich kreischen und brüllen – und das alles, ohne zu helfen – sie behauptet ja nun allerdings, es helfe ihr. Also will ich es tun.
Mein Leben hier ohne Dich ist völlig sinnlos, aber ich will versuchen, ihm einen Sinn zu geben, auch wenn Emmy fort ist. Besucher werden mit Hohnlächeln weggeschickt, ich werde unendlich viel Zeit haben, und ich freue mich darauf. Besonders auf das Ununterbrochene – das hat man doch normalerweise sonst nur in der Nacht – die vielen Stunden, die ich mir mit dem füllen kann, was ich will.
Wenn nur die Zeitungen nicht wären! Ich lese sie nicht, aber ich habe ein schlechtes Gewissen, weil ich sie nicht lese, und eines Tages lese ich sie ja dann doch, und sie sind so aufregend. [...]
Aber liegt nicht alles an <u>mir</u>?, an meiner Unfähigkeit, mich mit den Realitäten auseinanderzusetzen? Ich träume mir die Menschen zurecht, wie sie mir passen oder gefallen, schreibe ihnen Briefe und bin unwillig erstaunt über die Wirklichkeiten. Wie billig ist das! Ich fühle so genau, was ich tun müsste: die Wirklichkeit verwandeln – statt dessen flüchte ich in einen Traum. Dieses Problem beschäftigt mich schon lange. Ich habe versucht, das aufzuschreiben, aber ich hatte nicht genug Musse – jetzt könnte ich sie haben, vielleicht kann ich etwas weiterschreiben,

das wäre so gut! Nicht dass »es« gut wäre – aber vielleicht wäre der Versuch dazu schon gut.
Der Löwe ist sehr traurig, dass Du fort bist – wenn wir ja auch wissen, dass er nicht uns meint mit seiner Liebe, sondern unsere »Eidola«, – er meint den Mann mit dem grossen Hut und dem Gärtnergewand, der am Morgen mit Korb und Hacken durchs Grundstück geht – die Frau, die langausgestreckt im Liegestuhl liegt und vorliest, ersetzbar beide durch beliebige andere Personen; das eben ist so schön an der Löwenliebe! Nein, er liebt nicht die zufälligen Individuen – er liebt »den Menschen«. Und er klagte heute sehr, als ich Erdbeeren pflückte, einen schönen Teller voll, – denke Vogel! – die Tür zum Atelier war verschlossen; wie sehnt er sich nach dem Schriftstellerstuhl – aber zur Jause bekam er Schokoladenkuchen und Erziehung.
(Waaaaaaas?!) [...]
Ich glaube so sehr an den Erfolg Deiner Kur und wünsche ihn so sehnsüchtig! Wenn Du nur jetzt ein ruhiges Zimmer hast und schlafen kannst! Im Simplizissimus stand ein schöner Witz: »Die Leute über mir waren bis spät in der Nacht von einer munteren Beweglichkeit, die mir die Ruhe raubte, so dass ich ein anderes Zimmer suchte. Als ich eins gefunden hatte und es mieten wollte, bemerkte ich im letzten Moment eine Brandmalerei über dem Bett mit folgender Inschrift: ›Der Herr über Dir schläft noch schlummert nicht‹, worauf ich auf das Zimmer verzichtete.«
»Ἔνθα δὲ κοιμήσαντο καὶ ὕπνου δῶρον ἕλοντο«[2], sagt Homer – die »Gabe des Schlafes« erhielten die Helden, und hoffentlich erhältst auch Du sie!

1 Am 1. September kam es in Bad Eilsen zu Hesses erster persönlicher Begegnung mit Peter Suhrkamp (1891-1959), der den Teil des in Deutschland verbliebenen S. Fischer Verlags treuhänderisch verwaltete, darunter auch Hesses Verlagsrechte. Suhrkamp war seit Januar 1933 Redakteur der »Neuen Rundschau« und gemeinsam mit Gottfried Bermann Fischer Verlagsleiter des S. Fischer Verlages. Als am 18. Dezember 1936 der in Deutschland verbliebene Teil des Verlags in eine Kommanditgesellschaft (Kommanditäre: Abs, Reemtsma, Ratjen) umgewandelt werden mußte, wurde Peter Suhrkamp persönlich haftender Gesellschafter. 1939 wurde

er infolge der »Arisierung« gezwungen, den Namen »S. Fischer Verlags KG« zu streichen und den Verlag in »Suhrkamp Verlag vormals S. Fischer« umzubenennen. Suhrkamp hat sich stets als Treuhänder angesehen, der den Verlag wieder in die Hände Bermann Fischers als des legitimen Nachfolgers zurückgeben wollte. Hesse hielt Suhrkamp, dessen Einsatz und politischen Widerstand er achtete, die Treue, als Bermann aus dem Exil zurückkehrte und den Verlag unter für Suhrkamp unannehmbaren Bedingungen wieder zurückforderte. Er und Ninon ermutigten und unterstützten Suhrkamp, am 1. Juli 1950 einen eigenen Verlag zu gründen. Dazu »Peter Suhrkamp – Hermann Hesse, Briefwechsel«, Frankfurt am Main 1969.

2 »Dann aber legten sie sich nieder und nahmen das Geschenk des Schlafes entgegen.«

Tiger und Löwe, die beiden Kater im Hesse-Haus, werden in Ninons Briefen häufig erwähnt. Sie sind auf Dutzenden von Photos zu sehen; sie räkeln sich auf Hesses Schreibtisch in seinen Manuskripten, werden von ihm liebevoll gekrault und dürfen auch bei Gästen anwesend sein. In Hesses Idylle »Stunden im Garten« heißt es: »Manchmal, wenn ich hier weile, halb müßig, halb fleißig, kommt lautlos / Durch die Dschungel des Gartens und Weinbergs Löwe gegangen, / Unser Kater, mein Freund, mein Brüderchen.«
Ninon oblag die Sorge für die Katzen, sie erledigte dies in dem ihr eigenen Pflichtbewußtsein und gab einmal vor einer Reise folgende – hier gekürzte – Anweisung für Kater Porphy: »Er bekommt wirklich und in der Tat vier Mahlzeiten [. . .] Das Wichtigste und Pünktlichste ist das Mittagessen. Da bekommt er Suppe, das liebt er, wenn's nicht gerade Tomatensuppe ist, und dazu rohe Lunge, die man regelmässig beim Metzger bestellt. [. . .] Das Zweitwichtigste ist ihm die Merenda: Brotstückchen mit Cenovis bestrichen und dazu lauwarme Milch (separat). Abends: Brot und Käse und Milch – und früh – da muss ich H. erst fragen, ob er die Milch wirklich trinkt oder ob er Brot kriegt. [. . .].« Tatsächlich frühstückte Hesse allein im Beisein seiner Katze. Da er in den Morgenstunden nach eigenen Worten »noch

Hermann und Ninon Hesse mit ihren Katern
vor der Veranda des Roten Hauses

kein Mensch« sei und weder bemerkt, noch gegrüsst, noch angesprochen werden wollte, hatte das Hausmädchen auf sein Klingelzeichen hin sein Frühstück in der Bibliothek zu servieren – ungesalzenen Haferschleim oder Grießsuppe – und der Katze einen Napf mit Milch dorthin zu stellen und dabei unsichtbar zu bleiben. Im Sicherheitsabstand von einigen Minuten betrat Hesse den Raum und beobachtete vom Tisch aus, während auch er aß, die Katze, die ihre Milch schleckte und auf deren Gesellschaft er nicht verzichtete.

Montagnola, 2. September 1936
Danke für Dein Kärtchen (Absender: Vogel Hesse!)
Gestern kam ich vor lauter Tüchtigkeit nicht zum Schreiben. Erstens war der erste, ich hatte allerlei Abrechnungen zu machen, zweitens hat es seit Deiner Abwesenheit nicht geregnet, und vom Tau halte ich nichts, mit vollem Recht. Ich entschloss mich also, den Garten zu giessen und zu spritzen, aber trotzdem ich um 4 h anfing, wurde ich natürlich lange nicht fertig damit. Natalina hat schon ein paar Mal unten im Gemüsegarten gegossen – meiner Ansicht nach giesst sie miserabel, denn sie macht die Beete bloss oberflächlich nass! – und sie war auch gestern da. Also spritzte ich alles, inclusive Sedano. Dann goss ich den ganzen Neuseeländer Spinat – der war selig! Dann noch die »Augenweiden« auf Deiner Steintreppe (ich meine, auf dem Weg zum Stall) und meine Blumen an der Quelle. [...]
Gestern haben wir Tomaten eingekocht, aber erst einen Teil, der Segen ist sehr gross. Auch »Flaumen« haben wir eingekocht. Es war ein Tag, ganz mit »Tüchtigkeit« erfüllt, ich hasse mich an solchen Tagen! Wenn kein Regen kommt, werde ich den Garten wieder giessen und spritzen, denn er hat es wirklich nötig.
Der Löwe hat natürlich wieder einmal eine wunderschöne Smaragdeidechse gefangen und getötet. Ich jagte ihm nach, aber vergebens. Er ist abends immer bei uns. Gestern war Vollmond – das kannst Du dort oben im Norden natürlich nicht ahnen – Gott weiss, wann Ihr dort oben Vollmond habt!!!! [...]

Montagnola, 4. September 1936
Liebster Vogel!
Heute fliegst Du vielleicht[1] – wie schade, dass ich es gar nicht weiss! Aber Du selbst erfährst ja erst im letzten Augenblick, wann Du entlassen wirst, ich begreife, dass ich es also nicht früher erfahren konnte. Und wie kann eine solche Heidin wie ich Dich auch beschützen!
Ich hoffe sehr, dass Du nach Köln gefahren bist und dort viele

Herrlichkeiten sehen wirst. Ich bin recht gespannt auf Deine nächste Nachricht. Du bringst das neue Brillenrezept mit, nicht wahr? [...] Ich bin froh, dass es Dir dort im Ganzen anständig ergangen ist, auch mit Suhrkamp. Hoffentlich hast Du eine gute Reise und sehr schöne Tage bei Adele!
Ich hatte es noch sehr schön mit Emmy, nur an einem Tag gab es ein paar hysterische Rückfälle, die ich aber durch rücksichtsloses Benehmen meinerseits zu coupieren wusste. Die Hand ist schön geheilt, aber natürlich hatte sie furchtbare Schmerzen, auch jetzt noch, es heisst nicht umsonst »Fingerspitzengefühl« – man ist unendlich empfindlich an den Händen. [...]
Ich war viel allein für mich – eigentlich sahen wir uns nur zu Mittag und am Abend. Es tat mir ausserordentlich gut, so viel für mich zu sein, ich kann das viele Sprechen schlecht vertragen (ich meine natürlich auch mein eigenes). Emmy sagte gestern beim Abschied sehr gerührt, wie schön es für sie war [...] und als Höchstes, das sie zu vergeben hatte, sagte sie, Hugo Ball hätte sich gewiss in mich verliebt, wenn er mich gekannt hätte – darauf war ich sehr stolz, und ich liess es gelten. [...]
Ich bedaure Dich, dass Du wegen der Augen so schlecht allein sein kannst – hoffentlich bist Du jetzt wieder ein gutes Stück weitergekommen – o Vogel, mögen die Brillen und der liebe gute Graf geholfen haben!
Emmy hatte an einem Tag in einem Zuge »Leviathan«[2] von Green gelesen – sie sprach herrlich darüber. Sie war erschüttert und begeistert. Auch über Rilke sprachen wir viel, und über Carossa, dessen »Kindheit«[3] sie mit Entzücken hier las.
Nun leb wohl Vogel, sei umarmt und geküsst von
Deiner Ninon
Grüsse die Eckenweiler, ganz besonders die liebe, geliebte Adele!

1 Hesse, der am 25. August 1936 von Zürich nach Hannover geflogen war, flog am 4. September über Stuttgart zurück, um dort seine Geschwister zu besuchen.
2 Julien Greens Roman »Leviathan« (1929, deutsche Ausgabe: Kiepenheuer, Berlin 1930) zeigt ebenso wie sein von Ninon besprochenes Buch

»Le Voyageur sur la terre« die Wirkmächtigkeit des Bösen: Guéret, der Protagonist, glaubt instinktiv zu erkennen, was ihm gewalttätige Frauen antun könnten, und genießt darum seine Haßliebe zu einem Waisenmädchen als einen apokalyptischen Gefühlszwang, der ihn zum Mord treibt.

3 Hans Carossa, »Eine Kindheit«, Autobiographischer Bericht, Leipzig 1922. Die Hinwendung zur Kindheit hatte für Carossa den Sinn, das Grundmuster seiner Erlebnisse zu erkennen: auf welche Weise gewann er als Kind das Vertrauen in den sicheren Gang der Welt?

Hermann und Ninon Hesse traten am 22. Oktober eine gemeinsame Rom-Reise an, doch zu Ninons Enttäuschung kehrte Hesse am nächsten Morgen nach einer schlaflosen Nacht von Parma aus wieder um. Sie blieb allein vom 22. Oktober bis zum 3. November 1936 in Rom.

Ansichtskarten: Vesta Tempel und Aquaedukt des Claudius auf der Via Appia nuova

Rom, 24. Oktober 1936

Lieber Hermann.

Ich kam gestern um 6 h nachmittags hier an und ging drei Stunden kreuz und quer auf Pensionssuche. Alles überfüllt, und was frei war: entsetzlich. [...]

Hoffentlich bist du ohne Zwischenfälle gereist und gut angekommen.

Meine Reise war sehr schön. Doch kam ich sehr erschöpft und deprimiert hier an.

Ich kann noch nicht gut schreiben, wollte Dir jedoch ein Lebenszeichen geben!

Ninon

Ansichtskarte: Tivoli, Villa d'Este

Rom, 29. Oktober 1936

[...] Am Dienstag war ich in Tivoli, zuerst in der Villa Adriana, dann in der Villa d'Este. Es war unbeschreiblich schön. Ich führe mein gewöhnliches, römisches Leben, sehne mich danach, einen Tag nichts zu sehen und alles festzuhalten, und habe nicht die Ruhe dazu. Es ist so unendlich viel (ich spreche nur von der Antike), und ich bewege mich aus einem Museum überhaupt nur heraus, wenn ich mir fest verspreche, noch einmal zu kommen [...]. Hier sollte man einen Winter lang sein dürfen (wie Rilke es durfte) – so ist alles Sehen schon ein Abschiednehmen. [...]

1937

Ninon erhielt am 16. Januar 1937 von Hesse die Korrekturfahnen des Bandes »Neue Gedichte«, dazu den Hausbrief: »An die Arbeit, Frau Schriftstellersgattin! Hier gibt es Korrekturen zu lesen.« Schon im Dezember 1936 hatte er ihr, die auch an einer Auswahl seiner Gedichte beteiligt gewesen war, das von ihm durchgesehene, druckfertige Manuskript mit einem Hausbrief zugeschickt: »Sieh es noch ein klein wenig durch, ob Dir etwas auffällt, was ich übersah. Titel steht noch nicht fest. ›Neue Gedichte‹ klingt nicht gut, wäre aber der Sachlichkeit wegen gut. Einige mit Fragezeichen versehene Gedichte sollten vielleicht wegbleiben.« Ninon wurde von nun an stärker zur Mitarbeit bei Herausgaben, Auswahl und Korrekturen herangezogen. Hesse legte Wert auf ihr Urteil, das bezeugen viele Hausbriefe. So hatte er ihr z. B. am 13. November 1930 geschrieben: »Liebes Minkalorum. Heute hatte ich einmal Lust, kurz auf das zu antworten, was mir an den vielen Leserbriefen über Goldmund nicht gefällt. Falls die Antwort Dir ungefähr das Wesentliche zu sagen scheint, sei so gut und schreibe sie ab, wir können sie einmal wie-

»Roccolo für Ninon«, Zeichnung von Hermann Hesse.

der brauchen. Womöglich mit einigen Durchschlägen. H.« Am 24. August 1939 schrieb er ihr: »Heut Nacht hab ich etwas aufgeschrieben, weiß aber nicht ob es irgend etwas taugt. Sieh es Dir einmal an.«

Hausbrief

25. Januar 1937

Hermann, ich bin selig über den ersten Schnee – nun hab ich vielleicht meine »Ruhe«! Und ich kann jetzt Pindar[1] besser übersetzen als zuvor – etwas Fortschritte habe ich doch gemacht, trotz hohem Alter.

1 Pindar (um 518- nach 446 v. Chr.), griechischer Dichter, verfaßte Chorlieder, die in Vers, Musik und Tanzrhythmen eine Einheit bildeten. Ninon, der Pindars archaisch-aristokratische Grundhaltung zusagte, las und übersetzte seine Siegesgesänge (Epinikia), die er – mit mythischen Einsprengseln und hymnischer Ehrerbietung für Götter und Heroen – für die Preisträger bei Wettkämpfen verfaßt hatte.

Hausbrief

12. März 1937, 10 Uhr abends

O lieber, guter Vogel,

ich danke Dir so! Jetzt eben hab ich Dein schönes liebes Geschenk gefunden, wie soll ich Dir danken? Indem ich »gut« bin und – wie noch? »Ruhig und glücklich«? Wie macht man das? Ich muss den Löwen fragen, der wird es wissen, ich habe es ihn ja gelehrt.

Wie gut, dass ich heute so früh schlafen gehen wollte (jetzt sitze ich am Schreibtisch), aber nun stürze ich mich ins Bett und Buch, und wenn Du mir noch Gute Nacht sagen willst, dann komme, bis 12 h bin ich gewiss noch wach! Aber wenn Du nicht noch reden magst, dann natürlich nicht, dann sage ich Dir morgen noch einmal Dank!

Deine Ninon

Ninon reiste vom 14. April bis zum 19. Mai 1937 nach Griechenland. Sie blieb zwei Wochen in Athen, machte dann eine Rundreise über Delphi auf die Peloponnes und eine Inselfahrt nach Mykonos, Delos, Tinos.

15. April 1937
M/n Filippo Grimani

Lieber Vogel,

das Schiff ist keineswegs ein »Ozeanriese«, sondern ein kleines Schiffchen (5000 T.), wie ich es mir vorstellte! Das obere Verdeck, auf dem man in Liegestühlen liegt, ist ungefähr so gross wie un-

sere Bibliothek. Das Meer hält sich für »spiegelglatt«, aber es schaukelt ziemlich. [...] Ich habe mir das Adriatische Meer viel schmäler vorgestellt – wir fahren mittendurch, und von Küste keine Spur! Es ist herrlich – ich reise nurmehr zur See!
Bei Tisch sitze ich mit einem Ehepaar, nette, ältere Leute, die nach Rhodos fahren. Und wer ist der Mann? Archäologe! Er kennt Furtwängler und Löwy, Praschniker hat bei ihm promoviert. Er liebt Dosso Dossi, verteidigte Tintoretto gegen meine Angriffe, arbeitet oft im Museo Papa Giulio und fährt jetzt einer Arbeit wegen nach Rhodos. Es war bloss »Konversation«, aber für mich war es herrlich, von diesen Dingen zu reden; im Sprechen, im Hören werden sie mir gegenwärtig und lebendig. Unsere Namen haben wir einander nicht gesagt. Seine Frau ist reizend. Rhodos sei herrlich, sagte sie, und ein Hotel gäbe es dort, »Des Roses«, das sei ganz abseits und gewiss vollkommen ruhig. (Ich suche immer ein Hotel für Dich!)

abends ½ 8 Uhr
Am Nachmittag sah man plötzlich die Küste, im Westen. Wir fuhren am »Sporn« des Stiefels vorüber, Mons Garganus, und an einer entzückenden Stadt, dem alten Aquaenestae. Ich ging auf dem Schiff spazieren, las Pausanias[1] döste, sah (am allermeisten) hinaus. Und welche Ordnung bei der Sonne und den vier Weltgegenden! Vorn, wohin wir fahren, ist Süden, hinten Norden; tadellos und wie es sich gehört, ging die Sonne im Westen unter, und ich sah wieder klar, was für ein intellektuelles Vorurteil es ist, anzunehmen, die Erde drehe sich um die Sonne! Auch Phidias[2] hat es nie geglaubt! Sonst tauchten die Pferde des Helios[3] nicht auf und ab, und ebenso die der Selene[4] auf dem Parthenongiebel.
Der Herr ist Ägyptologe und klass. Archäologe in München, Buschor hat bei ihm promoviert[5]. Wir haben uns »alles« gesagt über Roscher, Preller, Robert, Löwy, Dvorak, Strzygowski, Riegl[6]; seine Frau kennt Annette Kolb, aber sie findet sie, wie man in München sagt, »etwas g'schupft«. Aber sie lässt sie herzlich grüssen, wenn ich sie einmal wieder sehe. [...]

Seit 9 h liegen wir in Bari und verladen, das wird bis 4 h früh gehen. Mir fehlen das Füchschen und der Hesiod. [...] Das einzig unangenehme ist der Motor. Ein fast unerträglicher Lärm, <u>überall</u> auf dem Schiff, an den ich mich nicht gewöhnen kann. Ich fragte den Professor, ob er glaube, dass Poseidon[7] Oropax benütze, um sich vor dem Lärm zu schützen. Er lächelte etwas überrascht.

1 Pausanias' Beschreibung Griechenlands war Ninons wichtigste Quelle. Der griechische Schriftsteller aus Magnesia in Kleinasien hatte Griechenland, Syrien, Ägypten, Lybien und Italien bereist und zwischen 160-180 n.Chr. seine Schilderungen verfaßt, die mehr auf antiken Schriftquellen beruhten als auf eigenen Besichtigungen, dennoch überlieferte er ein unschätzbares Wissen über Mythen, Kunst- und Religionsgeschichte Griechenlands.

2 Da Phidias (s. S. 330) im Auftrag des Perikles (nach 500-429 v.Chr.) die Bauten und Bildhauerarbeiten auf der Akropolis leitete, bestimmte er auch das Dekorationsprogramm für Metopen und Giebel des Parthenon.

3 Helios, der griechische Sonnengott, fährt nach dem Mythos auf einem von vier schnellfüßigen und feuerschnaubenden Flügelrossen gezogenen Wagen über den Himmel. Nachts weilt er im Westen und kehrt über das Meer zum Land des Sonnenaufgangs zurück.

4 Selene (griech. selas = Licht, Glanz), ist als Mondgöttin die Schwester und Gemahlin des Helios und fährt über den Himmel in von zwei Pferden oder Rindern gezogenem Wagen. Oft stellte man sie mit einer Mondsichel dar, um die Gestaltveränderung der Göttin (Mondphasen) anzudeuten.

5 Die Angabe kann zeitlich nicht stimmen, die Reise fand 1937 statt; Ernst Buschor promovierte 1912 bei Paul Heinrich August Wolters, Archäologie († 1936), Koreferenten waren Dr. Robert Ritter von Pöhlmann, alte Geschichte († 1914) und Dr. Otto Crusius, klass. Philologie († 1918).

6 Eine Aufzählung jener Archäologen und Kunsthistoriker, deren Vorlesungen Ninon während ihres Studiums gehört oder deren Werke sie gelesen hatte.

7 Poseidon: griechischer Gott des Meeres. Der »Erderschütterer« übt seine Herrschaft mit dem Dreizack aus, spaltet Felsen und wühlt das Meer auf, dessen Oberfläche er auch beruhigen kann.

Ansichtskarte: Brindisi, Säulen an der Via Appia

Brindisi, 16. April ½ 12 h vormittags
Ich habe Brindisi gesehen, die Säulen, die das Ende der Via Appia antica[1] anzeigen, das Haus, in dem Vergil[2] auf der Rückreise von Griechenland starb. Ein entzückendes byzantinisches Portal von S. Benedetto, Kreuzgang. Die Schuhe protestieren leise; aber sie sind ja neu. Morgen um 3 h Piraeus! Ich telegraphierte ans Hotel. Das Telegramm geht über Rom, Jugoslawien nach Athen! Schöner Weg! Addio Vogel. Glaubst Du, dass ich morgen in Griechenland bin? Ich kann es nicht glauben.

Deine Ninon

1 Via Appia, von Zensor Appius Claudius Caecus 312 v.Chr. angelegte Militär- und Handelsstraße von Rom bis Capua, später bis Brundisium (Brindisi) weitergebaut.
2 Publius Vergilius Maro (70 v.Chr.-19 v.Chr.) starb auf der Rückreise von Griechenland in Brundisium. Durch die »Äneis« (begonnen 29 v.Chr.) hatte er dem römischen Volk ein Epos verschafft, das dessen sittliche und weltgeschichtliche Sendung aus dem Trojanischen Krieg herleitet: Äneas, ein trojanischer Held, sei nach dem Sieg der Griechen aus Troja geflohen, nach wechselvoller Fahrt mit seinen Gefährten in Latium angekommen und Ahnherr der Römer geworden. Gegen den Wunsch des todkranken Dichters ließ Kaiser Augustus die »Äneis« als Grundlage seines Machtanspruchs veröffentlichen.

Athen, 20./21. April 1937
Vogel,
eine Ewigkeit habe ich Dir nicht geschrieben! Jetzt ist es ½ 1 Uhr nachts, und ich sollte schlafen, aber es ist so schade um die Zeit. Man möchte hier nie schlafen; ich sollte jetzt z.B. »Antigone«[1] griechisch lesen und einiges andere und morgen zeitig frühaufstehn, denn das Museum ist nur von 8 – 1,30 h offen. Aber ich lese nicht, sondern liege jetzt im Bett und schreibe Dir.
Heute war ein ganz herrlicher Tag – himmlisch war es, schlicht gesagt. O wärst Du hier! wie würdest Du es sagen! Ich habe mir

Mühe gegeben, ich habe es notiert, aber es ist nicht sichtbar, was ich beschreibe. [...]
Es war wunderbar, auf Aegina[2] zuzufahren; auf halber Fahrt sah man den Aphaiatempel als weissen Punkt oben auf einem Berg über Kiefernwald. Man fuhr zwei Stunden, um ½ 12 h stiegen wir aus; ca. 20 Eseltreiber bestürmten uns. [...] Ich wäre gern geritten, weil ich Esel so liebe, aber meine Füsse heulten geradezu vor Lust zu gehen, ich konnte es ihnen nicht antun, sich tragen zu lassen.
Hermann – – Du kannst, nein Du kannst Dir nicht vorstellen, wie himmlisch es war! Dieses Land – diese Erde! Wunderbare gelbe Ockerfarbe hatte die Erde soweit sie unter den Steinen durchschimmerte. Steinmauern waren die Abgrenzungen zwischen den Äckern, viele lagen brach. Am Strand waren einige Roggenfelder, spärlich, dünn, es ist ein so karges, steiniges Land. Später kamen Weingärten: kurze dicke Rebenstämme, aus denen junge Zweige spriessen – keine Stäbe, keine Ranken, nichts aufgebunden. Wir gingen vom Meer weg in nordöstlicher Richtung. Die Eselkarawane mit uns. Ich ging selig neben den Eselchen. Schliesslich mietete ich einen für Lunch- und Baedeker-Tragen – um 25 Drachmen (d. i. 1 Frcs). Das Mädchen, das auf ihm ritt, wurde meine zärtliche Hüterin, nannte mir alle Blumennamen auf neugriechisch, es war so schön, hinter ihr zu gehen. [...] Wir stiegen auf gewundenem, steinigem Pfad. Die Mohnblumen leuchteten wie Blutstropfen – der Boden war bedeckt mit niedrigem Gesträuch: Wacholder, etwas, was wie zwischen Lavendel und Thymian aussah und roch, silbergrau; Pimpernell, Preiselbeeren, Camillen, Disteln, eine Art noch stachligerer Wacholder, junge Kieferchen und in Massen eine Art Alpenrosen. [...]
Das letzte Drittel des Weges war Kiefernwald. Es gab ein zartes, fast durchsichtiges Grau von Schatten in den Zweigen, ein strahlendes, junges Goldgelb zwischen dem Grün. Und dies alles – die Windungen des Wegs, die Düfte, die weiten Blicke, das Wissen um das Meer, auch wenn es zeitweise verschwand, das Zuschreiten auf den Tempel – das gab ein Glück, eine Lust, ein Er-

fülltsein, es sprengte einen fast. Es war Griechenland. Der Fuss erfühlte es und alle Sinne. Ich war da – welches Glück! Und wie unvorstellbar war es gewesen. Und hatte ich nicht gedacht, die Meerfahrt sei nicht zu übertreffen gewesen? Aber wie geht uns doch am meisten die Erde an! Und ist Poseidon nicht der »Erderschütterer«, und Zeus, der Himmelsgott, auch der Gott der Irdischen?

Aigina war eine Geliebte von Zeus und gebar ihm den Aiakos, der mit Minos und Radamanthys Richter in der Unterwelt wurde. Aigina aber bekam die Insel als Geschenk von Zeus. Ihr Vater war ein Flussgott, Asopos. Und der Sohn des Aiakos war Peleus[3], für den ich mich so sehr interessiere.

Es ist spät, aber ich kann mich nicht von dem Erinnern im Schreiben trennen. Vom Tempel sind nur Ruinen da, immerhin die Fundamente und 20 Säulen stehen, zum Teil mit Gebälk. Die Altäre und ein Propylaion vor der Ostfront sind schön erhalten. Von allen Seiten sieht man auf das Meer. Gegenüber der Nordseite ist eine Kiefer – wie eine Weltkugel auf einem leidenschaftlich geschwungenen Stamm. Unterwegs sahen wir viele geschlitzte Rinden, aus denen Harz: ῥεζίνα[4] tropfte.

Man blieb zwei Stunden oben. Auf dem Rückweg pflückte ich einen wunderschönen Strauss für Anni[5]. Er duftete wie der Weg.
[...]
Gestern ging ich gegen vier Uhr auf die Akropolis, sah aber unten ein gewaltiges Aufgebot an Militär und Ströme von Menschen! Nur wer Einladungskarten hatte, durfte hinauf. Spasseshalber zückte ich meine Museumsfreikarte und wurde von Salutierenden unter die »Eingeladenen gereiht«. Junge Athenerinnen führten einen Tanz im Parthenon vor, zu dem ein langweiliger altgriechischer Prolog gesprochen wurde, und ein Gong ertönte, nach dessen Klängen die wunderschönen Mädchen in weissen dorischen Gewändern mit Blumen im Arm zwischen den Säulen der Westfront vorbeizogen. Der König war auch da – und ich mittendrin!!! [...]

Vogel, über das Museum kann ich jetzt nicht schreiben. Es ist zum Wahnsinnigwerden! Sechs Säle attische Grabreliefs. Ein

Saal weissgrundige Lekythen. Und der erste, der archaische Saal!! Genug, es ist ½ 2 Uhr. Ich kann vor Glück nicht schlafen.
 Kuss von Deiner Ninon

Anni und ich sprechen oft über Hölderlin – da er nie da war! Wundervoll ist alles in seinem »Hyperion« beschrieben. – Anni bewundert meine Leistungsfähigkeit!

Noch ein P. S.: Es gibt Leute, die sagen, in Sizilien sei »mehr Griechenland« als in Griechenland selbst! Was für Trottel! Es ist eine ganz andere Welt. Ich bin froh, dass ich wie zur Vorbereitung eher dort war als hier.

1 Antigone, im griech. Mythos die Tochter des Ödipus, mißachtet das Verbot des Herrschers Kreon, die Leichen der gefallenen Feinde – darunter auch die ihres Bruders Polyneikos – zu bestatten. Von Kreon zur Strafe lebendig eingemauert, tötet sie sich. In Sophokles' Tragödie (441 v. Chr.) steht Antigone gegen staatliche Macht für das ungeschriebene Gesetz der Menschlichkeit.
2 Aegina, Insel im Saronischen Golf mit einem 530 m hoch aufragenden Gestein, wurde vom Aphaiatempel gekrönt, der einer ursprünglich wohl aus Kreta stammenden, strandbeherrschenden Berg- und Seegöttin geweiht war.
3 Was Ninon an Peleus interessiert, ist der vorhellenische Sagenkern: Der Ringkampf des Helden mit der Nereide Thetis und die Geburt des gemeinsamen Sohnes Achilleus. Bei der Vermählung von Peleus und Thetis – von Erde und Meer – sind alle olympischen Götter anwesend; das verleiht diesem Vorgang eine hohe sagengeschichtliche Bedeutung.
4 Rezina
5 Anni Carlsson geb. Rebenwurzel (* 1911) ist eine mit dem Ehepaar Hesse befreundete Philologin, die mit Ninon auf dieser Griechenlandreise gemeinsame Ausflüge unternahm. Sie schrieb u.a. 1947 zur 2. Auflage von Hugo Balls Hesse-Biographie von 1927 eine Ergänzung. 1968 edierte sie den Briefwechsel Hermann Hesses mit Thomas Mann.

Athen, 29. April 1937
Lieber Hermann!
Ich schreibe in Eile, es ist mein letzter Tag in Athen, und das ist so traurig: »Wie ist die Zeit vertan!« Es kommt mir vor, als hätte ich <u>nichts</u> gesehen, und nun muss ich also fort. [. . .]

Morgen Nacht reise ich nach Delos (mein Traum!), d. h. nach Mykonos (12 Stunden) und von da mit einem Motorboot nach Delos, wo ich die Feiertage verbringe. Am 1. ist Ostersonntag, morgen schon ist alles hier geschlossen. Anni fährt nach Chalkis und Eretrea (Euböa), und am Montag treffen wir uns in Athen und reisen nach Mykenae, Nauplia, Argos, Tiryns, Epidaurus, was vier Tage dauern wird. Am Freitag, dem 7. Mai reisen wir den ganzen Tag nach Olympia, am 8. und 9. (Jahrestag meiner Operation) werden wir in Olympia sein, am 10. von früh bis abends (12 Stunden) nach Athen fahren. Am 11. früh reise ich im Autobus nach Delphi und bleibe dort bis zum 14. Mai, nachmittags bin ich wieder in Athen, am 15. Mai um 3 h geht die »Rodi« ab, nach Venedig. Wenn Du Dir auf einem Kalender das alles notierst, kannst Du in Gedanken hie und da bei mir sein!
Addio Vogel, sei geküsst von   Deiner Ninon.

An Bord des Φρίντον, 30. April 1937
Liebster Hermann,
[...] Vogel, es ist der 2. Athener Brief, den Du erhalten hast, [...] der erste scheint verloren gegangen zu sein. [...] Ich habe daraufhin keine langen Briefe mehr geschrieben, nur Karten – und das fiel mir so schwer! Ich bin so gewohnt, Dir alles von der Reise zu berichten – plötzlich war mir das gleichsam verwehrt! Aber da Du den Aegina-Brief erhalten hast, wage ich es heute wieder. Und dann hab ich auch bequem Zeit. Ich sitze auf einem unbequemen Stuhl an Deck, leider ist alles geschlossen, denn es regnet zu Schirmchens Freude, das auf diese Weise nach Delos mitfahren darf.
Ich fahre nach Delos, Vogel, <u>es ist wahr</u>. Es gibt aber Dinge, die man nicht glauben kann, auch wenn man sie erlebt. [...]
Heute ist παρατκενῷ μεγάλῳ[1] d. i. Karfreitag, und alle Museen etc. sind zu. Ich hatte mir vorgenommen, vernünftig zu sein und den Tag zu ruhigem Packen zu verwenden (einen Peloponnes-Koffer, einen für Delos, den Rest in Athen zu lassen bis zum 15.)

und zum Ausruhen. Aber das ist mir nicht beschieden, d.h. im Grunde <u>will ich es eben nicht.</u> [...]
Es gibt Wahnsinnige, die sagen, in Sizilien sei »mehr« – ich begreife nicht, wie man so töricht sein kann! Hier sind die Tempel <u>gewachsen,</u> nach Sizilien sind sie verpflanzt – hier sind die Götter zu Hause, hier hat dieses tapfere, kleine, wunderbare Volk der Griechen vor 2 500 Jahren gekämpft, gelebt, gelitten, hier haben sie geliebt, hier liegen sie begraben – – und alles das sieht man in den Statuen und Tempeln, auf den Grabstelen und Votivreliefs, Vasenbildern, Weihgeschenken. Gestern auf dem Wege zum Parnes (nicht Parnass!) stand man ein paar Mal still und sah in die Landschaft: Man sah Marathon, Aegina und Salamis; die Marmorbrüche des Pentelikon schimmerten wie Perlmutter, der Hymettos stand klar gegen den Himmel. Marathon und Salamis – das hat mich so ergriffen, Bewunderung erfüllte mich für dieses tapfere winzige Volk. Und wieder schien mir, dass ich die Statuen besser begriffe – wie weit weg von edler Einfalt, stiller Grösse sind sie. Sie sind das Resultat gewaltiger Spannungen, gebändigter Kräfte, Wünsche, Sehnsüchte. Ich will nicht in Abstraktionen verfallen (oh teuflisches Klavier! Wenn Apollo das hörte!), und ich sehe jede Statue, jedes Relief klein und gross, damit meine ich »genau« und »detailmässig« – aber auch distanziert. Und manchmal gönne ich mir, »nur« hingerissen zu sein, und nichts als Brunnen, in dem sich etwas spiegelt.
Es ist mir wieder unendlich viel »klar« geworden, ich weiss, dass das nur oberflächliche Klarheiten sind, aber hie und da reisst eben doch ein Schleier und man sieht etwas:
Die Abschiede: Es sind fünf Säle attischer Grabreliefs! Ich kannte sie gut, im November in der Zentralbibliothek in Zürich habe ich sie alle durchgenommen. Aber sie zu sehen, ist etwas ganz anderes. Und dass der Tote sitzt, die Lebenden stehen, was ich bisher immer als Faktum oder Tradition nahm, scheint mir pötzlich neu. Der, der stirbt, ist der Verharrende, er <u>bleibt,</u> er wird von etwas aufgenommen – die Lebenden gehen vorüber. Nicht der Tote geht von uns – wir sind von ihm fortgegangen.
Der Abschied vom Museum war sehr, sehr schwer. Ich ging noch

einmal durch alle Räume (zwei Stunden lang). Ich sah die Dinge an, wie die Menschen auf den Stelen einander ansehen – möchten sie doch in mir weiterleben!
Es gibt Leute, die wehmütig sagen: Wo sind die Menschen, die aussahen wie die griechischen Statuen?! Hat es sie überhaupt gegeben? Vogel – ich sehe alle! Ich habe jonische Koren gesehen, dass ich fast aufschrie vor Entzücken, und attische Mischtypen, »Kuroi«[2], Ägineten, argivische Köpfe, sogar den »Kalbträger«[3] hab ich neulich gesehen (ohne Kalb). Und vorgestern oder vor drei Tagen, als Anni und ich in Kolonos standen und den Eumenidenhain[4] rekonstruierten, kam ein Mann vorbei, der das Kalb so trug wie der »Moschophoros«!
Wie die Tiere in der Landschaft stehen – ich sah heute mehrmals Schafherden im Schatten eines Ölbaums – das war so herrlich, so »ewig« – die Weite der Landschaft, der ungeheure Himmel, Weinäcker und Ölbäume dazwischen, jeder Baum einsam und schön wie ein Mensch, Ziegen in vertrockneten Flussbetten, Kiefern mit ungeheuren gewölbten Dächern – und der Boden! Steinig, dazwischen braunrot, und wo er gewölbt ist (also kein Ackerland) ganz dicht mit Wacholder, Disteln, Preiselbeeren und einer Art Alpenrosen bewachsen, aber nie ist dieses Bewachsensein ein ineinander verfliessendes; rund und gewölbt, Kuppelchen um Kuppelchen reihen sich die niedrigen Sträuchlein aneinander, manche goldgrün funkelnd, Steine dazwischen – und sie sind ein Abbild der grossen Landschaft, der gewölbten Hügelzüge mit Felsen und Steinen und den Ölbäumen und Kiefern dazwischen. Es ist nicht süss und lieblich, es ist ganz anders als Italien – es ist hart und karg und erschliesst sich, bietet sich nicht an! Es ist so sehr mein Traum wie meine Ahnung, nein, es übertrifft ihn und erfüllt ihn zugleich, so dass ich immer gläubig und ungläubig zugleich schaue und denke: Kann es denn so sein?

Gute Nacht Vogel!   Ich Glückliche!

1 Tag der großen Vorbereitung.
2 Koren und Kuroi: Mädchen und Jünglinge.
3 Moschophoros (Kalbträger): Archaische Marmorstatue eines Stifters mit

seiner Opfergabe, einem Kalb, das er über den Schultern trägt. Die Weihgabe wurde 1864 auf der Athener Akropolis gefunden und auf ca. 570 v. Chr. datiert.

4 Eumenidenhain rekonstruieren: Ninon versuchte, sich die Kultstätte der »Wohlgesinnten«, d. h. der durch Opfergaben besänftigten Erinnyen (Rachegöttinnen), im Urzustand vorzustellen. Es war ihre eigentümliche Begabung, nicht nur den vor Augen liegenden Bestand zu erfassen, sondern durch ihn »hindurchzusehen«, um sich frühere Entwicklungsstufen zu vergegenwärtigen. Sie übte dieses »Schichten-Sehen«, das sie auch »polyphones Sehen« nannte, um in zeitübergreifender Betrachtung »Geschichte« zu verstehen.

Athen, 4. Mai 1937

Lieber Hermann!

[...] Die Nacht war greulich, aber das macht nichts. Solche himmlischen Tage wie die in Delos müssen abgebüsst werden, aber was ist alle »Busse« gegen die erlebte Herrlichkeit. Aber ich muss Dir von der Nacht erzählen, oder vielmehr von dem letzten Tag.

In Delos gibt es ein entzückendes – »Hotel« kann man es eigentlich nicht nennen – ein vom Fremdenverkehrsverein gebautes Häuschen, in dem man wohnen und essen kann. Sehr, sehr rein, fliessendes kaltes Wasser, Kerzenbeleuchtung und nur Hammelfleisch! Aber das Brot, der Honig! Fische, soviel man will, Käse aus Finnland (hyperboreischen Käse nannte ich ihn), Rosen, Lilien, Nelken auf dem Tisch, der Blick aufs Meer, ein wunderschöner junger Grieche bediente, mit zusammengewachsenen Augenbrauen, gebogener Nase und schönen Zähnen! Ich kam gleichzeitig mit einem Herrn an, vier Personen waren schon da, Franzosen, junge, vergnügte Menschen. Wir sassen an drei Tischen, und Delos war »unser«.

Aber ich will Dir jetzt nicht von Delos erzählen (oder nur wenig), sondern vom »äusseren Leben«. Wir lernten einander kennen, die Franzosen machten meine Dolmetscher in Neugriechisch, der Herr war ein Philologe aus Deutschland, der jetzt in Athen lebt, Dr. Helmuth von den Steinen[1]. [...]

Die Franzosen hatten die Motorbarke für sich gemietet, Dr. von den Steinen und ich schlossen uns ihnen an, so hatte man zwei Stunden länger in Delos, und die Fahrt nach Tynos war wie auf einer eigenen Yacht. Sie dauerte zwei Stunden und war himmlisch. Das Meer glatt und blau, alle Inseln sichtbar, Naxos hinter Delos, Paros westlich davon – es war traumhaft schön. In Tynos mietete Dr. v. d. St. einen Führer, und wir rasten zu einem entlegenen Tempel des Poseidon[2] und der Amphitrite[3], eine Stunde hin und zurück. Dr. v. d. St. ist auch Schriftsteller, befasst sich hauptsächlich mit Sagen. Du kannst Dir vorstellen, was das für mich bedeutete!
Solange war der Tag schön und gut. In Tynos sassen wir im Kafenion, eine grosse Familie, sahen eine Hochzeit, Kindtaufe und eine Leiche (sie werden hier offen vorbeigetragen!), und dann kam das Schiff und war so überfüllt, dass uns angst und bange wurde. Von meinem [Anmelde-]Telegramm war keine Rede! Von Samos an sei es überfüllt gewesen, erklärte man mir achselzuckend. Und so verbrachten wir die Nacht in einem niedrigen grossen »Salon«, ca. 45 Personen auf schmalen Sitzbänken, einer über dem Klavier »zusammengebrochen«, einige auf Tischen liegend. Eine Luft! Vielleicht 40° Hitze! Die Kleider klebten am Körper. Es war scheusslich. Und ich wusste: In Athen ankommen, umpacken und nach Mykene fahren, mit »frischem« Kopf – das war mein morgiges, d. h. heutiges Programm.
Vorher aber hielt das Schiff zwei Stunden in Syra, auch eine Kykladeninsel. Da stiegen wir aus, immer zu sechst, gingen »dîner«, ich konnte nichts essen, alles Fleisch war Hammel und der Käse von Schaf oder Ziege. Aber das machte nichts. Das Schiff leuchtete vor uns im Hafen, und es gab einen Fackelzug und Feuerwerk, weil Königs Geburtstag war ausser Ostermontag – und wir sprachen französisch, neugriechisch und deutsch und lachten, waren schrecklich vergnügt – bis wir uns um 10 Uhr wieder ans Schiff rudern liessen und die hässliche Nacht begann.
[…]

1 Helmut von den Steinen († 1956), dem Gestalt und Werk Stefan Georges wegweisend wurden, lebte, als Ninon ihn kennenlernte, in Athen (bis 1941), als Autor und zeitweise als Sprachlehrer. 1930 waren in einer von ihm gestalteten doppelsprachigen bibliophilen Ausgabe der Mainzer Presse Hesiods »Werke und Tage« erschienen. Ninon, beeindruckt von seiner Kenntnis der griechischen Mythologie, plante mit ihm eine Rundreise durch Böotien. H. v. d. Steinen war der erste, der aufgrund eines homophilen Gleichklangs die Gedichte des neugriechischen Dichters Kavafis kongenial übertrug (Suhrkamp 1953). Aufsehen erregte auch seine Übersetzung des kretischen Romanciers Kazantzakis (Herbig 1954). Zu Leben und Werk: In memoriam, Castrum Peregrini-Presse, Amsterdam, Heft 38, 1959.
2 Poseidon wurde Gott des Meeres, als er und seine Brüder Zeus und Hades den Kosmos unter sich aufteilten. Er gilt im griechischen Mythos als mächtiger »Erderschütterer«.
3 Amphitrite, Meeresgöttin, Gattin des Poseidon, nur in Kultgemeinschaft mit ihm verehrt.

Ansichtskarte: Olympia, Heratempel

Olympia, 9. Mai 1937

Liebster Hermann!

[...] Ich war in Mykenae und beim Heratempel in Argos[1] – es war unbeschreiblich herrlich. Das grosse Erlebnis dieser Reise ist nicht so sehr die Kunst (denn von der hatte ich eine Ahnung) wie die Landschaft! Ich bin auch in Arkadien gewesen – ich war aufgelöst vor Entzücken. Überall blühte der Oleander ganz wild – blühende Ölbäume, Eukalyptushaine – die Berge, die Flussbetten (fast nie Wasser darin!) Feigen, Wein, Herden und Hirten – das herrlichste die plastische Form der Hänge, Matten, Berge. Wenn das Lebendige daran abfiele, bliebe ein Kristall zurück – unvergänglich, diese Schönheit!
Olympia ist wieder ganz anders, wie Umbrien ein wenig. Anders herrlich! Vom 11. bis 14. bin ich in Delphi.   Deine Ninon

1 Die Reste des Hereions, eines dreistufigen Terrassenheiligtums, liegen in steiniger, karger Einsamkeit hoch über der fruchtbaren Ebene von Argos. Außenmauern verweisen auf die wohl älteste Hera-Kultstätte aus dem 8. Jh. v. Chr., die ihr allein gewidmet war. Auch im Nachfolgebau vom

Ende des 5. Jh. hatte Zeus noch keinen Kultplatz. Das von Polyklet aus Gold und Elfenbein gestaltete Kultbild der argivischen Hera zeigte sie auf einem Thron mit Krone, Granatapfel und einem Szepter, auf dem laut Pausanias ein Kuckuck abgebildet war, weil Zeus, als er um die Göttin warb, sich – zu Ninons Freude – in diesen Vogel verwandelt haben soll.

Ansichtskarte: Delphi, Apollontempel und Theater

Delphi, 12. Mai 1937

Liebster Hermann!

In Athen erwartete mich Deine und Adeles Karte, Deine Drucksache und das Knechtgedicht[1] – innigen Dank! Richtig lesen werde ich es auf der Reise – jetzt bin ich zu aufgeregt. Ich freue mich so darauf, ich danke Dir! – Dass es noch eine Steigerung geben könne, habe ich nicht für möglich gehalten – aber Delphi ist so unwahrscheinlich, so aufwühlend! Ich bin ganz ausser mir. Hier gibt es Schmetterlinge! Ich stand lange bei einer schlafenden Schlange und berührte sie – viele Stieglitze auf einem Mandelbaum – Falken hoch oben. Leb wohl Vogel!   Deine Ninon

---

1 »Knechtgedicht«: Gemeint ist eines der Gedichte, die dem Lebenslauf Knechts im »Glasperlenspiel« als seine »Schülerarbeiten« angefügt werden sollten; entweder das Gedicht »Orgelspiel«, das Hesse im Mai 1937 beendet hatte, oder »Zwei Gedichte Josef Knechts«, die in der »Neuen Rundschau« vom Februar 1937 erschienen waren: »Entgegenkommen« (1934) und »Beim Lesen eines alten Philosophen« (1935).

1938

Hesse versah sein Gedicht »Nachtgedanken« mit einer Widmung für Ninon. Es sollte ihre Ängste mildern, als sie sich nach dem Anschluß Österreichs an Hitler-Deutschland am 12. März 1938 um ihre dort lebenden Angehörigen und Freunde sorgte.

Er ermutigte Ninon in diesem Gedicht, den Blick aus der lärmenden Welt auf das Zeitlose zu richten, auf das Lichtreich des Geistes und die mütterliche Erde, er beschwor die nicht endende Gnade der Liebe und die Zuversicht, daß die ewigen Werte auch noch im Chaos zu entdecken seien.

Vom 13. bis zum 25. April fuhr Ninon zum »Louvre-Griechenland«, nach Paris.

Hausbrief
[vor der Parisreise]
O Hermann,
der süsseste und geliebteste photogr. Apparat ist angekommen! Freie Besichtigung täglich. Studio Vogelfrau

Paris, Hôtel du Quai Voltaire
14. April 1938
Lieber Vogel,
Du wirst lachen, weil ich so glücklich bin, hier zu sein! D. h. ich bin ja noch nicht »hier« – es ist 7 h früh, und gestern Abend um 21,20 h kam ich an und packte aus, räumte ein bis »Mezzanotte« – obwohl ich eigentlich müde war. Ich habe bisher von Paris nur die Lichter gesehen, aber die hab ich so gern als wäre es ein Sternenhimmel – auf der Taxifahrt ein wenig, und hier vom Hotel aus auf einem winzigen »Balkönchen« (ach, ich fürchte nur, es sei eher eine »Promenade des rats«) die Seine mit Schleppkähnen am Ufer und die Brücken und den Louvre gegenüber, und wenn ich mich vorbeuge noch viel: den Turm St. Jacques und ein bischen Notre Dame! Herrlich! So schön hab ich noch nie gewohnt – d. h. in solchen Hotels immer, es ist wie die anderen im Preis, aber mit solcher herrlichen <u>Aussicht.</u> Wem verdanke ich's (wieder einmal)? Nur Dir, Vogel – denn Du sagtest doch so lieb und ruhig, »jetzt gehst Du direkt nach Paris und ins Hotel« – richtigen Namen siehe oben!

Ich bin »wie zu Hause« – ich undankbare Un-Patriotin. Paris ist lautlos still – kein Hupen, nur ein fernes Brausen, das schön ist [...]. In 2 ½ Stunden werde ich im Louvre sei, bei Nachbar Louvre!! [...].
Das photographische Apparätchen ist von den Schweizern plombiert worden, ich bezahlte eine Kaution, die ich zurückerhalte. Das Apparätchen kam sich sehr wichtig vor, wie alle kleinen Leute. [...] Auf der Fahrt habe ich mir noch viele Aufzeichnungen über M.'s Manuskript[1] gemacht – es ist wunderbar, es ist ein grosses Werk! Dazwischen las ich Bachofen.
Leb wohl Vogel. Heute hörst Du die Matthaeus-Passion – ich wünsche, dass es schön für Dich sei – und küsse Dich von Herzen
Deine Ninon

1 Gemeint ist der Roman »Ein Testament« von Joachim Maass (s. S. 1367), der letzte, den er vor seiner Emigration in Deutschland schrieb (H. Goverts Verlag, Hamburg 1939). Ninon rezensierte ihn, veröffentlicht in: »Die Weltwoche«, Zürich, vom 8. März 1940.

Paris, 15. April 1938
Karfreitag
Heute, Vogel, hab ich gleichzeitig mit Dir Bach gehört, nämlich die Johannespassion in der Kirche St. Eustache, von drei bis fast sechs Uhr nachmittags. Es war, wie alle Kirchenkonzerte, stimmungslos (sic!), es fehlt die akustische Konzentration. Natürlich wird es auch in der Kirche gute Plätze geben, aber ich habe noch nie einen guten gehabt (auch in Wien nicht), entweder ist man zu nah oder zu weit, und das Publikum ist schrecklich. Nach all diesen Einschränkungen möchte ich Dir sagen, dass es sehr schön war und dass ich die Johannes-Passion jetzt »beinahe« kenne. Und Du? Gewiss war es herrlich – und welche Andacht herrscht im Züricher Konzertsaal! Hier gingen die Leute weg, während die Altstimme das »Es ist vollbracht« sang! Nein, die Welt gefällt mir nicht mehr, 100jährig gehe ich durch die Strassen und alles kommt mir sinnlos oder wahnsinnig vor.

Trotzdem bin ich froh, hier zu sein. [...] Wenn man hier lebt, kann es schön sein, als Passant, der die Tage »ausnützen« will, ist man gehetzt und lebt unwürdig.

[Briefanfang nicht erhalten, undatiert]
Aber heute habe ich »würdig« gelebt, d. h. ich bin nach dem Konzert nur ein wenig im geliebten Quartier latin herumgeschlendert, habe viele Bücher gesehen, die Adresse einer philologischen Buchhandlung bekommen, habe vorzüglich zu Abend gegessen und bin um ½ 9 h nach Hause gekommen, wo ich Dir jetzt schreibe.

Gestern aber war ich im Theater »Athénée« – dies gilt als eines der »literarischen« Theater – und sah das neue Stück von Marcel Achard[1], mit Louis Jouvet[2] in der Hauptrolle. Während ich dort war, unterhielt ich mich gut – ich lachte viel – aber nachher schämte ich mich tüchtig: Es ist nichts als eine geschäftliche Angelegenheit, Betrieb, Reklame, Industrie, von Literatur keine Rede. Rieti[3] hat eine reizende Musik dazugeschrieben, Jouvet ist immer gut – aber es ist nicht einmal eine Rolle für ihn, das, was ihn charakterisiert, konnte er hier nicht zeigen. Ich beschloss, »nie wieder« ins Theater zu gehen. Aber zu »Plutos« von Aristophanes[4], mit Musik von Milhaud, gehe ich doch! Und in vier Kinos bestimmt.

Gestern kaufte ich mir griechische Zigaretten! – sehr billig, wie »Memphis«! – und bin begeistert! (Abends im »Athénée« und dazwischen im Louvre-Griechenland, das ging gut zusammen!)

Also mit Herzklopfen ging ich in die Säle der griechischen Plastik und war froh, dass zuerst zwar Schönes kam, aber nichts Bedeutendes: Attische Grabstelen – schön, weil sie Originale sind und aus einer herrlichen Zeit (5. Jahrhundert) stammen, aber eben doch Handwerk, nicht »grosse Kunst«. Dann »schlich« ich durch einen Riesensaal mit Friesen aus einem Artemistempel in Kleinasien aus dem 3.-2. Jahrhundert, durch die römischen Säle, nach und nach in die hellenistischen Säle und zum »borghesischen Fechter«. Hier habe ich durch das Photographieren etwas gelernt: Ich verbrachte eine gute Viertelstunde damit, die Stelle zu finden, von wo ich ihn photographieren würde, und zwar »richtig« – das ist unsinnig schwer! Aber es bedeutet eine Vertiefung der Anschauung, man muss sich Rechenschaft darüber geben, <u>was</u> gemeint war, und <u>worauf</u> es ankommt. Solche Sachen einmal mit einem Archäologen durchzusprechen, müsste herrlich sein.

Auf einmal stand ich am Anfang einer »Flucht« von Sälen und wusste, das ist jetzt »das Wahre«- und ich hatte Angst wie immer, wenn etwas sehnsüchtig Erwartetes eintrifft, etwas in Erfüllung geht. Ich habe Angst <u>vor mir</u>, als wäre ich der Welt, nach der ich mich so lange sehnte, abhanden gekommen, ohne es selber zu wissen. Ich ging ganz zaghaft in den Saal, fing »links in der Ecke« an. Und das war wie ein Blitz, der mich durchfuhr – ein Glück, wie ich es nicht beschreiben kann! Eine weibliche Sitzfigur aus dem Brauchiden-Heiligtum von Milet (der »heilige Weg« dahin war zu beiden Seiten mit männlichen und weiblichen Sitzfiguren gesäumt, die ersten sah ich in London) – ich sah sie an und weinte, aber Freudentränen, ach sie war so schön! Durchsichtig schien der Marmor, und sie sitzt in ihrem dünnfaltigen Gewand ganz tief im Sessel, alles ist kubisch, Arme, Beine, Oberkörper (die Köpfe fehlen alle). Wie kann einen das so glücklich machen? [...]

Grüsse die lieben Weltis vielmals! Sei geküsst Vogel
von Deiner Ninon

1 Marcel Achard (1899-1974), Verfasser geistreich-spielerischer Komödien wie »Voulez vous jouer avec moi« (1923), »Domina« (1932), »La femme en blanc« (1933).
2 Louis Jouvet (1887-1951), Schauspieler, Regisseur, Intendant, der die »Comédie des Champs-Elysées« und danach von 1934-1951 das »Théâtre de L' Athénée« leitete.
3 Vittorio Rieti (1898-1994), Dr. jur., entschied sich für die Laufbahn eines Musikers, Orchesterleiters und Komponisten; seine für Diaghileff geschriebenen Ballette und seine Bühnenmusik für Louis Jouvet (1935-1939) begründeten seine Erfolge, die er als Neoklassiker und Universitätslehrer ab 1940 in den USA noch steigerte.
4 Aristophanes (vor 445-um 385 v.Chr.) kämpfte in einer Zeit des Um-

bruchs, als die alte Polis Athen zusammenbrach, kritisch und oft zynisch um alte Ordnungsbegriffe, so in dem 388 entstandenen Stück »Plutos« (Der Reichtum). Darius Milhaud: s. S. 259.

Kunstpostkarte, Musée du Louvre, Monument votif, 1. H. des 5. Jh. v. Chr.

18. April 1938

Lieber Hermann!

Morgen, Ostermontag, bin ich um 4 h in Le Vésinet (Seine et Oise) bei Bildhauer Reder[1] aus Czernowitz eingeladen, der Mamas Grabstein machen soll. –
Die Vasen sind herrlich – ich werde natürlich nicht fertig, denn sie sind nur von zwei bis fünf Uhr zugänglich. Heute brauchte ich drei Stunden für 150 Nummern, gestern ebenso lange, das ist alles zusammen erst ein halber Saal, und es gibt fünf Säle, die mir wichtig sind! Morgen ist alles zu, daher mein »mondänes« Leben. Ausser im Louvre gefällt es mir nirgends. Die archaische Plastik ist herrlich, aber auch bei den Kopien bin ich gern, sie erschliessen einem unendlich viel. Heute sah ich Fernandel[2] (den »Coiffeur«) in einem neuen Film von Pagnol[3]. [...] Ich wohne ganz nah von Annette Kolb[4], mag sie aber nicht belästigen. [...]

1 Bernhard Reder (1897-1963) stellte als Steinmetz in Czernowitz von 1922-1930 Grabsteine her, ehe er erfolgreich als Bildhauer, Architekt, Stadtplaner und Designer in Prag, Paris und ab 1941 als Emigrant in Havanna und New York arbeitete. Ninon besuchte ihn in seiner Villa in Le Vésinet, die er 1937, ermutigt durch Maillol, für seinen geplanten Daueraufenthalt in Paris gekauft hatte.
2 Fernandel, eig. Fernand Contandin (1903-1971), weltberühmt als Charakterkomiker in rund 100 Spielfilmen, begründete seine Beliebtheit in den Pagnol-Filmen »Angèle« (1934), »César« (1936) »Régain« (1937), »Le Schpountz« (1938).
3 Marcel Pagnol (1895-1974), Verfasser humorvoll-satirischer Schauspiele und Drehbücher, ab 1934 Filmregisseur, glaubte, daß der Tonfilm das Theater verdränge, forderte Cinematurgie statt Dramaturgie und verwirklichte dies 1938 in »La femme du boulanger« und »Le Schpountz«.

4 Annette Kolb (1870-1967) hatte Deutschland 1933 verlassen und nach Reisen quer durch Europa als neuen Wohnsitz Paris gewählt, 23 rue Casimir Périer.

Kunstpostkarte, Louvre, Une pitié de notre Seigneur, École de l'Île de France

Paris, 19. April 1938

[...] Gestern war ich nachmittags und abends in Le Vésinet, bei Bildhauer Reder.
Ich sah stundenlang seine Plastiken an und war beglückt, dass ich sie »verstand«. [...] Er zeigte mir die Instrumente, und wie man direkt aus dem Steinblock die Figuren herausarbeitet. Das war herrlich. Ach, ich möchte ein Bildhauer sein! Deine N.

Paris, 21. April 1938

Liebster Vogel!
Heute früh kam Deine Karte und sofort schrieb ich ein Rohrpostbriefchen an Annette Kolb und um ½ 2 h fand ich ihre Antwort: Sie erwarte mich zwischen vier und fünf Uhr zum Tee. Am Vormittag musste ich meine Reise vorbereiten – gestern hatte ich einen Angestellten im »Bureau des Renseignements« auf dem Gare de Lyon fast umgebracht, so schwierig und kompliziert ist die Sache! Ich wankte halbtot nach Hause (natürlich im Autobus) – aber heute ging ich zu Kuoni, und wir haben es »geschafft«. [...] Vorläufig gedenke ich Freitag in La Roche zu übernachten statt in Vézelay, Samstag in Dijon, [...] Sonntag in Lausanne, Montag über Mailand nach Lugano. [...] Eine furchtbare Strapaze ist das Ganze schon.
Endlich habe ich mich in Paris eingelebt und muss nun fort! Heute kaufte ich mir S. Reinach[1] (sprich Renák), »Répertoire des vases greques«. Das Werk ist vergriffen, ich bekam es zufällig [...]. Ich liess es mir aber schicken, weil meine Koffer sowieso platzen, und ich kann es nicht erwarten, nach Hause zu kommen! Ich freue mich schrecklich darauf.

Gestern habe ich photographiert. Ich bekam ein Stativ geliehen mit herrlichem Kugelgelenk (aber bis ich das Geschäft fand, das es mir lieh!!) und blieb von ½ 11 bis fünf Uhr im Louvre, ohne zu essen – ich war wie verrückt! Bis zwei Uhr photographierte ich, dann wurden die Vasen-Säle geöffnet (leider nur von zwei bis fünf Uhr sind sie offen), und ich wollte keine Minute verlieren. Aber um ¾ 4 Uhr wurde mir doch etwas schwindlig, doch ich überwand es und sah wirklich gut und anständig, bis zu Ende.
Du kennst ja meine Art, komplex zu sehen – ich sehe das einzelne, aber ich ordne es sofort unter (oder »ein«) – so ist »Sehen« bei mir ein grosses Repetieren von Mythos und Form, Idee, Gestalt, »Entwicklung« und »Ewigkeit«. Wenn ich sehe, erfahre ich das Glück des Denkens, es wird durch das Gesicht bei mir ausgelöst.
Darum verfliegt mir die Zeit im Nu, wenn ich sehe – darum hört jede Müdigkeit, Abspannung, jeder Verdruss auf, wenn ich vor dem Kunstwerk stehe. Ich habe es oft bemerkt, wenn ich fahrig, eilig, wütend, zerstreut, verdrossen ankam – es war, wie wenn eine göttliche Hand mich berührt hätte, alles Irdische verschwand, ich war ganz dem Wesentlichen geöffnet. [...]
Bei Annette war es wie immer: Man stört sie, und man kann nicht mit ihr sprechen. Aber sie war so schön – wie eine Statue: Das Gesicht ganz erloschen – aber lebendig, nicht wie im Tod erloschen – herrlich! Sie bedauerte, mich zu enttäuschen, sie sei so kaputt, könne nicht sprechen etc! Ich sagte, sie könne mich nicht enttäuschen, es sei wie mit den Kopien griechischer Statuen – ich sähe durch die Kopie hindurch das Urbild, so gehe es mir mit ihr. Ich sähe sie – wie immer sie auch sei.
Das schien sie aufzunehmen, sie war lieb und begleitete mich sogar bis zum Lift. [...]
Schade, noch zwei leere Seiten! Und ich habe soviel zu erzählen! Nur keine Zeit! [...]

p.s. Bitte – darf Martin[2] die Büste von Annette von Kolbe photographieren? Sie wünscht sich glühend Photos davon, alle Verleger bitten sie darum.

1 Salomon Reinach (1858-1932), französischer Archäologe und Religionswissenschaftler, eines seiner Hauptwerke ist das von Ninon erworbene »Répertoire des vases peints grecs et étrusques«, 2 Bände (1899-1900).
2 Martin Hesse (1911-1968), jüngster Sohn Hesses, der als Photograph in Bern lebte, sollte den Bronzekopf ablichten, den Georg Kolbe (1877-1947) um 1920 von Annette Kolb geschaffen hatte. (Heute im Kunstmuseum Bern).

Dijon, 22. April 1938
Liebster Hermann!
Nach einem fürchterlich anstrengenden Tag bin ich um 8h abends in Dijon gelandet –
ich bin selig! Diese Fahrerei in der französischen Provinz ist fürchterlich, nie hat man Anschluss – niemand weiss Bescheid, und dazu noch ein teuflisches Wetter: regnerisch und dabei eisig kalt. [...] Es ist wie beim babylonischen Turm – keiner versteht den andern, und warum Gott in Frankreich leben möchte, ist mir unerfindlich! [...]
Ich sollte eigentlich noch spazieren schlendern (es ist ¾ 10 h abends), aber ich mache Ferien, und wenn ich den Brief beendet habe, gehe ich einfach schlafen (mit elendem Gewissen). [...]
Als ich in Sermizelles ankam, hiess es, der Autobus nach Vézelay käme erst in vier Stunden. Ich musste ein Auto nehmen, und in einem eisigen Regen stand ich mit Schirm, Photoapparat und anderem endlich vor der Kathedrale, sah das Jüngste Gericht im Tympanon und dachte: Warum geht mich das so gar nichts an?
Ich ging hinein – und da begriff ich warum! Denn der Narthex mit seinen drei Portalen ist himmlisch schön! Das Aussenportal aber ist von Viollet-le-duc[1] hergestellt. Ach, wie hat er in dieser Kirche gewütet! Ein »Gesundheitsapostel« muss er gewesen sein – alle »kranken« Kapitelle, Statuen etc. entfernte er und ersetzte sie durch »hygienische« – wirklich, kein anderes Wort fällt mir dazu ein. Dass er es gut meinte, weiss ich – vielleicht hat er auch viel gerettet. Aber er rettete zu heftig – ein krankes Bein muss doch nicht gleich amputiert werden, man kann es doch

auch weniger eindringlich retten! Jedenfalls ist das Narthex-Portal, das Pfingstwunder darstellend, himmlisch. Und die Landschaft ist schön! Mir war es, als wäre ich mitten im Breviarium Grimani[2], als ich nach Dijon fuhr. Der Weinstock wird hier jedes Jahr ganz kurz geschnitten; die Weinäcker interessierten mich natürlich besonders.

Jetzt gehe ich schlafen – selig – ich »muss« nichts mehr heute, und morgen: Klaus Sluter[3], Meister von Flémalles[4] und Zeit, Zeit! [...]

1 Eugène-Emmanuel Viollet-le-Duc (1814-1879) sah sein Lebenswerk in der Restaurierung mittelalterlicher Bauwerke, besonders französischer Kathedralen, womit er ebenso wie durch sein 10bändiges »Dictionnaire raisonné de l'architecture française du XI. siècle« den Sinn für die Kunst des Mittelalters weckte, sie jedoch gleichzeitig im Sinne des Historismus stilistisch verunklärte.

2 Breviarum Grimani – Prachthandschrift aus der Sammlung des Kardinals Domenico Grimani, die Anfang des 16. Jahrhunderts von flämischen Künstlern mit wirklichkeitsnahen Bildern geschmückt wurde.

3 Klaus Sluter († 1406 in Dijon) war ein niederländischer Bildhauer, der in Überwindung der Gotik des 14. Jh. einen neuen Stil realistischer Details und porträthaft-individueller Züge schuf, so bei den Portalfiguren (1391-1397) des von Ninon besuchten Karthäuserklosters von Champmol bei Dijon, der Grabstätte Philipps des Kühnen von Burgund; ebenso am Mosesbrunnen in der Mitte des dortigen Kreuzganges.

4 Meister von Flémalles, namentlich nicht identifizierbarer niederländischer Maler des 15. Jh., wurde nach drei großen spätgotischen Altartafeln benannt, die aus Flémalles stammen sollen. Wirklichkeitsgetreu zeigt er die Welt flämischer Bürger, und dennoch ist jedes Detail symbolhaft überhöht. Da er die andächtige Haltung der mittelalterlichen Malerei mit einer realistischen Darstellung verband, gehörte er für Ninon zu den faszinierenden Übergangsgestalten.

Kunstpostkarte aus dem Musée Archéologique de Dijon, Buste du Christ de Claus Sluter, XIV. siècle

Dijon, 23. April 1938

Heute war ein herrlicher Tag! Ich war zehn Stunden auf den Beinen [...]! Was für eine schöne Stadt! Sie erinnert mich (im We-

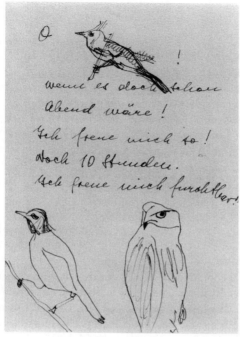

»Brief für Vogel« von Ninon

sen) am meisten an Siena – herrliche Häuser, durch die Strassen zu gehen, ist eine Wonne! Und Klaus Sluter, vor dem ich mich leise gefürchtet hatte, war ein grosses Erlebnis. – Eine bezaubernde Stadt! Und wie man hier isst und trinkt! Solch appetitliche Auslagen – Senf und Champignons, die berühmten »pain d' épice« = Lebkuchen, die Weine, die Grilladen! Und nichts ist verdorben, die alten Häuser nicht durch Läden oder modernen Komfort oder breite Autostrassen zerstört. Herrlich! Wenn ich nichts mehr berichte, komme ich Montag in Lugano an! [...]

1939

Zwischen dem 8. April und dem 9. Mai 1939 reiste Ninon zum zweiten Mal nach Griechenland, in die Landschaft, die ihrem innersten Wesen entsprach. Sie besuchte Athen, Attika und die Argolis, Böotien (Orchomenos), fuhr nach Delphi zur Kastalischen Quelle und faßte nach dem Besuch der Korykeischen Grotte am Parnaß den Plan für eine Apollon-Arbeit, in der sie das vieldeutige Wesen und die mythologische Herkunft dieses Gottes darstellen wollte.

Ostersonntag, 9. April 1939
an Bord der »Egeo«

Liebster Vogel,
eigentlich wollte ich Dir eine Postkarte schreiben, aber die gibt es nicht »an Bord«. Ich habe eine vierbettige Kabine, bin vorläufig allein, es ist überhaupt ziemlich leer. Überall toben Radios, und man gab mir die beruhigende Versicherung, dass das auch während der Fahrt so weitergehen werde! Am liebsten wäre ich ausgestiegen! Jetzt hört man wenigstens eine Osterpredigt, von Florenz glaube ich. Er spricht viel von »pace« ... Es fällt mir sehr schwer zu schreiben, und ich fange schon an, mich nach Montagnola zu sehnen, aber ich denke: was für Strapazen musste man ausstehen in früheren Zeiten, um in dieses oder jenes gelobte Land zu kommen? [...]

Kunstpostkarte, Museo Nazionale, Napoli: Mercurio in riposo

Neapel, 10. April 1939

Hermann,
stell Dir vor, es war offen, ich war im Museum, ich habe alle Plastiken wiedergesehen, es war himmlisch! Vasen waren »geschlossen«; aber es hätte auch die Zeit nicht gereicht. Gleich fährt das Schiff weiter. Denke – wir fahren um die Peloponnes herum! Kuss Ninon. Ich bin glücklich – unbeschreiblich!

11. April 1939

Liebster Hermann. Nun hat sich alles gegeben, in Neapel sind viele Leute an Bord gekommen, und dadurch ist das Radio ganz von selbst »eingeschlafen«, auch war das Wetter gut, und man konnte viel an Deck sein. [...] Aber mir ist nicht vergönnt zu ruhen. Gestern war ich mit Neapel beschäftigt: Ankunft – Museum – Abfahrt. Für heute früh stellte ich mir den Wecker auf 3 ½ Uhr, um Stromboli zu sehen. Aber es war zu spät, ich sah nur noch den Widerschein des Feuers. Um ½ 7 Uhr läutete der Wecker zum zweiten Mal wegen der Meerenge von Messina. Und stell Dir vor – es war wieder zu spät! Um 6 Uhr hatten wir sie passiert – Scylla und Charybdis. Ich sah dann noch die ganze Meerenge, sah auch Messina gut und vor allem den Ätna – so etwas Herrliches! So mild und gut, ganz schneeweiss – uralt sah er aus, aber nicht alt wie ein Greis, sondern wie ein Geisterberg, so etwas Schwebendes, Unirdisches hatte er. [...]

Heute hätte ein richtiger Ausruhtag werden sollen, denn wir fuhren ja mitten durchs Meer. [...] Aber dann hatte ich eine solche Unruhe im Bett – ob das Meer noch veilchenblau sei, ἰοειδής, um ½ 6 Uhr war ich wieder auf! Nach dem Nachtessen hatte ich ein langes Gespräch mit einem Archäologen (er ist Univ. Prof. in Catania und jetzt Leiter der Ausgrabungen der ital. Schule in Kreta) über »alles«, ich war so froh, wie wenn ein

Morgenlandfahrer einem andern in der Fremde begegnet. (Aber es stimmt nicht, im Grunde war er ein ekelhafter Kerl!)
Jetzt ist Mitternacht, und ich bin so »munter«, dass ich noch Strabo[1] lesen werde. Denk Dir, am Tainaron[2] (Cap Matapan), werden wir vorbeifahren – dem Eingang in die Unterwelt! Wenn ich es nur photographieren könnte! Aber es wird Gegenlicht sein – wir fahren ja nach Osten! Ins Morgenland. [...]

1 Strabon von Amaseia (um 63 v.Chr.-um 26 n.Chr.) gewann als griechischer Geograph und Historiker der Stoa auf Reisen Kenntnisse über Europa, Afrika und Asien, die er in 17 Bänden seiner »Geographika« (27-25 v.Chr.) niederschrieb, der reichsten Quelle für die antike Länderkunde, durch die auch Ninon ihre Reisen vorbereitete: »Herodot, Pausanias, Strabo, Apollonios, Thodios – diese Reisebeschreibungen lese ich, Strabo allerdings kann man nur nachschlagen und nicht in einem Zuge lesen.« (30. April 1954 an Ludwig Renner).
2 Tainaron, das südlichste Kap der Peloponnes, an dessen Westflanke eine Höhle lag, die als Eingang in die Unterwelt galt; hier soll Herakles, der dorische Held und Liebling der olympischen Götter, den Höllenhund heraufgeholt haben, Thema eines Dramas von Sophokles.

Nauplia, 16. April 1939

Lieber Hermann,
ich liege, ein Bild der Vernunft, um ½ 10 Uhr abends im Bett – was sagst Du zu mir? Aber der Schein trügt, und je älter ich werde, desto schlechter reise ich. Das heisst, ich überanstrenge mich dauernd, und ich fühle, anders kann ich nicht. [...]
Ich hatte bisher ziemlich viel »kleines Pech«: erstens gesundheitlich; das Bein zuckt manchmal – »gar net ignorieren« –, ein Fuss ist wundgelaufen [...], ich habe mir einen Verband gemacht und hinke vorzüglich und rasch. Das dritte Übel ist das schlimmste: ich habe einen stark juckenden Ausschlag – etwas zwischen Urticaria[1] und Ekzem – an beiden Oberschenkeln (Aussenseite), die Symmetrie spricht für eine nervöse Grundlage, es wird leider nicht besser. Ich hatte es auf dem Schiff bekommen. Ach <u>diese</u> Schiffahrt! Weisst Du, dass ich die ersten

Tage in Athen noch ganz kaputt war – seelisch – es war eine so widerliche Gesellschaft, und dazu dieses Radio und Aufeinanderhocken [. . .]. Mein Gehirn war so voll von unangenehmen Bildern und Geräuschen, als wäre ich nichts als ein wehrloser Aufnahme- und Registrierapparat. Erst nach 1 ½ Tagen in Athen fing ich an zu vergessen. Der Ausschlag aber wird leider nicht besser. [. . .] Weiteres kleines Pech: nach Mykene gab's einen Triebwagen, sehr hübsch und sauber. Aber es gab Platzkarten, was ich nicht wusste, und ich sass genau mit den vier Deutschen zusammen, die den »Völkischen Beobachter«[2] und das »Schwarze Korps«[3] lasen (Archäologen), und bis Korinth hörte ich wie betäubt ihren Gesprächen zu, ganz gerädert! [. . .]
Die Argolis ist unbeschreiblich schön – gestern war ich wieder im Heraion von Argos; drei Stunden zu Fuss hin und zurück mit Führerknaben, und fast zwei Stunden kletterte ich dort herum. [. . .] Den Rückweg machte man direkt in die Abendsonne hinein, sie stach, sie durchbohrte einen! Es war wieder unbeschreiblich! Ich hatte den Pausanias mit und las ihn dort, machte ziemlich viele Aufnahmen, orientierte mich archäologisch, so weit es nach dem »Guide bleu«[4] ging. [. . .]

1 Urticaria: Nesselsucht
2 »Völkischer Beobachter«: nationalsozialistisches Zentralorgan (Verlagsort München); 1920 von der NSDAP unter dem seit 1918 bestehenden Namen erworben, ab 1923 Tageszeitung, ab 1925 in verschiedenen regionalen Ausgaben propagandistisches Massenblatt, das sich zur Millionenauflage steigerte.
3 »Das Schwarze Korps« war von 1935-1945 unter seinem Herausgeber Heinrich Himmler das offizielle Blatt der Reichsführung SS, der »Schutz-Staffel«, eines Kampfverbandes der NSDAP, der 1925 zum persönlichen Schutze Hitlers aus der SA ausgegliedert worden war. Verlagsort Berlin, Auflage 1939: 730 000.
4 Guide bleu, wegen seiner präzisen archäologischen Grundrisse und historischen Hinweise wurde der Reiseführer des französischen Verlages Hachette & Co., Paris, von Ninon bevorzugt.

17. April 1939

Liebster Hermann.

Es ist 10 Uhr morgens und ich sitze, während ich dies schreibe, in einem Ruderboot und fahre übers Meer von Nauplia nach Lerna. Rechts liegt Argos, hinter mir Τίρυνς τειχιόεσσα[1], wie Homer es nennt, und ich fahre also hinüber nach Myli wo der Anlegeplatz ist. [...] Lerna ist überlagert vom Pontinus, der nach Pausanias »das Regenwasser nicht abfliessen lässt, sondern es in sich aufnimmt und einem Flusse den Ursprung gibt«, dem Pontinus. Es gibt drei Quellen in Lerna, die der Amymone[2] – dort soll unter einer Platane die Hydra[3] gehaust haben; die Quelle des Amphiaraos[4] und der Alkyonische See[5] – das ist mein Ziel, wo Dionysos[6], »den Argiver« nennt ihn Pausanias (das erinnert an den »Philologen« Nietzsche), in die Unterwelt hinunterstieg, um seine Mutter Semele[7] heraufzuführen. »Die Tiefe des Alkyonischen Sees hat keine Grenzen«. [...] Ich werde zwei Stunden Zeit haben, dann in den Zug nach Tripolis steigen, dort soll es einen Autobus nach Sparta geben. Auf Wiedersehn, Vogel, heute abend schreibe ich weiter.

1 »Das ummauerte Tiryns« – Die Zyklopenmauern der Stadt galten im Altertum als Wunderwerk.
2 Amymone wird als Geliebte des Meergottes Poseidon die Mutter des Nauplios, des mythischen Gründers der Stadt Nauplia in der Argolis. Zur Erinnerung an seine Verbindung mit Amymone läßt der »Herr der Gewässer« den lernäischen Quell entspringen.
3 Lernäische Hydra, eine neunköpfige Wasserschlange wird von Herakles getötet, es ist die zweite seiner insgesamt zwölf Arbeiten, durch die er Mischwesen ausrottet und dadurch die olympischen Götter etabliert.
4 Amphiaraos war ein Lokalgott Böotiens, wo die chthonischen Kulte vorgriechisches Erbe weiterleben ließen, seine Bedeutung ist schillernd als Seher, Held, Heilgott mit vielen Kultstätten, auch auf der Peloponnes.
5 Alkyoneus, Held der Argolis aus vordorischer Zeit, mit dessen Name der See bei Lerna verbunden ist.
6 Dionysos, der Gott des Maß und Gesetz sprengenden Rausches, der wollüstigen Dunkelheit und feuchten Höhlen, steht im Spannungsverhältnis zur lichten, olympischen Welt. Homer rechnete den fesselsprengenden, zum orgiastischen Taumel anregenden Dionysos noch nicht zur olympischen Zwölfgötter-Familie, eine Tatsache, die Ninon im Zusammenhang mit ihren Untersuchungen über die Herkunft der Zeus-Familie stark beschäftigte.

7 Semele ist durch Zeus Mutter des Dionysos, der in die Unterwelt hinabsteigt und seine durch den göttlichen Blitzstrahl des Zeus verbrannte Mutter später in den Olymp emporführt.

Sparta, abends

[...] Es war eine himmlische Fahrt! Erst durch Arkadien, dann Lakonien. Dieser Wechsel von der Argolis nach Arkadien – woran liegt es nur, dass diese Landschaft so ganz anders ist, ausser dass sie nicht meerbespült ist? Ölbäume sind da ebenso wie dort, aber Arkadien ist wilder, grossartiger, einsamer. Die Herden, die tief eingeschnittenen Täler – bisweilen ist sogar Wasser in den Flüssen! – überall blühender, goldgelber, üppiger Ginster, der merkwürdig riecht, süss und zugleich faulig, ein perverser Geruch: Das alles ist auch in der Argolis, aber sie erscheint mir milder, weiter, offener, grüner. Arkadien ist herber, düsterer, steiniger, gewaltiger [...]. Unendlich viele Judasbäume sah ich, aber nie mehrere zusammen, immer einzeln; viele weisse Lilien und weisse Schwertlilien, es sieht aus, als wüchsen sie wild wie bei uns die Narzissen. Neben den Ölbäumen gibt es sehr viele alte Eukalyptusbäume in der Argolis. [...]

Sparta, 18. April 1939

[...] Heute fing der Tag nicht gut an – es war trüb und schwül draussen, und ich konnte plötzlich nichts mehr neugriechisch sagen, datierte im Museum alles falsch, und vor allem war kein Agoyat[1] aufzutreiben, der mich zum Menelaion[2] und nach Amyklai[3] bringen sollte! Ich schlich zur Akropolis und fand mich dort nicht zurecht. Ich brauche bestimmt immer doppelt so lange wie jeder andere Mensch, bis ich mich auskenne. Endlich, endlich gelang es, und ich schlich, übermüdet durch die Anstrengung, wütend über mich, in ein Restaurant. Dort sass meine liebe Amerikanerin, Miss Behr[4], [...] und ich wurde wieder un-

ternehmungslustig. Und dann wurde es ganz herrlich. Ich bekam einen Chauffeur durch das Hotel, der versprach, auch mit mir zufuss zu gehen und überall je eine Stunde oder länger zu warten, bevor wir zurückgingen, bzw. fuhren. [...]
Zuerst fuhren wir nach Sklavo-Khori, 5 km von Sparta südwärts, den Taygetus zur Rechten. Dann stieg ich aus und ging mit meinem Führer auf einen Hügel zu, der östlich vom Dorf liegt und eine winzige Kirche trägt: Hagia Kyriaki. Und weisst Du, was wild auf den Feldern wuchs, durch die ich ging? Schwertlilien! Blaue, viel kleinere als die Gärtner-Iris! Dies also sind die »Lilien auf dem Felde«, die der Herr nicht vergisst! Oben auf dem Hügel sind ein paar Steine, Unterbauten und eine Inschrift-Stele. Es ist eigentlich nichts da – und doch war es »alles« für mich: Denn hier war das Heiligtum des Apollon, hier hatte er seinen geliebten Hyakinthos, ohne es zu wollen, getötet, hier war dessen Grab, hier stand der Thron von Amyklai, den Pausanias so genau beschreibt, und im Thron eine uralte, grosse eherne Statue des Gottes; der Thron von Bathykles[5], die Statue viel älter, und »nicht gut«, wie Pausanias sagt.

1 Agoyat: Wegführer
2 Menelaion, eine Kultstätte für Menelaos, der die Zeustochter Helena im Wettstreit mit zahlreichen Freiern gewann und darum die Königsherrschaft in Sparta von seinem Schwiegervater Tyndareos übernahm.
3 Amyklai, ein vorgriechisches Dorf, etwa 5 km südlich von Sparta, enthält ein Heiligtum des Hyakinthos, der nach der Eroberung des Ortes durch die Spartaner von Apollon als Hauptgott abgelöst wurde. Das Lokalfest trägt noch den Namen »Hyakinthien«. Ninon suchte stets die Übertragung der religionsgeschichtlichen Ereignisse ins Bild des Mythos. Apollon soll demnach den vordorischen Vegetationsgott beim Diskuswerfen versehentlich getötet haben; aus dessen Blut ließ er die Hyazinthe entsprießen.
4 Miss Behr, eine Deutsch-Amerikanerin, die Ninon auf der Fahrt kennenlernte.
5 Bathykles von Magnesia am Mäander war um 530 v. Chr. Architekt und Bildhauer und schuf den Thron des Apollon zu Amyklai.

Olympia, 21. April 1939

O Vogel, was liegt zwischen dem 18. und heute! Mir kommt es wie drei Wochen vor, und doch waren es nur drei Tage. Ich will versuchen, Dir der Reihe nach zu berichten.

Ich machte mehrere Aufnahmen von Amyklai aus: die düstere Taygetusseite, und die freundliche üppige, in die der Eurotas fliesst und die vom Parnon begrenzt wird. Ich dachte, es entspreche vielleicht Menelaos und Helena[1], zu deren Grabmal ich nun fuhr. Vorher aber machten wir am Eurotas halt, wo das Limnaion[2] ist, ein Heiligtum der Artemis Orthia[3]. Dann fuhren wir auf einer Brücke über den Eurotas und stiegen nun den Berg zum Menelaion hinauf. Zuerst über tiefrote Erde [...], an prachtvollen Platanen, Eukalyptus und Judasbäumen vorbei, an einer Pflanze, die zwischen den Steinen in grossen Büscheln wächst und giftig ist und mich an Wolfsmilch erinnert, an Ginster und vielen duftenden Sträuchern und Blumen, immer höher, den Taygetus gegenüber am andern Ufer des Eurotas – bis man das Menelaion sah: Die Spitze eines Berges abgerundet, darauf ein Rechteck, auf dem sich ein Tempel erhob (im 5. Jh.). Aber es gab darunter, <u>unter diesen Fundamenten</u>, ein anderes Heiligtum, und es geht nach den Funden in den Beginn des ersten Jahrtausends zurück – also vor der Ankunft der Dorier bestand es. Es war <u>auch</u> der Helena geweiht, wie die Funde beweisen.

Ein herrlicher Platz, man sieht weit ins Eurotastal und die prachtvolle Taygetuskette – das Amyklaion grüsst man jenseits des Flusses, wie man das Menelaion von Amyklai aus grüsste. Wie sich das alles überschneidet und überlagert – vor-dorische Kälte und Homerisches, Apollo-Kult und die uralte Artemis Orthia (deren Kultbild Iphigenie und Orest aus Brauron[4] mitgenommen haben) – und wenn man Pausanias dazu liest, der natürlich noch eine Unmenge Heiligtümer beschreibt, die er unterwegs gesehen hat (zwischen Artemis-Heiligtum und Menelaion vielleicht zehn!) – ich versuchte sie alle ungefähr zu lokalisieren – und dazu Lykurg[5] und die Kriege und die Hegemonie Spartas – das stürzt alles über einen, und dabei ist die Gegenwart so schön, so blühend, so nah: Aber weil »im Gegenwärtigen Vergangenes« ist, berührt es einen so stark! Es ist, als ob all das Geschehene im Gegenwärtigen sichtbar, spürbar würde. Ich sass lange oben, dachte über Menelaos nach – wer war er, dass er eine Helena zur Frau hatte? Warum er – denn er bekam sie ja wieder! Der ganze Dioskurenkult[6] hängt damit zusammen, von dem ich im Museum am Vormittag eine Menge archaischer Reliefs gesehen hatte. Überhaupt diese Reliefs! Ich habe einige Abbildungen davon. [...]

1 Helena, im griech. Mythos – mit weitverzweigten lokalen Variationen – eine Tochter des Zeus und der Leda, Schwester der Dioskuren (griech. »Söhne des Zeus«), Ehefrau des Menelaos, von verführerischer Schönheit und viel umworben. Sie wurde von Paris, dem Sohn des trojanischen Königs Priamos, entführt, wodurch ein zehn Jahre dauernder Krieg entstand, über den Homers »Ilias«, das in der 2. Hälfte des 8. Jh entstandene Epos, berichtet. Menelaos führt Helena nach der Eroberung Trojas nach Sparta zurück.

2 Limnaion, ein Heiligtum der Artemis Limnatis am Eurotas, dem Hauptfluß der peloponnesischen Landschaft Lakonien, nahe der Grenze nach Messenien hin gelegen.

3 Artemis Orthia, eine alteingesessene Vegetations- und Fruchtbarkeitsgöttin, deren Kultbild in Sparta in Bäumen aufgehängt wurde.

4 Der Hügelort Brauron an der Ost-Küste von Attika mit uralten Siedlungsspuren beanspruchte, das im Mythos so bedeutungsvolle (und darum geraubte) Kultbild der Artemis zu besitzen.

5 Ninon meint hier wohl (unter zehn Namensgleichen) Lykurg als den sagenhaften Begründer der spartanischen Verfassung, auf den die zwischen dem 9. und 6. Jh. v.Chr. entstandenen staatlichen Einrichtungen Spartas zurückgeführt werden.

6 Die Dioskuren, auch Tyndariden genannten Brüder Kastor und Polydeukes (lat. Castor und Pollux), Brüder der Helena, (s. Anm. 1), sind in abweichenden Abstammungsmythen Söhne der Leda aus ihrer Verbindung mit Zeus oder aus deren Ehe mit dem spartanischen König Tyndareos. Ihre Verehrung als heroisches Zwillingspaar und Nothelfer ging von Sparta aus: im Kult bedeutet Verdoppelung Glück und Reichtum.

Athen, 23. April 1939, nachts
[...] Ich sollte jetzt mit dem Tagebuch fortfahren, aber es fällt mir nicht leicht. Am liebsten schriebe ich nur von heute – Andritsaena, Phigalia liegen fern. Und am Phigalia-Tag konnte ich nicht schreiben, ich war furchtbar müde. [...] In Andritsaena standen anderntags zwei ἄλογα für uns bereit, das sind Pferde, nicht Maultiere, und ich wurde mit einiger Mühe allerseits auf eines gesetzt. Ich fühlte sofort, es sei ausgeschlossen, dass ich da bleibe. Das Pferd tat ein paar Schritte – es war wie Skilaufen! – mir wurde ganz übel, ich sagte, ich wolle hinunter. Die einheimische Bevölkerung, die sich inzwischen angesammelt hatte, war dagegen, aber ich bestand darauf. Eine nette Frau sagte, ich solle im Herrensitz reiten, man brachte Steigbügel, ich versuchte es, ritt etwa 100 Schritte: Es war furchtbar. Dieses Geschaukel und Geschüttel – dieses Nicht-auf-seinen-Beinen-stehen-dürfen! Ein wilder Neid auf die Agoyaten befiel mich, sie durften gehen, warum sie, warum nicht ich? Stürmisch befahl ich zu halten und kletterte wie ein Elephant hinunter. Meine Amerikanerin sass inzwischen still und friedlich auf einem Schimmel, im lila Kleid auf einer roten Decke, mit ihren schneeweissen Haaren – es sah so nach Tannhäuser aus – ich beneidete sie; warum kann ich nie das, was alle Leute können! Nun, ich ging zufuss. [...]
Der Tempel des Apollon Epikurios[1], des Helfers, war nach einer Pest Ende des 5. Jahrhunderts gebaut worden und liegt 1150 m hoch. [...] Pausanias nennt ihn den schönsten peloponnesischen Tempel, und er ist auch verhältnismässig gut erhalten. [...] Der Fries, der an der Cellawand hinlief, stellte den Kampf zwischen Amazonen und Griechen dar, er ist im Britischen Museum, wo ich ihn 1935 bewundernd sah. Das Kultbild war wohl aus Holz, vorstellen kann ich es mir nicht, wohl aber den Platz, an dem es stand, genau sehen und mir das Ganze in Gedanken rekonstruieren. [...]
Der Aufstieg und Abstieg dauerten je 2 ¾ Stunden [...]. Dieser Weg, an Berghängen und über Bachbetten, war kaum bewaldet, Blumen gab es wohl, aber es duftete wenig, die würzigen Kräuter fehlten. (In Epidaurus hatte ich mir gewünscht, eine Hexe zu

sein, aber nur in Griechenland natürlich – es müsste herrlich sein, all die Tränke zu kochen oder zu destillieren aus den wundersam duftenden Kräutern – herrliche Liebestränke und Heilmittel gegen Krankheiten würde ich da pressen, reiben, mischen.) [...]
Ich war traurig, weil Miss Behr sagte, sie wolle morgen nach Olympia reiten (neun Stunden im Sattel – also unmöglich, es zufuss mitzumachen), und ich verfluchte mich mit meinem ungeschickten, feigen Körper. Abends sassen wir beim Essen, ich wieder einmal bei Brot und Eiern, ich hatte tagelang kein Fleisch gegessen, weil es nur Ziege gab –, da kam Herr Christopoulos und schlug uns vor, im Auto nach Olympia zu fahren. Er fahre mit. Wir schlugen ein, und ich war froh, der Fahrt mit dem Autobus enthoben zu sein, die zu allem andern auch noch um 5 h früh losgegangen wäre. [...]
Addio Hermann, heute fahre ich zum Ausruhen auf eine Insel, Kreta gebe ich auf.　　　　　　　　　　　　　　　Küsse – Ninon

1 Der Tempel des Apollon Epikurios in Bassai (geweiht 429 v. Chr.) steht hoch in den abgelegenen Bergen Arkadiens auf einem alten Vorgängertempel und wurde aus dem mattgrauen, dichten Felsgestein der Umgegend gebaut; nur Skulpturenschmuck, Kapitelle, Kasettendecken und das Dach bestanden aus Marmor. Ein vorausweisender kühner Entwurf des Iktinos, Baumeister des Parthenon (448-432) auf der Athener Akropolis.

Athen, 24. April 1939
nachts
Lieber Hermann.
Ich bin nun doch auf keine Insel gefahren [...]. Aber nun will ich fortsetzen! Freitag morgen in Andritsaena: wir fuhren um ½ 8 Uhr früh los. [...] Ich hatte – zum ersten Mal auf der Reise – morgens schon ein Bellergal genommen, so aufgeregt war ich, weil ich in wenigen Stunden den Westgiebel des Zeustempels wiedersehen sollte. Wie merkwürdig, dass ich vorhatte, diesmal

nicht nach Olympia zu gehen! Ganz sinnlos – nur um mich zu quälen!
Aber nun waren wir da! Es war ½ 3 h. Ich stürzte – nicht zum Westgiebel im Museum! Mir ist vor einer Erfüllung immer so, als müsste ich sie verschieben, als wäre ich nicht bereit. In die Altis[1] stürzte ich, und der erste Mensch, der mir dort begegnete, war eine schöne grosse Schildkröte!!!
Ach wie war es schön! Dieser stille Hain von wundervollen Kiefern, beschattet vom Kronionhügel[2], der geliebte Hera-Tempel[3], den ich zuerst aufsuchte. Ich war allein und ging langsam die bekannten Stätten ab – Pelopshügel[4], Metroon (d. i. Heiligtum der Göttermutter Rea Kybele), suchte und fand die Stelle, wo der Altar der Hera stand und den, wo Zeus' Altar stand, und ging schliesslich zum Zeustempel. Seine ungeheuren Ausmasse überraschten mich wieder (ich setze Dir die Zahlen hin: 64 m lang, ca. 28 m breit). Ich fing an, ihn mir zu rekonstruieren (mit Hilfe des braven, guten, geliebten Guide bleu), »betrachtete« lange den Zeus des Phidias[5] und die »Treppen«, die in den ersten Stock der Cella führten, von wo aus man auch den Kopf der Statue betrachten konnte, sah lange den Teil des Fussbodens an, der vor dem Götterbild war (6,20 m im Quadrat), der nach Pausanias nicht mit Marmor, sondern mit schwarzen Quadern ausgelegt und mit einem Band aus parischem Marmor eingefasst war, und der dazu diente, das Öl aufzufangen, mit dem das Bild begossen wurde; denn dem Elfenbein hätte sonst die Nässe der Altis geschadet.
Auf einmal sah ich auf die Uhr und stürzte fort, ins Museum. Ich hatte Glück, niemand war da, und ich konnte ungestört das Wiedersehen feiern. [...]
Aber nun stell Dir vor, Dr. von den Steinen behauptet, die Mittelfigur im Westgiebel sei ganz gewiss nicht Apollon – was hätte er hier überhaupt zu suchen gehabt? Olympia war ein Weiberreich – Rea Kybele, Demeter, Hestia, Hera hatten hier ihre alten Kultstätten, und Zeus sei Sohn, Bruder und Gatte hier, und kein anderer! Jene herrliche Figur in der Mitte des Westgiebels sei bestimmt Peirithoos[6], der Zeus-Sohn, der überhaupt eine unge-

heure Rolle gespielt habe. [...] Das wusste ich aber noch nicht, als ich davorstand – ich sah »Apollon« und Kampf, Schmerz, Angst, Sich-Wehren, angreifend Getroffenwerden, getroffen noch angreifend, und das langsame Verebben des Geschehens an den Giebel-Enden. Der herrliche Kopf des »Apollon«, der halboffene, verächtlich gekräuselte Mund – aber nicht so verächtlich, um die herrlichen Züge zu trüben – so weit weg vom menschlichen Treiben ist er, so erhaben! Dass er trotzdem gekommen war, um den Lapithen zu helfen, fand ich grossartig – vielleicht ein bischen einseitig. Schliesslich sind die Kentauren auch Menschen, sagte ich mir. Aber sie sind klar im Unrecht – sie sind nur so schön, dass ich Apollon um Mitleid für sie gebeten hätte. Aber dafür ist er nicht auf die Erde gekommen, und Zweifel an »gut« und »böse« hat er nicht, er weiss eben, was das Gute ist, und dem Guten wird er helfen.
Andern Tags fuhren wir fort, Miss Behr nach Patras, ich nach Athen. Die zwei halben Tage in Olympia waren herrlich gewesen – es war ein solcher Frieden, eine solche Stille in dieser Landschaft, wie ein Traum von Elysium war's. [...]
In Athen kam ich Samstag nach Mitternacht an – der gute liebe Dr. von den Steinen stand auf dem Bahnhof, denke Dir! Am Sonntag machten wir einen <u>herrlichen Ausflug</u>: nach Brauron, ins Heiligtum der Artemis Brauronia.[7] [...] Wir schritten das Heiligtum ab, umkreisten es immer wieder, stiegen auf einen Berg, um es von oben zu sehen, stritten sogar, ob Iphigenie[8] das Kultbild, das sie aus Thrakien (?) entführte, hierher oder nach Lakedämonium gebracht habe – und wandelten unter solchen Reden bergauf, bergab zu einer anderen Meereesbucht. [...]

1 Altis: Hain, Name des heiligen Bezirks.
2 Kronionhügel: Kronion oder Kronide ist der Name des Zeus, des Sohnes von Kronos, dem Titanen, der als ein vorgriechischer Fruchtbarkeitsgott auf Berghöhen (bes. in Olympia) verehrt wurde.
3 Hera – in der olympischen Götterfamilie Schwester und Gemahlin des Zeus, ihm verbunden durch die Heilige Hochzeit, Hieros Gamos. Ninon versuchte auf ihren Reisen durch alle Hera-Kultstätten Griechenlands und Kleinasiens dem Gestaltwandel der Göttin auf die Spur zu kommen und ihren Machtverlust in der patriarchalischen Zeusreligion nachzuwei-

sen, die sich bis spätestens 1580 v.Chr. durchgesetzt hatte und um 750 v.Chr. von Homer niedergeschrieben worden war. Ninon war davon überzeugt, daß die Spannung des religionsgeschichtlichen Übergangsprozesses in Göttergestalten und Kulten lebendig und auffindbar geblieben sei. Zur Hera-Forschung Ninons: Kleine, st 1384, S. 454 ff.

4 Pelopshügel: das Pelopion in der Altis wurde als Grab des Pelops aufgefaßt (Pindar). Der Ostgiebel des olympischen Zeustempels stellt die siegreiche Wettfahrt des Pelops um seine Braut Hippodameia dar.

5 Phidias schuf die – nicht erhaltene – Gold-Elfenbein-Statue des thronenden Zeus in Olympia um die Mitte des 5. Jh. v. Chr.

6 Peirithoos ist König der Lapithen, eines früh verschollenen Volksstammes; bei seiner Hochzeit kommt es zum Kampf mit den Zentauren, dargestellt am Westgiebel des Zeustempels in Olympia (1. H. 5. Jh. v.Chr.).

7 Reste des Heiligtums der Artemis Brauronia liegen auf einem isolierten Hügel bei Brauron, einer der 12 alten Städte Attikas. Hier wurden Frauenfeste gefeiert, vermutlich auch orgiastische Dionysosfeste, was auf vorgriechische Religionskulte schließen läßt, z.B. einen brauronischen Brauch, der an alte Menschenopfer erinnerte: Am Fest der Göttin mußte sich ein Mann durch Einschnitt am Halse Blut abzapfen lassen.

8 Iphigeniens Grab liegt nahe bei dem Tempel der Artemis Brauronia, sie galt im Kult als deren Priesterin. Ursprünglich sollte Iphigenie zur Beschwichtigung der Artemis, die die griechische Flotte an der Ausfahrt gegen Troja hindern wollte, geopfert werden, die Göttin aber rettete sie und entrückte sie zu den Taurern (Krim). Diese »Entrückung« ist wohl eine Abmilderung des früheren Menschenopfers. Die Opfer- und Todesnähe des Ortes erhielt sich in dem Brauch, daß man hier die Kleider der im Wochenbett verstorbenen Frauen darbrachte. Solche matriarchalischen Sagenkerne beschäftigten Ninon.

Delphi, 26. April 1939

Lieber Hermann

[...] Gestern war ich, statt nach Calauria (der Diotima-Insel[1] – Hölderlins Diotima, nicht die des Sokrates!) zu fahren, in Athen geblieben, um das Museum und die Akropolis zu besuchen. Ich kam um ½ 9 h abends so todmüde nach Hause, dass ich mich buchstäblich nicht mehr rühren konnte, und ich sollte doch pakken, und zwar mit Überlegung, was ich in den nächsten sechs Tagen brauchen würde. [...] Heute früh um 8,15 h bestieg ich den Autobus in Athen; er war halbleer, und so konnte ich den

Platz einige Male wechseln. Man fährt – was ich nicht mehr wusste – 5 ½ Stunden bis Delphi. Der Wagen rüttelt tüchtig, die Fahrt ist sehr anstrengend, aber herrlich. Zuerst fährt man nach Eleusis, dann biegt man ab: Man fährt den Parnes entlang, lässt ihn dann im Rücken und fährt auf den Kitháron zu, der ist auch ein grosser, milder Berg mit einem langen Rücken wie der von mir so geliebte Hymethos. Ich merkte mit freudigem Staunen, dass ich mich noch gut an den Weg erinnerte [...]. Mein Photographieren spottete anfangs jeder Beschreibung: Ich war immer so aufgeregt, ich glaube, der dumme August im Cirkus hätte es nicht anders gemacht als ich. Jetzt – ich bin beim dritten Film – habe ich etwas mehr Ruhe – immerhin habe ich heute die zwei wichtigsten Aufnahmen, bei denen ich das Gefühl hatte, sie seien wirklich gut, aufeinander gemacht, also beide sind verloren. [...] Ich könnte mich ohrfeigen! [...]
Der dritte Teil der Fahrt ist wieder herrlich, nämlich von Levadia aus. Die ganze Zeit hat man den Parnass vor sich und fährt in einer grossartigen Bergeinsamkeit hin, immer höher ansteigend – an Haliartos vorbei, in dessen Nähe die Quelle Tilphusa floss, einer Nymphe, die nicht wollte, dass Apollon hier ein Heiligtum gründete. [...] An den Berg geklebt liegt Arachowa einige Kilometer vor Delphi. Und dann ist man da, sieht den Temenos vom Auto aus, hat das Gefühl: Was? Die paar Steine? Ist das alles? Ich weiss noch gut, wie es mir das erstemal ging – wie überrascht ich von der Kleinheit des Tempelbezirks war: So ungeheuer gross ist die Landschaft.

1 Diotima, die »Gottgeweihte«, ist Priesterin in Platons Dialog »Symposion«, von der Sokrates über das Wesen der Liebe erfahren haben soll. Für Hölderlin, der 1796 eine Stelle als Hauslehrer im Hause des Bankiers Gontard annahm, wurde Susette Gontard, die Mutter seiner Zöglinge, seine schwärmerisch verehrte Diotima.

Delphi, 27. April, mittags
[...] 24 Stunden bin ich jetzt hier, und noch ungefähr 30 bleibe ich. Aber die Stunde, die Minute ist hier länger als woanders, und 24 Stunden sind ebenso viele wie Tage – ja es kann sein, dass ich nach dieser Reise heimkomme schneeweiss, gebückt und zitternd, ein uraltes Mütterchen!
Ich ging gestern gleich ins Museum, einen grossartigen Neubau, und sah die geliebten Dinge an (es gibt hier nur »geliebte«). [...]
Über dies alles könnte ich stundenlang erzählen: Wie die Götter und Göttinnen auf dem jonischen Fries vom Schatzhaus der Siphnier um Zeus und Hera herumsitzen, die »für« die Trojaner hübsch beisammen, und ebenso die »für« die Griechen, und dem Kampf zuschauen, der weiterhin geschildert ist! Wie die Aphrodite der Artemis im Eifer leicht die Hand auf die Schulter legt und die sich umwendet – schön frisiert und gekleidet beide, auch die andern Götter – und leidenschaftlich interessiert! Dies ist griechisch: dass man auch den Zuschauer mit darstellt, als wollte man das Geschehen noch mehr distanzieren, dem Bereich der Wirklichkeit entrücken. Oder als Kräftespiel: Hier die Leidenschaft des Handelns (und Erleidens) dort die Betrachtung. So sehen auf den Giebelgruppen in Olympia thessalische Wassernymphen und zwei alte Sklavinnen dem Kampfe zu, auf dem anderen der Alpheios und Kladeios[1]; so sieht auf dem alten Hekatompedon[2] auf der Akropolis in Athen dem Herakles, der mit dem Triton kämpft (links) auf der rechten Seite der dreiköpfige Typhon[3] zu (Anfang 6. Jh.). Die Beispiele lassen sich vermehren, und es liesse sich noch viel darüber sagen. [...]
Heute früh ging ich erst zur kastalischen Quelle[4] und dann ins Heiligtum der Athena Pronaios[5], das südöstlich vom Apollonheiligtum unterhalb der Strasse nach Arachowa liegt. Die Pleistos-Schlucht liegt darunter, die in die Ebene nach Krisa und zum Meer führt – und da man oben steht, sieht man auf ihre Ölbaum-bewachsenen Hänge hinab, sieht auf die Kronen wie auf ein Meer. Ich dachte, schönere Bäume könne es nicht geben: dieses Spiel der Blätter, ihre dunkelgrüne obere Seite und die silbergraue Unterseite – wie das gold und braun, silber und grau

schimmert, wie die Stämme schwarz und scharf im Lichte stehen, wie das alles wogt, wenn ein Wind darübergeht – und im Norden steigt der Tempelbezirk Apollons auf, schimmern die Phaidriaden, steht düster die Schlucht, aus der die kastalische Quelle fliesst. Die Stille war unbeschreiblich. Nur Bienensummen, Vogellaute, Eidechsenraschlen hörte man. Und so sah ich lange die Tempel und Schatzhäuser dort an.
Der Tholos ist das Schönste – ein attischer Rundbau aus Marmor, Ende 5. Jahrhundert, Zweck unbekannt. Drei Säulen und ein Stück Gebälk und Fries sind aufgestellt. Aber man sieht auch die Stelle weiter nördlich, wo Odysseus[6], als er auf Besuch bei Autolykos[7] war, mit dessen Söhnen jagte und eine Wunde über dem Knie von einem Schwein erhielt.
Ja, so gehe ich herum, und es kommt mir diesmal vor, als kennte ich Griechenland überhaupt nicht – anders als vor zwei Jahren, wo ich mit Entzücken jeden Tag und jede Stunde etwas »erkannte« oder zu erkennen glaubte. Ich sagte einmal, so etwas käme nicht wieder, dieses Glück des »ersten Erkennens« – jetzt sehe ich's als richtiges Kinderglück an, ein naives Glück. Jetzt sehe ich vieles wieder, und doch ist mir, als wäre alles hinter einem Schleier, nur hie und da sei er zerrissen, und durch einen winzigen Spalt sähe ich augenblickslang etwas.
Hinter jeder Stätte, die man sieht, steht eine andere, ältere, die man sich zu rekonstruieren versucht, hinter jedem Kult steht ein älterer, und hinter ihm ein noch älterer – und wenn man nur einer einzigen Sage nachgehen wollte, müsste man an so viele Orte, die es gar nicht mehr gibt (aber man kann sie trotzdem finden) – wie gern möchte ich hier z. B. zur Tilphusa[8] und in der Nähe von Haliartus den Bezirk finden, der <u>ursprünglich</u> Apollons Heiligtum werden sollte! Aber ein solches Unternehmen kostet viel Zeit oder Geld oder beides. Mit dem »Kennen« ist es so wie mit einer neuen Sprache: Ganz am Anfang ist man von Tag zu Tag entzückter, wie viel man »kann«, wieviel man heute mehr kann als gestern usw. Und wenn man wirklich weitergekommen ist, liest und schreibt, sieht man erst, wie wenig man kann. [...]
Ich hoffe es gehe Dir gut – warum soll ich »erträglich« schrei-

ben? – hoffen soll man doch das Beste und es wünsche! Sei vielmals geküsst von
Deiner Ninon

1 Alpheios, der Flußgott des größten und wasserreichsten Flusses in der Peloponnes, besaß in Olympia einen Kult. Kladeos ist der Flußgott des beim olympischen Heiligtum in den Alpheios einmündenden Nebenflusses.
2 Hekatompedon (gr. hundertfüßig): Tempel oder Kultraum von 100 Fuß Länge.
3 Typhon: Mischwesen mit Drachenköpfen, Schlangenfüßen, Donnerstimme, ein Sproß des Tartaros.
4 Mit dem Wasser der Quelle Kastalia reinigten sich Priester, Tempeldiener und Pilger, bevor sie in Delphi den sakralen Bezirk Apollons betraten. Dieser Brauch hatte Hesse zur Namensgebung seiner Ordensprovinz im »Glasperlenspiel« inspiriert, in der die »Kastalier« der geistigen Überlieferung dienten. Ninon besuchte voller Spannung den Ort, in dessen geistiger Ausstrahlung Hesse seit mehr als acht Jahren gelebt hatte. Sie wollte das Wesen Apollons erfassen und hatte seit 1939 eine umfassende Materialsammlung angelegt.
5 Das Heiligtum der Athena Pronaia ist ein der Kultstätte des Apoll vorgelagerter Ort. Es stammt aus vorgriechischer Zeit, hier wurde schon eine weibliche Vorgängergöttin der Athena, der Tochter des Zeus, verehrt.
6 Odysseus, mythischer Fürst von Ithaka, kehrt nach 10jährigem Kampf um Troja und 10jährigen Irrfahrten voller Sehnsucht heim, findet seine vielumworbene Gattin Penelope treu auf ihn wartend, er tötet ihre lästigen Freier.
7 Autolykos – »der wahre Wolf«, ein geschickter Rinderdieb, ist Sohn des Hermes, dem auch Diebeshandwerk und Eid zugeordnet sind, und Großvater des listenreichen Odysseus.
8 Tilphusa, eine Quellnymphe, die Einspruch erhob, als Apollon in ihrem Kultbereich seine Orakelstätte bauen wollte, und ihn auf Delphi verwies. Er rächte sich später, indem er ihre Quelle eintrocknen ließ. Ninon sah auch hier den Nachklang einer religionsgeschichtlichen Konkurrenz.

Levadiá, 29. April 1939
Lieber Hermann.
Heute früh hatte ich also Rendezvous mit Dr. von den Steinen, auf der Piata von Levadiá, um ½ 8 Uhr. Wir gingen zum Heiligtum des Trophonios[1] an der Herkyne, darüber hat Frau Dr. Philippson[2] ja sehr schön geschrieben, ich brauche es nicht zu

wiederholen. Wir gingen noch ein gutes Stück flussaufwärts, mussten sehr viel klettern – ja klettern! Und dreimal den Fluss überqueren (über Steine) – da es kein touristischer Selbstzweck war, sondern ein philologischer, war ich mit Wonne dabei, wenn auch recht ungeschickt wie gewöhnlich.
Nachher stiegen wir circa 15 Minuten zu einer Ruine (mittelalterlich oder türkisch), an deren Stelle früher das Orakel des Trophonios war. Eine herrliche Rundsicht, den Parnass im Westen und eine schöne Bergkette im Süden, die dem Helikon vorgelagert ist. Eine weite Ebene, die östlich zum Kopaissee führt, lag vor uns. Wir stiegen hinunter, und dann einen andern kleinen Berg hinauf, wo jetzt eine selten benutzte Kirche liegt, Haghios Elias: Dort stand einst ein Tempel des Zeus Basileus, [...] wir sprachen viel von Kulten und Stätten. [...] Am Nachmittag fuhren wir mit dem Autobus, der wahnsinnig schüttelte, nach Orchomenos, d.i. nördlich von Levadiá. Und man fährt nur ca. 20 Minuten. Ich freute mich furchtbar darauf, und es war wirklich herrlich. Erst fuhr man über den böotischen Cephissus, und dann ging man zum sog. Schatzhaus des Minyas[3], ein Kuppelgrab wie das sog. Schatzhaus des Atreus[4] in Mycenae, ich glaube aus dem 15. Jh. v.Chr. – es ist aber nicht so gut erhalten wie das mykenische, hingegen ist das herrliche Deckenornament zum Teil erhalten. Dann zu neolithischen Schichten, die Furtwängler[5] ausgegraben hat, den unser Führer, der sehr viel wusste, gut gekannt hatte. Darüber sei eine zweite Stadt gelegen (3000-2000 v.Chr.) und darüber eine minyeische (2000-1750). Man »sah« sehr wenig, doch sprechen die gefundenen Scherben dafür. Von dort aus gingen wir in den sog. Charitentempel[6], an dessen Stelle jetzt eine reizende byzantinische Kirche aus dem 9. Jh. steht. Zypressen wachsen bei ihr, und Störche flogen darüber hin und her. Dr. St. meinte, das müsse ein uralter Kult gewesen sein, während ich immer dachte, Homer[7] und Hesiod[8] hätten sie erst »erfunden«.
Die Gespräche mit dem Phylax dauerten lang, schliesslich stiegen wir langsam auf die Akropolis, die recht hoch liegt. Das jetzige Orchomenos ist ein Dorf von 1700 Einwohnern, das übrigens auch einen andern Namen hat [...].

1 Trophonios war ein Heros des böotischen Lebadeia mit altem Orakel in einer unterirdischen Höhle am Eingang zur Unterwelt. Er galt als Baumeister des Apollon-Tempels in Delphi.

2 Dr. Paula Philippson (1874-1949) hat in zahlreichen Veröffentlichungen die Genealogie der griechischen Götter behandelt, wobei sie die geschichtlichen und räumlichen Bedingungen ihrer Kulte nachwies (z.B. in »Griechische Götter in ihren Landschaften«, Beiheft IX der »Symbolae Osloenses«, Oslo 1939).

3 Minyas, der mythische Gründer von Orchomenos und Stammherr eines alten griechischen Volksstammes in Böotien, dessen hochentwickelter Kultur in mykenischer Zeit ein Kuppelgrab aus dem 14. Jh. v.Chr. entstammte.

4 Atreus, Sohn des Pelops und der Hippodameia hatte Anrecht auf die Herrschaft in Argos. Ninon beschäftigte sich ausgiebig mit dieser alten Sage und ihrer Spiegelung in griechischen Dramen (Fragmente: Sophokles, Euripides).

5 Adolf Furtwängler (siehe S. 330), Archäologe, nahm 1878 an den Ausgrabungen in Olympia teil, war u.a. Direktor der Antikensammlung in München und unternahm 1901-1907 Ausgrabungen in Ägina, Amyklai und Orchomenos, der dritten Stadt, die Homer mit »golden« bezeichnete.

6 Chariten waren nach Hesiod drei Töchter des Zeus, Agleia (Glanz), Euphrosyne (Frohsinn) und Thaleia (glückliches Blühen). Ihr Kult in Attika und Sparta sollte Anmut, Schönheit und Festesfreude bescheren. Bei dem Römern entsprachen ihnen die drei Grazien.

7 Homer werden nach antiker Tradition die Epen »Ilias« und »Odyssee« zugeschrieben, die zusammen 28 000 Hexameter umfassen und in der 2. Hälfte des 8. Jh. v.Chr. (mit dem Abstand von etwa einer Generation) entstanden sind. Sie berichten von einer vergangenen Heroenwelt und deren Verhältnis zu den Göttern. In der 50tägigen Episode der Ilias werden durch Rückblenden und Querverweise Ursachen und Verlauf des trojanischen Kriegs sichtbar, und da die Götter parteiisch eingreifen, werden auch sie charakterisiert. In der Odyssee wird die um 10 Jahre verzögerte Heimkehr des Odysseus von Troja mit kunstvollen Verschränkungen geschildert, angereichert durch tradierte Mythen und Seefahrergeschichten. – Die Frage, ob beide Epen vom gleichen Autor stammen, wurde immer wieder gestellt.

8 Hesiod schuf um 700 v.Chr. eine Theogonie, eine Stammesgeschichte der Götter, verbunden mit einer Kosmogonie, dem Erklärungsversuch der Entstehung des Kosmos (1 022 Verse). Beginnend mit den Urwesen (Chaos, Gaia) und Göttinnen des Matriarchats (angefügt: sogen. Frauenkataloge, Ehoien), zielt die Göttergeschichte auf die Herrschaft des Zeus als olympischem Götterkönig, die zwischen 2300-1900 v.Chr. von einwandernden Griechen in die Ägäis gebracht wurde und die matriarchalische ägäische Religion verdrängte.

Poros (Kalauria), 3. Mai 1939

[...] Die drei Tage in Böotien waren anstrengend, aber herrlich! [...] Wir lebten nur in Mythen, und es war überhaupt eine Morgenlandfahrt. Z. B. Theben! Ich kann das jetzt nicht beschreiben, ich hoffe, dass ich auf dem Schiff dazu Zeit finde – mir kommt es vor, als wären diese drei Tage drei Wochen gewesen. Orchomenos war auch ein ganz grosses Erlebnis.

Ja Vogel, nun komme ich heim. Ich kann nichts mehr aufnehmen, sehne mich unendlich danach, alle meine Eindrücke und Erlebnisse zu verarbeiten, sehne mich nach Büchern. Der erste, auf den ich mich stürze, wird Plutarch[1] sein – ein wunderbarer Autor! Ich habe drei kleine Schriften von ihm hier gelesen und bin ganz hingerissen!

Dr. Lauffer[2] sperrte Augen und Ohren auf, als ich ihm erzählte, wo ich war (Delphi, Olympia erwähnte ich gar nicht, nein, die Quelle der Tilphusa, den Hain des Trophonios[3] etc. etc.). Als er sich länger mit mir unterhalten hatte, sagte er nachdenklich, ich sollte doch schreiben, ich hätte doch manches zu sagen; ich erwiderte ihm, ich hätte die Absicht.

Ich will jetzt ein Buch lesen, das Dr. Lauffer mir brachte, es heisst »Die archaische Mythenerzählung. Folgerungen aus dem homerischen Apollonhymnus« und ist von F. Dornseiff, 1933 erschienen. Leb wohl Vogel, sei geküsst von   Deiner Ninon

1 Plutarch (um 50-125 n.Chr.), griechischer Philosoph und Historiker, der neben ethisch-erzieherischen Schriften (Moralia) in Biographien große Griechen und Römer verglich (z.B. Alexander / Cäsar) und die griechisch-römische Doppelkultur seiner Zeit in einprägsamen Charakterzeichnungen veranschaulichte.
2 Siegfried Lauffer (1911-1985), Ordinarius für Alte Geschichte an der Universität München, war über die von ihm geschätzten Hesse-Werke mit Ninon in Verbindung gekommen und blieb ihr lebenslang Freund und Berater für ihre mythologischen Forschungen.
3 Trophonios, Tilphusa, s. S. 435 u. 433.

An Bord der »Princesse Olga«
6. Mai 1939

Lieber Vogel,

Du machst es immer gut – das ist nun einmal so – darum kam heute Dein ganz kurzes Briefchen vom 3. Mai (manchmal geht's so schnell) fünf Minuten vor der Abreise, in einem Moment grosser Nervosität, grossen Unglücklichseins: Da lag Dein Brief da mit der winzigen, geliebten Vogelschrift, es war wie ein Talisman, ich dachte, nun ist es gut, nun kann es nicht schlimm kommen!

Du bist ein grosser Zauberer, nun, das weisst Du ja, und ich weiss es auch. Darum gehört es sich aber doch, dass ich Dir hier, auf diesem himmlischen Schiff, zuerst schreibe und Dir danke, dass Du mich auf diese Reise geschickt hast. Es war in diesen vier Wochen, als wäre ein ganzes Leben vergangen – mit Geburt unter Wehgeschrei und Unlustgefühlen (auf dem grässlichen Schiff), mit viel Mühe und Arbeit und sehr viel Glück – und zuletzt mit Sattheit und Müdigkeit als wär's der Abend dieses Lebens.

Nicht nur weil ich äusserlich durch Dich die Mittel habe, das alles zu realisieren; es ist auch innerlich – denn was wäre ich ohne Dich? Vom Hermann Lauscher bis zum Josef Knecht bin ich ehrfürchtig und entzückt am Rande Deines Weges gestanden, und alles, was Du der Welt gegeben hast, hast Du doch auch mir gegeben, und dies hat mein Leben geformt – was natürlich klingt, als sei ich entzückt über mich! Aber Du wirst es richtig lesen.

Es ist 4 h, und wir haben den Piraeus um ein Uhr verlassen. Bis vor wenigen Minuten lag die Südspitze Attikas noch da [...]. Lange sah man den so winzigen Hügel der Akropolis neben dem Lykabettos im Norden, die herrlich geschwungene Linie des Hymettos, die Schimmer des Pentelikon, den Parnes. Jetzt ist Attika verschwunden, es tauchte ins Meer, rosig schimmernd bis zuletzt. Aegina lag wundervoll da, recht wie die Gemahlin eines Gottes (sie hat dem Zeus den Aiakos geboren, und der war Peleus' Vater, und der war Vater des Achilleus[1]). Es ist schön, dass der Gott die Stätte, wo er ein Glück genoss, nach der Geliebten benannte, oder dass er sie in die Erde verwandelte, in das fruchtbare Land, das ihm herrliche Söhne und Töchter schenkte und Früchte und Getreide trägt.

Ich fühle, dass ich hier ruhiger werde – schade, dass man nur drei Tage fährt – ich war in einem solchen Überschwang – Lust des Schauens und Verzweiflung, alles sofort wieder zu verlassen – »kaum gegrüsst, gemieden« – und dieses rasende Gefühl der Unersättlichkeit, dieses »Genug ist nicht genug!«, das ich nicht billige, [. . .] aber das ich doch immer wieder habe.

Gestern abend fühlte ich mich [. . .] sehr müde und traurig, Dr. Lauffer lachte mich zudem (sehr gutmütig) aus wegen zwei Steinen, die ich aus Bassae mitschleppte; ich warf sie daher auch weg. Dr. v. d. Steinen war müde, er hatte an dem Tag neun Stunden unterrichtet, und wir sassen nun zu dritt in Zonars Restaurant. Ich fühlte mich zwischen dem Archäologen und dem Philologen so recht als Dilettantin, nirgends zugehörig, kein Handwerk recht verstehend, gütig geduldet, heimlich belächelt. Da war es denn tröstlich, heute Deinen Brief zu bekommen, und dass Du die Hoffnung aussprachst, ich könnte doch Gewinn von der Reise gehabt haben. [. . .]

Ich will unbedingt weiter Neugriechisch lernen, wenn ich darin auch keinen grossen Ehrgeiz habe. Aber so schlecht und recht wie Italienisch möchte ich es können – mehr ist gar nicht nötig. Es gelang mir heute (unter wieviel Mühen und Hetzereien beschreibe ich Dir mündlich), noch für eine halbe Stunde ins Museum zu stürzen, und dort zog ein solcher Frieden, eine solche Ruhe in mich ein, wie ich's kaum sagen kann. Ich weiss nicht, ob mir etwas klar wurde, was ich nicht schon wusste. Aber ich erkannte, dass die Bilder, die εἴδωλα, in mir ruhten, und dass ich sie wieder-sah. (Während ich beim letzten langen, gründlichen Museumsbesuch das Gefühl hatte, ich kannte überhaupt nichts!)

Ich bin froh, dass mir jetzt die Ausgrabungen so etwas Lebendiges sind. Früher interessierte mich nur die Statue »an sich«, d. h. das Künstlerische, das Formale und Geistige – jetzt aber ist mir die Herkunft fast ebenso lebendig, seit ich an so vielen Orten war, und ich grüsse leise die Heimat der Statue mit, wenn ich sie ansehe.

Das Aufregendste bei meiner diesmaligen Reise war das: Ich begriff, dass alles Sichtbare, auch Tempel, auch Weihgeschenke, auch Statuen nur irgendeine Schicht sind, unterhalb derer sich noch unendlich Geheimnisvolles birgt. Ein Kult ist nur eine zeitliche Ausstrahlung, ist etwas durch vorangegangene Zeiten Geformtes, ein Teil einer unendlichen Verwandlung. Das alles wird in Gleichnissen gesagt, wie in Namen. Asklepios[2] war wohl vor Apollon[3] da, ein uralter Heilgott; als aber Apollon kommt, verleibt er sich den Asklepios ein, dieser wird zu seinem Sohn. Oder: In Theben gibt es ein Heiligtum des Apollon Ismenius[4]. Ein Sohn des Okeanos[5] namens Kaanthus war von seinem Vater ausgesandt worden, um seine Schwester Melia zurückzuholen. Er fand sie in den Händen Apollons und legte zur Rache Feuer in den dem Apollon heiligen Hain. Darauf tötete ihn Apollon durch einen Pfeil, und er liegt an der Ares-Quelle begraben, oberhalb des Ismeniums. Apollon aber hatte zwei Söhne von Melia, Teuerus und Ismenius, und so heisst auch der Fluss, der am Heiligtum vorbeifliesst. Also: ein alter göttlicher Wasserkult – und ein Kampf gegen den Eindringling, Usurpator Apollon; der Sieger bleibt und hat sich den Besiegten, den Okeanos-Abkömmling, einverleibt, als Sohn.

Das ist nur eine winzige Begebenheit – so aber ist es überall. Aus Wassergöttinnen wurden Charitinnen, und aus Charitinnen vielleicht Aphrodite, obwohl sie ja bestimmt eine asiatische Göttin ist.

Diese drei Tage in Böotien waren unglaublich schön und reich. [...] Wir fuhren in einer Art Automobil-»Balagule«[6] nach Orchomenos – mein Traum! Aber darüber müsste man ein Buch schreiben – wie soll ich das nur kurz berichten! [...] Das Kuppelgrab ist wie in Mycenae, nur unvollständiger, dafür ist das Ornament an der Decke der eigentlichen Grabkammer erhalten. [...] Der ganze Burgberg ist kahl, steinig, nur mit niedrigem Strauchwerk bewachsen, weiter unten blühen die Kamillen,

die – glaub ich – die griechischsten Blumen sind; wenigstens duftet es an vielen heiligen Stätten nach ihnen, aber auch an profanen (obwohl es ja kaum profane gibt).
Am Nordabhang des Burgberges, ganz unten an der Strasse [...] ist die Charitinnenquelle, Pindar hat sie besungen. Und nun erlebte ich etwas Zauberhaftes. Es dunkelte schon, die Sonne war untergegangen, das Licht war nur noch auf den Höhen, da kamen Mädchen und Frauen mit Amphoren aus Orchomenos, sie trugen alle Kopftücher, die unter dem Kinn durchgehen und hinten geschlungen sind, ihre farbigen Kleider hatten in der Dämmerung gebrochene Töne; Männer ritten auf Eseln und Maultieren herbei; die Tiere wurden getränkt, ausruhend sass man einige Minuten an der steinernen Brunneneinfassung. Das Wasser quillt aus vielen Röhren unterhalb des grossen steinernen Bassins, die Röhren sind neu und hässlich. Dennoch war dies alles genau so, wie es einmal gewesen sein muss. Es hatte etwas zeitlos Ewiges – wie das Rinnen des Wassers, wie Rauschen, wie Wehen. Ein Knabe kam auf einem Pferd geritten, strahlend, in scharfem Trab. Er hatte nichts Sportliches an sich, auch nichts Episodisches – es hat in diesem Land alles andere Aspekte angesichts dieser Natur, angesichts des Geschehenen, Gewordenen, Geschichteten: Es war die Jugend selbst, die ausritt, strahlend, ich-berauscht. Herden zogen talwärts. Mädchen, Frauen schritten mit gefüllten Krügen heimwärts, begegneten anderen, die mit leeren Krügen kamen.
Ach dieses Sitzen am Brunnen! Rebekka wird lebendig wie sie zu Elieser sagt: »Nicht nur Dir will ich zu trinken geben, sondern auch Deine Kamele will ich tränken.«[7] [...] Jahrtausende werden überbrückt – man ist einbezogen in das grosse, das ewige Leben. Ich dachte so sehr an Dich! Dieser Nachmittag und Abend wäre so recht etwas für Dich gewesen. Wie wünschte ich, alles zu behalten, um es Dir zu erzählen. [...]
Der Besuch von Theben: Es war wie ein Besuch im Traumland, man hätte ebensogut bei Aladin zu Gast sein können oder sonstwo unterwegs auf »Morgenlandfahrt«. Dieses Theben ist ein elender Ort, ein städtisches Dorf mit abscheulich niedrigen

Häusern in Strassen, die mit dem Rasiermesser gezogen sind, ganz gerade und rechtwinklig – und es ist nichts da. Aber wir haben alles gesehen, und alles war da! Das war mein Verdienst, diesmal muss ich mich loben! Wir gingen durch die abscheulichen lärmigen, z. T. stinkenden Strassen – unser Hotel roch, als wäre es eine einzige Urinlache – zuerst zur Ödipus-Quelle, wo sich Ödipus[8] nach dem Vatermord das Blut abwusch; von da in den Hain des Apollon Ismenius, wo auch ein Tempel stand. Wir sassen am Eingang des Tempels mit dem Rücken gegen die Kadmeia[9] und lasen Pausanias: »Zuerst kommen vor dem Eingang in den Tempel die Marmorbilder der Athene und des Hermes[10] welche hier Pronaoi heissen, und der letztere des Phidias und die erstere des Skopas Werk sein sollen; hinter diesen steht der Tempel.« Dies alles war da, war lebendig. Noch viel lasen wir und sahen es. [...] Wir versuchten, die Lage der sieben Tore der Kadmeia festzustellen; und dann gingen wir zum Herakleion in der Stadt. Dort lag das Haus des Amphitryon, hier war zu Pausanias' Zeit das Schlafzimmer der Alkmene[11] zu sehen, hier ist Herakles geboren. Wir gingen nun durch eins der imaginären Tore in die Burg von Theben, um das Schlafgemach der Harmonia, der Gattin des Kadmos, zu sehen, bogen dann aber links ab, auf die Ostseite der Burg. Dort ist die Quelle, in die Dirke[12] zur Strafe verwandelt wurde, und in der Nähe liegt die Höhle, in welcher der Ares-Drache hauste, den Kadmos getötet hat. Noch viele Sagen spielten sich hier ab. Es ist die Gegend, wo Pindar wohnte – [...] hier auf den Hügeln muss es gewesen sein, dass Pan flötend und Pindars Oden singend einherging.

Andern Morgens, es war der 1. Mai, ein grosser Nationalfeiertag in Griechenland, war alles geschlossen. Wir gingen ins Museum, das uns nach vielen Verhandlungen geöffnet wurde, und wo es einen sehr schönen κοῦρος[13] gab, aus dem 6. Jh.

Von da holte uns das Auto ab, das wir »gedungen« hatten, und das sehr ungern um viel Geld fuhr – denn an einem solchen Feiertag hoffte der Fahrer in Theben das Doppelte zu verdienen – und wir fuhren dem Helikon zu, bis in den Ort, der jetzt Paleo-Panaghia heisst. Dort sammelte sich die übliche Menschenmenge um uns, wir erklärten, dass wir einen Führer ins Musental wollten [...]. Das war ein junges Bürschchen von etwa 17 Jahren, und der nahm sich, damit es ihm nicht langweilig werde, einen Freund mit. Sie trugen meine Tasche mit dem photographischen Apparat, und wir zogen los.

Dies war ja auch unter anderem ein Besuch bei Hesiod. Hier, in Askra, wo wir vorbeikamen, hat er gelebt, aber geliebt hat er es nicht: »Verfluchter Ort, abscheulich im Winter, hart im Sommer, niemals angenehm«, hat er es genannt. Ob aber der Ort wirklich Askra ist, bleibt sehr zweifelhaft, man glaubt dies auch anderswo. Die Askra war eine Geliebte Poseidons, deren Sohn war Oioclos, der die Stadt Askra gründete »am quelligen Fuss des Helikon«. [...]

1 Achilleus: Hauptheld der »Ilias«, deren Handlung auf dem Groll des Achilleus als zentralem Motiv beruht. Er verweigert am Ende des 9. Kriegsjahres seine weitere Teilnahme am Kampf und führt somit alles folgende Unheil der Griechen herauf.

2 Asklepios war in einer älteren mythologischen Schicht wohl ein mächtiger thessalischer Gott, seine Bedeutung wurde innerhalb der Zeus-Religion reduziert auf einen Gott der Heilkunde, ausgebildet von dem weisen »Halbmenschen«, dem naturnahen Kentauren Cheiron, der in einer Höhle des Peliongebirges hauste.

3 Apollo: Der Sinn seines Namens ist ebenso wie sein ursprüngliches Wesen in Dunkel gehüllt. Nach mehrfachem Gestaltwandel erstreckt sich sein Machtbereich auf alle Bezirke göttlichen Waltens: »Die Epiklesis, der Beiname eines griechischen Gottes, bezeichnet immer ein Stück seines Wesens«, mit diesem Satz begann Ninon ihre Arbeit über den »Apollon Lykeios«, den »wölfischen Apoll«, in der sie eine frühe Erscheinung des vielgesichtigen Gottes erfaßte.

4 Apollon Ismenius, dieser Beiname des Apollo ist zugleich Name eines Flusses in Böotien; auch hier hat der siegreiche Gott durch eine seiner mehr oder weniger gewaltsamen Kultübernahmen seinen Einflußbereich ausgeweitet: Der Flußgott Ismenos ging ein in die umfassendere Gestalt des Apoll.

5 Okeanos, Vater aller Meere, Flüsse, Quellen und Brunnen, hatte nach Hesiod 3 000 Söhne und 3 000 Töchter, die Wogen des Meeres. Er wird von griechischen Autoren des Altertums an die Spitze der Genealogie gestellt und Vater der Götter genannt.

6 Balagule, jiddisch: Pferdekutsche.

7 Rebekka: 1. Moses 24 ff. Die Darstellung am Brunnen ist seit dem 6. Jh. (Wiener Genesis) ein beliebtes Motiv der bildenden Kunst.

8 Ödipus, tragischer Held des griechischen Mythos, an dem sich der Orakelspruch erfüllt, daß er seinen Vater töten und seine Mutter heiraten würde. Dramatischer Stoff für zahlreiche Bühnenstücke von Sophokles (vor 425 v.Chr.) bis T.S. Eliot (1958).
9 Die Kadmos-Sage ist zugleich die Gründungssage der Stadt Theben. Kadmos, der Bruder der Europa, suchte sie nach der Entführung durch Zeus und gründet im Auftrag des delphischen Orakels die Kadmeia, Burg und Stadtkern des späteren Theben.
10 Hermes, einst ein mächtiger Unterweltgott, wurde durch die homerische Götterfamilie in Dienst genommen und geleitete als »Psychopompos« die Seelen aus dem Diesseits ins Jenseits. Der flinke Götterbote der Olympier trägt einen Zauber- oder Heroldsstab, Flügelschuhe und Reisehut als ständige Attribute.
11 Alkmene wurde von Zeus in Gestalt ihres Gatten Amphitryon während dessen Feldzugs besucht. Seit T.M. Plautus' († 184 v.Chr.) »Amphitruo« ein Stoff für viele Komödien und Opern der Weltliteratur.
12 Dirke, Gattin des Lykos, des Königs von Theben, wurde zur Strafe für die schlechte Behandlung ihrer Sklavin Antiope von deren Söhnen auf die Hörner eines Stieres gebunden und zu Tode geschleift. Die Leiche warfen sie in eine Quelle, die nach ihr benannt wurde.
13 Jüngling (Statue).

Fortsetzung des gleichen Briefes

8. Mai

Ich muss mich jetzt unterbrechen. [...] Wir sind heute früh in Ragusa gewesen, drei Stunden hielt der Dampfer dort, ich habe die Stadt gesehen. Eine zauberhafte Stadt! Um 10 Uhr war ich wieder auf dem lieben Schiff, und nun fahren wir an der ehemaligen dalmatinischen Küste hin, vielmehr zwischen den Inseln [...]. Sie sind gewiss alle sehr schön, aber ich sehe sie an wie eine andere Welt, eine Welt, die mich nichts angeht. Es sind Kinder-Inseln, sozusagen, ich grüsse sie freundlich-zerstreut, wünsche ihnen das Beste und kehre nach Griechenland zurück.

Der Bach, der das Musental durchfliesst, ist der Termessos; es gibt aber ein Seitental dort, durch das ein (trockenes) Bächlein fliesst, dessen Quelle Aganippe[1] heisst; sie gilt, wie Pausanias sagt, als »eine Tochter des Termessos«.

An dem Wege, der nach dem Musenhain führte, stand das Re-

liefbild der Eupheme in Stein gehauen, die für die Erzieherin der Musen gilt, und in einer kleinen künstlichen Fehlsenhöhle war das Bild des Linus[2], dem jedes Jahr vor dem Opfer für die Musen ein Totenopfer gebracht wurde. Apollon hat ihn getötet. Natürlich ist nichts davon zu sehen, nichts von Eupheme, nichts von Linus. Aber nun kommt das Enttäuschende: Wenn man in einen Hain zu kommen glaubt, erwartet man doch Bäume zu finden! Pausanias erzählt Wunder vom wilden Erdbeerbaum, »dessen Gesträuch den Ziegen die beste Nahrung« liefere. Überhaupt seien sämtliche Kräuter und Wurzeln, die auf dem Helikon wachsen, für Menschen »nichts weniger als tödlich«, ja, das Gift der dortigen Schlangen sei durch das dortige »Futter« minder stark, so dass der Gebissene mit dem Leben davonkomme. Und nun stell Dir aber vor, dass man durch ein ganz baumloses Tal geht – von »Hain« keine Rede – und so versagte ich diesmal und konnte mir nicht vorstellen, wieso dies das »Musental« sein könne, abgesehen davon, dass es mir unklar blieb, wie die Musen überhaupt hierher gekommen seien. Denn Pierien am Olymp ist ja ihre Heimat. Es seien anfangs nur drei Musen gewesen: Melete, Mneme und Aonide, erst Pieros aus Makedonien (nach dem das Gebirge heisse) habe, nach Thespiai am Helikon gekommen, die Neunzahl der Musen eingeführt – oder er habe neun Töchter gehabt, die wie die Musen hiessen, und »die von den Hellenen so genannten Musensöhne seien Söhne der Pierostöchter«.
Dies ist alles aus Pausanias zitiert, und die Geschichte der Musen interessiert mich sehr. Sie werden ja auch immer als ursprüngliche Baum- und Wassergöttinnen angesehen – und ich sagte zu Dr. von den Steinen, es widerstrebe mir so, das zu glauben – sie seien doch das Geistigste, was es gäbe, geboren aus der Verbindung des höchsten Gottes mit der Mnemosyne, geschaffen zu Gesang, Stern-Schau, Geschichtsschreibung, Tanz, Tragödie und Komödie – was hätte dies mit Wasser, Geburt, Zeugung zu tun? Ich sagte, ich könne mir vorstellen, wie Hesiod in seiner Jugend hier umherstrich in dem Hain, wie er beschwingt und glückselig fühlte, er werde schreiben können, was ihm vorschwebe, und wie er dankbar rief:

»Μουσάων Ἑλικωνιάδων ἀρχώμεθ' ἀείδειν αἵ θ' Ἑλικῶνος ἔχουσιν ὄρος μέγα τε ζάθεόν τε«.³
Er, er hat sie erfunden, die geistigen Musen – dass vorher hier irgendwelche Quellgöttinnen verehrt wurden, glaube ich natürlich.
Es gab ein paar Tempelfundamente zu sehen, wir sassen fast eine Stunde oben. Gern wären wir vollends auf den Helikon gestiegen (er ist bloss 1527 m hoch), um die Hippokrene zu sehen – die Pegasus-Quelle – aber das hätte hin und zurück fünf Stunden erfordert, und dazu war keine Zeit, auch waren wir zu müde. Ich hatte zum ersten Mal im Leben Schmerzen unterhalb des Brustbeins, ein abscheulicher, beängstigender Herzschmerz (Aorta), der aber nach einer Weile verging. Wir kehrten mit dem Auto, das uns in Paleo Panaghia erwartete, zurück und assen Yaourthi⁴, Brot, tranken Kaffe in Theben und gingen noch einmal unsere imaginären Wege. Denn dieses Theben ist unerschöpflich, ich setze die vielen Sagen nicht hierher, nur an die von Amphion und Zethos erinnere ich Dich, und wie zu Amphions⁵ Gesang die Steine sich von selbst zu Mauern fügten. [...]
Es ist merkwürdig – als ich das erste Mal in Griechenland war, versank Apollon mir völlig – es versank überhaupt alles, was ich gedacht, geglaubt hatte – als hätte ich Lethe getrunken; und so befreit von allem Gewussten, Gedachten, Geglaubten, war ich völlig »neu«, bereit, alles was kommen sollte, aufzunehmen. Ich war ungefähr ebenso lange da wie dieses Mal. Aber während ich damals das Gefühl hatte, Griechenland nun zu kennen – denn war ich nicht da und dort und dort gewesen? hatte ich nicht mit aufgerissenen Augen und voller Entzücken geschaut, gesehen? – war es mir diesmal, da ich nicht weniger bereit, nicht weniger entzückt war und doch vieles zum zweiten Mal sah – als sähe ich überhaupt nichts. Als wäre ich <u>nie</u> in Griechenland gewesen und sei auch jetzt nicht dort. Es ist die Unersättlichkeit in mir, die etwas vollkommen Unfruchtbares hat, weil sie ja nur immer wieder sich selbst erzeugt. Ich habe das oft ganz klar empfunden. Und schliesslich habe ich mich ja auch von überall losgerissen, das ist nicht zu leugnen. Dennoch ist mir Apollon diesmal nicht

entschwunden, vieles ist mir klarer geworden. Und das Gefühl, Griechenland überhaupt nicht zu kennen, ist ja auch ein Zeichen dafür, dass ich jetzt überhaupt erst zu begreifen beginne, was es heisst, es zu kennen.
Nachdem ich aus der Peloponnes zurückgekommen war, nach dem schönen Brauron-Tag, beschloss ich, nach Delphi zu fahren. [. . .]
Ich wollte genau aufschreiben, wie die Fahrt war, und studierte zu diesem Zweck Strabons Landbeschreibung mit der alten und neuen Karte vor mir und mit dem Guide bleu und Pausanias als Hilfe in besonderen Fällen. Die Leute sahen mich an wie eine Verrückte, aber das bin ich gewohnt. [. . .]
Ich habe Delphi diesmal ganz anders gesehen als beim ersten Mal. Ich sah es viel komplexer – viel mehr als Gewordenes denn als Seiendes. Ich sah die Vorgänger Apollons: Gaia-Themis, ich sah Dionysos, den ich damals nicht sehen wollte, weil ich nicht begriff, was er hier in Delphi zu tun hatte. Ich wusste, dass er vier Monate im Jahr mit Dithyramben[6] und Threnoi[7] verehrt wird, während Apollon bei den Hyperboreern[8] weilt. Auch dass Dionysos' Grab im Tempel ist. Aber ich liess es sozusagen nicht an mich heran, es »passte« mir nicht.
Diesmal ging ich zu der Korykeischen Grotte[9], die hinter den Phaidriaden und höher als diese auf einem Berg liegt, der ein Vorberg des Parnassus ist. Pausanias lobt sie sehr, er sagt, es sei die schönste Höhle, die er kenne, und Dr. von den Steinen (der nicht dort war), riet mir auch, hinzugehen. Mit einem »Wegweiser« und der Tochter des Portiers, die gebeten hatte, mitkommen zu dürfen, zog ich um ½ 8 Uhr früh aus, den sehr steinigen Weg hinauf, man braucht 2 ½ Stunden hin und ebensolange zurück. Das zweite Drittel des Weges ist fast eben und führt durch einen herrlichen <u>Tannenwald</u> – die ersten Tannen, die ich hier sah. Es wuchsen viele wilde Schwertlilien im Wald, Katzenaugen, Vergissmeinnicht und besonders im letzten Drittel, dem eigentlichen Höhlenberg, Traubenhyazinthen. Den Parnass hatte man fast die ganze Zeit vor Augen.
Nach einer Stunde kam man auf ein Hochplateau, wo eine

Hütte lag; der Parnass lag gross entfaltet vor uns, wir aber stiegen links von ihm einen ziemlich steilen, steinigen Berg hinauf – in halber Höhe lag die Korykeische Grotte. Steht man davor, ahnt man nicht entfernt, wie sie ist. Ein flacher Spalt klafft im Berg, durch den man ein paar Schritte abwärts steigt. Man gelangt in eine Mulde, ähnlich wie eine Barke gebaut – sanft nach abwärts sich vertiefend, dann wieder sanft ansteigend. Der Boden ist wie die Wände und die Decke nass, glatt, schiefergrau bis schwarz, er ist dabei matt, nicht glänzend. Aber das ist nur der Anfang, der grosse Saal. Stalaktiten und Stalagmiten stehen und hängen herum, und so entstehen Nebenräume, Nischen, Seitenhöhlen. Der Führer hielt zwei Kerzen hinter meinen Kopf, so konnte ich diesen phantastischen Bereich Stück um Stück sehen. Natürlich ist der Boden uneben, man steigt, fällt (im wahrsten Sinne des Wortes, ich glitt unsinnig mit meinen Gummisohlen, der Phylax schleifte mich geradezu!), aber schliesslich konnte ich nicht weiter. Und es wäre so schön gewesen, durch die schmale rechte Höhle in die Tiefe des Berges einzudringen. Es war herrlich für mich! Diese kühle Feuchte – im Winter sei es warm, sagte der Phylax – dieses geheimnisvolle Reich der Nymphen und Pans[10]; ich habe oft Reliefs gesehen, wie Pan – bisweilen Hermes – die Nymphen anführt, auf einem (im Akropolis-Museum) gehen sie im Tanzschritt dahin. Und nun weiss ich, wie es da zuging. Hier feierten sie ihre Feste, hier spielten sie oder sangen, vermählten sich oder blieben einfach still da, bevor sie wieder ausschwärmten, auf die Berge, in die Täler. Aber auch der dionysische Schwarm kannte die Höhlen sicherlich. Und ich stellte mir vor, wie die Mänaden, Fackeln und Thyrsosstab[11] schwingend, über den Parnass stürmten, vielleicht auf der Höhe des »Nymphenberges«, wie ich ihn nenne, lagerten – oder tanzten sie? Tanzen Mänaden?[12] Aber wie ich so dahinging und mir ihre schönen nackten Füsse in den Sandalen vorstellte und die Schleiergewänder und wie ἔνθεοι[13] sie gewesen sein mussten, dass sie über diese Steine glitten und an dem dornigen Gesträuch nicht ihre Gewänder zerrissen – wie ich also so dahinging, den Blick aufmerksam auf dem Boden, denn man musste Schritt um

Schritt schauen, sonst stolperte man – dachte ich: aber das ist ja ein Thyrsosstab! Und weisst Du, was es war? Die Traubenhyazinthe, die hier in Massen wächst. Der ist der Thyrsosstab bestimmt nachgebildet!

Ich war so froh, in dieser Grotte gewesen zu sein, in dieser Bergwildnis – die noch nicht Parnass ist, aber ein Vorberg, »gradus ad Parnassum« – denn ich hatte mir bisher nie bewusst klargemacht, dass der Parnass ebenso dionysisches Reich sei wie apollinisches. Vier Monate im Jahr werden ihm [dem Dionysos] Dithyramben gesungen und im Adyton[14] des Apollontempels war das Dionysos-Grab. Ich begriff, dass das Apollon-Reich nicht vollständig sein könne ohne diesen Aspekt – es wäre leblos gläsern, abstrakt, wenn es nicht das Dunkel der Höhlen gäbe, die wollüstige Feuchtigkeit, die Leidenschaften, die Verzückungen, die Klagegesänge, die ekstatischen Tänze – und ich dachte, nur wer aus diesem Reich kommt, es durchkostet oder durchlitten hat, kann die wahre Sehnsucht nach der Klarheit, Reinheit, Durchsichtigkeit, nach Mass und Gesetz, nach reiner Geistigkeit in sich tragen, wie sie in Apollon verkörpert ist. Und vielleicht, dachte ich, ist Dionysos nur »die andere Seite« von Apollon, nicht wörtlich, nicht wirklich, aber gleichnisweise. Wie Heraklit[15] sagte: Hades[16] und Dionysos ist ein und derselbe.

1 Aganippe: Den Musen geweihte Quelle am Helikon, die den Trinkenden dichterische Kraft verleiht.
2 Linus wird eine wechselnde Herkunft zugeschrieben. Ninon bezieht sich auf den Mythos, daß er – ein Sohn der Muse Urania – es wagte, mit Apollon in der Musik zu rivalisieren, was für ihn zum Streit mit tödlichem Ausgang führte.
3 »Wir wollen beginnen, von den Musen des Helikon zu singen, die den großen und heiligen Berg bewohnen.«
4 Yaourthi: Joghurt.
5 Amphion und Zetos sind als Zwillingsbrüder böotische Parallelgestalten der Dioskuren und verkörpern das kontemplative und das praktische Leben.
6 Dithyramben: eine mit dem Dionysoskult verbundenen Chorlyrik im 6. Jh., eine Vorform der griechischen Tragödie.
7 Threnos: Totenklage.
8 Hyperboreion: der glückliche Bewohner eines am Rande der Erde ge-

dachten Wunsch- und Götterlandes, wo sich Apollon während des Winters aufhielt. Etymologisch: jenseits des Boreas, der nordöstlichen Stürme.

9 Korykeische Grotte, Korykion antron, Tropfsteinhöhle an der Nordseite des Parnaß, dem Pan und den Nymphen geweiht, 1 360 m hoch ü. M., 60 m lang und 12 m hoch.

10 Pan, Sohn des zwielichtigen Hermes und einer Nymphe. Bei seiner Geburt ist Pan am ganzen Körper behaart, hat Ziegenhörner und Ziegenbeine. Als schreckenerregendes Mischwesen stellt er den Nymphen nach und spielt auf seiner aus Schilf gefertigten Hirtenflöte weintrunken im Gefolge des Dionysos.

11 Thyrsosstab, ein mit Binden umwundener Stab, an der Spitze mit Weinlaub oder Efeu, später auch mit Pinienzapfen geschmückt, ein Sinnbild des orgiastischen Dionysoskults.

12 Mänaden, Frauen, die im dionysischen Rausch entfesselt dem ekstatischen Schwarm (Thiasos) von Nymphen, Silenen und Satyrn – den lüsternen, halbtierischen Bockswesen – folgen.

13 gotterfüllt, rauschhaft.

14 Adyton: nur den Priestern zugänglicher Raum im Tempel.

15 Heraklit (um 500-um 480 v.Chr.), Philosoph aus Ephesos, schon in der Antike wegen seiner Schwerverständlichkeit »der Dunkle« genannt.

16 Hades erhält bei der Teilung unter die drei Söhne des Kronos (Zeus, Poseidon, Hades) die Unterwelt, um hier an der Seite seiner Gemahlin Persephone über die Seelen der Toten zu herrschen.

Vom 12. bis 18. August 1939 fuhr Ninon, um der sommerlichen Hitze des Tessins zu entgehen, nach Sils Baseglia.

Postkarte

Sils Baseglia, 14. August 1939
»Ein Lüfterl wie Champagner« abends kalt – wunderbar! Zitternd vor Kälte stieg ich ins Bett. Ich wohne in einem alten Bündnerhaus, in dem Postamt, neben der Pension. [. . .] Fräulein von Waldkirch lachte furchtbar, als ich ihr eine zusammengelegte Landkarte zeigte, und auf ihre Frage hin, ob es die von Graubünden sei, sagte: »Nein, von Griechenland!« Ich bin aber so froh, dass ich sie mitgenommen habe. [. . .]

15. August 1939, abends
Lieber Hermann,
ich bin sehr glücklich, und ich wollte, Du könntest mich sehen: ich bin ganz anders als gestern und die vorangegangenen Tage – ein ganz anderer Mensch! Wie ist so etwas möglich (so rasch, meine ich)? Es ist bestimmt die Luft, die einen so schnell verzaubert, ich atme sie mit einer solchen Lust, als wäre ich auf den Bergen zu Hause, Hirten meine Ahnen! [...] Um 10,30 h holte mich Mareili[1] ab, wir gingen ins Fextal. Ich war ziemlich unausstehlich. [...] Dann trennten wir uns. Ich ging nun endlich mit meinem Tempo, mit meinem Wanderschritt zum Gletscher. Das Rauschen der Fex, die weisse Flamme des Gletschers vor einem, der Heuduft, die Steinhalden, Moränen – und gehen, gehen, gehen! Mir war unbeschreiblich wohl zumute, ich strahlte,[...] lag auf der Wiese, las ein bischen Pindar und ging dann zurück. [...]
Ich bin bezaubert von den alten Häusern – Vicosorano auf der Fahrt war schon so herrlich – und nun wohne ich sogar in so einem alten schönen Haus. Ich wohne im Postamt, herrlich, nicht? Marken zum Frühstück – so ungefähr! Ein prachtvoller Hausflur, es duftet nach dem alten Holz – mir wird immer wohl, wenn ich heimkomme. Alles entzückt mich, die Fensterriegel, die Türschlösser, jedes kleine Detail ist immer wieder ein Geschenk. Eine liebe gute Frau ist meine Wirtin, sie heisst Zuan (Don Žuan[2]!! dachte ich), und der Mann hat einen langen Bart, und ihre Stube ist herrlich. [...] Addio mein lieber Vogel.

1 Die befreundete Teppichweberin Maria Geroe-Tobler, s. S. 245.
2 Hinweis auf das dramatische Gedicht »Don Žuan« von Aleksej Konstantinowitsch Tolstoi (1817-1875), in dem das vielvariierte Thema von Erfüllung und Enttäuschung mit philosophischem Tiefgang behandelt wird.

18. August 1939

Liebster Hermann,
morgen früh reise ich ab, um 17 h bin ich in Genf. [...] Heute war noch ein herrlicher Tag: Ich ging zum Lej Sgrischus, einem kleinen See, fast 2 700 m hoch. [...] Ich war um 5 h zurück und raste noch einmal nach »Plaz« hinauf, meinem Lieblings«plaz«, [...] und wollte heute von allem Abschied nehmen. Es fing an zu regnen, und dann kam ein herrlicher Regenbogen, und dasselbe Murmeltier, an demselben Platz wie vorgestern sah ich auch! Ich bin hier so glücklich gewesen, und ich danke Dir vielmals dafür, Vogel, dass Du mir diese Reise geschenkt hast![1] [...]

1 Hesse schrieb im August 1939 an Ernst Morgenthaler: »Ninon habe ich für acht Tage weggeschickt, sie war so abgesorgt und müde.«

1940

Hausbrief

Vogel,
tausend Dank für den Kalender! Ach, endlich ein richtiger Kalender mit Tierkreiszeichen und Monden (nur die Stunde des Sonnenaufgangs fehlt leider!) – nicht diese Reklamen für kunstgeschichtliche Bücher, in denen wie aus Versehen ein paar Wochentage beziffert sind. Ich freue mich so! Jetzt wird der Mond schauen, wie genau ich ihm nachrechne – die Vollmonde müssen eingehalten werden, sonst beschweren wir uns!   Ninon

Montagnola, 26. April 1940

Mein lieber Vogel,
[...] Mir war's ganz merkwürdig, abends »aus«zugehen, es graute mir davor, aber gerade das, fand ich, sei ein schlimmes

Zeichen, und man »müsse« in der Welt leben – ich zwang mich also wirklich dazu, und noch im letzten Augenblick, als ich schon im Saal sass und das Klavier aufmunternd spielte, dachte ich: Sind wir denn alle wahnsinnig? Die Welt ging unter, und wir warten hier auf einen Tänzer – ich will fort, ich halte das nicht aus...!
Aber zugleich erkannte ich, wie entfremdet ich der »Welt« bin, und fand, es sei nun eben Gelegenheit, mich wieder mit ihr zu befreunden.
Die Tanzerei war furchtbar! Aber je wacher ich zusah, desto schöner wurde es gewissermassen, denn es war gar nicht mehr das, was hier gespielt wurde, es wurde viel mehr: Es wurde 1919/20 und viele Tänzer und Tänzerinnen tauchten auf und verschwanden – Mama, Fred, Wien, die Nachkriegszeit, das Geschwatze über Tanz, griechische Vasenbilder und Pindar-Oden, Zeichnungen von Fred und das einzige Erlebnis einer Tänzerin: Anna Pawlowa. [...]
Ich war heute nachmittag schnell in Lugano; da war gerade Alarm und ich konnte mich noch eben zum Coiffeur »retten«. Es war schrecklich – dieses Heulen der Sirenen – man hätte am liebsten mitgeheult. Ich empfand eine solche Wut, einen solchen wachen Zorn gegen Hitler und sein Volk, das dies aus der Welt gemacht hatte – und zugleich war ich froh – ja froh darüber, dass diesmal der Krieg allen gilt, nicht bloss den Soldaten, dass es kein Hinterland gibt, in dem man seelenruhig lebt, während die Männer für uns zugrunde gehen.
Den zweiten Alarm erlebte ich zu Hause[1] und konnte wieder konstatieren, das man beide Sirenen, die Anfangs- und die Schluss-Sirene, hier oben sehr schlecht und undeutlich hört!
[...]

1 Hesse war im April 1940 zur Kur in Baden.

Vom 9. bis zum 18. August 1940 wiederholte Ninon, um der Tessiner Hitze zu entfliehen, ihren Aufenthalt in Sils Baseglia.

Sils Baseglia, 10. August 1940

[...] Nun habe ich mich eingerichtet, d. h. die Möbel des sehr kleinen Zimmers anders gestellt. Der Tisch steht am Fenster, und das Fenster sieht auf den Fex-Gletscher einerseits und auf den Regen andrerseits. Bis 12 h war das schönste Wetter, dann kam ein heftiges Gewitter, der See war wildbewegt wie die Nordsee, und der Sturm peitschte die Sträucher und Bäume – kurz: »wie bei uns«. Jetzt ist alles schön ruhig, grau, kalt, und es regnet solid und ausdauernd. Aber es macht mir nichts. Nur die Sonnensalbe kichert höhnisch. [...]
So bin ich wie zuhause, nur dass ich ausserdem Ferien habe. Ich habe den Homer mit und freue mich furchtbar auf ihn. [...] Übrigens las ich auf meinen vielen Warteplätzen »Die Perser« von Aischylos wieder, d. h. die ersten 400 Verse etwa. Es ist von einer Grösse und Herrlichkeit, man kann es nicht mit einem Mal erfassen. »Dennoch müssen die Sterblichen die Leiden ertragen, die die Götter geben«, sagt Atossa, die Witwe Dareios', Mutter des Xerxes (man hatte die Niederlage bei Salamis gemeldet). Die Gedichte Josef Knechts las ich mit Begeisterung wieder – jetzt verstehe ich sie viel besser! [...]

Ansichtskarte: Bovalhütte 2400 m ü. M, Sektion Bernina

12. August 1940

Heut war ich auf der Bovalhütte, es war herrlich. Jetzt auf dem Rückweg bin ich auf Alp Grüm, wo ich 1913 mit meiner Mutter vorbeikam, wir waren auf dem Marteratschgletscher gewesen. Ich denke an die Mama und an Dich und an so vieles. Samstag konnte ich doch noch wenigstens auf »Plaz« gehn, darüber schreibe ich Dir extra. [...] Innigst Ninon

»Kristallgebirge für Keuper«, Tempera-Gemälde von Hermann Hesse

14. August 1940

Liebster Hermann,
ich sitze auf »Plaz« – es wird mir immer klarer, dass ich nicht nach Sils gekommen bin, sondern nach Plaz – und habe die Odyssee mit und Briefpapier, um Dir zu schreiben. [...]
Mir ist immer, als wäre dieser Weg nach Plaz wie der Weg in die Bergwelt überhaupt – es ist alles da: Die Wasserläufe, Bergwiesen, das Rauschen der Quellen, die Wälder, vor allem aber die Struktur der Bergwände – Überlagerungen des Felsgesteins in Höhe und Tiefe, die Faltung der Felswände in der Längsrichtung (könnte ich es nur klarer sagen, was ich meine!!). Es ist Kampf und Frieden – die Äste der Lärchen sind nach Süden zu alle mächtiger und schöner als die nach Norden gerichteten; das Rieseln klingt friedlich, die Blumen machen alles lieblich. Und dann ein neuer Blick – die Halde, die Trostlosigkeit, die Unfruchtbarkeit, die Begrenztheit. Aber wenn Du die Steine nahe ansiehst [...]: das Leben überwindet das Starre, es kämpft sich durch, es schlägt Wurzeln, streut Samen, es blüht inmitten des Gerölls.

[...] Bevor der Wald wieder anfängt und der Weg wieder langsam abwärts führt, liegt ein ebener kleiner Platz, auf dem eine Bank steht – das ist »Plaz«. Hier sitze ich und schreibe Dir. [...] Hier las ich am ersten Tag, als der Regen aufhörte, den »Archipelagus« von Hölderlin[1] – aufgeschlossen und glückselig. [...]
Leb wohl liebster Hermann. Hab Dank für die Ferien!
Sei innigst umarmt und geküsst von   Deiner Ninon.

[1] In seiner Hymne »Archipelagus« rühmt Friedrich Hölderlin (1770-1843) das Griechentum als Quelle überzeitlicher Wahrheiten. Anlaß dazu bot der 1830 erfolgte Anschluß der Inselwelt dieses Namens an das von türkischer Herrschaft befreite Griechenland. Daß Hölderlin im Hellenentum zeitlos gültige Werte sah und in dessen Geist eine Rückbesinnung auf das Echte und Wahre forderte, begeisterte Ninon.

1942

Am 9. März 1942 nahm Ninon an einem Seminar des Religionswissenschaftlers und Mythenforschers Karl Kerényi über Dionysos teil, das im Hotel St. Peter in Zürich für einen geladenen Kreis veranstaltet worden war.

Hausbrief
Ninon erlaubt sich anzufragen, ob sie folgende Bücher mit nach Zürich nehmen darf:
    1) Wells Weltgeschichte, Bd. 2 u. 3.
    2) Freud, Das Unbehagen in der Kultur.
    3) Kafka, Die chinesische Mauer.
Sie bittet um schriftliche Absage, wenn Hermann ihr die Bücher nicht leihen will, »nein« genügt. Ein »ja« kann Hermann sagen oder schreiben, wie er lieber mag.

Zürich, 11. März 1942, früh, ½ 8 h.
Liebster Vogel,
ich bin gut gereist [...]. Um 8 h stand ich in der »Waag« und begrüsste Kerényi[1]. Es waren nicht »circa 30 Leute« da, wie Frau Fröbe[2] gedacht hatte, sondern 85, die an langen Tischen in dem grossen Saal sassen. Ich begrüsste Kristin Oppenheim[3] und dann Frau Dr. Philippson[4], zu der ich mich setzte. Sie schien hocherfreut. [...] K. hatte ihnen den Tag zuvor die »Stufen«[5] gebracht, und sie schrieben es sich alle ab und sagten mit leuchtenden Augen, es sei ganz herrlich. So sass ich also in <u>Deinem</u> Glanze da, es war ein freundliches Willkommen.
Der Vortrag war merkwürdig wie alles von Kerényi. Der Titel war: Die antiken Mysterien, er aber sprach nur von <u>einer</u> Göttin, von der Hekate[6]. Er sah bleich und durchsichtig aus, überanstrengt schon vor Beginn des Vortrags. Bei seiner Art zu sprechen wird so etwas im Laufe des Vortrags nicht besser, denn »Sprechtechnik« hat er gar keine, und er gleicht ein wenig dem Rufer in der Wüste, wenn er so dasteht und in eine imaginäre Weite ruft. Gleichzeitig ist dies aber auch ein Spiegel seines Wesens – er will wirken, er braucht Echo und Widerhall, und Ungarn ist klein, er ist auf die Ferne angewiesen. Er spricht frei, hat nur Material-Notizen und Zitate vor sich (auf Ungarisch weiss er auch das meiste auswendig), aber der Bau der deutschen Sätze macht ihm natürlich auch eine gewisse Mühe. Das alles strengt auch den Hörer an und nimmt ihn, falls er wohlgesinnt ist, für den Sprecher ein. Was aber besonders einnimmt, ist die un-professorale Art – dieses Suchen, Tasten, Umkreisen, dieser Versuch einer Deutung, einer Lösung, wobei es gar nicht feststeht, ob dieser Versuch auch glücken wird, ob eine Lösung gefunden wird! Ich war froh, dass ich in der Bahn »Das göttliche Mädchen« nochmals gelesen hatte, der Vortrag war genau dort weiterführend, wo er im »Göttlichen Mädchen«[7] aufgehört hatte. Vorläufig, nach dem ersten Vortrag, ist die Hekate in einem Spiralnebel drin – hoffen wir, dass ihre Gestalt sich langsam daraus löst und sichtbar wird. [...]
Nicht mit Kerényi, sondern mit Frau Dr. Philippson sprach ich

von meiner Arbeit⁸, und sie konnte mir einiges dazu sagen. Nichts Spezielles, sondern Allgemeines, aber ich glaube, im rechten Moment. Sie warnte mich vor ägyptischen und anderen »Parallelen«. Sie sagte, man müsse von dort ausgehen, wo man einen sicheren Grund habe, also in ihrem Fall (und meinem) von der griechischen Sprache und Überlieferung, griechischem Baudenkmal und griechischer Dichtung. Kerényis Art sei es, die Dinge zu umkreisen, zu umzingeln, sie sei oft <u>nicht</u> mit ihm einverstanden. [...]

Wie mag es Dir gehen, Vogel? Hoffentlich kommt bald wieder eine Nachricht!

Leb wohl Liebster, hab Dank, dass ich hier sein kann!

Deine Ninon

1 Karl Kerényi (1897-1973), ungarischer Religionsforscher, emigrierte 1943 in die Schweiz, wurde nach Gastprofessuren 1948 Forschungsleiter am C.-G.-Jung-Institut in Zürich. Mit Ninon Hesse pflegte er ab 1942 einen regen Gedankenaustausch über griechische Mythologie. Dazu: Magda Kerényi, »Hermann Hesse – Karl Kerényi, Briefwechsel aus der Nähe«, München/Wien 1972. Das Buch enthält Briefe Ninons über ihre Götter- und Motivforschung.
2 Olga Fröbe-Kapteyn war die Initiatorin der Eranos-Treffen und hatte deren organisatorische Leitung von 1933 bis 1962, ihrem Todesjahr.
3 Kristin Oppenheim war die Nichte von Hesses 2. Ehefrau, Ruth Wenger, deren Schwester Eva den Arzt Dr. Erich Oppenheim geheiratet hatte.
4 Paula Philippson (s. S. 435) wurde Ninons Freundin, sie war ab 1943 mehrfach in Montagnola zu Besuch; dann lasen sie gemeinsam griechische Dramen von Aischylos, Euripides, Sophokles im Urtext, auch Pindars Preisgesänge und Verse des Kallimachos.
5 »Stufen«, Hesses wohl bekanntestes Gedicht, entstand 1941, GW 1. Bd., S. 119.
6 Hekate wird von Hesiod als »Allgöttin« gerühmt, ragt somit noch in die matriarchalische Zeit hinein. Sie wurde in der Zeusreligion ohne klaren Herrschaftsbereich im Dunkeln angesiedelt: eine unheimliche Höhlengöttin, Herrin der Gespenster und der Unterwelt, die nachts – von Hundsgeheul begleitet – mit den Totenseelen umherschweifte. Für Ninon bot die Machteinbuße und Verdüsterung der Hekate ein wichtiges religionsgeschichtliches Verdrängungsindiz.
7 Karl Kerényi, »Das göttliche Mädchen«, Albae Vigiliae VII/X, Pantheon Akademische Verlagsanstalt, Amsterdam/Leipzig 1941.
8 »Meine Arbeit«: gemeint ist Ninons Apollon-Arbeit, in der sie die Ab-

kunft des im olympischen Götterkreis so sonnenhaft strahlenden Gottes von einem vorhellenischen Wolfsgott nachwies. Aus dem »wölfischen Apoll«, dem »Apollon Lykeios«, wurde die apollinische Lichtgestalt des »Phoibos«, aus dem eiskalten Todesbringer und rächenden Sühnegott (Niobe) ein Helfer und Heiler. Ninon deckte auf, daß der »echteste Olympier« noch die urtümlich-wilden Zügen früherer Religionsschichten in sich trug; in der »Ilias« stieg er »düster wie Nachtgrauen« vom Olymp herab, und Achilleus nannte ihn »den Verderblichsten«. Ninon folgerte: »Die Götter waren nicht erfunden oder erdacht, sondern geworden, und die Spannung des entwicklungsgeschichtlichen Prozesses blieb in ihren Gestalten lebendig.« Dazu: Kleine, 10. Kapitel »Spiegelungen: Dionysos – Apollon – Hera«, st 1384, S. 418 ff., speziell zur Apollonarbeit: a. a. O., S. 435 ff.

Zürich, 14. März 1942

Liebster Hermann,
eigentlich ist es Unsinn, Dir jetzt noch einen Brief zu schreiben, aber ich muss, ich muss! Ich habe Dir so viel zu erzählen, und wenn ich es Dir erzähle, erlebe ich alles zum zweiten Male, und das ist so stark wie die Wirklichkeit. [...]
Inzwischen hielt K. seinen zweiten Vortrag, und Frau Dr. Philippson und ich sprachen uns darüber aus: Wir waren mit sehr vielem nicht einverstanden und sagten einiges auch ihm selber. Er will immer leidenschaftlich gern »Kritik« hören, verteidigt sich, lässt sich aber auch »belehren«. [...] Besonders vor den Vorträgen braucht K. »menschliche Wärme«, und so »wärmten« wir ihn von ½ 7-8 h, gingen dann gemeinsam zur »Waag«, wo der Andrang immer grösser wurde. [...] Und trotzdem dieser ganze psychologische Klüngel mir tief zuwider ist (nur vom Sehen!), muss ich sagen, es hat eben doch Atmosphäre, und es besteht eine Gemeinschaft, ein Mitschwingen, ein Widerhallen.
Obwohl wir, Dr. Philippson und ich, dagegen sind, dass K. sich von den Psychologen einfangen liess, und ihm unermüdlich sagen, er möge sich befreien, kann ich verstehen, dass es ihn lockt, in diesem Kreis zu sprechen. Er ist eben ein Barde, ein Rhapsode, ein Sänger – ein Ergriffener, und eben darum ein Ergreifender. Mit Philologie hat das alles eigentlich nichts mehr zu tun. Ge-

stern sagte ich ihm, er sei mir wie Gösta Berling[1] vorgekommen, »der entlaufene Pfarrer« – und ich beschwor ihn, nicht zu »entlaufen«, der Wissenschaft treu zu bleiben und nicht Vorträge zu halten, sondern <u>eine</u> grosse Arbeit zu machen. Das war nach elf Uhr nachts, wir sassen noch in der kleinen Halle des Hotels, er erschöpft, aber noch nicht ruhebedürftig, wir beide (wie alle, die den Vortrag gehört hatten) erregt, aufgewühlt. Er hatte wirklich grossartig gesprochen – er hatte ein Bild der Dionysos-Feier gegeben, aber auch römische Mysterien beschrieben: Jene »draussen«, mänadische Schwärme – diese im Hause, an dem Altar der Laren[2], des Genius und des Herdfeuers. Wie er das beschrieb – die »Hochzeit« der »Bona Dea« oder der »Mutter« mit dem Feuer – wie in die Stille des Hauses das Feuer einbricht – das alles im Gleichnis des jetzigen italienischen Hauses und seiner Küche – das war wirklich herrlich. Es riss einen mit, seine Erlebniskraft übertrug er auf die Hörer. Herrlich, wie er die »Reinheit«, die »Jenseitigkeit« des dionysischen Rausches beschrieb, die »Kommunion« der Männer mit dem Wein, die Einkleidung der Jünglinge in Frauengewänder – und wie diese »Frau« werden mussten vor der Initiation, so waren die Weiber »Männer«. Er beschrieb das Fest der Πιθοιγία Χόες und Χύθροι[3], das ich Dir so unzulänglich beschrieben hatte und sprach Schönes von der Idee der Maske, dem Unpersönlich-Werden des Menschen hinter der Maske, die aus dem Totenreich komme (dies letztere ist nicht neu, schön ist nur, wie er es sagte).

Es war wirklich herrlich, wir waren alle ergriffen und erregt. Diesmal hatte er gebeten, dass man nachher einen »kleinen Kreis« bilde, er wollte Fragen beantworten. Dies verlief ziemlich kläglich. Nur ich und Dr. Philippson fragten, die anderen genierten sich, und aus den Gesprächen sah man, wie ahnungslos sie waren. [...]

Am Morgen dieses Tages – das Wichtigste zuletzt – hatte K. angerufen (es ist so nett, dass wir uns im Zimmer anrufen können), und wir verabredeten, dass wir nach dem Mittag über meine Arbeit sprechen würden. Ich blieb deshalb vormittags zu Hause, bereitete alles vor und sprach dann 1 ½ Stunden mit ihm. Er

konnte manche Knoten zerhauen, löste überhaupt vieles (durch ein Wort manchmal!), und ich hoffe, es gehe jetzt gut vorwärts. Von 3 – 6 h hatte ich gleich mit <u>ganz neuen</u> Ausblicken in der Bibliothek gearbeitet. [...]
War es nicht schön? Hab Dank Vogel – alles danke ich Dir!

Deine Ninon

1 »Gösta Berling« (1891), der Roman von Selma Lagerlöf (1858-1940), handelt von einem Pfarrer, der aus Weltlust sein Amt verläßt und sich nur dem Effekt des Augenblicks verpflichtet fühlt, später aber in ein Leben der Armut und Pflichterfüllung zurückfindet.
2 Laren, römische Schutzgötter für Haus und Familie; die ursprüngliche Stätte ihrer Verehrung war ein Schrein am Herd als dem Mittelpunkt des Hauses oder ein »Lararium«.
3 Das Fest der Anthesterien, ein im Frühjahr begangenes dionysisches Fest mit »Faßöffnung« (am 1. Tag), dem »Kannenfest« (Haupttag) und dem »Tag der Töpfe« (an dem man den Toten Gefäße mit Gaben widmete).

Angeregt durch Vorträge im Züricher Kreis, besuchte Ninon am 2. August 1942 zum ersten Mal die von Karl Kerényi geleitete 9. Eranos-Tagung[1] in Ascona-Moscia über »Das hermetische Prinzip in Mythologie, Gnosis und Alchemie«.

Ascona-Moscia, 3. August 1942
[...] Kerényi sprach sehr gut und stellenweise herrlich. Er zitierte sogar Quellen [...]. Er ist ein herrlicher Torso – er hat das Wissen und Können eines Philologen und kann nicht innerhalb dieses Apparates das Ausserordentliche ausdrücken, was er erkennt und sieht. Er ist ein Dichter, aber der gelehrte Apparat ist ihm ein Hemmschuh dabei – so hat er von beidem und erfüllt keines ganz. Aber er hat Unvergessliches über Hermes[2] gesagt, daneben auch, in Parenthese sozusagen, Herrliches über Ilias und Odyssee[3].
Vogel, ich muss schliessen, weil wir nach Ascona gehen. [...]

Innigst Deine Ninon

1 Eranos (gr. Freundesmahl), eine 1933 in Ascona-Moscia gegründete Begegnungsstätte, wo sich »kleine Gruppen von Gelehrten und gebildeten Laien« zu Symposien über antike Mythen, christliche Symbolik und östliche Religionslehren zusammenfanden.
2 Das Forschungsziel Kerényis war mit dem Ninons identisch: auch ihm ging es um die Genealogie der olympischen Götter. Hermes (s. S. 443), einst ein mächtiger Gott, wurde im olympischen Götterkreis herabgestuft zum servilen Götterboten, zum zwielichtigen Grenzgänger, zum Gott der Händler und Diebe, dem das Hüten von Türen und Toren zugeteilt war und der nächtlich die Verstorbenen zur Unterwelt geleitete.
3 Die dem Homer zugeschriebenen, in der 2. Hälfte des 8. Jh. v. Chr. entstandenen Epen »Ilias« und »Odyssee«, enthalten bis ins 2. Jahrtausend zurückreichende, mündlich tradierte Vorformen, so daß es naheliegt, sie als Quellen für vor- und frühgriechische Bestände zu benutzen.

Ascona, 5. August 1942

Liebster Vogel,

[...] Was mich dabei so hinreisst, ist das lebendige Einbeziehen des antiken in unser Leben – es ist ja genau das, was ich mit schwachen Gaben, geringem Wissen aber ebenso grosser Leidenschaft und dabei Selbstverständlichkeit immer tue: Für mich sind das alles Wirklichkeiten, ist das alles Gegenwärtiges, es ist Erbe, Wurzel und Aufgabe. [...]

Diesmal war der Vortrag gut fundiert, K. zitierte Quellen, brachte Belege für seine Behauptungen, es war überhaupt durchgearbeitet, trotzdem der Vortrag selbst wieder ein Abenteuer war; denn er hielt ihn frei und wusste eigentlich nicht genau, was er sagen würde, was nicht. Da er aber vorher darüber nachgedacht hatte und eine Menge »wusste«, war es gleichgültig, <u>was</u> davon er in die zwei Stunden presste.

Heute sprach Prof. Georg Nagel[1], ehemals Theologe, dann Hebraist (sagt man so?), schliesslich Ägyptologe, ziemlich jung, sehr pastorenhaft und unbedeutend: Systematisch, chronologisch und <u>nichts</u> sagend, was nicht in einem Lehrbuch stehen könnte (und steht!) oder vielleicht sogar in einem ausführlichen Lexikon. Es war ziemlich anstrengend, weil es so brav und

schulbuchartig war, d. h. den ganzen ersten Teil hätte ich auch halten können, wenn ich vorher zwei Stunden im Pauly-Wissowa[2] über »Thoth«[3] gelesen hätte. [...]
Gestern machten K. und ich einen Spaziergang über den Monte Verità, über den »Römerweg« (ich sah auch Mias Haus[4]) nach Ascona und von dort über die Madonna della Fontana zurück. Herrlich diese Kirche und ihre Lage, der Blick ins Maggiatal, nach Losone! Und herrlich, mit ihm zu sprechen, was gar nicht immer glückt (oft ist er so ferne, so eingekapselt, so unfähig zuzuhören), aber gestern glückte es, und das Rasen – er geht sehr schnell, aber für mich nicht zu schnell – tat mir wunderbar gut. Das Gespräch schildere ich Dir mündlich, wie freue ich mich darauf! [...]
Ich bin so vollkommen in einer anderen Welt, mir ist, als sei ich wochenlang von Montagnola fort! Dabei ist das Leben neben den Vorträgen erfüllt von Spannungen und Problematik, ähnlich wie im Winter, aber weitere Kreise ziehend – und ich mittendrin, so merkwürdig! Jung[5] beachtete mich den ersten Tag kaum, den zweiten sehr, er hatte »Spass« an mir, sprach sehr viel mit mir. Ich habe überhaupt guten Kontakt mit allen, die mir sympathisch sind, das freut mich sehr. [...]
Vogel, es pressiert wieder mal, um vier Uhr Tee trinken im »Familien«kreise, dann vielleicht mit K. nach Ascona.
Darum addio Herz, tausend Dank für Briefchen und Cigaretten! Deine Ninon

1 Georges H. Nagel, Genf, ist wie alle von Ninon erwähnten Referenten (z. B. Max Pulver, Zürich; Paul Schmitt, Luzern; Walter Wili, Bern; Andreas Speiser, Basel) mit Lebensdaten und Vortragsthemen genannt im »Eranos Verzeichnis ab 1933, Tagungen und Jahrbücher«, Rhein Verlag, Zürich 1968.
2 Pauly-Wissowa: August Pauly (1796-1845) begründete die nach ihm benannte, 83 Bände umfassende »Encyclopädie der classischen Altertumswissenschaften« (1839 ff), sie wurde ab 1893 neu herausgegeben von Georg Wissowa (1859-1931).
3 Thot ist der ägyptische Gott des Wissens, der von Ninon bei ihren Untersuchungen über die Morphologie der Götter aus Tierformen besondere Beachtung fand. Sein heiliges Tier ist der Ibis, er charakterisiert das Su-

chen und Finden beim Stochern in schlammigen Gewässern. Da er aus den Mondphasen die Zeit berechnet habe, wurde er später auch als Mondgott mit Mondsichel oder Dunkelmondscheibe auf dem Kopf dargestellt.
4 Mias Haus: Maria Hesse geb. Bernoulli, Hesses erste Ehefrau und Mutter seiner drei Söhne, lebte nach ihrer Scheidung (Juni 1923) in Ascona.
5 Carl Gustav Jung (siehe S. 228) fand im Eranos-Kreis ein Auditorium für seine Typenlehre: Im kollektiven Unterbewußtsein der Menschen seien urtümliche Bilder – Archetypen wirksam, sie böten universale Verständigungsmittel zur Auslegung der Welt. In der Motivforschung könne man aus Träumen, Mythen und Märchen diesen uralten Menschheitsbesitz entschlüsseln. Ninon fand bei ihm Anregungen für ihre Motiv- und Märchenforschung.

Im Dezember 1942 erschienen »Die Gedichte« als eine erste Sammelausgabe von Hesses Lyrik bei Fretz und Wasmuth, Zürich.

Hausbrief

Lieber Vogel,
ich habe die Korrektur der Gedichte gelesen. Es ist ein herrliches Buch. Immer wenn man denkt: Ein schöneres Gedicht kann nun nicht mehr kommen! – kommt eins, das einem im Lesen »noch schöner« erscheint! Es ist ein so konzentriertes Buch, man sollte immer nur ein Gedicht lesen und sich ganz damit füllen! Ich ärgere mich eigentlich, dass ich die meisten so gut mechanisch kenne, also ihren Wort-Ablauf. Aber es gelingt mir doch sehr oft, sie ganz neu in mich einzulassen – als hätte ich sie bis nun nie gehört. Sie sind auch in ihren Teilen so wunderschön, dass man oft an Zeilen hängen bleibt und das ganze Gedicht – ungerecht, aber begeistert – nur von diesen Zeilen aus erfasst. Dann ist es so schön, plötzlich eine andere Zeile oder, wenn man Glück hat, das ganze Gedicht zu erleben!
Ich finde, es ist ein solches Glück für die Menschen, dass dieses Buch erscheint, in dem <u>alles</u> drinsteht – Trost, Beglückung, Auf-

schwung und Heiterkeit, es ist eine Lust zu leben, das spüre ich, wenn ich solch ein Buch lesen darf. Arme Smaragdeidechsen und Kater, die kein Buch lesen können! Ich bin so froh, ein Mensch zu sein!
Ninon
Kolampe
Krapünggl
Keuper
Kalormee[1]
Ich will noch etwas sagen: Das Buch enthält eigentlich Deine sämtlichen Werke! Es ist alles darin, was Du geschrieben hast (aber es ist kein Ersatz dafür, sondern es ist »Noch-einmal« – wie in einem Zauberspiegel, der das Wesentliche spiegelt).

1 All diese Rufnamen Ninons gehören zu Hesses »Privat- und Nebensprache«, deren Sinn Außenstehenden verschlossen bleiben sollte.

1943

Im August 1943 nahm Ninon an der 10. Eranos-Tagung in Ascona/Moscia teil. Das Thema: »Alte Sonnenkulte und die Lichtsymbolik in der Gnosis«.

Ascona, 4. August 1943
Mein lieber Vogel,
der erste Vortrag ist vorüber, und ich sitze in meinem Zimmer, zitternd vor Hitze, Fliegen, Schwüle. [...] Im Esszimmer abends spielte sich folgendes ab: Nachdem man an kleinen Tischen Platz genommen hatte und seinen Nachbarn vorgestellt worden war, stellte sich »Schwester Irmgard«, die rund und rosig ist mit Knopflochmündchen, an der Türe auf, weissgekleidet, aber weltlich und zwar so zwischen Braut und Konfirmandin, und

sprach einen (furchtbaren) Spruch. Ich hörte ganz betäubt zu, auch die andern sahen betreten drein, bis es vorüber war; dann fing man an zu essen. Während ich noch über den Spruch nachdachte, fiel mein Blick auf die Photographie – Rudolf Steiners[1]. Da erst begriff ich, dass ich unter Anthroposophen (nicht -phagen!) geraten war, und verstand auch, warum so furchtbare regenbogige Sturm-Landschaften herumhingen und noch andere ziemlich schreckliche, aber sehr »edle« Bilder. Aber die »Schwestern« sind ungemein nett, das Haus geschmackvoll und gepflegt. [...]
Heute sah ich alle wieder, die ich kenne. Frau Fröbe ist leider nicht gut »z' weg« [...], und heute konnte sie die eröffnenden Worte nicht sprechen, Jung tat es für sie. Er sprach wie ein »munterer Bursche«, Frau Dr. Philippson war ganz entsetzt. [...]
Die Konversation bei Tisch und die in den Pausen bei Eranos strengt mich vorläufig etwas an, aber das ist sehr gut für mich bei meiner Neigung, mich einzukapseln. [...]

1 Rudolf Steiner (1861-1925) war ab 1902 Generalsekretär für die Deutsche Sektion der Theosophischen Gesellschaft, die 1875 mit Sitz in Adyar bei Madras/Indien gegründet worden war und sich in Ablehnung des wissenschaftlichen Positivismus der übersinnlichen Welterkenntnis verschrieben hatte. Da Steiner die Relativierung der christlichen Glaubensinhalte gegenüber den östlichen Heilslehren nicht akzeptierte, gründete er 1912 die Anthroposophische Gesellschaft als eigenständige Organisation. Ninon beargwöhnte den »Steiner-Kult« in der ihr eigenen Skepsis gegenüber Weltanschauungslehren.

Ascona, 6. August 1943

[...] Gestern war Kerényis Vortrag, ich schrieb ihn mit, so gut ich konnte. Während des Sprechens war man sehr in seinem Bann, der erste Teil war auch noch gegliedert und ein roter Faden erkennbar. Im zweiten Teil überliess er sich wie gewöhnlich Improvisationen, und das ist ja immer Glücksache. Nun, wir hatten Pech, es kam eigentlich nichts heraus! Viel zu lange ver-

weilte er bei der Frage kosmogonischer Mythologeme[1], geriet in die Titanen-Frage hinein, verbreitete sich über Gefässformen, [...]. Kurz, es war ein prasselndes Feuerwerk – und wieder sagte man ergriffen zueinander: »Es ist schade um den Menschen.« Es ist ihm nicht zu helfen, weil er es nicht einsieht, wenn man ihm erklärt, woran es fehlt.
Und da er den Vortrag nachher ja doch formt, bevor er ihn in Druck gibt, geschieht einem ja recht, wenn man sich mit dem Geknatter der Raketen begnügte! [...]
Abends war ein Lichtbildervortrag von Nagel über ägyptische Sonnengott-Darstellungen. Das war sehr schön, ich kannte wenig davon. Nagel ist der geborene Demonstrator, er erklärt sachlich und unpersönlich Bild um Bild, und ich brenne darauf, zu Hause alle (oder einige) wiederzusehen. [...] Heute früh sprach Prof. W. Wili aus Bern über »Die römischen Sonnengottheiten und Mithras«[2]. Der Vortrag war ausgezeichnet! Gediegen, gut fundiert, gut aufgebaut, gut formuliert, er führte einen wirklich und belehrte. [...] Morgen spricht Dr. Schmitt über den »Sol invictus, den Staatsgott der späteren Caesaren«[4], ich freue mich sehr darauf.
Nun lebe wohl, liebster Hermann, sei bedankt, dass ich hier sein darf und tausendmal gegrüsst und geküsst von Deiner Ninon

1 Kosmogonische Mythologeme: Die Lehre von der Entstehung der Welt, die zugleich meist auch eine Götterlehre ist, und dies in der Anschaulichkeit mythischer Bilder.
2 Mithras, der unbesiegbare Sonnen- und Lichtgott, wurde zum Symbol für Reinheit, Treue und soldatische Tugenden, sein Kult durch das römische Heer im gesamten Imperium verbreitet. Die Mithrasmysterien feierte man in unterirdischen Mithräen mit einem festen liturgischen Rahmen.
3 Sol (griech. Helios), ein römischer Sonnengott, dem Tempel geweiht waren. Kaiser Aurelian setzte 273 »Sol invictus«, die unbesiegbare Sonne, als Reichsgott ein, dessen Fest am 25. Dezember gefeiert wurde.

Ascona, 9. August 1943
[...] Heute sprach Pulver, leider sehr gut. Leider, weil er so furchtbar antipathisch ist! Aber der Vortrag war wirklich gut aufgebaut und gegliedert, und eine Ahnung von der »Lichterfahrung« im Johannes-Evangelium, in dem Corpus Hermeticum, in der Gnosis und in der Ostkirche hat er mir vermittelt.[1]
[...]

---

1 Ninon schrieb Kerényi nach dieser Tagung und deren Themenstellung, sie könne »nur mitschwingen, wo es um Griechisches geht (wie im ›Hermes‹) allenfalls noch Römisches. Das Ethnologische und Psychologische ist mir gleichgültig – vom Griechischen gehe ich aus, dies ist es, das ich erkennen und schauen möchte.«

1944

Ninon nahm im August an der 11. Eranos-Tagung teil, die unter dem Thema »Die Mysterien« stand und sich auch mit Studien zum Labyrinth befaßte. Hermann Hesse war zu der Zeit Gast der Familie Wassmer auf Schloß Bremgarten bei Bern.

3. August 1944
Lieber Hermann, ich schreibe Dir nur kurz, weil es so schön ist und ich so glücklich bin! Heute war Kerényis Vortrag, und ich hatte das bestimmte Gefühl, dass das Glasperlenspiel ihn aufgerüttelt hatte und dass er wusste, was er sagen wollte, und dass er mit einem heiligen Ernst an die Sache ging. Das feuilletonistische Zeitalter, »wie es ein grosser Dichter genannt hat«, sei zu Ende, sagte er in der Einleitung, und ich freute mich über den Gruss an Dich, der darin lag. In der Pause [...] fügte es sich, dass ich zu Szilasy[1] geriet und in ein wirkliches Gespräch mit ihm kam – über Griechisches, von K.s Formulierungen ausgehend, die Szilasy kritisierte und erweiterte oder begrenzte. [...]

Den ganzen Nachmittag sass ich teils mit dem Apollonbuch, teils mit K.s unter der Ceder – dann ging ich noch für eine Stunde auf den Römerweg, Ronco zu. Die himmlische Einsamkeit dort! Und auf den Steinen sitzend las ich Hölderlin – und ich setze Dir zum Abschied noch die Zeilen hin:

> All Deine Freuden, Erde! Wahr, wie sie
> Und warm und voll, aus Müh und Liebe reifen,
> Sie alle gabst Du mir, und wenn ich oft
> Auf stiller Bergeshöhe saß und staunend
> Der Menschen wechselnd Irrsal übersann,
> Zu tief von Deinen Wandlungen ergriffen,
> Und nah mein eignes Welken ahndete,
> Dann atmete der Aether, so wie dir
> Mir heilend um die liebeswunde Brust,
> Und wie Gewölk der Flamme lösten
> Gereiniget die Sorgen mir sich auf
> Im hohen Blau.[2]

Addio Hermann! Hoffentlich geht es Dir gut!

1 Wilhelm Szilasy (1889-1966), ungarisch-deutscher Philosoph, beeinflußt von Edmund Husserls Phänomenologie und der Existenzphilosophie Martin Heideggers, bemühte sich um eine philosophische Fundierung der Naturwissenschaften: »Wissenschaft als Philosophie« (1945); »Macht und Ohnmacht des Geistes« (1946).
2 Friedrich Hölderlin, Der Tod des Empedokles, 2. Fassung, I, 4.

Montagnola, 7. November 1944
(Heute vor 13 Jahren haben wir geheiratet – erinnerst Du Dich noch an den Regenbogen nachher? Und dann fuhr ich zum ersten Mal nach Rom!)

Liebster Hermann,
wie mag es Dir ergangen sein? Ich folgte Dir in Gedanken nach Baden ins Hotel[1] – ins Bad heute früh, aber jetzt weiss ich nicht weiter! Ich traf Longus[2] gestern, eigentlich erschreckend aussehend – so wie ein alter kranker Zauberer sah er aus – das viele graue Haar, die bläulichen Schläfen, der rotviolette Rock. [...]

Ninon und Hermann Hesse 1945
in der Bibliothek ihres Hauses

Wir sassen beim »neuen« Vanini, zum ersten Mal sah ich in Lugano ein »mondänes« Lokal mit einem Schmacht-Klavierspieler und hocheleganten Damen, homosexuellen Paaren – überhaupt ganz verrucht! Ich war wie in einer fremden Stadt, dazu die Gespräche mit Lang, so zwischen Leben und Tod in Rauch und Klavierspiel und mitten in den Pelzmänteln und all dem Chic! [...] Heute hat Lang noch nicht angerufen, morgen soll ich von zwei bis drei Uhr mit ihm wieder die Mithrasliturgie³ lesen. [...]

1 Hermann Hesse hielt sich wie alljährlich im Spätherbst zur Kur in Baden auf.
2 Longus: Dr. Josef Bernhard Lang, Psychiater in Lugano, erscheint unter dem Namen »Longus« im Bund der Morgenlandfahrer.
3 Mithrasliturgie: Über die Initiationsriten des Mithras-Geheimkultes ist wenig bekannt. Tertullian, der nordafrikanische, christliche Theologe beschrieb um 200 n. Chr. Mutproben und liturgische Bekenntnistexte der Mitglieder in Form eines platonischen Lehrvortrags.

Montagnola, 17. November 1944

Mein liebster Vogel,
das neue Gedicht, das Du mir gestern sandtest [...], ist zauberhaft[1]! Mit Klängen gemalt, mit Farben gesungen, dabei hat es eine Lautlosigkeit, etwas Schwebendes, dass man es nur in eigener Versunkenheit und Stille zu hören scheint. Man wagt nicht, das Gedicht laut zu sprechen, man vollzieht das »Aufhorchen« in sich, dann ist es wie Sphärenmusik
(während ich das schreibe, denke ich: Was ist »Sphärenmusik«? Musik des Kreisens der Gestirne? Jedenfalls eine himmlische Musik, keine irdische.)
Was für ein Wort: Vogelflügelflattern – wie Sammet! Was für ein Bild: die Silberschauer überm Meer! Wie herrlich, das Überspannen von Zeit und Raum in der 3. Strophe, und wie atemberaubend zu fühlen, dass der Urahn in einem spricht! Und dann die Wendung – die unerwartete – wie aus der Ferne, aus der Vergangenheit, aus dem Unbestimmten aber Bewegenden, Ahnungsvollen das Bild des Boten tritt. Es muss alles so sein wie es ist – es ist vollendet, dieses Gedicht.
Tausend Dank! Leb wohl geliebter Vogel! [...]

1 Es handelt sich um das im November 1944 entstandene Gedicht »Aufhorchen«, das die Gedichtsammlung »Der Blütenzweig« abschließt, die 1945 in Form eines Insel-Bändchens bei Fretz und Wasmuth AG., Zürich, erschien (S. 77). »Die Gedichte«, a.a.O., S. 692. »Im letzten Sommer habe ich mit Ninons Hilfe wieder einmal eine Auswahl aus meinen Gedichten gemacht, die dritte seit 25 Jahren. Es ist ein hübsches, handliches Büchlein geworden, und auf der Seite hinter dem Titel stehen die Worte ›Meiner Schwester Adele gewidmet‹.« Hesse, Brief an seine Schwester Adele vom 27. 1. 1946.

1945

Ninon nahm im April an der 13. Eranos-Tagung teil, die unter dem Thema »Der Geist« stattfand.

Ascona/Moscia, 2. April 1945

[. . .] Kerényis Vortrag – Du kannst Dir nicht vorstellen, was aus ihm geworden ist: Er wusste im voraus, was er sagen wollte – und sagte es auch! Er hatte die Quellen vor sich liegen, der halbe Tisch war damit bedeckt, las sie vor und interpretierte sie. Es geschehen noch Zeichen und Wunder! [. . .]
Am schönsten war, was er über den νοῦς des Zeus sagte. Im Hesiod ist beschrieben, wie Prometheus den Zeus betrügt, indem er zwei Häufchen nebeneinander legt, eines mit den Eingeweiden und dem Magenbeutel, wie eine Haut darüber, das andere mit den Knochen, worüber er zur Täuschung etwas Fett legte, und Zeus aufforderte, seinen Teil zu wählen. Zeus erkannte die Täuschung, wählte den Teil mit den Knochen und ergrimmte. Ich dachte immer: Warum ergrimmte er, wenn er doch wusste! Warum liess er sich täuschen, er, der um den Trug wusste?
Kerényi sagte: Der νοῦς (πυκνός, dicht, ist sein Beiname) sieht und ändert nichts. Er ist unbeweglich, ein ewiger Spiegel. Er ist allwissend, allsehend; gerecht ist er nicht.
Das hat mich sehr bewegt. Immer muss der νοῦς des Zeus den Gegenspieler des νοῦς ἀγκυλομήτης[1] haben, die Geschichte Prometheus-Zeus ist nicht einmal geschehen, sie geschieht immer!
Er sprach vorher über das Ur-Opfer, das Opfer sei die Ur-Tat gewesen (oder jede Ur-Tat ein Opfer, wie Abels Opferung). Es komme in der griechischen Mythologie in zwei Fassungen vor: der hermetischen, dem Diebstahl und der Tötung des Tieres, der Ur-Untat, und der promethischen. »Es wird etwas Hermetisches in der Prometheus-Mythe mitspielen.«
Auch das hat mich sehr beschäftigt, denn ich begriff nicht, warum Prometheus das Feuer stehlen musste.

(Die ganze Nacht träumte ich von »Stehlen«. Ich sah den Dieb, konnte ihn nie greifen, zweimal war er bei uns und stahl alles, alles Geld, das im Hause war, das in Deiner und meiner Kasse [...] furchtbar und ungreifbar. Es war eine Hermes-Epiphanie.

1 Immer muß der bedachtsame (»dichte«) Geist des Zeus den Gegenspieler eines verschlagenen (Krummes sinnenden, »gekrümmten«) Geistes haben.

1946

Hausbrief

23. April 1946

Es gefällt mir gut – aber nur auf der zweiten Seite, ziemlich unten – ist das nicht zu hart: »Herdenbriefschreiber«[1]?
Könnte nicht der oder jener, dem Du den gedruckten Brief zukommen lässt, sich getroffen fühlen, ohne dass Du's beabsichtigt hast?

1 Hesse, der Ninon um die Begutachtung des Textes für einen gedruckten Dankes- oder »Rund«brief gebeten hatte, schrieb unter ihren Antwortzettel: »Recht hast Du, o Schülerin des Stagiriten, ich danke Dir!« (Stagirit wurde Aristoteles genannt, weil er aus Stageira an der Ostküste Chalkidikes stammte.)

Im November 1946 zog Hesse sich wegen seines angegriffenen Gesundheitszustands ins Sanatorium Dr. Otto Riggenbachs in Préfargier bei Marin am Neuchâteler See zurück. Nach seiner alljährlichen Kur in Baden fuhr er am 26. Oktober in Begleitung Ninons zunächst nach Bern zur Familie seines Sohnes Martin, von dort brachte ihn Max Wassmer im Wagen nach Neuchâtel. Ninon blieb die ersten Tage bei ihm, fuhr dann zurück nach

Montagnola, um die Casa rossa für den Winter zu verschließen. Auch sie fühlte sich durch häusliche Pflichten und viele Besucher überanstrengt, Hesse hatte schon ihrer beider Erschöpfung am 21. Januar 1946 in einem Brief an seine Schwester Adele angedeutet: »Gewiß, ich lebe nicht allein, ich habe Ninon, den treuen Kameraden, aber der Tag ist manchmal lang, und sie ist überlastet wie alle Hausfrauen, ich nehme sie ohnehin alle Abende zum Schachspielen und Vorlesen in Anspruch.« Ninon übersiedelte bis Anfang März 1947 nach Zürich und war dort in der »Arch«, Bärengasse 22, Gast ihrer Freunde Elsy und Hans C. Bodmer.

Zürich, 7. November 1946

Mein geliebter Vogel,

[...] Auf dem Bahnhof schon frage ich Elsy, ob ... und sie sagte, ja, es sei Post von Dir da! Ich bin so unendlich glücklich, hier zu sein, wie ich es Dir nicht beschreiben kann! Es ist so komisch, dass ich immer das Wichtigste nicht weiss: ich wusste nicht, wie gern ich hier bin (in der Bärengasse) – so wie ich in Marin nicht wusste, wie schwer es mir sein würde, fortzufahren und Dich dort zu lassen. Ich lag am Abschiedsmorgen – wie mir schien – ganz vergnügt im Bett, dachte an die Reise und alles, was ich noch in Montagnola zu tun haben würde – eben »was man halt so denkt!« – und auf einmal weinte »es« – – Du riefst gerade leise, ich kam an Dein Bett und »es weinte« – nun möchte ich nur wissen, ist »es« eigentlich klüger oder dümmer als ich?

Ich bin so glücklich mit dem Maschinchen, es war so selten hier – einmal vor Jahren, bevor ich es Dir nach Baden brachte. Es ist ganz ergriffen von »tanto lusso«! Ich wohne diesmal im Parterre, gerade unter Elsys Schlaf- und Badezimmer [...], es steht ein gemütliches grosses dunkelrotes Sofa da, sammetgepolstert, herrlich zum Sitzen, und man kann auch, nur ganz leicht verrenkt, Madame-Récamier-artig darauf liegen – ein bei Bodmers sonst ganz unbekannter Luxus, wie Du weisst! Für meine vielen Papiere, Akten usw. gab Elsy mir einen (natürlich uralten) Aktenschrank, schmal und hoch, sehr tiefe Laden, unabsperrbar, dafür öffnet sich jede zweite Lade (es sind fünf), sobald Du sie herausgezogen hast, so, dass ihre vertikale Vorderwand sich horizontal vor Dir niederlegt – es macht dem Schrank sichtlich viel Spass, er lauert nur darauf, dass man ahnungslos zieht! Dann steht ein gemütlicher, riesiger runder Tisch vor dem Sammetsofa und rotsamtene Stühle und am Fester ein entzükkendes altes Spieltischchen, an dem ich Dir jetzt beglückt schreibe.

Komischerweise bin ich sehr erschöpft, gestern, da ich doch Ursache gehabt hätte – denn Du kannst Dir die letzten Tage bestimmt nicht vorstellen mit all der Arbeit – hatte ich Löwenkräfte, und Mareili sagte um halb sieben Uhr früh, als ich »rüstig« und strahlend ins Haus ging, bewundernd, ich sei doch eine »gesunde Natur«. Tags zuvor hatte ich von 7 Uhr früh bis 9 Uhr abends fast ununterbrochen gearbeitet, hatte nur sehr wenig und gleichsam aus Zerstreutheit gegessen, von 4 Uhr an gab es kein Wasser mehr, und von sechs Uhr an fürchtete ich mich doch allein im Haus, ich kam also total erschöpft bei Mareili an und konnte buchstäblich nicht sprechen; was dann so endete, dass ich mich in ihrem eisigen Badezimmer heiss wusch und daraus wie aus einem Jungbrunnen wieder emportauchte, mich strahlend ins (eisige) Zimmer legte, aber mit dem treuen Wärmekissen, und Mareili setzte sich zu mir ans Bett und wir schwatzten bis halb ein Uhr morgens. [...]

Lorenzo[1] hat sich herrlich benommen, er war ein Trost, eine Stütze, und wir beide vervollkommten uns derart im Packen von Porzellan, dass wir als Packer bei Gagliardi und Tanzi angestellt werden könnten. Es ist so angenehm mit ihm zu arbeiten, schon weil er so ruhig ist, nie schwatzt und geschickt ist. [...]

1 Lorenzo: Landarbeiter, der Hesse zeitweise bei der Gartenarbeit half.

Zürich, 9. November 1946

Ich denke eigentlich fast ununterbrochen an Dich, aber nicht, dass ich deswegen nicht bei der Sache wäre, an der ich gerade bin – im Gegenteil: Das An-Dich-denken macht alles noch schöner und intensiver. So hab ich alle Bilder und Zeichungen »mit Dir« angesehen und sogar einen Film! Es war ein sehr schöner Renoir-Film[1] »This Land is mine«, hiess er und schilderte die Widerstandsbewegung in »irgendeinem« von den Nazi okkupierten Lande. Sehr schön und aufwühlend [...]. Ich sagte gestern Mittag zu Hans[2], das Aufregendste sei mir gewesen, mich zu fragen, wie ich mich denn benommen hätte, im gleichen Fall – und ob ich den Mut aufgebracht hätte, den manche der Mitspieler zeigten, manche eben nicht – überhaupt, wie man sich bewährt hätte. Dann sagte er so nett, ja, genau so gehe es ihm, und es sei auch ihm zweifelhaft, und er hoffe, wenn man vielleicht auch anfangs versagt hätte, dass man doch nach und nach den Mut gefunden hätte, das Rechte zu tun. [...]

1 Jean Renoir (1894-1979), französischer Filmautor und Regisseur, stilbildend für einen »poetischen Realismus«, lebte von 1941 bis 1947 in den USA, wo dieser Film 1943 entstand.
2 Hans: Dr. med. Hans Conrad Bodmer.

Zürich, 12. November 1946

[...] Ich erzählte natürlich keiner menschlichen Seele von der Mitteilung des schwedischen Journalisten[1], rief aber Fretz[2] an und bat, Deine Adresse unter keiner Bedingung anzugeben, wenn je danach gefragt werde. Ob es Fretz ausgerichtet wurde, weiss ich nicht. [...] Oder macht es Dir nichts, wenn die Schweizer Journalisten – im Falle – – – nach Marin gepilgert kommen?
Donnerstag werde ich also am Radio sitzen, um halb acht Uhr abends und um 22 Uhr – und wenn die frohe Botschaft kommt, werde ich Dir telephonieren und andern Tags zu Dir fahren. [...]

Ninon und Hermann Hesse im Jahre der
Nobelpreis-Verleihung, 1946

1 Die Mitteilung betraf den Nobelpreis, der Hesse als erstem deutschsprachigen Dichter nach Thomas Mann (1929) von der Schwedischen Akademie zugesprochen wurde. Hesse, der von Mann seit 1931 mehrfach dem Preiskomitee als würdiger Kandidat empfohlen worden war, lebte seit 1912 ununterbrochen in der Schweiz, war seit 1923 Schweizer Staatsbürger, hatte jedoch seinen größten Leserkreis in Deutschland und wurde somit als ein »deutscher Dichter« geehrt, der nicht mit dem Dritten Reich in Verbindung gebracht werden konnte. Da in Deutschland Hesses Werke von 1939 bis 1945 als »unerwünschte Literatur« galten und Schweizer Ausgaben nicht importiert werden durften, war Hesse, wie er am 29. 1. 1944 in einem Brief an Peter Weiss feststellte, »moralisch vom eigentlichen Wirkungsfeld abgeschnitten«.
2 Hans Fretz, Inhaber des Verlages Fretz & Wasmuth in Zürich, wo Hesses Werke in Vereinbarung mit seinem deutschen Verleger Peter Suhrkamp seit 1942 als eine Fortsetzung der »Gesammelten Werke in Einzelausgaben« während des Kriegs erschienen, darunter 1943 die ersten Auflagen

des »Glasperlenspiels«. Anläßlich des Nobelpreises wünschte Hesse, daß Ninon Fretz anrufe, »ob er mir zur Antwort auf die neue Brief-Sintflut etwas drucken würde, vielleicht postkartenähnlich, auf der einen Seite ein Bild von mir, auf der anderen ein paar Dankesworte. Das Bild würde ich noch wählen und den Text aufsetzen. Der Teufel hole den verfluchten Kram!«

Zürich, 19. November 1946

[...] In Aarau war es sehr schön, Bodmers standen auf dem Bahnhof, wir spazierten dann durch die Altstadt, suchten und fanden den Stadtbach, von dem ich Dir im September vorgelesen hatte, [...] und gingen schliesslich um halb fünf Uhr ins Konzert. Clara Haskil[1] spielte das Es-Dur Konzert von Mozart wahrhaft himmlisch – versunken und gedankenvoll, oft hatte man den Eindruck, es sei ihre eigene Schöpfung, die eben jetzt ans Ohr dringe – es ist, wie wenn sie sich völlig aufgäbe, völlig mit dem Schöpfer des Werkes identifizierte. Der langsame Satz war überirdisch schön, und der erste und dritte auch. Wir sassen während der ganzen letzten Nummer, die das Orchester allein spielte, bei ihr. Sie war völlig zusammengesunken und deprimiert – es war ihr im ersten Satz etwas »passiert« – irgendeine Stelle sei »verwischt« statt »klar« gewesen. Sie sagte, etwas Ähnliches sei zwei Tage zuvor in Zürich passiert, sie könne sich nicht mehr auf sich verlassen, die »Sauberkeit« sei das Erste und Wichtigste usw. Ich (die es natürlich während des Konzertes nicht gehört hatte, Bodmers[2] übrigens bestimmt auch nicht, obwohl sie nachher vorgaben, es gehört zu haben) fragte sie: »Wenn Sie eine Seiltänzerin gewesen wären, wären Sie an jener Stelle vom Seil gestürzt? War es ein solcher Fehltritt?« Sie sagte, nein, das nicht. Also, sagte ich, dann wäre es also nicht wichtig. Und erzählte ihr von den orientalischen Teppichen, in die die Weberin einen Fehler einwebe, damit er nicht »vollkommen« sei. Sie freute sich über das alles, lebte immer wieder auf, sank aber dann wieder zusammen. So blieben wir vielleicht eine halbe Stunde – dann mussten wir fort – sie wurde ganz weiss, sie

wollte einfach nicht, dass man sie verlasse, es rührte mich so tief!
Herr Bodmer will Dir zum Nobelpreis schenken, dass Clara Haskil einmal für Dich einen Nachmittag oder Abend im Saal der Arch' Mozart spielt. [...]

1 Clara Haskil (1895-1960), rumänische Pianistin, war berühmt als Mozartinterpretin, daneben bevorzugte sie Werke von Schubert, Schumann und Beethoven.
2 H. C. Bodmer, ein empfindsamer Kenner Beethovens, besaß eine Werksammlung des Komponisten mit kostbaren Handschriften, die nach seinem Tode dem Bonner Beethovenhaus übereignet wurden.

Zürich, 22. November 1946
[...] Ich danke Dir vielmals für jeden Brief, den Du mir schickst. Mit Freuden beantworte ich die Glückwünsche, und sehr gerne lese ich, was man Dir geschrieben hat und das, was Du geantwortet hast [...].
Weisst Du schon, wer an Deiner Stelle nach Stockholm fährt, um Dich bei der Preisverteilung[1] zu vertreten? [...] Sehr ungern störe ich Dich mit solchen Anfragen, aber ich glaube, ich darf das doch nicht einfach auf sich beruhen lassen: Bitte, sei mir also deshalb nicht böse!
Anni schreibt fortwährend, ob ich denn nicht nach Stockholm käme – ich hatte geantwortet, was sie denn denke, nicht die Gattinnen der Nobelpreisträger verträten die Männer, sondern Diplomaten. Sie antwortete, ich solle Dich nicht »vertreten«, nur dabei sein bei der Preisverteilung, »das würden viele für richtig finden«, schreibt sie etwas unbestimmt. Ich schrieb, niemand Offizieller hätte uns das wissen lassen, und ich wolle mich nicht vordrängen. Nun bin ich neugierig, was sie antwortet. [...]
Gestern früh kam ein Brief von Frau Dr. Philippson, dass sie für drei Tage nach Zürich komme, und ich traf sie in der Österreichischen Ausstellung! [...] Denke Dir Vogel, gestern erst entdeckte ich in der Ausstellung, in der ich schon siebenmal war,

mein ungefähr liebstes Bild (ich habe zwar viele liebste Bilder!): Die Apfelschälerin von Terborch[2]! Ich schrie beinahe auf vor Glück, dass sie da ist! Seit ich ein junges Mädchen war, ist dieses Bild für mich ein Symbol dafür gewesen, dass jemand irgend etwas ganz in sich versunken und hingegeben tut – dann denke ich: Die Apfelschälerin!

Es ist überhaupt herrlich, so oft in eine Ausstellung zu gehen. Ich bin nie sehr lange dort, meist zwei Stunden – aber jedesmal mit einer solchen Frische und Aufnahmefähigkeit, als wär's das erste Mal! Gestern sah ich – aber wirklich zum ersten Mal, in Wien hatte ich dieses Bild nie gesehen – von Jan van Hemessen[3], Antwerpen, 16. Jh., ein Bild, das »Die Berufung des Matthäus« heisst, und es hat sich mir so wunderbar geoffenbart: Christus ist in einem Zimmer erschienen und hat dem reich gekleideten Matthäus das Zeichen gegeben, er möge ihm folgen. Matthäus sitzt links am Tisch, kostbar angezogen, mit dem Barett auf dem Kopf – Christus ist ganz rechts und fast im Hintergrund des Bildes – hinter Matthäus ringt seine Mutter die Hände und der Vater blickt verzerrten Gesichtes herein, eine Frau (die Schwester?) rechts vorn ist auch ergriffen, aber voll Grauen, Angst. Aber Matthäus' Züge sind fest gespannt, intensiv – er weiss, er ist nicht in einem Rausch, kein Schwärmer, kein Verblendeter, kein leichtsinnig Bezauberter – er weiss, was er auf sich nimmt, und man weiss, er wird es tun! Ich sehnte mich schrecklich nach Dir, auch bei vielen andern Bildern, die ich jetzt immer besser kenne.

Wie schön, dass ich mit diesen Bildern aufgewachsen bin – es ist jetzt wie ein Wiedersehn mit Verwandten, Freunden aus der Heimat – obwohl ich Wien nie als Heimat ansah – es ist nicht örtliche Heimat, sondern Heimat als »Land der Jugend«, Zeit der Jugend! [...]

1 Preisverleihung in Stockholm: Hesse antwortete Ninon auf ihre Frage: »Deine Briefe kommen aus einer Welt, zu der ich die Beziehung verloren habe. In dieser Welt mußt Du tun, was Dir richtig erscheint, auch ohne mich zu fragen.« – Die Urkunde wurde vom Schweizerischen Gesandten in Schweden, Valloton, entgegengenommen. Eine Briefbotschaft Hesses

wurde zum Bankett am Tag der Preisverleihung, dem 10. Dezember 1946, verlesen.
2 Gerard Terborch (1617-1681), holländischer Maler, der das Beiwerk zu seinem zentralen Thema auf ein Mindestmaß beschränkte und darum zu überzeugenden Bildnissen gelangte. Ninon hatte schon während ihres 1917 begonnenen Wiener Kunstgeschichtsstudiums in dem von Max Dvorak (1874-1921) vermittelten »erlebenden Verstehen« Terborchs Gemälde »Die Briefschreiberin« in einem Gedicht einfühlsam interpretiert. Dieses und andere Gemälde nachgestaltende Gedichte: Kleine, st 1384, S. 105 ff.
3 Jan Sanders van Hemessen (um 1500-nach 1563) ist in seinen großfigurigen biblischen und profanen Darstellungen Begründer des flämischen Sittenbildes und weist auf das allegorische, manieristische Pathos des nächsten Jahrhunderts voraus.

Zürich, 14. Dezember 1946
Mein liebster Vogel,
gestern kamen Drucksachen und Dein Bericht über die »Nobelfeier«[1], vielen Dank. [...] Ich führe ein strenges Leben, aber ich fühle mich sehr, sehr wohl. [...] »Arbeiten« betrifft vorläufig nur das Laufende, Korrespondenz, Telephone, aber ich mache das gerne[2], und heute habe ich zum ersten Male versucht, eine Ode von Pindar zu lesen – volle 20 Minuten gönnte ich mir dazu! [...]
Gestern rief Dr. L. an und teilte mir ganz feierlich mit, er habe mir die freudige Nachricht zu geben, dass der schwedische Scheck angekommen sei. Er betrage 121.000 (es waren noch Hunderter dabei, die ich vor Aufregung nicht notierte!) schwedische Kronen. Die Kreditanstalt nimmt Dir die schwedischen Kronen ab, und zwar zum Höchstkurs von Frcs 119,60. Die Summe von Franken 145.342 werde er wunschgemäss an den Credito auf Dein Konto überweisen. Die Kreditanstalt habe das alles ohne Berechnung der Kosten, ehrenamtlich sozusagen, gemacht – auch die vielen Telegramme nach Stockholm sind nicht berechnet worden. Als ich protestierte, sagte er sehr warm, es sei ihnen eine <u>Ehre</u> gewesen, <u>das für Dich tun zu dürfen</u>. [...] Wenn

Du, lieber Vogel, ganz abgesehn davon, was Du Dr. L. persönlich zum Geschenk machen willst, Dich entschliessen könntest, ihm ein paar Zeilen handschriftlich zu schicken, in denen Du Dich für seine Mühe und sein Entgegenkommen bedankst, so wäre das sehr, sehr schön! Aus seinen Worten klingt immer echte Ehrfurcht vor Dir – ich glaube, dass er auch ein guter Leser ist. [...]

1 »Bericht über die Nobelfeier«: Es handelt sich um ein vervielfältigtes Typoskript für den Freundeskreis; Hesse schildert darin die private Feier am Tage der Preisverleihung, dem 10. Dezember 1946, mit der die Familie Dr. Riggenbachs ihn und Ninon in Préfargier überraschte. Veröffentlicht in »Gesammelte Briefe«, 3. Bd., a. a. O., S. 389 ff.
2 Hesse, der bis zum Nobelpreis seinen Schriftverkehr meist allein erledigt hatte, wurde die Korrespondenz nun zur zeit- und kraftraubenden Last: »Kolporan. Nun die Geschäfte. Du bist über alles, was gerade ›schwebt‹, so gut informiert (deutsch: im Bilde), daß ich Dir eigentlich ruhig in allem Vollmacht geben kann.«

1947

Im Frühjahr 1947 veröffentlichte Ninon eine Interpretation des 1929 in London erschienenen Romans »Wolf Solent« von John Cowper Powys (Neue Schweizer Rundschau 1947, Heft 10 und 11, S. 600-608 u. S. 654-667). Ninon definiert in ihrem Aufsatz das Verhältnis zwischen Mythologie und Dichtung und sucht somit auch eine geistige Ortsbestimmung für sich selbst gegenüber Hesse. Für einen »mythischen Menschen« wie Solent sei Mythos nicht beliebige Erzählung oder Märchen, sondern religiös verankerte Lebensform. Diese Verbindlichkeit unterscheide ihn vom Dichter, der die Welt als Gleichnis und Zeichen auffasse, in spielerischem Gestaltungstrieb auflöse, die als Mangel empfundene Wirklichkeit neu entwerfe und aus seiner Einbildungskraft eine Gegenwelt erstelle. Der mythische Mensch hingegen sei kreativ in der Rezeption, er habe die Gabe, alles Ge-

schehen in seiner Kontinuität zu sehen, und darum gelinge es ihm, das Heute als Gewordenes anzunehmen und sich in Welt und Geschichte geborgen zu fühlen.

Zürich, 12. Januar 1947

Mein liebster Vogel,

[...] Ich ging endlich wieder ins Kunsthaus, danach sehne ich mich schon so lange, ohne dazu zu kommen. Man kann nicht oft genug in eine Bilderausstellung gehen – früher dachte ich immer: nicht lange genug darinsein – aber nein <u>oft</u> muss man hin und gar nicht furchtbar lange vor einem Bild verweilen. Die <u>Begegnung</u> ist es, in der sich einem vieles erschliesst, das plötzliche Vor-dem-Bilde-stehen. Mir geht es bisweilen wie einem vom Blitz Getroffenen davor – und in solchen Minuten bin ich einer echten Meditation fähig, ich glaube es wenigstens.

Heute stand ich wieder einmal vor dem Vermeer[1] [...], mir fiel am stärksten die grosse Helligkeit ins Auge, inmitten derer das Modell des Malers steht. Alles Licht ist auf diese Stelle konzentriert, nicht direkt auf die schöne junge Frau selbst, sondern auf den Umkreis ihrer Gestalt. Da war es mir, als wäre [...] die ganze sichtbare farbige Welt eingefangen in diesem Menschenbilde, das er eilig, gespannt, intensiv mit seinem Pinsel festhalten will. Sie aber steht an der Wand, gesenkten Blickes, fast unmerklich lächelnd, wie jemand, der eben noch – gerade diesen Augenblick noch – da ist, bevor er entschwebt, für immer verschwindet. Für immer. Denn kein Augenblick gleicht dem andern – und so wie sie damals dastand, die Klarinette in der Hand, den Lorbeerkranz im Haar, in diesem Licht, <u>so</u> wird es nicht wieder sein – und den Maler beherrscht die Leidenschaft, das <u>Jetzt</u> zu erfassen. Aber zugleich gilt das nicht nur für diesen Maler, dieses Modell und diesen Augenblick – jeder Künstler erfasst die Vergänglichkeit, die er zum Sein kristallisieren will. Im ganzen Bild sah ich diese Vergänglichkeit – das Ungefähre, wie die Dinge verteilt sind – der Stuhl, der wie zufällig dasteht, der Vorhang, der flüchtig zusammengerafft ist, der steinerne Kopf auf dem Tisch, vielleicht eine Antike, die Landkarte an der Wand, zerdrückt und das Licht zwischen ihren Falten fangend und brechend – und er, der Maler sitzt auch wie von ungefähr, wie einer, der sich schnell, schnell hingesetzt und den Pinsel ergriffen hat, in Bereitschaft, gespannt, bebend davor, <u>wie</u> er sie bannen will – der Künstler die »Frau Welt«.

Ich war noch bei vielen Bildern, meist bei »neuen«, die geliebten alten konnte ich nicht mehr richtig sehen, nachdem ich mich bei Vermeer so verausgabt hatte. Aber eines grüsste ich noch besonders – von Lorenzo Lotto[2] die Sacra conversazione oder vielmehr Krönung Mariae durch einen herrlichen Engel. Es war eins der liebsten Bilder meiner Mutter – sie ging manchmal um seinetwillen ins Kunsthistorische Museum und erzählte dann ganz verklärt davon – und so besuchte ich meine Mutter in diesem Bilde und sagte ihr: schau, ich trage einen herrlichen Persianermantel, den hat mir Hermann Hesse geschenkt – er ist mein Mann, weisst Du? Aber die Mama konnte das alles kaum glauben! 1925 starb sie, denke doch nur! Sie liebte die heilige Justina von Moretto[3] auch so sehr, aber die ist leider nicht da.

Ich möchte Dir noch sagen, wie es mich beglückt, die Korrektur der »Gedenkblätter« – aber überhaupt aller Deiner Bücher zu lesen.[4] Es ist so eine schöne behutsame Arbeit, ein sie Betreuen, zugleich so eine Freude, sie wieder zu lesen. Liegt es an Dir oder an mir, dass sie immer wieder »neu« sind? Beim Christian Wagner[5] (zu seinem 80. Geburtstag) geriet ich in Entzücken über die Verse: »Lass hinter dir die Heimat, die dich quält / Und nicht den Geist begreift, der dich beseelt!« – hab ich das denn früher nie gelesen?

Und das habe ich gern bei der Korrektur, wenn ein Wörtchen kommt: »anderen« – und ich denke: Heisst es jetzt da nicht »andern?« – und sehe nach, und richtig, es heisst so, wie ich dachte. Dann schmunzle ich vergnügt und denke, ein wenig kenne ich doch die Melodie. [...]

Noch etwas zur »Korrektur«: Ich lese auch deshalb mit grosser Freude, weil ich ganz ausgehungert nach geistiger Nahrung bin – seit Wochen lebe ich ja auch wie Du fast nur in Korrespondenz und anderem Geschäftlichen[6] – da berühren mich Sprache und Gedanke doppelt stark – es ist ein wirklicher Durst, der mit dem Lesen gestillt wird. [...]

1 Jan Vermeer (1632-1675) war ein Maler lichterfüllter Innenräume, der die Stimmung eines zeitlos-stillen Lebens beschwor (s. S. 360).
2 Lorenzo Lotto (1480-1556) verbindet den Wirklichkeitssinn und die Präzision der flämischen Malerei mit der venezianischen Freude am farblich ausgestalteten Detail.
3 Alessandro Moretto (1498-1554) war der Meister der Schule von Brescia, der die Ruhe seiner Kompositionen mit einem farblichen Silberglanz steigert. Im Kunsthistorischen Museum von Wien hängt das von Ninon erwähnte Bild von der jungfräulichen Märtyrerin Justina, die 304 von Kaiser Maximinian als Christin zum Tode verurteilt, vor Eintreffen des Henkers jedoch von einem Soldaten mit dem Schwert durchbohrt wurde.
4 In einer Notiz hielt Ninon fest, welche Korrekturen sie 1946/47 gelesen hatte: »Dank an Goethe, Traumfährte, Krieg und Frieden, Knulp, Märchen, Klingsors letzten Sommer, Kurgast, Nürnberger Reise, Gedenkblätter, Fabulierbuch, Kleine Welt, Diesseits; früher: Berthold, Die Gedichte, Das Glasperlenspiel u. a.« Hesse wollte sie zugunsten ihrer archäologischen Studien von dieser Arbeit entlasten: »Ich achte Dich zu sehr, um es gern zu sehen, wenn mehr oder weniger mechanische Arbeiten, die auch ein andrer machen kann, an Dir hängen bleiben [...]. Die Korrekturen waren gut, und ich war Dir dafür dankbar, solang sie nötig waren. Seit sich Helfer dafür gefunden haben, sehe ich nicht ein, warum Du Dich um halbe und ganze Tage bringen sollst, ohne daß ich etwas davon habe als zuweilen Deine Traurigkeit darüber sehen zu müssen, wie wenig Du zu Deiner eigenen Arbeit kommst.« Hausbrief vom 22. Januar 1949.
5 Die zwei von Ninon erwähnten Gedichtzeilen stammen von Christian Wagner (1835-1918), sie wurden in Hesses Glückwunsch zu dessen 80. Geburtstag am 5. August 1915 zitiert, der in die »Gedenkblätter« aufgenommen wurde: GD 4. Bd., S. 587. Hesse hatte schon 1913 eine erste Auswahl der Gedichte von Christian Wagner, »dieser einsamen und rührenden Figur des Bauerndichters« (H. H.) bei Georg Müller, München/Leipzig, herausgegeben, bis 1918 wurden jedoch nur 335 Exemplare verkauft. Hesse schrieb Ninon aus Marin: »Christian Wagner wird gewiß wiederentdeckt werden [...] zahllose neu zu edierende Schätze [...].«.
6 Geschäftliche Korrespondenz: Ab Januar 1947 vertraute Hesse Ninon die gesamte Verlagskorrespondenz an. Am 13. Januar 1947 schrieb er ihr im Hinblick auf von ihr durchgesehene Korrekturfahnen: »Das ›Gut zum Druck‹ gibst einfach statt meiner Du.«

13. Januar 1947
[...] Wir sind in der Schweizer Wochenschau zu sehen, das Camuzzi-Haus und unser Haus und Photographien von Dir und Lorenzo bei Deinem Feuerchen, er spricht sogar ein paar Worte – und unmittelbar daran anschliessend sieht man die Nobelfeier in Stockholm. Es wäre ganz hübsch gemacht, würde der Sprecher nicht sagen (im Montagnolafilm) »... als er den berühmten Roman ›Der Wehrwolf‹[1] schrieb!«
Addio, liebster Vogel innigst Deine Ninon

1 Erneute Verwechslung von Hesses Roman »Der Steppenwolf« mit der 1910 erschienenen Bauernchronik »Der Wehrwolf« von Hermann Löns.

24. Januar 1947
Lieber Hermann,
es tut mir sehr leid, dass Du ganz unversehens erfuhrst (anstatt dass ich es Dir erzählte!), dass J. M. und ich eine schöne und herzliche Freundschaft geschlossen haben, die sich in einem (übrigens ziemlich spärlichen) Briefwechsel äusserte und äussert. Sie hat Deine Sphäre nicht berührt und hat mir oft sehr wohl getan, wenn ich mich sehr einsam fühlte.
Wie hätte ich mich mit ihm befreunden können, wenn ich nicht die warme und echte Verehrung gefühlt hätte, die er Dir entgegenbringt – das war die Voraussetzung dafür, dass er auch an meinen Leiden und Freuden, an Lektüre oder Gedanken über Gelesenes teilnahm.
Wenn es Dir möglich ist, schicke ihm seinen Brief nicht zurück und glaube weiter an ihn, der Dir aufs herzlichste ergeben ist! Ich habe mich der Freundschaft mit ihm nicht zu schämen, und ich bitte Dich, wenn es Dir möglich ist, unseren Briefwechsel zu dulden.
Deine Ninon

1 J. M.: Ein Brief von Joachim Maass an Ninon befand sich versehentlich unter der an Hesse nachgesandten Gückwunschpost; ein Zufallsfund, durch den er von der seit 1936 bestehenden Verbindung der beiden erfuhr.

Maass war von 1945 bis 1952 Redakteur der Stockholmer »Neuen Rundschau«.

Hesse fuhr von Marin aus direkt zur Kur nach Baden, er traf am 12. Februar 1947 im Verenahof ein und kehrte am 18. März nach Montagnola zurück.
Ninon besuchte inzwischen die 15. Eranos-Tagung vom 31. März bis zum 2. April 1947; unter der allgemeinen Themenstellung »Der Mensch« referierte Kerényi über »Schlaf, Tod und Traum«.

Postkarte

Ascona, 1. April 1947

Liebster Hermann,
K. hat sich diesmal selbst übertroffen, er fing sofort richtig an. Ohne Umschweife, und so kam man ein tüchtiges Stück vorwärts. Für mich war es herrlich – wie ein Zwiegespräch: Kaum dachte ich z.B. »aber es heisst doch auch φόνιος[1], das passt doch nicht zu . . .«, antwortete K. auf die ungestellte Frage. Er sprach viel über den Λύκιος. Überhaupt über Lykien – ach, es war schön! [. . .] Wir wohnen elend, sind aber sehr vergnügt! Herzlichen Kuss   Deine Ninon

1 Blutbefleckt, mordgierig; Lykeios: der wölfische Apoll.

Ninon nahm im September 1947 Fahrstunden. Hesse, der sich wie alljährlich zur Herbstkur in Baden aufhielt, gab ihr in seinem Brief vom 8. November 1947 einen humoristischen Rat für die von ihr gefürchtete Fahrprüfung: »Solltest Du merken, daß der Dich Prüfende unzufrieden ist, dann gib Gas und fahre wie drei Teufel los, scharf an die Ecken und Bäume streifend, und sage ihm, Du werdest Dein Tempo erst mäßigen, wenn er Deine Meisterschaft anerkenne.«

Montagnola, 11. November 1947
Liebster Vogel,
[...] Ich hoffe, es ist keine Hybris, wenn ich es hier niederschreibe: Ich habe das Gefühl, dass ich jetzt fahren kann. Heute lernte ich ein schönes neues Kunststück – eine S-Kurve nach rückwärts fahren. Ich kam mir vor, wie Sonja Henie[1] auf dem Eise! Später musste ich die steile Bergpoststrasse zu einem Teil rückwärtsfahren. Übermorgen werden wir eine Theoriestunde haben und anschliessend daran eine »Nachtstunde«. [...]
Ich hoffe, diesen Nachmittag mit Euripides verbringen zu können. [...]

1 Sonja Henie (1912-1969), von 1927 bis 1936 norwegische Weltmeisterin im Eiskunstlauf, erhielt 1928, 1932 und 1936 Goldmedaillen bei den Olympischen Winterspielen und ist die erfolgreichste Eisläuferin der Sportgeschichte.

Montagnola, 14. November 1947
Heute ist der Jahrestag des Nobelpreises!
[...] Eben erhielt ich die Zeitung und las, dass André Gide[1] den Nobelpreis bekommen habe! Das freut mich unendlich! Es wäre für mich traurig gewesen, wenn Dein Nachfolger ein unwürdiger gewesen wäre. Hattest du eigentlich dem Nobelcomité wegen Gide geschrieben?
Gestern abend also sass ich mit Herr Ponti in Café Golf, weisst Du, unserem Verbrechercafé, das aber ein Schachspielercafé ist, – es hat ein Nebenzimmer, in dem es furchtbar nach »Brodo« roch und das uns aufgeschlossen wurde – und Herr Ponti machte eine Art Prüfung mit mir. Ich hatte den ganzen Tag gelernt, 357 Fragen, und war so aufgeregt, dass ich auf die Frage der Kellnerin, was ich wünsche, das Wort »Cappucino« nicht herausbrachte. Das kann gut werden, dachte ich! Alles Technische hatte ich vergebens gelernt, aber da wir ja bekanntlich non scholae sed vitae discimus[2], will ich auch das noch sehr vervollkommnen. [...]

1 André Gide (1869-1951) war für die französische Generation zwischen den beiden Weltkriegen der dichterische Erwecker, voller Unruhe, Freiheitsdrang und kosmopolitischen Strebens. Hesse hatte am 2. März 1949 durch sein Vorschlagsrecht für den nächsten Nobelpreis jedoch nicht ihn, sondern zwei deutschsprachige Autoren benannt, »Martin Buber, den Juden und Führer der geistigen Elite unter den Juden«, und Gertrud von Le Fort, »wohl die wertvollste, begabteste Vertreterin der intellektuellen und religiösen Widerstandsbewegung«.

2 Ninon benutzte die heute populäre Version, eine Umkehrung der Kritik Senecas an den Schulen seiner Zeit im 104. Brief an Lucilius: Man lerne nur für die Schule, aber nichts fürs Leben!

Montagnola, 19. November 1947

Liebster Vogel, [...] Ich wäre so gern mit Dir in Baden und nähme an den Unternehmungen teil, die Du treibst – und bin so froh, dass Du es auch wünschtest! Jetzt leben wir 22 Jahre zusammen, aber es ist mir doch immer neu und beglückend, an Deinem Leben teilzuhaben. Du schreibst so entzückend, wie ich Gas geben und losfahren soll[1] – und auch, wie ich die Sorgen fahren lassen soll. Ach wie gut, dass Du morgen an mich denken wirst! Von 10 bis 11! Aber bitte vielleicht schon etwas früher, da ist es auch schlimm. [...] Addio mein geliebter Vogel – sei umarmt und geküsst von   Deiner verzagten Ninon.

morgen: ἁρματηλάτης = Wagenlenker; heißt auch gelegentlich Wagenkämpfer.

1 Ninon bestand die Fahrprüfung am 20. November 1947 und zitierte jubelnd Pindars Siegesgesänge für Wagenlenker, Olympia II, 2 und 5. Am 7. April 1948 wurde – trotz Hesses einstiger steppenwölfischer Verachtung für Blechlawinen und Maschinenschlachten – ein Standard Fourteen angeschafft. Auch Hesse genoß die Fahrten in der hellgrauen Limousine mit Schiebedach. »Das Leben ist um so vieles reicher und weiter geworden«, schrieb Ninon am 14. Juli 1948 an Margrit Wassmer. »Es wäre schön gewesen, das Auto zu haben, als mein Mann noch jünger war und noch reiselustig. Aber besser spät als nie, tröste ich mich, und habe es gern, es ist sehr bergfreudig – wie seine Herrin.«

1948

Hausbrief

10. Oktober 1948[1]

Lieber Hermann,
ich weiss nicht, ob wir heute noch Gelegenheit haben, miteinander zu sprechen, darum möchte ich es lieber gleich aufschreiben, wie schön ich auch diese zweite »Confession«[2] oder das Stück Tagebuch, oder wie man es nennen will, empfinde. Sehr bewegt hat mich die Stelle, dass Du allein noch das Bildnis jenes Professors in Dir aufbewahrt hast – dass es mit Dir erlöschen werde: Es mahnte mich an Mnemosyne[3], an die Quelle allen Schaffens und an Dein Gedicht: O Erinnerung, heilige Göttin Du – – –[4].
Über die Polyphonie des »Bettlers«[5] habe ich etwas geschrieben, einige Zeilen, in denen ich das Besondere dieser Art zu »erzählen« ausdrücken wollte.
Ich verstehe, dass Du jetzt am liebsten »in Watte gepackt« bleiben solltest, um den Stimmen in Dir lauschen zu können. Wenn man Dir dabei nur helfen könnte!

      Einen Kuss von Deiner Ninon
Wenn jemand anderer als Du das neue Manuskript abschreiben soll, dann möchte ich es sein, wie beim »Bettler«; das war mir ein schönes Sich-Hineinversenken!

1 Am 25. August 1948 war Ninon nach Ascona-Moscia gefahren, um im Rahmen der 16. Eranos-Tagung Kerényis Vortrag »Mensch und Maske« zu hören. Im Herbst begleitete sie Hesse nach Baden, während dieser Zeit besuchte sie in Zürich ein Seminar über »Griechische Mysterien« und einen Vortrag Kerényis im Jung-Institut über »Griechische Mythologie«. Da sie Hesse darüber mündlich berichten konnte, liegen keine Briefe zu diesen Themen vor.
2 »Confession« bezieht sich auf Ninons Lektüre des Manuskriptes »Aus meiner Schülerzeit«, das in den zum 75. Geburtstag des Dichters am 2. Juli 1952 vom Suhrkamp Verlag, Berlin und Frankfurt am Main, herausgegebenen, sechs Bände umfassenden »Gesammelten Dichtungen« innerhalb der »Gedenkblätter« erscheinen sollte (GD 4. Bd., S. 596). Der Verlag versuchte, die im Krieg weitgehend zerstörten Werkausgaben Hesses wieder greifbar zu machen.

3 Mnemosyne: Zur Göttin personifizierte Kraft der Erinnerung; im griechischen Mythos: Tochter des Zeus, Mutter der Musen.
4 Die Zeile: »O Erinnerung, *einzige Göttin du*« stammt aus dem Gedicht »Schlaflosigkeit«, in: »Die Gedichte«, a.a.O., S. 326/27.
5 Im Juli 1948 hatte Hesse seine Erzählung »Der Bettler« geschrieben, die gerade (vom 7.-11. Oktober 1948) in der »Neuen Zürcher Zeitung« abgedruckt worden war.

1950

23. Januar 1950
Im Zug Luzern-Bern

Lieber Vogel

[...] Ich habe Herzklopfen vor Freude und Spannung. Wie werde ich mich bewähren vor all den Herrlichkeiten? Ich habe Angst, als sollte ich eine Prüfung ablegen über die vergangenen zehn Jahre; da war ich zum letzten Mal in Griechenland. Aber ich meine natürlich kein plumpes äusserliches »Wissen«, über das ich eine »Prüfung« ablegen soll!

Bern, nachmittags

Ich war zwei Stunden im Museum[1], [...] es war unbeschreiblich schön. Dass in einem Stein solche Möglichkeiten liegen, dass dies aus ihm gebildet werden kann! Und dass man, während man ein Bein, einen Fuss, eine Hüfte, Schulter, einen Kopf betrachtet, zugleich den Stoff wahrnimmt, Möglichkeit und Wirklichkeit gleichzeitig sieht, und dass man dieses Ewige-Herrliche nicht nur sehen, sondern auch tasten kann (wenn auch leider nicht darf!), das hat mich ganz berauscht, ἔνθεος[2] war ich und glücklich. [...]

1 Hesse schrieb Ninon am 23. Januar 1950 nach Bern: »Habe schöne Stunden mit den Griechen und den andern Freunden! Tante belle cose von Seiten Vogels.«
2 Begeistert, enthusiasmiert.

Postkarte

Bern, 24. Januar 1950

[...] Der »Jüngling von Tenea«[1] wird immer schöner: Je mehr man an Einsicht gewinnt, desto mehr erschliesst sich einem. Er hat etwas Unfertiges an sich, aber nicht wie ein Torso (denn er ist »fertig«) – es kommt von seiner Jugend. Er ist noch nicht erwacht – aber strahlend; zuversichtlich, mit beiden Füssen fest auf der Erde, schreitet er – und das ist so unwiderstehlich, dass man auch strahlen muss. Alles an ihm ist gestrafft – besonders das Gesicht spricht das aus – aber zugleich träumerisch. Er ist »die Jugend«.

Ich könnte 100 Seiten schreiben über das Gesehene: Göttinnenfüsse, Heldenhände, und bei den Vasen gibt es kein Ende. Ich bin ganz aufgewühlt. Vasen waren mir früher nur Bildträger, aber nun sehe ich auch die Gefässformen, und die Bildinhalte sind ja sowieso meine Welt! [...]

1 Der Jüngling aus Tenea bei Korinth, ein stehender Kuros von 1,53 m Höhe aus parischem Marmor, gilt seit seinem Fund (1846) als ein Musterbeispiel der archaischen Plastik (seit 1853 durch Ankauf von Ludwig I. in der Münchner Glyptothek).

Postkarte aus Zürich, schlecht lesbarer Sonderstempel: Europäische Woche

Mittwoch

Lieber Hermann,

ich ruhe einen Moment in der ägyptischen Ausstellung aus. Merkwürdig, wie wenig mir diese Kunst sagt. Ich finde sie formelhaft – zuviel Freude an der Linie an sich, – zuviel Verallgemeinerung. Natürlich gibt es auch anderes – am ehesten in den Reliefs. Und das Wichtigste ist sicher die architekturgebundene Plastik (an Ort und Stelle), und diese schweren Vasen aus Granit oder Alabaster! Eine Vase muss zerbrechlich sein – das gibt ihr noch mehr Spannung als die blosse Form! – Ich habe noch nicht alles gesehen, vielleicht bekehre ich mich noch – aber eine Herzenssache wie das Sumerische, Akkadische, Hethitische, Syrische, Kyprische, sogar Phönikische wird es nicht. [...]

1951

1951 erschien der Band »Briefe«, der nach Hesses Worten zum größten Teil von Ninon redigiert worden sei, und aus dem – nach drei jeweils von ihr erweiterten Neuauflagen – die Edition »Ausgewählte Briefe« entstand (st 211). Ab 1934 hat Ninon Briefe Hesses, deren Themen von allgemeinem Interesse waren oder die werkbegleitende Passagen enthielten, aufbewahrt und mit viel Geduld abgeschrieben, oft ohne Hesses Wissen.
Zum ersten Mal nach zehn Jahren gelang es Ninon, sich aus ihrem häuslichen Pflichtenkreis zu lösen; sie reiste vom 12. bis zum 21. Juni 1951 nach Rom. Sie schrieb nach ihrer Rückkehr »halb betäubt vor Glück« am 22. Juni 1951 an Peter Suhrkamp: »Nachträglich sehe ich erst, dass diese Reise eine Art Lebensrettung war, [...] ich war wie ein Taucher, dem der Sauerstoff ausgegangen ist. [...] Es tut mir so unendlich wohl, mich wiedergefunden zu haben, zu fühlen, dass ich dort, wo es mir wichtig ist, nicht gealtert bin.«

Rom, 3. Juni 1951

Mein lieber Vogel,
[...] Zunächst muss ich grundlegend über Italien oder »den Süden« sagen, dass ich ihn (für mich natürlich!) zum Leben gänzlich ablehne. Z. B.: Tagsüber kann man die Fenster nicht öffnen, weil es viel zu heiss ist, und abends oder nachts auch nicht wegen der Mücken. Man lebt in ewiger Dämmerung! Eben habe ich Fenster und Läden geschlossen, trotzdem jetzt eine schöne frische Luft hereinkäme. Aber ich brauche Licht zu meinen Abendtaten.

Heute Vormittag ging ich zu Fuss über den Pincio (da hiess eine der Alleen, ich glaubte zu träumen: Via della Montagnola), 20 Minuten sollten es sein, aber es waren 50, vielleicht, weil ich so oft fragen und die Karte zücken musste. Endlich stand ich am Ziel: Die Villa di Papa Giulio, das etruskische Museum. Der lange Weg gehörte dazu, er ist übrigens zauberhaft bis auf das letzte Stück: Steineichen und Pinien, Wiesengründe, weit und hügelig, Alleen von »castani ippici« (nicht ganz richtig, aber das Ippikos stimmt), Reitwege, immer wieder blühender Oleander dazwischen, und die Menschen verlieren sich in der Weite.

Überhaupt – aber dies ist ein Exkurs – finde ich Rom ausgesprochen un-menschlich. Alles ist für Weltherrscher angelegt, die Strassen, die Plätze, alle Dimensionen sind nicht vom Menschen für den Menschen gedacht, sondern für ungeheure Vergrösserungen des Menschlichen. Jede Haustüre eines gewöhnlichen Hauses ist so hoch, dass zwei bis drei Leute übereinander durch sie eintreten könnten – alles ist majestätisch und weit ausschwingend, und eine Strasse (jede Strasse!) zu überqueren ist ein Abenteuer. Denn in dieser majestätisch grossen Stadt flitzen in plebejischer Hast die Autos, unzählige motorisierte Räder und unzählige unförmige Autobusse und uralte Trams und Autos aller Grössen dazwischen. Sogar ein Kleiderschrank ist »majestuoso« – hoch oben ist der Querbalken, und Du musst ganz hohe Kleiderhaken haben, um sie dort einzuhängen. Ende des Exkurses.

Ich wusste von früher, dass man gleich links vom Eingang ins Museum zum Apollo[1] komme, aber da es 15 Jahre her sind, dass ich ihn sah, fragte ich: Da wies der Saaldiener mich einen weiten Weg durch einen in greller Sonne liegenden Hof! – bis ein anderer mir den richtigen Saal zeigte. Aber auch das gehörte dazu: 15 Jahre und 10 Minuten – warum sich über die letzten zehn Minuten ärgern? Er war da und war viel schöner, als ich ihn im Sinn hatte. Er war eine vollkommene Erfüllung.

Er lächelte – wie ein Wolf lächeln würde (nicht der törichte lupus in fabula, sondern der grosse Wolfsgott). Seine Locken, seine Augen, sein Schreiten, seine Haltung – der rächende Ordner, der

Ninons »Apoll mit dem Wolfslächeln«,
Terrakotta-Statue vom Tempel in Portonaccio, ca. 500 v. Chr., Museo
Nationale Etrusco di Villa Giulia in Rom

auch im Strafen Strahlende (weil er es zu einem höheren Zweck tut) – der Strahlende eben – er war es! Und ich habe ihn wiedergesehen.
Es ist noch ein Fragment der gefesselten Hirschkuh da, die Herakles widerrechtlich raubt, und die Füße von Herakles – zauberhafte Füße – und der Kopf von Hermes mit einem runden Mützchen [...].
Ich war in S. Lorenzo fuori le mura[2] mit schönem alten Kreuzgang, und in S. Maria Maggiore[3] und San Prassede[4]. In letzterer waren die schönsten Mosaiken (9. Jh.), in der Zeno-Kapelle dachte ich <u>sehr</u> an Moilliets Engel-Glasfenster in Bremgarten.

Ich muss mir die Photographien beschaffen, um sie Moilliet zu zeigen.

Morgen werde ich in den Vatikan gehen. Sehr müde, aber sonst wohl, umarmt Dich Deine   Ninon

1 Gemeint ist der Apoll von Veji, eine etruskische Terrakotta-Statue von Portonaccio (510-490 v.Chr.). In ihm fand Ninon den »Apoll mit dem Wolfslächeln«, Züge des »Apollon Lykeios«, über den sie ihre Arbeit abfaßte (s. S. 458).
2 »San Lorenzo fuori le Mura« gehört zu den sieben Pilgerkirchen Roms; das dreischiffige Gebäude ist bei dem einzigen Luftangriff auf Rom am 19. Juli 1943 beschädigt worden, enthält jedoch noch beachtenswerte Kunstwerke und einen romanischen Kreuzgang aus dem 12. Jh.
3 »Santa Maria Maggiore«, die größte der 80 Marienkirchen Roms, liegt auf dem Esquilin, einem der sieben Hügel des antiken Roms; die Mosaiken des Mittelschiffs stammen aus dem 5. Jh.
4 »Santa Prassede« enthält einen durch Mosaiken ausgeschmückten Chor und in der von Ninon genannten »Capella di S. Zeno«, die wegen ihrer Schönheit auch »Paradiesgarten« genannt wird, Goldmosaiken aus dem 9. Jh.
5 Louis René Moilliet (1880-1962), in der Gestalt »Louis' des Grausamen« in Hesses Werk eingegangen (s. S. 130), hat die Friedhofskapelle von Bremgarten bei Bern mit farbigen Glasfenstern ausgestattet.

Rom, 17. Juni 1951
[...] Gestern machte ich eine Art Höflichkeitsbesuch in der Sixtinischen Kapelle, in Raffaels Stanzen und Loggien[1] und in der Pinakothek. [...]
Ich hatte das Glück, etwa fünf Minuten lang allein in der Sixtinischen Kapelle zu sein. Es war erst neun Uhr, die Herden warteten noch auf die Schäfer, kurz, ich konnte es kaum fassen, ich war allein. Es ging mir merkwürdig – zuerst war ich so entsetzt über den Michelangelo, nicht nur über das Jüngste Gericht, nein, auch und besonders über die Schöpfungsgeschichte! Ich finde, so etwas darf man einfach nicht darstellen – man kann die Majestas Domini darstellen, man kann ihn traurig und enttäuscht oder zufrieden darstellen, aber den dicken alten Mann

Hermann und Ninon Hesse, Juni 1952 in Montagnola

plump daher»fliegen« zu sehen, das wirkt geradezu komisch. [...] Ich habe alles sehr gut angesehen, mit frostiger Bewunderung, auch Raffael. [...]
Aber dann war ich vollkommen glücklich bei den Skulpturen [...], im etruskischen Museum und im Domus aurea Neronis[2].

1 Stanzen und Loggien – die Räume und offenen Bogenhallen – des Vatikans wurden durch Raffael (1473-1520) mit Freskenzyklen ausgemalt, deren Meisterwerk in der »Stanza della Segnatura« (1508-1511) Ninon an ein Referat ihres Wiener Kunststudiums erinnerte: »Die Schule von Athen« (Disputa).
2 Nero, röm. Kaiser (54-68), baute nach dem großen Brand Roms (64) das »Goldene Haus«, seinen prächtigen Palast, aus dem einige Räume mit Fresken erhalten blieben.

Rom, 18. Juni 1951

Liebster Hermann,
heute war wieder einmal »der schönste Tag«. Ich war vier Stunden im Museo Barracco – das war wie In-Griechenland-sein. Ich staune, was ich leiste – wie eine 25jährige, lange natürlich könnte man so nicht leben, es ist eine grosse Anstrengung. Aber ich bin so froh, dass ich's kann. Der Kopf ist frisch bis zuletzt, ich muss nur hie und da rechtzeitig pausieren. [. . .]

Innigst Deine Ninon

1952

Vom 28. August bis zum 13. Oktober 1952 konnte Ninon nach zwölf Jahren endlich wieder in ihre »geistige Wahlheimat« Griechenland reisen. Sie suchte Quellen für ihre Hera-Arbeit in Ithaka, Dodona, Larissa, Thessalien, Kreta, Samos.

Athen, 30. August 1952

Lieber Vogel, nur ein paar Worte vor der Abfahrt, wir werden vermutlich erst am 10. oder 11. September wieder in Athen sein – so lange werde ich ohne Nachricht von Euch bleiben. Unheimlich!
Der Flug war <u>abscheulich</u> – ich fliege nie wieder! Man sah fast nichts, alles daran war kollektiv und <u>un-menschlich</u>, winzige Luken, schlecht angebracht, durch die man fast nichts sah. [. . .]
Ich freue mich auf die Meerfahrt [. . .] und auf Ithaka trotz bevorstehender Strapazen. [. . .]

Vaphy, 1. September 1952

[...] Es ist irrsinnig heiss, Tag und Nacht, aber es ist Griechenland, darum ertrage ich es. Gestern war ich in der Höhle, die Athena dem Odysseus[1] zeigte, um seine Schätze dort zu verstekken, Odyssee XIII 363 ff. Auf dem Wege dahin sah man die Phorkys[2] – Bucht, wo er von den Phaeaken ans Land gesetzt wurde und wo Athene ihm erschien (XIII 220 ff.). Heute fuhren wir in einem uralten Auto 18 km weit, eine schwierige Fahrt, nach Stavró, wo die Burg des Odysseus gestanden sein mag. Man sah auf der Fahrt den Berg Νηριτο (ich photographierte ihn), von dem Athene sagt (XIII 351) τοῦτο δὲ Νήριτον ἐστιν ὄρος καταείμενον ὕλη[3], man sah Kephallonia und Leukas und Τελεῖοι (Ταυατ), wo die Freier dem Telemach einen Hinterhalt legten, dem er aber dank Athene entging. »Alles« haben wir leider nicht gesehen, weil Dr. von den Steinen schlecht zufuss ist und Autos und Führer sehr teuer sind. Wir haben nach mehrstündigem Suchen gestern früh eine private Unterkunft gefunden, sehr schön, sauber, nur das Clo ist etwas entlegen, neben dem Hühnerstall. Man wäscht sich in der Küche, und das Licht kommt von einer Petroleumlampe. Aber die Frau ist lieb und gastfreundlich, und der taube Wirt in der Taverne Τελεῖον (Vollkommen) ist rührend besorgt, ob es einem auch schmeckt, und seine Frau bringt unaufhörlich frisches Wasser, und es sind nicht viele Fliegen im Lokal. [...]

Die Schiffahrt war himmlisch [...], und ich las bis ein Uhr den XIII. Gesang der Odyssee »Ankunft in Ithaka«. Ach und am Abend die Fahrt – und als man zum Kanal von Korinth kam, ein kleiner Dampfer, funkelnd, rauchend und strahlend, durfte lotsen [...] – es war herrlich, ich sass bis 12 Uhr draussen, und um 6 Uhr stand ich schon wieder auf. Morgen fahren wir um 7 Uhr früh nach Preveza mit dem Schiff, übermorgen nach Jannina (Epirus). Innigst küsst Dich   Deine Ninon

1 Während Odysseus als einer der führenden Helden der Ilias stets listenreich und verschlagen wirkt, erscheint er in der Odyssee als Dulder, der sich klug gegen uneinsichtige Gefährten behauptet, Hilfe von Frauen dankbar annimmt und die nicht von ihm herausgeforderten Abenteuer besonnen besteht. Er steht unter dem Schutz der Göttin Pallas Athena.

2 Phorkys: in der Odyssee ein Meergott aus alter Sagenschicht, nach dem ein Hafen in Ithaka benannt ist, wo Ninon ihre Seefahrt unterbrach, um auf Odysseus' Spuren zu wandern.
3 »Dies ist der Berg Neritos, der ganz mit Wald bedeckt ist« (Berg an der Westküste Ithakas).

Dodona, 3. September 1952

Liebster Vogel,
wunschlos und unaussprechlich glücklich versuche ich dennoch, es auszusprechen. Ich sitze im Schatten eines wilden Birnbaums im Temenos des Zeus-Heiligtums von Dodona[1], vor mir der schon bei Homer berühmte Orakelplatz, aber es ist keine Eiche mehr da, schattenlos liegt er da. Wir wurden »zu Tisch« geladen, unter einem flachen Dach aus getrockneten Stechpalmenzweigen sassen wir auf Farnkraut und bekamen Nudeln mit Käse, Brot und Trauben; Wasser aus einer Quelle wurde in einem Holzfässchen geholt. Leider verstehe ich viel weniger Neugriechisch als vor 13 Jahren, nämlich nur einzelne Worte. Wir fahren erst um ½ 7 Uhr zurück, so sind noch lange Stunden hier vor mir, die mich erfüllen sollen.
Der gestrige Tag war schön. Das Schiff [. . .] liess sich Zeit, hielt an drei Häfen auf Kephalonia an, lange konnte man Leukas sehen (die angebliche Odysseus-Insel), und sogar die Südspitze, wo der Sprung ins Meer erfolgte (angeblich auch der Selbstmord von Sappho) zur Entsühnung und Weihe. [. . .]
Die 107 km von Preveza bis Jannina dauerten fast vier Stunden, weil man überall anhielt und die Leute aus- und einstiegen. [. . .]
Ich hatte inzwischen ein Zimmer bekommen, es war sinnverwirrend komfortabel, einen Waschtisch zu haben, elektrisches Licht und eine Toilette im Haus. Wir[2] beschlossen, heute »frei« zu machen, zu bummeln, auszuruhen. Ich ging ins Museum, wo ich interessante Ausgrabungen sah, z. B. Fragetäfelchen (aus Blei) an das Orakel von Dodona. Leider sind fast nie Antworten da. Ich habe heftig Ekzem, aber 24 Stunden schweissgebadet zu sein, ist eben nichts für meine Haut. [. . .] Den nächsten Brief schreibe

ich aus Thessalien, wo wir etwa sechs bis acht Tage bleiben wollen. Auf dem Pelion soll es sehr gute Hotels geben – Sommerfrischen, das wäre herrlich, der Ort heisst Portariá. Wenn eben möglich, will ich den Pelion besteigen, 1 618 m, 3 ½ Stunden von Portariá. Oben ist die Höhle von Chiron[3] – Dr. v. d. Steinen ist anscheinend nicht gesund, ganz appetitlos und immer müde, obwohl er nicht halb so viel macht wie ich. Aber ausserdem ist er einfach sehr faul – das erklärt alles. Schade! Ein so begabter Mensch! Innigst Ninon

1 Dodona, eine prähellenische Orakelstätte der Gaia, der minoischen Muttergottheit. Zeus war Nachfolger als Herr des Orakels (zusammen mit Dione, die hier als seine Gattin und als Mutter der Aphrodite verehrt wurde); er wohnte in einer heiligen Eiche und gab durch deren Rauschen den Priestern seinen Willen kund.
2 Wir: Ninon unternahm diese Fahrt, wie schon 1937 geplant, mit dem in Athen ansässigen Philologen Helmuth von den Steinen (s. S. 404).
3 Chiron, Heilgott mit chthonischen Zügen, als Kentaur ein Mischwesen, ist am Berg Pelion beheimatet. Er wird als Erzieher vieler Heroen, so auch des Achilleus genannt.

Larissa, 7. September 1952
[...] Es ist sieben Uhr abends, ich bin um fünf Uhr aus dem Tempetal zurückgekehrt. Morgen fahre ich nach Volo, aber für mich ist es das alte Jolkos, wo Jason[1] die Fahrt mit den Argonauten antrat.
Dass ich »ich« sage statt »wir« ist keine Unhöflichkeit. Dr. v. d. Steinen ist heute nach Athen abgereist. Er scheint schwerkrank zu sein, seit vorigem Sonntag stöhnte und schrie er, sobald er allein im Zimmer war – das erste Mal stürzte ich entsetzt hin, um ihm zu helfen, darüber wurde er böse, verbat es sich energisch – so liess ich ihn stöhnen und half ihm mit meinen Pillen und Diät-Ratschlägen. [...] Natürlich war er entsprechend unausstehlich (der Arme!), aber es war doch ziemlich scheusslich für mich. Ich bin froh, dass er abgereist ist. Ich war vorgestern ziemlich aufgeschmissen. Der gestrige Tag war sehr anstrengend, denn ich

musste mich gänzlich umstellen, »auf eigene Füsse stellen«! Es begann mit dem Kauf eines deutsch-griechischen Wörterbuchs und Repetieren der wichtigsten Formen, und ich bereitete den Tempe-Ausflug vor. Von den Schwierigkeiten eines solchen Ausflugs könnt Ihr Euch keine Vorstellung machen. <u>Wer geht zu Fuss ins Tempetal?</u> [. . .] Der Agoyat ist der Briefträger, aber es scheint »ehren«- und nebenamtlich. Er trug meine Tasche mit Mundvorrat, ich trug den Photoapparat und die Handtasche. Ich sage gleich, dass man die ganze Zeit durch dicken Staub watete – er ging beinah bis an die Knöchel. Von dem Klima ist zu sagen, was F. Stählin in »Das hellenische Thessalien« 1924 feststellt: »Es liegt von Ende Mai bis September ausdörrende Glut über den regenarmen Ebenen.« [. . .] Es war irrsinnig heiss, und wir gingen fast vier Stunden, obwohl es nur 10 km sind. [. . .] Man wandert west-östlich, wir hatten die Sonne im Rücken, links den Olymp, rechts den Ossa; [. . .] es war so schön, da zu gehen, dass ich vielemale dem Agoyaten sagte, ich sei glücklich. Denn es war die »heilige Strasse«, es war der Weg Apollons, von Tempe ging er nach Delphi. Als sich das Tal später öffnete, sah man ein Stück vom Thermischen Golf, und der Führer rief: Thálassa! Und über dem Olymp kreiste ein Adler. [. . .]
Die Nächte sind furchtbar: zum Ersticken heiss und entsetzlich lärmend – sei es auf Ithaka (Lautsprecher, Grammophonplatten, schmalzige, ölig gesungene Schlager bis 2 h früh – und ab 3 h früh die Hähne), oder noch schlimmer in Jannina, und hier am ärgsten. Aber ich schlafe ohne Mittel, bin tagsüber nie müde und esse sehr wenig und unregelmässig. Z.B. der Reisetag Jannina-Larissa über den Pindus, da sass ich von 11 bis ¾ 8 Uhr abends »kerzengerade« in Hut und mit Handschuhen im Autobus, und dann von 8 bis ¾ 10 Uhr weiter in einem anderen Autobus, ass etwas Käse und Brot und drei (elende) Äpfel. Dr. v. d. Steinen ächzte und schrie, ich sass gottlob nicht neben ihm. [. . .] Wenn der Autobus hielt, kauerten sich die Frauen daneben hin und verrichteten ihr Bedürfnis, der Weg war oft gefährlich, die Strasse nicht schlecht, aber durchweg ungesichert, sie wand sich

um unzählige Hänge des Pindus. [...] Ich fühlte keine Strapazen – es war der Weg, den etwa 2000 v. Chr. die erobernden, vom Norden gekommenen Thessalier ins aeolische Land nahmen. Sie vermischten sich mit der Urbevölkerung – »Griechen« waren beide nicht, erst durch die Vermischung entstand Griechentum. Die Landschaft war unbeschreiblich schön, immer neue Täler erschlossen sich, zuletzt kam man an Trikka vorüber und den »Meteoren«[2], bevor man in Larissa ankam. Lebt wohl, Ihr Lieben, tausend Grüsse! Deine Ninon

1 Jason, thessalischer Heros aus Jolkos, wird mit einer Expedition nach Kolchis (Landschaft am Schwarzen Meer und Heimat Medeas) beauftragt, um das goldene Vlies – Widderfell – zurückzuholen. Ihn begleiten die namhaftesten Helden eines vortrojanischen Sagenkreises auf der Argo (»Die Schnelle«), einem im Hafen von Jolkos gebauten, fünfzigrudrigen Schiff, dem Athena glücksbringend im Bug ein Stück der Eiche von Dodona eingefügt hatte.
2 Meteora (griech.: »die zwischen Himmel und Erde Schwebenden«): Im 14. Jh. auf hohen Felswänden erbaute Klöster in Thessalien.

Volo, 10. September 1952
Lieber Vogel,
morgen fahre ich nach Athen und werde endlich, endlich Nachricht von Dir haben. Es werden gerade 14 Tage sein, seit ich weggefahren bin. Ich freue mich unendlich darauf, Deine winzigen Buchstaben bzw. Schreibmaschine zu sehen! Mir ist es hier sehr gut gegangen. Ich war gestern am Pelion, leider nicht »auf dem« Pelion, obwohl es mich sehr lockte und er nur 1 690 m hoch ist. Ich fuhr mit einem Autobus bis Portariá, ca. 750 m hoch, dort ging ich eine Weile höher hinauf, fürchtete mich aber leider und kehrte nach Portariá zurück. [...]

Athen, 14. September 1952
Lieber Hermann,
heute war gottlob ein schöner Tag, ich komme gerade von Kap Sunion zurück. [...] Man fuhr fast zwei Stunden durch Attika, durch die Mesogaia, das fruchtbarste Stück des Landes, bevor man nach Laurion und ans Meer kam, und dann nach Sunion. Man fuhr zwischen Hymettos und Pentelikon und dann an Ölbaumhainen und wunderbaren Pinien vorbei. Die Berge sind niedrig, aber sie stehen so vollendet da, gross und schöngeformt, steinig oder mit niedrigem Gehölz bewachsen. Die Ölbäume bezaubern mich immer aufs neue, immer sind die Stämme gewunden und sehen löchrig aus – aber das Spiel der Äste und Zweige ergibt zauberhafte Farben von Silber, Olive, Braun! Es war herrlich, aber natürlich fing das Radio an, obwohl mir der Kondukteur versprochen hatte, es abzustellen. [...]
Ja, das Reisen ist mühsam geworden, und man bezahlt die »neuen Errungenschaften« sehr, sehr teuer. Ein Linienbus nach Sunion ist fabelhaft, früher war das eine grosse Exkursion, oder man musste viel zu Fuss machen (was bei der anhaltenden irrsinnigen Hitze unmöglich wäre) – man konnte auch nicht so viel in kurzer Zeit unternehmen – aber man verbrauchte weniger Kraft. Das Störende, Scheussliche zu überhören, übersehen, und das Wirkliche zu erfassen durch die Äusserlichkeiten hindurch – das ist schwer. In ein Museum zu gehen, ist natürlich bequem, da gibt es vorläufig kein Radio, aber eine Griechenlandreise ist kein Museumsbesuch – und die Landschaft zu erfahren, erfassen, ergründen, das wird einem schwer gemacht.
Aber beim Poseidontempel war es herrlich wie eh und je. Tiefblau das Meer und schneeweiss die Säulen [...]; ich sah aufs Kap und wie die Wellen mit ihm spielten, dachte an viele Poseidonstatuen, die ich kenne, und an Odysseus, den er so hasste, und an Thetis[1], die er liebte (aber er liebte viele) – man versteht es so gut, wenn man sieht, wie die Wellen das Kap umspielen, ihm schmeicheln. – Morgen will ich nach Eleusis. [...]

1 Thetis, thessalische Seegöttin, um die Zeus und Poseidon werben. Nach einer Weissagung, ihr Sohn werde stärker sein als sein Vater, überlassen die Götter die Nereide dem sterblichen Peleus, durch ihn wird sie Mutter des Achilleus.

Heraklion, 19. September 1952

Lieber Hermann, heute war wieder ein schöner Tag, gestern weniger, man muss eben Glück haben, und gestern hatte ich keins. Zwar war der Anfang des Tages schön, die Sonne aus dem Meer auftauchen, auf Kreta zufahren, das Ida-Massiv sich entfalten zu sehen war herrlich.

Fortsetzung des gleichen Briefes

Phaistos, 20. September 1952

So bin ich heute früh mit dem Autobus als Kreterin unter Kretern hierher gefahren, übernachte im Schutzhaus des Phylas[1]. Das Zimmer, das man mit mehreren teilen muss, ist ganz »minoisch« eingerichtet. Der Schreibtisch hat das Kupferornament der Pithoi[2], der Schrank die Doppelaxt-Motive[3] (O Graf Oederland![4]) und beide haben das Horn; natürlich kein laufendes Wasser und kein Licht, aber es ist wunderschön. Ein Maultier brachte meine Handtasche hinauf, ich sitze am offenen Fenster in einem Sessel, der dem Königsthron des Minos[5] in Knossos treu nachgebildet ist. [...]

Jetzt »ruhe« ich, d. h. ich orientiere mich, photographiere und schreibe. Dann werde ich 3 ½ km weit zu Fuss (mit einem kleinen Knaben als Führer) nach Hagia Triada gehen, wo der Palast eines Vasallen des Fürsten von Phaestos war. Morgen früh nach Gortyn durch die herrliche Ebene von Messara, flankiert vom Ida – dort gibt es einen Tempel des pythischen Apollon. Abends zurück nach Heraklion, wo der Concierge mir schon heute sagte, er könne mir kein Zimmer versprechen!!! Aber es ist mir wurst!! [...]

1 Phylakes: urspr. Helfer, Beschützer.
2 Pithoi: Antike Vorratsgefäße aus Ton, unten spitz zulaufend.

3 Doppelaxt: Ein in Kreta seit dem Ende des 3. Jahrtausends nachweisbares Werkzeug und Motiv, in minoischen Heiligtümern z. T. aus Gold oder dünnem Bronzeblech als Kultsymbol und auf hohen Schäften aufgepflanzt.
4 Graf Oederland, eine Moritat in zwölf Bildern (1946, endg. Fassung 1962) von Max Frisch (1911-1991), berichtet vom sagenhaften Grafen, dessen blutgetränkte Axt das Zeichen für Ausbruch und Gewalttätigkeit wurde und fernwirkend Nachahmer fand.
5 König Minos' Herrschersitz lag nach dem Mythos in Knossos, der bedeutendsten Stadt des alten Kreta (um 2000 v.Chr. entstanden, um 1400 v.Chr. zerstört, seit 1900 von Sir Arthur Evans ausgegraben). Minos ist nach griech. Sage Sohn von Zeus und Europa, Vater von Phädra und Ariadne, die Theseus zum Sieg über den im kretischen Labyrinth eingesperrten stierköpfigen Halbmenschen Minotauros verhalf.

Gortyn, 21. September 1952

[...] Der Palast hier ist viel schöner als der von Knossos, der im Rausch der »Gründerjahre« – ich meine damit die Zeit der ersten minoischen Ausgrabungen – an vielen Stellen furchtbar störend ergänzt worden ist. [...] Gestern hiess es, mein Autobus gehe um sieben Uhr nach Gortyn, so stand ich schon in finsterer Nacht auf, ohne Licht, nur Zündhölzer, man braucht etwa 25 Minuten hinunter zum Autobus. Nun, dort durfte ich fünf Viertelstunden warten, auf unendlich staubiger Landstrasse von Fliegen umschwärmt. Und dann setzte er mich nicht im Dorf ab, sondern mitten auf einsamer Landstrasse, kein Haus, kein Phylax weit und breit. Wie ich so dahintrabte, weinte ich doch beinahe – aber Dein tapferer Lagienka[1] fasste sich wieder und marschierte so lange, bis er ans Wächterhaus kam und den »Geleitbrief« abgab. Dann wurde ich geführt und photographierte, und nun sitze ich müde, aber zufrieden im Café. [...]

Fortsetzung des gleichen Briefes

Heraklion am Abend

Ich hatte Glück, weil der überfüllte Autobus mich mitnahm – ca. 50 Leute mussten zurückbleiben. Es war sehr aufregend, aber

nun bin ich da, bin gewaschen, habe kalte (echte) Citronenlimonade getrunken, liege auf dem Bett und grüsse Dich –
Deine Ninon

1 Tapferer Lagienka: Name aus einem polnischen Soldatenlied, das Theodor Fontane im 13. Kapitel seines Romans »Der Stechlin« zitiert.

Athen, 24. September 1952

[. . .] Die »Heimreise« nach dem Piraeus war keineswegs einfach (hier ist nichts einfach, zu allem gehört Glück, Schlauheit und noch vieles andere!). Am 23. abends erfuhr ich zufällig, mein »Karaiskakis« sei noch in Saloniki – wann der Dampfer in Herakleion ankomme, sei vorerst ungewiss. Blöderweise war meine Rückfahrkarte bezahlt – (es kostet 20% weniger, aber niemand macht es, und ich mache auch nie wieder!). [. . .] Der »Karaiskakis« würde am 25. fahren. Aber ich traute ihm nicht mehr. Also fuhr ich gestern vormittag ab, die »Desponia« fuhr um sechs Stunden länger, aber bei Schiffahrten ist das ja ein Vorzug. [. . .] Natürlich fuhr sie nicht um 10 Uhr (wie angekündigt), sondern setzte sich um 12 Uhr in Bewegung. Es gibt hier keinen normalen Zeitbegriff. Ob ein Schiff am 23. oder am 25. fährt, das ist doch ganz gleich, was sind zwei Tage? Es weiss auch nie jemand, wann ein Autobus abgeht, und zu fragen, wann er ankommt, ist direkt beleidigend, ist eine menschliche Überheblichkeit. [. . .] Das Schiff verwandelte sich in Chania in einen ausgesprochenen Frachtdampfer, in dem zufällig auch Personen fuhren. Ziegen, Hühner, Säcke mit Fischen, Kisten. In Chania überfluteten vom Sudan heimkehrende Soldaten das ohnehin sehr kleine Deck der ersten Klasse. Zufällig sass ich schon oben, als sie kamen – die Soldaten waren todmüde, legten sich auf den Boden, und nur ein Herr und ich blieben als zwei Oasen erster Klasse dazwischen sitzen. Ein Steuermann musste mich dann hinunterführen, es war wie ein groteskes Menuett, er stieg voran und ich in seine Fussstapfen, an seiner Hand, über die liegenden Leiber. [. . .] Herrlich ist es, aus dem Museum zu treten und »im Gegenwärtigen Vergangenes« auf Schritt und Tritt zu sehen! Im Hotel sass eine protogeometrische »Glockenfrau« – das Kleid wie eine Glocke, das Gesicht einer Erd- und Bergmutter – und nähte schwermütig an einem Hemd, es war die Wäscherin; und bei Tisch bediente ein Vogelkopf-Jüngling, geradewegs von einem Bronze-Rundschild aus dem 8. (oder 7.?) Jahrhundert. [...]

Postkarte
                                    Athen, 25. September 1952
Es ist endlich, endlich eine menschlich erträgliche Temperatur, das Ekzem heilt, ich hatte ein paar Tage gefürchtet, ich müsse Hals über Kopf seinetwegen abreisen! Meine Pläne liegen nun fest: Morgen nach Samos. [...] Danach will ich noch für zwei Tage nach Delphi und evt. drei Tage nach Olympia gehen, dazw. immer wieder Athen, wo ich Post erwarte. [...]

Hera, die eigenwillige Gefährtin des höchsten griechischen Gottes, Zeus' Schwester-Gemahlin, wurde nach Abschluß der Apollon-Arbeit für Ninons Versuch maßgeblich, ihr Leben mit Hesse unter dem Zeichen der antiken Götter zu deuten, die für sie zeitlos gültige Aspekte des menschlichen Daseins verkörperten. »Es ist nicht Liebe und nicht Freundschaft zwischen zwei Menschen, sondern ihre Verbundenheit im Guten wie im Bösen, eine Einheit aus Zweien. [...] Es ist nicht Liebe, sondern mehr als Liebe – es ist Dauer, und es ist Gleichheit (nicht Ähnlichkeit), die diese Verbindung schafft.« Ninon sah in Zeus und Hera das vollkommene Paar, in dem jeder der Gebende und Nehmende war. Während sie in den folgenden Jahren umfangreiche Reflexionen über Hera niederschrieb (Kleine, st 1384, S. 452 ff.), verwandelte sie sich selbst in die beschützende Gattin des alternden Dichters.

Heraion (Samos), 28. September 1952
Liebster Hermann,
Diese Reise hatte viele Höhepunkte, und doch scheint es mir, jetzt und hier sei die höchste Erfüllung gewesen. Das liegt natürlich an mir – wie es vor 15 Jahren Apollon war, den ich suchte und fand, so ist es jetzt Hera – unbegreiflich ist mir nur, dass ich so lange zögerte, und das Herfahren mir bis zuletzt fragwürdig blieb. Aber am Freitag (dem 26.) stand ich auf dem Schiff und fuhr wirklich nach Samos – nach Osten, ins Morgenland. [...]

Am Heraion, an der grossen Säule
Ich bin unbeschreiblich glücklich hier, erst jetzt weiss ich, wie ich mich hierher gesehnt habe. [...] Hier ist vollkommene Einöde, es gibt kein »Dorf«, nur ein paar Fischerhütten, in einer habe ich heute nacht geschlafen. [...]
Alles ist hier gross und in irgendeiner Art feierlich, das macht das Meer, der weite Himmel. Dass es das Östlichste des europäischen Ostens ist, bewegt mich auch. Vor allem aber ist es Hera, an deren Geheimnis ich hier herumrätsle. Ich freue mich, dass sie ein so herrliches Heiligtum hat, argivische Auswanderer werden den Kult mitgebracht haben, um 900 v. Chr. fand man das Kultbild hier an der Flussmündung.
Das alles ist eigentlich kein Grund zum »Glücklichsein« – und doch bin ich es. Ich bin da, wo ich mir gewünscht habe zu sein, ich bin bei Hera zu Gast, ich erlebe sie, und diese Bestätigung von etwas Geahntem ist schön. Eine gedachte Wirklichkeit wird eine reale – sie »wird« nicht, sie war und ist, aber dass man's richtig dachte, das ist so überwältigend, wie wenn der Fromme Gottes Gesicht sehen darf.
Ich sagte gestern zu Buschor[1], als er erklärte, wie ein Tempel unter einem andern liege und vermutlich unter all dem eine praehistorische Stadt – etwa 3000 v. Chr., das Wort »Geschichte« bekäme hier in Griechenland eine ganz neue Schwere und Schönheit. Geschichte ist auch Heras Kult, und sie ist auch eine

Hera und Zeus von der Metope des Hera-Tempels in Selinunt (470-450 v. Chr., Palermo), die Ninon zur Suche nach der vorhomerischen Macht der Göttin veranlaßte

»Gewordene«, aber gleichzeitig spiegelt sie alle ihre »Schichten« wider, und das »Gebundenwerden« ist in der Ilias, also »spät«, eine »heitere« Episode. Wilamowitz[2] sagt in seinem Werk »Glaube der Hellenen«, die Griechen hätten sich ihre Götter geschaffen, und die Priester später das ihre getan. Das ist zwar »auch« richtig, aber ich finde es sehr platt. Denn das Wunderbare ist doch, dass diese »erschaffenen« Götter ihrerseits die Menschen formten; das von Menschen scheinbar »Erschaffene« dichtete sich selbst weiter in Mythos und Kultus, in Ton, Bronze, Malerei – und das formte wieder die Menschen, formte die Landschaft. [...]
Eines der Wunder der griechischen Kunst ist ihr Sich-Verändern. Ein Tempel – ich denke jetzt an den Parthenon in Athen – erhebt sich vor einem, verändert sich bei jedem Schritt, den man auf ihn zugeht – er will von fern gesehen werden, will, dass man sich

ihm nähert, dass man ihn umschreitet, ihn betritt, ihn verlässt – er ist immer wieder ein anderer, es ist eine lebendige Begegnung.
[...]
In Athen fuhr ich zur Akropolis, der Sonnenuntergang dort gehört zum Schönsten einer griechischen Reise. Ich versuchte, mir die vor-perikleische Akropolis vorzustellen, denn ich finde, man muss immer »arbeiten« – nur nicht träumerisch assoziieren; schauen, sehen, was war, was ist. Ich wundere mich manchmal über meine Unermüdlichkeit, es ist, als würde ich getragen.
[...] Innigst umarmt Dich Deine Ninon

1 Ernst Buschor (1886-1961), klass. Archäologe, der von 1925-1939 die Ausgrabungen auf Samos leitete und im dortigen Terrassenheiligtum der Hera – neben dem in Argos – deren bedeutendste Kultstätte aufdeckte.
2 Ulrich von Wilamowitz-Möllendorf (1848-1931), klassischer Philologe, hat durch eine neue textkritische Methode bei Interpretationen und Editionen antiker Texte die Erkenntnisse der Sprachwissenschaft zu einem universalen Überblick auf die gesamte griechische Kultur und Geschichte ausgeweitet.

Weil ein während der Griechenlandreise im Herbst 1952 aufgetretenes Ekzem nach der Heimkehr nicht zurückging, mußte Ninon stationär behandelt werden, zunächst im Hospital von Bellinzona.

Bellinzona, 16. Oktober 1952
Liebster Hermann,
ich liege einbandagiert da, und über dem Balkon meines schönen Zimmers ist ein Gerüst, und über diesem und dem Plafond wird gegraben, geschaufelt, gebohrt (wie ein Gigantenzahnarzt bohren würde), geklopft und getobt – aber darüber lache ich nur. Ich bin ja gottlob nicht krank und kann das aushalten.
Aber so ein Spital ist schon komisch: Scheinbar ganz praktisch und sachlich, ist es doch voll Träumerei, und Zufällen preisgegeben. Eine Salbe für mich, gestern vom Dr. Tenchio bestellt, kam heute um zwei Uhr – nach mehrmaligem Urgieren.
Die Schwester ist reizend, lieb und gut, sie heisst Elvira, was ich

Hermann und Ninon Hesse
in Bremgarten 1952

etymologisch gar nicht ergründen kann: aber Gott hat ihr die Gabe versagt, einen Verband anlegen zu können! Sie gibt sich Mühe, aber er fällt sofort herunter. Es sei ein »brutto posto« für einen Verband, seufzt sie. Ach ja, überhaupt der Patient! Er ist, wie Du einmal so schön sagtest, das einzig Störende im Krankenzimmer. [...]
Der Patient hat dem Arzt Freude zu machen – dazu hält sich ja das Spital seine Patienten! Wenn Dr. Tenchio des Morgens anrückt, schneeweiss bis auf die ›Hoar‹, die kohlschwarz sind und von denen er sehr viele hat – so dass das Gesicht nur zufällig sichtbar ist – dann fragt er in einem Ton, dessen Suggestivität sich nur ein so

elender Charakter wie der meine entziehen kann: »Wie geht's?« Es klingt wie eine Drohung! Ich sage friedfertig und entgegenkommend: »Besser; aber nicht gut.« Das mag hingehen. Er untersucht, will aber von meinen Bemerkungen nichts hören; sie stören seine Theorien, und ein Patient ist ja kein Mensch! Er hat dem Arzt Freude zu machen, er hat zu gehorchen, nicht zu beobachten und ev. Schlüsse zu ziehen. Und »recht« hat er auf keinen Fall, wahrscheinlich auch nicht, wenn er seiner Voraussage nach stirbt: Nur Trotz und Unbotmässigkeit!
Die Nachtschwester ist ein Kapitel für sich. Sie heisst Ausilia, also herrlich für eine Krankenschwester. Sie kommt ins Zimmer geschossen wie ein gut gezielter Pistolenschuss und fragt, ob man etwas brauche. Leider brauche ich nachts mehr als am Tage, was sie – sie spricht es nicht aus – für pure Tücke meinerseits hält. Warum muss man den Oelverband alle vier Stunden wechseln? [...] Sie macht alles schnell und gut, aber mit der Miene einer »Missbrauchten«: statt zu schlafen will der Patient einen Verbandswechsel!

1953

Die Behandlung im Hospital von Bellinzona zeigte keinen Erfolg; da das Ekzem sich weiter ausbreitete, wurde Ninon in einer Spezialklinik weiterbehandelt, der Dermatologischen Klinik des Kantonspitals Genf.

Genf, 20. Januar 1953
Mein liebster Vogel,
es ist neun Uhr früh, und ich habe zum ersten Mal seit circa 18 Tagen wieder einen freien, klaren Kopf, da ich seit fast 24 Stunden kein Mittel mehr eingenommen habe.

Nicht Salbenverbände, wie ich glaubte, bekomme ich, sondern kalte nasse Umschläge, ich werde vom Hals bis in die Kniekehlen incl. Arme ganz in nasse Tücher gewickelt. Alle zwei Stunden, Tag und Nacht, werden sie gewechselt. Um 9, 11, 1, 3, 5 h wurde es gemacht, das vom Professor mir angebotene Phanodorm lehnte ich ab. Ich schlief viele Viertelstunden, es braucht natürlich Zeit, bis man nach dem Chok der eiskalten Tücher wieder einschläft. Und kaum ist es gelungen, flammt grell das elektrische Licht auf, und die Schwester steht da zum Erneuern. Aber etwas Vernünftigeres ist leichter zu ertragen als etwas, dessen Nutzen man nicht einsieht, ausser Zähneklappern muckste ich nicht[1]. Die Diagnose steht nicht fest. Der Professor schwankt noch zwischen Ekzem seborrhoicum und Lichen chron. simplex (Vidal) – letzteres ist ja meine Diagnose. Er gefällt mir sehr, sieht aus wie ein Berner Bär (aber wie ein arischer Bär, was mich beinah enttäuschte) – statt mit »Psychologie« macht er es mit »Humor«, einem etwas primitiven Humor, aber das macht nichts. Man merkt gleich, dass er ein Könner ist, ein Virtuose. Der Blick – weisst Du – wie der Rabbiner, der bis »Krukew« (= Krakau) schaute!
»Tenchio«? Er strahlte geradezu. So wie ein Missionar etwa über einen begabten Wilden! Er rief ihn sofort an; denn der elende Tenchio hatte ihm natürlich keinen Bericht gesendet. [...]

1 Hesse schrieb Ninon (undatiert) nach Genf: »Wenn Du für die Kur und Heilung halb so viel Energie und Hingabe aufbringst wie für die Erwerbung Deiner Krankheit unter Griechenlands allzu blauem Himmel, wirst Du es schaffen, liebes Herz. Weder die Zeit noch die Kosten darfst Du scheuen, soviel ist eine Keuperhaut schon wert!«

Genf, 22. Januar 1953
Lieber Hermann,
das alle zwei Stunden sich wiederholende Wickelwechseln erinnert mich stark an »einen mit nassen Fetzen erschlagen« – es ist

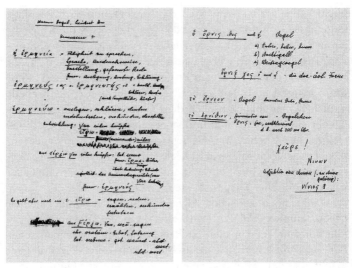

Faksimile einer griechischen Sprachspielerei Ninons

eine Wiener Redensart. Ich liege gern darin, nur der Chok beim Neu-Auflegen ist gross. [...]
Der Prof. fand Tenchios Schüttelmixtur viel zu schwach für mich. Das wusste ich seit Mitte Dezember – aber T. gehört zu denen, die die Wahrheit nicht sehen wollen, wenn sie ihnen unbequem ist. Dann muss der Patient »schuld sein«. Der Patient ist ihm ein Gegen-stand, er arbeitet gegen ihn, als wären Patient und Krankheit ein und dasselbe. Ich bin so loyal gegen Ärzte, ich anerkenne so dankbar das Positive – aber man muss doch zusammen gegen die Krankheit arbeiten, d.h. man muss auch die »Angeklagten« (Patienten) hören. Statt dessen hat man die Psychologie erfunden!
Mein Zimmer liegt nach Westen, ich sehe ein grosses Stück Abendhimmel und Sonnenuntergang. Auch ist fast ständig grosses Möwentheater hier, wir sind im obersten Stock, und viele scheinen sie um die Mittagszeit zu füttern.

Ich lese und schreibe den ganzen Tag, dank dem lieben Krankentischchen. Natürlich wechsel ich ab, seit gestern lese ich (griechisch) die Ἰφιγένεια ἐν Ταύροις[1].
Ein Taschenwörterbuch habe ich bei mir, und nach einer Seite kontrolliere ich mich und befrage die Übersetzung (Buschor). Auch am Reisetagebuch schreibe ich wieder.
Was lest Ihr wohl abends? Und wie geht es Dir? Wie lebt Ihr?
Was für Nachrichten hast Du von Marulla[2]?
Gestern Abend schien der Prof. ganz sicher zu sein, dass es »Ekzema seborrhoicum« ist, kein Lichen. Als ich etwas von »Mycosis« flötete, tat er sehr erstaunt: wie ich darauf käme? – nein, nein. Leider erscheint er stets mit grossem Gefolge: Assistenzarzt, Oberschwester und Schwestern, so dass jeder Dialog eine Art Theatervorstellung wird; und er hat das Bestreben, sein Publikum zu »amüsieren«, Lacherfolge freuen ihn. Nun, jeder braucht seinen Schutzwall, und bei ihm ist es der sog. Humor. Was ich an ihm liebe, ist der scharfe, gespannte, gesammelte, forschende Blick – nicht in die Augen, sondern auf die Haut und den ganzen Patienten. Das »A-O«, in das die Wickel gemacht werden, ist noch unpubliziert, er arbeite noch daran, sagte die Schwester heute. Es wirkt nur mit kaltem Wasser (in warmem zersetzt es sich) und nur solange es nass ist, darum alle zwei Stunden der Wechsel. Addio liebster Vogel, einen Kuss von
Deiner Ninon,
die hier als heldenhaft gilt, so brav ist sie beim Wickel-Wechsel!

1 »Iphigenie auf Tauris«.
2 Marulla Hesse (1880-1953), Hesses jüngere Schwester, die in Korntal bei Stuttgart lebte, war schwer erkrankt. Dazu »Für Marulla«, in »Tagebuchblätter« (1953), GS 7. Bd., S. 927.

Genf, 23. Januar 1953
[...] Im übrigen bin ich wieder am griechischen Tagebuch; sehr lange kann ich nicht daran schreiben, es strengt mich an, da ich ja so gestörte Nächte habe. Euripides[1] lesen ist daneben gar keine Anstrengung. Das heisst nicht, dass ich ihn »glatt« lese – aber Wörter-Nachschlagen ist keine Mühe. Aber der Inhalt regt mich auf: Wieso ist Artemis eine taurische Göttin? Und was für eine tragische Gestalt ist doch Iphigenie, die von sich sagt, sie sei »ἄγαμος ἄτεκνος ἄπολις ἄφιλος«[2], die der Göttin dient, ohne sie zu begreifen, die Menschenopfer Fordernde. Iphigenie sagt in Bezug auf sie »οὐδένα γὰρ οἶμαι δαιμόνων εἶναι κακόν«,[3] sie sagt es, um sich selber damit zu trösten; aber ich bin sehr gespannt, wie sich das entwickeln wird, obwohl ich den Inhalt in den Grundzügen natürlich kenne. [...]

1 Euripides (485-406 v.Chr.), von dessen 92 Tragödien 18 erhalten blieben, zeigte die Heroen des Mythos nicht mehr als übermenschliche Kolossalgestalten wie bei Aischylos, sondern als selbstverantwortliche Individuen, die ein tragisches Schicksal erleiden, es meistern oder an ihm scheitern. Die Götter erfahren eine Machteinbuße, der Chor verliert seine steuernde und beratende Funktion, ist nur noch Echo. Frauen wachsen zu Hauptgestalten heran (Medea, Elektra, Iphigenie u.a.), was Ninon die Lektüre im Urtext besonders eindrucksvoll machte.
2 »Unvermählt, kinderlos, heimatlos und ohne Freunde«.
3 »Denn ich vertraue darauf, daß keine Gottheit böse ist«.

Genf, 5. Februar 1953
Mein liebster Vogel – falsche Orthographie! Es muss heissen: Mein Liebster Vogel!
Heute kam Dein lieber Brief, vielen herzlichen Dank! Das »du«[1] war kein Geheimnis, ich wusste es seit August, dass sie im Februar ein Sonderheft machen wollten.
Heute früh kamen herrliche Rosen von Elsy. Schade, so spät, dachte ich. Dann kam der Professor, sagte, nicht gerade heute oder morgen dürfe ich heimfahren, aber – –. »Aber?« drängte ich. »Morgen sprechen wir darüber!« sagte er. Vogel, es sieht

Ninon mit Hermann Hesse in Sils-Maria 1953

ganz so aus, als dürfte ich Samstag oder Sonntag? also am 7. oder 8. reisen! Ich telephoniere, wenn es kurzfristig ist, sonst schreibe ich. [...]
Noch wochenlang werde ich mich nicht waschen dürfen; zweimal wöchentlich wünscht der Professor Bericht. Einen Schüler hat er nicht im Tessin. Ich muss billige Baumwolltücher kaufen, um das Bett zu bedecken – ich ruiniere alles, womit die Haut in Berührung kommt. Hier trage ich Anstaltshemden.
Ich fühle mich noch sehr angegriffen und habe beinah Sehnsucht nach einer kühlen Ganz-Kompresse, die mich fest zusammenhält. Aber die Haut! <u>Nichts</u> spüre ich mehr, kein Jucken, kein Brennen, als ob sie wieder vollkommen gesund wäre! Ich bin

voller Bewunderung und Dankbarkeit für den Professor. Trotzdem er die Psychologie hasst und von Psychosomatik, die ja jetzt »Mode sei«, nichts wissen will, weiss er ziemlich gut Bescheid mit dem Wesen des Patienten – die Haut »sagt ihm« eben alles! Ein so fanatisches Spezialistentum hat etwas Grossartiges, und die »Vielseitigkeit« kleinerer Geister ist oft nur ein Ausweichen vor dem Realen, das sie nicht sehen. [...]
Bitte glaube ja nicht, dass ich den Professor dränge, ich habe kein Interesse, »ungeheilt« nach Hause zu fahren!
Über die Aitiologie der Krankheit wisse man nichts, sagte der Professor, und dass es vom Schwitzen komme, halte er für falsch. Woher hab ich's? Ich hätte es »immer« gehabt.
   Sei umarmt und geküsst von Deiner Ninon

1 »du«, Schweizerische Monatsschrift, Zürich, Verlag Conzetti und Huber, gestaltete im Februar 1953, 13. Jg., Heft 2, ein Sonderheft über Hermann Hesse.

Im Herbst 1953 gab Ninon eine Märchenauswahl für Kinder heraus, ein Nebenprodukt ihrer Motiv- und Mythenforschungen. Im editorischen Nachwort des Buches, das in der Büchergilde Gutenberg, Zürich, erschien, begründete Ninon, warum sie den Text der »Grossen Ausgabe« der Grimmschen Kinder- und Hausmärchen, VII. Auflage, von 1857 zugrunde gelegt hatte, und bemerkt: »Die Aufgabe hatte zwei Begrenzungen: eine äusserliche, bedingt durch den Umfang, den das Buch haben durfte; eine innerliche, da versucht wurde, allzu Erschreckendes, Grausames, Befremdendes zu vermeiden [...] gegen das wir – gerade wegen des Entsetzlichen und Unvergessbaren, das in unserer Zeit geschehen ist – empfindlicher geworden sind«. Während Ninon in diese ersten Auswahl die Märchen mit der klarsten Motivüberlieferung aufnahm, ging es ihr in einer zweiten Märchenedition darum, abweichende Überlieferungen und Motivvariationen nebeneinander zu stellen: »Deutsche Märchen vor und nach Grimm« (Europa Verlag, Zürich, Stuttgart,

Wien 1956). Sie bevorzugte die Tiermärchen, und unter diesen besonders die Geschichten von Wolf und Fuchs, den alten Gegenspielern des Tierepos. (1979 unter dem Titel »Der Teufel ist tot« auch als insel taschenbuch 427)

1954

Vom 4. bis zum 21. April nahm Ninon an einer wissenschaftlichen Gruppenführung durch Kleinasien teil, anschließend fuhr sie auf Heras Spuren über Metapont nach Paestum. Ein Aufenthalt am 1. Mai in Florenz bildete den Abschluß dieser Reise.

Kunstpostkarte: Der Wagenlenker von Delphi

Athen, 7. April 1954

Liebster H., die Reise verläuft wie ein Traum – kaum gegrüsst, gemieden sind die geliebten Stätten! Prof. v. Salis[1] macht sehr schöne Führungen, ziemlich konzessionslos, er hat eine würdige Art. Ich habe Kontakt mit ihm und Prof. Pestalozzi[2], mit dem ich gewaltige mythologische Gespräche führte [. . .].

1 Arnold von Salis (1881-1958), Schweizer Archäologe, befaßte sich schon in seiner Bonner Habilitationsschrift mit Kleinasien, das für ihn zeitlebens zentral blieb: »Der Altar von Pergamon – eine Erklärung des hellenistischen Barockstils in Kleinasien« (1912).
2 Heinrich Pestalozzi (1887-1975), versuchte für Achilleus, den Haupthelden der Ilias, die Sagen in vorhomerische, homerische und nachhomerische zu trennen: »Die Achilleis als Quelle der Ilias«, Erlenbach-Zürich 1945.

Konstantinopel, 12. April 1954

Lieber Hermann,
es ist sehr schwierig, von unterwegs zu schreiben, schon des Frankierens wegen – zuletzt schrieb ich Dir eine Karte von Piraeus – aber ich hoffe Du seiest meinetwegen nicht beunruhigt.

Im ganzen habe ich es schön, an viele Strapazen hat man sich gewöhnt, vor allem an die Kabine zu dritt. Professor von Salis ist grossartig – <u>unermüdlich,</u> wenn viele von uns schon anfangen zusammenzubrechen, geht er ruhig, freundlich, beschwingten Archäologenschrittes weiter, bergauf, bergab und erklärt in ruhiger Würde, was man sieht, unter selbstverständlicher Einflechtung griechischer Worte, die er allerdings »schuldbewusst« gleich übersetzt, aber er stellt sich nicht auf »Ungebildete« um, sondern tut, als wären es »Gebildete«, die er führt. Es sind wirklich einige nette Leute darunter, ich meine die, die wirklich interessiert sind – für die meisten aber ist es eine »Bildungs«-Vergnügungsreise, und man hört viel Haarsträubendes. Alle aber sind sehr wohlerzogen, sehr nett miteinander, es ist nicht hordenhaft, und alle sind gepflegt, unrasiert ist ja nicht ungepflegt. Und so etwas wie »Troja« wäre allein nicht zu machen gewesen, ebenso wird es in Pergamon und Ephesus sein. Und gerade das – Kleinasien – ist das Gebiet von Prof. von Salis. Er hat Frau Schliemann[1] gekannt, er hat unter Dörpfeld[2] ausgegraben und unter Theodor Wiegand[3]! In Kleinasien ist er »zuhause«, und das ist natürlich unschätzbar für eine solche Reise. Auch dass in Canakaleh, als wir landeten, lammfromm sechs oder mehr Autobusse bereitstanden, wir nichts mit Zoll, Pässen usw. zu tun hatten sondern uns einfach hereinsetzten und »nach Troja« fuhren, war eben doch herrlich! 40 km, 45 Minuten bis zur Ausgrabungsstätte, auf der ein eisiger Wind blies. Ich machte nach Schluss der Führung – es ist ungeheuer kompliziert dort – Aufnahmen, wobei mir Herr Kerner half, ein netter Mann, der mir schon in Athen aufgefallen war, weil er so natürlich über den Parthenon sprach. Ich fragte ihn, ob er Architekt sei. Nein, Werkmeister. Und <u>darum</u> also, weil er selber »baut«, weiss er herrlich Bescheid, mit lebendigem Gefühl für Steine, Fugen, Profile, Kurvatur, Ziegel, Hohlziegel, Strebepfeiler usw. Er also half mir bei den Aufnahmen, ich war sehr froh darüber.
Einen Tag war ich seekrank, erst um elf Uhr nachts, die anderen waren alle ab sechs Uhr nachmittags schon krank, und abends

waren wir nur sechs oder sieben Leute im Salon. Am andern Tag, dem Athos-Tag, war ich dann etwas angesägt. Dann aber kam Troja, und ich war wieder in Ordnung. Gestern Brussa, war recht überflüssig, das Wetter war nicht klar, den Olymp sah man überhaupt nicht, und an Kyzikos war man nachts vorbeigefahren, und Chios, wo Herakles verloren gegangen war, sah man nur vom Schiff aus. So war ich auch auf Konstantinopel etwas wütend, aber abends – wir kamen bei Sonnenuntergang an – unternahm der Professor einen Bummel mit uns, und das war hübsch. Und heute hat mich die Aja Sophia wieder neu bezaubert – wie einen dieser Raum umfängt, das hat etwas Zauberhaftes, Unerklärliches. Prof. Krauss[4] würde es erklären können durch seine exakten Messungen und ihre Interpretation.

Erst morgen Nachmittag kommt man ins Museum, es war heute geschlossen, ich freue mich darauf.

Die nächsten Tage werden sehr ausgefüllt sein, zum Schreiben komme ich gewiss erst wieder in Salerno! Aber Karten werde ich schreiben können, kurze Lebenszeichen von den nächsten Etappen! Heute hoffte ich eine Zeile von Dir zu erhalten, es war aber nichts da. Morgen holt man nochmals Post hier ab, dann erst wieder in Smyrna.

Ich bin sehr müde, es ist inzwischen 11 Uhr abends geworden. Gute Nacht Lieber, wie gern wüsste ich, wie es Dir geht!

Innigen Kuss Deine Ninon.

1 Sophia Engastromenos, die zweite Ehefrau Heinrich Schliemanns (1822-1890), hatte den leidenschaftlichen Ausgräber 1869 als 16jährige Schülerin geheiratet und war seitdem seine unentbehrliche Mitarbeiterin. Da sie Homers Epen als geschichtliche Quellen ansahen, konnten sie Troja lokalisieren, wie Schliemann es in seiner Dissertation »Ithaka, Peloponnes und Troja« (Paris 1868) vorausschauend behauptet hatte. Sie entdeckten den »Goldschatz des Priamos«, den Sophia für ein weltberühmtes Photo anlegte. Nach Schliemanns Tod führte Sophia sein Werk mit Hilfe von Wilhelm Dörpfeld (s. u.) weiter.
2 Wilhelm Dörpfeld (1853-1940), langjähriger Direktor des Deutschen Archäologischen Instituts Athen, leitete als Fachmann für Baugeschichte und Topographie zahlreiche staatliche und private Ausgrabungen, so für Heinrich Schliemann, den er seit 1882 wissenschaftlich unterstützte.
3 Theodor Wiegand (1864-1936) organisierte als Direktor des Deutschen

Archäologischen Institutes in Konstantinopel die großangelegten Ausgrabungen in Kleinasien, später auch in Syrien und Palästina. Das Pergamonmuseum in Berlin wurde von ihm aufgebaut.

4 Friedrich Krauss (1900-1977), ursprünglich Ingenieur für Flugzeug- und Schiffsbau, unternahm aus Neigung baugeschichtliche Untersuchungen und Messungen, z. B. an den griechischen Resten der Bühnenhäuser in Milet (1930), der Landmauer von Konstantinopel und den drei Tempeln von Paestum.

Ansichtskarte: Theater von Pergamon

15. April 1954

Liebster Hermann,
ein herrlicher Tag (Pergamon-Tag) ist vorbei. Wir landeten um 8h in Izmir (= Smyrna) und fuhren in Autobussen um 9,20 h ab, um 12,30 h kamen wir in Pergamon an. Bis ½ 5 h waren wir dort. Zuerst wurde der römische Teil besichtigt, Asklepieion, Theater, Propylaeen, dann Picknick im »Palasthotel«, kurz. Dann hinauf auf die Akropolis, wo die Heiligtümer der hellenistischen Zeit stehen. Die Stelle, wo der Zeus-Altar stand (der sogen. »von Pergamon« im Berliner Museum), hab ich von allen Seiten photographiert. Es roch nach Kräutern und Kamillen, bunte Anemonen und viele Orchideen wuchsen dazwischen. Aber das Allerherrlichste war die Landschaft (die ganze dreistündige Fahrt schon), von einer Grösse, die unfassbar ist. Kamelherden zogen vorüber, Störche gab es viele, Schafherden. Ich bin vollkommen glücklich. Deine Ninon

Ansichtskarte : Rhodos, Agora

Rhodos, 17. April 1954

Liebster H.,
Ephesus wäre auch herrlich gewesen, aber einiges kleines Pech verhinderte es: Seit gestern ist es endlich warm. Ich konnte auf der Fahrt Chios photographieren, und abends bei Mondschein

fast zwei Stunden Samos ganz nahe sehen – es war herrlich!
Heute Lindos, morgen Thera. [...]
Ich freue mich, bis ich Dir alles erzählen kann. Jetzt sind strenge
Tage, zu ausgefüllt! Deine N.

Ansichtskarte: Santorin, Panorama

Ostermontag

Liebster H.,
Gestern Thera war ein Reinfall – das alte Thera liegt weit weg
(sechs Stunden hin und zurück zu Fuss), und man sah nur das
neue. Aber heute, Olympia war herrlich. Ich sah alles allein an
(nach Rücksprache mit dem Prof.), das war wunderbar. Gestern
die Meerfahrt war unruhig, hohe Wellen, fast alle seekrank. Ich
nicht, nur »beinahe«. Morgen Korfu!
Tausend Grüsse Deine Ninon

Ansichtskarte: Tempio di Nettono, Paestum

Paestum, 22. April 1954
Liebster H., gestern abend bin ich hierher (d.h. nach Salerno)
gekommen. Es friert mich hier im hohen Norden, aber ich bin
sehr glücklich in P., wo aufregende Ausgrabungen (wie mir
scheint: vorbildlich) gemacht wurden. Vielleicht komme ich
morgen nochmals her, während Lisl[1] nach Amalfi/Ravello will,
am Nachmittag dann Neapel. Es war ein schöner Moment, als
ich gestern früh das Kollektiv[2] verliess und wieder ein Individuum werden durfte!! Herzlichst N.

1 Lisl: Dr. med. Elisabeth Löbl, London.
2 »Das Kollektiv«: Über diese geführte Gruppenreise schrieb Ninon am 30.
August 1954 an Ludwig Renner: »Es waren 145 Teilnehmer – ich lernte
aber nur eine Gruppe kennen, zu der ich gehörte, ca. 30 Leute – darunter
war Prof. Pestalozzi, [...] leider ein wenig verrückt, und so hatte ich wenig Kontakt mit ihm, obwohl ich die Verrückten liebe – aber seine Art der

Verrücktheit sagte mir nicht zu, und mythologisch verstanden wir uns gar nicht. [...] Die Führungen waren gut, aber doch eher summarisch und den Geführten sehr angepasst, und ich fühlte mich schrecklich allein. Nie wieder würde ich so etwas unternehmen, – ich hatte es nur getan, weil ich mich allein nicht nach Kleinasien traute; aber jetzt, wo ich die Nase hereingesteckt habe, traue ich mich, und im April 1955 will ich noch einmal hinfahren.«

Postkarte

Napoli, 24. April 1954

Lieber Hermann,
ich blieb zwei Tage in Salerno, um zweimal nach Paestum zu kommen – es war herrlich, und ich war so noch immer in Griechenland! Auch hier bin ich es noch – in dem wunderbaren Museum, und wir reisen daher erst am Montag nachmittag ab, über Orvieto (Lisls Wunsch) nach Florenz. [...] Den Vesuv noch nicht gesehen! Die Stadt ist unbeschreiblich lärmig, und der Verkehr ist ungeheuerlich. Aber im Museum ist man wie im Himmel. Ich mache keine Ausflüge, konzentriere mich ganz aufs Museum. Grüsse den lieben Bruno und Martin, falls er noch da ist. Er hat mir lieb geschrieben, ich freute mich darüber. Ich habe ein grosses Zimmer hier, das geniesse ich nach der Enge der Kabine. Tausend Grüsse! Deine N.

Kunstpostkarte: Francesco Botticini, I tre Arcangeli e Tobiolo, Galleria Uffizi, Florenz

Florenz, 28. April 1954

Lieber Hermann,
in Florenz regnet es leider, wir kamen gestern abends an. Heute Uffizien und Medici-Gräber, jetzt ist es 3 Uhr, ich weiss noch nicht, was wir noch machen, es ist Kopfweh-Wetter. Ich komme Samstag, den 1. Mai, mit dem Skandinavienexpress zurück. [...] In den Uffizien dachte ich an Dich: »als Flora in geblümtem

Kleid hat Botticelli Dich gemalt«[1]! Dies ist meine letzte Karte vor der Heimfahrt! Innigst Deine N.

[1] Zeile aus Hesses Gedicht »Elisabeth« (leicht verändert). »Die Gedichte«, a.a.O., S. 113.

1955

Vom 2. April bis zum 21. Mai 1955 reiste Ninon durch Griechenland und Kleinasien.

Ansichtskarte: Venedig, Markusplatz

An Bord der Filippo Grimani, 6. April 1955

Lieber Hermann,

gut gereist, gut übernachtet [...]. Morgen in Neapel – ich zittere vor Freude, das geliebte Museum besuchen zu können, der Steward sagt, wir »dürften« an Land. Ach Vogel, ich bin so glücklich! [...]

Samstag, 9. April 1955

Lieber Hermann,

wir fahren durch den Kanal von Korinth, und ich bin unbeschreiblich glücklich! Seit heute früh fahren wir zwischen dem Festland und der Pelopsinsel, seit gestern früh fahren wir schnurstracks östlich, dem Morgenland zu. Ich sah gestern die Sonne auf- und untergehen, und heute, in der 3. Klasse, hörte ich endlich griechisch reden, sprach schüchtern die ersten Worte. Auf den griechischen Bergen lag Schnee, im Kanal, am Uferrand, blühen die ersten Mohnblumen wie 1937, als ich zum ersten Male hierher fuhr. [...]

Ich kann aber nur unaufhörlich sagen: Ich bin so glücklich! Wie kann man nur so glücklich sein! Mir ist, als hätte ich gar nicht genug Organe dafür! Ich las täglich die Ilias[1] auf Deck, eine Gnade auch das! Als hätte ich sie noch nie gelesen! [...]
Die Fahrt war herrlich – aber so herrlich wie heute, seit wir in griechischen Gewässern sind, war sie vorher nicht. Es ist ein so himmlischer Glanz über allem in Griechenland – über dem Land, den Inseln und dem Meer, dass man ganz berauscht wird. [...]

[1] Ninon verfaßte einen Kommentar zur Ilias mit dem Blick auf Relikte des Textes aus mutterrechtlicher Vorzeit; denn wie bei Apollo (s. S. 442), Hermes (s. S. 443) und Hekate (s. S. 457) erkannte sie auch an Hera eine verborgene Doppelnatur, die sie mehr zur Rivalin als zur Gattin des Zeus machte. Da die Ilias des Homer (2. H. 8. Jh. v.Chr.) eine ins 2. Jahrtausend zurückreichende Überlieferung enthielt, ließen sich auch Hinweise auf religionsgeschichtliche Umbrüche aufdecken. Ninon stellte an vielen Einzelzügen Heras fest, wie frei Homer mit der Überlieferung umgegangen war, um eine matriarchalische Glaubensschicht zu überlagern. Dazu: Kleine, st.1384, S. 453-466 und S. 608, Anm. 93.

Ansichtskarte: Parthenon – Fassade

Athen, 11. April 1955

[...] Am 14. fahre ich weiter: Korinth – Mykene – Argos – Nauplia – Epidauros. Ein Tag Athen, vermutlich am 18./19., dann Kreta, vermutlich am 24./25. Wieder Athen, dann Start nach Kleinasien. Hier zeigte man mir Bücher von Dir in der grössten Buchhandlung [...]. Im Museum gibt es viel mehr Säle als im vorigen Jahr, zwei riesige Säle nur mit geometrischen oder proattischen Vasen des 9. und 8. Jh., ach es ist wunderbar! Ich bin unendlich glücklich. Jeden Tag fühle ich mich leistungsfähiger, schlafe gut und viel, kann noch nicht rauchen! [...]

Zwei Ansichtskarten, Korinth, Ausgrabungsstätte: Weg zur Agora; Kanal von Korinth

Korinth, 14. April 1955

Liebster Hermann,

[...] Der hiesige Apollon-Tempel – herrlich, die dorischen Säulen gehören zu den schönsten, die ich kenne (6. Jh.). Und das Museum! In der Ausgrabungsstätte blühen Mohn und Kamillen; im Norden schliesst der herrliche Burgberg Akrokorinth sie ab. Über den Isthmus fuhr ich im Autobus – der Spiele und Pindars[1] gedenkend, und Perachora, wo das grosse Hera-Heiligtum ist – mein Traum seit 1952 immer noch unerfüllt – sah man gut. [...] Wenn man so aufgeschlossen ist wie ich in Griechenland, hat man unaufhörlich Begegnungen. Gestern: Hippolytos von Euripides[2] auf Neugriechisch im Theater!
Es ist alles so überfüllt, dass es ein Kunststück ist, irgendwo unterzukommen. Auch in Athen! Nun sind die nächsten 12 Nächte gesichert mit Ausnahme der morgigen in Mykene. Wenn es aber so fürchterlich weiterregnet, weiss ich nicht, was tun. Ich wollte morgen früh nach Sikyon, um 2 h nach Mykene, am 16. nach Argos, abends Nauplia, am 17. nach Epidauros, abends wieder Nauplia. Am 18. Athen, am 19. Fahrt nach Kreta, am 23. zurück aus Kreta und bis zum 25. Athen. Am 26. Ankunft in Istanbul. Das habe ich alles gestern in Verbindung mit dem Reisebüro Hermes mit Unterkünften gesichert. Aber ausserdem und hauptsächlich war ich wieder im Museum und nachmittags in der Agora, auch kurz im Archäologischen Institut, Prof. Kunze[3] war sehr liebenswürdig. [...] Ich küsse Dich auf Deine lieben Augen und umarme Dich

Deine trotz Regen glückliche Ninon

---

1 Die Isthmien zu Ehren des Poseidon waren neben den Wettkämpfen in Olympia die bedeutendsten panhellenischen Spiele, Pindar dichtete auch hier die Preisgesänge auf die Sieger, die im feierlichen Stil der religiösen Dichtung abgefaßten »Epinikia« waren Ninon durch ihre altgriechische Lektüre vertraut.

2 »Hippolytos« von Euripides (s. S. 516) leitet den tragischen Untergang des Individuums vom Sieg der Begierde über Maß und Vernunft ab, so auch bei Medea, Elektra, Herakles u. a.; Erlösung – für Iphigenie, Helena und

Ion – ist an Mäßigung und Einsicht gebunden, wie Ninon in ihren Interpretationen herausstellte.
3 Emil Kunze (1901-1994), ab 1936 Ausgrabungsleiter in Olympia, von 1951-1967 Direktor des Deutschen Archäologischen Institutes in Athen.

Ansichtskarte: Knossos, Terrasse und Pfeiler

Heraklion, 21. April 1955
[...] Das Museum hier ist neu und vorbildlich geordnet und aufgestellt, es ist überwältigend. Am 25. Mit »Tarsos« nach Istanbul.

Istanbul, 29. April 1955
Liebster Vogel,
Dein Telegramm empfing mich hier und tat gut! Es war keine gute Reise gewesen, und ganz abgekämpft kamen wir hier an. Das Schiff – die Tarsos –, das am 25. Um 4 h nachmittags im Piraeus abgehen sollte, kam erst um 1 Uhr morgens dort an!!! Das Einschiffen war abscheulich, in strömendem Regen. [...] Aber mit dem Telegramm war alles wieder gut und schön und blieb so. Und denke Dir, Prof. Kurt Bittel[1], der beste Kenner Kleinasiens, Archäologe, redete mir zu, mich seinen Studenten anzuschliessen, mit denen er vom 12.-15. Mai eine Troja-Exkursion macht! Ich entschloss mich schnell. [...]

1 Kurt Bittel (1907-1991), verfaßte als erfolgreicher Ausgräber und Direktor des Deutschen Archäologischen Instituts in Istanbul grundlegende Werke zum prähistorischen und frühantiken Kleinasien.

Söke, 8. Mai 1955

Liebster Hermann,

das waren schöne, wenn auch etwas anstrengende Tage! Am 5. Mai holte uns Herr Samim Kocagöz mit dem Auto seines Bruders ab und fuhr uns nach Söke, wo er Baumwollpflanzungen hat. Er ist Schriftsteller (Kurzgeschichten, Romane), Annemarie Schimmel[1] übersetzt ihn. Eine herrliche Fahrt, 2 ½ Stunden von Izmir, der Berg Mykale ganz nah [...]. Am Nachmittag im Auto nach Magnesia am Meander. Herrlich, im »Tagebuch« Näheres darüber.

Am Donnerstag, dem 6., um ½ 9 Uhr im gemieteten Auto (Plymouth, sehr gut) mit sehr nettem Chauffeur und »Unterhalter« des Chauffeurs nach Priene. Bis 6 Uhr abends dort herumgestiegen, alles ermüdete langsam, der junge Führer, der die Taschen trug und die Wege zu den einzenen Heiligtümern wies, sein Begleiter, alle liessen ermattet die Flügel hängen, nur ich war unermüdlich wie in früheren Zeiten.

Am Freitag, dem 7., um 6 Uhr früh Aufbruch nach Milet, im gleichen Auto wie gestern. Seit vier Wochen war es die erste Fahrt, die möglich war, der Meander hatte alles überschwemmt. Der Weg – zuerst über Priene – durch die Meander-Ebene gehört zum Schönsten, was ich erlebte. Die Silhouette des Latmos begleitete uns zur Linken, rechts fuhr man entlang dem Mykale-Zug, die Ebene aber ist unendlich. Der Weg – tiefe Löcher, tiefe vertrocknete Schlammfurchen, ganz schmal, ganz kurvig und dabei oft ansteigend – ein Meisterstück für einen Chauffeur. Drei Stunden bis Milet, weitere 1½ bis Didyma, also zusammen neun Stunden Fahrt, mit einer Fähre über den Meander. Wir blieben vier Stunden in Didyma, das mir das Wichtigere war, und nur eine in Milet. Didyma war ein grosses Erlebnis. In Milet haben wir mit Hilfe des Wächters der Ausgrabungen »alles« – also in Wirklichkeit nichts gesehen. Ich kann mir die Dinge nicht so »schnell« ansehen, aber es war nicht anders zu machen – beide Brüder Kocagöz rieten ab, in Milet zu übernachten, was ich glühend wollte, und es war überhaupt ein Wunder, dass wir hingekommen waren, vor ein paar Tagen wäre es noch nicht gegangen. Gestern abend war ich dann aber sehr müde. Deshalb

Ninon Hesse mit dem deutschen Bundespräsidenten Theodor Heuss und Richard Benz, bevor sie am 8. Oktober 1955 stellvertretend den Hesse verliehenen Friedenspreis des Deutschen Buchhandels in der Paulskirche zu Frankfurt entgegennahm

fuhren wir heute nicht nach Ephesus, wie geplant, sondern beschlossen, einen Tag zu ruhen. Morgen Ephesus. [. . .]
Am 11. Mai fliege ich nach Istanbul (von Izmir), vom 12.-15. ist die Exkursion mit Prof. Bittel nach Troja. Am 16. fliege ich nach Athen – denke an mich, bitte! Das Schiff Achilleus ist schon am 20. in Venedig, also hoffe ich, am 21. in Montagnola zu sein. [. . .] Sehr glücklich – Ninon

1 Annemarie Schimmel (* 1922), Professor für Religionsgeschichte, Arabistik und islamische Wissenschaften, verfaßte Standardwerke über die Kultur und das Schrifttum des Islams, veröffentlichte Übersetzungen aus sechs orientalischen Sprachen und erhielt hohe internationale Auszeichnungen.

Am 18. September 1955 wurde Ninon 60 Jahre alt. Hesse widmete ihr zu diesem Anlaß »Beschwörungen, Späte Prosa / Neue Folge«, Zeugnisse ihres gemeinsamen Erlebens.
Am 9. Oktober 1955 nahm Ninon stellvertretend für Hesse den Friedenspreis des Börsenvereins des Deutschen Buchhandels in der Frankfurter Paulskirche entgegen und verlas dort Hesses »Dankadresse zur Friedenspreisverleihung«.
Es war ihr erster Auftritt in der Öffentlichkeit, in der man, das Bild des »Einsiedlers von Montagnola« vor Augen, von seiner Ehe kaum Kenntnis hatte, so daß Ninon nach mehr als 25jährigem Zusammenleben mit Hesse in einem Brief an Kerényi am 16. Juli 1952 festgestellt hatte: »Anlässlich des 75. Geburtstages ist viel über den ›einsamen‹ Hesse geschrieben worden, über sein ›Einsiedler‹-, sein ›Eremitenleben‹ – eine neu erschienene ›Biographie‹ hat es fertig gebracht, zwar die Namen der ersten und zweiten Frau von H. H. (wenn auch falsch) anzugeben, die dritte Frau aber überhaupt nicht zu erwähnen – dass ich manchmal versucht war, an meiner Existenz zu zweifeln.«

1956

Vom 4. April bis zum 8. Mai 1956 reiste Ninon gemeinsam mit dem Ehepaar Kerényi und einigen Freunden nach Griechenland, Hauptziele waren Böotien und die Peloponnes.

7. April 1956, ½ 11 h vorm.
an Bord (spanisch?) der »Barletta«

Liebster Hermann,
es regnet, und das Meer ist sehr bewegt, so liege ich mit ½ Dramamine im Bett. Die Kabine ist eisigkalt, das Schiff ist geheizt. Durch den Korridor kommt etwas warme Luft herein. Mir ist

nicht direkt schlecht, aber ich bin gerade am Rande und muß sehr aufpassen. Das Schiff hat die Größe eines stattlichen Zürich-See-Dampfers. Es hat zweitausend Tonnen!!
Der Tag in Venedig war sehr schön, ich ging meine eigenen Wege. Mittag assen wir miteinander. Dann holte man mich mit Motorschiff ab in die Frari-Kirche[1], von dort fuhren wir uns einschiffen.
Das Gedicht »Bonifazios Bild«[2] fand Kerényi herrlich, es sei »eines der schönsten«, die Du je geschrieben. Von Bildern, überhaupt von bildender Kunst versteht er gar nichts. Er sagte, bevor er Dein Gedicht gelesen hatte, das sei ein ganz minderwertiger Maler, das Bild sei »ganz schlecht« – völlig aus aus der Luft gegriffene Behauptungen, nur aus Widerspruchsgeist erhoben. Zur Dichtung hat er ein viel besseres Verhältnis. [...]
Die beiden Damen[3] sind herzig und sehr, sehr nett. Ich glaube, sie graulen sich vor den Strapazen, freuen sich auf die Orte mit guten Hotels. Nur mir Don Quijote ist das völlig einerlei, sobald es sich um ersehnte Orte handelt – ich meine, ich würde nie einen Plan aufgeben, nur weil er strapaziös ist. [...]

3 h nachmittags
Gestern war ich sehr glücklich beim Colleoni[4] – ich hatte ihn doch ziemlich vergessen gehabt; wie gedrungen und mächtig er ist, gar nicht Verrocchio-haft! Und wie hoch der Unterbau! Zuerst wollte ich ihm einen niedrigeren »vorschlagen«, aber dann sah ich mich ein und fand es gut so, wie es jetzt ist. Carpaccio[5] hat mich diesmal ganz entzückt, nicht nur die träumende Ursula im schönen Zimmer. Sehr bestärkt wurde ich durch K.s »Ablehnung« des ganzen Zyklus (er berief sich auf Goethe; aber nur in Bezug auf die Legende, nicht auf die Bilderfolge). Mich entzückte die Erzählerfreude – dieses Ergreifen der ganzen Welt im Bilde. San Giovanni e Paolo ist die Kirche, die neben dem Colleoni steht – die herrlichsten Grabmäler sind darin, von den Lombardi[6] besonders, die auch in Como gearbeitet haben, und ich denke immer, auch in Corona.
In der Frari sahen wir [...] bengalisch beleuchtet, Tizians »As-

sunta«[7] – entsetzlich, was sie mir ihr gemacht haben, drei »feierrote« Riesenmäntel sind auf dem Bild, wenn Tizian es sähe, würde er tief erschrecken. (K. war ergriffen von dem Bild!!! Ich wäre es lieber vor einer Photographie als vor der Verschandelung). Jetzt schliesse ich, lege eine Karte für die Mädchen bei, die nächste Nachricht bekommst Du aus Athen.
Grüße den lieben Bruno vielmals, sei umarmt und geküsst von
Deiner Ninon

1 Maria Gloriosa dei Frari (»I Frari«), die gotische Backsteinkirche der Franziskaner, enthält über dem Hochaltar Tizian Vecellis (s. S. 294) zwischen 1516 und 1518 gemalte Himmelfahrt Marias, die »Assunta«, in der er sich als Meister großer Kompositionen der Hochrenaissance ausweist. Tizian wurde 1576 in der» Frari« beigesetzt.
2 »Bonifazios Bild« (April 1902) in: »Die Gedichte«, a.a.O., S. 216. Hesse vergleicht in diesem Gedicht die Schönheit der Geliebten und der »fremden Schönen« auf dem Frauenbildnis von Bonifazio de Pitati (1487-1553), nach seinem Geburtsort Verona auch »B. Veronese« genannt.
3 Die beiden Damen: Magda Kerényi, gen. Magdi (s. S. 457), und eine mitreisende Freundin.
4 Das Reiterstandbild des Bartolomeo Colleoni (1400-1475), eines venezianischen Condottiere, wurde von Andrea del Verrocchio (1436-1488) für die Piazza Santi Giovanni e Paolo geschaffen.
5 Vittore Carpaccio (vor 1457-vor 1526) schuf erzählende Bilderfolgen, in denen er die Legenden der Heiligen in die anspruchsvolle Gesellschaft seiner Zeit versetzte, so auch seine Bilder zur Legende der hl. Ursula.
6 Lombardi, eine Bildhauerfamilie des 15. und 16. Jh., durch ihre glanzvolle Marmorbearbeitung berühmt, stammte aus dem Luganeser Raum; Pietro, der das von Ninon genannte Grabmal in Santi Giovanni e Paolo schuf, stammte aus Carona.
7 Siehe Anmerkung 1: »I Frari«.

Ansichtskarte: Korinth, Quellenhaus der Glauke

Korinth, 12. April 1956
Liebster Hermann,
mit Perachora war es nichts – ein Regiefehler von Kerényi – leider! Wir waren dort, aber nur 1 ½ Stunde. Ich habe es überwun-

den und will nicht nachtragend sein. Heute Korinth war schön. Wir stiegen auf Akrokorinth und sind jetzt müde, aber vergnügt heimgekommen nach Loutraki.

Nauplia, 15. April 1956

[...] Wir hatten heute einen Ausruhtag – hatten es auch nötig. Mit in Fetzen gerissenen Strümpfen langten wir gestern abend todmüde hier an – hatten, vorsichtig geschätzt, ca. 16 km (eher mehr als weniger) bergauf, bergab, durch Geröll, Gestrüpp, Dornen, Disteln, Ackerboden, Felsen zurückgelegt, sehr wenig gegessen, überhaupt nichts getrunken – aber es war wunderbar! Von Mykenae [...] nach Berbati[1], ziemlich steil bergan. K. war gut gelaunt und sprach trotz des schnellen Tempos unaufhörlich und sehr interessant (beides, gute Laune und gute Gespräche sind keineswegs selbstverständlich). Magdi ritt mit einem Führer voraus. Bei einer Quelle – aber nicht der gesuchten – tranken wir symbolisch, Hera zu Ehren, einen Schluck, dann ging es weiter. Magdi und Führer waren plötzlich verschwunden, und wir wussten nicht mehr, wohin. Wir rasten durch dick und dünn, brüllten: Costa! Magdi! – alles vergebens. Schliesslich gerieten wir wie durch ein Wunder auf den richtigen Weg, zur richtigen Quelle, ¼ Stunde von den Berbati-Prosymna-Ausgrabungen[1] entfernt, Akropolis, mykenische Häuser im Grundriss und viele Scherben. Dann überquerten wir barfuss den Fluss Eleuthernon. [...]

[1] Prosymna-Berbati gehörte zu den Schutzburgen, die rundum auf den Randhöhen der Ebene von Mykene entstanden, dem Mittelpunkt des achäischen Reiches, das mit der Einwanderung der Dorer (1100 v. Chr.) entmachtet wurde. Sie verlegten den Mittelpunkt ihrer Herrschaft nach Argos.

Die Vielzahl der Besichtigungen im April 1956 erlaubte Ninon auf dieser Reise keine ausführlichen Briefe. Sie schickte Hesse jedoch täglich Ansichtskarten, kurz abgefaßte Lebenszeichen, so am 18. April aus Mistra, am 19. aus Pylos, am 20. aus Kalamata, am 22. aus Olympia, am 26. aus Athen. Dabei ging es ihr auch darum, Hesse einen bildhaften Eindruck von ihren Reiseerlebnissen zu verschaffen.

Ansichtskarte: Korinth, Apollon-Tempel

Tripolis, 17. April 1956

[...] Heute sind wir in Tripolis zu Mittag. Wir fahren mit dem Autobus von Argos über arkadische Pässe nach Sparta. Es dauert ca. sechs Stunden. Die Fahrt ist herrlich.

Ansichtskarte: Eurotastal mit Taygetos-Gebirge

Sparta, 17. April 1956

Liebster,

heute war ein herrlicher Tag: erst die Autobusfahrt durch Arkadien, dann das Museum hier, wo der Leiter, Dr. Christou, deutsch sprach und uns nachher ins Amyklaion[1] führte, ein Hügel oberhalb des Eurotas, gegenüber die Taygetoskette – die Ebene üppig und fruchtbar, Ölbäume, Orangenbäume, Zypressen. Dann in die Ausgrabungen – dann Uzo[2] getrunken, Nachtmahl – er bestand darauf, uns einzuladen. Morgen bis Kalamata.   Kuss Ninon

1 Amyklaion: Kultstätte seit mykenischer Zeit für Hyakinthos; nach der spartanischen Eroberung trat an seine Stelle Apollon, dennoch hieß das jährliche Fest weiterhin »Hyakinthien«. Ninon kannte die Kultstätte durch Pausanias, der sie etwa 170 n. Chr. beschrieben hatte.
2 Uzo, griechischer Anis-Branntwein.

Ansichtskarte: Tempel der Aphaia, 5. Jh. v. Chr., Aegina

Im Aphaia-Heiligtum auf Aegina, 29. April 1956
Liebster Hermann,
ziemlich lustlos unternahm ich diesen Ausflug, ½ 6 Uhr früh aufstehen usw., aber seit ich auf Aegina gelandet bin, fühle ich mich sehr glücklich. Das Museum enthält sehr viel früh- und mittelhelladische Keramik, 2500-2200 u. 2000-1600 etwa, auch frühgeometrische und andere. Das Schiff war überfüllt, mir graute ein wenig, wie es noch sein würde – aber siehe, alle Leute haben sich verlaufen, und seit fast zwei Stunden bin ich beinah allein hier. Ich sitze im Norden des Tempels und sehe aufs Meer und auf Salamis und Attika [. . .].
Es ist herrlich, dass ich in der Bibliothek des Deutschen Archäologischen Instituts arbeiten darf, und Frau Karousou, die Direktorin des Nationalmuseums in Athen, hat mich sehr bestärkt, ich sagte ihr, worüber ich arbeite (Gorgo)[1]. Leider ist mein Photoapparat gleich wieder kaputt gewesen, ich konnte nicht photographieren, dadurch aber mehr sehen und notieren. [. . .]

1 Gorgo-Medusa verbindet sich mit dem Meergott Poseidon, und als Perseus, der Sohn des Zeus, der Schwangeren den Kopf abschlägt, entspringen ihrem Leib Chrysaor und Pegasos, das geflügelte Zauberroß.

Athen, 30. April 1956
[. . .] Gestern wurde es noch weiterhin sehr hübsch; bei der Abfahrt mit dem Autobus vom Aphaia-Tempel lernte ich eine junge Archäologin kennen. Wir gingen von Aegina aus noch gemeinsam den Apollontempel ansehen. [. . .] Beide suchten wir das ältere Heiligtum, das <u>vor</u> dem Apollontempel dort gewesen war, aber vergebens, da nur die Andeutung davon im Guide bleu stand, aber kein Plan, was wir sehr bedauerten. Kerényi wäre zuerst wütend geworden, dass ich es suche, und hätte gebrüllt; und dann hätte er es mit Siegermiene als »gefunden« erklärt – irgendein Steinhaufen hätte diesen Dienst getan! Und dann wären

weitere Wutausbrüche gegen mich gefolgt, von der er sich durchschaut fühlte, auch wenn ich schwieg. In Diskussionen liess ich mich nicht ein – ich wusste, dass es ihm nie um »die Wahrheit« ging oder um das Streben nach Wahrheit, sondern nur darum, »recht« zu haben und alles – aber auch alles – besser zu wissen als die wahren Forscher und Gelehrten.
Das hätte noch nicht zum eklatanten Bruch führen müssen, besonders da ich mich äusserlich anpasste und schwieg. Aber es machte ihn rasend, dass ich nicht auf seine marktschreierischen »Erklärungen« hörte (»Das ist schön!« war eine der beliebtesten), sondern still mit meinem Guide bleu (den auch die Archäologen benutzen, denn er hat vorzügliche Pläne und ist ausgezeichnet) den Tempel oder Palast oder das Heiligtum durchschritt, mich orientierte, soviele Details feststellte wie ich konnte [...]. So etwas musste ich stets büssen – er wurde dann so aggressiv und brüllte, als wäre ich seine Untergebene. Am 3. Tag der Peloponnesreise, in Mykenae, wurde das so schlimm, dass ich, einer Ohnmacht nahe, bleich und bebend erklärte, ich würde morgen abreisen. [...] Magdi war rührend und vermittelte, es gab Tränen usw., schliesslich bat er mich um Verzeihung, und es folgten wieder zwei oder drei Tage der Entspannung. Aber kaum hatte er sich wieder blamiert – und das geschah fast immer – liess er seine Wut an mir aus. Du darfst natürlich nicht glauben, dass ich ihn blamierte! Er fühlte nur, dass ich ihn durchschaute und raste! Ich protestierte erst, als man zum dritten Mal Pläne änderte, ohne es mir vorher mitzuteilen. So wie mit Perachora, für das mir ein Tag versprochen war – auch mit einem halben Tag wäre ich zufrieden gewesen – und für das plötzlich 1 ½ Stunden »bewilligt« wurden – wofür ich noch eine Menge unnützer Autospesen mitbezahlte!
Ich glaube, gehört zu haben, dass er etwas über Zimmer-Abbestellen in Delphi zu Magdi murmelte. Ich sagte also höflich und deutlich, falls die Pläne mit Delphi abgeändert würden, bäte ich um vorherige Mitteilung; denn ich würde auf alle Fälle nach Delphi fahren. [...] K. war »euphorisch«, d. h. halb betrunken, er trinkt schon um 10 Uhr früh Cognac und lärmt uns die Ohren

voll. Gegen Abend wurde er nüchtern und antwortete scharf, als ich das von Delphi sagte, man könne sich ja fortan, wo man in weniger wilden Gegenden sei, überhaupt trennen, und jeder mache, was er wolle. [...] In Athen ging das Sich-Separieren einfach, und nach Delphi fuhren wir drei Damen allein, was sehr hübsch war. Auf der Heimfahrt sagte ich Magdi, ich hätte meine Schiffskarte umgetauscht. [...]
Lebe wohl, liebster Vogel, ich hoffe, bis zum 5. vollends mit dem Chok fertig zu sein. Deine Ninon

Athen, 2. Mai 1956
Liebster Vogel –
[...] Heute bin ich so glücklich – ich habe mir endlich ein Herz gefasst und mit Kunze (dem auf Knien Verehrten) gesprochen. Er war immer sehr freundlich mit mir, aber Zeit hat er keine – er arbeitet wahnsinnig viel. Heute bat ich ihn um 10 Minuten und unterbreitete ihm meine »Gedanken«. Ich sagte, ich hätte immer Hera geliebt und viel an sie gedacht. Dabei hätte ich mich gefragt, wie die vor-olympische Hera gewesen sein möge. Und ich wäre zur Überzeugung gekommen, sie sei die Gorgo[1]. Aber ich wisse genau, dass so etwas zu beweisen eine Lebensarbeit wäre, und ich könne das nicht machen. Aber ich würde es gern klein, bescheiden (und induktiv wollte ich sagen, aber das Wort fiel mir nicht ein) machen, möchte die Arbeit begrenzen und ihn fragen, wie er es fände, wenn ich sie etwa so nennen (und in diesen Grenzen schreiben) würde: »Gorgo-Funde in Hera-Tempeln«.
Er hatte sehr aufmerksam zugehört, mit sehr lebhaftem, wohlwollendem Mienenspiel. Jetzt sagte er, das sei »ein schöner Gedanke«, und erläuterte einiges darüber, ich antwortete und besprach noch einiges mit ihm. Z.B. »störe mich« der Giebel in Korfu, vom Artemistempel – aber es führt zu weit, Dir das ganze Gespräch aufzuzeichnen. Ich hatte vorher noch gesagt, ich hätte die Ilias (auf die Arbeit hin) gelesen, und zwar so, als ob es keine Homerkritik gäbe – er lächelte und sagte: »Die einzig richtige

Gorgonen-Häupter mit Schlangenhaaren, Scherengebiß, gebleckter Zunge und versteinerndem Blick – Ninons Forschungsobjekt

Art, sie zu lesen!« – und ich möchte dann aus den Quellen zeigen, <u>was</u> für die Herkunft von der Gorgo spreche, auch aus Hesiod, Euripides, Pindar. Dann sagte er, als Titel solle ich lieber »Gorgonen in Heratempeln« wählen, und das entzückte mich. Er sagte, es gefalle ihm sehr, wie ich das anpacke, nicht apodiktisch, sondern neue Möglichkeiten zeigend. Du kannst Dir nicht denken, <u>wie</u> glücklich ich war – drei Tage, ach nein, viel länger! – hatte ich gedacht, Kunze würde sich vor Lachen biegen, wenn ich ihm das erzählte, es dilettantisch und unmöglich finden usw.! Wer mich immer ermutigt, ist Frau Karousou, die Direktorin des Museums, eine vorzügliche Archäologin. <u>Sie</u> sagte: »Reden Sie doch mit Kunze, er kann Ihnen bestimmt raten!«[...]
Heute habe ich meine neue Schiffskarte bekommen, nur 8 Dollar musste ich zuzahlen – ich bin <u>so froh</u> – eine Einzelkabine auf einem schönen grossen Schiff! [...]

1 Aus der mythischen Einkleidung der Gorgo Medusa seit Hesiod schloß Ninon, daß sie eine Hypostase der vorhellenischen, mittelmeerischen

Muttergottheit gewesen sei; ihr Name bedeutete »Herrschende, Waltende«. Kunze (s. S. 528), riet Ninon, zur Erhärtung der These, daß Hera das wilde Erbe gorgonischer Nachtseiten in sich trage, Gorgo-Relikte – Masken, bemalte Keramik – in Hera-Kultstätten nachzuweisen (s. S. 564).

Die Zentralbibliothek in Zürich war für Ninon ein erreichbarer Studienort. Seit 1949 begleitete sie Hesse zu seiner Schwefelkur gegen Gicht und Rheuma in Baden und fuhr allmorgendlich nach Zürich, »weil ich so glücklich bin, einmal vier Wochen im Jahr eine wissenschaftliche Bibliothek benützen zu können«. Als ab 1952 die Badener Kuren wegen Hesses geschwächter Gesundheit entfielen, gelang es Ninon nur selten, sich ein paar Tage für ihre Studien in der Züricher Zentralbibliothek freizumachen. Sie hinterließ ihre wissenschaftliche Bibliothek testamentarisch dieser Institution, in der sie – nach ihren Worten – im eigenen Gedankenkreis heimisch und glücklich war.

Zürich, 12. September 1956

Lieber Vogel,

[...] Ich schreibe in Eile, weil es mitten am Tag ist – genauer gesagt, Mittagessen – dann stürze ich wieder ins Institut. Wenn ich morgens hinkomme und meinen Schlüssel ins Schloss stecke und eintrete und alle die Bücher sehe und meinen Arbeitsplatz, der auf mich wartet, dann halte ich einen Moment inne und fühle es ganz genau: Ich bin glücklich (dieser Augenblick dauert meist sehr lange!!) [...] Ich umarme und küsse Dich, liebster Vogel, sehne mich sehr nach Dir, bin aber doch sehr glücklich.

Deine Ninon

1957

Während Hesse durch seinen Sohn Bruno und die treue Haushälterin Stanna in Montagnola wohlversorgt war, recherchierte Ninon im Januar und Mai einige Tage in der Züricher Zentralbibliothek für ihre Hera-Gorgo-Arbeit. Sie wohnte während dieser Zeit bei Elsy Bodmer in der »Arch'«, deren Ehemann, Hesses Mäzen Dr. med. Hans C. Bodmer, am 28. Mai 1956 verstorben war.

Zürich, 18. Januar 1957

Mein liebster Vogel,
ich stürze ins Institut, sobald ich dir geschrieben habe. [...] Hier spielt »Bobby« eine grosse Rolle, er tut Elsy gut. Sie muss durch ihn auch hinaus, sie füttert ihn bei Tisch und lacht über ihn – das ist gut für sie. Er ist ein goldbrauner Setter, und wenn er ans Fenster stürzt und auf zwei Beinen stehend, sich hinausreckt, sieht er wie einer der Löwen am Tor von Mykenae aus, nur dass er einen Kopf hat und sie, die Armen, nicht mehr! [...]
Lebe wohl Liebster – bleib nur gesund! Grüsse die Mädchen. Ich denke dankbar an Stanna, sag es ihr bitte!   Innigst Ninon

Zürich, 23. Januar 1957

Liebster Hermann,
[...] Wie lieb von Dir und Bruno, mir noch ein paar Tage Zeit hier zu verschaffen! Ich war ganz betäubt, als ich's durch einen Zettel von Elsy erfuhr, nachdem ich sehr müde und verspätet zum Nachtessen kam, etwas deprimiert, weil ich nicht wusste, wie ich bis übermorgen Mittag irgendwie »fertig« werden sollte – da kam diese Botschaft so unerwartet wie ein Traumgeschenk! Um keine Zeit zu verlieren, esse ich seit Montag nicht

mehr mit Elsy zu Mittag, sondern gehe in ein nahegelegenes Restaurant. [...] Ich arbeite täglich 8-8 ½ Stunden intensiv, mehr kann ich nicht, auch wenn es zeitlich ginge. Es geht nur deshalb so lange, weil die Arbeit abwechslungsreich ist – ich lese nicht immer, ich schaue sehr viele Bilder an, d.h. durchsuche Ausgrabungspublikationen oder Vasenbilder. Ich excerpiere, ordne gleich ein, suche zusammenzufassen, und so verfliegen die Stunden. Trotzdem wird es abends um 7 h von selbst »genug«. [...] Das Pünktlich-sein-müssen zu Mittag störte mich entsetzlich, ausserdem verlor ich zwei Stunden dadurch, jetzt nur eine, die ich ausser fürs Essen auch für Korrespondenz verwende.
Addio Liebster, ich stürze in die Zentralbibliothek. [...]

Zürich, 7. Mai 1957
Lieber,
ich bin um ¾ 7 aufgestanden, so habe ich noch Zeit, Dir diesen Brief zu schreiben. Ich bekomme den Tee früh ins Zimmer, und kann so noch während des Frühstücks etwas tun, hin und hergehen oder wie jetzt einen Brief schreiben. Bobby gab gestern beim Nachtessen derart an, dass ich ganz verstört wurde. [...] Es war wirklich wie ein Hohn: das herrliche Speisezimmer, der dunkle Tisch, das vorzügliche Essen, Kerzen, Blumen – und dazu dieser Hund, der jeden Augenblick aus voller Brust bellte – so dass es einem durch Mark und Bein ging, er hat eine <u>fürchterliche,</u> durchdringende Stimme, seiner Grösse entsprechend, und dazu Elsy <u>nur</u> damit beschäftigt, ihn zu beschwichtigen, zu füttern, ihm zu drohen, wieder zu beschwichtigen, und dazu Josephine, ein Untam, den Elsy heiss liebt und verwöhnt, und die sich dauernd mit Elsy unterhält, während sie serviert. <u>Ist es nicht gespenstisch?</u>
In Airolo erwartete uns das Taxi und führte uns die fünf Kilometer bis zum Hotel Posta.[1] [...] Der Besitzer ist ein sehr netter, sympathischer und kluger Tessiner, der auch ganz gut deutsch spricht, ein Mann von vielleicht 50 Jahren, er verstand alles gut

Ninon Hesse im 54. Lebensjahr

und zeigte mir, wie man es einrichten könne. [. . .] Er zeigte mir auch eine kleine »Promenade« nach Ambri zu, wenn man sich ein bischen bewegen wolle, [. . .] er begriffe vollkommen, worauf es ankäme. [. . .] Ich war so froh, dass jetzt alles anfängt, eine Struktur zu bekommen. [. . .]

1 Ninon traf mit Elsy Bodmer Vorbereitungen für Hesses 80. Geburtstag, der am 2. Juli 1957 auf Einladung Max Wassmers im engsten Familienkreis in Ambri-Piotta am Gotthard gefeiert werden sollte. Zu diesem Anlaß gab Peter Suhrkamp – gemeinsam mit dem Fretz und Wasmuth Verlag Zürich – eine um Betrachtungen, Briefe und Tagebuchblätter erweiterte Ausgabe der 1952 (zu Hesses 75. Geburtstag) erschienenen »Gesammelten Dichtungen« heraus, eine siebenbändige Edition unter dem Namen »Gesammelte Schriften«.

Kunstpostkarte aus dem zoologischen Garten in Zürich: Europäischer Wolf

Zürich, 12. Mai 1957

Lieber Hermann,
ein Gruss vom Wolf – ach, es war herrlich im Zoo! Das Puma genau wie die Panther auf dem Giebel des Tempels in Korfù. Ein alter schlecht gekämmter Löwe – und vergnügte Eisbären – und die Wasservögel meiner πότνια θηρῶν[1] und die Schlangen, die sie am Gürtel hat – Ich war ganz in Griechenland, aber in einem frühen, vorhomerischen! Tausend Grüsse und einen herzlichen Kuss   Deine Ninon

1 »Herrin der Tiere«.

1958

Vom 25. September bis zum 3. Oktober 1958 begleitete Ninon Elsy Bodmer auf einer Reise nach Umbrien und in die Toskana.

Ansichtskarte: Dom in Assisi

Perugia, 28. September 1958

Liebster Hermann,
[...] heute waren wir in Assisi[1]. Das hab' ich mir seit 1918 gewünscht – es hat 40 Jahre gebraucht, es zu verwirklichen.
Die Giotto-Zuschreibungen haben sehr gewechselt. Alles ist anders, als wir es bei Dvorak hörten. Leider sind fast alle Fresken stark restauriert. Einen ungeheuren Eindruck machte das Innere der Unterkirche auf uns. Und ganz hingerissen sind wir vom Dom (siehe umseitig) – erinnerst Du Dich? Wir waren auch in S. Chiara – ein Löwe auf der Fassade glich Th. Heuss in hohem

Masse! – und beim Minerva-Tempel. Ab Dienstag Arezzo, abends Siena, wo ich hoffentlich Post von Dir finde.

Innigst Ninon

1 Auch von dieser Reise schickte Ninon an Hesse nur kurz abgefaßte Grüße auf Ansichtskarten: 25. 9. von Florenz; 26.-29. 9. von Perugia; 30. 9. von Arezzo; 1. und 2. 10. von Siena; 3. 10. von Florenz. Da Hesse sich zur Kur in Baden aufhielt, blieb Ninon anschließend bis Mitte Oktober bei Elsy Bodmer in Zürich.

Zürich, 8. Oktober 1958

Mein lieber Herzensvogel,
das wird wieder ein elendes Briefchen, weil ich tagsüber zu beschäftigt und abends zu müde bin, um zu schreiben. Ich stehe um 6,15 h <u>mühelos</u> auf (ich bin eine heimliche Frühaufsteherin!), aber abends um ½ 9 h fallen mir die Augen zu! [...] Du bist wirklich der liebste Vogel, und ich danke Dir sehr für die Sendung »Pro senectute«[1], die mir sehr gelegen kommt, das Essen ist so teuer und mein Magen so empfindlich. [...]
Ich las begeistert den Grimm auf der Reise, und denke Dir, der Vogel Specht heisst so, weil er <u>späht</u>! [...]

1 Pro senectute: Für das Greisenalter. Ninons ironische Anspielung auf die Wohlfahrtsmarke der Schweizer Post »Pro juventute«, mit der Hesse vermutlich diesen Brief frankiert hatte.

Ansichtskarte: Gottlieben am Rhein

Gottlieben, 12. Oktober 1958

Hier sitzen wir, [...] es regnet in Strömen, aber wir haben beschlossen, es zu ignorieren. Gaienhofen sah ich von Steckborn, aber nur undeutlich. Hier ist es entzückend, unser Fenster sieht nach dem Rhein.

Ansichtskarte: Großmünster und Limmat

Zürich, 14. Oktober 1958

L. H.

[...] Gedenktag für die Schlacht bei Hastings und Bryhers Buch[1]! Danke für den Druck (Antisemitismus[2]), ich gab ihn Elsy zu lesen, die Dich herzlich grüssen lässt.

1 Winifred Bryher (* 1894), eigentlich Annie Winifred Ellermann, »The fourteenth of October«, Pantheon Book, New York 1952.
2 »Über den Judenhaß«, in: »Schweizer Monatshefte«, 38/1958-59, S. 271. Der Artikel erschien auch unter dem Titel »Ein Wort über den Antisemitismus« in: »Blickpunkt 8/1958, Nr. 75, S. 20; »Politik des Gewissens«, a. a. O., 2. Bd., S. 903.

1959

Vom 3. Oktober bis 7. November 1959 reiste Ninon durch Griechenland. Nach einer Inselfahrt – Euböa, Mykonos, Tinos, Kos – blieb sie noch in Attika und in der Argolis.

Ansichtskarte: Mykonos mit Windmühlen

Mykonos, 6. Oktober 1959

Liebster,

der Flug war herrlich über den Gotthard – Milano, Florenz, Brindisi, Korfu. Schöne Schiffahrt bis hierher – zehn Stunden. Hier ist es unbeschreiblich windig. Morgen Delos, wo ich bis Samstag bleiben möchte, aber es hängt von den Schiffen ab, wann man hier wegkann. Und wie immer ist alles ungewiss: Ob wegen des Sturmes morgen das Boot nach Delos geht oder nicht, z. B. Und wann es zurückfährt – und mit was für einem Schiff man in den Piraeus kann usw. usw. Sei innigst gegrüsst Ninon

Mykonos, 7. Oktober 1959
Liebster Vogel,
hier sitzen wir nun fest! [...] So schön Mykonos ist, ich kann hier nicht meine Zeit verlieren! [...]. Alle Häuser und Kirchen auf den Kykladen-Inseln sind schneeweiss getüncht, alljährlich wird die Tünche erneuert; alle Felder und Besitzungen, die sich auf der Hügelflanke hinziehen, sind von niedrigen Steinmauern eingefasst, deren obere Ränder gleichfalls weiss getüncht sind – das sieht sehr schön geometrisch aus. Bäume gibt es kaum, nur als seltene Zier in Privatgärten – dafür aber 360 Kirchen!!! und viele Windmühlen. Es wächst überhaupt nichts auf der Insel, alles kommt von Athen oder Syros, ich glaube, sogar die Petersilie.
Die Windmühlen sind in Betrieb, mahlen Mehl. Wozu die vielen Kirchen – meist winzige – da sind, weiss man nicht. Es sind nach Gelübden erbaute Dankzeichen von Fischern. [...]

Ansichtskarte: Heratempel in Delos

Delos, 8. Oktober 1959
[...] Heute habe ich Gorgonen im Museum photographiert und wanderte im Heiligtum herum. Es ist unbeschreiblich schön hier! Und von ein Uhr mittags bis morgens 10 Uhr früh ist man allein, die Insel gehört uns, Touristen sind nur von 10 bis ein Uhr hier. Wir bleiben noch zwei Tage hier, wollen dann weiter nach Kos (Asklepios). Frau Doris[1] ist eine liebe, treue, gute Kameradin! Ich bin sehr glücklich! Innigst Ninon

1 Ninon wurde von einer Bekannten namens Doris Hasenfratz begleitet.

Wieder in Mykonos, 10. Oktober 1959
Liebster,
wir verbrachten herrliche Tage auf Delos! Zwar waren die französischen Ausgräber, an deren Haupt ich empfohlen worden war, alle fort. Ich konnte nur sehen, was im Museum war, nicht aber in den Magazinen. [...] Ich pilgerte zweimal zum Hera-Tempel, gestern auf dem Kynthos (112 m Höhe!!) – himmlische Aussicht auf die Kykladen und vielleicht Apollons Geburtsort; andere sagen er sei bei der Palme, im heiligen See, gegenüber den Löwen geboren. Ach, die Löwen – jeden Tag war ich bei ihnen! In Delos kenne ich mich jetzt ziemlich gut aus. Und dieses Erwachen am Morgen mit dem Blick auf die Löwen, die Palme, den Kynthos, die Tempel Apollons! Es war zauberhaft. Ach, ich bin ganz beschwingt! [...]

Ansichtskarte: Kos, das Theater

Kos, 11. Oktober 1959
Lieber Hermann,
das Asklepios-Heiligtum erstreckt sich über drei Terrassen, eine Cypressen-Allee führt dahin, und oben ist eine Stille und Weite, die allein schon heilen konnte. Gegenüber die Küste von Kleinasien – ganz nahe! Halikarnassos – Inseln, Bläue, zauberhaft! In der Stadt grünt und blüht es, Alleen von Oleanderbäumen, Palmen, Bougainville, Eukalyptus, Feigen. Wenn man aus der Oede von Mykonos und Delos kommt, ist es kaum zu fassen. [...]

Athen, 14. Oktober 1959
Liebster Vogel,
gestern abend kam Professor Siegfried Lauffer[1] im Piraeus an, kurz danach war er im Hotel, um mich zu begrüssen. [...] Er fuhr heute mit mir ins Englische Institut, aber es harzt dort, trotzdem der Leiter sehr liebenswürdig war. Aber die Publika-

tion macht Robertson², und der ist in London. Aber der Leiter des Instituts gab mir verschiedene Aufschlüsse. [...]
Heute sah ich im Museum Zykladen-Figuren von 2400-2200 v.Chr.! [...] Dann ging ich in den 2. Stock zu den geometrischen Vasen, und schliesslich in den Saal mit den Funden aus dem Heraion und aus Perachora! [...]
Lauffer war lieb und gut wie ein Vater (dabei ist er gewiss 10 Jahre jünger als ich) – es tat mir sehr wohl. Er beriet mich auch für Böotien (Ptoion).
Der Ptoion-Ausflug³, kombiniert mit Euboia wird drei Tage dauern. Inzwischen muss Nauplia und Argos vorbereitet werden. Ich gehe viel lieber auf die Akropolis oder ins Museum, als »vorzubereiten«. Lieber Grille als Ameise! [...]
Ich vergass Dir zu schreiben, dass das Akropolismuseum⁴ (seit 1939 war es nicht mehr zugänglich) wieder geöffnet ist! Gestern war ich am Nachmittag dort. Immer wo ich bin, denke ich: »Das ist das Schönste!« Du bist der liebste Vogel – hab Dank, dass ich reisen durfte. Ach, würdest Du das auch alles sehn! Aber es wäre zu strapaziös gewesen, auch schon vor vielen Jahren. Innig küsst Dich				Deine Ninon

1 Siegfried Lauffer, Ordinarius für alte Geschichte in München (s. S. 436), war für Ninon ein ermutigender Freund und Berater. Sie schrieb ihm am 24. September 1959: »Die Arbeit soll heissen ›Gorgonen in Heratempeln‹- aber es kann sich nicht um eine nach Vollständigkeit strebende Arbeit handeln, ich kann nur über einige Gorgonen in einigen Heratempeln schreiben! Ich dachte an Tyrins, Argos, Perachora, Olympia, Delos, Thaos. Nach Thasos kann ich nicht fahren, auch sind die dortigen Gorgoneien nicht in Heratempeln gefunden worden... Aber ich bin so besessen von meinem Thema, dass ich nicht auf die Arbeit verzichten kann.«
2 Martin Robertson (* 1911), Experte für griech. Vasenmalerei. »Greek painting«, Oxford 1959; »The art of vase-painting in classical Athens«, Cambridge 1992.
3 Ptoion: Gebirge in Böotien, in dessen Westteil zwei Heiligtümer lagen, das ältere des Heros Ptoios und das große Terrassenheiligtum des Apollon Ptoios, der Ende des 4. Jh. v. Chr. den alten Heroenkult verdrängt hatte. An der alten Orakelstätte wurden viele archaische Statuen und Dreifüße gefunden.
4 Im Akropolismuseum begeisterte Ninon in ihrer Vorliebe für das Herbe

und Unverschönte die attische Plastik von der früharchaischen bis zur klassischen Zeit, die 1885-1891 aus dem sogen. »Perserschutt« ausgegraben worden war, Koren – archaische Mädchenstatuen (550-500 v. Chr.), dazu Giebelreliefs und Metopen vom Vorgängertempel des Parthenon, den die Perser 480 v. Chr. zerstört hatten.

Kunstpostkarte aus dem Akropolismuseum : Victory unclosed her sandal (end of the 5th cent. before Christ)

Athen, 15. Oktober 1959

Lieber Hermann,

ich sitze auf einer Bank an der Akropolis, der Parthenon neben mir, der Hymethos vor mir. Es kann keine schönere Silhouette geben als seine! Ganz horizontal, aber mit sanften Schwingungen. [...] Heute sah ich den grossen bronzenen Zeus oder Poseidon[1] wieder, den berühmten Blitz- oder Dreizack-Schleuderer. Ich konnte ihn nie leiden, bemühte mich stets um »Achtung« für ihn, aber er ist ein Gott für Schullehrer, passt in ein Schulzimmer. Endlich hab ich's mir eingestanden. [...]

[1] »Der Gott aus dem Meer« (Mitte 5. Jh. v. Chr.), im Kap Artemision (Insel Euböa) gefunden. Die weit ausgreifende Gebärde der Arme der Bronzestatue (Spannweite 2,10 m) läßt vermuten, daß sie Poseidon darstellt, der mit der Rechten den Dreizack schleudert und mit der ausgestreckten Linken das Ziel des Wurfes ausrichtet. Für Ninon ist er »zu glatt, zu geleckt«.

Chalkis (Euboea), 19. Oktober 1959

Liebster Vogel,

[...] Wir fuhren gestern mit dem Autobus nach Theben, zwei Stunden von Athen. Ein elender Kasten, und richtig – mitten auf der Strecke eine grosse Panne, und wir verbrachten 1 ½ Stunden auf der Strasse, bis ein Autobus aus Athen kam. [...] Abends gingen wir zur Polizei und besprachen dort den heutigen Ausflug, die Polizei machte dann mit dem Chauffeur, bzw. Führer

Wanderungen in steiniger Einsamkeit Griechenlands

oder Maultiertreiber alles ab. Auch das will beschrieben sein – mündlich!!!

Um 9 Uhr holte uns der Chauffeur, wir fuhren nach Karditsa, 35 km von Theben – auf der Hochebene viele Baumwollpflückerinnen – dann über den trockengelegten Kopais-See, ca. 45 Minuten. Dann zur Polizei in Karditsa, dort wurde ein Gaidouri und Knabe Panagliotis oder (-Aides) gedungen, und um 10 h zogen wir los, Doris beritten, ich zu Fuss.

Himmlisch! Eine ungeheure Weite und Einsamkeit, der Boden bedeckt mit Wacholder und Rosmarin, Disteln, ein weiter Blick auf die Berge, der Helikon war in zartem Nebel – dann tauchte der grosse Paralimni-See auf, und links von ihm der Berg mit dem vorspringenden Felsen, den ich Ptoon nenne, einerlei, wie er wirklich oder jetzt heisst. Zu Füssen des Felsens liegt das Heiligtum des Apollon [Ptoios], es liegt auf drei Terrassen übereinander, der Tempel auf der obersten, darüber eine Quelle. Von dieser gehen Katabothren[1] bis hinunter, und in eine unten konnte man tief und weit wie in einen Gang hineinschauen. Sie dürften alle mit dem Tempel verbunden gewesen sein, und das Orakelgebende ging wohl durch einen solchen unterirdischen Gang wieder zum Tempel hinauf; ganz geklärt ist das nicht. Aber doch viel übersichtlicher das Verhältnis zwischen heiliger Quelle und Orakeldienst als in Delphi, wo zwischen dem Apollontempel und Kastalia überhaupt kein Zusammenhang besteht.

Nun aber der Fels, an dessen Fuss sich das alles begibt! Wie ein zorniger, leuchtender Apollo sieht er aus – alles Licht hat er aufgefangen in seinem gefurchten Gestein – und er ragt einfach böse und grossartig darüber wie die Phaidriaden in Delphi, die »schimmernden«. Er gehört zu einem grossen, milden Berg, doch er setzt sich von ihm ab. Hoffentlich wird man es auf meinen Photographien sehen. Ich hatte Lauffers Sonderdruck über Ptoion aus Pauly-Wissowas Realenzyklika mit, der Gute hatte mir auch mündlich vieles geraten. Er flehte, dass ich reiten solle, aber ich kann ja nicht! [...]

Die Einfahrt nach Euboia-Chalkis liegt auf einem Landstreifen, eine schmale, kleine Brücke verbindet es mit dem Festland. [...]

1 Katabothren: Schlund, Trichter für den Abfluß unterirdischer Gewässer.

Nauplia, 22. Oktober 1959

[...] Die Insel Euboia muss herrlich sein, ich sah ja leider nur Chalkis und Eretria, die Zeit langte nicht, um sie zu durchqueren – und besonders zu »durchlängen«, sie ist beinahe so lang wie Kreta! Es gibt keine Altertümer in Chalkis, nur das Museum, das ich mir seit 22 Jahren zu sehen wünsche. Ein Theseus ist dort, der die Antiope[1] raubt, archaisch, fragmentarisch, aber herrlich! Und eine Athena, kopflos, Torso nur bis zum Knie – mit einer grossen Aegis und Gorgohaupt mitten darauf. Beides gehört zum Giebel des Tempels des Apollo Daphnephoros[2].

Dieser Tempel war in Eretria, wohin wir dann im Autobus fuhren. Eretria ist ein armseliger Flecken, Chalkis ist eine blühende grosse Stadt, aber Eretria hat Altertümer: Eine sehr hohe Akropolis, auf die ich natürlich kletterte, ein Theater, einen Dionysos-Tempel (nur Fundamente). [...]
Das Merkwürdige in Euboia ist der Euripos-Kanal, ein schmaler Meeresarm, in dem Ebbe und Flut alle sechs Stunden, in bestimmten Mondphasen alle drei Stunden wechseln. Einmal sahen wir es gerade – es sah aus, als wirbelten unterirdische Flüsse in der Tiefe. Die Brücke, welche darüber führt und Euboia mit Böotien verbindet, ist eine Zugbrücke – sie wurde gerade eingezogen, als wir gestern zu Mittag assen, und grosse Frachtschiffe zogen durch. Mit dem Autobus fuhren wir nachmittags nach Athen. Ich ging ins französische Institut, wurde höflich, aber nicht übermässig »freundlich« empfangen, bekam einen Brief an den Phylas von Argos mit. Heute früh war ich im deutschen Institut, der <u>liebe</u> Kunze [...] gab mir einige Aufklärungen über Ausgrabungsfragen. Dann ging ich ins Museum zu Frau Karousou. Sie will mich mit Rhomaios bekanntmachen, ich hatte ihr erzählt, dass ich eine Arbeit von ihm (neugriechisch) gelesen und so gut gefunden hätte: »Γέργυρα – Γόργυρα – Κόρκυρα«[3] heisst sie. Sie sagte erfreut, ich solle ihn kennenlernen, er sei über 80 Jahre alt und werde sich wahrscheinlich sehr freuen [...].
Dann zeigte sie mir die Piraeus-Funde. Ein französischer Staatsmann oder Minister war angesagt, den sie führen sollte, sie nahm mich dazu mit. <u>Es war herrlich</u>! Ein Bronze-Apollon, überlebensgross, lag da, ein Fachmann bearbeitete ihn, trocknete die Erde im Inneren der Bronze, wusch die Oberfläche, die sehr korrodiert ist – in zwei Jahren wird er vielleicht fertig sein, aber das interessierte mich nicht. <u>Er</u> ist herrlich – »sprechende« Füsse, <u>wirklich</u>! Ausdrucksvolle Zehen, Finger, einen herrlichen Leib, einen herrlichen ernsten Kopf. Archaisch (6. Jh.), wahrscheinlich peloponnesisch. Römer (Sulla-Zeit) hatten ihn mitgenommen, dabei war er vielleicht ins Meer gefallen – oder war das Schiff untergegangen? Eine Artemis sei vielleicht neben ihm gestanden, sagte Frau Karousou, denn er stelle ungewöhnlicher-

weise das linke Bein vor, statt wie alle anderen das rechte. [...]
Ich aber sah – ich Glückliche! – ausser dem Apollon und einer hellenistischen, attischen Bronze-Artemis aus dem Piraeusfund eine ganze Gruppe böotischer Koroi aus dem Ptoion!! Es war so wunderbar zu wissen, woher sie kamen, die Landschaft, den Tempel! Ich sagte es Frau K., sie war sehr interessiert, fragte wie, von wo ich dorthin gelangt sei, sie war noch nie dort gewesen.

Um drei Uhr fuhren wir heute mit einem elektrischen Zug (die Autobusse strengen mich sehr an) nach Nafplion. Hier wohnen wir in einem teuren, guten Hotel, es ist das einzige Mal auf der Reise, dass ich leichtsinnig bin – für vier Tage. Das wird ausruhend sein, denn ich habe hier viel »zu tun«, und ich bin froh, wieder etwas Bequemlichkeit und Komfort zu haben. Jetzt stürze ich ins Bett, ich bin sooo müde!

Auf der langen Reise hierher dachte ich fortwährend an Dich – auch beim Apollon.   Innigst küsst Dich Deine Ninon

1 Antiope: Amazonenkönigin, Geliebte des Zeus, der sich ihr in Gestalt eines Satyrs näherte, sie wird Mutter der Zwillinge Amphion und Zethos.
2 Daphnephoros, Epiklesis des Apollon, der diesen Beinamen seiner Liebe zur Nymphe Daphne (=Lorbeer) verdankt, die vor ihm floh und auf ihr Gebet hin in einen Loorbeerbaum verwandelt wurde. Der Myhos ist ätiologisch, denn er begründet die Bedeutung des Lorbeers im Apollonkult.
3 Konstantinos Rhomaios (1874-1966), »Gergyra – Gorgyra – Korkyra« [Korfu-Insel der Gorgo?]und »Keramoi tes Kalydonos« (Keramik aus Kalydon), En Athenais 1951.

Kunstpostkarte: Königsgräber in Mykene
Nauplia, 25. Oktober 1959
Liebster Hermann, gestern habe ich 62 Schubladen mit Scherben durchgesehen, im Museum, habe nicht gefunden, was ich suchte. Heute war ich den ganzen Tag in Argos, sehr glücklich, ist es doch das Gebiet der Hera. Endlich sah ich alle mythischen Stätten, mit denen ich mich beschäftige – es ist mir unbegreiflich, warum ich nie vorher da war, nur durchgefahren bin ich früher! [...] Morgen Tyrins und Mykene, erst am 28. in Athen, wo ich Nachricht von Dir erwarte.

Kunstpostkarte: Korinthische Vasen aus dem Museum in Korinth

Korinth, 27. Oktober 1959
Liebster H.,
gestern war meines Vaters 99. Geburtstag. Ich war früh in Tyrins, dann den ganzen Tag in Mykene. Am Spätnachmittag fahren wir nach Korinth, wo wir heute den ganzen Tag bleiben. Morgen nach Perachora. Man reist Ende Oktober beinah wie in früheren Zeiten, die Hotels sind halbleer und gastfreundlich, die Karawanen selten; man ist fast überall allein. Es geht mir gut, aber ich freue mich auf ein paar ruhige Tage in Athen und auf die Heimreise. [...]

Kunstpostkarte aus dem Archäologischen Museum in Athen: Grabstele eines Aristokraten, 6. Jh. v. Chr.

Athen, 31. Oktober 1959
[...] Perachora war ein grosses Erlebnis. Diese Landschaft und ihre Erfülltheit – und wenn man so viel von dem kennt, was dort ausgegraben wurde! In Korinth war ich diesmal an der nördlichen Grenze der Ausgrabung, Asklepieion und Zeusbezirk und Kerameikos, natürlich auch beim Apollon-Tempel und im Museum. Hier bummelte ich gestern nur zwei Stunden im Museum, es tat mir aber gut, auszuschnaufen. Die Agora ist grossartig von den Amerikanern ausgegraben worden, und ein vorbildliches Museum ist dort entstanden, vor drei Jahren war es noch nicht fertig. Dann war ich noch im Piraeus-Museum, um die neuen Funde zu sehen. Dann ins Archäologische Institut. Als ich dort sass und zu lesen und schreiben begann, war ich glücklich: ich bin und bleibe eine Leserin – das andere sind nur Ausflüge!

Deine Ninon

Kunstpostkarte aus dem Archäologischen Museum in Athen: Großer Crater, 8. Jh. v. Chr.

Athen, 1. November 1959

[...] Heute besuchte ich Prof. Rhomaios (über 80jährig) er spricht gut deutsch. Ich hatte Frau Karousou erzählt, wie sehr ich seine Arbeit schätze: »Κόρκυρα-Γόραν«. Sie sagte, ich müsse ihn kennenlernen. Heute nun glückte es. – Ich habe wenig Material für meine Arbeit gefunden, bin aber verbissen – und Rhomaios[1] bestärkte mich. [...]

1 Ninon notierte in ihrem »Griechischen Tagebuch« von 1959 die Worte Rhomaios': »Sie sehen das Grosse und Sie gehen in die Tiefe, und weil Sie davon besessen sind, wird es Ihnen auch gelingen.«

1960

Im Zusammenhang mit Ninons breit angelegter Märchen- und Motivforschung steht ihre Arbeit »Das Erdkühlein«, die in der Neuen Zürcher Zeitung vom 3. April 1960 eine ganze Druckseite füllte.
Ninon klärt darin gegenüber dem bisher unbefriedigenden Forschungsstand zu Namen und Begriff des »Erdkühleins«, daß dieses Motiv mit dem am Grab wachsenden Wunderbaum des Aschenbrödelmärchens verknüpft ist, und sie weist die Motiv-Überlieferung von Vergils VI. Gesang der Aeneis bis zu Martin Montanus nach, der 1560 das erste Aschenbrödelmärchen niedergeschrieben hatte.

Vom 26. Oktober bis zum 8. November fuhr Ninon nach Paris.

Paris, 28. Oktober 1960

Lieber Vogel,

Mittwoch war ich bei »Phèdre«[1] und gestern bei Tschechows »Les trois soeurs«[2]. Du weisst ja, dass ich dieses Stück von allen am meisten liebe. Es war so gut gespielt und inszeniert, wie es nur ein Russe inszenieren kann (Pitoeff[3]) – es hat mich erschüttert, als hätte ich es bisher noch nicht gekannt. Ich muss Dir viel davon erzählen. [...] Ich mag die Racine'sche Phèdre nicht, und dazu die Regie voll blöder Mätzchen, man wurde ganz »sehkrank«.

Ich gehe ja zweimal täglich in den Louvre, er ist ungeheuer aufregend – man erstaunt immer neu, was alles da ist! Die Entfernungen sind ungeheuer, und die »Wegweiser« sind idiotisch. Wenn Du zu den griechischen Vasen willst, musst Du dorthin gehen, wo ein Pfeil hinweist mit der Beschriftung: »Exposition des 700 peintures de la Réserve«! Man muss es nur wissen! An einer Tür las ich heute: »Mobilier et orfèvrerie« – dabei sah ich etruskische Vasen! Ich schlich hin, es stimmte, es war ein grosser etruskischer Saal, anschliessend griechische Kleinbronzen! Aber dem Louvre verzeihe ich alles, auch dass es wie in einer Bahnhofshalle aussieht und zugeht – in der grossen Vorhalle. Im Innern verteilt sich alles schnell, die Schulen, die Gruppen, die verschiedenen Horden – es geht vorüber, und heute war ich stundenlang fast allein. Ich sah eine etruskische bemalte Tongruppe, Hochrelief, ca. 50 cm Höhe und Breite: Herakles sitzt ausruhend und hält in der linken Hand eine Schale, Athene steht mit einer kleinen Oinochoe[4] in der rechten Hand, aus der sie ihm gleich eingiessen wird. Sie schaut ihn lächelnd und liebevoll an, er sieht sie an, sie hat die linke Hand auf seinen Nacken gelegt – und ihr Fuss ist beinah umschlungen von seinem Fuss! Es ist eine Gruppe – vergleichbar dem von Zeus und Ganymed aus Thon in Olympia (6. Jhd.). Ich hatte nie eine Abbildung davon gesehen, war hingerissen. Ach, es ist schade, dass es Grenzen der Aufnahmefähigkeit gibt – wie gerne wäre ich heute zum dritten Mal (von 9 bis 11 h abends) in den Louvre gegangen! Ich habe eine Dauerkarte als »Ami du Louvre«. [...]

1 »Phèdre« von Jean Baptiste Racine (1639-1699) beruht auf der Vorlage von Senecas »Phädra« und Euripides' »Hippolytos«. Ninon, am Stoff interessiert, fühlte sich von der Regelstrenge der klassischen französischen Tragödie – Einheit von Zeit, Ort, Handlung – bei einer Handlung von Liebe, Eifersucht und Schuld desillusioniert.
2 Anton Pawlowitsch Tschechow, »Drei Schwestern«, s. S. 158
3 Georges Pitoëff (1886-1939), in Tiflis geboren, inszenierte mit seiner 1915 in Rußland begründeten Theatergesellschaft Tschechow. Ab 1919 gestaltete er als Schauspieler und Regisseur in Paris rund 200 Produktionen auf verschiedenen Bühnen.
4 Oinochoe: Kanne.

Paris, 30. Oktober 1960

Liebster Hermann,

[...] Der Louvre hat mich ganz verschlungen, und abends war ich im Theater. Gestern in der Comédie française Molières »Misanthrope«[1]. Es wurde sehr gut gespielt, aber das Publikum – sehr viel Schuljugend, obwohl es von 9-12 h nachts dauerte – war pöbelhaft. Als sie dem Alceste auf offener Szene applaudierten, nachdem er, um Oronte zu zeigen, was ein gutes Gedicht sei, das kleine Lied vom »roi«, der ihm Paris schenken will, er aber wolle lieber die Liebe von »m' amie« – nachdem er das also herrlich gesprochen hatte, brach wirklich ein Beifallssturm los. Das hatte den hiesigen Halbstarken so gefallen, dass sie es ganz unnütz bei jeder Replik wiederholten (so: »gut gegeben! Bravo!«), aber das macht man doch nicht in der Comédie française! [...]
Heute war ein herrlicher Tag, gestern hatte es den ganzen Tag geregnet. Ich ging strahlend in den Louvre – das hat noch immer etwas Traumhaftes für mich: früh aufstehen und wissen, dass man in zwei, in einer Stunde im Louvre sein wird – oder auf der Akropolis – oder im Vatikan – und ich beschloss, heute die »Exposition de la Réserve« (700 Bilder) anzusehen. Manche Bilder kannte ich, sie hatten vor 36 Jahren im Louvre gehangen, jetzt sind sie wieder da. Sehr aufregend war, mir unbekannt, von einem Flamen, Colyn Coter[2] (noch nie gehört!), ein herrliches

grosses Bild: Der tote Christus wird im Himmel empfangen! Gottvater mit Bart und betrübtem Kindergesicht hält ihn, wie sonst die Maria den Leichnam hält, und vier Engel in verschiedenen Positionen drücken ihre Teilnahme aus. Einer will flöten, kann aber nicht, er muss weinen. Ich konnte mich gar nicht von dem Bild trennen, kenne auch dieses Sujet gar nicht! Und grossartig ein Bosch[3], »Disputation im Tempel«, nicht gross: drei und fünf Juden sitzen links und rechts, der kleine kluge Christusknabe in der Mitte. Die Männer sind herrlich: wach und angriffslustig – rechthaberisch die einen, in tiefes Sinnen versunken, unbeweglich die anderen. Leider hat dieser elende Louvre keine Abbildungen und die Karten, die er hat, sind vorsintflutlich. Nur »aus Versehen« gibt's ein paar neuere Aufnahmen einiger Bilder oder Skulpturen. [...]

1 Molière (1622-1673) zeigt in seinem »Menschenfeind« einen Weltverbesserer, der andere belehren will, dann aber trotz seiner Forderung nach absoluten moralischen Werten seine eigene Unfähigkeit unter Beweis stellt, mit Menschen friedfertig zusammenzuleben.
Ninon hat, angeregt durch die in dem Stück aufgeworfene Frage, was einen Misanthropen ausmacht, 1961 unter dem Eindruck eines philologischen Neufundes, des »Dyskolos« von Menandros (um 243-290 v.Chr.), dessen Charakteristik verfaßt; nicht menschenfeindlich, sondern menschenscheu sei der Dyskolos: »Nicht um Menschenhass oder Menschenliebe ging es in diesem Stück, sondern um Individuum und Pöbel, um die Leiden des Einzelnen an der Aggression der Meute. Und das Stück endet mit dem Sieg der Aggressiven über den, dessen Verbrechen einzig darin bestand, für sich allein bleiben zu wollen.« Ninons zehnseitige Arbeit, die ein liebendes Verständnis für Hesses Wesensart beweist, erschien postum unter der Überschrift »*Dyskolos oder Menschenfeind?*« in der Zeitschrift »Antike und Abendland«, Band XV, 1968, Heft 1, Walter de Gruyter, Berlin 1968. Dazu: Kleine, st 1384, S. 476 ff. u. 610 ff.
2 Colyn de Coter (um 1455-1538) trat um 1500 mit großfigurigen Altarbildern in Brüssel hervor, auch die Außenflügel des Brüsseler Altars stammen von ihm. Ninon sah mit motivgeschichtlich geschultem Blick eine ungewöhnliche Christusdarstellung ohne ikonographische Muster.
3 Jheronimus Bosch van Aken (1445-1510) stand mit seiner hintergründig-skurrilen und menschliche Schwächen entlarvenden Malerei – bestes Beispiel ist sein berühmtes »Narrenschiff« im Louvre – in einem für Ninon faszinierenden Spannungsfeld zwischen mittelalterlichen Themen (biblische Szenen) und neuzeitlicher Stilfindung.

Paris, 31. Oktober 1960

Liebster Hermann,

[...] Ich war gestern bei »Bourgeois Gentilhomme«[1] – das wäre ein Text für eine Mozart-Oper gewesen, schade dass er sie nicht machte! [...] Der Schauspieler, der den Jourdain gab, war ein so lieber Mensch, so einfach, so natürlich, so gläubig, so verehrend – und ist nur von Pack umgeben – ich habe meine Meinung über ihn ganz revidiert.

Von gestern muss ich noch etwas nachtragen: Eine herrliche, liegende Venus von Botticelli mit einigen Eroten in einer Landschaft, ich kannte sie nicht. Sehr trocken gemalt, gar nicht lieblich oder schmeichelnd – ach was war Botticelli[2] doch für ein herrlicher Maler, bevor er fromm wurde!

Heute bin ich gewiss viele Kilometer gegangen – im Louvre allein! Ich sah gewissenhaft die griechische Grossplastik an – viel Mist, ich meine römische Kopien, dazwischen plötzlich griechische Originale. Begeisterte Schullehrer und verängstigte Schulkinder stehen davor und wissen nicht, warum. Dabei sind die herrlichsten Dinge dazwischen! Für mich war so schön bei den kleinasiatischen Dingen, dass ich dort gewesen war, wo sie herstammten: Es sind grosse Friese vom Tempel der Artemis Leukophryene[3] da, aus Magnesia am Meander. Ich sah alles vor mir, als ich die Friese anschaute – ebenso den Apollotempel von Didyma, von ihm sind zwei Kapitelle und zwei Säulenbasen da; von Milet Löwen – ach ein so schöner, milder, riesiger, stiller – ein rechter Wärter oder Hüter eines Grabes – und dann sind drei weibliche Sitzfiguren da (6. Jh.), andere sind in London und Istanbul, und sie standen auf dem heiligen Weg von Milet nach Didyma!

Lange habe ich die sogen. »Schutzflehende Barberini«[4] (so heisst sie!) wieder angesehen. Ich glaube nicht, dass sie eine Schutzflehende ist, das sind so alte Philologenbezeichnungen. Eher kann ich sie mir auf einem Tempelgiebel denken, wie der Kladeos und Alphaios am Westgiebel des Zeustempels in Olympia – Zuschauerin bei einem furchbaren Geschehen. Ich wanderte lange und in lebhaftestem Monolog durch die Sammlung, und von da ging ich in die ägyptische, der ich aber nur einen Höflichkeitsbesuch machte; denn ich wollte eigentlich zu den Assyrern. Dabei musste ich ungeheure Wege gehen, ein Flügel mittelalterlicher Elfenbeinskulpturen musste passiert werden, und dann war es für Assyrien zu spät. Am Nachmittag ging ich ins »Jeu des Paumes« (in den Tuilerien ist diese Filiale des Louvre), dort sind die Impressionisten ausgestellt. Herrlich sind die Manets, und Renoir kann ich einfach nicht leiden. Aber dabei passierte mir, dass ich ganz hingerissen vor einem Bild stand – sehr gross, ein Café im Freien, bei Nacht, viele Menschen und künstliches Licht – herrlich – ich dachte : Manet ist doch der Grösste! Es war aber von Renoir!! Ein früher Renoir. Ich blieb nur 1 ½ Stunde in dem Museum, es riss mich wieder zu Griechischem, und ich raste zurück zum Louvre. [...]

1 Molière (1622-1673) zeigt in seiner Komödie »Le bourgeois gentilhomme« (1671) an der Adelsprätention neureicher Bürger die aussichtslosen und lächerlichen Versuche, sich über die eigenen Standesgrenzen hinauszuheben.
2 Sandro Botticelli (1445-1510) wurde als Anhänger des fanatischen dominikanischen Bußpredigers Savonarola zu streng stilisierten Gemälden mit religiösen Themen geführt und soll eine Anzahl seiner anmutigen »heidnischen« Bilder, die er als Lieblingsmaler der Medici hergestellt hatte, verbrannt haben.
3 Artemis Leukophryene, lokaler Beiname der Artemis von Magnesia, eine der vielen Nachfolgegestalten der anatolischen großen Göttin vorgriechischer Zeit.
4 »Schutzflehende Barberini«: das römische Fürstengeschlecht der Barberini besaß in seiner Antikensammlung eine weibliche Sitzstatue aus Marmor, die Kopie einer um 440 v. Chr. datierten Bronzeplastik, deren Herkunft ungesichert ist (Danae-Akropolis?) und die, so benannt, heute im Louvre steht.

Paris, 4. November 1960

Liebster Hermann,
[...] Ich werde immer östlicher, treibe mich bei Syrern, Assyrern, Sumerern und Neo-Sumerern herum, bin im 9. Jahrtau-

send ganz »zuhause« – und es hat hat sich mir wirklich mit all dem eine neue Welt erschlossen! Ich gehe dabei immer vom Griechischen aus oder zum Griechischen hin. Und es ist immer der Gott zwischen Tieren oder die Göttin, die sie bändigt, auf die ich mich stürze; denn ich möchte die Zusammenhänge kennen! Ich zeichne sie mir auf, beschreibe sie, und seit gestern gehe ich am Nachmittag von zwei bis sechs Uhr in die Bibliothèque Nationale und schlage in den wissenschaftlichen Katalogen nach.
Sehr viele babylonische Siegelzylinder habe ich gesehen und solche aus Ugarit (d. i. Ras Shamra und liegt gegenüber von Cypern). Herrlich! Zeit: zwischen 1600 und 1200. Die Göttin auf dem Wagen stehend, mit Pfeil und Bogen, von Hirschen gezogen – darüber ein grosser Vogel im Fluge. Ein Gott zwischen Greifen stehend. Ein Gott zwischen Hirschen.
Und heute sah ich Funde aus Tello (d. i. zwischen Euphrat und Tigris), Mitte des 4. Jahrtausends, aber auch jüngere, z. B. Anfang des 3. Jahrtausends. Ein Gott heisst Ningirsu – er steht auf zwei Löwen, die er an den Schwänzen hält. Er ist geflügelt, hat einen sehr langen Bart und einen Löwenkopf. Die Löwen beissen ihn (spielend) in die Flügel.
Ach, es ist schön!
Und Assyrien! Gilgamesch[1] habe ich gesehen, er drückt einen Löwen an sich, als wäre er eine Katze – er selbst ist zweimal so gross wie ein Mensch. Sein Bart ist lang, es sind viele »Stockwerke« an Locken! Der Löwe ist halb grimmig, halb zufrieden (8. Jh. v. Chr.!).
Ach und die geflügelten Stiere, Wächter des Palastes von König Sargon[2] und Khorsabad[3]! Die ungeheure Grösse sieht man auf der blöden Karte nicht, die ich Dir beilege! Und die Reliefs (riesige) sind überhaupt das Schönste! Aber ich muss aufhören, sonst wirst Du zu müde!
Die Säle sind sehr gut geordnet, immer ist eine geographische Karte dabei und die Geschichte kurz angegeben.
Am Morgen machte ich heute einen Höflichkeitsbesuch bei »europäischer« (aber nicht griechischer) Skulptur. Ich war nur kurz

dort, sah wieder, was ich einst geliebt hatte, aber was mir gleichgültig geworden ist. Mit einer Ausnahme: Die Maria Aegyptiava von Gregor Erhart – unserem Gregor Erhart[4], dem Blaubeurer Meister! So etwas Zauberhaftes – unvorstellbar: Nackt, mit langen Haar-Wellen – aber nicht »bedeckt« – sie fallen nur an ihr herab, wie eben Haare fallen, nicht als Mantel. Sie steht so anmutig wie »im Gehen«, als sei sie gerade stehen geblieben, den Kopf leicht geneigt, zur anderen Seite geneigt der Hals, der Oberkörper, die Beine – lauter schräge Achsen, das Gesicht verschlossen und nicht lächelnd, aber unendlich freundlich. Holz bemalt, fast in Lebensgrösse! Ihr gegenüber sitzt eine Stein-Madonna, betend und verkniffen, von Riemenschneider[5]!!! Da staunt man, nicht wahr?

Ich muss noch nachtragen, dass auf dem Bild von Hieronymus Bosch »Der kleine Christus im Tempel« ein Schmetterling auf dem Boden liegt! Ein Fuchs oder Admiral.

Jetzt sage ich meinem lieben Vogel für heute »Adieu«. Bald bin ich wieder bei Dir, Dienstag abend, wie versprochen. [...]

Innigst Deine Ninon

1 Gilgamesch, ein frühgeschichtlicher sumerischer König von Uruk, um den sich ein Zyklus von Epen gruppiert, die nach 2000 v. Chr. verfaßt wurden.
2 Sargon I. (2684-2630) gründete eine 200 Jahre bestehende Dynastie im Zweistromland. Sargon II. (722-705 v. Chr.) brachte die assyrisch-babylonische Geschichte noch einmal zu neuem Höhepunkt.
3 Khorsabad: einer der glänzendsten Paläste (709 v. Chr.) der alten assyrischen Könige am Rande Ninives; freigelegt 1843-1846 vom französischen Arzt Paul Emile Botta, ein Meilenstein zur Entschlüsselung der Keilschrift, die dort die Wände bedeckte.
4 Gregor Erhart (um 1460-1540), Bildschnitzer aus Ulm, dem die »Belle Allemande« im Louvre zugeschrieben wird. Sein wichtigstes Werk, nach dem alle Zuschreibungen erfolgten, war eine Schutzmantelmaria, ein Auftragswerk in Kaisheim, sie ist 1945 in Berlin verbrannt.
5 Tilman Riemenschneider (1460-1531), Bildhauer und Bildschnitzer mit einem großen Werkstattbetrieb. Die spätgotische Eckigkeit versuchte er zu glätten, wobei viele seiner Figuren einen leidvollen Ausdruck erhielten – das erklärt Ninons Eindruck.

1961

Vom 12. bis zum 27. April 1961 fuhr Ninon zu weiteren Recherchen für ihr Hera-Gorgo-Manuskript nach London.

Sie war inzwischen davon überzeugt, Gorgo sei eine Erscheinungsweise der alten mittelmeerischen Muttergottheit gewesen, die bezeichnenderweise vom Zeus-Sohn, Perseus, enthauptet wurde, der für diese gefährliche Aufgabe mit Tarnkappe, Zaubertasche und Hermes' Flügelschuhen von Athena ausgestattet worden war. Der abgeschnittene Kopf der Gorgo wurde in den olympischen Götterhimmel getragen, und Athena, die mutterlose, dem Haupt des Zeus entsprungene Vatertochter, heftete sich ihn als Siegestrophäe an die Brust, so wirkte er als Kraftübertragung auf die neuen Götter, zugleich aber auch abschreckend und furchteinflößend – als Apotropeion. Gorgo aber wurde nach dem Sieg des Zeus-Patriarchats mit dem Makel des Urbösen beladen, sichtbar in versteinerndem Blick, Raffgebiß und Schlangenhaaren des »Gorgoneions«, der unheilabwehrenden Schreckensmaske. Da keine Kultstätten dieser vorhomerischen Göttin gefunden worden seien, folgerte Ninon, müsse sie in eine olympische Göttin eingegangen sein, die als ihre Nachfolgerin auch ihre Kultorte übernommen habe. Der Mythos aber bewahre ihren Sturz und Gestaltwandel; Hera, zur Gattin gezähmt und verharmlost, trug dennoch in sich das wilde Erbe gorgonischer Nachtseiten, was Ninon durch eigene Übersetzungen in der Ilias und in antiken Dramen ebenso nachweisen wollte wie durch Gorgo-Relikte in Hera-Tempeln.

Ansichtskarte: Stonehenge, Wiltshire

London, 16. April 1961

Liebster,

[...] Stonehenge war überwältigend, die Karte gibt nur einen kleinen Teil der stehenden Megalithe wieder. [...] Es war sehr verlockend, auch nach Avebury[1] zu fahren, wo zwei Kreise nebeneinander standen, aber wenig Megalithe erhalten sind. Aber die Zeit reichte nicht, so blieben wir lieber drei gute Stunden in Stonehenge. [...]

Aus London heraus zu sein ist eine Befreiung, es ist eine wirklich abscheuliche Stadt! Zum Glück bin ich ja nicht in London, sondern im Britischen Museum, vorgestern ausserdem in der Nationalgalerie. – Mein Hotel ist sehr gut, heizt brav, und ich geniesse das englische Frühstück sehr.

Innigst Deine Ninon

1 Während in Stonehenge, einer Kultstätte in der Grafschaft Wiltshire vom Ende der Steinzeit, ein Ring von 30 durch Decksteine verbundenen, 4 m hohen Steinpfeilern mit weiteren kleinen Stelen um einen Altar aufragt, ist in Avebury, einem Dorf der gleichen Grafschaft, eine Kultstätte aus der Bronzezeit erhalten, kreisförmig angeordnete Steinblöcke, deren äußerster Ring (400 m Durchmesser) das Dorf umschließt.

London, 18. April 1961

[...] Ich habe wieder einen reichen Tag hinter mir und bin dabei gar nicht müde (gestern war ich's), weil ich meine »Technik« verbessert habe. Als ich nach 4 Uhr bei den griechischen Vasen fühlte, jetzt könne ich nichts mehr aufnehmen, hörte ich sofort auf und fuhr mit dem Autobus schnurstracks in die National-Gallery. Als ich den ersten Saal betrat, war alle Müdigkeit von vorher geschwunden, ich hatte nicht nur das Museum, sondern auch mich vertauscht, eine ganz frische und wache Ninon ging beglückt von Bild zu Bild und von Saal zu Saal. [...]

Ach Hermann, diese Herrlichkeiten. Es erschüttert mich oft zutiefst.

Das Porträt des jungen Arnolfini und seiner Frau[1] in dem Flo-

rentiner Innenraum – mit dem Rundspiegel ganz hinten, der das Paar verkleinert zeigt (von Jan van Eyck) – mir war, als wäre es gestern gewesen, dass Dvorak es uns im Lichtbild zeigte und darüber sprach. Und doch, wie anders sehe ich es heute. Dies versonnene zarte Gesicht des Mannes – seine und ihre Haltung – das Hündchen vorne – und ihr Kleid. Und sein Hut!
Aber ich wollte von Giovanni Bellini[2] erzählen – Christus auf dem Ölberg betend und die Jünger schlafend. Da dachte ich an Dich und Deine Worte dazu. Es war eine schöne, weite Landschaft, aber ein merkwürdig grob gebauter Christus – und die Jünger waren noch derber in Aussehen und Haltung, sie lagen in starken Verkürzungen da, und ich dachte: Man merkt, dass G. B. ein Schwager von Mantegna war. Und siehe, einen Saal weiter gab's einen Mantegna, Christus und die schlafenden Jünger. Gern hätte ich beide Bilder ordentlich miteinander verglichen – aber soviel Zeit habe ich doch nicht. Ach, ich möchte Dir jedes Bild beschreiben (einige notierte ich mir), aber es könnte Dich ermüden. [...]
Darüber habe ich Babylon und Assur stark vernachlässigt, ich bin wieder ganz vom Griechischen eingefangen. Heute sah ich das sogen. »Löwengrab« von Xanthos in Lykien lange an, die Skulpturen eines Turmgrabes, wie z. B. an dem »Harpyien«[3]-Monument. Auch da sind herrliche Reliefs aus der Mitte des 6. Jhd., links tragen die Harpyien je eine Seele davon, eine kleine menschliche Gestalt. Sie haben Menschengesichter und Vogelklauen, sie schauen lieb und besorgt – und gleichzeitig krallen sie sich fest in dem Toten, den sie davontragen.

1 Jan van Eyck (um 1390-1441), dem man die Übernahme der (bis dahin nur für profane Anstriche benutzten) Ölfarbe auf Tafelbilder zuschreibt und der durch das bedeutendste Kunstwerk der flämischen Malerei, den Genter Altar, berühmt wurde, zeigt im Bildnis des Arnolfini ein Brautgemach, in dem sich ein junges Paar feierlich das Ehegelübde gibt. Die wirklichkeitsgetreue Darstellung steckt voller verhüllter Symbole: Die vor Augen liegende Welt der Dinge umschließt das Geistige und bildet mit ihm eine Einheit, was Ninons Auffassung entsprach.
2 Giovanni Bellini (um 1430-1516), Hauptmeister der venezianischen Malerei der Frührenaissance, war zeitweise Schüler seines Schwagers Andrea

Mantegna (1431-1506), dessen Ausdruckskraft in der Linie lag, ehe er licht- und farbempfindlich wurde; Ninon schätzte an Bellini, daß er klare plastische Form mit malerisch weicher Farbgebung vereinte.

3 Xanthos war die bedeutendste Stadt Lykiens im Altertum, davon zeugen reiche Ruinenfelder um die lykische Akropolis und Nekropolen. Sie wurden von dem englischen Reisenden Charles Fellows 1838 zufällig entdeckt, danach (1840-1843) durch eine englische Expedition ihrer reichen Skulpturen beraubt; so gelangten auch das »Löwengrab« und die skulpierten Platten eines 8 ½ m hohen Turmgrabes nach London, das wegen seines Dekorationsprogrammes »Harpyien-Monument« (480 v. Chr.) genannt wird. Harpyien: Seelenrafferinnen, geflügelte Mischwesen aus Mädchen- und Vogelleibern.

Ansichtskarte: Löwengrab von Xanthos in Lykien, 600 vor Chr.

London, 23./24. April 1961

Liebster,
heute führte Lisl mich nach Oxford, wir sahen ein paar Collegs an, ganz herrlich die Stille, die Kreuzgänge, die Gärten, die sich anschliessen. Am Nachmittag Ashmolean-Museum[1], – so gross und reich hatte ich es mir nicht vorgestellt! [...] Recht entsetzt bin ich über die politischen Nachrichten, die die Zeitungen bringen. [...]

1 Elias Ashmole (1617-1692), der durch sein Hauptwerk, die »Geschichte des Hosenbandordens« (1672) berühmt wurde, war Altertumsforscher und Stifter dieses Museums für Antiken.

Vom 1. Oktober bis zum 1. November reiste Ninon durch Griechenland und besuchte zunächst Olympia, Bassai, Pylos und die Thermopylen, dann schloß sie einen zehntägigen Athen-Aufenthalt an.

An Bord der »Agamemnon«, 4. Oktober 1961

Liebster H.,
heute sollen wir[1] statt um 5 h nachmittags um 8 h abends im Piraeus ankommen! Wir hatten sehr schlechtes Wetter, daher die Verspätung – und in Genua wartete das Schiff eine Stunde auf eine deutsche Gruppe, die verspätet kam. Ich sitze in der 2. Klasse beim Schwimmbad (denn auf dem Deck der 1. Klasse ist es entsetzlich stickig vor Feinheit: alles verglast und weit weg von der frischen Luft!) im unbeschreiblichen Lärm von badenden Kindern plus Plattenspieler »Lustige Witwe«. Aber das ist ganz egal. Das Meer ist herrlich – ich wusste nicht mehr, dass es so herrlich ist – von einer ganz tiefen Bläue, es atmet tief und schön, und weisser Schaum tanzt darüber. Gestern war fast das ganze Schiff seekrank, ich nur beinahe, von 7 h abends an. Das war dort, wo man in Messina nach Osten abbiegt. Aber die Einfahrt in die Meerenge habe ich gut gesehen, von ganz oben in einem heftigen Sturmwind, aber ganz Lagienka[2]! [...]
Wir sind durch den Kanal von Korinth gefahren, es war schön wie jedesmal: Erst der Lotse, der mit kühnem Schwung auf einer Strickleiter auf unser Schiff kletterte. Leider verliert man ihn dann aus den Augen. Dann aber fuhr das kleine schwarze Schiff, funkelnd vor Freude und Ehrgeiz, voran und zog oder führte oder lotste unser »grosses«. Eine Stunde dauert die Fahrt – die Passagiere sind immer sehr aufgeregt dabei.
Ich habe (bevor der Isthmus kam) Perachora gesehen, gerade als ich mit dem Packen fertig war und aus der Kajüte trat – ich war ganz hin vor Glück! Und wenn ich mir vorstelle, dass ich morgen im Museum sein werde und am Nachmittag auf der Akropolis – ich kann es nicht glauben! [...]

1 Wir: Lis Andreae, die Ninon durch Volkmar Andreae als dessen Schwiegertochter kennengelernt hatte, war eine 20 Jahre jüngere Pianistin und Musikpädagogin aus Zürich, die nach eigenen Worten »ihr Herz an Hellas verloren« hatte, das Land und seine Sprache kannte und Ninon auf einem Teil ihrer Reise begleitete.
2 Lagienka: s. S. 506.

Mesolonghion, 7. Oktober 1961

Liebster!

Gestern am Reisetag konnte ich dir nicht schreiben, und heute bis jetzt auch noch nicht, die Tage waren sehr ausgefüllt. Gestern im Autobus, von 9 ¼ bis 4 h! Dann kamen wir ins Hotel, und die bestellten und zugesagten Zimmer waren »nicht da«. Nach langen Verhandlungen bekamen wir »das« Zimmer der Besitzer – ohne alles – und in einem Bett lag bereits jemand! Waschen durften wir uns in der Küche, und die Matratze war wie ein Brett, keine Decke, nur Leintücher usw. Aber wir fanden alles sehr komisch, packten die Schlafsäcke aus, gingen spazieren, assen herrlich in »dem« Restaurant, im »Kentron« (= Zentrum), und ich schlief vorzüglich, Frau Andreae weniger gut. Heute früh fuhren wir mit dem Taxi nach Kalydon (Krioneri = Kaltwasser heisst es), schickten das Taxi weg und verbrachten herrliche Stunden im Heiligtum der Artemis. Ich photographierte (12 Aufnahmen), wir orientierten uns über alle anderen Bauten, massen die Stoa (64 m lang) mit Schritten aus, suchten und fanden den »heiligen Weg«, das Westtor, die alte Stadtmauer, die Stelle, wo die Stadt gestanden hatte – nur die Akropolis konnten wir nicht finden. Aber nach und nach hatte man das Alte, wie es gewesen sein konnte, sich langsam wieder aufgebaut – so wie man auf die Stelle, wo jemand mit unsichtbarem Stift etwas geschrieben hat, vielleicht etwas wieder aufstreicht, und das Geschriebene kommt wieder zum Vorschein.

Die Landschaft ist herrlich, schön geschwungene kahle Bergzüge, eine fruchtbare, baumreiche Ebene, Ölbäume und sehr viele Cypressen, was in Griechenland nicht häufig ist. Im Süden das Meer, im Westen des Heiligtums eine Schlucht mit einem Bach. Eine wunderbare Stille. Wir waren beide wunschlos glücklich.

Um 3 h fuhr ein Zug, um 4 h waren wir zuhause, hatten inzwischen ein schönes Zimmer bekommen, mit fliessendem kaltem Wasser, Balkon und Schrank – wir waren ganz benommen über tanto lusso! Dann planten wir das neue Unternehmen. Stell Dir vor, wir fahren nach Olympia, es liegt nämlich »am Wege« nach

Andritsaina. Nur müssen wir morgen um 6,19 h früh schon abreisen. Aber das Zimmer in Olympia ist bestellt, und wir sind ganz verwirrt vor Glück, morgen ganz unverhofft und unverdient in Olympia zu sein! Wir werden, da die Reise dahin doch den halben Tag dauert, nur einen halben Tag dort sein – aber es ist doch herrlich. [. . .]

Ansichtskarte: Olympia, Tempel des olympischen Zeus

Olympia, 8. Oktober 1961

Liebster Hermann,
wir sind mit Bahn, Schiff, Bahn und Kleinbahn hergefahren, also viermal ein- und umgestiegen, von 6,29 h bis 13,30 h. Am Nachmittag stürzte ich ins Museum – ach es war herrlich! – und dann in die Ausgrabungen. Dann sprach ich mit Dr. Yalóuris wegen Andritsaina, er riet sehr vom Übernachten dort ab. Wir bleiben morgen hier, wollen übermorgen mit Fähre über den Alpheios, dann Taxi, dann Autobus nach Andritsaina. Tausend Grüsse! Heute warst Du bei Molo, hoffe ich! Deine Ninon

Ansichtskarte: Apollontempel bei Bassai

[Ortsangabe des Poststempels nicht lesbar]

Liebster,
heute, am 11. Oktober, sind wir von Andritsaina 500 m hoch gestiegen (in drei Stunden) zum Tempel [des Apollon Epikurios in den Waldschluchten von Phigalia]. Es war ein herrlicher Tag. Zurück fuhren wir in einem Taxi, es holte uns oben ab. Morgen nach Pylos. Gestern fuhren wir acht Stunden – elende Strassen aber herrliche Landschaft – durch Elis und Arkadien im Autobus. Ich bin frisch und gar nicht müde, staune selber.

Innigst Ninon

Athen, 16. Oktober 1961
Mein liebster Vogel,
gestern nach zwölfstündiger Reise – Autobus Pylos-Kalamai; zwei Stunden warten; »Otomotrice« (= elektrischer Eisenbahnzug) von Kalamai bis Athen; Ankunft 20,45 h – da fand ich im Hotel Deinen lieben Brief vom 12. Oktober. Wenn Ihr mich nicht heim-berufet (»Please return father well«), bleibe ich bis zum Ende des Monats in Athen, mache nur dazwischen einen zweitägigen und ein paar eintägige Ausflüge. Frau Andreae war eine ideale Gefährtin! Sie fährt ja leider am 22. Oktober heim. Wir machen noch ein paar Ausflüge miteinander. Sie spricht nicht nur, sondern versteht auch sehr gut Neugriechisch, sie ist unermüdlich und ist auch am liebsten allein bei Tempeln oder im Museum. Dazwischen aber, beim Reisen, Essen usw. lachten wir sehr viel, wie zwei Verrückte! Sie weiss etwas von Mythen, wenig von Archäologie, lernte aber jetzt manches durch mich, kann sich sehr gut orientieren, was wieder mir zustatten kam, und ging strahlend mit mir durch dick und dünn! Wir haben uns nur ein einziges Mal gestritten, und das ist beigelegt.
Vorgestern, an unserem zweiten Pylostag, unternahmen wir, was kein Fremder unternimmt, nur Ausgräber, der Concierge riet zuerst ab, wir aber bestanden darauf – und es war herrlich! Hier die Skizze dazu:
Wir fuhren also am Samstag früh 9 h mit einer Motorbarke bei strahlendem Wetter vom neuen Hafen Pylos 6) nach 1), in die Bucht. Dort, auf 8) hat Marinatos[1] im vorigen Jahr ein Tholosgrab[2] ausgegraben. Die Landung war sehr schwierig: Eine fast senkrechte Felswand mit eingeschnittenen Rillen, wo man die Füsse anstemmen konnte. Und stell Dir vor, ich konnte es! Frau Andreae war ganz weg – sie hatte sich wirklich für mich gefürchtet – ich aber, von unbekannten Kräften beschwingt, kletterte tadellos hinauf! Von da aus ging es zu unserem Hauptziel, dem antiken Koryphasion, dem alten Pylos, wo manche Gelehrte den »wirklichen« Palast des Nestor[3] vermuten. Marinatos ist nicht dieser Ansicht. Aber Koryphasion war besiedelt, es ist eine Stadtmauer da (Fundamente davon) und eine Akropolis. Und

Ninons Skizze von einem Ausflug bei
Pylos/Westküste Messeniens

im Berg, auf dessen Höhe die Akropolis stand, ist eine herrliche
Höhle (2). Sie ist 131 »Fuss« tief, wie ein Dom, mehrere Räume!
Hier seien Neleus'[4] und Nestors Herden gewesen. Und dies sei
die Höhle, in die Hermes die Ochsen trieb, die er dem Apollon
gestohlen hatte. Wir erklommen den Berg vollends (»450 Fuss«
steht im englischen Guide bleu, 137 m im französischen) – die
Aussicht war die ganze Zeit weit und herrlich – nach Südwesten
hin lag das Jonische Meer und wir dachten an den Alpheios-
Fluss, der dort hinübergeflossen war, zu Arethusa[5] in Sizilien.
Unser lieber ὁδμγός (Führer), der Mann von der Barke, wusste
es, als ich es erwähnte!

Dann fuhren wir von 4) nach 6), an Sphaktiria 7) vorbei, zurück, dankbar und glücklich[6].

Am Nachmittag fuhren wir noch einmal nach Englianos, zu dem Palast, der eben doch (bis auf Widerruf) als der des Nestor gilt. Ich hatte wieder den Plan mit und ging darin spazieren. Davon habe ich viel zu erzählen.

Das war nur einer von den glücklichen Tagen; aber wir hatten mehrere solche. Dazwischen lagen die Reisetage. Sie sind immer anstrengend, aber auch sehr schön. [...]

1 Spyridon Marinatos (1901-1974), griech. Archäologe und Ausgräber von Santorin (Thera), hatte Ninon zu ihrer Gorgo-Arbeit ermutigt. In seiner Arbeit »Gorgones Kai Gorgonaia«, Ephem. Archaiol. 1927/28, wies er auf eine Nachfolgegöttin der Gorgo hin, für ihn die lokal bedeutende Artemis von Thera.
2 Tholos: Runder Sakralbau.
3 Nestor, der laut Mythos am Argonautenzug teilgenommen hatte, führte im hohen Alter noch 90 Schiffe von Pylos gegen Troja. Da der greise Nestor dort selbst nicht mehr kämpfen konnte, wurde er in der Ilias zum kriegserfahrenen Ratgeber der Achaier vor Troja. Schon im Altertum schwankte man, ob das triphylische (südlich des Alpheios gelegene) oder das messenische Pylos seine Residenz war.
4 Neleus, den aus dem Norden stammenden Poseidonsohn, von dem es in Pylos keinen landschaftsbezogenen Mythos gab, verbanden antike Erzähler mit dem in Pylos heimischen Nestor: er sei dessen Vater.
5 Arethusa, die Quellnymphe, floh vor dem Flußgott Alpheios unter dem Meer hin bis nach Sizilien, wo sie auf der Insel Ortygia (Syrakus) als Süßwasserquelle unmittelbar neben dem Meer sichtbar wurde; ein ätiologischer Mythos, der die Einwanderer Großgriechenlands mit der alten Heimat verband.
6 Hesses Anerkennung zu ihrem Unternehmungsgeist und Wagemut freute Ninon, er schrieb ihr am 19. Oktober 1961 zu diesem Brief: »Deine kühne Landung am Steilufer gefällt mir sehr – und die hohe Höhle!«

Athen, 16. Oktober 1961

Mein liebster Vogel,
ich muss gleich weiterschreiben, heute war ein ruhiger Tag, und ich habe so wahnsinnig viel zu erzählen. [...]

In Mesolunghion waren wir abends im Gemeindehaus, wo ein Museum ist – lauter Bilder von Freiheitskämpfern 1822-1826. Lord Byron[1] ist der geliebteste Held, und eine Vitrine steht dort mit Handschriften vom ihm und zwei seiner Bücher, ins Neugriechische übersetzt. Ein ὕμνος von Byron lag aufgeschlagen in der Vitrine, der Aufseher zeigte ihn, und wir fragten, ob er ihn auswendig könne: Da sang er mit halblauter Stimme diesen Hymnos, und einige Leute fielen mit ein. Das hat mich sehr bewegt, diese Liebe zum Dichter (und zur Freiheit!).
Und dann muss ich Dir erzählen, wie wir von Olympia nach Andritsaina wollten – das ist nämlich ziemlich schwierig wegen des Alpheios. Wenn man ihn vermeiden will, muss man einen Riesenumweg machen. Dr. Yaloúris riet uns (aber das war vor dem Wolkenbruch) mit einem gaïdoúri (= Esel) fürs Gepäck und selber zu Fuss über den Kladeos zu gehen, bis zum Alpheios, und dann mit einer Fähre hinüber; vorher uns telephonisch ein Auto ans andere Ufer zu bestellen und mit diesem den sehr schlechten bergigen, kurvigen, schmalen Weg nach Andritsaina zu fahren. Wir waren sehr dafür, aber der furchtbare Wolkenbruch verhinderte es – man konnte nicht mehr über den Kladeos. Also fuhren wir am Dienstag dem 10. mit dem Autobus bis Pyrgos und mit einem andern Autobus weiter. Dieser brauchte für 65 km 3 ½ Stunden – ein schwerer, auch für die Mitreisenden anstrengender Weg. Am andern Tag gingen wir von Andritsaina mit einem kleinen (15jähr.) Führer 500 Meter hinauf zum Tempel des Apollon, er liegt in 1100 Meter Höhe. In drei Stunden waren wir oben – es war herrlich [Ansichtskarte vom 11. Oktober 1961].
Neuere Ausgrabungen zeigen, dass er nicht »einsam« oben stand, sondern andere Tempel ihm benachbart waren. Der Tempel ist herrlich, kein Wunder, der Parthenon-Erbauer Iktinos baute ihn. Er liegt nord-südlich, aber das Standbild Apollons im Adyton[2] lehnte an der Westwand und sah nach Osten! Überall blühten Cyklamen, und die herrlichsten Götterberge stehen im Kreise: der Lykeion, der Wolfsberg, wo aber Zeus verehrt wurde, nicht Apollon – Kyllene (Hermeskult), Erymanthos, Taygetos und Ithome. Wir stiegen später noch etwas höher auf

den Berg Kotilion, wo Fundamente zweier anderer Tempel sind, nur angedeutet: aber es war herrlich, den Apollon-Tempel von oben zu betrachten. Und überhaupt sieht man eine Landschaft am besten mit den Füssen! [...]

1 Lord Byron (1788-1824) ging 1923 nach Griechenland, um den Griechen in ihrem Freiheitskampf gegen die Türken (1821-1830) beizustehen; er starb in Mesolongion am Sumpffieber.
2 Adyton: das Allerheiligste des griechischen Tempels, das das Kultbild enthält und nur von der Priesterschaft und deren Gehilfen betreten werden durfte.

Lamía (Phthiotis), 19. Oktober 1961

Liebster,
ich schreibe Dir morgen ausführlich, heute nur Äusserliches über diesen, unseren letzten gemeinsamen Ausflug.
Wir fuhren gestern um 7,40 h mit dem Zug nach Leianokladio, wo man nach Lamía umsteigt. Ich war sehr aufgeregt, seit 1952 wünschte ich mir diese Fahrt. Um 11,30 h kamen wir an und gingen zur »Touristenpolizei«, um zu erklären, wohin wir wollten, und den Taxipreis auszuhandeln. Es war sehr schwierig: Weder existiert Trachis bis heute – noch existiert Heracleia – einzig Elefthorochóri existiert, und das verfehlten wir, was ich gleich erklären werde.
Nach vielen erregten Gesprächen mit den zwei Polizisten und einem Chauffeur unter Hinzuziehung mehrerer nicht hinreichender Landkarten einigten wir uns und fuhren um 2 h ab. »Ohne Radio!« hatte ich noch gefordert, worüber alle lachten, aber es war doch notwendig, es zu sagen. [...]
Ich beschreibe die Fahrt und die Ziele im nächsten Brief, jetzt nur das Äusserliche! Elefthorochóri, mein Hauptziel am Fusse des Oeta, verfehlten wir! Warum? Weil es natürlich wie immer hier, zwei Elefthorochóri gibt, eins unten am Fluss des Oeta und eins oben auf einem Berg, 900 m hoch. In dieses hochgelegene fuhr uns der brave Chauffeur, Ich dachte, es liege an einem

Oeta-Hang, aber es lag gegenüber dem Oeta auf dem Hang des Kallídromos! Die Fahrt war herrlich, aber doch misslungen. Aber das Erfreuliche: Heute wussten wir besser Bescheid. Wir fuhren »richtig«, trachinische Felsen, Spercheios-Ebene – Heracleia – nahe an den Fuss des Oeta und zuletzt zu den Thermopylen. Sehr glücklich sitzen wir nun auf dem Bahnhof und fahren nach Athen zurück. Aber es musste erkämpft werden. Nun folgt der Bericht im nächsten Brief.

Innigen Kuss Deine Ninon

Athen, 21. Oktober 1961

Heute war mir gottlob wieder ganz gut, tagsüber. Aber am Spätnachmittag brach der Schnupfen wieder aus – ich kann kaum aus den Augen sehen. Aber diese Augen haben heute Herrliches gesehen, vormittags im Nationalmuseum, nachmittags die Akropolis und das dortige Museum. Frau Andreae fliegt morgen heim, wir verabschiedeten uns heute. Frau A. war eine ideale Gefährtin, unermüdlich wie ich, alles offen, beglückt aufnehmend. Sie weiss ziemlich viel, wenn auch ungeordnet – von bildender Kunst wenig – ist allem aufgeschlossen, hat manches von mir gelernt. Die donquijotische Oeta-Reise hat auch sie begeistert.

Wir fuhren also am ersten Tag von Lamía fort, um »Trachis« zu suchen. Immerhin heissen zwei Ausläufer des Oeta-Massivs, das Lamía umgibt, die »trachinischen Felsen« (sie sehen den Vorbergen des Parnass ähnlich, welche Phaedriaden heissen, das Gestein – Kalkstein – ist ähnlich zerklüftet und fängt die Sonnenstrahlen auf). Wir überquerten den Spercheios und kamen zu einem »Chani« mit schönen Ahornen und lieben Menschen, die alle interessiert um den Wagen standen und dem Chauffeur widersprechende Auskünfte gaben. [...]

Wir fuhren über eine Schlucht (Gorgopotamos), von dort bezieht Lamía sein Wasser. Dann kamen wir auf einen freien Platz: zwei uralte herrliche Ahorne, ein Brunnen, zwei Maultiere –

rechts und hinten der Oeta-Zug, es ist ja eine ganze Bergkette. Der Weg war so, dass man mit einem Jeep hätte fahren müssen: löcherig, bergauf, bergab, kurvig, das Auto schaukelte wie ein Schiff auf hoher See. Ein Dorf, durch das wir kamen, hiess Alepospiti (Fuchs-Haus). Dann kam Kato und Ano-Bardates, und dort war ein Lehrer und wusste einiges – wo Marinatos gegraben, aber nichts gefunden hatte. (In Trachis war nach dem Mythos das Grab der Deïaneira[1]). Und dass Trachis nach Ansicht einiger hier sei, nach Ansicht anderer dort! »Dort« war weiter östlich, immer noch die Spercheios-Ebene entlang, und immer noch die trachinischen Felsen als Abschluss.

Wir fuhren also weiter östlich, jetzt auf guter Strasse, sie führt bis Athen. Wo die Felsen aufhören, ist eine gewaltige Schlucht, die der Asopas bildet. Dahinter – also hinter den trachinischen Felsen und der Schlucht – liegt ein Hochtal, und hinter diesem der wirkliche Oeta.

Die Asopos-Schlucht läuft zwischen den trachinischen Felsen und dem Kallídromos-Bergzug. Und nun fuhren wir gutgläubigidiotisch den Kallídromos hinauf, bis auf 1 100 Meter. Aber wir hätten nur bis ca. 600 m hinauf müssen, und dann – zufuss – hinunter ins Tal absteigen, wo das richtige» Elefthorochóri« liegt. Das taten wir am nächsten Tag. Und wir sahen den Weg, den Herakles von Trachis aus gegangen sein muss: durch die Asopos-Schlucht (an ihrem Hang) in das Tal dahinter und dann den Pfad hinauf von Elefthorochóri (der Name ist neu) auf einen Vorberg des Oeta – hinter dem man die Berg-Masse des wirklichen Oeta sah. Wir waren so ergriffen, als wir ein Stück des Weges gingen, es war ja das Ende seines leidensvollen Lebens: im Nessushemd, das an seinem Leibe klebte, das ihm rasende Schmerzen zufügte und ihn doch nicht töten konnte. Denn <u>niemand</u> konnte den Herakles töten, so hiess die Prophezeiung. Deshalb musste er sich selbst den Tod geben.

Beide wären wir unendlich gern in die Höhe gestiegen (2 100 m!) und wir besprachen, <u>wie</u> man es einmal könnte. [. . .]

Zurück kamen wir über »Heracleia«, ein ebenfalls nicht mehr existierender Ort – d. h. es gibt ein Dorf, das so heisst, aber es ist

natürlich ein anderes. Das ist so in Griechenland, und war schon immer so »῎εστιν Πυλος προ Πυλοιο· Πυλος μεν εστιν και αλλος «², parodierte Aristophanes.
Heracleia »verschmolz« mit Trachis, wie Stählin schreibt, dessen Excerpt ich mit hatte. Trachis wurde im 5. Jh. durch Heracleia ersetzt, und um 280 war es verfallen. Es lag in der Ebene, Heracleia aber zog sich nördlich von der Asopos-Schlucht auf dem Berg hin. Stählin sagt darüber: »Es hat sich bei Trachis-Heracleia die Vertauschung der alten Ansiedlung in der Ebene mit der festen Lage auf dem Berge im Lichte der Geschichte vollzogen.« (F. Stählin, Das hellenische Thessalien). – Ganz zuletzt fuhren wir noch zu den Thermopylen und gedachten des Leonidas³.
Immer wieder denkt man drüber nach, warum diese Landschaften so herrlich sind – warum man sie mit Herzklopfen, mit Entzücken betrachtet und noch mehr: begeht. Wahrscheinlich auch deswegen, weil jede sich dokumentiert hat, weil mit ihr ihre ganze Vergangenheit dasteht; die mythische, die geschichtliche, die kultische, die dichterische. Ein Name taucht auf und der Berg – Helikon z. B. –, dann denkt man, wie er [Helikonios] und der Kithairon [Grenzgebirge zwischen Attika und Böotien] einmal um die Wette sangen – man denkt an die Musen, man denkt an Apollo. Aber auch an Hesiod, der hier in der Nähe (in Askra) geboren wurde und der Askra entsetzlich findet und es als schrecklich »besingt«. Die Trophonios-Höhle⁴ lag hier (in Böotien) – und die Stelle, wo Apollon das Heiligtum gründen wollte – aber die Quellnymphe redete es ihm aus – und Levadia kommt, wo man zum Ptoon abbiegt (zu Fuss, wie ich 1959) und nach Orchomenos, wo die Chariten zuhause sind. Und so geht es fort und fort, alles ist beseelt und hat ein hundertfältiges Leben – das spürt man, wenn man die Landschaft sieht – und das regt einen bis in die Tiefe auf. [...]
Innigen Kuss Lieber, Liebster,   Deine sehr glückliche Ninon

1 Deïaneira, Gemahlin des Herakles, verschuldete unschuldig dessen Tod, als sie ihm das mit dem Blut des rachsüchtigen Kentauren Nessos bestrichene Hemd reichte.

2 »Es gibt ein Pylos vor Pylos. Pylos ist (›heißt‹) aber auch noch ein weiterer (sc. Ort)«. (Aristophanes »Ritter«, 1058/9).
3 Leonidas, der König von Sparta, fand 480 v. Chr. bei der Verteidigung der Thermopylen den Tod.
4 Trophonios, s. S. 435

Athen, 23. Oktober 1961
Liebster,
[...] ich bin doch recht allein hier. Nicht, dass ich mich »langweile« – o Gott, nein – die Tage sind sehr ausgefüllt, aber das Sprechen und Zuhören fehlt mir. Weil hier doch nie etwas stimmt – auch die Fahrpläne haben etwas Träumerisches und man bekommt sie nur für die nächste Umgebung – ging ich gestern nachmittag auf gut Glück zur Autobus-Abfahrt nach Sunion. Ich hatte aber kein Glück, der Autobus war fort, der nächste wäre viel zu spät gewesen. So fuhr ich statt dessen nach Θορικόν (beinahe Turicum – wie Zürich, aber mit Theta, nicht T), dort gibt es einiges Altes, aber es lohnte eigentlich nicht, obwohl ich »mitten durch« Attika fuhr. [...]
Gestern und heute habe ich mich hauptsächlich mit geometrischen Vasen beschäftigt – protogeometrisch ist 11. und 10. Jh., geometrisch ist 9. u. 8. Jh. – wie man die Entwicklung hier in Athen studieren kann, das ist grossartig. Nicht alles ist »Entwicklung«, vieles ist ein Nebeneinander. Die ältesten figürlichen Darstellungen auf attischen Gefässen sind Pferde, die Gefässe werden »um tausend« datiert, also 11./10. Jh. – das sah ich heute auf zwei Amphoren im Kerameikos-Museum[1]. Den Maeander[2] gibt es seit dem 9. Jh., menschliche Figuren seit dem 8. Jh. Das Kerameikos-Museum ist sehr klein, aber es enthält Schätze – das grosse Archäologische Museum aber wird immer grösser, seit 1959 ist es wieder gewachsen, und noch immer ist vieles in den Magazinen im Keller. Ich wechsle immer ab zwischen Vasen und Skulpturen, und dazwischen bin ich in den grossen »mykenischen« und »kykladischen« Sälen und bei den thessalischen Kulturen des 3. und 2. Jahrtausend. [...]

Ich habe – Dich und Lilly[3] nicht gerechnet – ca. 35 Karten von hier geschrieben, z. T. schreibe ich noch daran! Heute regnet es ein bischen – d. i. gut für den entsetzlichen Staub. Der Staub und die Menschenströme auf den Strassen sind unvorstellbar. Wenigstens kann man jetzt aber die Strassen gut überqueren – überall sind Lichtsignale – und ich überquere eine Strasse oft, ohne es vorgehabt zu haben, einfach vom Strom mitgerissen. Es ist unglaublich, wie viele Menschen es gibt – wie soll das werden? Es werden immer mehr! Es ist kein Platz für sie da – auch zu wenig Arbeit, es gibt viele Arbeitslose.

Mir kommt es vor, als sähe ich immer besser – aber vielleicht bilde ich es mir auch nur ein. Z. B. die Κοῦροι, die attischen Jünglinge aus dem 6. Jh., der älteste, der riesige von Sunion, ist um 600 entstanden; sie zu datieren ist sehr aufregend, warum dieser 590 und dieser 560? Leider steht die Datierung <u>nicht</u> bei jedem.

Heute sah ich eine entzückende kleine Vase: Eine Eule und eine Gans begegnen einander – beide als <u>Sirenen</u> »verkleidet«; aus einem Kindergrab (6. Jh.).

Innigen Kuss   Deine Ninon

1   Kerameikos, gr. »Töpfermarkt«, Name eines im Nordwesten des antiken Athen gelegenen Stadtviertels am Aufweg zur Akropolis. Da im dort gelegenen größten Gräberfeld der antiken Stadt Gräber aus 15 Jahrhunderten entdeckt wurden, hoffte Ninon im Kerameikos-Museum Motive für ihre Arbeit auf Keramik-Grabbeigaben, archaischen Stelen und attischen Grabreliefs zu finden.

2   Das Maeander-Schmuckelement wurde nach den Flußschlingen des Maíandros – des westanatolischen Menderes – benannt. Diese Ornamentbänder – rechtwinklig gebrochene Linien – gab es schon an steinzeitlicher Keramik; in der von Ninon erwähnten griechisch-geometrischen Kunst wurde daneben die Wellenspirale beliebt, auch »laufender Hund« genannt.

3   Ninons Schwester Lilly hatte 1943 in zweiter Ehe Dr. Heinz Kehlmann, Rechtsanwalt in Czernowitz, geheiratet und mit ihm ein hartes Emigrantenschicksal geteilt. Nachdem die Russen 1944 Rumänien okkupiert hatten, verbrachten sie Jahre in Verstecken, ehe sie nach Westen flüchten konnten. Vom Februar 1948 bis April 1949 lebte das Ehepaar Kehlmann

bei Hesses in Montagnola, dann mußte es aufgrund fremdenpolizeilicher Verordnung die Schweiz verlassen, sein weiterer Weg führte bei Ausübung verschiedenster Überlebensberufe nach Paris und New York. Die Rückkehr nach Wien 1972 begrüßte Lilly Kehlmann als den Wiedergewinn ihrer kulturellen Heimat.

Athen, 26. Oktober 1961
Heute wäre mein Vater 101 Jahre alt!

Liebster,
zuerst melde ich Genaueres über meine Reise, damit Du mir mit »Denken« ein wenig hilfst – denn sie wird doch »nicht un-anstrengend« sein. [...] Hoffentlich bekomme ich Couchette (nicht Schlafwagen!) ab Brindisi. So viele Stunden (elf!) sitzen, wäre ohnahngenehm!

Heute habe ich das Museum geschwänzt und bin nach Eleusis[1] gefahren, das ist einfach, ein Autobus geht alle Viertelstunden hin – und bis zum Autobus nahm ich ein Taxi. Im Museum sah ich die neu-ausgegrabene (ich glaube 1957) grosse Amphora mit den sehr merkwürdigen Gorgonen, über die ich schon viel gelesen habe und die ich aus Abbildungen kenne. Aber es ist unglaublich, wie ganz anders es ist, wenn man sie wirklich sieht – ich sah eine Menge Details, die man auf der Photographie nicht ahnt. Einen der Köpfe zeichnete ich sehr sorgfältig in mein Notizbuch. Dann sah ich beim Rückweg auf der Akropolis von Eleusis noch ein mykenisches Grab – es sah aus wie das Innere einer riesigen steinernen Vase. Am Nachmittag ging ich noch für eine Stunde ins Museum von Athen.

Dann versuchte ich im hellenischen Touristenbureau abzuklären, wie ich am besten nach Rhamnus, Brauron und ins Amphiareion käme. Alle drei Ziele seien schwierig zu erreichen, sagte man mir, die Autobusse führen nicht bis dorthin, man müsse von der Endstation ab zu Fuss gehen. Das täte ich gern, sagte ich, aber ich sei allein. Ja, dann bleibe nichts anderes übrig, als eine Führerin zu nehmen. 300 Drachmen (= 45 Frcs) für einen Tag! Also unmöglich. [...]

Du kannst dir das Gebrüll auf den Strassen hier nicht vorstellen, wegen der Wahlen, ἐκλογαί, die Sonntag stattfinden. Die herrschende Partei (Karamanlis) wird sehr angegriffen. [...] Ich sympathisiere mit der »Kentron«-Partei. Dann gibt's noch die extrem Linke, die Παμε heisst, »Gehen wir«. Sie überbrüllt alle Redner (die ohnehin mit Lautsprechern brüllen), alles auf der Strasse, es ist unbeschreiblich. Alle versprechen ἀσφάλια, δημοκίρατία, εἰρήνη². [...]
Stell Dir vor – in einer kleinen Strasse, gleich neben mir, spielt ein Theaterchen Μπρέχτ (= Brecht) : Ο Φαρισαῖος³.
Aber ich bin abends zu müde – und ich fürchte auch, ich würde es nicht verstehen. Und leider kenne ich das Stück nicht.

1 Eleusis, 21 km westlich von Athen, war Sitz eines alten Mysterienkultes der Demeter und nur Eingeweihten zugänglich, denen bei Todesstrafe untersagt war, das Kultgeheimnis weiterzugeben. 1954 erfolgte hier ein sensationeller Fund: Eine proattische Amphora von 1,42 m Höhe aus dem 2. Viertel des 7. Jh. v. Chr. Auf dem Gefäßkörper: Enthauptung der Gorgo-Medusa in Anwesenheit von zwei weiteren Gorgonen, ein Bildschmuck, den Ninon wie viele andere Gorgonen-Häupter für ihre Hera/Gorgo-Arbeit abzeichnete. Faksimile der Gorgonen-Zeichnungen Ninons: Kleine, st 1384, S. 464.
2 Wahlversprechen: Sicherheit, Demokratie und Frieden.
3 »Der Pharisäer.« Ein Theaterstück von Brecht mit diesem Titel konnte nicht nachgewiesen werden. Vermutlich handelt es sich um die Szene »Der Spitzel« aus seinem Stück »Furcht und Elend des III. Reiches«.

Ansichtskarte: Athen, Blick vom Zeus-Tempel auf die Akropolis
Athen, 28. Oktober 1961
L. H.
Das Museum wurde um 2 h geschlossen, weil heute (Samstag) Feiertag ist. Also pilgerte ich zum Olympieion[1], Lysikrates-Monument[2], wanderte unterhalb des Nordhangs der Akropolis bis zum Turm der Winde[3] und zur römischen Agora – ich war also recht römisch heute. Dann »Bibliothek« des Hadrian[4], wo ich 15 Katzen antraf und bald darauf ein verhutzeltes altes Frauchen, das sie füttern kam. Nach Sunion fahre ich erst morgen

über den Tag, denn wegen der Wahlen ist morgen alles geschlossen. Ich bin etwas wehmütig, freue mich aber schon sehr auf die Heimkehr! [...]

1 Olympieion, der Tempel des Olympischen Zeus, 175 v.Chr. von einem römischen Architekten in ungriechischem, kolossalem Ausmaß (107,50 : 41 m) mit 104 Säulen der korinthischen Ordnung geplant und begonnen; fertiggestellt jedoch erst von Kaiser Hadrian, 132 n.Chr. eingeweiht.
2 Lysikrates errichtete 334 v.Chr. dieses sog. »Choregische Monument«, einen 10 m hohen Rundbau, Basis für einen von ihm im Wettstreit der Knabenchöre gewonnenen ehernen Dreifuß.
3 Der »Turm der Winde«, ein achteckiger, mit den Reliefs der Windgötter geschmückter Marmorbau, um 80 v.Chr. am römischen Markt in Athen gebaut, enthielt im Innern zur Zeitmessung eine Wasseruhr.
4 Die »Bibliothek des Hadrian«, 132 vom philhellenischen »Philosophenkaiser« (*76, 117-138) den Athenern gestiftet, gehörte zur römischen Agora und war ein Gebäudekomplex mit Säulenhof, Theater, Schwimmbad und Wandelgarten.

Hausbrief

Weihnachten 1961

Das Maschinchen, das Vogel geschenkt bekommt, hat seine Laufbahn mit dem Gedicht ›Louis Soutter‹[1] begonnen; mit diesem Text ist es ausprobiert worden.

Der erste Text, den es jetzt in Vogels Besitz schreibt, ist der Schluss des dritten Chorliedes im ›Herakles‹ des Euripides. Er entstand zwischen 421 und 412, genauer kann er nicht datiert werden: 406 starb Euripides, 79jährig oder etwas älter.

Der Chor besteht aus thebanischen Greisen. Das 3. Standlied des Chores ist ein leidenschaftliches Bekenntnis zur Jugend und eine Absage an das Alter.

> Jugend, dich lieb ich, Alter du drückest
> Schwerer als Aetnas Felsen mein Haupt,
> Hast meiner Augen Licht mir verschleiert,

so beginnt es, und später heisst es:

> Aber das leidige, neidische Alter
> Hass' ich von Herzen.

Hermann Hesse in seinem Todesjahr, 1962,
gezeichnet von seinem unheilbaren Leiden, der Leukämie

Im letzten Teil des Liedes (Vers 672-700) spricht der Dichter sein Gelöbnis aus, der Kunst treu zu bleiben, trotz allem. Auch dieses Selbstbekenntnis legt er dem Chor in den Mund.
Und dieser letzte Teil des Chorliedes steht nun griechisch und deutsch hier. Da die wörtliche Übersetzung oft fast unmöglich klingt, habe ich an einigen Stellen die Wilamowitz'sche benutzt.

> Allzeit will ich zu holdem Vereine
> Chariten laden und Musen:
> Ohne Kunst möchte ich nicht leben,
> Immer möchte ich bekränzt sein.

Denn auch noch der greise Sänger singt Mnemosyne
Und die Siegeshymne des Herakles singe ich.
  Bei Bromios, dem Spender des Weines,
  Bei siebensaitiger Laute Klang
  Und libyscher Flöte, werde ich niemals
  Die Musen verlassen, die mich zum Sänger machten.

Den Paean singen die Deliaden
Vor den Toren dem herrlichen Spross der Leto,
Im festlichen Reigen sich schwingend;
Paeane werde ich schwanengleich singen
Vor Herakles Haus, grauer Sänger im grauen Bart,
Denn dem Guten gelten die festlichen Gesänge.
  Zeus' Sohn ist er; mehr als Abstammung
  Gilt seine Tapferkeit. Den Sterblichen brachte
  Ruhiges Leben sein Mühen,
  Schrecknissen der Ungeheuer machte er ein Ende.«

1 »Louis Soutter«, mit dem folgenden, 1961 entstandenen Gedicht ehrte Hesse den Schweizer Maler und Violinisten (1871-1942), der verkannt und unbeachtet blieb, bis er physisch und psychisch gebrochen ab 1923 im Altersasyl von Ballaigues lebte, wo seine erschütternden Bilder entstanden. (GW 1. Bd., S. 150; »Die Gedichte«, a. a. O., S. 723.)

  Schöne korrekte Bilder malen,
  Schöne Sonaten tadellos geigen,
  Frühlings- und Kreutzersonate
  Lernte ich einst und war jung.
  Lief in die offene lichte Welt,
  War jung, wurde gelobt, wurde geliebt...
  Aber einmal sah mir durchs Fenster
  Lachend mit kahlen Kiefern
  Der Tod herein, und das Herz
  Fror mir im Leibe, fror mir,
  Friert mir noch heut. Ich floh,
  Irrte hin, irrte her.
  Aber sie fingen mich, sperrten mich ein,
  Jahr um Jahr. Durch mein Fenster
  Hinter dem Gitter glotzt er,
  Glotzt und lacht. Er kennt mich. Er weiß.
  [...]
  Manchmal vergess ich.
  Manchmal bann ich die Angst,
  Manchmal hör ich aus Fernen
  Dunkler Jahre, vieler Jahre, Musik,

> Kreutzersonate . . . Aber am Fenster
> Weiß ich, in meinem Rücken,
> Jenen stehen und lachen.
> Er kennt mich. Er weiß.

Am 2. Juli 1962 feierte Hesse seinen 85. Geburtstag im engsten Kreise seiner Familie und naher Freunde in Faido, im Tessiner Val Levantina.
Am 9. August 1962 starb Hermann Hesse. Zwischen sieben und neun Uhr morgens entschlief er kampflos und friedlich.

Ninon antwortete auf Grüße des Beileids: »Ich sollte dankbar sein, dass wir 35 Jahre miteinander lebten, dass Er ein hohes Alter erreichen durfte – aber ich bin nicht dankbar, sondern verzweifelt und entwurzelt« (16. August 1962 an Annette Kolb). »Ich habe mir nicht vorgestellt, dass es so sein wird, Hermann zu verlieren. Wir haben ja immer angenommen, dass er – 18 Jahre älter – vor mir sterben würde. [. . .] Aber für mich ist es so, als wäre ich mitten entzwei gebrochen – ich kann es nicht anders sagen« (18. August 1962 an ihre Schwester Lilly Kehlmann). »Etwas in mir ist gebrochen, es wird das Herz sein, und das wäre ja eine Gnade« (16. August an Margrit Wassmer). In körperlich zehrender Trauer und einem nicht abweisbaren Todesverlangen empfand sie nur eines: »Ich sehne mich nach dem Nicht-mehr-sein. Es steht so schön im Hiob 17,3: ›Wenn ich gleich lange harre, so ist doch bei den Toten mein Haus, und in der Finsternis ist mein Bett gemacht‹« (12. November 1962 an Max Wassmer). Über Weihnachten 1962 floh sie nach Rom, es wurde ein mißglückter Versuch, wieder an ihr früheres Reiseleben anzuknüpfen und sich auf die lebenssteigernde Kraft der Antike zurückzubesinnen. »Einmal etwas abschliessen dürfen – mein tiefster, heissester Wunsch! Ich habe etwas zur Gorgo zu sagen und wäre froh, wenn es ein nicht langer (aber gediegener) Aufsatz wäre, nur um es einmal zusammenfassend formuliert zu haben« (12. Juli 1963 an Siegfried Lauffer). Doch wieder mußte sie ihre

Hera-Excerpte beiseite legen: »Ich will doch Hermann nicht im Stich lassen!« Sie hatte schnell erkannt, wie wehrlos Tote dem Urteil der Nachwelt ausgeliefert sind, wie leicht sie etikettiert, verfälscht und mißverstanden werden, wie schnell sich auch durch Interpreten eines Werkes publikumswirksame Legenden bilden. Hesse brauchte einen starken Anwalt auf Erden. So begann sie Hesses umfangreichen Nachlaß zu ordnen, Manuskripte, Sonderdrucke, Rundbriefe zu registrieren, abgebrochene Aufzeichnungen und persönliche Notizen zu archivieren, teilweise abzuschreiben oder für postume Veröffentlichungen vorzubereiten. Bald sah sie in Hesses literarischem Vermächtnis Pflicht und Sinn ihres Weiterlebens.

»Die Verwaltung des literarischen Nachlasses des Herrn Hermann Hesse steht seiner Ehefrau Ninon zu, die hierfür und insbesondere für alle mit den Autorenrechten zusammenhängenden Fragen als Testamentsvollstreckerin eingesetzt wird«; durch eine Abänderung des seit dem 10. März 1932 bestehenden Erbvertrags hatte Hesse Ninons Kompetenzen erweitert; sie allein war nun gemäß eines veränderten Artikels 5 »berechtigt und bevollmächtigt«, über die dichterische Hinterlassenschaft und deren Verwertungsrechte zu verfügen. Sie trug bei der ihr eigenen Gewissenhaftigkeit schwer an der Verantwortung, »vor allem den Nachlass zu bewahren, zu beschützen, zum Teil zu veröffentlichen, zum Teil vor Veröffentlichungen zu beschützen. Ich darf jetzt noch nicht daran denken, mich davon zu machen, erst muss das Archiv in Ordnung übergeben werden, dann möchte ich zwei Briefbände edieren – das kann ich wahrscheinlich besser als jemand anderer. Darüber werden eineinhalb Jahre vergehen, und dann habe ich noch immer Zeit, zu tun und zu lassen, was ich doch so gern möchte!« (12. Juli 1963 an Günther Klinge).

Als schwierigste und langwierigste Aufgabe erwies sich die Unterbringung des umfangreichen Nachlasses, suchte sie doch keinen bloßen Aufbewahrungsort für die unzähligen Manuskripte, Drucke, Briefe und Hesses umfangreiche Bibliothek, sondern eine literaturwissenschaftliche Arbeitsstätte, durch die eine gei-

stige Ausstrahlung seines Werkes in die Zukunft hinein gesichert wäre. »Worauf es mir ankommt – es ist nicht die ›Hortung‹ des Schatzes allein, sondern die Möglichkeit, den Nachlass wirkend zu machen – er muss für die Wissenschaft, für Studenten und Professoren benützbar sein – gleichzeitig muss Persönliches vor Neugierigen geschützt werden – das alles ist recht schwierig, und ich arbeite jeden Tag in Gedanken daran, was alles in einen Vertrag aufgenommen werden müsste« (27. Mai 1964 an Günther Klinge). Erschwerend bei der Auswahl eines geeigneten Archivs wurde für sie der Widerstand von Hesses Söhnen: als Schweizer Bürger hatten sie den verständlichen Wunsch, daß der Nachlaß des Vaters in ihrem Lande bleibe. Fern von solchen nationalen Überlegungen entschied Ninon: »Der Dichter gehört der Welt – er gehört ›allen‹, darum ist es wichtig, eine Stätte für ihn zu schaffen, die weltoffen und zugänglich ist, von wo sein Werk ausstrahlen kann« (18. April 1965 an Margrit Wassmer). Ein solch lebendiges Fortwirken inmitten vieler anderer Dichternachlässe schien ihr im Schiller-Nationalmuseum und dem ihm zugehörigen Deutschen Literaturarchiv in Marbach/Nekkar gesichert zu sein. Nach aufreibenden familiären Beratungen und Überzeugungsmühen setzte sie schließlich durch, daß der Nachlaß Eigentum einer Stiftung wurde, deren Sitz in Bern war; auf diese Weise kam sie auch den Wünschen der drei Söhne Hesses entgegen. Der Schutzgedanke war bei all ihren Entscheidungen maßgeblich: »Der Sinn dieser Schenkung soll gleichzeitig auch darin liegen, dass der Dichter Hermann Hesse einen Beschützer im Stiftungsrat findet« (14. Februar 1964 an Paul Böckmann). Der gesamte Stiftungsbestand wurde – wie Ninon vertraglich vereinbarte – als Depositum dem Deutschen Literaturarchiv in Marbach übergeben, das schon einen reichen Hesse-Bestand aufwies, dessen Erschließung und Vermehrung zusagte und darüber hinaus eine an die Mörike- und Uhland-Gedächtnisräume angrenzende Hesse-Gedenkstätte einzurichten versprach; sie wurde am 23. Februar 1965 eröffnet.
Als Herausgeberin trat Ninon 1964 zunächst mit einer Neubearbeitung und Erweiterung der 1951 und 1959 erschienenen »Aus-

gewählten Briefe« hervor; danach folgte 1965 ein Band »Prosa aus dem Nachlaß«, 15 Arbeiten Hesses, die zwischen 1901 und 1934 entstanden, aber noch nie in Buchform erschienen waren. Ninon stellte diese fast 600 Seiten umfassende Auswahl unter werkgeschichtlichen Gesichtspunkten zusammen, zeigte, wie Hesse manche Texte abgebrochen, Entwürfe abgewandelt, Erzählstruktur und Buchgestalten entwickelt und umgeformt hatte. Nach ihrer Ansicht rechtfertige es der zeitliche Abstand, auch unfertige oder nicht verwendete Arbeiten zu publizieren, um sie in den Kontext des Gesamtwerkes einzuordnen und als Stufe und Übergang neu zu bewerten. Wie sie in Briefen andeutete, schien ihr die Vorform der Titelgestalt Gertrud für den Einblick in Hesses schriftstellerischen Prozeß besonders aufschlußreich zu sein: »Ich glaube, es ist etwas anderes, wie ein Autor selbst zu seinem Werk steht, und wie es nachträglich besteht. Der Autor, der die ›Gertrud‹ noch einmal neu beginnt, kann nicht gleichzeitig die erste Fassung gutheissen. Die Späteren können möglicherweise die fragmentarische Fassung besser finden als die endgültige« (17. August 1965 an Rudolf Freese). Hesse hatte in dem verworfenen Fragment von 1905/06 »Gertrud Flachsland« als Malerin mit eigenwilligen, emanzipatorischen Zügen ausgestattet, und so hatte sie wenig gemein mit der »Gertrud« des 1907 erschienenen Romans, einer passiv duldenden, leidensbereiten Künstlergefährtin. In beiden Erzählungen geht es – beim unterschiedlichen Charakter der weiblichen Hauptfigur – um unerwiderte Liebe und die Problematik des Künstlerberufs. Ninon zitiert im Brief an einen befreundeten Maler eine Passage aus dem Gertrud-Fragment, die sie für Hesses damaliges Lebensgefühl aufschlußreich hielt: »Man sagt, die Kunst tröstet. Das ist dummes Zeug. Die Kunst saugt aus und frißt. Schließlich kann sie auch trösten, im besten Fall einmal, aber vorher fordert sie und fordert und macht elend ... Jeder Handlanger hat es besser, er dient seinen Tagelohn ab und ist dann frei. Ein Künstler ist nie frei. Sie wissen nicht, wie viele Tage und Nächte man verbohrt und verrückt dasitzen kann, über Aufgaben, die einem niemand gestellt hat und die man nie lösen kann.«

Der wichtigste Beitrag dieses Bandes nachgelassener Prosa bestand für Ninon in zwei 1934 entstandenen, unvollendeten Fassungen des »Vierten Lebenslaufs Josef Knechts«, den Hesse nicht ins »Glasperlenspiel« aufgenommen hatte. Sie erinnerte durch die Veröffentlichung dieser Texte an das ursprüngliche Konzept seines mehrfach umstrukturierten Spätwerks, nach dem ein Mensch bei gleichbleibenden Anlagen in mehreren Wiedergeburten verschiedene Menschheitsepochen durchleben und seine Persönlichkeit unter den jeweils veränderten geschichtlichen Bedingungen bestmöglich ausgestalten sollte. Ein in der Schlußfassung des Romans nicht verwendeter »Vierter Lebenslauf« behandelt die Reinkarnation Knechts im 18. Jahrhundert: In Beutelsperg während des Friedens von Rijswik geboren, sollte er sich auf einem authentischen Schauplatz inmitten geschichtlicher Gestalten und nachprüfbarer Fakten bewegen. Das Fragment erscheint wie der Anfang eines geschichtlichen Romans und liefert das Ergebnis eines einjährigen, mit wissenschaftlicher Gründlichkeit durchgeführten Quellenstudiums. Ninon wollte durch die Veröffentlichung dieses Bruchstücks zeigen, wie sehr Hesse sich auf eine bis dahin ungewohnte Weise und bis in die Details einzelner Szenen hinein um historische Treue bemüht hatte. Der Stilunterschied zu den drei ins »Glasperlenspiel« eingegangenen Lebensläufen Knechts macht denn auch den Reiz dieses nachgelassenen Fragments aus. In ihren editorischen Notizen begründete Ninon, warum Hesse diese in die Neuzeit verlegte Vita Knechts unvollendet abbrach: Die reich dokumentierte, nachprüfbare Welt Schwabens um 1730 mit ihren erforschten religionsgeschichtlichen Fakten sei den drei legendären Lebensläufen Knechts nur allzu schwer einzufügen gewesen.

Ninons anfängliche Bedenken, halbfertige oder von Hesse verworfene Texte zu publizieren, wurden durch ihren ausgeprägten Sinn für alles Geschichtliche ausgeräumt: »In der Beurteilung des Werkes ist bei der Nachwelt eine Dimension mehr vorauszusetzen – eben die historische. Man sieht das Werk *und* die Entwicklung des Dichters. Der lebende Dichter hat nicht seine Entwicklung zu zeigen, sondern deren Resultate« (17. August 1965 an Rudolf Freese). Sie vermittelte einen ersten Einblick in werkgeschichtliche Abfolgen und schuf damit die Voraussetzung für ein vertieftes Werkverständnis.

Einen neuen Weg zu Hesse erschloß sie vor allem durch ihre Edition »Kindheit und Jugend vor Neunzehnhundert – Hermann Hesse in Briefen und Lebenszeugnissen 1877-1895« (Suhrkamp Verlag 1966). Sie hatte in einem stets verschlossenen Schrank Tausende von Briefen gefunden, darunter – wohlgeordnet und gebündelt – die des jungen Hermann, seiner Eltern, Großeltern, Verwandten, Lehrer, Ärzte und Freunde, dazu Tagebuchnotizen, Rechnungen und Merkzettel, die sich auf den unbotmäßigen Schüler Hesse bezogen. Dieser Reichtum an Dokumenten ermöglichte es ihr, die Kinder- und Jugendjahre Hesses allein durch eine Zusammenstellung der authentischen Quellen nachzuzeichnen: den Selbstfindungsprozeß eines mit reichen Gaben ausgestatteten, sinnesstarken Knaben gegenüber einer verständnislosen Umwelt. Auf diese Weise gelang ihr die biographische Verankerung des schriftstellerischen Werkes, das sich anhand dieser Dokumente als eine rettende Kompensation angesichts seiner Verlassenheit, seiner Ängste und der Hilflosigkeit gegenüber der bigotten Strenge von Eltern und Erziehern erweist, und das somit als ein Heilungsprozeß für die seit frühester Kindheit erlittenen seelischen Verletzungen gewertet werden muß. Der von Ninon überzeugend zusammengestellte Briefband bietet einen unschätzbaren Einblick in die Voraussetzungen von Hesses dichterischer Produktion und zugleich einen Beitrag zur Kreativitätsforschung. Der qualvolle Zwiespalt zwischen dem Eigensinn des Jungen und der schrittweisen Rücknahme dieses Eigensinns, zwischen Auflehnung und zwanghafter Nachgiebigkeit, erzeugte das jähe Auf und Ab des Stimmungsgefälles, an dem Hesse zeitlebens litt und seine Umgebung leiden ließ. Die von Ninon geschickt zu einem Persönlichkeitsbild verwobenen Jugenddokumente beweisen, daß alle Spannungen und Brüche in Hesses Leben und Werk, Bindungsscheu, Trotz und Verbitterung eines zeitweise am Rande der Gesellschaft lebenden steppenwölfischen Einzelgängers auf der schrittweisen Anpassung beruhten, durch die er seit frühester Kindheit jeweils Eigensinn und Gehorsam zum Ausgleich bringen mußte. Ninon zeigt den jungen Hermann durch diese Edition als den begabten Außenseiter, unterwegs zum Glücks-, zum Leidens-, ja zum Katastrophenort seiner Vereinzelung und Ausgrenzung, wobei die Sehnsucht nach Liebe und Gemeinschaft in ihm immer wach und quälend blieb.

Ninon entschloß sich, die reiche Materialfülle auf zwei Bände zu verteilen, der erste Teil mit 500 Texten sollte zeigen, wie der intelligente und sinnenstarke Junge von seinen pietistisch bibelfrommen Eltern gequält und fast gebrochen wurde; im zweiten Teil wollte sie die teilweise geglückten Versuche seiner Anpassung darstellen. Während der Planung, ja bis zur Ablieferung des Manuskripts Ende März 1966 verfolgte sie »diese entsetzliche Angst, Hesse durch die Veröffentlichung der Jugenddokumente preiszugeben!« Nur der überpersönliche Aspekt rechtfertige ihrer Meinung nach die Freigabe des Biographischen, das ein Erziehungsmuster der damaligen Zeit offenlege. Sie stellte darum schon im Buchtitel die Repräsentanz von Hesses Kindheit und Jugend heraus – ein Beitrag zur Geistesgeschichte des ausgehenden 19. Jahrhunderts.

Ninon hat die Fertigstellung des ersten Bandes und die begeisterten Kritiken der Fachwelt nicht mehr erlebt. Sie konnte nur noch am 21. September 1966 in einem Expreßbrief des Suhrkamp Verlags den Umschlagentwurf entgegennehmen. Sie litt seit ihrem ersten Anfall von Angina pectoris während ihrer Griechenlandreise 1955 immer wieder an einem schmerzhaften, angsterzeugenden Gefühl der Brustenge und Beklemmung durch eine diagnostizierte Coronar-Insuffizienz. Vielleicht, so hatte sie ihrer Schwester Lilly im Mai 1966 mitgeteilt, werde sie nach der Publikation des zweiten Bandes der Jugenddokumente und nach der so lange hinausgeschobenen Niederschrift ihrer Hera-Gorgo-Arbeit noch »eine Art Autobiographie Hesses allein aus den Briefsammlungen seiner Freunde« zusammenstellen, dabei könne sie seinen Schreiben noch hinterlassene Reiseniederschriften, Notizbücher und viele ungedruckte, lose Bekenntnisblätter hinzufügen. Die von ihr herausgegebenen Texte sollten eine Rückbindung seiner Werke an die Ereignisse seines Lebens ermöglichen. Sie hatte erkannt, daß sie mit der Veröffentlichung privater Dokumente einer neuen Lesergeneration entgegenkam, die andere Anforderungen an die Literatur stellte. Die Jugend, die den Schrecken des Zweiten Weltkriegs entkommen war, zeigte wenig Sinn für »schöngeistiges Schrifttum«, sie beurteilte vielmehr die Qualität literarischer Texte nach ihrem existentiellen Wahrheitsgehalt. Daraus ergab sich für Ninon die Bedeutung der werkbegleitenden Schriften, in denen Hesse in schonungsloser Offenheit ein glaubhaftes Zeugnis seiner jeweiligen Befindlichkeit abgelegt und somit die existentielle Einheit von Leben und Werk unter Beweis gestellt hatte.

Ninon hat durch ihre Editionen nicht nur die werkgeschichtliche Betrachtung eingeleitet, sie kam auch dem Bedürfnis einer späteren Leserschaft entgegen: Sie übersetzte das Werk zurück ins Leben, in Umkehrung des Prozesses seiner Entstehung, dabei ließ sie in ihrem Instinkt für das Schöpferische nie außer acht, daß Dichtung stets mehr ist als das Resultat ihrer biographischen Quellen. Wir verdanken ihr neue Perspektiven auf Hesses Werk.

Während der vier Jahre, die Ninon Hermann Hesse überlebte, durchlitt sie eine auf- und abflutende Trauer. »Ich sehne mich nach dem Tode – dagegen kommt nichts auf«, schrieb sie im Herbst 1964 an ihre Schwester Lilly. In dem nicht endenden Trennungsschmerz vertraue sie auf das göttliche Geschenk der Fühllosigkeit. Sie erwarte den traumlosen Schlaf, aus dem sie nie wieder erwache, die große Dunkelheit jenseits der Welt. Wenn sie sich einen Grabspruch wünschen dürfe, so wäre es Sophokles, Aias 394: σκότος ἐμὸν φάος, »Dunkel, Du mein Licht«.

Sie versuchte, auf Reisen nach Paris, London und Griechenland Abstand zu gewinnen, vielleicht sogar einen dauernden Ortswechsel zu wagen, doch alles Wegstreben endete als vergeblicher Aufbruch. »Ich hing nie an Montagnola – das Haus hatte ich immer gern, obwohl es mir auch manche Mühe und Plage bereitete – ich meine damit: Ich hätte mir nie freiwillig ein Dorf im Tessin als Aufenthaltsort fürs Leben ausgesucht! Ich hätte gern in Paris oder London gelebt – es hätte auch Zürich sein dürfen – in der Nähe einer guten wissenschaftlichen Bibliothek. Aber, so merkwürdig es klingt, seit dem Tode von H. H. erst ist mir Montagnola eine Heimat geworden. – Es ist eigentlich natürlich, früher war ER die Heimat – jetzt ist es nur noch das Haus – Hieronymi Gehäuse! – ist es das Dorf, die Landschaft, in der ER weiterlebt« (14. November 1966 an Gerhard Kamin).

Ein »Tagebuch der Zeichen«, begonnen am 18. März 1963, spiegelt ihre Lebensmüdigkeit, zugleich aber auch ihr Verlangen, im gewöhnlichen Tagesablauf Hinweise auf Wünsche und Erwartungen des Verstorbenen zu erkennen. »Gefunden H.s Gedicht ›Weg in die Einsamkeit‹ (Die Welt fällt von Dir ab), habe es sehr stark heute auf mich bezogen. [...]

18. März – mein ›Halbgeburtstag‹. Erinnerung an das Gedicht ›Bildnis Ninon‹.

Fand fünf Seiten Schreibmaschinen-Manuskript von H. : ›Das bittere Ende‹ (von 1917 oder 1918). Schliesslich gefunden die Übersetzung eines Katull-Gedichtes : ›Kummer nagte an mir, die Not gebot mir zu schweigen‹, und ›Gehn meine Worte zu dir nun alle auf ewig verloren, / Spiegelt kein liebender Blick in deinem Herzen sich mehr?‹

19. März 1963: Ich hatte mir halb vorgenommen, im September meinem Leben ein Ende zu machen, natürlich in der Hoffnung, bis dahin mit der Archiv-Übergabe in Ordnung zu sein, auch Lilly und Heinz noch einmal gesehen zu haben.

Heute Nacht hatte ich einen Angina pectoris-Anfall – in der Ruhe. Ich dachte, das sei eine Art Generalprobe für Cyankali. Schon gestern bei H. die Beschreibung seines Selbstmordversuches (mit Opium) gelesen.

Heute gefunden das Manuskript von ›September‹: Das Blau der Ferne klärt sich schon – mit den Schlussstrophen: Da alles in Vollendung lacht / Und willig ist zu sterben. / Entreiss Dich Seele, deiner Zeit / Und Deinen kleinen Sorgen. / Mach Dich zum grossen Flug bereit / In den ersehnten Morgen.

Nachwort

14. Mai 1963: Es ist mir plötzlich klar geworden, warum ich seit meiner Heimkehr aus Griechenland am 21. April [...] wieder vollkommen lebensüberdrüssig geworden bin – einige Tage fest entschlossen, meinem Leben im September (ich dachte an den 9.: dans un ans, dans un mois – ein Jahr und einen Monat nach Hermanns Tod) ein Ende zu machen. Aber deswegen kam nicht die tiefe Trauer um Hermanns Scheiden wieder – genau so stark, wie sie im August, September, Oktober vergangenen Jahres war. Sie kam, weil ich drei Wochen lang, während meiner griechischen Reise Hermann ›begraben‹ hatte, teils bewusst, teils unbewusst. Ich reiste ja stets allein (was ich H. immer leicht übel nahm), also vermisste ich ihn auf der Reise am wenigsten. Es war, als hätte ich Ferien von der Trauer, ich lachte wieder. Doch all das war verfrüht und nicht moralisch unrecht, aber ich vermute, physiologisch falsch: In Wirklichkeit war die Trauer nicht vorüber, das Jahr war nicht zu Ende gelebt ohne ihn, das Jahr war nicht durchtrauert gewesen. Das alles kommt jetzt an den Tag. Ich habe Verzweiflungszustände wie unmittelbar nach seinem Tode.

Was mich mit Hermann verband, war eine Liebe, die längst keine Zweifel, keine Angst, keine Hoffnung kannte: Ich war ein Teil von Hermann – er war ein Teil von mir. Darum schmerzt das Auseinandergerissensein so sehr.«

Die letzte Eintragung:

»Der erste Kuckucksruf – und ich kann nicht zu H. stürzen und es ihm mitteilen – ihm, der ihn längst gehört hätte, so gut wie ich.
Gestern versuchte ich ›auszugehen‹, und es gelang. Ich nahm einen Strauss Kamelien mit und ging zu Fuss zum Grab. Es war ein sehr schöner Tag, und ich war überrascht, wie schön die Landschaft war. Lieblich zwar, aber doch schön. Die Magnolien blühten, die Bäume trugen junge grüne Blätter, eine zarte Luft wehte, und helle Wolken zogen im Blau. Es tat mir nicht weh. Zu meinem Staunen.

Ich war nicht immer einverstanden mit H., und auch nicht mit dem Leben, das ich führte, oder mit der Lebensführung, die mir auferlegt war. Man kann auch nicht sagen, dass ich mich daran

Ninon Hesse vor ihrem 65. Geburtstag mit Hermann Hesse in Sils-Maria

gewöhnte, denn was mir missfiel, missfiel mir immer wieder, ich registrierte es tausendmal – ohne Eifer oder ›ira‹, aber ich empfand es als störend. Aber ich war so tief mit H. verbunden, dass auch das Störende in mir war, nicht ausserhalb, nicht behebbar. H. und ich waren ineinander gewachsen – doch weiss ich nicht, ob ich's von ihm sagen darf, auch meine ich es nicht überheblich, er war und blieb gross und als solcher un-begreiflich – dennoch aber waren wir eins. Sein Leiden tat mir weh – ich war ich, aber zugleich doch auch er – ich empfand, las, erlebte, hörte, sah für ihn – er war in mir – sodass ich's ihm gar nicht zu sagen brauchte (aber ich sagte und erzählte ihm viel) – er und ich waren eins. Sein Tod hat mich zerrissen. Ich war eine übrig gebliebene Hälfte, eine blutende Hälfte.«

Ninon Hesse starb am 22. September 1966.
Sie fand am 26. September neben Hesses Grab auf dem Friedhof San Abbondio bei Montagnola ihre letzte Ruhestätte.

Zeittafel

1877 Am 2. Juli wird Hermann Hesse als Sohn des baltischen Missionars Johannes Hesse (1847-1916) und dessen Frau Marie geb. Gundert, verw. Isenberg (1842–1902) in Calw/Württemberg geboren.

1895 Am 18. September gegen 22 Uhr wird Ninon Auslaender als älteste Tochter des Advokaten Dr. Jakob Auslaender (1860-1919) und seiner Frau Gisela Anna geb. Israeli (1874-1925) in Czernowitz, der Hauptstadt des österreichischen Kronlandes Bukowina, geboren.

1899 Am 28. Januar wird Ninons Schwester Toka geboren.

1903 Am 25. Januar wird Ninons Schwester Lilly geboren.

1904 erscheint Hermann Hesses Erzählung *Peter Camenzind* im Verlag S. Fischer, Berlin.

1909 Ninon bekommt zum 14. Geburtstag von ihrer Freundin Johanna Gold Hesses Erzählung *Peter Camenzind* geschenkt.

1910 Im Februar schreibt Ninon ihren ersten Brief an Hermann Hesse über ihre Eindrücke bei der Lektüre des *Peter Camenzind*, damit beginnt ein Briefwechsel zwischen der Schülerin und dem schon arrivierten Schriftsteller.

1912 Hesse verläßt Deutschland für immer und übersiedelt mit seiner Frau, Maria geb. Bernoulli (1863-1963), und seinen drei Söhnen von Gaienhofen/Bodensee nach Bern.

1913 Im März besteht Ninon die Matura am humanistischen Gymnasium von Czernowitz mit Auszeichnung.
Im November beginnt Ninon ein Medizinstudium an der Wiener Universität

1914 Ende Juli wird Ninon während einer Deutschlandreise mit ihrer Mutter vom Ausbruch des ersten Weltkriegs überrascht und kann nicht mehr nach Czernowitz zurückkehren.
Im September flüchtet Ninons Vater mit ihren beiden Schwestern aus Czernowitz, die Familie findet getrennt

Aufnahme bei Wiener Verwandten, damit beginnt ein Flüchtlingsleben, das sie zu großen Einschränkungen zwingt.

1915 Im September übernimmt Ninon Krankenpflegedienste in Wiener Spitälern.

1917 Im März bricht Ninon ihr dreijähriges Medizinstudium ab und belegt an der Wiener Universität Vorlesungen in Kunstgeschichte und Archäologie.

1918 Am 3. März lernt Ninon den am 1. August 1883 geborenen Wiener Ingenieur und Kabarettisten Benedikt Fred Dolbin kennen.

Am 7. November heiraten Ninon Auslaender und B. F. Dolbin in Wien.

1919 Im April trennt Hermann Hesse sich von seiner Frau, Maria Bernoulli, mit der er seit 1904 verheiratet war, und bringt seine drei Söhne bei befreundeten Familien unter.

Am 11. Mai übersiedelt Hesse aus Bern nach Montagnola/Tessin und bezieht vier möblierte Zimmer in der Casa Camuzzi; er bleibt in diesem malerischen, ein Barockschlößchen imitierenden Palazzo bis 1931.

Im August reist das Ehepaar Dolbin nach Czernowitz, wo Ninon die Pflege ihres schwerkranken Vaters übernimmt, der am Heiligabend stirbt.

1920 Hesses Erzählungsband *Klingsors letzter Sommer* erscheint im Verlag S. Fischer, Berlin; vom rauschhaften Lebensgefühl der Titelgeschichte ergriffen, sucht Ninon erneut brieflichen Kontakt mit Hesse.

1921 Am 29. Januar findet die erste persönliche Begegnung von Ninon Dolbin und Hermann Hesse in Montagnola statt.

Im Sommersemester erhält Ninon ihr Dissertationsthema vom Wiener Kunsthistoriker Prof. Dr. Julius Schlosser: »Etienne Delaune – französische Goldschmiedearbeiten des 17. Jahrhunderts.«

Im Herbst trennt Ninon sich von Dolbin wegen seiner Treuebrüche und setzt ihr Kunststudium in Berlin fort.

1922 Am 27. Februar wählt Toka, Ninons Schwester, den Freitod.
1923 Am 23. Juni wird Hesses Ehe mit Maria Bernoulli geschieden.
1924 Am 11. Januar heiratet Hesse die angehende Sängerin Ruth Wenger in Basel, wo er von 1923-1925 die Wintermonate verbringt.
Hesse wird Schweizer Staatsbürger.
Am 11. November entschließt sich Ninon, Dolbin endgültig zu verlassen.
Am 5. Dezember übersiedelt sie nach Paris, um ihre Doktorarbeit über die Goldschmiedearbeiten des Orfèvre Etienne Delaune fertigzustellen.
1925 am 11. September stirbt Ninons Mutter in Wien.
Im Oktober reist Ninon mit ihrer Freundin Johanna Gold nach Konstantinopel, dabei entstehen nach vielen Gedichten ihre *Ariadne-Tagebücher*.
Im Dezember übersiedelt Dolbin für immer von Wien nach Berlin und ist bemüht, die eheliche Gemeinschaft mit Ninon wiederherzustellen.
1926 Anfang März versöhnt sich Ninon in Genf mit Dolbin, der dort als erfolgreicher Berliner Pressezeichner an Völkerbundsitzungen teilnimmt.
Am 21. März unterbricht Ninon die Rückreise von Genf nach Wien, um Hermann Hesse in Zürich zu besuchen, wo er von 1925-1931 die Wintermonate verbringt. Es kommt zur entscheidenden Begegnung. Am 27. März schreibt Ninon den endgültigen Abschiedsbrief an Dolbin.
1927 Im Februar/März besucht Ninon Hermann Hesse in Zürich.
Ende März bricht Ninon ihre Doktorarbeit auf Hesses Empfehlung und in der Vorausschau auf ihrer beider künftiges Zusammenleben ab.
Am 26. April wird Hesses zweite Ehe mit Ruth Wenger auf deren Wunsch hin durch ein Urteil des Zivilgerichtes vom Kanton Basel-Stadt geschieden.

Vom 8. bis 24. Mai reist Ninon nach Czernowitz, um ihr Elternhaus zu verkaufen.

Anfang Juni bezieht Ninon eine möblierte Parterre-Wohnung in der Casa Camuzzi in Rufweite von Hesses Räumen; eine Probe für das geplante »getrennte Zusammenleben«.

Am 2. Juli, zu seinem 50. Geburtstag, führt Hesse Ninon in seinen Freundeskreis ein; Ninon lernt Hesses erste Frau Mia kennen, ein freundschaftliches Verhältnis zu seinen Söhnen bahnt sich an.

Anfang September fährt Ninon nach Wien, um ihren dortigen Hausstand aufzulösen, da sie zur endgültigen Übersiedlung nach Montagnola entschlossen ist.

Ninon trifft am 14. November bei Hesse in Zürich ein, der dort in einer Mansardenwohnung am Schanzengraben 31 überwintert.

1928 Am 4. Januar begleitet Ninon Hermann Hesse für sechs Wochen nach Arosa.

Am 8. März fährt Ninon mit Hesse zu einer Lesereise in seine schwäbische Heimat, wird seiner Familie als seine »Sekretärin« vorgestellt, begleitet ihn bis Berlin und fährt am 2. April über Amsterdam nach Paris, wo sie bis zum 20. Mai bleibt.

Am 29. April erscheint im *Berliner Tageblatt* Hesses *Brief an die Freundin,* ein öffentliches Bekenntnis zu ihrer Gemeinschaft.

Vom 9. Oktober bis zum 12. Dezember reist Ninon nach Wien, Krakau, Czernowitz und Berlin; sie verfaßt auf dieser Reise ihre *Kindheitserinnerungen.*

1929 Vom 15. Januar bis zum 18. Februar reist Ninon mit Hesse nach Arosa.

Ninons Freundschaft mit Dolbin belebt sich wieder, sie treffen sich am 23. März in Nizza, am 6. April in Lugano, am 20. August in Saas Fee. Sie verspricht ihm ihren Besuch im April/Mai 1930 in Berlin und hält Wort.

1930 Im Januar verbringt Ninon mit Hesse einen Urlaub in der Chantarella bei St. Moritz.

Vom 19. April bis zum 18. Mai besucht Ninon Fred Dolbin in Berlin und erwähnt die Möglichkeit einer Scheidung in Freundschaft.

Im Juni kauft Dr. Hans C. Bodmer, Hesses Mäzen, ein 11 000 qm großes Grundstück für ein Haus, das er ihm und Ninon bauen lassen und auf Lebenszeit zur Verfügung stellen will.

Im Oktober wird der Grundstein für die »casa rossa« gelegt.

Vom 12. Oktober bis zum 11. November ist Ninon in Wien zur Vorbereitung ihrer Scheidung, zum Transport ihrer auf Lager gestellten Möbel und zu Arztbesuchen.

Hesses erstes im Zusammenleben mit Ninon entstandenes Werk, *Narziß und Goldmund*, erscheint im Verlag S. Fischer, Berlin.

1931 Im Januar, bei einem zweiten Winterurlaub in der Chantarella bei St. Moritz, treffen Ninon Dolbin und Hermann Hesse Samuel Fischer, Jakob Wassermann und Thomas Mann mit ihren Familien.

Im Juli besorgen Ninon Dolbin und Hesses Sohn Martin den Umzug in die »casa rossa«.

Am 10. September wird Ninons Ehe mit Dolbin in Wien geschieden.

Am 16. Oktober hängt das Aufgebot zum Eheverlöbnis Ninon Dolbins und Hermann Hesses im Gemeindeamt von Montagnola und im Rathaus zu Bern.

Am 14. November findet die standesamtliche Trauung von Ninon Dolbin und Hermann Hesse in Montagnola statt, danach Ninons »Hochzeitsreise« nach Rom und Hesses Rheumakur in Baden.

1932 Vom 19. Januar bis zum 29. Februar verbringt das Ehepaar Hesse den 3. Winterurlaub in der Chantarella.

Am 10. März wird Ninon durch Erbvertrag zur Verwalterin von Hesses literarischem Nachlaß bestimmt.

Die Morgenlandfahrt, in der »Ninon die Ausländerin« literarisch Gestalt gewinnt, erscheint im Verlag S. Fischer, Berlin.

Hesse beginnt sein großes Alterswerk, *Das Glasperlenspiel*, das ihn elf Jahre beschäftigt und 1943 bei Fretz und Wasmuth, Zürich, erscheint.

1933 Am 18. September, zu Ninons 38. Geburtstag, schenkt Hesse ihr die maschinenschriftliche Ausfertigung seines Märchens *Vogel*, eine humorvolle, parabelhafte Verschlüsselung ihrer Ehe und seiner Veränderung durch das Zusammenleben mit Ninon, der »Vogelfängerin«.

Vom 15. bis zum 30. Oktober reist Ninon zu kunstgeschichtlichen Studien nach Florenz und Rom.

1934 Hesse widmet Ninon den Gedichtband *Vom Baum des Lebens*, Ausgewählte Gedichte, Insel-Bücherei Leipzig, Nr. 454.

Vom 12. Oktober bis zum 7. November besichtigt Ninon den Golf von Neapel, Sizilien und schließt einen Rom-Aufenthalt an.

1935 Vom 7. bis zum 27. Oktober besucht Ninon zu archäologischen Studien das Britische Museum in London und den Louvre in Paris.

1936 Vom 5. Mai bis zum 12. Juni hält sich Ninon wegen einer gynäkologischen Operation in Wien auf.

Am 5. Juni besucht Ninon Bermann-Fischers Wiener Exilverlag, wo im Herbst Hesses Hexameter-Gedicht *Stunden im Garten* erscheint, in dem er Ninon als mit ihm gärtnernde Landfrau schildert.

Am 22. Oktober brechen Ninon und Hermann Hesse zu einer Romreise auf, Hesse kehrt jedoch nach schlafloser Nacht am 23. in Parma um, Ninon fährt allein weiter, bleibt bis zum 3. November in Rom.

1937 Vom 14. April bis zum 19. Mai ereignet sich Ninons *Erweckungserlebnis Griechenland* in Athen, Delphi, auf der Peloponnes und den ägäischen Inseln.

1938 Vom 13. bis zum 25. April reist Ninon nach Paris zum »Louvre-Griechenland«.

1939 Vom 8. April bis zum 9. Mai reist Ninon zum zweiten Mal nach Griechenland: Athen, Attika und Argolis, Orchomenos/Böotien, kastalische Quelle in Delphi. Plan zu einer Arbeit über das weitgespannte Wesen des Gottes Apollon.

1942 Am 9. März nimmt Ninon in Zürich an einem Seminar von Karl Kerényi teil, mit dem eine fachbezogene Freundschaft beginnt, die durch ihre Teilnahme an den »Eranos-Tagungen« in Ascona in den folgenden Jahren vertieft wird.
Hesse widmet Ninon eine Neuauflage des *Siddhartha;* die 37.-39. Auflage enthält die Zueignung »Meiner Frau Ninon gewidmet«.

1945 Im August fahren Ninon und Hermann Hesse nach Rigi-Kaltbad, wo das *Rigi-Tagebuch* entsteht, das ihre Zweisamkeit spiegelt.
Hesses Sammlung von Erzählungen und Märchen, *Traumfährte,* darin auch *Vogel,* die Parabel seiner Ehe mit Ninon, erscheint bei Fretz und Wasmuth, Zürich.
Am 18. September schenkt Hesse Ninon zu ihrem 50. Geburtstag sein von Ernst Morgenthaler gemaltes Porträt.
Am 11. November erhält Ninon ein erstes Lebenszeichen von ihrer bis dahin verschollenen Schwester Lilly aus Rumänien.

1946 Vom 1. November bis Ende März 1947 wird das Haus in Montagnola geschlossen, Hesse zieht sich in ein Sanatorium in Préfargier am Neuchâteler See zurück, Ninon überwintert bei Bodmers in Zürich.
Am 14. November erhält Hesse den Nobelpreis für Literatur.

1947 Am 2. Juli, zu seinem 70. Geburtstag, erhält Hesse die Ehrendoktorwürde der Universität Bern.
Am 20. November besteht Ninon die Führerscheinprüfung.

1948 Am 11. Februar treffen Ninons Schwester Lilly und ihr Mann, Dr. jur. Heinz Kehlmann, auf ihrer Flucht aus Bukarest in Montagnola ein, sie dürfen mit zeitgebundener Duldung der Schweizer Fremdenpolizei bis zum 23. Februar 1949 bleiben.
Am 7. April kauft Hesse trotz seiner früheren Proteste ge-

gen Blechlawinen und Luftverpestung sein erstes Auto, einen Standard Fourteen, eine hellgraue Limousine mit Schiebedach.

1950 Hesse ermutigt und unterstützt Peter Suhrkamp zur Gründung eines eigenen, des *Suhrkamp Verlags*.

1951 Vom 12. bis zum 18. Juni fährt Ninon nach Rom; es ist die erste Mittelmeerreise nach 10 Jahren.

1952 Am 2. Juli feiert Hesse seinen 75. Geburtstag in San Giacomo im Misox.

Vom 28. August bis zum 13. Oktober fährt Ninon nach 12 Jahren wieder in ihre *Wahlheimat Griechenland*, besucht von Athen aus Ithaka, Dodona, Larissa, Thessalien, Kreta, Samos. Sie sammelt Quellen für eine Hera-Arbeit.

1953 Wegen eines während der Griechlandreise aufgetretenen Ekzems muß Ninon im Januar/Februar zur stationären Behandlung in die Dermatologische Klinik des Kantonspitals Genf.

Ninon gibt *Kinder- und Hausmärchen*, gesammelt durch die Brüder Grimm, in einer Auswahl für Kinder mit Erläuterungen heraus, Büchergilde Gutenberg, Zürich.

1954 Vom 4. bis zum 21. April nimmt Ninon an einer wissenschaftlichen Gruppenführung durch Kleinasien teil, fährt anschließend bis zum 1. Mai durch Italien von Metapont über Paestum nach Florenz.

1955 Vom 2. April bis zum 21. Mai reist Ninon durch Griechenland nach Kleinasien: Ephesos, Priene, Milet, Troja.

Am 18. September wird Ninon 60 Jahre alt, Hesse widmet ihr zu diesem Anlaß Zeugnisse ihres gemeinsamen Erlebens, den Band *Beschwörungen, Späte Prosa/Neue Folge*, Suhrkamp Verlag, Berlin 1955.

Am 9. Oktober nimmt Ninon stellvertretend für Hesse den *Friedenspreis des Deutschen Buchhandels* in Frankfurt entgegen und verliest seine Dankadresse.

1956 Vom 4. April bis zum 8. Mai reist Ninon nach Böotien

und der Peloponnes, dabei kommt es zum Bruch der Freundschaft mit Karl Kerényi wegen fachspezifischer Differenzen bei archäologischen Besichtigungen.

Im Herbst erscheint Ninons Auswahl *Deutsche Märchen vor und nach Grimm* mit Nachwort und Erläuterungen im Europa-Verlag, Zürich, Stuttgart, Wien.

1957 Am 2. Juli wird Hesses 80. Geburtstag im engsten Familien- und Freundeskreis in Ambri-Piotta am Gotthard gefeiert.

1958 Vom 25. September bis zum 3. Oktober fährt Ninon mit Elsy Bodmer in die Toskana und nach Umbrien.

1959 Vom 3. Oktober bis zum 7. November reist Ninon durch Griechenland besucht u. a. Attika, Euböa, Mykonos, Tinos, Kos; verweilt in »Heras Land«, der Argolis.

1960 Ninons motivgeschichtliche Arbeit *Das Erdkühlein* erscheint am 3. April in der *Neuen Zürcher Zeitung*.

Vom 26. Oktober bis zum 8. November ist Ninon zu archäologischen Studien über Gorgo-Medusa in Paris.

1961 Vom 12. bis 27. April recherchiert Ninon im Britischen Museum in London für ihr Hera-Gorgo Konzept.

Vom 1. Oktober bis zum 1. November reist Ninon durch Griechenland, besucht u. a. Olympia, Bassai, Pylos, Athen, Lamía und die Thermopylen.

1962 Am 2. Juli wird Hesses 85. Geburtstag in Faido, im Tessiner Val Levantina, gefeiert.

Am 9. August stirbt Hermann Hesse zwischen sieben und neun Uhr früh.

Am 4. Dezember prüft Ninon Hesse nach der Besichtigung des Züricher *Thomas-Mann-Archivs* im *Deutschen Literaturarchiv* in Marbach/Neckar und am 8. Dezember in der *Schweizer Landesbibliothek* in Bern die Voraussetzungen für eine Unterbringung des Hesse-Nachlasses.

1963 Im April reist Ninon für die Fertigstellung ihrer Arbeit über die vorolympischen griechischen Göttinnen durch Griechenland und bleibt danach zwei Wochen auf Kreta.

Im Herbst erscheint Ninons Edition: *Späte Gedichte von Hermann Hesse* aus den Jahren 1944 – 1962, Insel-Bücherei, Nr. 803.

1964 Am 13. Mai wird auf Drängen Ninons ein Vertrag für eine *Hermann Hesse-Stiftung* unterzeichnet, in die der größte Teil seines Nachlasses von den Erben eingebracht wird.

Ninon gibt eine Neubearbeitung und Erweiterung des 1951 und 1959 erschienenen Bandes *Ausgewählte Briefe* heraus.

1965 Am 23. Februar wird das *Hermann Hesse-Archiv im Deutschen Literaturarchiv des Schiller-Nationalmuseums* in Marbach eröffnet, dem Hesses literarischer Nachlaß als Depositum einer Hermann-Hesse Stiftung anvertraut wird.

Ninon ediert *Prosa aus dem Nachlaß,* 15 zwischen 1901 und 1934 entstandene, noch nie in Buchform erschienene Arbeiten Hesses.

1966 Am 22. März beendet Ninon das Manuskript für den ersten Band *Kindheit und Jugend vor Neunzehnhundert, Hermann Hesse in Briefen und Lebenszeugnissen 1877-1895,* der Ende September zur Frankfurter Buchmesse erscheinen soll. Der zweite Band dieser Briefdokumentation wird von ihr vorbereitet.

Vom 4. April bis zum 9. Mai reist Ninon durch Thessalien, Böotien, die Argolis und arbeitet dann im Athener Nationalmuseum an ihrem Manuskript über Hera und deren Vorgänger-Göttinnen.

Am 12. September beendet Nionon die letzten Arbeiten – Umbruchkorrektur und Werkregister – für den ersten Band von *Kindheit und Jugend vor Neunzehnhundert.*

Am 22. September stirbt Ninon Hesse in Montagnola, vermutlich an einer Embolie.

Am 26. September wird Ninon auf Hesses Gruft im Friedhof San Abbondio bei Montagnola beerdigt.

Verzeichnis der Personen und Werktitel

Verzeichnis der Personen (indirekte Erwähnungen in Klammern) und Werktitel, letztere *kursiv*. Werke von Hermann Hesse bleiben ohne weitere Angaben; die Initialen N. H. kennzeichnen die Schriften von Ninon Hesse. Werke anderer Autoren sind unter deren Namen zu finden.

Abendwolken 128, 129, 144
Abs, Hermann Josef 384
Achard, Marcel 408, 409
Achilleus 398, 437, 442, 458, 500, 504
Adorno, Theodor W. 31
Adrastos 272
Aegina 397, 437 (438)
Aiakos 397, 437
Aischylos 344, 453, 457, 516
Aladin 440
Alexander d. Gr. 436
Alkmene 441, 443
Alkyoneus 420
Alpheios 433, 560, 572, 573
Am Weg 152, 153
Amato, Giuseppe 312, 313
Amelung, Walter 344, 345
Amiet, Cuno 130
Amphiaros 420
Amphion 445, 448, 554
Amphitrite 404
Amphitryon 441, 443
Amymone 420
An den indischen Dichter Bhartrihari 101, 170
An eine gläserne Kugel (N. H.) 13
An Ninon 2
Andreae, Lis 568, 569, 571, 576
Andreae, Volkmar 568
Äneas 395
Antigone 398
Antiope 443, 552, 553, 554

Aonide 444
Aphrodite 431, 439, 500
Apollo 45, (46), 47, 321, 329, 422, 425, 426, 427, 428, 430, 432, 433, 438, 441, 442, 444, 445, 446, 447, 448, 457, 493, 501, 508, 526, 535, 548, 549, 552, 553, 554, 570, 572, 574, 578
Apollonios 418
Arethusa 572, 573
Ariadne 505
Aristophanes 408, 409, 578
Aristoteles 472
Arnim, Bettina v. 61, 116
Arosa als Erlebnis 179
Artemis 423, 424, 428, 429, 516, 553, 554, 560, 561
Ashmole, Elias 557
Asklepios 438, 442, 548
Askra 442
Asopos 397
Athena 330, 355, 356, 431, 433, 441, 498, 502, 552, 564, 557,
Atossa 453
Atreus 435
Auf Sumatra 53
Aufhorchen 470
Augustus, Kaiser 395
Aurelian, Kaiser 466
Aus Indien 52, 53, 58, 60
Aus meiner Schülerzeit 489
Ausgewählte Briefe 202
Ausgewählte Briefe (Edition: N. H.) 589

Auslaender, Gisela Anna 8, (54), (56), 57, (62), (63), (91), 92, (95), (99 f.), (110), (134), (151), (210), (221), (227), (271), (274), (293), (372), (452), (453), (483)
Auslaender, Jakob 8, (54), 57, (67), (71 ff.), (77), 110, 128, (210), (221), 229, 274, (289), (340), (555), (581)
Auslaender, Lilly verh. Radaceanu, verh. Kehlmann 28, 29, (54), 55, 57, (67), (11), 134, 230, 231, 580, 581, 586, 592, 594
Auslaender, Toka (54) 55, 57, 77, (110), 242, 263, 271
Autolykos 432

Bach, Johann Sebastian 254, 272, 273
Bachofen, Johann Jakob 238
Bahr, Hermann 150
Baker, Joséphine 233
Ball, Hugo 17, 18, 23, 116, 166, 246, 247, 368, 388, 398
Ball-Hennings, Emmy 17, 18, 115, 116, 166, 198, 245, 266, 282, 283, 284, 369, 380, 381, 382, 383
Bang, Herman Joachim 98
Barancelli, Jacques de 365
Bard, Maria Luise 262, 264
Bassermann, Albert 143, 144
Bastranga-Saga 27
Bataille, Henri 186, 187
Bathykles 422
Bazzari, Natalina 248, 253, 266, 268, 285
Becques, Henry 201, 203
Beecham, Sir Thomas 357
Beethoven, Ludwig van 123, 364, 376
Beim Lesen eines alten Philosophen 405
Bekenntnis 203
Bellini, Giovanni 556, 567

Benn, Gottfried 302
Benz, Richard 530
Berg, Alban 276
Bergner, Elisabeth 148
Bergson, Henri 113
Berlioz, Hector 103, 221, 222
Bermann Fischer (Familie) 368, 369, 373
Bermann Fischer, Brigitte 259, 262, 369, 379
Bermann Fischer, Gaby 262, 263
Bermann Fischer, Gottfried 259, 261, 263, 368, 373, 379, 380, 384
Bernini, Gian Lorenzo 292, 294, 297, 315, 349
Berthold 484
Beschreibung meines Zimmers 215, 217
Beschwörungen, Späte Prosa / Neue Folge 531
Besoffener Dichter 116
Bethge, Hans 373
Betrachtungen 153
Bielschowsky, Albert 58
Bilderbuch 79, 86, 123, 153
Bildnis Ninon 24, 28, 594
Bircher-Benner, Maximilian 96, 212
Bismarck, Otto von 228
Bittel, Kurt 528, 530
Blaich, Hans Erich, Pseud. Owlglass 306
Böckmann, Paul 588
Bodmer, Anny 226
Bodmer, Elsy 262, 281, 282, 364, 365, 367, 472, 515, 542, 543, 544, 545, 546
Bodmer, Hans Conrad 264, 281, 282, 472, 475, 476, 477, 478, 541
Bodoni, Giambattista 382
Böhmer, Gunter 306, 307, 317, 318, 342, 363
Boleyn, Anna 298
Bonifazio de' Pitati (532), 533
Bonifazios Bild 532

Verzeichnis der Personen und Werktitel 609

Borchardt, Rudolf 44
Borghese, Filippo Ludovico 294
Bosch, Hieronymus 559, 563
Botticelli, Sandro 560, 561
Bouts, Dieric 222
Braun, Felix 18
Bray, Yvonne de 186, 187
Brecht, Bertolt 234, 582
Brief an Adele 278
Brief an die Freundin 38, 198, 199, 202
Brief an einen Bücherleser 226
Brief an Wilhelm Gundert 293
Brief ins Feld 68
Briefbeschwerer (N. H.) 243
Briefe 202
Brod, Max 278
Bruckner, Anton 272, 274
Bruckner, Ferdinand 234
Brueghel, Pieter 323, 325
Bryher, Winifred 546
Buber, Martin 488
Bucherer, Max 365
Bucherer-Feustel, Els 364, 365
Büchner, Georg 275
Buonaparte, Pauline, verh. Borghese 294
Burckhardt, Jacob 298, 299, 309
Buschor, Ernst 393, 394, 508, 510, 515
Busoni, Ferruccio 132
Byron, George Gordon 574, 575

Caecus, Appius Claudius 395
Camuzzi (Vermieter) 249
Carlsson, Anni geb. Rebenwurzel 398, 401, 478
Carossa, Hans 317, 318, 348, 388, 389
Carpaccio, Vittore 532, 533
Cäsar, Julius 436
Ceres 320
Cézanne, Paul 129, 131, 197
Chaplin, Charlie 185

Chiron 442, 500
Chrysaor 536
Chrysostomos, Dion 330
Cicero 345
Cimabue 198, 199
Cisek, Franz 163
Clair, René 312, 313
Claudel, Paul 259
Colette, Gabrielle-Sidonie 185, 186, 194, 195, 208 ff.
Colleoni, Bartolomeo 532, 533
Corinth, Lovis 143
Corneille, Pierre 188, 190, 191, 201, 203
Coter, Colyn 558, 559
Cotta von Cottendorf, Joh. F. 145
Croce, Benedetto 146, 148
Crusius, Otto 394
Czinner, Paul 148
Czokor, Franz Th. 143

Dank an Goethe 484
Dankadresse zur Friedenspreisverleihung 453
Dante Alighieri 144, 199
Daphne 554
Dareios 453
Das Denkmal oder Die Frau des Boxers (N. H.) 243
Das Ende der Furcht (N. H.) 243
Das Erdkühlein (N. H.) 556
Das Glasperlenspiel 20, 26, 299, 327, 362, 405, 433, 467, 477, 484, 590
Das Lied von Abels Tod 254, 255
Das Smokinghemd (N. H.) 243
Das verlorene Taschenmesser 78, 79
Debussy, Claude 365
Degas, Edgar 201
Deïaneira 577
Delaune, Etienne 85, 94, 194, 195
Demeter 352, 360, 427, 582
Demian 95, 96, 118, 287

Der Bettler 83, 489, 490
Der Blütenzweig 470
Der Bücherberg 144
Der Dichter und seine Zeit 237 f., 306
Der Dichter 137
Der Hausierer 152
Der Intellektuelle 131,132
Der Karikaturist übersiedelt (N. H.) 173, 174, 243
Der Meermann 125
Der Sarg (N. H.) 243, 263
Der Steppenwolf 15, 20, 96, 97, 106, 149, 154, 157, 162, 168, 169 ff., 214, 219, 223, 358, 376
Der Steppenwolf – Ein Stück Tagebuch in Versen 106
Der Teufel ist tot (Edition: N. H.) 519
Der vierte Lebenslauf Josef Knechts (Edition: N. H.) 590
Der Wolf 151, 153
Der Wüstling 133
Der Zyklon 58, 61
Deutsche Märchen vor und nach Grimm (Edition: N. H.) 518
Dhiagileff, Sergej 70, 409
Die Brieflerserin von Vermeer (N. H.) 360
Die Entscheidung (N. H.) 243, 269
Die Gedichte 90, 463, 484
Die Inseln von R. J. Humm, (Rezension: N. H.) 366
Die Kindheit 151
Die Morgenlandfahrt 130, 270, 289, 290, 301, 306, 316, 440
Die Nürnberger Reise 25, 90, 91, 96, 111, 117, 159, 484
Die Officina Bodoni in Montagnola 382
Die sieben Nächte (N. H.) 79
Die verlorene Spiritusmaschine (N. H.) 243

Die Zauberflöte am Sonntagnachmittag 90, 374
Die Zuflucht 78, 79
Diener, Olga 17
Diesseits 53, 52, 484
Dietrich, Marlene 323, 325, 329
Dione 500
Dionysos 420, 421, 446, 447, 448, 455, 553, 458
Diotima 429, 430
Dirke 441, 443
Dolbin, Benedikt Fred 8, 13, 14, (15), 19, 23, 38, 39, 70, 71, 73, (75), 80, 85, (97),113, 131, 134, 154 ff., 171, 174, 179, 181, 191 ff., 195, 198, 202, 208, 225, 231, 235, 238, 241, 243, 244, 258, 259, 260, 262, 264, 271, 274, 380, 452
Donatello 309
Dörpfeld, Wilhelm 520, 521
Dossi, Dosso 39, 344, 345, 393
Dschelal ed-Din Rumi 160
Duccio di Buoninsegna 312, 313
Duhamel, Georges 185, 194, 195, 201, 204
Dürer, Albrecht 117
Dvorak, Max 393, 480, 544, 566
Dyskolos oder Menschenfeind? (N. H.) 559

Eckener, Hugo 187
Eckermann, Johann Peter 62
Ehrenzweig, Stephan S. 238
Ein Stück Tagebuch 165,166, 489
Ein Testament, Roman von Joachim Maass (Rezension: N. H.) 407
Ein Wort über den Antisemitismus 546
Eine Arbeitsnacht 219
Eine Gestalt aus der Kinderzeit 151, 152
Eine Stunde hinter Mitternacht 53
Elektra 516, 527
Elgin, Thomas Earl 353

Verzeichnis der Personen und Werktitel 611

Elieser 440, 442
Elisabeth 525
Elster, Hanns Martin 124, 125, 145
Englert, Joseph 237
Entgegenkommen 405
Enzianblüte 150, 151
Epikur 328
Erhart, Gregor 111, 138, (190), 563
Eugen, Prinz von Savoyen 103, 104
Eupheme 444
Euripides 344, 435, 457, 487, 516, 527, 539, 558, 583
Europa 443, 505
Eurydike 331, 332
Evens, Sir Arthur 505
Eyck, Jan van 566

Fabulierbuch 53, 83, 342, 344, 484
Fahrt im Aeroplan 190, 191
Farnese, ital. Adelsfam. 327, 329
Feininger, Lyonel 129, 131
Fellow, Charles 567
Fernandel (F. Contandin) 410
Fest am Samstagabend 21, 208
Feuchtwanger, Lion 234, 261, 262
Feuerbach, Anselm 63, 65
Figdor, Albert 80, 81, 124, 125
Fischer von Erlach 108, 370
Fischer, Hedwig 260, 261
Fischer, Samuel 51, 104, 106, 259, 261, 263, 280
Flöße auf der Nagold 191
Floßfahrt 190
Fontana, Oskar Maurus 70, 95, 96, 105, 159, 249
Fragment aus der Jugendzeit 58, 61
France, Anatole 364, 365
Francia, Francesco 310
Freese, Rudolf 589, 591
Fretz, Hans 475, 476, 477
Freud, Sigmund 85, 96, 268
Frisch, Max 505
Fröbe-Kapteyn, Olga 455, 456, 457, 465

Frühe Prosa 53
Füllfederchen (N. H.) 243
Funke, Helene 84, 85, 126, 127, 128, 374
Für Marulla 515
Für Ninon 254
Furtwängler, Adolf 328, 330, 393, 434, 435

Gaia 446, 500
Ganymed 557
Gärtners Traum 30
Gass, René 116
Gasser, Manuel 249, 250
Gauguin, Paul 201
Gedächtnis der Kindheit 150, 151
Gedenkblatt für Adele 278
Gedenkblätter 483, 484, 489
Gedichte 53
Gedichte des Malers 91, 92, 99, 100, 113, 163
Geibel, Emanuel 228
George, Stefan 404
Geroe, Marcel 245, 282, 283, 284
Geroe-Tobler, Maria, gen. Mareili 245, 248, 282, 283, 284, 450, 474
Gertrud 52, 53, 61, 125, 589
Gesammelte Briefe 37
Gesammelte Dichtungen 543
Gesammelte Schriften 543
Geschichte des Eisenziehers 124, 125
Ghiberti, Lorenzo 310
Ghirlandaio, Domenico 310
Gide, André 487, 488
Gilgamesch 562, 563
Giorgione – Giorgio de Castelfranco 130, 131, 272, 274
Giotto, G. di Bondone 199, 309, 310, 544
Gieseking, Walter 364, 365
Gluck, Christoph Willibald 372
Goethe, Johann Wolfgang von 65, 145, 286, 296, 362, 532

Gold, Johanna 51, (54), (105), (106), 139, (140), (147), (151), 164, (165), 273, 382
Goldmark, Karl 144
Gontard, Susette 430
Gorgo Medusa 329, 330, 536, 536, 538, 539, 540, 541, 554, 564, 582, 586, 592
Göring, Hermann 40
Gorki, Maxim 262
Gozzi, Carlo Graf 132
Gozzoli, Benozzo 311, 313
Green, Julien 375, 388
Grimani, Domenico 414
Grimm, [Jacob] 545
Grosz, George 217
Gründgens, Gustaf 312, 313
Gryphius, Andreas 345
Guido da Siena 312, 313
Gundert, Adele geb. Hesse (Schwester von H.H.) 24, 111, 140, 277, 278, 282, 359, 388, 405, 470, 472
Gundert, Irmgard 36
Gundert, Wilhelm 109, 111, 291, 293
Gütersloh, Albert Paris 200, 202, 204

Haas, Willy 26, 70, 115
Hades 332, 404, 448, 449
Hadrian, röm.Kaiser 582, 583
Haecker, Wilhelm 111
Hamsun, Knut 131, 132
Händel, Georg Friedrich 141, 322
Harmonia 441
Hašek, Jaroslav 278
Hasenclever, Walter 262, 263
Hasenfratz, Doris 547, 551
Haskil, Clara 476, 477
Haydn, Joseph 91, 132
Hegias 328, 330
Heidegger, Martin 468
Heinrich VIII. 298

Heinse, Wilhelm 97, 98
Hekate 456, 457, 526
Helena 422, 423, 424, 527
Helikonios 578
Helios/Sol 393, 394, 466
Heller, Galerie 162, 170
Hemessen, Jan S. van 479, 480
Henie, Sonja 487
Hera 45, 46, 47, 296, 405, 427, 428, 431, 507, 508, 509, 526, 527, 534, 538, 540, 541, 554, 564, 582, 592
Herakles 418, 420, 431, 521, 527, 557, 577
Heraklit 448, 449
Herder, Johann Gottfried 145
Hermann Hesses Fabulierbuch, (Rezension: N.H.) 345
Hermann Lauscher 52, 53, 57, 72, 117, 118, 318
Hermes 331, 332, 433, 441, 443, 447, 460, 461, 472, 526, 564, 572
Herodot 418
Hesiod 394, 404, 434, 435, 441, 444, 457, 470, 539, 578
Hesse, Marie verw. Isenberg, geb. Gundert 128
Hesse, Claudia Ruth geb.Wenger 15, 105, (119), 159, 457, 531
Hesse, Bruno 61, (63), (74), 130, (153), 181, 182, 204, 541, (463), 524, (588)
Hesse, Heiner 61, (63), (74), (153), 154, (463), (588)
Hesse, Johannes (82), (83), (117), (118), (128), (134)
Hesse, Maria (Mia) geb.Bernoulli 61, 63, (74), 96, 105, 225, (286), 462, 463, (531)
Hesse, Martin 61, (63), (74), (153), 225, 284, 285, 286, 368, 412, 413, 472, (463), 524, (588)
Hesse, Marulla (Schwester von H.H.) 278, 515

Hestia 427
Heuss, Theodor 530, 544
Hildebrandt, Johann Lukas von 103, 104
Himmler, Heinrich 419
Hindemith, Paul 303
Hindenburg, Paul von 174
Hinterlassene Schriften und Gedichte von Hermann Lauscher 53, 289
Hippodameia 429, 435
Hitler, Adolf 368, 359, 405, 419, 452
Hofer, Karl 129, 131
Höflich, Lucie 157, 158
Hofmannsthal, Hugo von 98, 276, 364
Höhe des Sommers 594
Hölderlin, Friedrich 83, 96, 100, 339, 369, 398, 429, 430, 455, 468
Höllriegel, Arnold 146, 148
Homer 46, 384, 424, 429, 434, 435, 453, 461, 526
Horaz 58, 61, 234
Hotte Hotte Putzpulver 152
Hubacher, Hermann 288
Humboldt, Wilhelm von 145
Humm, Rudolf Jakob 248, 364, 365, 366, 367
Husserl, Edmund 468
Huxley, Aldous 292
Hyakinthos 422, 535

Ibsen, Henrik 65
Iktinos 356, 426, 574
Im Flugzeug 187
Innen und Außen 81, 83
Inneres Erlebnis 145
Ins Gebirge verirrt 179
Iphigenie 423, 428, 429, 516, 527
Iris 352
Isenberg, Karl 18, 20, 111
Isenberg, Lise 20
Itten, Johannes 272

Jacobsen, Jens Peter 59, 61
Jakob Böhmes Berufung 151, 152
Jakobsen, Jens Peter 120
Jason 500, 502
Jouvet, Louis 408, 409
Jung, Carl Gustav 79, 96, 228, 462, 463, 465
Jung, Hilde 17
Juno 295, 296, 320, 344
Jupiter 296

Kadmos 441, 443
Kallenbach, Lotte, verh. Greller 153, 158, 261, 263
Kallikrates 356
Kallimachos 457
Kamin, Gerhard 594
Kandinsky, Wassily 130, 131
Karl der Kühne 116
Karl V. 294
Karousou, Semni 553, 554, 556
Kars, Georg 200, 203, 204
Kasack, Hermann 324, 325, 335, 338
Kastor 424
Katull, Gaius Valerius (Catullus) 594
Kavafis, Konstantin 404
Kazantzakis 404
Kehlmann, Heinz 580
Kekrops 352
Keller, Gottfried 59, 62, 99, 100
Kerényi, Karl 36, 455, 456, 457, 458, 459, 460, 461, 462, 465, 467, 470, 486, 489, 531, 532, 533, 534
Kerényi, Magda (531), (532), 533, 537, 457, 538
Kinder- und Hausmärchen, Auswahl für Kinder (Edition: N. H.) 518
Kinderseele 96, 118
Kindheit und Jugend vor Neunzehnhundert (Edition: N. H.) 591

Kipling, Rudyard 115, 116
Kirke 325
Kithairon 578
Kladeos 433, 560
Klee, Paul 129, 130, 131
Klein und Wagner 20, 95, 96, 268
Kleine Welt 53, 61, 484
Klimt, Gustav 202
Klinge, Günther 38, 587, 588
Klingsors letzter Sommer 73, 74, 80, 90, 96, 130, 484
Klopstock, Friedrich Gottlieb 322
Knulp 68, 72, 162, 484
Kocagöz, Samim 529
Koelsch, Adolf 31
Kofferpacken 146
Kolb, Annette 59, 61, 393, 410, 411, 412, 413, 586
Kolbe, Georg 412, 413
Korrodi, Eduard 31, 363, 364
Kramrisch, Stella 143, 144
Kraus, Karl 102, 243, 244
Krauss, Friedrich 521, 522
Krauss, Werner 262, 264
Krenek, Ernst 260
Kreon 398
Krieg und Frieden 484
Krisis – Ein Stück Tagebuch 20, 22, 90, 101, 106, 116, 131, 132, 133, 137, 208
Kronos 449
Kubin, Alfred 301, 306
Kunze, Emil 527, 528, 538, 540, 553
Kurgast – Aufzeichnungen von einer Badener Kur 104, 159, 484
Kurzgefaßter Lebenslauf 141

Lagerlöf, Selma 460
Lang, Josef Bernhard 79, 96, 98, 129, 154, 161, 166, 468, 469
Lauffer, Siegfried 45, 161, 436, 438, 548, 549, 552, 586,

Le Corbusier 374
Le Fort, Gertrud von 488
Le Voyageur sur la terre von Julien Green (Interpretation: N. H.) 374
Leda 424
Leonardo da Vinci 309
Leonidas 578, 579
Leuthold, Alice 17, 160, 226, 228, 239, 269
Leuthold, Fritz 160, 228, 239, 281, 282, 305
Lichnowsky, Mechtilde 244, 245, 260
Linus 444, 448
Löbl, Elisabeth (Lisl) 159, 277, 368, 370, 373, 523, 524, 567
Loerke, Oskar 363
Löns, Hermann 223, 485
Lombardi, Pietro 533
Loos, Adolf 70, 373, 374
Lorenzetti, Ambrogio 311, 313
Lorenzo, Landarbeiter 33, 474, 485
Lotto, Lorenzo 483
Löwy, Emanuel 344, 345, 393
Lucilius, Gaius 488
Ludwig I. v. Bayern 491
Luftreise 187
Lulu 53
Luther, Martin 298
Lykos 443
Lykurg 423, 424
Lysikrates 582, 583
Lysippos von Sikyon 343, 345

Maass, Joachim 366, 367, 407, 485, 486
Macke, August 130
Mackensen, Fritz 130
Mahler, Gustav 150, 278, 373
Mâle, Emile 198, 199
Mallarmé, Stéphane 200
Manet, Edouard 194, 195, 197, 200, 201, 202, 561
Mann, Heinrich 226, 228

Verzeichnis der Personen und Werktitel 615

Mann, Katia 364, 365, 366
Mann, Thomas 364, 398, 475
  Familie 301, 302
Mantegna, Andrea 566, 567
Marc, Franz 129
Mardersteig, Giovanni 382
Mardersteig, Irmi 381, 382
Maria von Burgund 116
Marinatos, Spiridon 571, 573
Markwalder, Franz Xaver 104
Markwalder, Familie 220
Markwalder, Josef 104
Martin du Gard, Roger 240
Martini, Simone 311, 313
Masereel, Frans 194, 195
Maximinian, Kaiser 484
Medea 502, 516, 527
Meid, Hans 318
Meine Kindheit 83, 118
Meister vom Flémalles 414
Melete 444
Melia 439
Melozzo da Forli 300
Melzer, Moritz 142
Memling, Hans 222
Menandros 559
Menelaos 422, 423, 424
Meyer, Erika 43
Michelangelo Buonarroti 191, 292, 296, 298, 309, 319, 495
Mildenburg, Anna von 149, 150
Milhaud, Darius 259, 408, 410
Minos 397, 504, 505
Minuit von Julien Green (Interpretation: N. H.) 375
Minyas 435
Mithras 446, 469
Mneme 444
Mnemosyne 444, 489, 490
Moilliet, Louis René 129, 130, 495
Molière 190, 191, 278, 558, 559, 561
Molo, Clemente (H.s Arzt) 570
Monet, Claude 197, 201, 210

Montanus, Martin 556
Moretto, Alessandro 483, 484
Morgenthaler, Ernst 129, 130, 451
Mörike, Eduard 111, 152, 162, 588
Mosjukin, Iwan Iljitsch 246, 247
Mozart, Wolfgang Amadeus 90, 98, 106, 132, 169, 322, 364, 365, 372, 376, 378, 380, 560
Müller, Wilhelm 232
Musik des Einsamen 151
Mussolini, Benito 319, 321
Muther, Richard 58, 61

Nach dem Fest (N. H.) 243
Nachbarn 52, 53
Nagel, Georges H. 461, 462, 466
Napoleon I. 294
Narziß und Goldmund 219, 225, 360, 390
Natter, Edmund 43
Nauplios 420
Neid 132
Neleus 72, 573
Nereus 356
Nero, röm. Kaiser 496
Nessos 578
Nestor 571, 572, 573
Neue Gedichte 390
Nietzsche, Friedrich 420
Ninon 21
Novalis, Dokumente seines Lebens und Sterbens 99, 100

Ode an Hölderlin 83
Odysseus 325, 432, 433, 435, 498, 499, 503
Ödipus 398, 441, 443
Okeanos 438, 442
Oppenheim, Kristin 456, 457
Orcagna, Andrea 311, 313
Orest 423
Orgelspiel 405
Orlik, Emil 318
Orpheus 331, 332, 371

Paalen, Bella 277, 278, 371, 372, 373
Pacher, Michael 137, 138
Pagnol, Marcel 410
Pallenberg, Max 277, 278
Pawlowa, Anna 157, 158, 452
Pan 441, 447, 449
Paradies-Traum 101
Paris 424
Paris-Tagebuch (N. H.) 83, 84
Parthenope 325
Paul III., Papst 294
Pauly, August 462
Pausanias 393, 394, 418, 419, 420, 422, 423, 425, 427, 441, 443, 444, 445, 446, 535
Peirithoos 427, 429
Peleus 397, 398, 437, 504
Pelops 429, 435
Penelope 433
Perikles 330, 394
Persephone 449
Perseus 536, 564
Perugino (Pietro Vannucci) 310
Pestalozzi, Heinrich 519, 523
Peter Camenzind 9, 10, 11, 19, 49, 50, 51, 52, 72, 108, 138, 162
Pfitzner, Hans 168
Pfuhl, Ernst 364, 365
Phädra 505
Phidias 328, 329, 330, 356, 393, 394, 427, 429, 441
Philippson, Paula 433, 435, 456, 457, 458, 459, 465, 478
Phorkys 498, 499
Picasso, Pablo 303
Piero della Francesca 310
Pieros aus Makedonien 444
Piktors Verwandlungen 122
Pindar 144, 391, 392, 429, 440, 441, 450, 452, 457, 480, 488, 527, 539
Pinnaticcio 298
Pinturicchio, Bernardino 294

Piscator, Erwin 278
Pitoeff, Georges 557, 558
Plato 56, 57, 58, 430
Plautus 443
Plinius d. Ä. 330
Plutarch 436
Pöhlmann, Robert, Ritter von 394
Polgar, Alfred 192, 193
Polydeukes 424
Polygnot 344
Polyneikos 398
Ponten, Josef 163, 351
Ponten, Julia 351
Poseidon 394, 397, 404, 420, 442, 449, 527, 536, 550
Powys, John C. 481
Poyklet 329
Prampolini, Enrico 317, 319
Praschniker, Camillo 393
Praxiteles 328, 330
Preller 393
Priamos 424
Prometheus 470
Prosa aus dem Nachlaß (Edition: N. H.) 125, 589
Proust, Marcel 113, 114, 115, 254
Psychologia Balnearia 104
Ptoios 549
Puccini, Giacomo 132
Pulver, Max 462, 467

Racine, Jean Baptiste 557, 558
Radaceanu, Lothar 230
Radamanthys 397
Raffael (Raffaello Santi) 300, 310, 495, 496
Ratjen, Christoph 384
Ravel, Maurice 365
Rea Kybele 427
Rebekka 440
Reder, Bernhard 410, 411
Reemtsma, Philipp 384
Reimann, Hans 278
Reinach, Salomon 411, 413

Reinhardt, Emil Alphons 364, 366
Reinhardt, Max 132, 133, 264, 278, 359
Reinhart, Georg 131
Rembrandt van Rijn 102, 123, 130
Renner, Ludwig 418, 523
Renoir, Auguste 200, 201, 203, 357, 561
Renoir, Jean 475
Rhomaios, Konstantinos 553, 554, 556
Riegl, Alois 299, 393
Riemenschneider, Tilman 563
Rieti, Vittorio 408, 409
Riggenbach, Otto 472, 481
Rilke, Rainer Maria 388, 389
Rinser, Luise 42
Robert, Louis 393
Robert Aghion 53, 58, 60, 61
Robertson, Martin 548
Rodin, Auguste 260
Romantische Lieder 53
Roscher, Wilhelm Heinrich 344, 345, 393
Rosenberg, Jakob 368, 370, 376
Roßhalde 58, 61, 72, 127, 128, 141,
Rossini, Gioacchino Antonio 272, 273
Rousseau, Henri 200, 203
Rowohlt, Ernst 115
Rundbrief aus Sils Maria 293

Sachsen-Teschen, Albert von 85
Salis, Arnold von 519
Sargon 562, 563
Sarto, Andrea del 310
Schack, Adolf Friedrich Graf von 65
Schäfer, Wilhelm 53, 351
Schall, Franz 109, 111, 112, 177, 178
Schiele, Egon 173, 195
Schiller, Friedrich von 145, 296
Schimmel, Annemarie 529, 530
Schlaflose Nächte 53

Schlafloser Gast im Hotelzimmer 163
Schlaflosigkeit 490
Schlegel, Friedrich von 145
Schliemann, Heinrich 521
Schliemann, Sophia 520, 521
Schlosser, Julius R. von 85, 94, 146, 148
Schmid, Hans Rudolf 225, 226
Schmitt, Paul 462, 466
Schoeck, Othmar 254
Scholz, Wilhelm von 145
Schön ist die Jugend 61
Schönberg, Arnold 272, 273
Schubert, Franz 375, 376, 378
Schuh, Willi 364, 366
Schütt-Hennings, Annemarie 246, 282, 283, 284
Seetal im Februar 114
Seidl-Kreis, Nelly 43, 44, 80, 240, 241, 281, 364, 366
Semele 421, 488
Seneca 558
September 136, 137, 144, 145, 594
Seume, Johann Gottfried 325
Shakespeare, William 359
Shaw, Bernard 260
Siddhartha 32, 141, 162
Sinclair, Isaac v. 96
Sisley, Alfred 197, 201
Skopas 360, 441
Sluter, Klaus 414, 415
Sokrates 429, 430
Sophokles 344, 398, 418, 435, 457, 593
Soutter, Louis 583
Spazierfahrt in der Luft 187
Spaziergang im Zimmer 218
Speiser, Andreas 462
Sprache 223
Städel, Johann Friedrich 141
Steinen, Helmuth von den 402, 403, 404, 427, 428, 433, 434, 438, 444, 446, 498, 500, 501

Stelzer, Hannes 264
Stendhal (eig. Henri Beyle) 41, 268
Sternberg, Joseph von 323, 325
Sternheim, Carl 143, 144
Stifter, Adalbert 100, 376
Storm, Theodor 360
Stoss, Veit 138
Strabon von Amaseia 418, 445
Strauss, Richard 98, 219, 272, 273, 276, 277
Strzygowski, Josef 199, 393
Stunden im Garten 318, 329, 373, 380, 385
Sudermann, Hermann 329
Suhrkamp, Peter 202, 259, 381, 382, 384, 385, 475, 492, 543
Sybille von Cumae 326, 327
Sydow, Eckart von 85
Szilasy, Wilhelm 467, 468

Tagebuch der Schmerzen (N. H.) 9
Tagebuch der Zeichen (N. H.) 594
Tagebuch eines Entgleisten 17
Tagebuchblätter 515
Tagger, Theodor (Pseud.) 234
Tagore, Rabindranath 143, 144
Terborch, Gerard 479, 480
Tertullian 469
The dead and the lover 358, 360
Themis 446
Theseus 505, 552, 553
Thetis 398, 503
Thodios 418
Thot 462
Tieck, Ludwig 301
Tilphusa 430, 432, 433, 436, (578)
Tintoretto 393
Tizian (Tiziano Vecelli) 75, 84, 131, 294, 345, 532, 533
Tolstoi, Aleksej K. 450
Traumfährte 130, 484
Traumfigur 124, 125
Trophonios 433, 435, 436, 578, 579

Tschechow, Anton P. 157, 158, 557, 558
Tyndareus 422, 424

Über den Judenhaß 546
Über einen Teppich 245
Ucello, Paolo 309
Uhland, Ludwig 588
Umwege 52, 53, 58
Unger, Bernhard (Onkel N.H.s) 175, 220, 221, (222), (224), (225)
Unterm Rad 11
Unzufriedene Gedanken 164

van Gogh, Vincent 140
Veneto, Bartholomeo 140
Verführer 131
Vergil 272, 395, 556
Vermeer van Delft, Jan 130, 357, 360, 482, 484
Verrocchio, Andrea del 308, 309, 532, 533
Verse in schlafloser Nacht 22
Versuche und Gedanken zur Treue (N. H.) 9
Verzückung 212
Viebig, Clara 209
Viollet-le-Duc, Eugène Emmanuel 413, 414
Vogel 302, 306, 307, 308
Vom Baum des Lebens 306
Voßler, Karl 146, 148, 224 f.

Wagner, Christian 483, 484
Wagner, Otto 374
Wagner, Richard 140, 144, 274
Walden, Herwarth 70
Walter, Bruno 278, 374
Wanderung 113, 114, 141, 163
Was gefällt mir an der heutigen Mode? (N. H.) 243
Wassermann, Jakob 280
Wassermann-Karlweis, Marta 364, 366, 367

Wassmer, Margrit 42, 488, 586, 588
Wassmer, Max 467, 472, 543, 586
Watteau, Jean-Antoine 83
Weg in die Einsamkeit 594
Weingartner, Felix P. v. 278
Weiss, Peter 475
Welti, Friedrich E. 284, 286, 409
Welti, Helene 18, 22, 286
Wenger, Lisa 105
Weyden, Rogier v. d. 221, 222
Wickhoff, Franz 272
Widerlicher Traum 247
Widmann, Gret 368
Wiegand, Heinrich 18, 288
Wiegand, Theodor 520, 521
Wilamowitz-Möllendorf, Ulrich v. 509, 510
Wilhelm Meisters Lehrjahre 65
Wili, Walter 462, 466
Wilpert, Joseph 299, 300
Wiltschek, Liese 153, 164
Wintertag im Gebirg 97, 98
Wiser, Maximilian Graf 274, 349, 351, 381, 382, 388
Wissowa, Georg 462
Witt, Charlotte Natalie 64, 65

Wolf Solent von John Powys (Interpretation: N. H.) 481
Wolf, Hugo 139, 140, 254
Wölfflin, Heinrich 113, 114
Wolters, Heinrich August 394
Woolf, Virginia 358

Xerxes 453

Zauber des Erzählens, zu H. H.s Fabulierbuch (Rezension: N. H.) 345
Zerrupfter Brief (N. H.) 243
Zethos 445, 448, 554
Zeus 45, 46, 47, 330, 355, 397, 404, 405, 421, 424, 427, (Kronion) 428, 429, 431, 433, 435, 443, 449, 470, 490, 500, 505, 507, 509, 526, 536, 554, 557, 564, 574, 583
Ziegler, Konrad 345
Zu einem Blumenstrauß 222, 223
Zu einem Vor- oder Halbgeburtstag 305, 594
Zum Gedächtnis 83, 118
Zweig, Stefan 18, 159
Zwischen Sommer und Herbst 24